GUIA PRÁTICO
LEAN SEIS SIGMA

O GEN | Grupo Editorial Nacional – maior plataforma editorial brasileira no segmento científico, técnico e profissional – publica conteúdos nas áreas de ciências sociais aplicadas, exatas, humanas, jurídicas e da saúde, além de prover serviços direcionados à educação continuada e à preparação para concursos.

As editoras que integram o GEN, das mais respeitadas no mercado editorial, construíram catálogos inigualáveis, com obras decisivas para a formação acadêmica e o aperfeiçoamento de várias gerações de profissionais e estudantes, tendo se tornado sinônimo de qualidade e seriedade.

A missão do GEN e dos núcleos de conteúdo que o compõem é prover a melhor informação científica e distribuí-la de maneira flexível e conveniente, a preços justos, gerando benefícios e servindo a autores, docentes, livreiros, funcionários, colaboradores e acionistas.

Nosso comportamento ético incondicional e nossa responsabilidade social e ambiental são reforçados pela natureza educacional de nossa atividade e dão sustentabilidade ao crescimento contínuo e à rentabilidade do grupo.

THIAGO COUTINHO DE OLIVEIRA

GUIA PRÁTICO

LEAN SEIS SIGMA
BLACK BELT

Colaboradora
Eloiza Kohlbeck

- O autor deste livro e a editora empenharam seus melhores esforços para assegurar que as informações e os procedimentos apresentados no texto estejam em acordo com os padrões aceitos à época da publicação, *e todos os dados foram atualizados pelo autor até a data de fechamento do livro*. Entretanto, tendo em conta a evolução das ciências, as atualizações legislativas, as mudanças regulamentares governamentais e o constante fluxo de novas informações sobre os temas que constam do livro, recomendamos enfaticamente que os leitores consultem sempre outras fontes fidedignas, de modo a se certificarem de que as informações contidas no texto estão corretas e de que não houve alterações nas recomendações ou na legislação regulamentadora.

- Data do fechamento do livro: 30/10/2024

- O autor e a editora se empenharam para citar adequadamente e dar o devido crédito a todos os detentores de direitos autorais de qualquer material utilizado neste livro, dispondo-se a possíveis acertos posteriores caso, inadvertida e involuntariamente, a identificação de algum deles tenha sido omitida.

- **Atendimento ao cliente: (11) 5080-0751 | faleconosco@grupogen.com.br**

- Direitos exclusivos para a língua portuguesa
  Copyright © 2025 by
  Editora Atlas Ltda.
  Uma editora integrante do GEN | Grupo Editorial Nacional
  Travessa do Ouvidor, 11
  Rio de Janeiro – RJ – 20040-040
  www.grupogen.com.br

- Reservados todos os direitos. É proibida a duplicação ou reprodução deste volume, no todo ou em parte, em quaisquer formas ou por quaisquer meios (eletrônico, mecânico, gravação, fotocópia, distribuição pela Internet ou outros), sem permissão, por escrito, da Editora Atlas Ltda.

- Capa: MANU | OFÁ Design

- Imagem de capa: © iStockphoto | Bussarin Rinchumrus

- Editoração eletrônica: Carlos Alexandre Miranda

- Ficha catalográfica

CIP-BRASIL. CATALOGAÇÃO NA PUBLICAÇÃO
SINDICATO NACIONAL DOS EDITORES DE LIVROS, RJ

O52g

    Oliveira, Thiago Coutinho de
        Guia prático lean seis sigma: black belt / Thiago Coutinho de Oliveira; [Eloiza Kohlbeck]. – 1. ed. – Barueri [SP]: Atlas, 2024.
        il.

    Apêndice
    Inclui bibliografia e índice
    anexos
    ISBN 978-65-5977-652-8

    1. Six sigma (Padrão de controle de qualidade). 2. Administração da produção. 3. Controle de qualidade. I. Kohlbeck, Eloiza. II. Título.

24-92982

CDD: 658.5
CDU: 658.5

Gabriela Faray Ferreira Lopes - Bibliotecária - CRB-7/6643

Dedico à minha esposa Larissa, aos meus filhos Thais e Heitor,
e a todos profissionais em busca de suas melhores versões.

A Melhoria Contínua é um caminho, não um destino.

PREFÁCIO

Há mais de 15 anos tenho focado meu interesse e minha dedicação em estudar as melhores ferramentas e práticas para envolver pessoas, otimizar processos, gerenciar projetos e melhorar os resultados de empresas. Ao longo desse período, tive a oportunidade de conhecer mentores incríveis, que puderam me ensinar a importância da prática, da humildade para aprender e do aprimoramento contínuo.

Este livro reúne uma seleção cuidadosa de conteúdos e ferramentas para lhe dar condições de atuar como especialista em Melhoria Contínua, em qualquer empresa, setor ou processo. Você poderá desenvolver habilidades técnicas e comportamentais ao nível de um especialista *Lean Seis Sigma Black Belt*.

A primeira parte desta obra apresenta como os conceitos de *mindset* e Melhoria Contínua são essenciais para a adaptação às novas tendências do mercado. Serão abordados o gerenciamento de mudanças, o seu papel para a sobrevivência e o crescimento organizacional, bem como as habilidades requisitadas para o perfil do especialista.

As principais filosofias empresariais de Melhoria Contínua são apresentadas na segunda parte deste guia, permitindo que você desenvolva capacidade crítica para aplicá-las e exercer um diferencial competitivo em suas atividades. Na sequência, serão apresentados os mais importantes *frameworks* utilizados para analisar e gerenciar processos.

Na parte final, você será guiado para a execução de projetos *Lean* Seis Sigma. O método DMAIC (do inglês *Define, Measure, Analyse, Improve, Control*) será utilizado nessa jornada, na qual serão detalhados os principais desafios, as ferramentas utilizadas e *cases* práticos para que o leitor possa ir além dos conceitos apresentados e perceber como aplicar as ferramentas orientadas a resultados.

O *Guia Prático Lean Seis Sigma: Black Belt* é uma ferramenta de consulta que caminhará com você durante sua certificação e na sua vida profissional ou acadêmica. É um caminho sugerido em direção à mudança, com exemplos de casos reais e fictícios que ajudarão a compreender como estamos inseridos em um mundo cada vez mais volátil.

Se você almeja ser um profissional reconhecido por resultados e desenvolver as habilidades de que o mercado precisa, convido-lhe a "mergulhar de cabeça" nessa jornada.

Lembre-se de que a transformação começa pela execução.

Desejo enorme sucesso,

Thiago Coutinho de Oliveira

AGRADECIMENTO

Este Guia é fruto da cooperação de várias pessoas. A contribuição delas foi fundamental para o desenvolvimento e a publicação desta obra.

Ao Grupo GEN, agradeço profundamente pela confiança depositada em meu trabalho e pelo interesse em apoiar a disseminação do conhecimento em *Lean* Seis Sigma.

Agradeço à dedicada equipe de colaboradores da Voitto, que, com incansável empenho, realizou uma pesquisa detalhada e rigorosa para trazer o melhor conteúdo nesta obra. Sem o esforço coletivo de cada um de vocês, este Guia prático não seria possível.

Às empresas e aos profissionais de educação em Melhoria Contínua, meu reconhecimento por nos ensinarem, servirem de inspiração e nos desafiarem a sair da zona de conforto todos os dias. Vocês são a força motriz que impulsiona a inovação e o desenvolvimento constante.

Aos amigos de jornada, consultores e parceiros, meu sincero agradecimento pelo empenho em consolidar boas práticas, desenvolver pessoas e criar métodos eficazes para melhorar resultados. A colaboração de cada um de vocês é inestimável.

Aos meus queridos alunos, obrigado por confiarem em mim como guia em sua jornada de aprendizado. Espero que este livro seja uma ferramenta valiosa em seu caminho para a excelência.

Por fim, à minha família, minha mais profunda gratidão. Vocês foram a base de apoio incondicional, oferecendo compreensão, incentivo e amor ao longo de todo o processo. Vocês representam a maior motivação desta conquista.

Com todo o meu respeito e reconhecimento,

Thiago Coutinho de Oliveira

COMO UTILIZAR ESTE LIVRO?

Este livro foi estruturado para proporcionar a melhor experiência de consulta e estudo, e apresenta as seguintes seções:

Objetivo de aprendizagem: apresenta a relação de assuntos a ser abordada no capítulo e que o leitor terá domínio ao finalizá-lo.

Introdução: apresenta uma breve abordagem sobre os assuntos a serem aprofundados, preparando o leitor para os conteúdos que serão apresentados.

Conceitos: expõem a teoria de maneira clara e dinâmica, contemplando tabelas e figuras.

Resumo: sintetiza os conhecimentos apresentados, relembrando as principais informações abordadas no capítulo.

Referências: apresentam o embasamento teórico utilizado no decorrer dos capítulos.

Casos práticos: são apresentados para exemplificar a execução de um projeto *Lean* Seis Sigma por meio da utilização do método DMAIC.

Exemplos práticos: ao longo desta obra, o leitor irá se deparar com muitos exemplos para praticar o seu conhecimento. Importante: para resolver os exemplos práticos de alguns capítulos será preciso ter o *software* Minitab instalado no computador. É possível baixar uma versão gratuita de avaliação no *link*: https://www.minitab.com/pt-br/products/workspace/free-trial/, por meio do QR Code a seguir. Os arquivos utilizados nesses exemplos práticos estão disponíveis para *download* por meio de QR Codes disponibilizados ao decorrer do conteúdo.

uqr.to/1pjjx

Anexos: apresentam tabelas e orientações complementares.

Recursos Didáticos

Para facilitar o aprendizado, este livro conta com o seguinte recurso didático:

- QR Codes com *links* diversos para conteúdos adicionais.

Para acessá-los, é necessário posicionar a câmera do *smartphone* ou *tablet* sobre o código.

SUMÁRIO

Parte I
MINDSET DO ESPECIALISTA *LEAN* SEIS SIGMA *BLACK BELT*, 1

CAPÍTULO 1 – *MINDSET* DE MELHORIA, 3
Objetivos de aprendizagem, 3
Introdução, 3
1.1 Conceitos, 4
    1.1.1 Definição de *mindset*, 4
    1.1.2 Tipos de *mindset*, 4
    1.1.3 *Mindset* ágil, 4
        1.1.3.1 Mentalidade ágil: dicas para ter um *mindset* de sucesso, 5
    1.1.4 *Mindset* de Melhoria Contínua, 6
        1.1.4.1 Pilares do *mindset* de Melhoria Contínua, 6
        1.1.4.2 Inteligência artificial: um impulsionador do *mindset* de Melhoria Contínua, 7
1.2 Como promover a mudança de *mindset*?, 8
Resumo, 9
Referências bibliográficas, 9

CAPÍTULO 2 – MELHORIA CONTÍNUA E GESTÃO DA QUALIDADE, 11
Objetivos de aprendizagem, 11
Introdução, 11
2.1 Conceitos, 12
    2.1.1 A história da qualidade: um breve resumo, 12
    2.1.2 Por que aderir à Gestão da Qualidade?, 13
    2.1.3 Foco no cliente e foco do cliente, 14
    2.1.4 Gestão da Qualidade e Melhoria Contínua, 14

2.2   Planejamento como base da qualidade, 15
2.3   Objetivos e ideais da qualidade, 16
2.4   Prêmios da Qualidade, 16
    2.4.1   Prêmio Deming, 17
    2.4.2   Prêmio Malcolm Baldrige, 17
    2.4.3   Prêmio Nacional da Qualidade, 17
    2.4.4   Certificações ISO, 17
Resumo, 17
Referências bibliográficas, 18

CAPÍTULO 3 – GERENCIAMENTO DE MUDANÇAS, 19

Objetivos de aprendizagem, 19
Introdução, 19
3.1   Conceitos, 20
    3.1.1   Mudanças: contextualização e o primeiro contato com o agente de mudanças, 20
    3.1.2   Mudança × melhoria, 20
    3.1.3   Zona de conforto, 20
    3.1.4   Cinco passos para o processo de mudança, 21
    3.1.5   Modelo sequencial de Kurt Lewin, 24
    3.1.6   Análise do campo de forças de Kurt Lewin, 25
    3.1.7   Como superar a resistência à mudança?, 25
Resumo, 26
Referências bibliográficas, 26

CAPÍTULO 4 – *SKILLS* DO ESPECIALISTA EM *LEAN* SEIS SIGMA, 27

Objetivos de aprendizagem, 27
Introdução, 27
4.1   Conceitos, 28
    4.1.1   Competências, 28
4.2   *Hard skills*, 28
    4.2.1   Domínio de línguas estrangeiras, 28
    4.2.2   Técnicas para gestão de projetos, 28
    4.2.3   Ferramentas de análise de processos, 28
    4.2.4   Técnica para análise de dados, 29
    4.2.5   Ferramentas para gestão de mudanças, 29
    4.2.6   Técnicas de liderança, 29
    4.2.7   *Design thinking* e técnicas para inovação, 29
    4.2.8   Comunicação, 29
    4.2.9   Otimização e melhoria de *performance*, 29
    4.2.10 Técnicas de agilidade, 29
4.3   *Soft skills*, 29
    4.3.1   Pensamento analítico e inovação, 30
    4.3.2   Aprendizagem ativa e estratégias de aprendizagem, 30
    4.3.3   Resolução de problemas complexos, 30

- 4.3.4 Pensamento crítico, 30
- 4.3.5 Criatividade, originalidade e iniciativa, 30
- 4.3.6 Liderança e influência social, 30
- 4.3.7 Resiliência, tolerância ao estresse e flexibilidade, 30
- 4.3.8 Raciocínio, resolução de problemas e ideação, 31
- 4.3.9 *Soft skills* do especialista em Melhoria Contínua, 31
- 4.3.10 Como a empresa pode ajudar os colaboradores a desenvolverem *hard* e *soft skills*?, 31

Resumo, 32
Referências bibliográficas, 32

Parte II
PRINCIPAIS FILOSOFIAS E METODOLOGIAS EMPRESARIAIS DE MELHORIA CONTÍNUA, 33

CAPÍTULO 5 – 5S: A BASE DA QUALIDADE, 35

Objetivos de aprendizagem, 35
Introdução, 35
- 5.1 Conceitos, 36
    - 5.1.1 Definição, 36
- 5.2 Objetivos e benefícios, 36
- 5.3 Aplicação, 36
- 5.4 Vantagens da implementação, 37
- 5.5 Primeiro S: Senso de Utilização (*Seiri*), 37
- 5.6 Segundo S: Senso de Ordenação ou Organização (*Seiton*), 38
- 5.7 Terceiro S: Senso de Limpeza (*Seiso*), 39
- 5.8 Quarto S: Senso de Saúde (*Seiketsu*), 39
- 5.9 Quinto S: Senso de Autodisciplina (*Shitsuke*), 39
- 5.10 Metodologias derivadas, 40
    - 5.10.1 Programa 6S *Lean*, 40
    - 5.10.2 Programa 7S, 41
    - 5.10.3 Programa 8S, 41
    - 5.10.4 Programa 10S, 41
- 5.11 Qual metodologia utilizar?, 41

Resumo, 41
Referências bibliográficas, 42

CAPÍTULO 6 – METODOLOGIAS ÁGEIS, 43

Objetivos de aprendizagem, 43
Introdução, 43
- 6.1 Conceitos, 44
    - 6.1.1 Mundo VUCA, 44
    - 6.1.2 Mundo BANI, 45
- 6.2 Manifesto Ágil, 45
    - 6.2.1 Os quatro valores do Manifesto Ágil, 45

6.2.2 Os 12 princípios do Manifesto Ágil, 46
6.3 Gestão tradicional e gestão ágil de projetos, 46
6.4 Scrum: o *framework* da gestão ágil de projetos, 47
    6.4.1 Iterativo, 48
    6.4.2 Incremental, 48
    6.4.3 Relação do iterativo e do incremental com entregas, 49
    6.4.4 Eventos e artefatos do Scrum, 49
    6.4.5 Os papéis no Scrum, 50
    6.4.6 Aplicação do Scrum, 50
Resumo, 51
Referências bibliográficas, 51

CAPÍTULO 7 – AS OITO DISCIPLINAS DE FORD, 53

Objetivos de aprendizagem, 53
Introdução, 53
7.1 Conceitos, 54
    7.1.1 Definição, 54
    7.1.2 Objetivo e benefícios, 54
    7.1.3 Aplicação, 54
7.2 Oito disciplinas + fase D0, 54
    7.2.1 Disciplina 0 – Plano para resolução do problema, 54
    7.2.2 Disciplina 1 – Construção da equipe, 55
    7.2.3 Disciplina 2 – Descrição do problema, 55
    7.2.4 Disciplina 3 – Plano provisório e contenção, 55
    7.2.5 Disciplina 4 – Eliminação da causa raiz, 55
    7.2.6 Disciplina 5 – Escolha da solução, 56
    7.2.7 Disciplina 6 – Solução permanente, 56
    7.2.8 Disciplina 7 – Prevenção, 56
    7.2.9 Disciplina 8 – Comemoração, 56
    7.2.10 Aspectos críticos para implementação, 56
Resumo, 56
Referências bibliográficas, 57

CAPÍTULO 8 – *LEAN MANUFACTURING*, 59

Objetivos de aprendizagem, 59
Introdução, 59
8.1 Conceitos, 60
    8.1.1 Definição, 60
    8.1.2 Origem do *Lean Manufacturing*, 60
    8.1.3 Objetivos e benefícios, 60
    8.1.4 Aplicação, 61
    8.1.5 Foco no cliente, 61
    8.1.6 Os oito desperdícios *Lean*, 61
    8.1.7 *Just in Time* (JIT), 66

8.1.8	*Jidoka*, 66
8.1.9	Envolvimento, 67
8.1.10	Padronização, 67
8.1.11	Estabilidade, 67

Resumo, 68
Referências bibliográficas, 68

CAPÍTULO 9 — FILOSOFIA *KAIZEN*, 69

Objetivos de aprendizagem, 69
Introdução, 69
9.1 Conceitos, 70
    9.1.1 Definição, 70
    9.1.2 Objetivos e benefícios, 70
    9.1.3 Aplicação, 70
    9.1.4 Os sete pilares da filosofia *Kaizen*, 72
    9.1.5 *Kaizen* e gestão, 72
    9.1.6 A equipe e o líder *Kaizen*, 73

Resumo, 73
Referências bibliográficas, 73

CAPÍTULO 10 — SEIS SIGMA, 75

Objetivos de aprendizagem, 75
Introdução, 75
10.1 Conceitos, 76
    10.1.1 Definição, 76
    10.1.2 Objetivos e benefícios, 76
    10.1.3 Aplicação, 77
    10.1.4 Nível Seis Sigma, 77
    10.1.5 Três pilares para a implementação do Seis Sigma, 79
    10.1.6 Princípios Seis Sigma, 79
    10.1.7 Seis Sigma e processos, 80
    10.1.8 Certificações *Belts* em Seis Sigma, 81

Resumo, 82
Referências bibliográficas, 83

CAPÍTULO 11 — *LEAN* SEIS SIGMA, 85

Objetivos de aprendizagem, 85
Introdução, 85
11.1 Conceitos, 86
    11.1.1 Definição: integração *Lean Manufacturing* e Seis Sigma, 86
    11.1.2 Objetivos e benefícios, 86
    11.1.3 *Lean* Seis Sigma e a pirâmide dos sistemas de gestão, 86
    11.1.4 Aplicação, 88
        11.1.4.1 Mapa de Raciocínio, 88

- 11.1.5 Barreiras na implementação do *Lean* Seis Sigma, 88
- 11.1.6 Os sete passos para a implementação, 89
- 11.1.7 O papel da alta gestão na implementação do *Lean* Seis Sigma, 91
- 11.1.8 Amplitude de aplicabilidade do *Lean* Seis Sigma, 91
  - 11.1.8.1 Área da manufatura, 91
  - 11.1.8.2 Área de serviços, 92
  - 11.1.8.3 Área da saúde, 92
  - 11.1.8.4 Área de esportes, 93
- 11.1.9 Cuidados na implementação do *Lean* Seis Sigma, 93

Resumo, 93
Referências bibliográficas, 94

CAPÍTULO 12 – *DESIGN FOR SIX SIGMA* E MÉTODO DMADV, 95

Objetivos de aprendizagem, 95
Introdução, 95

- 12.1 Conceitos, 96
  - 12.1.1 Definição: *Design for Six Sigma*, 96
  - 12.1.2 Objetivos e benefícios, 96
  - 12.1.3 Aplicação, 96
  - 12.1.4 DMAIC *versus* DMADV, 96
- 12.2 Etapas do método DMADV, 97
  - 12.2.1 Definição, 97
  - 12.2.2 Medição, 98
  - 12.2.3 Análise, 98
  - 12.2.4 *Design*, 99
  - 12.2.5 Verificação, 99

Resumo, 99
Referências bibliográficas, 100

CAPÍTULO 13 – *WORLD CLASS MANUFACTURING*, 101

Objetivos de Aprendizagem, 101
Introdução, 101

- 13.1 Conceitos, 102
  - 13.1.1 Definição, 102
  - 13.1.2 Origem, 102
- 13.2 Pilares do *World Class Manufacturing*, 103
  - 13.2.1 Os 10 pilares técnicos, 104
    - 13.2.1.1 Pilar Técnico Segurança: garantir um ambiente de trabalho seguro e saudável, 104
    - 13.2.1.2 Pilar Técnico *Cost Deployment* (Desdobramento de Custos): reduzir os custos de produção e otimizar o uso de recursos, 105
    - 13.2.1.3 Pilar Técnico Melhoria Focada (*Focused Improvement*): eliminar perdas e promover a Melhoria Contínua, 106
    - 13.2.1.4 Pilar Técnico Manutenção Autônoma e Organização do Posto de Trabalho: aumentar a responsabilidade e eficiência operacional, 107
    - 13.2.1.5 Pilar Técnico Manutenção Profissional: implementar práticas de manutenção preditiva e preventiva, 109

13.2.1.6 Pilar Técnico Controle de Qualidade: melhorar a qualidade dos produtos e dos processos, 110
13.2.1.7 Pilar Técnico Logística: otimizar os fluxos de materiais e informações, 111
13.2.1.8 Pilar Técnico Gestão Antecipada de Equipamentos (*Early Equipment Management*): aumentar a confiabilidade de equipamentos, 112
13.2.1.9 Pilar Técnico Pessoas e Desenvolvimento: desenvolver habilidades e competências dos funcionários, 113
13.2.1.10 Pilar Técnico Meio Ambiente: minimizar o impacto ambiental das operações, 114
13.2.1.11 Resumo: pilares técnicos, 115
13.2.2 Os 10 pilares gerenciais, 115
13.2.2.1 Compromisso da Liderança: envolvimento ativo e visível dos líderes, 115
13.2.2.2 Pilar Gerencial: Clareza de Objetivos e KPIs — Metas claras para orientar a excelência, 116
13.2.2.3 Pilar Gerencial: Mapa de Caminho (*Route Map*) – Um plano detalhado para a implementação eficaz, 116
13.2.2.4 Pilar Gerencial: Alocação de Pessoas Qualificadas – Talentos certos nas funções certas, 117
13.2.2.5 Pilar Gerencial: Comprometimento da Organização – A cultura de Melhoria Contínua em todos os níveis, 117
13.2.2.6 Pilar Gerencial: Competência da Organização para Melhorar — Habilidades para sustentar a Melhoria Contínua, 118
13.2.2.7 Pilar Gerencial: Tempo e Orçamento – Recursos para evitar desperdícios e garantir viabilidade, 118
13.2.2.8 Pilar Gerencial: Nível de Detalhes – Atenção para identificar oportunidades de melhoria, 119
13.2.2.9 Pilar Gerencial: Nível de Expansão – Expandir práticas para maximizar o impacto, 119
13.2.2.10 Pilar Gerencial: Motivação dos Operadores – Engajamento e proatividade nas iniciativas, 120
13.2.2.11 Resumo: pilares gerenciais, 120
13.3 Implementação, 120
13.4 Sistema de avaliação, 121
Resumo, 122
Referências bibliográficas, 122

Parte III
PRINCIPAIS *FRAMEWORKS* PARA SOLUÇÃO DE PROBLEMAS, 123

CAPÍTULO 14 – CICLO PDCA E SDCA, 125
Objetivos de aprendizagem, 125
Introdução, 125
14.1 Conceitos, 126
　14.1.1 Definição: ciclo PDCA, 126
14.2 Divisão do ciclo PDCA, 126
　14.2.1 Etapa *Plan* (Planejar), 126
　14.2.2 Etapa *Do* (Executar), 126
　14.2.3 Etapa *Check* (Verificar), 127
　14.2.4 Etapa *Act* (Agir), 127
14.3 Ciclo SDCA, 127
Resumo, 128
Referências bibliográficas, 128

CAPÍTULO 15 – MÉTODO DE ANÁLISE E SOLUÇÃO DE PROBLEMAS (MASP), 129
Objetivos de aprendizagem, 129
Introdução, 129

15.1 Conceitos, 130
    15.1.1 Definição, 130
    15.1.2 Objetivos e benefícios, 130
    15.1.3 Aplicação, 130
15.2 Passo a passo para a implementação do MASP, 130
    15.2.1 Etapa 1 – Identificação do problema, 130
    15.2.2 Etapa 2 – Análise do fenômeno (observação), 131
    15.2.3 Etapa 3 – Análise do processo, 131
    15.2.4 Etapa 4 – Plano de ação, 131
    15.2.5 Etapa 5 – Execução do plano de ação, 131
    15.2.6 Etapa 6 – Verificação dos resultados, 131
    15.2.7 Etapa 7 – Padronização, 132
    15.2.8 Etapa 8 – Conclusão, 132
Resumo, 132
Referências bibliográficas, 132

CAPÍTULO 16 – RELATÓRIO A3, 133
Objetivos de aprendizagem, 133
Introdução, 133
16.1 Conceitos, 134
    16.1.1 Definição, 134
    16.1.2 Objetivos e benefícios, 134
    16.1.3 Escopo do relatório A3, 135
    16.1.4 Princípios do relatório A3, 135
    16.1.5 Aplicação, 135
16.2 Dicas para um relatório A3 eficaz, 137
Resumo, 138
Referências bibliográficas, 138

CAPÍTULO 17 – FERRAMENTA 5G, 139
Objetivos de aprendizagem, 139
Introdução, 139
17.1 Conceitos, 140
    17.1.1 Definição, 140
    17.1.2 Objetivos e benefícios, 140
    17.1.3 Aplicação, 140
        17.1.3.1 *Gemba* 現場, 140
        17.1.3.2 *Gembutsu* 現物, 141
        17.1.3.3 *Genjitsu* 現実, 141
        17.1.3.4 *Genri* 原理, 141
        17.1.3.5 *Gensoku* 原則, 142
Resumo, 142
Referências bibliográficas, 142

CAPÍTULO 18 – MÉTODO DMAIC E DMAIC ÁGIL, 143
Objetivos de aprendizagem, 143

Introdução, 143
18.1 Conceitos, 144
    18.1.1 Método DMAIC: definição, 144
    18.1.2 Objetivos e benefícios, 144
    18.1.3 Aplicação, 144
    18.1.4 Relação entre o método DMAIC e o ciclo PDCA, 144
18.2 Etapas do DMAIC, 145
    18.2.1 D – Definição, 145
    18.2.2 M – Medição, 146
    18.2.3 A – Análise, 147
    18.2.4 I – Melhoria, 147
    18.2.5 C – Controle, 148
18.3 DMAIC Ágil, 149
    18.3.1 Definição, 149
    18.3.2 Ciclo DMAIC tradicional × ciclo DMAIC Ágil, 149
    18.3.3 Cinco etapas ágeis, 150
    18.3.4 Etapas em *sprints*, 151
    18.3.5 A escolha da melhor metodologia, 151
Resumo, 152
Referências bibliográficas, 153

Parte IV
EXECUÇÃO DE UM PROJETO *LEAN* SEIS SIGMA: ETAPA DE DEFINIÇÃO, 155

CAPÍTULO 19 – DEFINIÇÃO DO PROBLEMA E PLANEJAMENTO DO PROJETO, 157
Objetivos de aprendizagem, 157
Introdução, 157
19.1 Como identificar projetos, 158
Exemplo prático, 160
19.2 Definição de metas, escopo, OKRs e KPIs, 160
    19.2.1 Metas, 160
    19.2.2 Escopo, 160
Exemplos práticos, 161
    19.2.3 OKRs, 162
    19.2.4 KPIs, 162
        19.2.4.1 Principais métricas KPI, 165
19.3 Determinação do *baseline* e *assumptions*, 165
19.4 Definição da equipe, 166
    19.4.1 Líder, 166
19.5 *Project Management Office*, 166
    19.5.1 Diferença entre líder de projetos e *Project Management Office*, 167
    19.5.2 Seis benefícios da implantação de um *Project Management Office*, 167

19.6 Definição de *stakeholders*, 168
19.7 Contrato de Projeto (*project charter*), 168
    19.7.1 *Business case*: apresentando e validando uma ideia de projeto, 168
Resumo, 171
Referências bibliográficas, 172

CAPÍTULO 20 – VOZ DO CONSUMIDOR, 173
Objetivos de aprendizagem, 173
Introdução, 173
20.1 Identificação de consumidores, 174
20.2 Coleta de dados do consumidor, 174
20.3 Análise de dados, 176
    20.3.1 *Quality Function Deployment*, 176
20.4 Tradução da Voz do Consumidor em CTQs e CTPs, 178
Exemplo prático, 180
20.5 SIPOC, 180
Exemplo prático, 182
Resumo, 182
Referências bibliográficas, 182

CAPÍTULO 21 – FERRAMENTAS DE PLANEJAMENTO E DEFINIÇÃO, 183
Objetivos de aprendizagem, 183
Introdução, 183
21.1 *Brainstorming*, 184
Exemplo, 184
21.2 Análise SWOT, 185
21.3 Matriz GUT, 185
Exemplo, 186
    21.3.1 Como montar a Matriz GUT, 186
21.4 Matriz RACI, 187
Exemplo, 188
21.5 Gráfico de Gantt, 189
Exemplo, 189
Exemplo, 190
21.6 PERT-CPM, 191
Exemplo, 193
21.7 Matriz de Gravidade de Risco, 195
Exemplo, 196
21.8 *Benchmarking*, 197
    21.8.1 Principais tipos de *benchmarking*, 197
Exemplo, 198
Resumo, 199
Referências bibliográficas, 199

CASOS PRÁTICOS – ETAPA DE DEFINIÇÃO, 201

Casos práticos – Etapa de Definição (*Define*), 201
    Etapa de Definição: Projeto de redução de erros na entrega de tubos de aço e escapamentos em uma indústria nacional, 201
    Etapa de Definição: Projeto de aumento do nível de serviço de atendimento nas unidades da regional Minas Gerais, 205
    Etapa de Definição: Projeto de redução do custo de juros e multas por pagamentos atrasados de fornecedores, 206

Parte V
EXECUÇÃO DE UM PROJETO *LEAN* SEIS SIGMA: ETAPA DE MEDIÇÃO, 213

CAPÍTULO 22 – SELEÇÃO DE MÉTRICAS E COLETA DE DADOS, 215

Objetivos de aprendizagem, 215
Introdução, 215
22.1   Métricas de tempo, 216
    22.1.1   *Lead Time*, 216
Exemplo prático, 216
    22.1.2   Tempo de Ciclo, 217
    22.1.3   *Takt Time*, 217
Exemplo prático, 217
    22.1.4   Tempo de *Setup*, 218
Exemplo prático, 218
    22.1.5   Eficiência do Ciclo do Processo, 219
    22.1.6   *Work in Process* – Trabalho em Processo, 219
22.2   Métricas de qualidade, 219
Exemplo prático, 219
Exemplo prático, 220
Exemplo prático, 220
    22.2.1   *Overall Equipment Effectiveness* – Efetividade Global do Equipamento, 221
    22.2.2   *First Time Through*, 221
Exemplo prático, 222
Exemplo prático, 223
    22.2.3   Defeitos por Unidade, Defeitos por Oportunidade e Defeitos por Milhão de Oportunidades, 223
22.3   Tipos de dados, 224
    22.3.1   Qualitativos e quantitativos, 224
Exemplo prático, 224
22.4   Amostragem, 226
    22.4.1   Tamanho da amostra, 226
    22.4.2   Cálculo de tamanho de amostra, 227
Exemplo prático, 228
    22.4.3   Cálculo do tamanho de amostra quando o tamanho da população é conhecido, 228
Exemplo prático, 229
Exemplo prático, 229

Resumo, 229
Referências bibliográficas, 230

CAPÍTULO 23 – ANÁLISE DO SISTEMA DE MEDIÇÃO, 231
Objetivos de aprendizagem, 231
Introdução, 231
23.1   Dados contínuos, 232
Exemplo prático, 234
23.2   Dados discretos, 236
Exemplo prático, 238
Resumo, 241
Referências bibliográficas, 241

CAPÍTULO 24 – ESTATÍSTICA E PROBABILIDADE, 243
Objetivos de aprendizagem, 243
Introdução, 243
24.1   Principais medidas estatísticas, 244
    24.1.1   Média, 244
    24.1.2   Mediana, 244
    24.1.3   Quartis, 244
    24.1.4   Amplitude, 244
    24.1.5   Variância, 244
    24.1.6   Desvio padrão, 244
Exemplo, 245
24.2   Métodos gráficos, 246
    24.2.1   Gráfico de barras, 247
Exemplo prático, 247
    24.2.2   Gráfico de setores, 248
    24.2.3   Gráfico de séries temporais, 248
    24.2.4   Histograma, 248
Exemplo prático, 248
Exemplo prático, 249
Exemplo prático, 250
    24.2.5   Gráfico ou Diagrama de Pareto, 251
Exemplo prático, 253
    24.2.6   Gráfico de *boxplot*, 254
Exemplo prático 1, 254
Exemplo prático 2, 255
24.3   Distribuições de probabilidade, 256
    24.3.1   Distribuição Normal, 257
Exemplo prático, 258
Exemplo prático, 259
Exemplo prático, 262
    24.3.2   Distribuição Qui-quadrado, 263

        24.3.3   Distribuição t, 263
Exemplo prático, 264
        24.3.4   Distribuição F, 265
        24.3.5   Distribuição de Weibull, 265
        24.3.6   Distribuição exponencial e lognormal, 266
        24.3.7   Distribuição de Poisson, 267
        24.3.8   Distribuição Binomial, 268
24.4   Séries temporais, 269
        24.4.1   Tendência, 269
Exemplo prático, 270
        24.4.2   Sazonalidade, 273
Exemplo prático, 274
Resumo, 275
Referências bibliográficas, 276

CAPÍTULO 25 – CAPABILIDADE E *PERFORMANCE* DE PROCESSOS, 277

Objetivos de aprendizagem, 277
Introdução, 277
25.1   Capabilidade (Cp e Cpk), 278
        25.1.1   Índices para avaliação da capabilidade do processo, 278
        25.1.2   Índices Cp e Cpk e a curva normal, 278
        25.1.3   Identificação de um processo capaz, 280
Exemplo prático, 281
        25.1.4   Nível sigma do processo, 282
        25.1.5   Capabilidade de processo para dados não normais, 283
Exemplo prático 1, 284
Exemplo prático 2, 285
        25.1.6   Cálculo da capabilidade de processo para atributos, 288
Exemplo prático, 289
25.2   *Performance* (Pp e Ppk), 289
        25.2.1   Diferença entre os índices de capabilidade e os índices de *performance* de processos, 289
        25.2.2   Índices Pp e Ppk, 289
Resumo, 290
Referências bibliográficas, 291

CAPÍTULO 26 – FERRAMENTAS DE MEDIÇÃO, 293

Objetivos de aprendizagem, 293
Introdução, 293
26.1   Diagrama de Ishikawa, 294
Exemplo prático, 295
26.2   Diagrama de Espaguete, 296
26.3   Mapa de Processo, 297
Exemplo prático, 297
Exemplo prático, 300

26.4   Mapeamento do Fluxo de Valor, 301
Exemplo prático, 301
    26.4.1   Mapa de Fluxo de Valor do Estado Presente, 303
    26.4.2   Mapa de Fluxo de Valor do Estado Futuro, 303
26.5   Matriz Causa e Efeito, 303
26.6   Matriz Esforço × Impacto, 304
Exemplo prático, 305
Exemplo prático, 306
Resumo, 307
Referências bibliográficas, 308

CASOS PRÁTICOS – ETAPA DE MEDIÇÃO, 309

Etapa de Medição (*Measure*), 309
    Etapa de Medição: Projeto de redução de erros na entrega de tubos de aço e escapamentos em uma indústria nacional, 309
    Etapa de Medição: Projeto de aumento do nível de serviço de atendimento nas unidades da regional Minas Gerais, 310
    Etapa de Medição: Projeto de redução do custo de juros e multas por pagamentos atrasados de fornecedores, 314

Parte VI
EXECUÇÃO DE UM PROJETO *LEAN* SEIS SIGMA: ETAPA DE ANÁLISE, 323

CAPÍTULO 27 – CORRELAÇÃO E REGRESSÃO, 325
Objetivos de aprendizagem, 325
Introdução, 325
27.1   Mapa de Análise Estatística, 326
27.2   Correlação e Diagrama de Dispersão, 326
    27.2.1   Coeficiente de correlação linear, 327
    27.2.2   Tipos de correlação, 328
    27.2.3   Correlação × causa e efeito, 328
Exemplo prático, 328
27.3   Regressão linear simples, 330
Exemplo prático 1, 331
Exemplo prático 2, 332
27.4   Regressão linear múltipla, 335
Exemplo prático, 336
27.5   Regressão logística, 339
Exemplo prático, 340
27.6   Cartas Multi-Vari, 343
Exemplo prático, 344
Resumo, 345
Referências bibliográficas, 346

CAPÍTULO 28 – TESTES E FERRAMENTA PARA ANÁLISE DE DADOS, 347
Objetivos de aprendizagem, 347
Introdução, 347

28.1 Teste de hipóteses, 348
    28.1.1 Intervalo e nível de confiança, 348
    28.1.2 Cinco tipos de teste de hipóteses, 349
Exemplo prático, 349
Exemplo prático, 351
Exemplo prático, 353
Exemplo prático, 356
Exemplo prático, 358
Exemplo prático, 359
28.2 ANOVA – Análise de Variância, 360
    28.2.1 ANOVA × teste de hipóteses, 361
    28.2.2 Suposições necessárias para a Análise de Variância, 361
    28.2.3 Tipos de ANOVA, 361
Exemplo prático, 362
Exemplo prático, 365
Exemplo prático, 369
28.3 Testes não paramétricos, 371
Exemplo prático, 371
    28.3.1 Teste de Levene, 372
Exemplo prático, 373
    28.3.2 Teste de Mediana de Mood, 374
Exemplo prático, 374
28.4 Teste do Qui-quadrado, 374
28.5 *Failure Mode and Effects Analysis* – Análise dos Modos de Falhas e seus Efeitos, 375
Exemplo prático, 376
    28.5.1 Histórico, 377
    28.5.2 Curva dos padrões de falha, 377
    28.5.3 Etapas para construção da FMEA, 380
    28.5.4 Determinação de notas de severidade, ocorrência e detecção, 380
    28.5.5 Classificação da FMEA, 380
Exemplo prático, 381
Resumo, 386
Referências bibliográficas, 386

CASOS PRÁTICOS – ETAPA DE ANÁLISE, 387

Etapa de Análise (*Analyze*), 387
    Etapa de Análise: Projeto de redução de erros na entrega de tubos de aço e escapamentos em uma indústria nacional, 387
    Etapa de Análise: Projeto de aumento do nível de serviço de atendimento nas unidades da regional Minas Gerais, 388
    Etapa de Análise: Projeto de redução do custo de juros e multas por pagamentos atrasados de fornecedores, 389

Parte VII
EXECUÇÃO DE UM PROJETO *LEAN* SEIS SIGMA: ETAPA DE MELHORIA, 397

CAPÍTULO 29 – ELIMINAÇÃO DE DESPERDÍCIOS, 399
Objetivos de aprendizagem, 399

Introdução, 399
29.1   3Ms do *Lean*, 400
    29.1.1   *Muda* (desperdícios), 400
    29.1.2   *Mura* (irregularidade), 401
        29.1.2.1   Modularização, 401
        29.1.2.2   *First In, First Out*, 402
    29.1.3   *Muri* (sobrecarga), 402
Três fases para elaborar um Procedimento Operacional Padrão, 404
Resumo, 405
Referências bibliográficas, 405

CAPÍTULO 30 – FERRAMENTAS DE MELHORIA, 407
Objetivos de aprendizagem, 407
Introdução, 407
30.1   *Single Minute Exchange of Die*, 408
    30.1.1   Seis passos para a aplicação do SMED, 408
Exemplo prático, 409
30.2   *Design of Experiments* – Planejamento de Experimentos, 410
    30.2.1   Seis principais elementos do Planejamento de Experimentos, 410
    30.2.2   Tipos de Planejamento de Experimentos, 411
Exemplo prático, 412
Exemplo prático, 413
Exemplo prático, 419
Exemplo prático, 422
Exemplo prático, 426
Exemplo prático, 429
Exemplo prático, 432
30.3   5W2H, 436
30.4   *Poka Yoke*, 437
Exemplo prático, 437
    30.4.1   Implementação do *Poka Yoke*, 438
Resumo, 438
Referências bibliográficas, 439

CASOS PRÁTICOS – ETAPA DE MELHORIA, 441
Etapa de Melhoria (*Improve*), 441
    Etapa de Melhoria: Projeto de redução de erros na entrega de tubos de aço e escapamentos em uma indústria nacional, 441
    Etapa de Melhoria: Projeto de aumento do nível de serviço de atendimento nas unidades da regional Minas Gerais, 442
    Etapa de Melhoria: Projeto de redução do custo de juros e multas por pagamentos atrasados de fornecedores, 444

Parte VIII
EXECUÇÃO DE UM PROJETO *LEAN* SEIS SIGMA: ETAPA DE CONTROLE, 447

CAPÍTULO 31 – CONTROLE ESTATÍSTICO DE PROCESSOS, 449
Objetivos de aprendizagem, 449

Introdução, 449
31.1 Cartas de Controle, 450
    31.1.1 Tipos de Cartas de Controle, 451
31.2 Cartas de Controle do tipo variável, 452
    31.2.1 Cartas de Controle X-AM ou I-AM, 452
    31.2.2 Cartas de Controle Xbarra-R, 453
Exemplo prático 1, 454
Exemplo prático 2, 455
    31.2.3 Cartas de Controle Xbarra-S, 457
Exemplo prático 1, 458
Exemplo prático 2, 459
31.3 Cartas de Controle do tipo atributo, 462
    31.3.1 Carta p, 462
Exemplo prático, 463
    31.3.2 Carta np, 464
    31.3.3 Carta u, 464
    31.3.4 Carta c, 464
Exemplo prático, 465
31.4 Testes para identificação de causas especiais, 466
Exemplo prático, 469
Resumo, 469
Referências bibliográficas, 470

CAPÍTULO 32 – SUSTENTANDO MELHORIAS, 471

Objetivos de aprendizagem, 471
Introdução, 471
32.1 Finalização do projeto, 472
32.2 Relatório final e lições aprendidas, 473
    32.2.1 Resumo executivo, 473
    32.2.2 Avaliação e análise, 473
    32.2.3 Recomendações, 473
    32.2.4 Lições aprendidas, 473
    32.2.5 Apêndice, 473
32.3 Avaliação de desempenho e comemoração, 473
Exemplo prático, 474
Resumo, 475
Referências bibliográficas, 475

CAPÍTULO 33 – FERRAMENTAS DE CONTROLE, 477

Objetivos de aprendizagem, 477
Introdução, 477
33.1 Gestão visual, 478
33.2 *Out of Control Action Plan*, 478
    33.2.1 Três elementos do OCAP, 478

  33.2.2 Relação entre OCAP e Cartas de Controle, 478
  33.2.3 OCAP, Cartas de Controle e Diário de Bordo, 480
 33.3 *Total Productive Maintenance*, 480
  33.3.1 Oito pilares da TPM, 481
Resumo, 481
Referências bibliográficas, 482

CASOS PRÁTICOS – ETAPA DE CONTROLE, 483

Etapa de Controle (*Control*), 483
 Etapa de Controle: Projeto de redução de erros na entrega de tubos de aço e escapamentos em uma indústria nacional, 483
 Etapa de Controle: Projeto de aumento do nível de serviço de atendimento nas unidades da regional Minas Gerais, 484
 Etapa de Controle: Projeto de redução do custo de juros e multas por pagamentos atrasados de fornecedores, 484

ANEXOS, 487

Anexo A. Tabelas Estatísticas, 487
 Anexo A1 – Distribuição Normal (Z), 487
 Anexo A2 – Distribuição Qui-quadrado, 488
 Anexo A3 – Distribuição t-Student, 489
 Anexo A4 – Distribuição F, 491
 Anexo A5 – Distribuição Poisson, 492
 Anexo A6 – Distribuição Binomial, 494
Anexo B – Tabelas de Fatores para Gráficos de Controle, 495
Anexo C – Tabela de Conversão Seis Sigma, 496
Anexo D – Certificação de Projetos *Lean* Seis Sigma – Requisitos, 496
Anexo E – *Roadmap* DMAIC, 499

ÍNDICE ALFABÉTICO, 501

Parte I

MINDSET DO ESPECIALISTA *LEAN* SEIS SIGMA *BLACK BELT*

A busca por excelência e eficiência torna-se imperativa em um cenário empresarial cada vez mais competitivo e dinâmico, e a forma de pensar, ou seja, o *mindset*, surge como um catalisador para impulsionar organizações e profissionais rumo à Melhoria Contínua. A primeira parte deste livro apresenta como os conceitos de *mindset* e Melhoria Contínua são essenciais para a adaptação às novas tendências do mercado.

O *mindset* é a base do sucesso em qualquer iniciativa, e isso não é diferente quando se trata de *Lean* Seis Sigma. O objetivo é desenvolver habilidades comportamentais, tornando-se um agente protagonista e gerador de resultados. Serão apresentados os princípios fundamentais do *mindset* do especialista *Lean* Seis Sigma *Black Belt* e fornecidas dicas práticas para desenvolver essa mentalidade em sua equipe e em sua própria carreira.

Serão abordados o gerenciamento de mudanças, o seu papel para a sobrevivência e o crescimento organizacional, bem como as habilidades requisitadas no perfil do especialista em Melhoria Contínua. A Parte I desta obra lhe prepara para desenvolver habilidades comportamentais ao nível de um especialista *Lean* Seis Sigma *Black Belt*.

Os capítulos que compõem a Parte I são:

Capítulo 1 – *Mindset* de Melhoria
Capítulo 2 – Melhoria Contínua e Gestão da Qualidade
Capítulo 3 – Gerenciamento de Mudanças
Capítulo 4 – *Skills* do Especialista em *Lean* Seis Sigma

Capítulo 1

MINDSET DE MELHORIA

OBJETIVOS DE APRENDIZAGEM

Ao final deste capítulo, será possível:
- Compreender o que é *mindset*, sua classificação e importância no mundo corporativo.
- Entender o que é *mindset* ágil, seus pilares e como desenvolvê-lo.
- Identificar como o *mindset* está relacionado à Melhoria Contínua, seus princípios e o seu papel para a sobrevivência das empresas.
- Entender como tecnologias, à exemplo da Inteligência Artificial (IA), atuam como impulsionadores do *mindset* de Melhoria Contínua.
- Compreender as cinco etapas para promover a mudança de *mindset*.

INTRODUÇÃO

No turbilhão da vida cotidiana, em que oportunidades e desafios se entrelaçam, a mentalidade que adotamos desempenha um papel essencial em nossa jornada profissional e pessoal. Este capítulo nos leva a explorar as discussões a respeito do "*mindset* de melhoria", uma abordagem mental que não somente abraça desafios, mas também os utiliza como impulsionadores para o crescimento e o aprimoramento. É a arte de encarar os obstáculos como oportunidades, transformando adversidades em alavancas para o desenvolvimento pessoal.

Ao longo destas páginas, serão desvendados os componentes essenciais do *mindset* de melhoria e como ele se diferencia de mentalidades fixas. Apresentaremos como a flexibilidade cognitiva, a disposição para aprender e a resiliência são peças fundamentais para a construção de *mindsets* de crescimento. Preparamos um guia perspicaz para desafiar crenças limitantes, de modo a construir uma orientação para o progresso constante.

Quando o ritmo da mudança dentro da empresa for ultrapassado pelo ritmo fora dela, o fim está próximo.
Jack Welch, CEO da General Electric entre 1981 e 2001

1.1 CONCEITOS

1.1.1 Definição de *mindset*

Mindset pode ser traduzido como "atitude mental" ou "mentalidade", e refere-se ao modo como enxergamos o mundo, interpretamos os acontecimentos, e como crenças e valores impactam na percepção da realidade.

O conceito foi introduzido por Carol Dweck, professora da Universidade Stanford e especialista em motivação e sucesso. Dweck destaca que o sucesso pode ser alcançado pelo modo como os objetivos são tratados, em que o simples fato de acreditar em algo pode gerar efeitos positivos nos seres humanos.

No mundo profissional, além de compreender a definição de *mindset* e aplicar suas metodologias, é essencial saber como se adaptar e aprender com desafios, de modo a sempre buscar a Melhoria Contínua nos resultados.

1.1.2 Tipos de *mindset*

Dweck trata do termo "*mindset*" ao propor um experimento com crianças, no qual estas foram submetidas a montar quebra-cabeças cada vez mais difíceis. Por meio desse experimento, a autora pôde analisar como as pessoas lidam quando são desafiadas e expostas a dificuldades. A autora trata o termo "*mindset*" como a capacidade de lidar com desafios, ou seja, é como cada indivíduo interpreta uma contrariedade e como ele reage a essa situação crítica.

Durante seu experimento, Dweck constatou que algumas crianças nem cogitaram estar fracassando, e sim aprendendo. Com essa observação, a autora apresenta dois tipos de *mindset*: o fixo e o de crescimento.

1. O **mindset fixo** é caracterizado por pessoas que acreditam que suas qualidades são advindas do nascimento, ou seja, suas habilidades são invariantes e, por isso, não podem ser desenvolvidas.
2. O **mindset de crescimento** é caracterizado por pessoas que acreditam que é possível desenvolver habilidades por meio do comprometimento e do esforço. São pessoas que, quando desafiadas, procuram solucionar o problema por meio da persistência, considerando o desafio como um aprendizado.

As pesquisas de Dweck destacam que a opinião a respeito de si mesmo afeta profundamente o modo como as pessoas levam a vida. Isso demonstra a importância do *mindset* para o profissional de Melhoria Contínua, pois é necessário que este seja capaz de desenvolver e motivar o aperfeiçoamento de habilidades, saiba lidar com desafios e buscar por uma solução, tendo em mente que as dificuldades não apontam fracassos, e sim preciosas lições.

O processo de melhoria é contínuo, sendo uma prática que requer esforços constantes de todos os envolvidos no projeto, incluindo o cliente, visto que a comunicação com este é essencial para capturar suas necessidades e promover melhorias no que lhe é ofertado. A Figura 1.1 ilustra as características do *mindset* de crescimento e do *mindset* fixo.

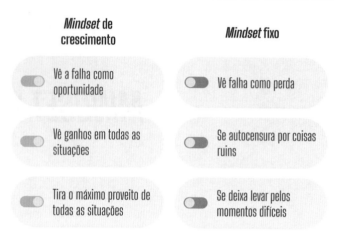

Figura 1.1 *Mindset* de crescimento e *mindset* fixo.

O *mindset* é crucial para fomentar o desejo de aprendizado, de aceitar desafios e crescer como indivíduo, pois as pessoas que apresentam o *mindset* de crescimento acreditam que as dificuldades são uma experiência de aprendizado. Além disso, essa mentalidade flexível e focada em resultados encara a mudança e a incerteza como chances para crescer, não como obstáculos. Mário Sérgio Cortella, importante filósofo brasileiro contemporâneo, destaca o seguinte:

> Nascer sabendo é uma limitação porque obriga a apenas repetir e, nunca, a criar, inovar, refazer, modificar. Quanto mais se nasce pronto, mais refém do que já se sabe e, portanto, do passado; aprender sempre é o que mais impede que nos tornemos prisioneiros de situações que, por serem inéditas, não saberíamos enfrentar.

Nesse sentido, desenvolver a consciência sobre o modo como encaramos frustrações e dificuldades é um passo crucial para o aprendizado, a mudança e a consequente melhoria de resultados.

1.1.3 *Mindset* ágil

O *mindset* ágil surgiu a partir do Manifesto Ágil (conjunto de valores e princípios criado por um grupo de especialistas em 2001), no qual foram definidos pilares para a implementação desse conceito em uma organização. Pessoas com esse *mindset* buscam sempre se adaptar às mudanças com rapidez, de modo a acelerar e otimizar processos nos ambientes que estão inseridos, principalmente no meio corporativo.

A mentalidade ágil proporciona foco no crescimento e na entrega de resultados de valor. Por sua vez, os colaboradores com *mindset* ágil reconhecem a importância de trabalhar com objetivos e metas bem estabelecidos, além de desenvolverem atividades de modo organizado, reconhecerem seus erros e evoluir a partir deles, e de contribuírem com o crescimento coletivo.

O *mindset* ágil está relacionado com resiliência, aprendizado contínuo, adaptação a mudanças e criação de soluções inovadoras, usando criatividade e compartilhamento de ideias. Com essa mentalidade, há uma conscientização diante da necessidade de estabelecer fluxos de trabalho menos burocráticos, baseados na comunicação eficaz e na cooperação entre colaboradores.

> *Valorizar mais produtos que realmente funcionem em vez de documentação dizendo como o produto deveria funcionar.*
> Jeff Sutherland

Existem quatro princípios do Manifesto Ágil que orientam essa mentalidade dos profissionais (Figura 1.2).

Figura 1.2 Princípios do Manifesto Ágil.

A seguir, entenda cada um desses princípios em detalhes:

1. Indivíduos e interações mais que processos e ferramentas

Essa ideia se traduz em reconhecer que os colaboradores são a força vital de qualquer projeto. Enfatiza a adaptabilidade e a flexibilidade, valorizando a capacidade de responder a mudanças, e que processos e ferramentas, embora ainda sejam importantes, devem estar a serviço das necessidades humanas, de modo a facilitar a comunicação, a formação de equipes coesas, a colaboração ativa e a troca de experiências e conhecimento entre profissionais.

2. *Software* em funcionamento mais que documentação abrangente

No *mindset* ágil, há uma preferência por *software* em funcionamento, ressaltando a importância de resultados práticos e tangíveis. Em vez de gastar muito tempo na criação de documentação extensiva, o foco está no *software* que atenda às necessidades do cliente. Isso está alinhado com a ideia central de adaptabilidade, na qual as equipes são incentivadas a responder às mudanças com agilidade, cumprindo os requisitos do projeto.

Portanto, priorize as entregas funcionais em vez da burocracia. Isso não significa a exclusão completa de documentos, e sim uma abordagem equilibrada, na qual a documentação é utilizada como suporte em vez de ser o principal artefato de controle.

3. Colaboração com o cliente mais que negociação de contratos

Priorizar a colaboração com o cliente antes da negociação de contratos enfatiza a necessidade de uma relação flexível e dinâmica com os *stakeholders*, os quais devem trabalhar juntos para desenvolver melhorias e se adaptar rapidamente às mudanças. Essa mentalidade possibilita ajustes ágeis, baseados nos *feedbacks* e nas alterações das necessidades dos clientes. Em contraste, abordagens mais tradicionais que enfatizam contratos mais detalhados podem causar dificuldade de adaptação e rigidez.

Em contraste, abordagens mais tradicionais enfatizam rigor no cumprimento de contratos, que podem gerar atrito, insatisfação de clientes e comprometimento com os resultados.

4. Responder a mudanças mais que seguir um plano

Ao colocar a resposta a mudanças como prioridade, o *mindset* ágil apresenta que as necessidades e os requisitos do cliente evoluem continuamente. A agilidade, nesse contexto, representa a capacidade de adaptação dos planos conforme novas necessidades e circunstâncias surgem. Isso implica elaborar um ciclo iterativo de desenvolvimento, no qual o *feedback* e aprendizado contínuos são essenciais para ajustar a direção do projeto.

1.1.3.1 Mentalidade ágil: dicas para ter um *mindset* de sucesso

Para implementar o *mindset* ágil, é preciso um esforço conjunto de todos os envolvidos, abrangendo colaboradores a líderes, visando mudar o modo de pensar e agir. Algumas etapas para essa implementação são apresentadas a seguir.

- **Investir em capacitação**: é necessário que todos conheçam os conceitos, as práticas e as ferramentas da metodologia ágil. Para tanto, é preciso investir em cursos, *workshops* e treinamentos para capacitar a equipe.

- **Estabelecer uma visão compartilhada**: toda a equipe deve ter uma visão clara dos objetivos e dos valores da organização, os quais devem ser alinhados com as expectativas dos clientes.
- **Desenvolver um ambiente propício**: é essencial criar um ambiente que favoreça a colaboração, a adaptação, a experimentação e o *feedback*. Para isso, a interação entre pessoas é essencial, além da criação de uma cultura que estimule a autonomia, a confiança e a responsabilidade.
- **Ser resiliente**: ter um *mindset* ágil significa ser eficiente, e não necessariamente ser capaz de realizar todas as atividades com velocidade. Profissionais com mentalidade ágil devem ser capazes de superar momentos de crise, obstáculos e desafios, adaptando-se a situações desfavoráveis.
- **Acompanhar os resultados**: indicadores de desempenho devem ser definidos, além de serem promovidas a coleta de dados, a análise de informações e a tomada de decisões baseadas em dados e evidências. Dessa maneira, a empresa pode avaliar o impacto do *mindset* ágil, de modo a identificar oportunidades de melhoria.

1.1.4 *Mindset* de Melhoria Contínua

Os princípios da Melhoria Contínua envolvem a quebra de paradigmas operacionais e comportamentais, proporcionando às organizações melhor aproveitamento dos recursos disponíveis – sejam financeiros, sejam tecnológicos, sejam humanos – e melhores resultados do projeto desejado. O especialista em Melhoria Contínua é o profissional que tem a capacidade de compreender que as dificuldades são lições valiosas para o aperfeiçoamento de habilidades e para seu aprendizado, aquele que deve buscar constantemente pelo aperfeiçoamento das habilidades já adquiridas e a aquisição de novas competências, desenvolvendo um *mindset* de que tudo está sujeito a melhorias.

Esse profissional deve buscar o equilíbrio entre a capacidade dos funcionários de uma organização e a dificuldade da tarefa, de modo a designar atividades de acordo com as aptidões de cada indivíduo. Assim, garantem-se o crescimento organizacional e o crescimento pessoal.

É possível fazer uma analogia entre o mundo corporativo e a Teoria da Evolução, proposta por Charles Darwin, que propõe que "não são as espécies mais fortes nem as mais inteligentes que sobrevivem, e sim as mais adaptáveis a mudanças". Essa teoria pode ser adaptada às organizações, pois aquelas que não se adequam a novos contextos provavelmente irão encontrar maior dificuldade de manter a competitividade perante ao mercado.

Algumas empresas que ocupavam posições de destaque em seus mercados deixaram uma marca na história por não terem acompanhado as mudanças e não adotarem o modelo de Melhoria Contínua. Como consequência, muitas perderam *market share* e até deixaram de existir.

A Kodak é um exemplo de empresa que era líder de segmento e inovou o mercado de fotografia inventando o primeiro modelo de câmera digital e aumentando exponencialmente o faturamento da empresa até 2007, ano em que a patente da Kodak expirou. O mercado demandou por inovação, e por estagnação da Kodak, em 2012, a empresa entrou no programa do governo dos Estados Unidos de proteção às organizações que necessitam de recuperação financeira.

Outro caso emblemático aconteceu com a líder do mercado de vídeo de locadoras, Blockbuster, no ano 2000, quando teve a oportunidade de comprar a *startup* Netflix. A empresa não acreditou no modelo do negócio e continuou apostando na experiência de suas lojas físicas. Como consequência, passou a perder mercado, anunciando sua falência em 2014.

A Blackberry, empresa de telefonia que ocupou posição de referência no mercado corporativo, se colocou na posição de conforto e, por falta de priorização em inovação, não incorporou ao seu negócio as tecnologias oferecidas pela sua concorrência como o *touchscreen* em seus modelos. A empresa não conseguiu acompanhar a evolução na mesma velocidade que seus competidores. Em 2016, a BlackBerry decidiu parar de fabricar celulares e mudar totalmente o seu modelo de negócios. Dois anos depois, em 2018, comprou a *startup* Cylance por US$ 1,4 bilhão, aquisição que lhe deu fôlego para entrar de vez no segmento de cibersegurança, de onde tira seu maior faturamento atualmente.

1.1.4.1 Pilares do *mindset* de Melhoria Contínua

O *mindset* de Melhoria Contínua é fundamental para o sucesso de iniciativas de aprimoramento em qualquer organização. A seguir, são apresentados alguns elementos-chave para desenvolver essa mentalidade.

1. Abertura para mudanças

No *mindset* de Melhoria Contínua, a abertura para mudanças é mais do que uma simples aceitação: é uma questão de postura proativa rumo à transformação positiva. Isso requer um olhar atento às necessidades do cliente, ao ambiente externo e aos avanços da tecnologia, estando sempre disposto a abandonar práticas antigas e abraçar novas abordagens.

2. Curiosidade e aprendizado constante

Essa combinação corresponde à busca ativa de conhecimento, à vontade de compreender novas ideias e de desenvolver novas habilidades, fomentando um ambiente de inovação, o qual é essencial para a Melhoria Contínua. Dessa maneira, a curiosidade alimenta o desejo de aprendizado constante, peças fundamentais para o desenvolvimento de uma cultura organizacional que valoriza a inovação, a adaptação e o progresso contínuo.

3. Resolução de problemas

Ao abordar a Melhoria Contínua, a resolução de problemas não corresponde somente a uma resposta pontual a adversidades, mas um processo enraizado na cultura da organização, prezando pelo aprimoramento consistente. Para tanto, métodos sistemáticos podem ser aplicados, como o método PDCA (do inglês *Plan, Do, Check, Act*), para uma abordagem estruturada.

4. Aceitação de *feedback*

A capacidade de acolher *feedbacks* é uma característica de organizações e indivíduos que estão comprometidos com a busca constante pela adaptabilidade e pela excelência. Quando esses *feedbacks* são valorizados e incorporados de modo sistemático e proativo, há maior chance de inovação e de evolução contínua.

5. Foco no cliente

Essa abordagem estabelece que o cliente não é somente o destinatário final de produtos ou serviços, mas um catalisador fundamental diante da evolução contínua e da excelência operacional. O foco no cliente vai além da sua satisfação, visto que corresponde a uma estratégia para entender suas expectativas e demandas.

6. Responsabilidade pessoal

A responsabilidade pessoal está relacionada à transparência e à prestação de contas. Funcionários que se comprometem com a Melhoria Contínua se responsabilizam por suas ações, as quais têm impacto não apenas em suas próprias tarefas, mas também no desempenho geral da organização.

7. Visão de longo prazo

A visão de longo prazo representa a capacidade de trabalhar além das demandas imediatas, de modo a orientar esforços rumo a objetivos mais amplos e sustentáveis. Essa visão requer uma compreensão de que a melhoria é um processo contínuo e gradual, exigindo um comprometimento persistente em aprimorar e evoluir.

1.1.4.2 Inteligência artificial: um impulsionador do *mindset* de Melhoria Contínua

Uma das características do mundo globalizado é a importância e a utilização dos dados. A partir da incorporação de tecnologias, são implementadas mudanças que visam otimizar os processos. De acordo com a publicação feita pela SCM World, organização focada em promover o gerenciamento da cadeia de suprimentos no Mundo, a Intel fez uso da mineração de dados em uma análise preventiva de uma única linha de produção de *chips* de microprocessador, e essa avaliação representou uma economia de US$ 3 milhões. Da mesma maneira, a GE Aviation (setor de aviação da General Electric) também estimou que poderia aumentar a velocidade de sua produção em 25% com o uso de análise de *big data* para auxiliar na inspeção durante e após o processo de fabricação.

Por meio de algoritmos avançados, a IA transforma a maneira como as empresas abordam a produção, a logística e a gestão de recursos humanos. Com a capacidade de prever e se adaptar a mudanças em tempo real, a IA torna os procedimentos mais flexíveis e aptos às demandas do mercado.

No ramo da inovação, surge o termo "simbiose tecnológica", que corresponde à interação entre o ser humano e diferentes tecnologias, que, em conjunto, complementam-se para proporcionar melhorias em termos de eficiência, produtividade, comunicação e qualidade de vida.

O especialista em Melhoria Contínua deve se preparar para conhecer e saber como trabalhar com essas novas tecnologias. Desse modo, a capacitação dos colaboradores auxilia na adaptação de uma empresa a essa nova realidade, evitando que seu modelo de negócios se torne obsoleto. Com especial atenção à IA, a qual representa uma revolução na forma como as organizações abordam a eficiência e a tomada de decisões.

Para extrair todo o potencial da IA, é preciso cultivar um *mindset* de Melhoria Contínua, tanto em termos individuais quanto organizacionais. Isso implica em não apenas implementar tecnologias, mas também estar disposto a aprender com os resultados, ajustar estratégias e evoluir continuamente, promovendo uma mudança de mentalidade em direção ao aprendizado constante e à Melhoria Contínua. Dessa maneira, é possível extrair contribuições como: alta capacidade de processamento de dados, automação de tarefas, promover a manutenção preditiva, melhor compreender as necessidades dos clientes, entre outras.

1.2 COMO PROMOVER A MUDANÇA DE *MINDSET*?

Para que o processo de Melhoria Contínua seja implementado com êxito, há a necessidade da adoção de práticas que valorizem o aprendizado dentro da organização, que, muitas vezes, pode conflitar com a busca de resultados de curto prazo. Liker e Franz, especialistas em Melhoria Contínua e no sistema Toyota de produção, destacam que, no longo prazo, as empresas que buscam excelência real têm desempenho superior àquelas que visam apenas objetivos financeiros de curto prazo.

No livro *Empresas feitas para vencer*, o autor Jim Collins apresenta os resultados de estudos que buscavam descobrir o que distingue as empresas de maior sucesso daquelas que se mantêm estagnadas. O autor identificou diversos fatores, mas o comum a todas as empresas era a atitude de seus líderes.

As empresas de maior sucesso têm líderes que encaram os problemas e as falhas como oportunidades de evolução e acreditam fortemente que serão bem-sucedidos, ou seja, apresentam um *mindset* de crescimento. Além disso, compreendem que as circunstâncias podem ser alteradas a qualquer momento e, por esse motivo, tentam incentivar a inovação constante para manter a organização atualizada com as expectativas de mercado.

Liderança é ação, e não posição.
Donald McGannon

Para promover a mudança de *mindset* e garantir a Melhoria Contínua, apresentamos alguns pontos-chave:

1. Mapeamento e análise da situação atual

A compreensão aprofundada do estado atual de uma organização é crucial para fundamentar qualquer esforço subsequente. Portanto, primeiramente, é preciso realizar um mapeamento minucioso da organização, utilizando ferramentas adequadas para esta finalidade.

Após a coleta e organização desses dados, é possível iniciar o processo de análise, que envolve examinar minuciosamente os processos existentes, identificando tanto os pontos positivos quanto os pontos negativos, entendendo as atitudes e comportamentos predominantes, e avaliando a cultura organizacional.

2. Defina a situação desejada

Com base na análise da situação atual, na sequência, deve-se definir claramente a situação desejada, por meio de uma visão que reflita os valores da Melhoria Contínua e do novo *mindset* a ser implantado. Essa etapa é um guia para a mudança e fornece um ponto de referência claro para as etapas seguintes.

3. Identifique *gaps* entre a situação atual e a desejada

Comparando a situação atual com a desejada, a próxima etapa é identificar os *gaps* ou lacunas que precisam ser priorizadas. Isso pode incluir divergências em relação a habilidades, cultura organizacional, processos ou *mindset*. A identificação dessas diferenças é fundamental para desenvolver estratégias de melhoria.

4. Desenvolva um plano de ação conforme priorização esforço × impacto

Identificados os *gaps*, é hora de desenvolver um plano de ação. Priorize esforços com base no impacto que terão em atingir a situação desejada e na viabilidade de implementação. A matriz esforço × impacto pode ser utilizada nessa etapa, na qual os recursos disponíveis devem ser considerados, assegurando que o plano seja realista e alinhado com os objetivos de Melhoria Contínua.

5. Acompanhe os resultados

Implementar o plano de ação é somente a primeira etapa. É fundamental implantar indicadores de desempenho e métricas para acompanhar os resultados ao longo do tempo. Desse modo, é possível avaliar a eficácia das mudanças implementadas, fazer ajustes nas estratégias e analisar o progresso da organização. É importante enfatizar que esse não é um processo linear, e sim um ciclo iterativo, pois à medida que os resultados são alcançados, novas informações podem surgir, exigindo ajustes constantes no plano de ação.

Nessa etapa, é crucial entender que mudanças significativas não vêm sem empenho, trabalho duro, e que falhas provavelmente irão ocorrer. É preciso se permitir errar, tirando a pressão da perfeição em uma primeira tentativa, de modo a aprender com as falhas; assim, o trabalho tende a melhorar.

RESUMO

- O conceito de *mindset* foi introduzido por Carol Dweck, e pode ser traduzido como "atitude mental" ou "mentalidade". Corresponde ao modo como interpretamos acontecimentos, como crenças e valores impactam na percepção da realidade, e como enxergamos o mundo.
- Carol Dweck apresenta dois tipos de *mindset*: fixo e de crescimento. O *mindset* fixo corresponde a pessoas que acreditam que suas qualidades são advindas do nascimento (as habilidades são invariantes). Já o *mindset* de crescimento é representado por pessoas que acreditam que é possível desenvolver habilidades por meio do comprometimento e do esforço.
- Pessoas com *mindset* ágil buscam sempre se adaptar às mudanças, acelerando e otimizando processos. Para impulsionar sua implementação, algumas dicas são: investir em capacitação, estabelecer uma visão clara dos objetivos da organização, desenvolver um ambiente propício e acompanhar os resultados.
- Os princípios do *mindset* de Melhoria Contínua são: abertura para mudanças, curiosidade e aprendizado constante, resolução de problemas, aceitação de *feedback*, foco no cliente, responsabilidade pessoal e visão de longo prazo.
- Exemplos de empresas que se mantiveram estagnadas e não implementaram os princípios da Melhoria Contínua e do *mindset* de crescimento: Kodak, Blockbuster e Blackberry. A conclusão desses exemplos é essencial para entender o cenário em que a organização está inserida, para que todos os colaboradores possam compreender a necessidade de se adaptar e de proporcionar melhorias constantes a seus processos e produtos.
- A utilização de tecnologias, como a IA, representa um impulsionador do *mindset* de Melhoria Contínua, de modo que além de buscar implementar tecnologias, é preciso estar disposto a aprender com os resultados, ajustar estratégias e evoluir continuamente, ao ritmo que novas tecnologias são desenvolvidas.
- Para promover a mudança de *mindset*, os pontos-chave são:
    - ✓ analise a situação atual;
    - ✓ defina a situação desejada;
    - ✓ identifique *gaps* entre a situação atual e a desejada;
    - ✓ desenvolva um plano de ação conforme priorização esforço × impacto;
    - ✓ acompanhe os resultados.

REFERÊNCIAS BIBLIOGRÁFICAS

CHAMPMAN, B.; SISODIA, R. *Todos são importantes*. Rio de Janeiro: Alta Books, 2020.

COLLINS, J. *Empresas feitas para vencer*. Rio de Janeiro: Alta Books, 2018.

DWECK, C. S. *Mindset*: a nova psicologia do sucesso. Tradução de S. Duarte. Rio de Janeiro: Objetiva, 2017.

HASTINGS, R.; MEYER, E. *A regra é não ter regras*. Rio de Janeiro: Intrínseca, 2020.

LIKER, J. K.; FRANZ, J. K. *O Modelo Toyota de Melhoria Contínua*: Estratégia + Experiência Operacional = Desempenho Superior. Porto Alegre: Bookman, 2013.

MEIR, R.; DOMENEGHETTI, D. *Feitas para o cliente*: as verdadeiras lições de mais de 50 empresas feitas para vencer e durar no Brasil. Rio de Janeiro: Alta Books, 2016.

MENDES, R.; BUENO, R. C. *Mude ou morra*: tudo que você precisa saber para fazer crescer seu negócio e sua carreira na nova economia. São Paulo: Planeta Estratégia, 2018.

RIES, E. *A Startup Enxuta*. Rio de Janeiro: Leya, 2012.

SCHWAB, K. *A Quarta Revolução Industrial*. Tradução de Daniel Moreira Miranda. 1. ed. São Paulo: Edipro, 2016.

STONE, D.; HEEN, S. *Obrigado pelo feedback*. São Paulo: Portfolio-Penguin, 2016.

WEB, A. *Os Nove Titãs da IA*: como os gigantes da tecnologia e suas máquinas pensantes podem subverter a humanidade. Rio de Janeiro: Alta Books, 2019.

Capítulo 2

MELHORIA CONTÍNUA E GESTÃO DA QUALIDADE

OBJETIVOS DE APRENDIZAGEM

Ao final deste capítulo, será possível:
- Entender a história e a evolução da qualidade.
- Identificar a importância de aderir à Gestão da Qualidade, bem como seus objetivos e ideais.
- Compreender os conceitos de foco no cliente e foco do cliente.
- Entender a relação da Gestão da Qualidade com os princípios da Melhoria Contínua.
- Compreender a importância do planejamento diante da qualidade.
- Identificar os principais Prêmios da Qualidade.

INTRODUÇÃO

A Melhoria Contínua e a Gestão da Qualidade constituem os alicerces sobre o qual organizações edificam sua busca pela excelência. Em um contexto empresarial dinâmico, no qual as expectativas dos clientes mudam e evoluem rapidamente, a capacidade de se adaptar e aprimorar continuamente torna-se crucial. No entanto, a jornada para a excelência não é uma linha reta, e sim uma trilha sinuosa que exige aprendizado constante, compromisso e uma mentalidade de aprimoramento contínuo.

Neste capítulo, exploraremos os fundamentos da Melhoria Contínua e da Gestão da Qualidade, desvendando os benefícios tangíveis e intangíveis que essas práticas geram para as organizações. Essa abordagem visa capacitar os leitores a navegarem pela complexidade do mercado atual com resiliência, inovação e, acima de tudo, comprometimento inabalável com a entrega dos melhores resultados.

Qualidade é atender continuamente às necessidades e expectativas dos clientes a um preço que eles estejam dispostos a pagar.

William Edwards Deming

2.1 CONCEITOS

2.1.1 A história da qualidade: um breve resumo

O conceito de qualidade data em semelhança com a humanidade. Na Idade da Pedra, itens com qualidade inferior ao esperado poderiam custar a vida daqueles que os utilizavam. Com a evolução e o surgimento das indústrias, o conceito de qualidade foi elevado a novos parâmetros, em que a qualidade dos produtos e serviços passou a ser enraizada nas organizações.

As metodologias de qualidade surgiram em 1798, quando Eli Whitney introduziu o conceito de produção em série e de peças intercambiáveis, criando um revolucionário sistema de uniformidade. A partir disso, conceitos de necessidade de coerência e identificação de defeitos começaram a ser difundidos.

Em meados do século XIX, Carl Friedrich Gauss, físico, matemático e astrônomo alemão, com seus estudos sobre eventos da natureza, constatou que grande parte desses eventos apresentam uma distribuição de probabilidade padronizada, com certa variabilidade. Essa variabilidade, ou desvio-padrão, foi batizada pelos matemáticos com a letra grega σ (sigma). No campo da estatística, Gauss destacou-se pela descoberta da distribuição normal, a qual representa a distribuição de certos valores ao longo de uma curva, denominada "distribuição Gaussiana".

Walter Shewhart, engenheiro e estatístico, foi o grande criador do controle estatístico da qualidade (CEQ). Durante a Primeira Guerra Mundial, seus conhecimentos foram aplicados para produzir fones de ouvido para soldados, mesmo diante da variabilidade das dimensões requisitadas por cada soldado. Isso foi possível pois, em seus estudos, percebeu que o tamanho da cabeça dos soldados seguia o comportamento da curva de Gauss.

Essa distribuição de probabilidade padronizada se repete em diversos outros eventos, e por isso essa tendência foi chamada de "Curva Normal". Em 1924, Shewhart dedicou os seus estudos à coleta e à análise de dados e, assim, desenvolveu a carta de controle de processos, uma ferramenta que ajuda a visualizar o desempenho de determinado processo.

Após a Segunda Guerra Mundial, com o país devastado, os japoneses buscaram estruturar suas empresas, que precisavam atender a uma forte demanda diante de um cenário de devastação. Nesse contexto, em 1950, o estadunidense William Edwards Deming foi ao Japão para disseminar conhecimentos de estatística e promover o uso do ciclo PDCA (Planejar, Fazer, Checar, Agir; do inglês *Plan, Do, Check, Act*) de Melhoria Contínua.

A Toyota, pioneira na implementação da Melhoria Contínua, criou um sistema produtivo em que não eram necessários altos estoques de materiais, mantendo assim um fluxo de caixa mais rápido e capaz de atender às demandas. Em 1954, o consultor de negócios Joseph Juran foi convidado a ir ao Japão para levar os princípios de Gestão da Qualidade, integrando as iniciativas em todos os níveis da organização.

Na década de 1960, Kaoru Ishikawa, entusiasta do Círculo de Controle de Qualidade, reuniu sete ferramentas para assegurar a qualidade, utilizadas para analisar, mensurar e propor soluções aos problemas que impactam no desempenho e no resultado das organizações. As ferramentas da Qualidade propostas por Ishikawa são: gráfico de Pareto, diagrama de causa e feito, histogramas, folhas de verificação, gráficos de dispersão, fluxogramas e cartas de controle.

Em 1987, o engenheiro Bill Smith, da Motorola, apresentou uma metodologia para alcançar, como limite de tolerância de um processo, seis desvios-padrão da Curva Normal. Essa metodologia foi então batizada de "Seis Sigma", e teve como objetivo capacitar a Motorola a enfrentar seus concorrentes, que fabricavam produtos com maior qualidade e a preços menores. Com a implementação do Seis Sigma, em pouco mais de 10 anos, a empresa conseguiu economizar mais de US$ 11 bilhões e alavancar sua competitividade no mercado.

Em meados dos anos 1990, a Allied Signal e a General Eletric (GE) comprovaram o poder do Seis Sigma, pois o enfoque na melhoria de qualidade fez com que obtivessem consideráveis ganhos financeiros. A Allied Signal estava à beira da falência quando, em 1994, optou pela implementação do Seis Sigma, levando à diminuição de US$ 2 bilhões de custos, 12% de crescimento no ano de 1998 e 14,1% no primeiro trimestre de 1999. Do mesmo modo, a GE, por meio de mais de 6 mil projetos Seis Sigma, obteve economias com a implantação dessa metodologia na casa de US$ 1,5 bilhão até 1999, melhorando sua margem operacional de 14,8%, em 1996, para 18,9%, em 2000.

A popularização dessa metodologia deve-se à sua implementação liderada pelo então CEO da GE, Jack Welch. Em seu livro *Paixão por Vencer*, Welch destaca que o Seis Sigma é um programa que melhora a experiência e a satisfação dos clientes, promovendo ampla redução de custos operacionais, além de ajudar na formação de líderes mais engajados e eficientes.

A partir do sucesso da GE, as maiores empresas globais iniciaram o processo de implementação do Programa Seis Sigma. O Quadro 2.1 sintetiza a evolução da Gestão de Qualidade por meio da Melhoria Contínua, explicada nos parágrafos anteriores.

1798	Eli Whitney	Produção em série de peças intercambiáveis
1809	Friedrich Gauss	Curva de Gauss, apresentando a variabilidade e o desvio-padrão de dados
1924	Walter Shewhart	Desenvolvimento da ideia de controle estatístico da qualidade (CEQ), propondo a utilização de Cartas de Controle
1950	Edwards Deming	Considerado o pai do controle de qualidade moderno, propôs o ciclo PDCA
1954	Joseph Moses Juran	Desenvolvimento do Manual do Controle de Qualidade
1960	Armand V. Feigenbaum	Feigenbaum cunhou o termo "controle total da qualidade" (TQC), enfatizando a responsabilidade gerencial pela qualidade em toda organização
1965	Kaoru Ishikawa	Desenvolvimento do diagrama de Ishikawa (também conhecido como "diagrama de causa e efeito" ou "diagrama espinha de peixe") como uma ferramenta para analisar e resolver problemas de qualidade
1970	Philip B. Crosby	Crosby popularizou o termo "zero defeitos", desafiando as organizações a eliminar completamente os defeitos de seus processos
1987	Motorola	Determinação do limite de tolerância do processo – 6 desvios-padrão da Curva Normal
1990	ISO 9001	A norma ISO 9001 foi proposta como um padrão internacional para a gestão da qualidade, destacando a importância da documentação e da melhoria contínua
1994	Allied Signal	Implementação do Seis Sigma e diminuição de custos em US$ 2 bilhões
2000	Lean Seis Sigma	A abordagem Lean Seis Sigma se torna popular na Gestão da Qualidade, resultando em redução de desperdícios e na melhoria da eficiência
2000	General Electric	Desenvolvimento de 6 mil projetos Seis Sigma, melhorando a margem operacional de 14,8 para 18,9% em 4 anos

Quadro 2.1 Evolução da Gestão da Qualidade.

2.1.2 Por que aderir à Gestão da Qualidade?

Na Gestão da Qualidade, diversas empresas globais se destacam por suas práticas exemplares e abordagens inovadoras. Essas organizações lideram o mercado ao adotarem metodologias que não apenas atendem, mas superam as expectativas dos clientes. Em se tratando de liderança em Gestão da Qualidade, controle de processos e inovação contínua, podemos entender como essas empresas conseguem manter sua relevância e sua excelência operacional em um ambiente de negócios cada vez mais competitivo e em constante mudança.

A Coca-Cola Company é um exemplo em padrões de qualidade; seus processos contam com a garantia de qualidade e conformidade em diversas áreas, gerando um sólido sistema de gestão. Isso inclui processos padronizados, como os Padrões de Ouro de Qualidade, que permitem apenas fábricas autorizadas produzirem produtos seguindo os processos aprovados. Além disso, a empresa implementa políticas e padrões para atingir objetivos de qualidade, utiliza ferramentas para gestão de risco e conformidade legal, cumpre requisitos legais em todos os mercados, prioriza a proteção dos clientes e marcas em situações de crise, mantém processos de produção alinhados com compromissos de qualidade e monitora continuamente a distribuição e a comercialização dos produtos para garantir sua qualidade.

Outro destaque é a empresa Heineken. A padronização do sabor da sua cerveja em escala global é essencial, demandando técnicas avançadas de Gestão de Qualidade. Durante a avaliação, todas as cervejarias enviam suas amostras, incluindo o modelo padrão, para serem avaliadas por degustadores sem conhecimento da origem da produção, garantindo, assim, a uniformidade desejada.

Uma das maiores empresas em nível mundial, o McDonald's, valoriza a padronização em todos os aspectos de sua Gestão de Qualidade, desde o *layout* até os processos documentais. Os franqueados, em qualquer lugar do mundo, têm acesso a um ambiente uniforme e são submetidos à montagem completa do estabelecimento, incluindo a instalação padrão de máquinas para otimizar a produção.

Além disso, o treinamento para os funcionários conta com o rigor, desde os colaboradores iniciantes até os altos cargos de gerência, garantindo o foco no consumidor final. A companhia oferece seus próprios programas de treinamento, como cursos na McDonald's University.

Independentemente da empresa ou segmento, um dos maiores objetivos da Gestão da Qualidade é assegurar a satisfação das partes interessadas na entrega de produtos ou serviços, ou seja, clientes. A satisfação dos clientes proporciona a propagação positiva da marca e favorece a retenção e a recompra, gerando o que Jim Collins cita em seu livro, *Good to Great*, o *Flywheel model*, cuja ideia central é que seus clientes são sua melhor força de venda. Se deixá-los felizes, eles serão promotores da marca.

A Gestão da Qualidade também é fundamental diante da tomada de decisões baseada em dados. Ao utilizar sistemas de medição e monitoramento, as empresas adquirem informações valiosas sobre o desempenho dos processos, permitindo tomadas de decisões embasadas, contribuindo com a melhoria contínua e com a adaptação às mudanças do mercado.

Outro benefício é a padronização de processos, visto que a Gestão da Qualidade dá suporte quanto a documentação e padronização de práticas eficazes, proporcionando qualidade e uniformidade nos produtos ou serviços prestados. Desse modo, é promovida uma cultura organizacional focada na prevenção de problemas, em vez da correção após o ocorrido. Isso resulta em redução de retrabalhos, falhas e custos associados.

É importante observar que os retrabalhos ao longo do processo podem influenciar diretamente no resultado econômico das empresas, e um descontrole nessa etapa pode representar a diferença entre ser líder do segmento ou comprometer a sobrevivência no mercado.

Esses desperdícios poderiam ser evitados ou amenizados com a utilização de métricas para a Gestão da Qualidade ao longo do processo. É papel da liderança e da empresa disseminar e treinar quanto às boas práticas e diretrizes da metodologia de gestão a ser utilizada. O envolvimento da liderança é tido como primordial para a implantação de uma cultura e a adoção de métodos de gestão orientados ao cliente.

Liderança não é sobre títulos, cargos e hierarquias. Trata-se de uma vida que influencia outra.
John C. Maxwell

Por fim, destaca-se que a Gestão da Qualidade, muitas vezes, corresponde a uma exigência do mercado a nível global. Muitas empresas, especialmente multinacionais envolvidas em cadeias de fornecimento internacionais, exigem que seus fornecedores tenham padrões de qualidade reconhecidos globalmente, como a ISO 9001. Portanto, investir nessas certificações, além de melhorar a eficiência interna, também pode abrir oportunidades de negócios diante de um ambiente competitivo a nível internacional.

2.1.3 Foco no cliente e foco do cliente

Ao direcionar o foco no cliente, as organizações reconhecem que são eles que definem o sucesso do negócio, de modo a incorporá-lo como parte vital do processo, com necessidades, desejos e expectativas específicas. O cliente é colocado em evidência, e são analisados dados como seu comportamento, situação financeira e perfil.

Empresas que cultivam a cultura com foco no cliente estão constantemente envolvidas em processos de coleta de *feedback*, análise de dados e ajuste contínuo para garantir que suas entregas estejam alinhadas com as necessidades dinâmicas do mercado.

Na busca de uma visão mais completa sobre todos os aspectos relacionados aos requisitos do cliente, as organizações modernas têm adotado o conceito de foco do cliente. Nesse caso, são considerados sentimentos, emoções e demais fatores humanos para que a organização consiga gerar experiências encantadoras aos clientes.

Foco do cliente significa ter humildade intelectual de se colocar no lugar do cliente e entender qual a percepção dele sobre o produto.
Alfredo Soares

2.1.4 Gestão da Qualidade e Melhoria Contínua

Diante da alta competitividade empresarial, diferenciar-se da concorrência e alcançar uma *performance* superior é essencial para a sobrevivência. Eliminar desperdícios, desenvolver novos produtos e serviços, e prezar pela qualidade e pela Melhoria Contínua são primordiais.

É essencial que as organizações valorizem um processo constante de melhoria, utilizando um conjunto de ferramentas que as possibilita identificar as necessidades de cada *stakeholder*,[1] transformar essas demandas em requisitos internos, levantar os recursos necessários e avaliar os resultados para iniciar um novo ciclo. Essas etapas do sistema de gestão focado na Melhoria Contínua são apresentadas na Figura 2.1.

A relação entre qualidade e Melhoria Contínua é intrínseca e fundamental para o sucesso de organizações em diversos setores. A implementação de sistemas de Gestão da Qualidade, como a ISO 9001, fornece estruturas para garantir a conformidade com padrões de qualidade estabelecidos. Contudo, a verdadeira Melhoria Contínua vai além do simples cumprimento de normas,

---

[1] *Stakeholder*: grupo de pessoas ou organizações que têm algum interesse pelas atividades, pelos projetos e pelos resultados de uma empresa.

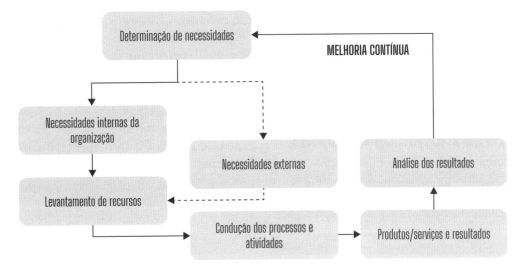

Figura 2.1 Sistema de gestão focado na Melhoria Contínua.

implicando em uma cultura organizacional que valoriza a aprendizagem, a inovação e a correção proativa de problemas.

2.2 PLANEJAMENTO COMO BASE DA QUALIDADE

A etapa de planejamento é o primeiro passo na busca da estruturação de um sistema que permita gerenciar a qualidade e a satisfação dos clientes. É nessa etapa que são definidos todos os recursos necessários, atividades-chave e objetivos a serem alcançados. Isso contempla a alocação eficiente de recursos humanos, tecnológicos e financeiros para garantir que todos os aspectos dos produtos ou serviços atendam às expectativas dos clientes.

Além disso, o planejamento é crucial para antecipar e gerenciar riscos. Ao antecipar potenciais obstáculos à qualidade, as organizações podem desenvolver estratégias proativas para mitigá-los, minimizando impactos negativos nos resultados.

O planejamento contribui também para a Melhoria Contínua ao fornecer uma sistemática de apuração de indicadores, análise de resultados e ações de melhoria para ajustar estratégias conforme necessário, garantindo que a empresa esteja sempre se esforçando para alcançar níveis mais elevados de qualidade.

Para tanto, a filosofia da Melhoria Contínua é frequentemente encapsulada pelo ciclo PDCA, que é uma abordagem cíclica para melhorar continuamente os processos e os produtos. Na fase de planejamento (*Plan*), são estabelecidos objetivos e recursos necessários; na fase de execução (*Do*), ocorre a implementação das atividades-chave; na fase de verificação (*Check*), os resultados são analisados; e na fase de ação (*Act*), ajustes são feitos para aprimorar. A relação do PDCA com a Melhoria Contínua é profunda, e uma discussão detalhada sobre essa filosofia é apresentada no Capítulo 14, *Ciclo PDCA e SDCA*.

A Figura 2.2 apresenta a importância da etapa de planejamento do PDCA, visto que se essa for bem executada, há uma diminuição nas horas de trabalho. Isso ocorre porque durante a etapa de planejamento acontece o planejamento estratégico das demais fases, facilitando a execução das etapas de executar, verificar e agir.

Se não houver um enfoque na etapa de planejamento, o projeto fica suscetível a retrabalho e a ocorrência de falhas, aumentando as horas necessárias para a conclusão do projeto. Portanto, em vez de adotar uma abordagem de tentativa e erro, deve-se adotar uma postura estratégica, agindo de modo preventivo em vez de corretivo.

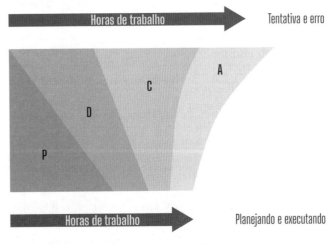

Figura 2.2 Importância da etapa de planejamento.

Nesse sentido, o PDCA estimula o investimento em energia na etapa de investigação e planejamento do desenvolvimento de um projeto ou da solução de um problema, permitindo reduzir esforços de execução, atuar sobre a causa-raiz e tomar decisões mais assertivas.

2.3 OBJETIVOS E IDEAIS DA QUALIDADE

Na obra *Gestão da qualidade: Melhoria Contínua e busca pela excelência*, Andreoli e Bastos destacam os objetivos da Gestão da Qualidade no contexto organizacional, apresentados a seguir:

- Proporcionar conformidade tanto à produção de bens quanto à prestação de serviços, assegurando que tudo saia de acordo com o padrão e as especificações requeridas.
- Otimizar os processos organizacionais, potencializando a identificação de possíveis falhas e possibilitando a minimização ou a eliminação de erros.
- Diminuir a necessidade de retrabalho e demais desperdícios, reduzindo os custos associados a eles.
- Incentivar o constante treinamento e capacitação dos funcionários, com vistas ao melhoramento contínuo dos processos organizacionais.
- Estreitar o relacionamento da organização com os consumidores, no intuito de conhecer o que o mercado está buscando, e trabalhar para aperfeiçoar a relação custo-benefício dos produtos ofertados.
- Promover o controle e a avaliação contínuos do desempenho organizacional, tendo em vista possíveis ações de manutenção ou propostas de revisões e adaptações.
- Manter a flexibilidade da organização, promovendo ajustes e adaptações quando necessário.

Armand Vallin Feigenbaum, um dos grandes nomes da Gestão da Qualidade, foi diretor mundial de produção da GE e presidente da American Society for Quality Control (ASQC), além de fundador da General Systems. Durante o período de presidência na ASQC, Feigenbaum escreveu seu primeiro livro (*Total Quality Control*), que se tornou *best-seller* e popularizou seu nome diante do mundo da qualidade.

Para Feigenbaum, o princípio que sustenta a Gestão da Qualidade Total (TQM, do inglês *Total Quality Management*) é que, para conseguir atingir processos eficazes, o controle precisa começar pelo projeto do produto, e só encerra quando este chegar na mão do cliente, o qual deve ficar satisfeito com o que lhe foi ofertado (o atendimento das expectativas do cliente é uma das premissas básicas da Gestão da Qualidade).

A TQM corresponde a uma metodologia baseada na Melhoria Contínua, que visa à constante busca por maior satisfação do cliente, à redução de falhas e à garantia de que os colaboradores tenham o maior nível de formação.

Nesse contexto, Feigenbaum propôs sete ideais de Qualidade Total, descritos a seguir:

1. Enxergar a qualidade como um processo, e não como uma ação temporária.
2. A qualidade é voltada para o cliente, visando à construção de valor e à gestão da qualidade com base em suas necessidades.
3. Custo e qualidade são entendidos como uma soma, e não como uma diferença, e por isso é essencial investir em Gestão da Qualidade.
4. Qualidade demanda tanto esforço individual quanto trabalho em equipe.
5. A inovação e a qualidade são mutuamente dependentes, em que a Melhoria Contínua propõe novos métodos, ações e ferramentas para gerenciamento.
6. Qualidade é uma ética e está associada à Melhoria Contínua, em que a qualidade corresponde a uma filosofia organizacional que visa à inovação e ao aprendizado.
7. A qualidade é implementada como um sistema total relacionado com clientes e fornecedores, que são *stakeholders* fundamentais da organização.

2.4 PRÊMIOS DA QUALIDADE

Os Prêmios da Qualidade são mecanismos de promoção, estímulo e reconhecimento das boas práticas na busca pela excelência nos resultados. Ao participar de um Prêmio de Qualidade, a organização promove boas práticas, desafia o seu processo e engaja o seu time. Ao ser premiada, cria um ambiente de recompensa, estímulo e valorização profissional.

Outro aspecto importante a ser observado está na questão mercadológica por trás das premiações e das certificações, que, em muitos casos, são usados como critérios de classificação de fornecedores. Os Prêmios da Qualidade são instrumentos de avaliação da gestão empresarial e têm como objetivos melhorar a política da qualidade e alcançar excelência nos resultados. Entre as premiações, destacam-se: Prêmio Deming, Prêmio Malcolm Baldrige e certificações ISO, apresentadas a seguir.

2.4.1 Prêmio Deming

Um dos mais importantes prêmios concedidos no mundo, o Prêmio Deming foi criado pela Associação Japonesa de Ciência e Engenharia (Juse) e é concebido anualmente às empresas e pessoas que mais se destacaram na aplicação da TQM. O Prêmio Deming é dividido em duas categorias:

1. **Prêmio Deming Fundamental:** concedido a uma pessoa física que contribuiu com o desenvolvimento e a disseminação da TQM.
2. **Prêmio Deming por Aplicação:** atribuído a empresas nas quais a aplicação da TQM tenha sido conduzida de forma exemplar.

2.4.2 Prêmio Malcolm Baldrige

O Prêmio Malcolm Baldrige foi desenvolvido no final da década de 1980 pelo Departamento de Comércio para aumentar a competitividade de empresas americanas, e representa o mais alto nível de reconhecimento pela excelência que uma empresa norte-americana pode receber. Um total de 18 prêmios podem ser concedidos anualmente, divididos em seis categorias: "serviços", "manufatura", "pequenas empresas", "saúde", "educação" e "organizações sem fins lucrativos".

2.4.3 Prêmio Nacional da Qualidade

O Prêmio Nacional da Qualidade (PNQ) foi desenvolvido em 1991, sob comando da Fundação para o Prêmio Nacional da Qualidade (FPNQ), atual FNQ, em parceria com 39 organizações públicas e privadas. Esse prêmio é entregue a empresas sediadas no Brasil, em reconhecimento à excelência na Gestão da Qualidade.

2.4.4 Certificações ISO

As certificações de qualidade ISO são padrões internacionais desenvolvidos pela International Organization for Standardization (ISO) e correspondem a uma forma de garantir que empresas públicas ou privadas estejam dispostas a fornecer produtos e serviços conforme exigências das agências reguladoras. A ISO tem como foco a padronização e normatização de sistemas, visando garantir a qualidade dos processos em diferentes segmentos do mercado.

Essas normas foram estabelecidas para proporcionar requisitos e diretrizes para dar suporte às organizações que visam alcançar a excelência em áreas, desde a qualidade de produtos e serviços até a segurança, a gestão ambiental e a saúde ocupacional.

No Brasil, a ISO está ligada à Associação Brasileira de Normas Técnicas (ABNT); as quatro principais certificações são: ISO 9000, ISO 14000, ISO 17025 e ISO 50001.

1. **ISO 9000:** esses regulamentos estão voltados para a aplicação do Sistema de Gestão da Qualidade (SGQ) nas empresas, determinando a conduta para o sucesso diante da garantia da qualidade.
2. **ISO 14000:** estabelece diretrizes diante do Sistema de Gestão Ambiental (SGA) entre as empresas, convergindo esforços para o desenvolvimento sustentável.
3. **ISO 17025:** refere-se à certificação de laboratórios de ensaio e calibração, garantindo a precisão das medições e a qualidade dos produtos.
4. **ISO 50001:** esses regulamentos tratam da gestão e da conservação da energia, de modo a promover um auxílio diante do aumento da eficiência energética.

RESUMO

- O conceito de qualidade passou por várias evoluções, em que grandes nomes como Friedrich Gauss, Walter Shewhart e Kaoru Ishikawa contribuíram para sua difusão e propuseram ferramentas como: curva de Gauss, carta de controle de processos, gráfico de Pareto, diagrama de causa e efeito, entre outras.
- Os principais motivos para aderir à Gestão da Qualidade são: assegurar a satisfação do cliente, fundamentar a tomada de decisões, promover a padronização de processos, evitar retrabalhos e desperdícios, e atender a exigências do mercado.
- Empresas que adotam a cultura com foco no cliente estão envolvidas constantemente em processos como análise de dados, coleta de *feedback* e ajuste contínuo para melhor atender ao cliente. Visando ampliar essa abordagem, surge o foco do cliente, o qual abrange sentimentos, emoções e demais fatores humanos ao propor produtos e serviços.
- A relação entre melhoria contínua e qualidade é intrínseca e fundamental para o sucesso das organizações, visto que fornece conformidade diante de padrões estabelecidos,

- impulsionando a inovação e a cultura de evolução constante.
- O planejamento é a base da Gestão da Qualidade, visto que fornece orientação à determinação de padrões, identifica os recursos necessários para alcançar e manter altos padrões de qualidade, antecipa potenciais obstáculos à qualidade e contribui para a melhoria contínua de processos.
- A TQM é uma metodologia baseada na Melhoria Contínua, que tem como objetivos a garantia da satisfação do cliente, a redução de erros e a garantia de que os colaboradores estejam qualificados para exercer as suas funções.
- Alguns exemplos de prêmios que incentivam a gestão da qualidade são: Prêmio Deming, Prêmio Malcolm Baldrige e Certificações ISO (principais: ISO 9000, ISO 14000, ISO 17025 e ISO 50001).

REFERÊNCIAS BIBLIOGRÁFICAS

ANDREOLI, T. P.; BASTOS, L. T. *Gestão da Qualidade*: melhoria contínua e busca pela excelência. 1. ed. Curitiba: InterSaberes, 2017.

CHOWDHURY, S. *O sabor da qualidade*. 1. ed. Rio de Janeiro: Sextante, 2006.

DISNEY INSTITUTE. *O jeito Disney de encantar os clientes*: do atendimento excepcional ao nunca parar de crescer e acreditar. 1. ed. São Paulo: Benvirá, 2012.

GONÇALVES, B. S. O.; PEREIRA, C. P. Aplicação de uma dinâmica para o ensino-aprendizagem da gestão da qualidade. *Revista Brasileira de Gestão e Engenharia*, n. XIII, p. 94-106, jan./jun. 2016.

PALADINI, E. P. *Gestão da Qualidade*: teoria e prática. 4. ed. São Paulo: Atlas, 2019.

Capítulo 3

GERENCIAMENTO DE MUDANÇAS

OBJETIVOS DE APRENDIZAGEM

Ao final deste capítulo, será possível:
- Compreender quem é o agente de mudanças e qual seu papel para a sobrevivência e o crescimento empresarial.
- Entender a diferença entre mudança e melhoria.
- Compreender o que leva à zona de conforto, e como superá-la.
- Identificar os cinco passos para o processo de mudança.
- Compreender como perpetuar a mudança por meio do Modelo Sequencial de Kurt Lewin, bem como da Análise do Campo de Forças.
- Entender como superar a resistência a mudanças.

INTRODUÇÃO

Provavelmente você já escutou as seguintes frases: "Nada é tão bom que não possa melhorar", "A cada degrau que você sobe existe um novo para subir", "É preciso matar um leão por dia!". O mundo está em constante mudança e, consequentemente, a competição aumenta a cada dia. Para que as organizações se adaptem a esse cenário de mudanças constantes e atendam às exigências do mercado, seus colaboradores devem estar adequadamente sintonizados e motivados em suas atividades diárias. Por isso, é importante que o especialista em Melhoria Contínua desenvolva habilidades de liderança, que vão auxiliá-lo a motivar outras pessoas capazes de colaborar com as transformações necessárias.

As organizações demandam por profissionais com habilidades em gerenciamento de mudanças, aptos a trabalharem em um cenário de incertezas. Entretanto, diversos questionamentos surgem em como promover as mudanças diante desse cenário, como: "Quais habilidades são necessárias para um profissional que deseja ser um agente de transformação?"; "Como uma organização deve enxergar seus colaboradores para que eles se sintam parte dela?". Durante este capítulo, essas perguntas serão respondidas.

Nada é permanente, salvo a mudança.
Heráclito

3.1 CONCEITOS

3.1.1 Mudanças: contextualização e o primeiro contato com o agente de mudanças

De acordo com Chiavenato, autor de reconhecimento internacional e um grande nome na área de administração e recursos humanos, a mudança é "a passagem de um estado para outro. É a transição de uma situação para outra situação diferente. Mudança representa transformação, perturbação, interrupção, fratura".

Chiavenato destaca que o cenário marcado por mudanças demanda cada vez mais das empresas a habilidade de adaptação, para que consigam manter a competitividade perante o mercado. Assim, o agente de mudanças é aquele que é capaz de perceber uma situação, analisá-la corretamente e resolver o problema por ela gerado.

O agente de mudança é responsável por realizar o gerenciamento de tudo que está envolvido no projeto. Além disso, é importante que ele seja capaz de compreender e executar com maestria suas responsabilidades em cada fase do processo, tendo capacidade de tomada de decisão de forma rápida e assertiva. A direção e os gestores de uma organização têm papel fundamental na mudança organizacional, pois proporcionarão o equilíbrio de exigências, muitas das quais são conflitantes entre si.

> *Um líder não é alguém a quem foi dada uma coroa, mas a quem foi dada a responsabilidade de fazer sobressair o melhor que há nos outros.*
>
> Jack Welch

3.1.2 Mudança × melhoria

Os princípios da Melhoria Contínua envolvem a quebra de paradigmas operacionais e comportamentais, proporcionando às organizações melhor aproveitamento dos recursos disponíveis – sejam financeiros, sejam tecnológicos, sejam humanos – e melhores resultados do projeto desejado.

É importante ter a consciência de que uma mudança nem sempre resulta em melhoria, porém toda melhoria requer mudança, conforme ilustrado na Figura 3.1. Isso ocorre porque podem ocorrer mudanças mal planejadas, mal executadas ou simplesmente desnecessárias. Portanto, para melhorar é preciso identificar as áreas que precisam de mudanças de modo planejado e estratégico.

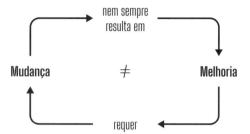

Figura 3.1 Diferença entre mudança e melhoria.

Não existe conforto na zona de desenvolvimento, e nem desenvolvimento na zona de conforto.

3.1.3 Zona de conforto

Abraham Maslow, psicólogo estadunidense conhecido por sua teoria da hierarquia das necessidades humanas, argumenta que, uma vez que as necessidades básicas do trabalhador são satisfeitas, ele começa a buscar a autorrealização, de modo a expandir suas habilidades e seus potenciais. Maslow ainda argumenta que a busca pela autorrealização pode ser inibida pela zona de conforto.

De modo complementar, Seth Godin, escritor e orador estadunidense, especialista em negócios e marketing, afirma que a zona de conforto é um obstáculo para o sucesso, visto que muitas vezes leva à falta de inovação e à acomodação. Godin incentiva as pessoas a saírem de sua zona de conforto e a assumirem riscos calculados para atingir seus objetivos.

Para identificar se um colaborador está em sua zona de conforto, é preciso analisar os seguintes pontos:

- período muito longo na mesma função/posição;
- falta de interesse em aprender coisas novas;
- falta de iniciativa;
- resistência a mudanças;
- baixo desempenho;
- conforto excessivo.

E para sair da zona de conforto, há algumas medidas que podem ser tomadas, entre elas:

- expor à área de RH a vontade/desejo de ir para outras áreas;
- participar de atividades que contemplem outras áreas da organização;
- estar disposto a fazer movimentações laterais na carreira;
- *networking*;
- treinamento;
- mudar de organização;
- montar negócio próprio.

Klüber-Ross, psiquiatra suíça, apresentou a curva de mudança, destacando que toda mudança passa por cinco estágios (negação, raiva, negociação, depressão e aceitação), conforme apresentado na Figura 3.2.

- **Negação:** etapa em que as pessoas tendem a negar a mudança e acreditar que as coisas vão continuar como sempre foram, recusando aceitar a realidade da situação.
- **Raiva:** sentimento de revolta, frustração e injustiça com a mudança, no qual as pessoas podem se sentir impotentes e injustiçadas, buscando alguém ou algo para culpar.
- **Negociação:** as pessoas começam a buscar formas de amenizar ou evitar a mudança, muitas vezes por meio de negociação com a situação ou com outras pessoas, buscando fazer acordos para manter tudo como está ou evitar as consequências da mudança.
- **Depressão:** sensação de baixa de energia, tristeza e tédio, na qual as pessoas começam a se dar conta de que a mudança é inevitável, resultando em tristeza e desesperança em relação ao futuro.
- **Aceitação:** na última etapa, as pessoas começam a aceitar a mudança e a buscar formas de se adaptar a ela, levando-as a evoluir e aprender com a mudança. Assim, elas começam a ver novas oportunidades e desafios na situação, buscando maneiras de se desenvolver a partir dela.

Toda mudança passa por esses cinco estágios, e sempre haverá o processo congela-descongela-recongelar, proposto por Kurt Lewin, apresentado a seguir.

Faça o seu melhor, na condição que você tem, enquanto você não tem condições melhores, para fazer melhor ainda!
Mario Sergio Cortella

3.1.4 Cinco passos para o processo de mudança

1. Compreender a necessidade e definir o destino

Ser um especialista em Melhoria Contínua está ligado ao entendimento de cultura organizacional. É importante que esse profissional tenha a capacidade de entender o ambiente, a cultura e a realidade em que está inserido. A partir disso, é possível determinar uma visão do futuro da empresa, que deve ser trabalhada com a ajuda de todos os colaboradores.

A partir da compreensão dessa visão, é possível mudar as práticas e os hábitos da organização, o que também possibilita alinhar de maneira eficiente os pensamentos e as atitudes da equipe com a estratégia de melhoria, que é essencial para reduzir as falhas de comunicação e de coesão na empresa.

Bons líderes de negócios criam uma visão, articulam a visão, são apaixonados por ela e a conduzem incansavelmente até a conclusão.
Jack Welch

Além disso, a apresentação clara da visão auxilia na compreensão dos colaboradores sobre as vantagens do processo, fazendo com que se identifiquem com o novo contexto apresentado e tenham interesse em maximizar as melhorias. A comunicação é uma habilidade essencial para o especialista em Melhoria Contínua, pois é por meio dela que serão transmitidas as características fundamentais para que a mudança aconteça.

2. Criar recompensas e conexões

Alguns colaboradores podem ser céticos ou resistentes às mudanças e, nesse caso, é necessário criar uma conexão e compartilhar conhecimentos para que eles possam entender o valor de tais ações, e mais do que isso, que se tornem engajados com o processo de mudança. Segundo Chiavenato, o instrumento mais importante, marcado pela alta disponibilidade de informações, passou a ser o conhecimento. Isso não quer dizer que o recurso financeiro deixou de ser importante, mas há uma

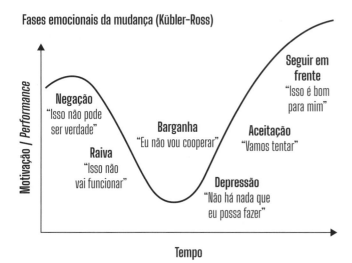

Figura 3.2 Curva de mudança de Klüber-Ross.

maior percepção de que a aplicação do conhecimento gera os resultados, e o retorno monetário torna-se uma consequência.

Charles Duhigg, autor da obra *O poder do hábito*, propõe um *loop* do hábito, formado pela Deixa, pela Rotina e pela Recompensa, no qual a alteração de um hábito passa por reconhecer cada aspecto do *loop* e alterá-lo de forma assertiva. A Figura 3.3 apresenta esse *loop* e explica o que cada aspecto representa.

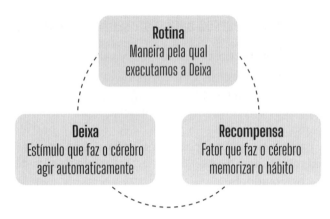

Figura 3.3 *Loop* do hábito segundo Charles Duhigg.

De acordo com Duhigg, identificar a rotina é o primeiro passo, seguido da experimentação de recompensas e do isolamento da deixa, para que assim fique esclarecido qual é o anseio daquele hábito, podendo reestruturá-lo, de modo a possibilitar a realização de uma nova rotina, hábito ou um *mindset*.

Uma forma de motivar os colaboradores em relação às mudanças é mostrar os resultados já alcançados de outras empresas que apresentam as mesmas dificuldades, seja do mesmo ramo ou não. Além disso, programas de treinamentos, palestras, apresentações pontuais, seminários e *workshops* participativos podem ser fontes de motivação.

Organizações bem-sucedidas são aquelas que conseguem fazer com que seus colaboradores almejem se aperfeiçoar e aplicar seus conhecimentos. Assim, a organização baseada no capital intelectual é aquela que preza pelo compromisso com a aprendizagem e o aperfeiçoamento, de modo a distinguir quais conhecimentos são relevantes para a organização.

Nessa etapa, a matriz ameaças *versus* oportunidades pode ser utilizada, de modo a apresentar todos os cenários negativos e positivos em relação às mudanças que serão implantadas. Por meio dessa matriz, será possível analisar quais oportunidades estão sendo "perdidas", assim como os riscos aos quais a organização se submeterá se permanecer em seu estado de estagnação. O Quadro 3.1 apresenta as perguntas que devem ser feitas na matriz ameaças *versus* oportunidades.

Identificadas as oportunidades e as ameaças, é necessário trabalhar frente a resistências diante de mudanças, de modo a manter o engajamento entre os envolvidos. De acordo com o professor e autor John Kotter, a inovação está fortemente relacionada com a quebra de barreiras que impedem a realização de novas ideias. O Quadro 3.2 evidencia os tipos de resistência, bem como suas estratégias de solução.

	Ameaças	Oportunidades
Curto prazo	Quais são as **ameaças** a **curto** prazo caso a mudança **não aconteça**?	Quais são as **oportunidades** a curto **prazo** caso a mudança **aconteça**?
Longo prazo	Quais são as **ameaças** a **longo** prazo caso a mudança **não aconteça**?	Quais são as **oportunidades** a **longo** prazo caso a mudança **aconteça**?

Quadro 3.1 Matriz ameaças *versus* oportunidades.

Resistência	Estratégia de superação
Técnica	• Defina claramente os conhecimentos técnicos necessários • Forneça treinamento para todos os envolvidos • Traga pessoas externas que detêm o conhecimento necessário
Política	• Faça um mapa político – promotores e detratores • Construa alianças políticas • Defina o modo como será exercida a influência
Cultural	• Reforce a atitude das pessoas em público • Modifique os materiais de treinamento para incluir a mudança • Construa uma agenda de reuniões para discutir a mudança

Quadro 3.2 Tipos de resistência e suas estratégias de solução.

3. Conduzir o processo de mudança

Durante a evolução do processo de mudança, alguns problemas podem ocorrer, gerando impedimentos e atrasos. Por isso, é importante que o especialista em Melhoria Contínua tenha diretrizes a serem seguidas ao longo do projeto, especialmente frente às dificuldades enfrentadas. Assim, John Kotter (autor reconhecido internacionalmente nas áreas de mudança e liderança) definiu oito passos para a condução de mudanças de maneira efetiva, conforme apresentado no Quadro 3.3.

4. Analisar dados e implementar melhorias

Com a evolução da tecnologia e das práticas gerenciais, o conhecimento se tornou mais acessível, e a competitividade, mais acirrada entre as organizações, fazendo com que essas buscassem formas de se tornarem mais eficientes na condução dos seus processos, trabalhando de forma preventiva em vez de corretiva diante da ocorrência de falhas.

Fica clara a necessidade de o especialista em Melhoria Contínua manter sempre atualizada sua habilidade de gerenciamento de dados, visto que desde o início da implementação da melhoria, os dados auxiliam a compreender "de onde estamos saindo" para "onde estamos indo".

Quando uma empresa tem um banco de dados bem estruturado, é possível compreender o perfil do cliente, examinar hábitos de consumo e a variabilidade do processo produtivo. E quando esses dados são relacionados entre si, por meio de um estudo sistemático, eles se transformam em informações preciosas e tornam-se fonte de conhecimento para um processo decisório (Figura 3.4).

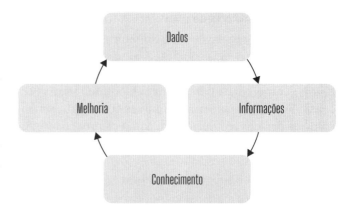

Figura 3.4 Ciclo da análise de dados para tomada de decisão.

Os dados vêm sendo encarados como um ativo crucial para uma organização, pois guardam as informações estratégicas da empresa. Porém, a grande questão não são os dados em si, mas quais mudanças eles são capazes de promover por meio da informação gerada. Segundo o estatístico Walter A. Shewhart, "Os dados não têm significado se apresentados à parte de seu contexto".

Pode-se dizer que a empresa mais competitiva é aquela que consegue transformar dados em informações para tomar decisões estratégicas de forma rápida e direcionada ao resultado. O especialista em Melhoria Contínua é o responsável pelas transformações de dados em informações, para usá-las de forma crítica. Dados são ativos valiosos para as organizações, e seu tratamento e monetização desempenham papéis cruciais, visto que sua coleta, análise e interpretação são essenciais para a tomada de decisões informadas.

1. Crie senso de urgência	Mostre para as pessoas o quanto a mudança é essencial, assim elas irão perceber a urgência da transformação
2. Faça alianças poderosas	São necessárias várias pessoas de diferentes camadas da hierarquia para que o processo envolva o máximo de conhecimento possível
3. Crie uma visão para mudanças	A visão deve ser bem elaborada para que tudo seja realizado da melhor forma possível
4. Invista na comunicação	A comunicação é crucial para que as pessoas trabalhem em conjunto e na mesma direção
5. Empodere sua base	Os líderes devem quebrar as barreiras para seus liderados, para que possam sair da zona de conforto
6. Crie metas a curto prazo	Ótimos resultados são compostos de pequenas vitórias. Estabelecer metas curtas ajuda a manter a sensação de vitória pela equipe
7. Não diminua o ritmo	Faça mudanças atrás de mudanças, melhoria atrás de melhoria, para que todos visualizem a possibilidade de transformação do ambiente organizacional
8. Torne a mudança parte da cultura	Por fim, é interessante que o *mindset* de melhoria seja perpetuado na empresa

Quadro 3.3 Os oito passos para gestão de mudanças proposto por John Kotter.

5. Perpetuar a mudança

Muitas vezes, existe uma diferença grande entre a filosofia, o guia de boas práticas e o que de fato acontece no dia a dia das organizações. É justamente nesse ponto que o especialista em Melhoria Contínua precisa ter sensibilidade para entender como as coisas funcionam, como as pessoas se relacionam, como os processos interagem e quais são as peças-chave para seu desempenho e desenvolvimento.

Por isso, é essencial que seja feita uma análise sobre quais estratégias e mecanismos podem ser implementados de maneira que as mudanças estabelecidas pelo especialista perpetuem. A partir dessa avaliação, pode ser feita uma correlação com o guia de boas práticas, a filosofia e as recomendações para manter a mudança estabelecida.

Com o tempo, é possível criar uma cultura organizacional nova, tornando o processo de mudança algo enraizado no cotidiano. No entanto, nem sempre será possível fazer com que a mudança resulte em melhoria em um primeiro momento, e por isso é preciso atentar-se com a maneira de realização dessa transformação. Assim, conhecer os objetivos e os indicadores de desempenho (KPIs) é um passo fundamental em direção ao *mindset* da Melhoria Contínua.

3.1.5 Modelo sequencial de Kurt Lewin

Visando complementar a quinta etapa das atitudes para o processo de mudanças (perpetuar a mudança), é possível utilizar o modelo sequencial de Kurt Lewin. O dr. Kurt Lewin foi um dos psicólogos mais influentes da história, e é considerado o pai da Psicologia das Organizações e da Psicologia Social. Entre suas contribuições, defende que a mudança seja realizada em três etapas: descongelamento, mudança e recongelamento, conforme apresentado na Figura 3.5.

1. Etapa de descongelamento
- **Definição:** nessa etapa é preciso confrontar e criticar o sistema atual, questionando suas discrepâncias e oportunidades de melhoria. O objetivo é quebrar velhos paradigmas, inadequados para o contexto atual.
- **Ações do líder:** é necessário trabalhar em prol da redução da resistência dos colaboradores em relação às atuais percepções consolidadas, antes de partir para a implementação de mudanças. É importante:
  º Conhecer muito bem as percepções dos colaboradores quanto a velhos hábitos e paradigmas (*status quo*).
  º Estar preparado para desafiar comportamentos e crenças que podem "sufocar" a mudança.
  º Não adotar o lema "temos que mudar" sem identificar quais mudanças precisam ser feitas e por que elas são necessárias.
  º Garantir o apoio da equipe, deixando claro a real necessidade da mudança.
  º Estabelecer uma mensagem motivadora, além de tirar todas as dúvidas e esclarecer qualquer objeção.

2. Etapa de mudança
- **Definição:** nessa etapa deve ser moldado o novo *mindset* das pessoas. Utilizando a analogia de Lewin, essa é a etapa de construção do molde para o "recongelamento", e esta será finalizada assim que a mudança atingir um patamar de estabilidade.
- **Ações do líder:** até que a estabilidade seja alcançada, o líder deve compreender que passará por um processo turbulento e que não terá o controle integral da mudança. É importante:
  º Transmitir à equipe o máximo possível sobre como serão as mudanças (o caminho).
  º Identificar e implementar os *quick wins* (mudanças implementadas a curto prazo),

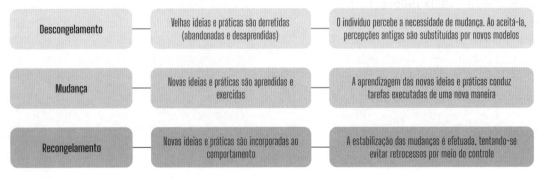

Figura 3.5 Modelo sequencial de Kurt Lewin.

de modo que os colaboradores percebam os benefícios da mudança o mais rápido possível.
- ° Promover o envolvimento de todos, de modo a não inibir nenhum questionamento.
- ° Estabelecer canais de comunicação para que os colaboradores tenham pleno conhecimento e respostas a todas as dúvidas.
- ° Tratar de imediato todos os problemas que surgirem.

3. Etapa de recongelamento
- **Definição:** quando o patamar de estabilidade for alcançado, essa etapa promove a padronização do "novo normal", ancorando a mudança.
- **Ações do líder:** nessa etapa, é importante formar e treinar os colaboradores, de modo a perpetuar as mudanças. É importante:
  - ° Promover treinamentos para que as mudanças sejam consolidadas.
  - ° Garantir uma liderança forte, fazendo adaptações necessárias na estrutura organizacional.
  - ° Criar sistemáticas de reconhecimento e recompensa.
  - ° Comemorar as vitórias e celebrar o sucesso com toda a equipe.

3.1.6 Análise do campo de forças de Kurt Lewin

Kurt Lewin também apresenta a análise do campo de forças, que avalia o impacto das forças que influenciam na mudança; essas forças podem ser divididas em dois grupos: forças de propulsão ou positivas e forças de retenção ou negativas (Figura 3.6).

Essas forças vão determinar o ritmo (tempo) em que a mudança será implantada. O Quadro 3.4 apresenta alguns exemplos práticos dessas forças.

3.1.7 Como superar a resistência à mudança?

Sally Blount, reitora da escola de gestão Kellogg, da Universidade Northwestern, salienta que a solução para a resistência a mudanças é uma só: comunicação! Pesquisas apontam que entre 50 e 70% dos esforços diante de mudanças falham, e entre aqueles que têm sucesso, muitos não alcançam os objetivos da proposta inicial.

De acordo com Sally Blount, existem quatro regras para uma boa comunicação:

Figura 3.6 Análise do campo de forças.

Forças negativas (De oposição e resistência)	Forças positivas (De apoio e suporte)
Acomodação dos funcionários	Necessidades dos clientes
Hábitos e costumes da organização	Oportunidades do mercado
Dificuldades em aprender novas técnicas	Novas tecnologias mais sofisticadas
Miopia, falta de percepção do ambiente e de iniciativa	Concorrência feroz
Velhos paradigmas culturais	Novas demandas sociais e culturais
Culturas organizacionais conservadoras	Culturas organizacionais adaptativas

Quadro 3.4 Forças negativas e forças positivas.

1. Esquecer a eficiência

Motivar mudança requer conversas individuais (1:1), presenciais (*face to face*) e sem pressa. *E-mails*, memorandos ou conferências não têm a mesma eficiência para esse processo, de modo que é essencial conversar pessoalmente com aqueles que resistem às mudanças, fazendo a mínima pressão de tempo possível.

2. Focar em ouvir

É preciso fazer com que as pessoas se sintam ouvidas e entendidas, visto que não importa o quão revolucionário seja um projeto ou quão persuasivo seja o argumento para implementá-lo, é preciso que todos os envolvidos se sintam ouvidos e compreendidos.

3. Estar aberto a mudanças

O processo de mudança é uma via de mão dupla. O líder não pode tomar suas ideias como verdades absolutas; ele precisa estar sempre preparado para levar em consideração as sugestões de outras pessoas e mostrar que a opinião e os sentimentos do resistente à mudança importam, e que estes vão moldar as próximas ações.

4. Ter várias conversas

Diálogos efetivos com resistentes requerem, no mínimo, duas conversas. Na primeira, é preciso escutar e identificar as causas da resistência. Na segunda, é necessário mostrar que o líder refletiu sobre o que foi discutido anteriormente e explicar o que vai mudar ou não, e o porquê.

Nessa etapa, dois pontos são extremamente importantes:

- **Tempo é crucial:** após a primeira conversa, não é recomendado dar a resposta de prontidão ou no mesmo dia. Esse tipo de atitude passa a impressão de que o ponto de vista recebido não foi considerado totalmente. Assim, é recomendado 2 a 5 dias para dar um *feedback*. Prazos mais longos passam a ideia de que a pessoa foi esquecida.
- **Não usar ameaças:** não usar a posição de líder para reprimir as resistências com ameaças. Esse tipo de comportamento aumenta o sentimento de resistência, enquanto diminui o moral da empresa, a qualidade e a produtividade.

O diálogo é a ferramenta mais eficiente e transparente da comunicação, basta usá-lo corretamente.

Francisney Liberato

RESUMO

- A mudança é uma cultura organizacional, e o agente de mudanças é aquele que é capaz de perceber uma situação, analisá-la e resolver o problema gerado.
- Mudança nem sempre resulta em melhoria, porém toda melhoria requer mudança. Isso acontece porque podem ocorrer mudanças mal planejadas, mal executadas ou desnecessárias. Assim, para melhorar é necessário identificar as áreas que precisam de mudanças, de forma planejada e estratégica.
- Indicadores de que funcionários estão em sua zona de conforto são: período muito longo na mesma função/posição, falta de interesse em aprender coisas novas, falta de iniciativa, entre outros. Para sair da zona de conforto, há algumas medidas que podem ser tomadas, como: expor ao RH a vontade/desejo de ir para outras áreas, participar de atividades que contemplem outras áreas da organização, entre outras.
- Os cinco passos para promover o processo de mudança são: compreender a necessidade e definir o destino, criar recompensas e conexões, conduzir o processo de mudança, analisar dados e implementar melhorias, e perpetuar a mudança.
- Para perpetuar o processo de mudança, é possível utilizar o modelo sequencial de Kurt Lewin, no qual são estabelecidas três etapas: (i) descongelamento, (ii) mudança; e (iii) recongelamento.
- Kurt Lewin também propõe uma análise de campo de forças, de modo a identificar forças propulsoras de mudanças, bem como forças de retenção.
- Para superar a resistência à mudança, destaca-se a importância da comunicação, de modo a ouvir funcionários resistentes e estabelecer um diálogo franco e colaborativo.

REFERÊNCIAS BIBLIOGRÁFICAS

BARBIERI, U. F. *Gestão de Pessoas nas Organizações*: a aprendizagem da liderança e da inovação. 1. ed. São Paulo: Atlas, 2013.

CHIAVENATO, I. *Introdução à Teoria Geral da Administração*: uma visão abrangente da moderna administração das organizações. 10. ed. São Paulo: Atlas, 2020.

DUHIGG, C. *O Poder do Hábito*. Tradução de Rafael Mantovani. 1. ed. Rio de Janeiro: Editora Objetiva, 2012.

KOTTER, J. P. *Liderando Mudanças*: transformando empresas com a força das emoções. 1. ed. Rio de Janeiro: Alta Books, 2017.

Capítulo 4

SKILLS DO ESPECIALISTA EM *LEAN* SEIS SIGMA

OBJETIVOS DE APRENDIZAGEM

Ao final deste capítulo, será possível:
- Identificar e compreender as habilidades do especialista em *Lean* Seis Sigma.
- Compreender o que são competências, e sua divisão em "*hard skills*" e "*soft skills*".
- Identificar quais são as principais *hard skills* e *soft skills* demandadas no mercado de trabalho.
- Compreender como iniciar o processo de desenvolvimento de habilidades profissionais.

INTRODUÇÃO

Certamente, você já ouviu a frase "as pessoas são o maior ativo de uma organização". É por meio das pessoas que as organizações conseguem inovar e se diferenciar em um mercado cada vez mais competitivo. É essencial compreender quais são as competências, conhecimentos e habilidades necessárias para que seu time seja capaz de entregar os resultados planejados.

O investimento em novas habilidades resulta em significativo ganho em produtividade. A partir dessa compreensão, é importante ampliar o domínio de habilidades, as quais podem ser divididas em duas categorias: *hard skills* (habilidades técnicas) e *soft skills* (habilidades de relacionamento interpessoal). Neste capítulo será explicado cada uma delas, destacando suas diferenças e como utilizá-las para uma atuação profissional mais dinâmica, adaptável e geradora de resultados.

Conheça todas as teorias,
todas as técnicas, mas ao tocar
uma alma humana,
seja apenas outra alma humana.

Carl Jung

4.1 CONCEITOS

4.1.1 Competências

De acordo com o sociólogo francês Zarifian, competência está relacionada à iniciativa e à responsabilidade do indivíduo em situações profissionais, correspondendo à capacidade cognitiva adquirida para desempenhar determinada atividade. De acordo com a definição clássica de Zarifian, a competência é formada por conhecimentos, habilidades e atitudes, cuja junção das letras iniciais origina o acrônimo "CHA", que hoje é amplamente difundido no ambiente corporativo como "Tríade do CHA" (Figura 4.1).

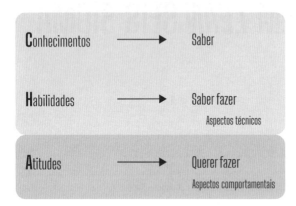

Figura 4.1 Tríade do CHA.

Entretanto, Fleury M. e Fleury A., no artigo *Construindo o conceito de competência*, destacam que as competências não se limitam a uma série de conhecimentos teóricos e empíricos, de modo que deter diversos conhecimentos e experiências, ou ser um *expert* em uma tarefa específica, não abrange tudo o que está envolvido no conceito de competência.

Visto que há outras *skills* igualmente importantes, e como modo de ampliar a definição de competência, foi adotada a visão de Fleury M. e Fleury A.: a divisão nas capacidades **hard skills** (habilidades técnicas, normalmente provenientes de processos formais de escolarização) e **soft skills** (habilidades comportamentais, relacionadas a como o profissional lida com os demais funcionários e consigo mesmo diante de diferentes situações).

4.2 HARD SKILLS

As *hard skills* representam as proficiências técnicas, adquiridas por meio de formação profissional e acadêmica ou pela experiência prática. *Hard skills* são as capacitações que podem ser comprovadas por meio de diplomas, testes ou certificados de qualificação, correspondendo a todo aprendizado que pode ser demonstrado em aspectos físicos ou tangíveis.

Para um especialista em Melhoria Contínua, essas habilidades são importantes para fornecer o conhecimento base para desenvolver atividades cotidianas. *Hard skills* oferecem vantagem competitiva tanto para profissionais que estão iniciando sua carreira quanto para profissionais já consolidados no mercado de trabalho. É essencial atualizar e aprimorar constantemente as *hard skills*, visando manter a empregabilidade e o alto desempenho.

A Figura 4.2 apresenta os principais *hard skills* de um especialista em Melhoria Contínua.

Figura 4.2 *Hard skills* do especialista em Melhoria Contínua.

4.2.1 Domínio de línguas estrangeiras

O domínio de línguas estrangeiras, especialmente o inglês, é um dos atributos mais importantes do especialista em Melhoria Contínua. O inglês é a língua utilizada em contextos globais de negócios, nos quais recursos, pesquisas e informações normalmente são disponibilizadas nesse idioma. Além disso, muitos cursos, treinamentos e certificações são oferecidos em inglês.

4.2.2 Técnicas para gestão de projetos

A gestão de projetos permite a alocação de recursos e priorização de tarefas vitais para a organização. Isso inclui a definição de metas alcançáveis, a elaboração de um escopo preciso e a criação de cronogramas realistas. Para tanto, o especialista em Melhoria Contínua precisa dominar ferramentas como diagrama de Gantt, Pert CPM, PM, Scrum, *Kanban*, matriz RACI, entre outras. Essas ferramentas auxiliam a identificar e avaliar riscos, promover a alocação eficiente de recursos e promover uma comunicação eficaz com a equipe.

4.2.3 Ferramentas de análise de processos

As ferramentas de análise de processos fornecem um olhar crítico para o especialista em Melhoria Contínua, permitindo mapear e visualizar o fluxo de trabalho, identificar ineficiências e gargalos, e direcionar esforços de melhoria de modo preciso. Ferramentas de análise de processos são essenciais para a detecção de causas raiz de problemas, em que técnicas como diagrama de Ishikawa e os 5 Porquês permitem a investigação das origens de desafios específicos.

4.2.4 Técnica para análise de dados

Em um contexto cada vez mais orientado por dados, é essencial que o especialista em Melhoria Contínua analise dados e tome decisões com base neles. Métodos estatísticos dão suporte nesse sentido, por meio da análise de tendências, correlações e regressões, os quais possibilitam identificar relações entre variáveis e entender as influências que interferem nos resultados dos processos.

4.2.5 Ferramentas para gestão de mudanças

Ferramentas para gestão de mudanças desempenham um papel importante na capacidade de conduzir transformações eficazes em uma organização. Implementar novos processos ou tecnologias normalmente envolve alterações significativas nas operações e na cultura organizacional, e as ferramentas de gestão de mudanças oferecem abordagens sistemáticas para conduzir esse processo, ajudando a mitigar resistências e simplificar a adoção de novas práticas.

4.2.6 Técnicas de liderança

O domínio de técnicas de liderança é importante para orientar e influenciar equipes em relação a processos de mudança e aprimoramento contínuo. Liderar não se limita a gerenciar tarefas, pois também envolve compreender dinâmicas sociais e emocionais dos funcionários. Ao dominar essas técnicas de liderança, o especialista em Melhoria Contínua consegue articular uma visão convincente da mudança, reduzir a resistência à mudança e promover uma comunicação mais efetiva na equipe.

4.2.7 *Design thinking* e técnicas para inovação

O domínio do *design thinking* e de técnicas para inovação auxilia na resolução de problemas complexos, impulsionando a inovação. O *design thinking* representa uma metodologia que vai além da solução de problemas de modo tradicional, visto que busca entender as necessidades dos usuários, desenvolvendo soluções centradas no ser humano, considerando suas emoções e perspectivas.

4.2.8 Comunicação

Além de facilitar a transmissão de ideias, a comunicação eficaz e persuasiva também age como catalisador de inovação, facilita o gerenciamento de resistência a mudanças, constrói bons relacionamentos entre os funcionários, reduz riscos devido a interpretações equivocadas de processos e fornece o apoio necessário para a implementação de ideias inovadoras.

4.2.9 Otimização e melhoria de *performance*

Técnicas de otimização ajudam a identificar e eliminar ineficiências nos processos, reduzindo custos e desperdícios. Além disso, promove uma utilização mais eficaz dos recursos, tanto financeiros quanto humanos e materiais, resultando em melhora de *performance*.

4.2.10 Técnicas de agilidade

Técnicas de agilidade permitem uma adaptação ao ambiente de negócios moderno, no qual as empresas enfrentam mudanças constantes, impulsionadas por avanços tecnológicos, flutuações de demandas ou demais eventos externos imprevisíveis. Portanto, é importante que os profissionais trabalhem de forma proativa, ajustando processos e estratégias com rapidez.

O Fórum Econômico Mundial elencou as principais habilidades para o profissional do futuro (Figura 4.3).

Entre essas habilidades, há duas *hard skills*: a habilidade 7 (Uso, monitoramento e controle de tecnologia) e a habilidade 8 (*design* e programação de tecnologia). Elas envolvem a capacidade de operar e interagir com diferentes dispositivos e *softwares*, em que a programação dessas tecnologias é a habilidade que permite transformar conceitos em realidade.

4.3 SOFT SKILLS

As *soft skills*, também chamadas "habilidades interpessoais", correspondem às competências sociais e comportamentais. São determinantes para a integração do indivíduo com o ambiente de trabalho, já que têm influência na interação dos colaboradores e na construção de relacionamentos profissionais sólidos e construtivos.

As *soft skills* representam competências que podem ser treinadas, mas não há uma fórmula correta para sua execução, dada a diversificação das pessoas e de suas culturas. Normalmente são desenvolvidas ao longo do tempo, vivenciadas e experimentadas, podendo ser usadas também em outros contextos, não apenas no mundo corporativo.

Figura 4.3 Habilidades do profissional do futuro.

Além das duas *hard skills*, as habilidades listadas pelo Fórum Econômico Mundial são focadas em *soft skills*, as quais são apresentadas a seguir.

4.3.1 Pensamento analítico e inovação

O pensamento analítico fornece a base para entender desafios e oportunidades, visto que representa a habilidade de desmembrar informações complexas em dados compreensíveis. Pensar dessa maneira contribui com o processo de inovação, o qual corresponde à disposição para criar e implantar novas ideias, impulsionando o crescimento e a competitividade empresarial.

4.3.2 Aprendizagem ativa e estratégias de aprendizagem

A aprendizagem ativa contempla a abordagem proativa diante da aquisição do conhecimento, indo além da absorção passiva de informações, abrangendo também a busca proativa de experiências e conhecimentos. Paralelamente, as estratégias de aprendizagem representam ferramentas que otimizam o processo de aquisição de conhecimentos, identificando os métodos mais eficazes para adquiri-los.

4.3.3 Resolução de problemas complexos

Além da resolução de obstáculos, essa habilidade também contempla um olhar sistemático visando compreender, analisar e solucionar desafios que apresentam diversas variáveis. Isso abrange a capacidade de lidar com incertezas, adaptar estratégias, lidar com resistências a mudanças etc.

4.3.4 Pensamento crítico

O pensamento crítico permite analisar informações de modo objetivo e aprofundado, separando dados relevantes e irrelevantes, facilitando a tomada de decisões e a resolução de problemas complexos. Por sua vez, a análise representa a aplicação prática do pensamento crítico e envolve a interpretação de dados complexos para identificar padrões, tendências e oportunidades.

4.3.5 Criatividade, originalidade e iniciativa

Quando a criatividade é atrelada à originalidade, tem-se a singularidade e a autenticidade da proposta, capaz de diferenciar-se diante do mercado. Por sua vez, a iniciativa é o fator que promove a transformação de ideias originais e criativas em ações concretas.

4.3.6 Liderança e influência social

Muitas vezes, a liderança está atrelada à influência social, pois líderes eficazes têm a capacidade de exercer influência em seus liderados. As habilidades de um líder abrangem inspiração, motivação, orientação, tomada de decisão assertiva, comunicação eficaz e empatia.

4.3.7 Resiliência, tolerância ao estresse e flexibilidade

A resiliência, a tolerância ao estresse e a flexibilidade são habilidades psicológicas que moldam a capacidade de enfrentar adversidades com equidade, permitindo prosperar em ambientes dinâmicos e enfrentar momentos complexos com perspectiva construtiva.

4.3.8 Raciocínio, resolução de problemas e ideação

Essas habilidades cognitivas impulsionam a capacidade de enfrentar desafios e desenvolver soluções inovadoras. Além disso, impulsiona a tomada de decisões assertivas e a resolução eficaz de problemas complexos.

4.3.9 *Soft skills* do especialista em Melhoria Contínua

Uma publicação do Departamento de Análise de Dados do *LinkedIn* cita que o surgimento da automação e da Inteligência Artificial (IA) fez com que apenas as *hard skills* não sejam suficientes para ter sucesso no ambiente competitivo, evidenciando a importância iminente do investimento em *soft skills*. De acordo com Thomas Pyzdek, autor de inúmeros livros sobre Melhoria Contínua, existem 21 *soft skills* fundamentais para os profissionais da área de Melhoria Contínua, apresentadas no Quadro 4.1.

Soft skills do especialista em melhoria contínua
1. Estimular a liderança sobre a necessidade de mudança
2. Saber identificar quais projetos são adequados para a organização
3. Saber avaliar a probabilidade de suceso de um projeto
4. Ser capaz de recrutar patrocinadores para suas atividades
5. Saber a quem recorrer quando precisar de um mentor
6. Entender a mistura de atributos pessoais necessários para uma equipe de sucesso
7. Saber guiar uma equipe por todos os estágios de seu desenvolvimento
8. Resolver conflitos entre membros da equipe
9. Ser capaz de avaliar em quais situações a equipe deve ser controlada
10. Saber planejar e facilitar reuniões eficientes
11. Ser um orador efetivo
12. Facilitar sessões de *brainstorming*
13. Saber como atingir o consenso
14. Saber o que fazer quando o consenso não é alcançado
15. Criar um plano de comunicação com seus *stakeholders*
16. Conseguir cooperação com seus *stakeholders*
17. Avaliar promotores e detratores em relação ao objetivo
18. Conhecer formas de obter a voz do cliente
19. Ser capaz de identificar necessidades que não foram vocalizadas
20. Determinar a importância de cada demanda do cliente
21. Entender a análise de Kano

Quadro 4.1 *Soft skills* do especialista em Melhoria Contínua.

4.3.10 Como a empresa pode ajudar os colaboradores a desenvolverem *hard* e *soft skills*?

As empresas podem desenvolver as *hard skills* e as *soft skills* em seus colaboradores por meio de quatro etapas:

1. Mapear conhecimentos, habilidades e atitudes para o cargo

Mapear as *skills* requisitadas para o cargo é o primeiro passo para aprimorar o trabalho e as qualificações dos funcionários da empresa. É necessário desenvolver um descritivo de cargos e salários, determinando quais são os conhecimentos, as habilidades e as competências necessárias para assumir a função. Essas podem ser classificadas da seguinte maneira:

- ***Hard skills***: e necessário mapear quais são as competências técnicas requeridas para a função, como graduações, domínio de línguas estrangeiras, cursos e capacitações.
- ***Soft skills***: essas competências devem ser mapeadas previamente e analisadas na pré-contratação do colaborador, por meio de dinâmicas em grupo e entrevistas.

2. Mapear conhecimentos, habilidades e atitudes dos colaboradores

Nessa etapa, é necessário coletar dados por meio de uma pesquisa e organizar as informações, podendo ser realizado por meio de formulários e/ou planilhas.

Para cada tipo de competência, pode-se atuar da seguinte maneira:

- ***Hard skills***: para coletar as competências técnicas é preciso entender quais são as ferramentas e as tecnologias utilizadas por cada área para realizar um mapeamento personalizado.
- ***Soft skills***: podem ser mapeadas diretamente pelo RH, por meio de consulta pessoal ou dos gestores das áreas, também observando a área de atuação para posteriormente selecionar quais habilidades devem ser desenvolvidas.

3. Promover momentos de capacitação

Promover palestras comportamentais e realizar treinamentos pontuais no ambiente de trabalho podem reforçar os pontos fortes da equipe em relação às *skills*. Porém, antes de determinar quais palestras ou treinamentos dariam os melhores resultados para a empresa, é importante revisar o mapeamento das habilidades dos colaboradores (Etapa 2). A partir disso, é possível atuar da seguinte maneira:

- **Hard skills:** promover palestras ou treinamentos que tenham relação direta com a habilidade que se deseja reforçar.
- **Soft skills:** para reforçar as *skills* comportamentais é necessário realizar palestras sociocomportamentais, isto é, técnicas práticas ou incentivos diretos para mudar hábitos e pensamentos.

4. Divulgar e incentivar o conhecimento

Divulgar e incentivar o que são *hard skills* e *soft skills* e como identificá-las é essencial para a equipe entender a importância da manutenção dessas habilidades. Dessa maneira, os colaboradores entendem a razão para que trabalhem em equipe e percebem a importância que as *skills* têm na construção da própria carreira.

Assim, pode-se agir da seguinte maneira:

- **Hard skills:** enviar cursos ou oportunidades que valorizem ainda mais as habilidades técnicas dos colaboradores, incentivando a busca pelo conhecimento.
- **Soft skills:** divulgar conteúdos que tenham como objetivo o autoconhecimento e a autoavaliação, mantendo sempre uma oportunidade de diálogo franco entre gestores e colaboradores, de modo a possibilitar entender eventuais dificuldades comportamentais.

RESUMO

- As competências estão relacionadas às iniciativas e à responsabilidade do indivíduo em situações profissionais; são formadas por conhecimentos, habilidades e atitudes (Tríade do CHA). Essas competências podem ser classificadas como *hard skills* (habilidades técnicas) e *soft skills* (habilidades de relacionamento interpessoal).
- As *hard skills* referem-se, sobretudo, às habilidades técnicas adquiridas por formação educacional; enquanto as *soft skills* referem-se, principalmente, às habilidades associadas à socialização e ao comportamento, as quais podem ser treinadas e desenvolvidas.
- As principais *hard skills* são: domínio de línguas estrangeiras, técnicas para gestão de projetos, ferramentas de análise de processos, técnica para análise de dados, ferramentas para gestão de mudanças, técnicas de liderança, *design thinking* e técnicas para inovação, comunicação, otimização e melhoria de *performance*, e técnicas de agilidade.
- As *soft skills* apontadas pelo Fórum Econômico Mundial são: (1) pensamento analítico e inovação; (2) aprendizagem ativa e estratégias de aprendizagem; (3) resolução de problemas complexos; (4) pensamento crítico e análise; (5) criatividade, originalidade e iniciativa; (6) liderança e influência social; (7) resiliência, tolerância ao estresse e flexibilidade; (8) raciocínio, resolução de problemas e ideação.
- As organizações podem contribuir com o desenvolvimento das *hard skills* e das *soft skills* dos colaboradores por meio de quatro etapas:
    1. Mapear conhecimentos, habilidades e atitudes para o cargo.
    2. Mapear conhecimentos, habilidades e atitudes dos colaborador.
    3. Promover momentos de capacitação.
    4. Divulgar e incentivar o conhecimento.

REFERÊNCIAS BIBLIOGRÁFICAS

CHOU, C. M.; SHEN, C.H.; HSIAO, H. C.; CHEN, S. C. A study on constructing entrepreneurial competence indicators for business department students of vocational and technical colleges in Taiwan. *World Transactions on Engineering and Technology Education*, v. 8, n. 3, p. 316-320, 2010.

FLEURY, M. T. L.; FLEURY, A. Construindo o conceito de competência. *Revista de Administração Contemporânea*, v. 5, n. esp., p. 183-196, 2001.

KALLET, M. *Think Smarter*: critical thinking to improve problem-solving and decision-making skills. New Jersey: Wiley, 2014.

MACKALL, D. D. Career Skills Library: Problem Solving. 2. ed. Ferguson, 2004.

PYZDEK, T. 21 Soft Skills All Six Sigma Belts Need. Disponível em: https://www.pyzdekinstitute.com/blog/six-sigma/21-soft-skills-a-six-sigma-black-belt-needs.html. Acesso em: 22 maio 2024.

ZARIFIAN, P. *O modelo da competência*: trajetória histórica, desafios atuais e propostas. São Paulo: Senac, 2003. p. 19.

Parte II

PRINCIPAIS FILOSOFIAS E METODOLOGIAS EMPRESARIAIS DE MELHORIA CONTÍNUA

As filosofias de Melhoria Contínua traduzem as boas práticas de gestão consolidadas ao longo de anos em grandes empresas pelo mundo. São reconhecidas como sinônimo de qualidade pelo diferencial gerado em seus resultados. A compreensão dessas diferentes filosofias permite que possamos entender diferenças em contextos culturais, empresariais e mercadológicos e, a partir desse entendimento, adaptar ferramentas, práticas e abordagens à sua necessidade e ao seu momento. As filosofias são um meio para alcançar resultados, que devem servir de inspiração e serem sempre adaptadas.

A segunda parte deste Guia vai apresentar as principais práticas das mais importantes filosofias empresariais de Melhoria Contínua, permitindo que você desenvolva capacidade crítica para aplicá-las, exercendo um diferencial competitivo em suas atividades.

Os capítulos que compõem a Parte II são:

Capítulo 5 – 5S: A Base da Qualidade

Capítulo 6 – Metodologias Ágeis

Capítulo 7 – As Oito Disciplinas de Ford

Capítulo 8 – *Lean Manufacturing*

Capítulo 9 – Filosofia *Kaizen*

Capítulo 10 – Seis Sigma

Capítulo 11 – *Lean* Seis Sigma

Capítulo 12 – *Design for Six Sigma* e método DMADV

Capítulo 13 – *World Class Manufacturing*

Capítulo 5

5S: A BASE DA QUALIDADE

OBJETIVOS DE APRENDIZAGEM

Ao final deste capítulo, será possível:
- Compreender o que é o Programa 5S, bem como seus objetivos e sua importância.
- Entender cada um dos cinco sensos e como aplicá-los em uma organização.
- Compreender o papel do especialista em Melhoria Contínua ao implementar o 5S.
- Identificar e compreender as metodologias derivadas do 5S: 6S *Lean*, 7S, 8S e 10S.

INTRODUÇÃO

A filosofia 5S é reconhecida por muitos como a base para qualquer programa orientado à qualidade e à satisfação de clientes de uma organização. Trata-se de um programa que explora cinco sensos relacionados a utilização, ordenação, limpeza, saúde e autodisciplina, que faz parte da cultura oriental, e que pode ser aplicado nas mais diversas situações.

Baseado no pensamento Toyotista: "Hoje melhor do que ontem, amanhã melhor do que hoje", o programa 5S é amplamente utilizado em organizações que buscam uma mudança de hábitos visando à otimização de processos. Esse programa pode ser implantado como um plano estratégico que, ao longo do tempo, passa a ser incorporado na cultura organizacional, contribuindo para a qualidade dos produtos e serviços.

Seja um padrão de qualidade.
As pessoas não estão acostumadas
a um ambiente onde o melhor é o esperado.
Steve Jobs

5.1 CONCEITOS

5.1.1 Definição

A filosofia 5S surgiu no Japão por volta da década de 1950, logo após a Segunda Guerra Mundial, visto a necessidade de combater a desorganização estrutural e a sujeira das fábricas. Em razão do sucesso atingido pelo Japão com essa ferramenta, outros países começaram a utilizá-la em diversas situações; o Brasil iniciou sua implantação em 1991.

As organizações privadas foram as primeiras a adotar a prática do programa, porém Shigunov Neto e Campos, estudiosos sobre conceitos e ferramentas da qualidade, salientam que a partir da década de 1990, os órgãos públicos brasileiros visualizaram a importância do 5S para melhorar o desempenho no trabalho, bem como o relacionamento entre os colaboradores.

O 5S corresponde a uma ferramenta da Qualidade Total que tem a intenção de otimizar o ambiente de trabalho, de modo a combater desperdícios e permitir que os funcionários trabalhem com mais segurança e saúde (física e mental), em um ambiente limpo e organizado. Os cinco sensos estabelecidos pelo programa são: utilização, ordenação, limpeza, saúde e autodisciplina, apresentados na Figura 5.1.

SEIRI — UTILIZAÇÃO: selecionar apenas as ferramentas e materiais necessários para cada tarefa

SEITON — ORGANIZAÇÃO: criar um local de trabalho organizado em que cada coisa possui seu lugar

SEISO — LIMPEZA: esforços para manter o ambiente de trabalho limpo para funcionar bem

SEIKETSU — PADRONIZAÇÃO: padronizar o funcionamento operacional das atividades

SHITSUKE — AUTODISCIPLINA: criar uma cultura e assegurar a prática de todos os sensos anteriores

PROGRAMA 5S

Figura 5.1 Cinco sensos do Programa 5S.

Com o 5S é possível compreender desde *layouts* de chão de fábrica, organização e manutenção de móveis e materiais de um escritório, até a disponibilidade de dados e informações eletrônicas em um computador.

5.2 OBJETIVOS E BENEFÍCIOS

Shigunov Neto e Campos afirmam que o objetivo do 5S é proporcionar melhores condições de trabalho por meio da educação. O 5S visa proporcionar condições favoráveis para o aumento da produtividade e o aprimoramento da qualidade.

O 5S pode ser considerado uma ferramenta enxuta que tem como objetivo básico promover uma ordem sistêmica do funcionamento de um processo em um ambiente organizacional, visando melhorar tanto o local de trabalho quanto a interação entre colaboradores, resultando em melhoria em processos. Um ambiente adequado e boas práticas de convívio entre os colaboradores geram trabalhadores mais satisfeitos e motivados e, consequentemente, melhores resultados.

A Figura 5.2 sintetiza os objetivos da filosofia 5S, por meio dos pilares "Pessoal", "Empresa", "Processos" e "Segurança", enaltecendo o principal propósito do programa: aumentar a produtividade e melhorar os resultados organizacionais.

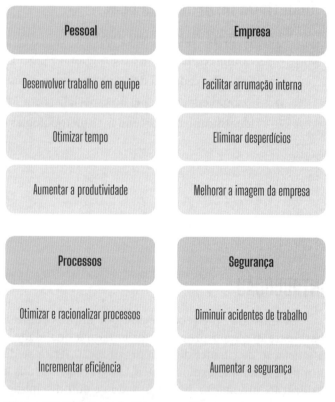

Figura 5.2 Objetivos do Programa 5S.

5.3 APLICAÇÃO

A implantação de uma nova filosofia requer a adoção de novas práticas e a mudança de hábitos. A adoção da filosofia 5S, embora aparente ser simples, na prática, torna-se desafiadora. A seguir, são apresentadas as etapas para sua aplicação.

1. Planejamento do programa

Etapa em que ocorre a identificação de quais são as áreas piloto da organização, ou seja, aquelas em que os resultados podem ser extraídos de modo mais rápido, servindo como exemplo e força de argumentação para expansão dessa filosofia. Além da definição da área piloto, são elencados os envolvidos no programa e as iniciativas que serão executadas.

2. Sensibilização do time

Momento de explicar para todas as partes envolvidas e interessadas a adoção dessas novas práticas, quais são suas vantagens e benefícios, aumentando o engajamento quanto a sua aplicação.

3. Implantação prática

Nessa etapa é comum que ocorra o "Dia D", que corresponde ao "dia da virada", ou seja, o dia em que todos se propõem a reorganizar as suas iniciativas. Nessa etapa é recomendada a adoção dos três primeiros sensos (utilização, ordenação e limpeza) para, na sequência, expandir para os demais (saúde e autodisciplina), conforme apresentado na Figura 5.3.

Figura 5.3 Priorização dos sensos.

4. Estratégias para manutenção e continuidade das melhorias

Etapa crítica do processo, que demanda atenção e regras de monitoramento e controle. Equipes de auditores podem auxiliar nesse processo, fiscalizando se os novos padrões estão sendo mantidos.

5. Celebração, valorização e reconhecimento

Por fim, a etapa na qual ocorrem premiações, recompensas, cartas de agradecimento e destaques às equipes que se empenharam mais proativamente na busca da adoção dessas práticas culturais.

5.4 VANTAGENS DA IMPLEMENTAÇÃO

A implementação do Programa 5S pode apresentar diversos benefícios, como redução de custos, diminuição de desperdícios, aumento da qualidade e produtividade, melhoria da satisfação geral dos colaboradores e segurança do ambiente de trabalho.

A seguir, serão apresentados os fundamentos de cada senso, bem como um direcional para sua implementação.

5.5 PRIMEIRO S: SENSO DE UTILIZAÇÃO (*SEIRI*)

整理

Significa "uso", ou seja, corresponde à definição de materiais considerados relevantes e que agregam valor ao processo, bem como a eliminação ou realocação do que for desnecessário. É a prática de verificar todas as ferramentas e materiais de trabalho e manter somente os itens essenciais para a função que está sendo realizada.

É importante levantar todo tipo de recurso envolvido em uma operação, por exemplo, máquinas, equipamentos, materiais, instrumentos, ferramentas, entre outros. O objetivo principal desse senso é identificar e descartar objetos desnecessários no ambiente de trabalho, ganhando espaço e tempo, além de reduzir riscos com lesões dos funcionários.

Como aplicar

Para aplicar esse passo, é preciso avaliar cada item do ambiente da seguinte maneira:

- Este item é necessário?
- Se é necessário, em qual quantidade?
- Com qual frequência é utilizado?

A partir dessa análise, deve-se descartar o que não será utilizado, realocar itens e manter os que são necessários. Para isso, pode-se classificar os materiais de acordo com a frequência de uso, da seguinte maneira:

- os equipamentos que são utilizados de hora em hora devem ser mantidos ao alcance das mãos de quem vai operá-los;
- os itens que são necessários uma vez por semana ou algumas vezes ao mês não precisam ficar sempre ao alcance, mas devem ser mantidos no local de trabalho;
- os elementos que raramente são usados devem ser guardados em um estoque distante, designado para uso daquele departamento.

A Figura 5.4 apresenta as ações que devem ser tomadas diante da classificação dos objetos e dados de uma organização.

5.6 SEGUNDO S: SENSO DE ORDENAÇÃO OU ORGANIZAÇÃO (*SEITON*)

Esse senso é responsável por organizar os itens classificados como necessários no senso anterior. Assim, é importante estabelecer critérios de ordenação, pois, desse modo, é possível organizar tudo com eficácia e de maneira que facilite o acesso e o manuseio de acordo com a necessidade, de modo que quando determinado recurso for solicitado, sua quantidade e local estejam facilmente identificados.

Como aplicar

É possível aplicar o segundo senso por meio da padronização de objetos, da utilização de cores de identificação, do etiquetamento de armários e estantes, da numeração de documentos e da marcação de locais de risco. Para isso, pode-se seguir os seguintes passos:

- determinar locais apropriados;
- identificar quais itens serão armazenados nesses locais, considerando o fluxo de trabalho e a eficiência da operação;
- identificar todos os itens e sua quantidade necessária.

É interessante garantir que todos os presentes no local de trabalho sejam informados sobre o posicionamento dos equipamentos; para isso, é importante:

- classificar cada armário e gaveta com uma etiqueta mostrando o que existe dentro;
- delinear as áreas designadas para equipamentos, suprimentos, áreas comuns e zonas de

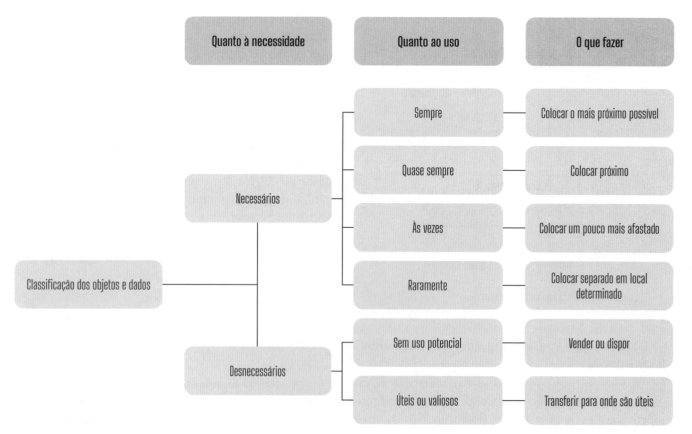

Figura 5.4 Classificação de acordo com o Senso de Utilização.

segurança. Isso pode ser feito por meio de **linhas divisórias**, para definir corredores e estações de trabalho; **linhas de marcação**, para determinar o posicionamento de equipamentos; **linhas de alcance**, para exibir a área de funcionamento de máquinas; e **portas** e **setas** para indicar direções de acordo com o fluxo produtivo.

5.7 TERCEIRO S: SENSO DE LIMPEZA (*SEISO*)

清掃

Esse senso significa "limpeza" e tem como objetivo facilitar a higienização do ambiente de trabalho. O *seiso* exige que haja atenção quanto às causas da sujeira, pois assim ela pode ser reduzida ou até eliminada. A limpeza deve ser encarada como um modo de inspeção, pois quando o local de trabalho e os equipamentos estão limpos, as oportunidades de detectar falhas são maiores.

É importante ressaltar que locais que apresentam limpeza e organização proporcionam atividades mais precisas e eficientes, pois fazem com que os colaboradores apresentem maior satisfação quanto às condições de trabalho.

Como aplicar

Normalmente são formadas pequenas equipes de limpeza, nas quais é definido um responsável pela higienização de cada ambiente. Uma boa prática do *seiso* é a desmontagem do equipamento e a inspeção das peças em quesitos de limpeza e manutenção. Assim, algumas diretrizes podem ser seguidas:

- determinar o que será limpo;
- dividir o local de trabalho em "áreas de limpeza", e então nomear as pessoas que serão responsáveis para cada área;
- aplicar os sensos anteriores aos produtos de limpeza, deixando-os organizados e guardados de maneira fácil de achar, usar e retornar;
- incorporar uma inspeção sistêmica de limpeza na organização.

Nesse momento, terceiros podem ser contratados para que as tarefas sejam realizadas em momentos não convencionais, ou em que os trabalhadores não estejam em serviço. Porém, é preciso utilizar os mesmos recursos visuais anteriores para que se torne uma prática diária.

Ambiente limpo não é o que mais se limpa e sim o que menos se suja.

Chico Xavier

5.8 QUARTO S: SENSO DE SAÚDE (*SEIKETSU*)

清潔

Tem como principal objetivo manter o ambiente favorável à saúde e à higiene, de modo a humanizar o local de trabalho. Esse senso preocupa-se em eliminar tudo o que coloca em risco a segurança dos colaboradores, preocupando-se com sua saúde física e mental.

Para implantar o senso de saúde, é importante já ter os 3S's anteriores implantados, de modo que o ambiente de trabalho apresente apenas itens úteis, ordenados e limpos, aumentando a satisfação dos colaboradores.

Como aplicar

O controle visual é o mais indicado nessa fase. Além da manutenção do clima organizacional em modo agradável, também é importante atentar-se para a redução dos ruídos e o cuidado com a saúde dos colaboradores.

É nessa fase que é feito um plano de manutenção para os três primeiros sensos, ou seja, preza por manter as alterações que foram feitas na empresa. Com a aplicação eficiente dos outros 3S's, fica mais fácil identificar qualquer anormalidade na organização, possibilitando a solução do problema mais rapidamente. Assim, ao implementar o *Seiketsu*, é importante ater-se aos seguintes itens:

- escolher a pessoa responsável por manter as condições necessárias para o funcionamento dos sensos anteriores;
- avaliar o nível de manutenção;
- analisar o bem-estar geral da empresa.

5.9 QUINTO S: SENSO DE AUTODISCIPLINA (*SHITSUKE*)

O objetivo do quinto senso é tornar habitual a prática das ações dos sensos anteriores, fazendo das atitudes implantadas um hábito na organização. Quando o quinto senso está em execução, significa que o programa está em andamento perfeito, é onde se deve trabalhar para manter as melhorias realizadas. A Figura 5.5 apresenta como ocorre o processo para "enraizar" uma mudança ou melhoria em uma organização.

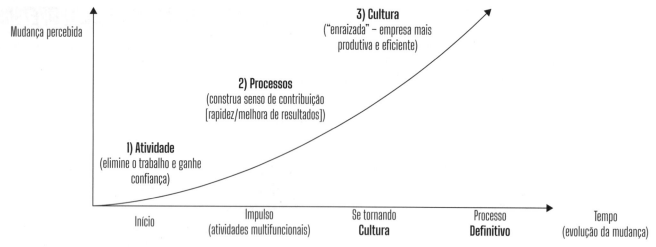

Figura 5.5 Mudança organizacional visando à Melhoria Contínua.

O *Shitsuke* visa criar maior respeito e comprometimento em relação à empresa, cumprindo disciplinadamente o que foi determinado nos sensos anteriores. Esse senso também visa garantir que cada colaborador assuma a responsabilidade pela qualidade, envolvendo-se com a Melhoria Contínua.

Como aplicar

É essencial que o senso de disciplina não seja incorporado apenas pela direção da organização, e sim por todos os colaboradores. Para isso, são indicadas as seguintes atitudes:

- treinamento dos colaboradores;
- estimulação da criatividade dos funcionários e alocação de recursos para praticar as novas ideias;
- distribuição de prêmios pelo esforço conjunto.

Além disso, é importante criar rotinas de limpeza com periodicidades semanais, quinzenais ou mensais, dependendo da demanda. O desenvolvimento de *checklists* é indicado, assim como a padronização do acompanhamento do processo para detecção e eliminação de não conformidades.

Apresentados os fundamentos e a forma de aplicação dos cinco sensos, o Quadro 5.1 mostra uma síntese de cada senso.

5.10 METODOLOGIAS DERIVADAS

É interessante observar que as empresas naturalmente criam adaptações sobre uma filosofia empresarial para maior aderência cultural, sentimento de pertencimento e engajamento de colaboradores. No decorrer dos anos, surgiram metodologias derivadas do 5S. Alguns exemplos são: 6S *Lean*, 7S, 8S e 10S.

5.10.1 Programa 6S *Lean*

Aborda os mesmos princípios do 5S, porém tem uma extensão para a área de segurança. Com o uso dessa metodologia, são eliminadas condições que estejam causando problemas, como tarefas repetitivas e condições fisicamente perigosas. O 6S *Lean* pode ser compreendido como:

6S *Lean* = 5S + Segurança

5S	Senso	Ação
1. *Seiri*	Utilização	Definir o que é útil o que não é, de acordo com a necessidade. Realizar a separação para possíveis descartes
2. *Seiton*	Organização	Ordenar o objeto de maneira inteligente, com indicações e facilidade de acesso
3. *Seiso*	Limpeza	Descobrir a causa da sujeira e estabelecer estratégias para atuação
4. *Seiketsu*	Saúde	Cuidar do bem-estar, higiene e segurança no ambiente de trabalho
5. *Shitsuke*	Disciplina	Promover ações necessárias para garantir a manutenção das melhorias alcançadas

Quadro 5.1 Resumo dos sensos da ferramenta 5S.

5.10.2 Programa 7S

Além da segurança, é adicionado o senso da "satisfação". Desse modo, é possível alinhar o método 5S com a visão humana predominante na empresa. O 7S pode ser compreendido como:

Programa 7S = 5S + Segurança + Satisfação

5.10.3 Programa 8S

O Programa 8S adiciona três sensos, além dos cinco clássicos japoneses: *shikari yaro* (senso de determinação e união), *shido* (senso de qualificação e treinamento) e *setsuyaku* (senso de combate ao desperdício). O 8S pode ser compreendido como:

8S = 5S + Determinação e União + Qualificação e Treinamento + Combate ao Desperdício

5.10.4 Programa 10S

Esse programa acrescenta dois sensos a partir dos 8S's apresentados anteriormente. O 10S pode ser compreendido como:

10S = 8S + Princípios Morais e Éticos + Responsabilidade Social

5S + Determinação e União + Qualificação e Treinamento + Combate ao Desperdício

O nono S (Senso dos Princípios Morais e Éticos – *Shisei Rinri*) refere-se a padrões de conduta para que o colaborador saiba como agir corretamente, de acordo com as boas práticas de conduta.

Já o décimo S (Senso da Responsabilidade Social – *Sekinin Shakai*) refere-se ao compromisso com a sociedade. Esse senso procura demonstrar a importância de ações sociais não como obrigação, mas como modo de constituição de uma sociedade mais justa.

5.11 QUAL METODOLOGIA UTILIZAR?

A filosofia 5S é a mais utilizada e a mais conhecida comparada com suas derivações, mas também é possível compreender que de acordo com as necessidades e demandas exigidas pelo mercado e por cada empresa específica, os novos programas acrescentam extensões importantes.

Sendo assim, ressalta-se que o profissional em Melhoria Contínua deve ter a percepção da realidade na qual está inserido e ser capaz de adotar as ferramentas que melhor lhe atendem. Também deve ser capaz de motivar seus colaboradores e, assim como todos, estar adepto às boas práticas de trabalho e aos sensos estabelecidos.

Os líderes proeminentes saem de seu caminho para aumentar a autoestima de seu pessoal. Se as pessoas acreditam em si mesmas, é impressionante o que eles podem fazer.
Sam Walton

RESUMO

- A metodologia 5S é de fácil implementação, visto que abrange tarefas simples. Porém, para que o resultado seja o proposto pela abordagem, a participação de todos os colaboradores é fundamental.
- O Programa 5S contempla cinco sensos:
  - de utilização;
  - de ordenação ou organização;
  - de limpeza;
  - de saúde;
  - de disciplina.
- As etapas para sua aplicação são:
  1. Planejamento do programa.
  2. Sensibilização do time.
  3. Implantação prática.
  4. Estratégias para manutenção e continuidade das melhorias.
  5. Celebração, valorização e reconhecimento.
- Existem metodologias derivadas do 5S, entre elas os programas 6S *Lean*, 7S, 8S e 10S.
  - 6S *Lean*: aborda os 5S's com a adição do Senso de Segurança;
  - 7S: aborda o 6S *Lean* com a adição do Senso de Satisfação;
  - 8S: aborda os 5S's com a adição dos sensos de Determinação e União, Capacitação e Treinamento, e Combate ao Desperdício;
  - 10S: aborda os 8S's com a adição dos sensos dos Princípios Morais e Éticos e da Responsabilidade Social.
- A escolha da metodologia que será utilizada é baseada no contexto de organização, não existindo, portanto, metodologia melhor que outra.

REFERÊNCIAS BIBLIOGRÁFICAS

OLIVEIRA, O. J. *Gestão da Qualidade, Higiene e Segurança na Empresa*. São Paulo: Cengage Learning, 2015.

SHIGUNOV NETO, A.; CAMPOS, L. M. F. *Introdução à Gestão da Qualidade e Produtividade*: conceitos, história e ferramentas. Curitiba: Editora InterSaberes, 2016.

Capítulo 6

METODOLOGIAS ÁGEIS

OBJETIVOS DE APRENDIZAGEM

Ao final deste capítulo, será possível:
- Compreender o significado do mundo VUCA e do mundo BANI.
- Entender o que é o Manifesto Ágil e como ele surgiu.
- Compreender o que são metodologias ágeis.
- Identificar o que é o Scrum, bem como seus valores, princípios e benefícios.
- Entender os termos "iterativo" e "incremental".

INTRODUÇÃO

Um dos maiores desafios de gerenciar projetos em um mundo repleto de volatilidade e incertezas está em manter uma equipe motivada e o cliente satisfeito com entregas incrementais de valor. As técnicas de gestão de projetos foram adaptadas frente a esse novo cenário, trazendo princípios que envolvem dinamismo, agilidade e flexibilidade.

As metodologias ágeis surgem como uma forma de acelerar entregas e agilizar ações diante de um cenário de mudanças. Este capítulo detalha o surgimento das metodologias ágeis, os benefícios de suas aplicações e os principais rituais, ferramentas e responsabilidades do *framework* Scrum.

Ser ágil é gerar entregas contínuas, incrementais e frequentes de valor para o cliente, focando em equipes auto-organizadas.

Vitor L. Massari

6.1 CONCEITOS

Diante de uma dinâmica de negócios marcada por constante transformação, em que o que parece correto pode se alterar em segundos, surge a necessidade da gestão de mudanças, conforme apresentado no Capítulo 3. Desse contexto, emergiu o conceito de "mundo VUCA", que representa um ambiente marcado pela volatilidade, pela incerteza, pela complexidade e pela ambiguidade. Alguns anos depois, surgiu o conceito de "mundo BANI", enfatizando as características de fragilidade, ansiedade, não linearidade e incompreensibilidade. A Figura 6.1 apresenta esses dois conceitos.

trabalha com a volatilidade e com a gestão de mudanças. Seu conceito perdurou por vários anos e foi adaptado a diferentes contextos, de modo que atualmente pode ser entendido como as características decorrentes da rapidez de informações, da tecnologia e da alta demanda por produtos e serviços.

O termo "VUCA" é um acrônimo formado pelas palavras:

- *Volatility* (**volatilidade**): representa a velocidade em que as mudanças ocorrem, seja dentro do mundo dos negócios (p. ex., ações de empresas, posicionamento de mercado, estratégias de marketing e negociações), seja fora desse ambiente, abrangendo cenário político, ameaças de guerras, eleições, preço do dólar, entre outros.
- *Uncertainty* (**incerteza**): em decorrência da volatilidade, a incerteza está presente em cada momento em que não há como ter previsões certeiras, tornando-se cada vez mais difícil planejar investimentos e estratégias empresariais.
- *Complexity* (**complexidade**): diante da volatilidade, das incertezas e da velocidade da tecnologia, o mundo dos negócios se torna um ambiente altamente complexo. Assim, existem vários pontos a serem ponderados antes que uma decisão seja tomada.
- *Ambiguity* (**ambiguidade**): situações ambíguas ocorrem quando há muitas informações, agravando quando estas são incompletas, contraditórias ou imprecisas, de modo a dificultar a tomada de decisões e tornar as escolhas mais arriscadas.

Figura 6.1 Mundo VUCA e mundo BANI.

6.1.1 Mundo VUCA

O termo "VUCA" surgiu em 1990 por meio do militarismo americano, com o propósito de auxiliar os oficiais a enfrentar a situação mundial após a Guerra Fria e criar uma gestão estratégica de liderança, visto que o VUCA

A Figura 6.2 apresenta as características do mundo VUCA, bem como as medidas que os profissionais devem desenvolver para atuar diante da volatilidade, da incerteza, da complexidade e da ambiguidade do mercado.

Figura 6.2 Mundo VUCA: características e medidas.

6.1.2 Mundo BANI

O conceito de mundo BANI foi criado em 2018 pelo antropólogo e autor estadunidense Jamais Cascio ao observar que o conceito de mundo VUCA necessitava de adaptações. Com a pandemia da Covid-19, o mundo BANI ganhou notoriedade em razão das mudanças comportamentais da população e da maior presença tecnológica.

O termo "BANI" é um acrônimo formado pelas palavras:

- *Brittle* (**frágil**): a população está propensa a qualquer tipo de incidente, seja um vírus, seja um desastre natural, entre outros. A conclusão é que o amanhã é incerto e que mudanças podem ocorrer a todo momento, surgindo a necessidade de enfrentar o imprevisível e sempre ter um "plano B" diante de situações urgentes.
- *Anxious* (**ansioso**): a pandemia da Covid-19 deixou latente a importância da inteligência emocional, e como esta é um fator indispensável para desvencilhar de crises com maior rapidez e tranquilidade. Esse contexto, somado ao acesso de informações e ao senso de urgência que tem pautado as decisões, virou um gatilho para o desenvolvimento de angústia e ansiedade.
- *Nonlinear* (**não linear**): para o mundo BANI, causa e efeito deixam de ser uma estrutura factível em todas as situações, em que planejamento de longo prazo deixa de fazer sentido. Isso acontece porque várias ações ocorrem simultaneamente, e em um contexto não linear, não há como ter controle daquilo que está por vir.
- *Incomprehensible* (**incompreensível**): em um mundo frágil, ansioso e não linear, grande parte dos eventos, das causas e das decisões tornou-se incompreensível; a sobrecarga de informações e o rápido avanço tecnológico contribuem para essa incompreensibilidade.

A Figura 6.3 apresenta as características do mundo BANI, bem como as medidas que os profissionais devem desenvolver para atuar diante da fragilidade, da ansiedade, da não linearidade e da incompreensibilidade do mercado.

Afinal, estamos em um mundo VUCA ou em um mundo BANI? A conclusão é que não existe resposta correta para essa pergunta, visto que o que deve existir é a certeza de que o mundo está em constante mudança, e o que une ambas as abordagens é a adaptabilidade, a qual é essencial tanto à nível pessoal quanto organizacional.

6.2 MANIFESTO ÁGIL

O termo "Metodologia Ágil" surgiu em 2001 no setor de desenvolvimento de *softwares*, no qual 17 profissionais registraram o documento denominado "Manifesto Ágil". Este teve como objetivo melhorar as práticas no ambiente de trabalho por meio da adaptabilidade, e embora tenha surgido no meio tecnológico, seus impactos são inegáveis para empresas de diversos setores.

O termo "ágil" não significa necessariamente agilidade, e sim adaptabilidade. No decorrer deste capítulo, será visto como esse conceito é fundamental diante de um contexto de alta concorrência e de necessidade de inovação.

6.2.1 Os quatro valores do Manifesto Ágil

Os valores do Manifesto Ágil são apresentados na Figura 6.4 e detalhados na sequência.

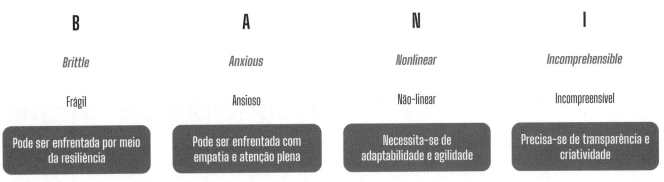

Figura 6.3 Mundo BANI: características e medidas.

Figura 6.4 Valores do Manifesto Ágil.

1. Indivíduos e interações mais que processos e ferramentas

Na gestão ágil, é primordial compreender as pessoas e o modo de comunicação entre elas. Isso não quer dizer que os processos e as ferramentas deixam de ser importantes, e sim que a interação entre as pessoas deve ser vista como prioridade para que o projeto corra do modo planejado.

2. *Software* em funcionamento mais que documentação abrangente

O ponto principal para o desenvolvimento é a criação de um *software*, e não restritamente sua documentação. A documentação deve ser feita, pois carrega consigo as diretrizes necessárias para que todos os envolvidos no processo possam compreendê-lo; entretanto, o *software* em funcionamento deve ser visto como ponto principal, justamente por ser aquilo que o cliente procura e espera como resultado.

3. Colaboração com o cliente mais que negociação de contratos

O foco principal deve ser o cliente, mas isso não quer dizer que o contrato passe a ser irrelevante. Colocar o foco no cliente é entender o que ele realmente espera, escutando suas necessidades e percepções, e desenvolvendo um ambiente de colaboração entre o time de desenvolvimento e o cliente, o qual passa a ter voz ativa desde o processo de criação.

4. Responder a mudanças mais que seguir um plano

A metodologia do Manifesto Ágil aborda a flexibilidade por meio do seu conceito de adaptabilidade. Portanto, as prioridades das partes interessadas devem ser pré-estabelecidas, mas a flexibilização decorrente de mudanças que podem surgir deve ser levada em conta.

6.2.2 Os 12 princípios do Manifesto Ágil

O Manifesto Ágil é voltado para a entrega do produto com qualidade e que satisfaça as necessidades dos clientes. Pode-se listar 12 princípios que ajudaram esse manifesto a se enraizar no mercado:

1. "Nossa maior prioridade é satisfazer o cliente, através da entrega adiantada e contínua de *software* de valor."
2. "Aceitar mudanças de requisitos, mesmo no fim do desenvolvimento. Processos ágeis se adequam a mudanças para que o cliente possa tirar vantagens competitivas."
3. "Entregar *software* funcionando com frequência, na escala de semana até meses, com preferência aos períodos mais curtos."
4. "Pessoas relacionadas a negócios e desenvolvedores devem trabalhar em conjunto e diariamente, durante todo o curso do projeto."
5. "Construir projetos ao redor de indivíduos motivados, dando a eles o ambiente e suporte necessários, e confiar que farão seu trabalho."
6. "O método mais eficiente e eficaz de transmitir informações para, e por dentro de um time de desenvolvimento, é através de uma conversa cara a cara."
7. "*Software* funcional é a medida primária de progresso."
8. "Processos ágeis promovem um ambiente sustentável. Os patrocinadores, desenvolvedores e usuários devem ser capazes de manter, indefinidamente, passos constantes."
9. "Contínua atenção à excelência técnica e bom *design* aumenta a agilidade."
10. "Simplicidade: a arte de maximizar a quantidade de trabalho que não precisou ser feita."
11. "As melhores arquiteturas, requisitos e *designs* emergem de times auto-organizáveis."
12. "Em intervalos regulares, o time reflete sobre como ficar mais efetivo; então, ajusta-se e otimiza seu comportamento de acordo com isso."

Para colocar em prática os valores e os princípios das metodologias ágeis, o *framework* Scrum é amplamente utilizado. Esse *framework* de gestão ágil se baseia nos valores e nos princípios do Manifesto Ágil, e será apresentado a seguir.

6.3 GESTÃO TRADICIONAL E GESTÃO ÁGIL DE PROJETOS

A gestão tradicional é uma abordagem sequencial na qual o projeto é dividido em etapas distintas executadas em ordem (p. ex., planejamento, análise de requisitos, *design*, implementação e teste), em que cada fase deve ser finalizada antes que a próxima inicie. Esse modelo é recomendado para projetos com requisitos previsíveis e bem definidos, nos quais as mudanças no escopo são mínimas.

Em contrapartida, a gestão ágil de projetos é uma abordagem iterativa e incremental (conceitos apresentados a seguir), na qual o projeto é repartido em ciclos curtos (normalmente de 2 a 4 semanas), denominados "*sprints*". Em cada *sprint*, uma parte do projeto é finalizada, testada e avaliada, e as mudanças são incorporadas na próxima iteração. Esse modelo é adequado para projetos complexos e dinâmicos, nos quais os requisitos são incertos e podem mudar ao longo do tempo.

O Quadro 6.1 apresenta as diferenças entre esses dois modelos de gestão.

As principais diferenças entre as duas abordagens são:
- **Flexibilidade:** a gestão ágil é mais flexível e adaptável às mudanças do que a gestão tradicional. Isso é decorrente de sua abordagem iterativa e incremental, a qual permite que as mudanças sejam realizadas a cada *sprint*.
- **Comunicação:** a gestão ágil enfatiza a comunicação e a colaboração entre os membros da equipe e entre *stakeholders*. Na gestão ágil, são realizadas reuniões diárias (*dailys*) e retrospectivas que ajudam a manter todos informados e envolvidos no projeto. Já a gestão tradicional é mais hierárquica e menos colaborativa.
- **Entrega contínua de valor:** a gestão ágil preza a entrega contínua de valor para o cliente, visto que em cada *sprint* uma parte do produto é entregue e testada, permitindo que o cliente forneça *feedback* e dê embasamento para o desenvolvimento de mudanças no projeto.
- **Controle:** a gestão tradicional oferece mais controle sobre o processo, visto que cada fase é planejada e executada antes da próxima começar. Em contrapartida, a gestão ágil de projetos é mais orientada por objetivos e resultados, e a equipe é incentivada a tomar decisões e se adaptar no decorrer do projeto.

As duas abordagens têm seus prós e contras, e são adequadas para diferentes tipos de projetos. A escolha da gestão adequada depende das características do projeto, das preferências da equipe de desenvolvimento e dos requisitos do cliente.

6.4 SCRUM: O *FRAMEWORK* DA GESTÃO ÁGIL DE PROJETOS

O Scrum é um *framework* das metodologias ágeis, e corresponde a uma abordagem simples, ágil e que utiliza os conceitos de iterações e entregas incrementais. Sua terminologia vem do jogo de Rugby: o Scrum representa uma jogada que visa à reposição de bola do time. Toda a equipe se junta no Scrum para pôr a bola de volta em campo. No entanto, se algum jogador quebra a formação, todo o time perde. O termo Scrum ficou popular com o livro de Jeff Sutherland, *A arte de fazer o dobro do trabalho na metade do tempo*, de 2014. Um de seus grandes benefícios é a imersão da equipe para a solução do problema, ou seja, baseia-se no trabalho focado e em equipe.

Munindo-se do Manifesto Ágil, o Scrum tornou-se uma das alternativas mais promissoras para o gerenciamento de projetos, oferecendo uma alternativa mais eficiente para estruturar processos, gerenciar prazos e fazer entregas contínuas, incrementais e de valor agregado aos clientes.

Mesmo se tratando de uma abordagem simples, o Scrum pode ser aplicado em qualquer tipo de empresa ou área de atuação, trazendo diversos benefícios claros e rápidos à organização, como os destacados a seguir:

Gestão TRADICIONAL	Gestão ÁGIL
Planejamento **extremamente detalhado**	Planejar o **necessário**
Escopo do projeto definido **na fase inicial de forma antecipada (preditivo)**	Escopo do projeto definido **ao longo do projeto adaptativo**
Entrega única e final	Entregas **constantes e frequentes**
Baixo contato com os *stakeholders*	**Alto contato** com os *stakeholders*
Líder tem o **controle total do projeto**	Líder tem papel de **orientador, motivador e facilitador**
Não suscetível a mudanças	**Suscetível** a mudança

Quadro 6.1 Gestão tradicional e gestão ágil.

- Não é preciso documentação frequente dos passos do processo.
- Não é necessário um planejamento complexo e demorado.
- Diminuição dos custos e aumento da produtividade, em razão do trabalho mais rápido e sem perdas de tempo.
- As etapas são realizadas aos poucos e com a participação do cliente; portanto, o foco no cliente e sua satisfação são pontos-chave para esse *framework*.
- O desenvolvimento do processo é feito de forma mais flexível, evitando retrabalhos.
- O planejamento e o engajamento são transparentes, justamente por apresentar reuniões.

Grande parte do sucesso do Scrum provém de sua rotina ágil, pois essa possibilita manter um fluxo de trabalho e de entregas incrementais aos clientes. Para entender o funcionamento de todos os eventos que compõem a rotina do Scrum, deve-se ter em mente que tudo gira em torno da *sprint*.

No Scrum, as *sprints* podem ser entendidas como o final de uma corrida curta, ou seja, nessa abordagem, as iterações e os incrementos são feitos até que se atinja o objetivo final. Assim, a *sprint* só termina quando a entrega é feita, e ao terminar uma *sprint* com o que se espera de resultado, pode-se iniciar outra, lembrando-se sempre de que a cada uma delas, são feitas melhorias incrementais.

O Scrum, assim como outros processos ágeis, é iterativo e incremental. Entenda a seguir o significado desses conceitos.

6.4.1 Iterativo

Na metodologia Scrum, são definidos rituais e rotinas que são iterativos e devem ser repetidos até que a definição de "finalizado" seja alcançada. A Figura 6.5 representa o que é um ciclo iterativo.

Dentro desse ciclo, são feitos refinamentos constantes, criando um processo de Melhoria Contínua. Cada repetição de ciclo é chamada de iteração, a qual abrange o planejamento, *design*, desenvolvimento e teste de uma pequena parte do projeto.

Assim, um processo iterativo é aquele que evolui por meio de tentativas sucessivas de refinamento, ajustando a proposta até que o resultado seja satisfatório.

6.4.2 Incremental

Corresponde à realização de um processo em diversas etapas inter-relacionadas, como apresentado na Figura 6.6.

Um incremento representa um subconjunto de funcionalidades, promovendo melhorias na proposta de negócio. A principal ideia do desenvolvimento incremental é incluir novas funcionalidades de modo gradual, fazendo com que o produto ganhe mais valor e funcionalidade ao longo do tempo.

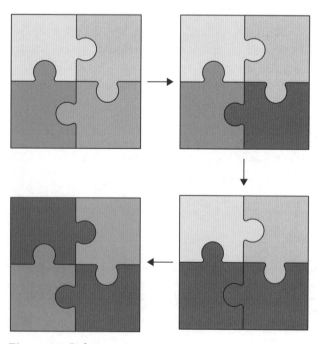

Figura 6.5 Ciclo iterativo.

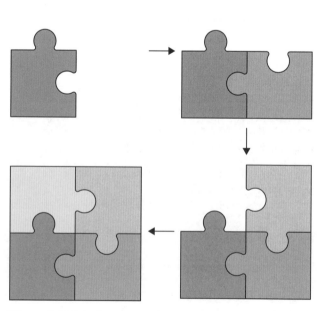

Figura 6.6 Ciclo incremental.

6.4.3 Relação do iterativo e do incremental com entregas

Essa relação significa unir etapas ao processo de repetição, ou seja, produzir pensando no cliente e sendo validado por ele. A Figura 6.7 apresenta o ciclo iterativo e incremental.

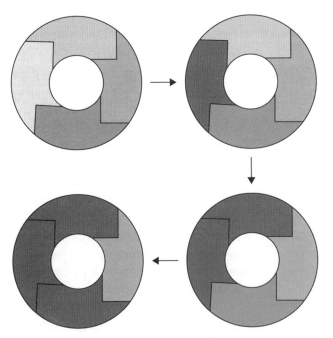

Figura 6.7 Ciclo iterativo e incremental.

É importante destacar que a cada iteração, o incremento deve ser funcional, possibilitando realizar testes de funcionalidade e validação pelas partes interessadas. As metodologias que não apresentam entregas iterativas e incrementais têm esse processo realizado de forma linear e sem validação, o que pode proporcionar retrabalho.

Para suportar esse processo, diversas metodologias, filosofias e *frameworks* surgem, a fim de desenvolver um processo ágil, sendo impulsionadas pelo documento Manifesto Ágil.

6.4.4 Eventos e artefatos do Scrum

No Scrum existem alguns eventos e artefatos cujos termos específicos devem ser entendidos antes de aplicá-lo como método de gestão. As fases do Scrum são apresentadas na Figura 6.8 e detalhadas na sequência.

1. *Sprint Backlog*: lista de atividades que devem ser realizadas pela equipe, de acordo com os requisitos e as prioridades do cliente.
2. *Sprint*: de acordo com o *Sprint Backlog*, uma ou mais atividades devem ser realizadas em determinado período. Esse intervalo para realizar as atividades é chamado "*sprint*". No Scrum, a *sprint* pode ter um intervalo de, no máximo, 30 dias, caso contrário, a complexidade do trabalho pode aumentar e prejudicar a qualidade do produto, e até mesmo o desenvolvimento do projeto.

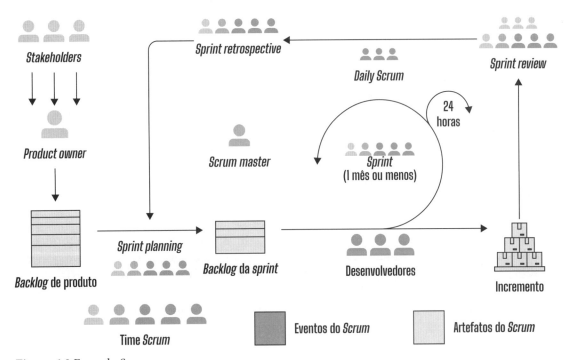

Figura 6.8 Fases do Scrum.

3. ***Product Backlog***: determina os principais requisitos do produto, os quais estão em constante modificação e podem ser alterados ao longo do projeto.
4. ***Sprint Planning Meeting***: corresponde ao planejamento da sprint. Na reunião, feita a cada *sprint*, são discutidos os motivos de atraso do processo, as prioridades e os métodos usados.
5. ***Daily Scrum***: reuniões diárias (geralmente de 15 minutos e com a equipe de pé) para acompanhar as realizações das tarefas da *sprint*. Nelas são feitas discussões rápidas do que vem sendo feito para atingir a meta, assim como encontrar obstáculos.
6. ***Sprint Meeting Review***: revisão de tudo o que foi feito, realizada após cada *sprint*. Nessa reunião há uma comparação entre os requisitos do cliente e o que já foi feito.
7. ***Sprint Retrospective***: reunião feita entre a *Sprint Meeting Review* e a *Sprint Planning Meeting* (do *sprint* seguinte), na qual são debatidas as melhorias que podem ser feitas durante a *sprint*, estimulando a participação de todos os integrantes no processo.

6.4.5 Os papéis no Scrum

Na equipe Scrum, o desenho de responsabilidades da equipe de trabalho acontece da seguinte maneira:

- ***Product Owner***: corresponde ao "dono do produto", sendo o principal intermediário entre a equipe e o cliente. De acordo com as especificações do cliente, o *Product Owner* vai priorizar as tarefas que precisam ser desenvolvidas em cada *sprint* (*Sprint Backlog*).
- ***Scrum Master***: responsável por fazer com que todo o processo flua e funcione. O termo que se encaixa para esse cargo seria "líder-servo", pois ele ajuda a encontrar os pontos que dificultam o andamento do projeto, assim como identificar formas para resolvê-los. Além disso, ele deve guiar as reuniões e impulsionar a equipe, sempre estimulando um processo de melhoria contínua na produção.
- ***Development Team***: representa a equipe que desenvolve o produto de acordo com as prioridades exigidas na *sprint*. As tarefas serão realizadas por eles, porém sempre alinhados com o *Scrum Master* e com o *Product Owner*, para que haja transparência no projeto.

Os participantes da equipe devem ser multidisciplinares, ou seja, devem exercer vários tipos de funções. Também é recomendado que a equipe seja formada por poucos membros e, se necessário, sejam formados mais grupos com focos mais específicos.

6.4.6 Aplicação do Scrum

Conhecendo os termos e os participantes do Scrum, é possível estabelecer oito passos para a aplicação desse *framework*:

1. **Designar os cargos:** determinação de quais serão os funcionários que assumirão os papéis de *Product Owner* e *Scrum Master*, cargos determinantes do processo.
2. **Primeiro contato:** realização de reunião inicial com o cliente para conhecer mais sobre a demanda do produto, na qual o máximo de detalhes deve ser captado. Normalmente, esse contato é feito pelo *Product Owner*.
3. **Lista de prioridades:** o *Product Owner* fará o *Sprint Backlog*, especificando os pontos importantes e as atividades de acordo com as vontades do cliente. O *Sprint Backlog* deve ser passado à equipe, por meio do *Backlog* do produto e das prioridades do processo.
4. **Planejamento:** planejamento das primeiras atividades a serem realizadas na *sprint*, assim como quem será responsável por cada uma e o tempo em que devem ser entregues. É indicado dividir o planejamento em tarefas menores e em tempos mais curtos.
5. **Quadro de visibilidade:** desenvolvimento de um quadro com as divisões "A fazer", "Fazendo" e "Feito", no qual *post-its* podem ser utilizados.
6. **Efetuando as tarefas:** início do desenvolvimento das atividades; é importante sempre repassar a toda equipe os avanços nas reuniões diárias.
7. **Reuniões:** ao final de cada *sprint*, serão feitas a *Sprint Meeting Review* e a *Sprint Retrospective* para encerrar o ciclo e iniciar a próxima *sprint*, revendo os obstáculos e as melhorias realizadas.
8. **Outro ciclo:** terminado a *sprint* e feitas as reuniões finais, é feito um novo planejamento com *backlog* referente às próximas atividades da *sprint*. Assim, todo o processo é feito visando à melhoria contínua da produção.

RESUMO

- As abordagens denominadas "mundo VUCA" e "mundo BANI" representam a complexidade contemporânea e enaltecem a necessidade da adoção de processos ágeis para entregar melhores soluções para o cliente.
- O VUCA aponta que o mundo é marcado pela volatilidade, pela incerteza, pela complexidade e pela ambiguidade. Já o BANI destaca que o mundo é marcado pela fragilidade, pela ansiedade, pela não linearidade e pela incompreensibilidade.
- Nas metodologias ágeis, os termos "iterativo" e "incremental" são comumente utilizados. O primeiro refere-se à repetição de ações até que o resultado final seja alcançado. Já o segundo refere-se à realização das atividades por etapas, aos poucos. Ao unir pequenas ações repetidamente o processo se torna iterativo e incremental, sempre visando à satisfação do cliente.
- O Manifesto Ágil é um documento que surgiu em 2001 por desenvolvedores de *software* para melhorar as práticas no ambiente de trabalho, tornando-o mais adaptável ao contexto de mudanças constantes. O Manifesto Ágil destaca que ser ágil é ser adaptável, e apresenta quatro valores e 12 princípios que o regem.
- Metodologias e filosofias surgem para auxiliar na sobrevivência das empresas às constantes mudanças. Um *framework* muito conhecido nesse contexto é o Scrum, abordagem que visa a entregas ágeis, simples e de forma iterativa e incremental. Diversas vantagens estão atreladas à sua utilização, como diminuição do retrabalho, redução de custos e aumento da produtividade.
- No Scrum, existem termos importantes que guiam o entendimento desse *framework*, são eles: "*Sprint Backlog*", "*Sprint*", "*Product Backlog*", "*Sprint Planning Meeting*", "*Daily Scrum*", "*Sprint Meeting Review*" e "*Sprint Retrospective*".
- No Scrum existem denominações para os participantes do projeto: "*Product Owner*", "*Scrum Master*" e "*Development Team*".
- A gestão ágil de projetos tem maior foco no cliente e nos seus requisitos. Portanto, nessa abordagem, ainda que as entregas sejam mais rápidas e os prazos menores, o resultado não perde em qualidade.

REFERÊNCIAS BIBLIOGRÁFICAS

SBROCCO, J. H. T. C.; MACEDO, P. C. *Metodologias Ágeis* – engenharia de software sob medida.. 1. ed. São Paulo: Érica, 2012.

SUTHERLAND, J.; SUTHERLAND, J. J. *A arte de fazer o dobro de trabalho na metade do tempo*. São Paulo: Leya, 2014.

Capítulo 7

AS OITO DISCIPLINAS DE FORD

OBJETIVOS DE APRENDIZAGEM

Ao final deste capítulo, será possível:
- Entender o que são as oito disciplinas de Ford.
- Compreender como essa metodologia surgiu.
- Compreender em quais situações aplicar as oito disciplinas de Ford.
- Identificar os aspectos críticos para a implementação da metodologia.

INTRODUÇÃO

O Fordismo representa um sistema produtivo criado nos Estados Unidos por Henry Ford, no início do século XX. Sua origem está atrelada à necessidade de aumento da produtividade das unidades fabris, por meio de linhas de montagem automatizadas, de trabalho especializado e do controle da qualidade do processo produtivo.

Apesar de o Fordismo ter iniciado em 1914, ainda continua vigente, sendo um termo recorrente no meio organizacional. Entre as contribuições de Henry Ford, tem-se as oito disciplinas de Ford, que apresentam um passo a passo para a solução de problemas de análise de causa raiz (ACR), permitindo a otimização de processos e o aumento da qualidade dos produtos ofertados. A vista disso, este capítulo concentra-se na apresentação das oito disciplinas de Ford, expondo sua definição, bem como os benefícios de sua aplicação.

Não encontre um defeito, encontre uma solução.
Henry Ford

7.1 CONCEITOS

7.1.1 Definição

Desenvolvido pela Ford Motor Company entre 1960 e 1970, o Processo de Resolução de Problemas 8D (8 Disciplinas) corresponde a uma metodologia para auxiliar as equipes de fabricação e Engenharia na resolução de problemas, visando identificar e eliminar não conformidades de qualidade. No entanto, o escopo da metodologia foi ampliado para sua utilização em diferentes setores e segmentos.

O 8D fez parte do *Team Oriented Problem Solving* (TOPS), manual de 1987 da Ford que continha oito disciplinas para otimização de processos. Na década de 1990, foi adicionado o 9D, chamado "D0", que indica a etapa de planejamento para a solução de problemas. Entretanto, o nome da ferramenta se manteve 8D, e, atualmente, a metodologia é chamada Global 8D, pois corresponde ao método global da Ford no qual se adicionou uma disciplina no processo, a etapa D0: ERA (do inglês *Emergency Response Action*) ou Ação de Resposta Emergencial.

O ERA representa uma etapa de ação emergencial a ser adotada antes mesmo de formar uma equipe para a resolução do problema. Por exemplo, faz parte de uma ação de resposta emergencial, cancelar temporariamente o envio de produtos aos clientes, ou seja, parar o faturamento de produtos que estejam dentro do lote suspeito de problemas, parar um processo até que exista condições seguras de operação, entre outros. É uma ação que se diferencia da ação de contenção, pois a ação de contenção é uma ação que é realizada temporariamente, mas que permite que os clientes continuem a receber os seus produtos, com uma ação reparadora, que permite que as funções dos produtos não sejam comprometidas diante de um problema. Já a ação de resposta emergencial trata-se de uma ação tomada para proteger o cliente, evitando que produtos com problemas continuem chegando ao mercado, sem que tenham no mínimo uma contenção realizada para garantir o seu perfeito funcionamento.

7.1.2 Objetivo e benefícios

O Global 8D é uma metodologia utilizada para solução de problemas de ACR, de forma sistemática e padronizada, por meio de oito etapas para implementar ações corretivas relacionadas à gestão de qualidade, auxiliando a lidar com problemas internos e externos. Diversos benefícios podem ser listados com a utilização da metodologia 8D em contextos, como:

- alimentação de um banco de dados de falhas ocorridas para gerar indicadores futuros;
- aumento da eficácia e da eficiência na resolução de problemas;
- aumento da capacidade de identificação de falhas por parte da equipe.

Além disso, as disciplinas enfatizam a sinergia da equipe, ou seja, a aplicação dessa abordagem se baseia no fato de que todos os envolvidos têm um objetivo comum e agem em prol dele por meio da colaboração e do compromisso. Todo o planejamento, resolução e até a comemoração do problema solucionado podem ser utilizados na melhoria do processo. Dessa forma, é criada uma cultura na qual o trabalho do time consolida as novas práticas, criando um ambiente sinérgico.

7.1.3 Aplicação

A metodologia 8D é utilizada para resolução de situações complexas – problemas que podem ser solucionados mais facilmente devem recorrer a outras metodologias. Assim, é preciso que o profissional em Melhoria Contínua exerça sua liderança, motivando e auxiliando seus colaboradores à medida que as etapas forem sendo executadas.

A metodologia 8D tem como objetivo não somente a melhoria da qualidade do produto, mas também a prevenção e a eliminação das causas que geraram as não conformidades. Ela baseia-se em ações de contenção imediata de problemas e de resultados a longo prazo, ou seja, propõe a solução do problema referido e a prevenção de problemas futuros.

7.2 OITO DISCIPLINAS + FASE D0

A Figura 7.1 apresenta o fluxograma de implementação da Metodologia 8D, e nas seções seguintes são apresentadas as descrições de cada etapa.

7.2.1 Disciplina 0 – Plano para resolução do problema

Também denominada "fase D0", é a etapa na qual é analisada a necessidade da utilização da metodologia. É importante ter certeza sobre sua utilização, pois o 8D é utilizado para solução de situações críticas, e caso os problemas sejam esporádicos ou reincidentes, sugere-se a utilização de outras ferramentas, como o diagrama de Ishikawa ou os 5 Porquês. Nessa etapa é aplicada o

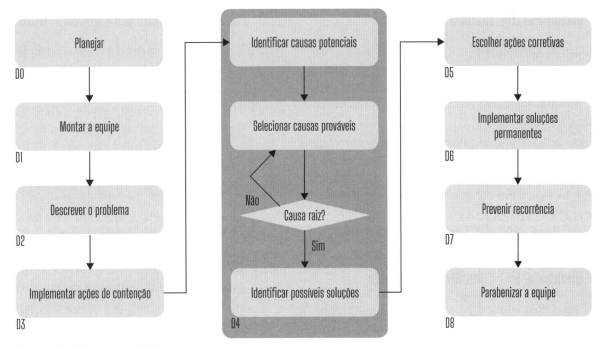

Figura 7.1 Fluxograma 8D.

ERA, visando proteger o cliente diante da identificação de algum problema potencial, até que ao menos uma contenção possa ser realizada.

7.2.2 Disciplina 1 – Construção da equipe

Nessa etapa ocorre a formação da equipe que trabalhará diante da resolução do problema. Assim, são necessárias pessoas-chave que tenham tempo e energia disponíveis, e que, de certa forma, são impactadas pelo problema.

Os colaboradores que já sofreram com o problema proposto devem ser priorizados para formar a equipe, pois já conhecem melhor o problema envolvido. É imprescindível que essa equipe seja sinérgica e que o líder saiba delegar atividades, usar a metodologia e, principalmente, reconhecer o trabalho da equipe.

7.2.3 Disciplina 2 – Descrição do problema

Na segunda disciplina, ocorre a identificação e a descrição de todas as características do problema. Tem como objetivo coletar o máximo de dados e informações possíveis, por meio de evidências, depoimentos, entre outros. Nessa etapa, sugere-se utilizar a ferramenta 5W2H (apresentada no Capítulo 30, *Ferramentas de Melhoria*, item 30.3), a qual possibilita traçar um plano de ação frente ao problema identificado.

7.2.4 Disciplina 3 – Plano provisório e contenção

Na terceira disciplina é proposto executar e verificar as ações intermediárias que protegerão o cliente do problema até que a ação corretiva permanente seja realizada. Por exemplo, em uma produção de larga escala é possível identificar e bloquear os lotes com falhas, ou até mesmo paralisar a produção até que o problema seja resolvido.

Essa disciplina tem como objetivo evitar que os clientes sejam submetidos a problemas já identificados, pois essa exposição poderia causar prejuízos de alto impacto. Além disso, essa disciplina consiste em desenvolver Planos de Ação Provisórios (ICAs, do inglês *Interim Action Plans*). O ideal em um 8D é que a disciplina 3 seja implementada após 48 horas da identificação do problema.

7.2.5 Disciplina 4 – Eliminação da causa raiz

Contido o problema, na quarta disciplina é proposto encontrar e extinguir a causa principal dele. Essa disciplina tem como objetivo identificar e testar cada causa potencial e elaborar soluções para aquelas causas que são mais prováveis e que geram maior impacto. Sugere-se usar a Matriz Causa e Efeito (apresentada no Capítulo 26, *Ferramentas de Medição*, item 26.6), de modo a testar cada causa potencial de acordo com a descrição do problema.

7.2.6 Disciplina 5 – Escolha da solução

Na quinta disciplina é proposta a escolha de ações que vão resolver o problema, e tem como objetivo definir intervenções para que o problema seja resolvido e que não produzam efeitos colaterais, ocasionando novos problemas.

É aconselhável utilizar a ferramenta *brainstorming* (apresentada no Capítulo 21, *Ferramentas de Planejamento e Definição*, item 21.1), que corresponde a uma técnica de auxílio na busca por soluções criativas para diversos tipos de problemas, em que os participantes têm liberdade para expor suas sugestões e debater suas contribuições.

7.2.7 Disciplina 6 – Solução permanente

Na sexta disciplina é proposto definir estratégias para que a solução escolhida se torne permanente. Tem como objetivo monitorar a solução escolhida na disciplina anterior para que esta seja executada de maneira bem-sucedida.

Uma boa forma de garantir a permanência do nível de falha dentro do desejado é utilizar ferramentas como o *Poka Yoke*.

Poka Yoke, que significa "à prova de erros", é uma técnica de Gestão da Qualidade focada na inspeção para prevenir ou corrigir eventuais falhas (apresentada no Capítulo 30, *Ferramentas de Melhoria*, item 30.4).

7.2.8 Disciplina 7 – Prevenção

Na sétima disciplina é proposta a utilização de métodos e ferramentas para garantir que o problema não retorne, estabelecendo uma gestão de riscos. É importante se atentar que a solução encontrada é para a causa raiz, mas as outras possíveis causas não tiveram erradicação e podem gerar transtornos. Assim, é preciso desenvolver uma cultura de equipe engajada em buscar melhorias e na identificação preventiva de possíveis falhas.

7.2.9 Disciplina 8 – Comemoração

Na última disciplina é proposto o reconhecimento dos colaboradores envolvidos, desde aqueles que participaram ativamente até os que fizeram pequenas contribuições, visto que o reconhecimento gera motivação, e esta, pessoas satisfeitas com suas funções.

Nessa etapa também podem ser feitos a divulgação dos resultados e o compartilhamento para toda a organização do conhecimento adquirido ao longo do processo.

7.2.10 Aspectos críticos para implementação

Para um líder alcançar o sucesso, é fundamental desenvolver a capacidade de solucionar problemas.

Mike Kallet (2014, p. 11), especialista em resolução de problemas, liderança e inovação, salienta o seguinte:

> Frequentemente me perguntam se é possível ensinar pessoas a se tornarem mais inteligentes. A resposta depende do que você define como inteligente. Se isso significa aumentar os pontos do quociente de inteligência (QI), então a resposta provavelmente é não. Mas se tornar mais inteligente significa aplicar seu QI de uma maneira que produza uma solução de problemas mais bem-sucedida e melhores decisões, então a resposta é absolutamente sim.

Pode-se compreender que é essencial analisar um problema sob diversos ângulos, visando resolvê-lo de forma a obter o melhor resultado para o cliente. No exemplo, bem como na frase citada, pode-se compreender que a metodologia de solução de problemas se baseia na aplicação de conhecimentos e na utilização da percepção sob diversas formas sobre o problema proposto, constatando que soluções criativas e análises sob novas perspectivas podem proporcionar a melhor solução.

É preciso ter em mente que problemas sempre vão ocorrer e que cabe ao profissional de Melhoria Contínua saber como solucioná-los. Diferentemente do Seis Sigma, no qual o ideal é encontrar soluções não claras à primeira vista, o processo 8D funciona na resolução de problemas complexos e com causas inicialmente identificáveis. Assim, a equipe do processo descobre a causa raiz de um problema, desenvolve ações de contenção para proteger os consumidores e, posteriormente, fazem ações corretivas para o problema não ocorrer novamente.

RESUMO

- A metodologia 8D é constituída de oito disciplinas:
    1. construção da equipe;
    2. descrição do problema;
    3. plano provisório e contenção;
    4. eliminação da causa raiz;
    5. escolha da solução;
    6. solução permanente;
    7. prevenção;
    8. comemoração.
- Antes de iniciar as oito disciplinas descritas, faz-se a adição de uma nova etapa, denominada "D0", na qual ocorre

- a elaboração de um plano para resolução do problema identificado.
- A metodologia 8D é utilizada para solucionar problemas complexos, com causas inicialmente identificadas, e baseia-se em ações de contenção de problemas imediata e a longo prazo.
- A implementação das oito disciplinas de Ford ressalta a importância da liderança e do papel do líder na motivação de seus colaboradores diante de sua execução.
- O profissional de Melhoria Contínua, mais do que um profissional que conhece as metodologias, é aquele que sabe utilizá-las da melhor forma, tendo em mente o contexto do problema e a necessidade de se ter uma visão crítica e criativa para a resolução dele.

REFERÊNCIAS BIBLIOGRÁFICAS

KALLET, M. *Think Smarter*: critical thinking to improve problem-solving and decision-making skills. 1. ed. New Jersey: Wiley, 2014.

MACKALL, D. D. *Career Skills Library*: problem solving. 2. ed. New York: Ferguson, 2004.

Capítulo 8

LEAN MANUFACTURING

OBJETIVOS DE APRENDIZAGEM

Ao final deste capítulo, será possível:
- Entender o que é *Lean Manufacturing* ou Manufatura Enxuta, e como implementar essa filosofia.
- Compreender a origem do *Lean Manufacturing* e sua importância nos processos de Melhoria Contínua.
- Compreender os princípios *Lean*: Foco no cliente, *Just in Time* (JIT), *Jidoka*, padronização e estabilidade.
- Identificar os oito desperdícios do *Lean Manufacturing* e quais ferramentas podem ser utilizadas para mitigá-los.
- Compreender a diferença entre produção puxada e empurrada.

INTRODUÇÃO

Lean Manufacturing é uma metodologia pensada para o chão de fábrica que gradualmente evoluiu para outras áreas, tornando-se uma filosofia empresarial conhecida em âmbito global.

Essa abordagem tem como premissa básica a redução de desperdícios, visando ao aumento da produtividade e à entrega de soluções otimizadas ao cliente. Em linhas gerais, por meio do aperfeiçoamento contínuo, o *Lean Manufacturing* visa à maximização do valor, usando menos recursos. Desse modo, essa filosofia pode auxiliar no aumento da eficiência e da competitividade de qualquer empresa, visto que seus princípios podem ser aplicados universalmente.

O progresso não pode ser gerado quando estamos satisfeitos com situações existentes.

Taiichi Ohno

8.1 CONCEITOS

8.1.1 Definição

O *Lean Manufacturing* ou Manufatura Enxuta é uma estratégia de excelência operacional baseada em realizar processos com o mínimo de recursos e eliminar ou reduzir atividades que não agregam valor. O *Lean* reflete uma mudança de *mindset* na organização, que corresponde ao *Lean Thinking* (mentalidade enxuta); portanto, sua aplicação demanda técnica e conhecimento completo dos processos produtivos e de seus pontos críticos.

O *Lean Manufacturing* representa uma forma de maximizar resultados e de otimizar geração de valor, ao mesmo tempo em que minimiza atividades desnecessárias, atrasos e inventário, o qual consome recursos e não agrega valor ao cliente. Dessa forma, o resultado é maior qualidade e mais velocidade nos processos.

No livro *The Toyota Way* (2003), o autor Jeffrey Liker descreve princípios a serem seguidos para adotar o *Lean Manufacturing* em uma organização. O autor explica que o Sistema Toyota de Produção não se trata apenas de ferramentas, e sim de uma cultura organizacional ancorada na filosofia, em pessoas, processos e solução de problemas.

Assim, é possível estabelecer seis pontos importantes sobre a Manufatura Enxuta:

1. Para estabelecer a cultura enxuta em uma organização, as pessoas precisam estar envolvidas, ou seja, os princípios da metodologia precisam ser difundidos e executados por todos.
2. Na cultura enxuta, deve-se, primeiramente, entender o que o cliente espera, eliminando ações que não condizem com o desejado. Em seguida, deve-se praticar as ações necessárias ininterruptamente, para que o resultado seja o esperado.
3. Deve-se produzir apenas quando solicitado (*Just in Time*) e de forma cada vez mais eficaz e eficiente, ou seja, o processo deve ser feito com o mínimo de recurso possível, eliminando ou reduzindo desperdícios.
4. Quando se fala em desperdício, não é tratado apenas de desperdícios na linha de produção, pois os desperdícios abrangem desde a utilização em excesso de um recurso até questões de organização e *layout*.
5. Para eliminar ou reduzir desperdícios, também é necessário que o ambiente de trabalho esteja em ordem, de modo que quem atua naquela área possa encontrar o que deseja rapidamente.
6. As máquinas, os equipamentos e as ferramentas devem estar dispostos de modo a facilitar o tempo de locomoção que for necessário ao realizar o processo.

8.1.2 Origem do *Lean Manufacturing*

No período Pós-Segunda Guerra Mundial, o pano de fundo era um contexto de baixa demanda, em que as organizações buscavam pelo aumento da competitividade. Nesse cenário, a Toyota Motor Corporation se viu pressionada a desenvolver uma produção em massa, com otimização de custos, de onde emerge o Sistema Toyota de Produção (TPS), considerado a base do *Lean Manufacturing*.

As origens do *Lean Manufacturing* remetem ao TPS, com foco na identificação e posterior eliminação de desperdícios, visando reduzir custos, aumentar a qualidade e a velocidade de processos. Por representar uma forma de "produzir cada vez mais com cada vez menos", ganhou o nome de Produção ou Manufatura Enxuta, no livro de James P. Womack e Daniel T. Jones, *The Machine that Changed the World*, de 1990. Foi nessa obra que o conceito de *Lean Manufacturing* foi apresentado pela primeira vez, descrevendo os conceitos e métodos de trabalho do TPS.

Essa forma de produção uniu fundamentos da produção em massa com a produção artesanal, de forma a melhorar o processo produtivo. O Quadro 8.1 apresenta essa união.

A filosofia *Lean* estabelece que se os problemas forem vistos como fracassos, eles acabam sendo ocultados e não são abordados. Desse modo, o *Lean* enxerga todo problema como uma oportunidade de aprimoramento, defendendo que a melhoria é um processo cíclico de conquista de estabilidade, padronização de práticas e contínua pressão sobre o processo, a fim de expor os obstáculos (pontos fracos).

8.1.3 Objetivos e benefícios

Entre os objetivos do *Lean Manufacturing*, destaca-se a redução de custos sem perder a qualidade dos produtos ou serviços, a garantia de maior agilidade e capacidade de produção e a melhoria no ambiente de trabalho, estabelecendo uma consciência coletiva de evitar o desperdício e melhorar a qualidade.

Entre os benefícios, tem-se:
- otimização de tempo;
- aumento da eficiência;
- melhoria da qualidade;
- maior flexibilidade;

	Artesanal	Produção em massa	Lean manufacturing
Produção	Uma peça por vez	Padronizada	O cliente solicita
Volume de produção	Baixo volume	Foco no volume de produção	Alta produção sob demanda
Ferramentas	Simples e flexíveis	Máquinas caras e pouco flexíveis	Máquinas flexíveis
Qualidade	O que puder ser feito	Boa o suficiente	Melhoria Contínua
Mercado	Produto definido pelo cliente	Produto padrão para o mercado	Alta variedade de produtos
Mão de obra	Altamente especializada	Pouco qualificada	Qualificada e multifuncional
Custo	Alto	Baixo	Baixo

Quadro 8.1 *Lean Manufacturing* como união de dois fundamentos.

- redução de estoques;
- melhoria no ambiente de trabalho;
- organização dos recursos;
- aumento da lucratividade;
- redução de desperdícios.

8.1.4 Aplicação

No contexto do *Lean Manufacturing*, é essencial compreender as abordagens que o compõem, onde o *Just in Time* e o *Jidoka* são compreendidos como pilares do sistema *Lean*, conforme apresentado na Figura 8.1, conhecida como "A Casa de Produção *Lean*".

A Figura 8.1 ilustra que a base do sistema é a estabilidade e a padronização. Os pilares são o *Just in Time* e o *Jidoka*, e o telhado (a meta) é o foco no cliente, ou seja, a entrega de alta qualidade ao mais baixo custo e com o *lead time* mais curto. O coração do sistema é o envolvimento, ou seja, o desenvolvimento de uma equipe flexível e motivada.

A seguir são descritas as etapas da Casa de Produção *Lean*.

8.1.5 Foco no cliente

O objetivo dessa etapa é fornecer a mais alta qualidade atrelada ao menor custo e tempo de processamento, por meio da contínua eliminação de desperdícios.

Uma vez que um dos principais objetivos do *Lean Manufacturing* é a eliminação ou redução dos desperdícios, as atividades associadas ao fluxo produtivo foram classificadas de três maneiras:

1. **Agregam valor:** atividades que transformam o produto ou serviço que o cliente deseja, acrescentando alguma função ou característica que resulta em vantagem competitiva para a organização.
2. **Necessária:** atividade que consome recursos e não contribui diretamente para a geração de valor do produto ou serviço, mas é necessária para o fluxo de valor da empresa.
3. **Desperdício:** atividades que consomem recursos, tempo e espaço, mas não contribuem diretamente para produzir o que o cliente deseja. Geram um custo desnecessário para o cliente, e seria possível eliminá-las sem comprometer a entrega final.

8.1.6 Os oito desperdícios *Lean*

De acordo com a filosofia *Lean Manufacturing*, há oito tipos de desperdícios, apresentados no Quadro 8.2, assim como suas características e causas.

1. Defeitos e retrabalho

Defeitos e retrabalho fazem com que os equipamentos tenham queda na *performance* e um *output* com menor qualidade, de modo a influenciar negativamente no OEE (*Overall Equipment Effectiveness* ou Eficiência Global do Equipamento). Dessa forma, é necessário certificar-se de que há um *checklist* ou algum tipo de controle ao final de cada etapa produtiva, controlando o percentual de defeitos e a necessidade de retrabalho.

Para impedir a ocorrência desses defeitos ou retrabalhos, é possível atuar de forma preventiva por meio

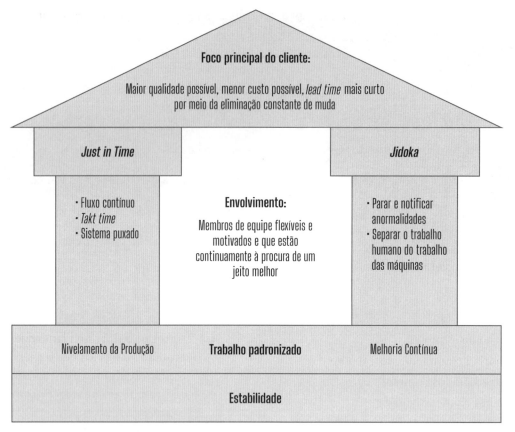

Figura 8.1 A Casa de Produção *Lean*.

Desperdício	Características	Causas relacionadas
Defeitos e retrabalho	Produtos fora da especificação, não conformidades e correções adicionais devido a resultados ruins	Matéria-prima de baixa qualidade; falta de padronização e mecanismos preventivos
Excesso de produção	Produção em desacordo com a demanda	Falta de conhecimento sobre a demanda e de organização de estoque
Processamento impróprio	Uso excessivo de recursos e pessoas	Falta de compreensão das necessidades dos clientes e de padronização de processos
Transportes desnecessários	Excesso de transporte ao longo do fluxo	Erros na escolha do percurso; não implementação da produção puxada
Movimentos desnecessários	Movimentação de equipamentos e pessoas que não agregam valor	Falta de organização; *layout* inadequado
Estoque	Produtos e materiais estocados sem necessidade ou em falta	Erros na gestão de estoque e demanda; falta de utilização de *Kanban* e *Just in Time*
Espera	Tempo gasto devido a atrasos ou operações não balanceadas	Distribuição incorreta das atividades; falta de sincronização do trabalho e de proatividade
Intelectual	Não valorização da capacidade intelectual da mão de obra	Falta de incentivo e motivação

Quadro 8.2 Os oito desperdícios do *Lean Manufacturing*.

da utilização de três ferramentas: Controle Estatístico de Processos (CEP, apresentado no Capítulo 31, *Controle Estatístico de Processos*), *Poka Yoke* (apresentado no Capítulo 30, *Ferramentas de Melhoria*, item 30.4) e princípios *Kaizen* (apresentado no Capítulo 9, *Filosofia Kaizen*).

A Figura 8.2 apresenta um exemplo de CEP por meio da utilização de cartas de controle, que permite identificar causas comuns e causas específicas em um processo (o desenvolvimento dessas cartas será detalhado no Capítulo 33, *Ferramentas de Controle*).

2. Excesso de produção

Esse desperdício refere-se à produção de mais produtos ou serviços que o necessário. Isso resulta em custos adicionais em razão da maior demanda de recursos e da necessidade de estocar materiais. Além disso, pode resultar em obsolescência de produtos e falta de flexibilidade para se adaptar às mudanças do mercado.

Para mitigar esse desperdício, o *Lean* defende a implantação de sistemas "puxados", nos quais a produção é alinhada à demanda real do cliente.

3. Processamento impróprio

Esse desperdício corresponde ao processamento excessivo, além daquilo que o cliente demanda, ou seja, ocorre a falta de cumprimento de uma sequência lógica de funcionamento (padronização). Para auxiliar na eliminação desse desperdício, a ferramenta Mapeamento do Fluxo de Valor (MFV ou VSM, do inglês *Value Stream Mapping* – detalhada no Capítulo 26, *Ferramentas de Medição*, item 26.4) pode ser utilizada, visto que tem como finalidade identificar, sob a perspectiva do cliente, quais atividades do processo agregam valor ao produto comercializado.

A Figura 8.3 apresenta um exemplo de MFV, em que é representado o fluxo de informações, materiais e o *lead time* para a realização dos processos.

4. Transportes desnecessários

Está relacionado ao transporte desnecessário de materiais, informações, inventário e/ou funcionários. Ao otimizar os fluxos de transporte, as empresas reduzem o tempo de ciclo, melhorando a eficiência e proporcionando maior valor aos clientes.

Para mitigar esse desperdício, podem ser utilizados métodos e ferramentas como diagrama de espaguete, otimização de *layout*, uso de GPS e consolidação de remessas.

5. Movimentos desnecessários

Referem-se à movimentação demasiada e desnecessária de equipamentos e/ou colaboradores, visto que esse tempo gasto poderia ser utilizado de modo a aumentar a produtividade e a agregar valor ao produto ou serviço. Para minimizar esse desperdício, é necessária uma boa organização do trabalho, otimizando o *layout* e deixando os materiais e ferramentas próximos ao local de utilização.

Para evitar movimentos desnecessários, uma alternativa é realizar o agrupamento de máquinas e postos de trabalho em células de manufatura, reduzindo ou zerando estoques intermediários. O arranjo mais comum é em

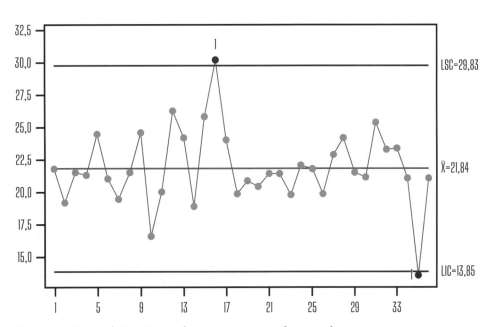

Figura 8.2 Controle Estatístico de Processos: carta de controle.

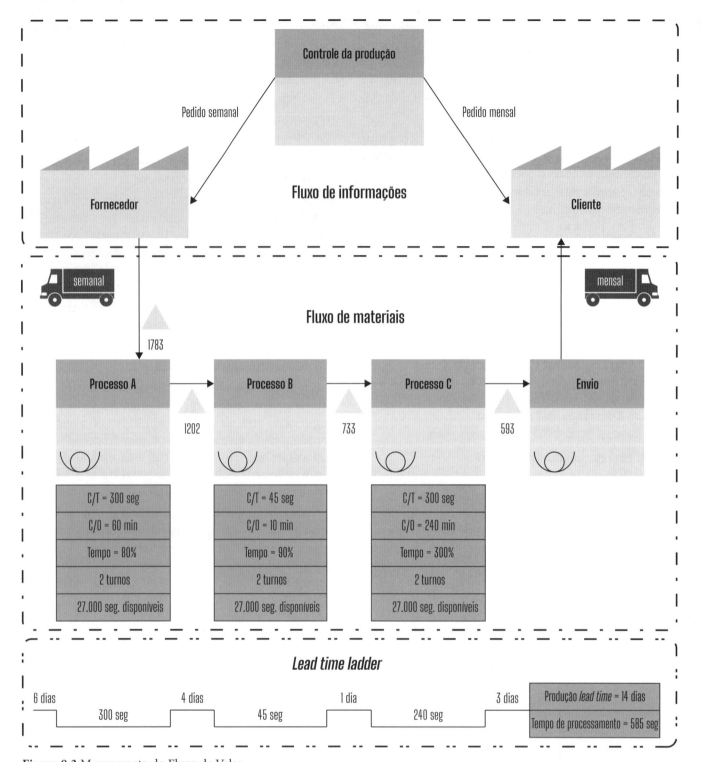

Figura 8.3 Mapeamento do Fluxo de Valor.

formato de "U" (apresentado na Figura 8.4), o qual produz completamente uma família de produtos, com operadores treinados e qualificados para a execução das atividades, visando ao mínimo desperdício.

6. Estoque

Esse desperdício considera que "estoque é dinheiro parado", e este está relacionado ao armazenamento excessivo de insumos, matérias-primas ou produto acabado. Assim, há gastos com sua produção, uso de recursos financeiros, pessoas e equipamentos para processamento de um ativo que não vai gerar retorno imediato.

Para organizar a estocagem e a movimentação de materiais, a ferramenta *Kanban* é indicada, além do sistema de administração da produção, o *Just in Time*, ou seja, realizar a produção por demanda (sistema puxado).

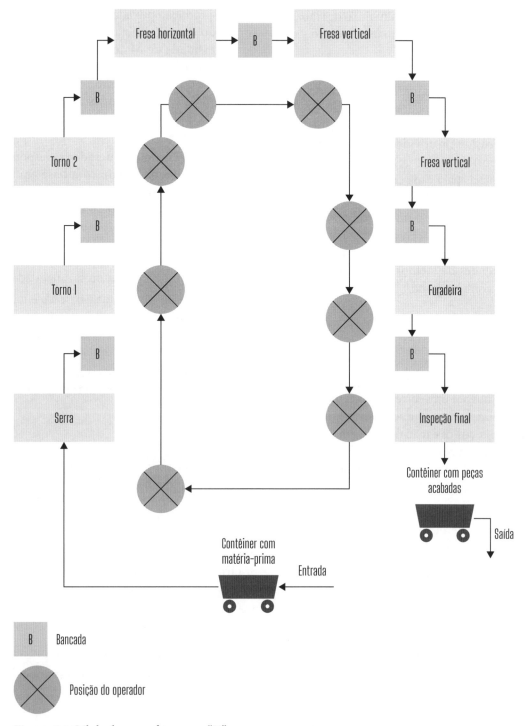

Figura 8.4 Célula de manufatura em "U".

7. Espera

Esse desperdício está relacionado à inoperância de funcionários, equipamentos ou demais recursos do processo. Assim, torna-se essencial realizar a cronoanálise, ou seja, mensurar os tempos e os movimentos dos processos.

Visto que cada etapa produtiva tem diferentes capacidades, para evitar gargalos e gerenciar esse fluxo, existem dois conceitos *Lean* a serem empregados: o *Just in Time* e o *takt time*,[1] que auxiliam na organização e na

---

[1] *Takt time* é o tempo disponível para produção dividido pela demanda de mercado, e é utilizado para orientação do avanço da matéria-prima ao longo dos processos.

distribuição das atividades, criando um fluxo de trabalho, entregando somente o necessário, no tempo certo.

8. Intelectual

Está relacionado ao desperdício do conhecimento intelectual e de habilidades dos colaboradores. Para melhor aproveitar as capacidades de cada funcionário, e motivá-los ao alocá-los em atividades alinhadas às suas habilidades, é importante que o gestor identifique as atividades mais propícias para cada colaborador.

O programa de Gestão por Competências pode ajudar nesse contexto, visto que é utilizado especialmente pela área de Gestão de Recursos Humanos para identificar e gerir perfis profissionais, apontando suas potencialidades e oportunidades de melhoria, de modo a suprir lacunas e agregar conhecimento.

8.1.7 Just in Time (JIT)

O *Just in Time* tem como objetivo reduzir os custos por meio do fornecimento e da produção de materiais na quantidade, nos locais e nos horários corretos. Corresponde a um método de reorganização da produção, reduzindo inventário, tempos operacionais, custos e mão de obra, em que a organização passa a usar recursos de forma mais enxuta, como equipamentos, materiais, instalações e o recurso humano.

Os resultados práticos do *Just in Time* são:

- redução do tempo total do processo (gargalos e outros desperdícios);
- eliminação de *loops* (retrabalho);
- redução de atividades que não agregam valor;
- redução de custos desnecessários.

Além disso, é importante que a organização faça uso dos seus equipamentos, instalações e recursos materiais e humanos da maneira mais enxuta possível. Pensando nisso, é importante avaliar como é feita a gestão de manutenção da empresa, pois problemas nesse sentido podem comprometer todo o fluxo produtivo. Também pode-se afirmar que o *Just in Time* é um conceito da produção puxada, apresentada a seguir.

Produção empurrada × produção puxada

A **produção puxada** corresponde a um sistema no qual cada ciclo produtivo "puxa" a etapa do processo anterior, e a ordem de produção é decorrente da demanda dos clientes para ser produzida. Assim, é atendido ao conceito de *Just in Time*, em que a produção é realizada de modo a entregar ao cliente o que ele precisa, na hora e na quantidade desejada.

A produção puxada só ocorre se houver demanda, tornando desnecessária a utilização do Planejamento da Necessidade de Materiais (MRP, do inglês *Material Requirement Planning*) para a produção. Nesse sentido, o controle de estoque é feito pelo operador *Kanban*, que corresponde a um sistema visual de gestão de demandas, o qual visa organizar os processos para tornar o *workflow*[2] mais produtivo.

Já a **produção empurrada** corresponde a um processo produtivo planejado com base em uma previsão de demanda, em que é produzida uma quantidade pré-estabelecida, independentemente do consumo do processo seguinte. Esse tipo de produção é caracterizado por produzir, estocar e vender, de modo que sua aplicação é recomendada para empresas com demanda de consumo que não haja interferência ou sazonalidade.

A produção empurrada é baseada em ordens de produção ou em MRPs, que consistem em sistemas de planejamento e controle da linha produtiva, definindo materiais necessários, suas quantidades e disponibilidade em inventário.

A Figura 8.5 sintetiza essas informações, ilustrando o comparativo entre os sistemas puxado e empurrado.

8.1.8 Jidoka

A palavra *Jidoka* é formada por três caracteres: "*ji*" refere-se ao trabalhador, "*do*" está relacionado ao movimento ou trabalho, e "*ka*" refere-se à ação. Juntando esses caracteres, *Jidoka* é definido pela Toyota como "automação com uma mente humana", e refere-se aos trabalhadores e às máquinas inteligentes apontando erros e tomando contramedidas rápidas.

Assim, cria-se um sistema livre de desperdícios por fornecer constantemente:

- a capacidade do processo;
- a contenção de defeitos rapidamente;
- o *feedback* para que contramedidas possam ser tomadas rapidamente.

Sakichi Toyoda, o primeiro a intuir o conceito de *Jidoka*, propôs também o conceito de *Poka Yoke*, termo que significa "à prova de erros". O *Poka Yoke* corresponde a uma ferramenta enxuta representada por dispositivos simples ou procedimentos que têm o objetivo de prevenir o surgimento de erros por meio da eliminação de suas causas geradoras.

---

[2] *Workflow*: fluxo de trabalho, ou seja, a sequência de etapas necessárias para o desenvolvimento de um produto ou serviço.

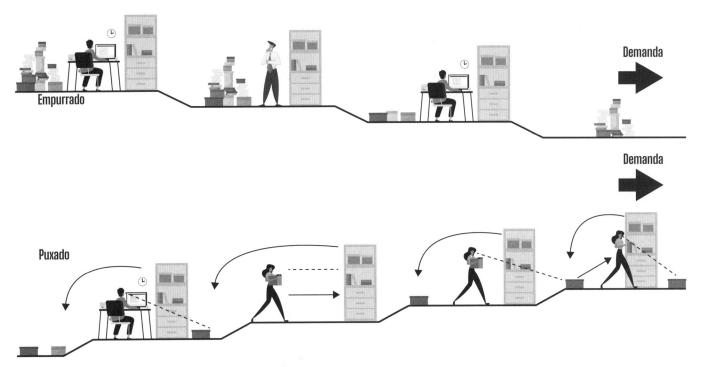

Figura 8.5 Produção empurrada × produção puxada.

8.1.9 Envolvimento

Na filosofia *Lean Manufacturing*, o papel do agente de mudanças é fundamental para que o processo de implementação ocorra, o qual deve fazer com que a implantação seja prioridade para a organização. Além disso, é função do líder sensibilizar desde a alta gerência até os colaboradores, podendo demonstrar os resultados obtidos por outras empresas que adotam a Manufatura Enxuta, apresentando os benefícios que serão obtidos com a implementação e/ou propondo uma visão do que será alcançado com sua adoção.

É possível observar como o *Lean Manufacturing* consegue maximizar o valor das operações do negócio, aumentar o valor agregado e diminuir os desperdícios da empresa. Por meio dessa filosofia, é possível melhorar continuamente os processos, bem como o custo e a entrega do produto final, com o objetivo de atingir a excelência operacional.

Diante desse contexto, os 5S, a ferramenta TPM (*Total Productive Maintenance*) e o trabalho padronizado são importantes canais para o envolvimento. A ferramenta TPM foi desenvolvida visando minimizar erros e falhas, de forma a promover uma manutenção produtiva total. Porém, além do foco na manutenção, há também uma vertente que preza pelo envolvimento de todos os colaboradores para aumentar a qualidade.

Melhorias são ilimitadas e eternas.
Provérbio da Toyota

8.1.10 Padronização

O trabalho padronizado consiste em três elementos, que fornecem uma base por meio da qual é possível avaliar determinado processo:

1. tempo *takt*;
2. sequência de trabalho: melhor forma de executar uma atividade;
3. estoque em processo: definição da quantidade ideal de estoque.

Pascal Dennis, engenheiro, escritor e consultor que desenvolveu suas habilidades no chão de fábrica da Toyota na América do Norte e no Japão, destaca o seguinte sobre a padronização de processos (2008, p. 71):

> Na minha experiência, o trabalho padronizado dá suporte à criatividade humana, contanto que o líder de equipe tenha o entendimento certo. O trabalho padronizado é um processo, não uma prisão. Nossa meta é a perfeição, um processo sem nenhum desperdício. O trabalho padronizado fornece a base e o envolvimento dos membros de equipe e dá o ímpeto para melhorias ilimitadas e infinitas.

8.1.11 Estabilidade

A estabilidade inicia com o gerenciamento visual e o sistema 5S. Os 5S dão suporte para o trabalho padronizado e a TPM, os quais são centrais para a estabilidade de máquinas e métodos. Ademais, os 5 sensos dão suporte para a produção *Just in Time*, de modo a fornecer informações práticas que auxiliam na tomada de decisões.

Para garantir a estabilidade de processos, é necessário que os 4M's, listados a seguir, estejam estáveis para que todo o sistema possa puxar ou fluir.

- *Man/Woman*: Homem/Mulher;
- *Machine*: Máquina;
- *Material*: Material;
- *Method*: Método.

RESUMO

- O *Lean Manufacturing* ou Manufatura Enxuta tem como objetivo minimizar os desperdícios de processos, ou seja, reduzir as atividades que não agregam valor para o cliente.
- A Casa de Produção *Lean* apresenta os principais elementos do sistema *Lean Manufacturing*: foco no cliente, *Just in Time*, *Jidoka*, padronização e estabilidade.
- No âmbito "Foco no cliente", os esforços se concentram na redução dos oito desperdícios apontados pelo sistema *Lean*:
  1. defeitos e retrabalho;
  2. excesso de produção;
  3. processamento impróprio;
  4. transportes desnecessários;
  5. movimentos desnecessários;
  6. estoque;
  7. espera;
  8. intelectual.
- O *Just in Time* tem como preceito o fluxo contínuo ou produção puxada, ou seja, não há acúmulo de estoque no processo. Além disso, os materiais, suas quantidades e locais são dispostos corretamente de acordo com um controle de consumo para o próximo processo.
- O *Jidoka* refere-se às máquinas e aos trabalhadores, identificando os erros e tomando contramedidas rápidas, em que se destaca o conceito de *Poka Yoke*, técnica utilizada para prevenir erros em processos produtivos, evitando que produtos defeituosos ou não conformes sejam produzidos.
- Na Manufatura Enxuta, as pessoas precisam estar envolvidas no processo de mudança, para que a implantação da metodologia, dos princípios e dos preceitos sejam disseminados e incorporados de forma correta. Nesse contexto, os 5S, a ferramenta TPM e o trabalho padronizado são importantes canais para o envolvimento.
- O trabalho padronizado consiste em três elementos: tempo *takt*, definição da melhor sequência de trabalho e determinação da quantidade ideal de estoque.
- Para manter a estabilidade de processos, é essencial que os 4M's estejam estáveis para que todo o sistema possa fluir ou puxar. Os 4M's são: *Man/Woman* (Homem/Mulher), *Machine* (Máquina), *Material* (Material) e *Method* (Método).

REFERÊNCIAS BIBLIOGRÁFICAS

DENNIS, P. *Produção Lean simplificada*: um guia para entender o sistema de produção mais poderoso do mundo. 2. ed. Porto Alegre: Bookman, 2008.

LIKER, J. K. *The Toyota Way*: 14 management principles from the world's greatest manufacturer. 1. ed. New York: McGraw-Hill Education, 2003.

RUFFA, S. A. *Going Lean*: how the best companies apply lean manufacturing principles to shatter uncertainty, drive innovation, and maximize profits. New York: AMACOM Books, 2008.

WOMACK, J. P.; JONES, D. T.; ROOS, D. *A máquina que mudou o mundo*. Rio de Janeiro: Elsevier, 2004.

Capítulo 9

FILOSOFIA *KAIZEN*

OBJETIVOS DE APRENDIZAGEM

Ao final deste capítulo, será possível:
- Entender o que é a filosofia *Kaizen*, bem como seus objetivos, benefícios e pilares.
- Compreender a origem e os princípios da filosofia *Kaizen*.
- Entender a relação entre *Kaizen* e gestão.
- Compreender como a equipe *Kaizen* deve ser formada, bem como quais são as responsabilidades do líder *Kaizen*.

INTRODUÇÃO

De pequenas atitudes, surgem grandes mudanças! Elogiar, assumir erros, compartilhar metas: ações simples que fazem a diferença na produtividade de uma equipe.

Esse é um dos princípios da filosofia *Kaizen*, que preza a otimização de processos, associada a baixos investimentos e atividades "simples". Dessa forma, há uma contribuição diante da resolução de problemáticas como absenteísmo, indisciplina, falhas em comunicação, falta de produtividade, entre outras. Este capítulo concentra-se na apresentação da filosofia *Kaizen*, enaltecendo suas contribuições e benefícios.

Menos é mais quando pequenas ações provocam grandes mudanças.
Marcos Wanderley

9.1 CONCEITOS

9.1.1 Definição

A filosofia *Kaizen* foi criada pelo japonês Masaaki Imai, após a Segunda Guerra Mundial, devido à necessidade de manter a competitividade diante de um cenário de devastação e falta de recursos causado pelo pós-guerra. Para atuar diante de grandes marcas como a Ford, várias empresas japonesas passaram a aplicar práticas que foram englobadas na filosofia *Kaizen*, a qual visa aumentar a lucratividade por meio da cultura colaborativa dos funcionários, da eliminação de desperdícios e da maior agregação de valor ao cliente.

Esses princípios se espalharam globalmente, e hoje são usados em diversas áreas de uma organização. Masaaki Imai explica que o *Kaizen* representa melhoria todo dia, de todos os colaboradores e em todo lugar.

O termo "*Kaizen*" surgiu da junção de dois ideogramas japoneses: *Kai*, traduzido como "mudança", e *Zen*, que representa "melhoria", conforme apresentado na Figura 9.1. Assim, nasceu o conceito de *Kaizen*, que preza a Melhoria Contínua, envolvendo todos os colaboradores para que se concentrem nas melhorias globais, de modo a enfatizar o desenvolvimento de uma cultura voltada para o processo e o aprimoramento da forma que a organização trabalha.

善 *KAI* = Mudança
改 *ZEN* = Coisas boas, melhores

Figura 9.1 Escrita japonesa para *Kaizen* e seu significado.

Na prática, a adoção de uma cultura *Lean* visa à eliminação de desperdícios constantemente, e usa diversas ferramentas para identificá-los e mitigá-los. A adoção dessa filosofia proporciona um olhar mais apurado para os processos e para os desperdícios, permitindo identificar oportunidades de melhoria, que podem ser trabalhadas por meio de projetos *Kaizen*. Essa lógica é apresentada na Figura 9.2.

9.1.2 Objetivos e benefícios

O objetivo do *Kaizen* é assegurar que todos os processos empresariais sejam otimizados continuamente, de modo gradual e consistente, e envolvendo projetos, processos e pessoas diante da busca pela máxima eficiência produtiva.

Entre as vantagens da implementação da filosofia *Kaizen*, destacam-se: redução de desperdícios, construção de uma cultura sólida voltada ao aprimoramento e aprendizado constante, melhoria na qualidade dos produtos e serviços, além de tornar a organização *customer centric*, ou seja, que coloca o consumidor como peça fundamental para o sucesso do negócio, norteando decisões e estratégias.

9.1.3 Aplicação

Para a aplicação efetiva de um evento *Kaizen*, as seguintes etapas podem ser seguidas:

1. **Identificar oportunidades:** o primeiro passo para aplicar um evento *Kaizen* é analisar a situação atual e fazer uma lista de problemas a serem solucionados, levantando oportunidades de melhoria.

2. **Projetar o estado futuro:** com base na análise da situação atual e na identificação de oportunidades, a equipe projeta o estado futuro desejado para os processos. Este deve estar focado em criar um ambiente mais eficiente, com redução de desperdícios.

3. **Selecionar a equipe:** definir quais serão as equipes multidisciplinares que vão se envolver na solução dos problemas identificados. Nesse momento, é importante assegurar que os recursos necessários para o desenvolvimento do projeto estejam disponíveis.

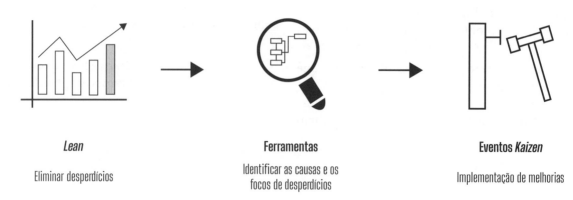

Lean — Eliminar desperdícios

Ferramentas — Identificar as causas e os focos de desperdícios

Eventos *Kaizen* — Implementação de melhorias

Figura 9.2 Relação *Lean* e *Kaizen*.

4. **Treinar a equipe:** é importante fornecer treinamento à equipe para assegurar que todos tenham as habilidades para analisar e melhorar os processos.
5. **Priorizar as melhorias:** nem todas as melhorias podem ser implementadas ao mesmo tempo. Portanto, a equipe deve priorizar as melhorias com base em uma análise de esforço × impacto, estabelecendo critérios como custo-benefício, impacto na eficiência e urgência.
6. **Implementar as melhorias:** durante essa etapa é essencial monitorar o desempenho para garantir que as mudanças gerem os resultados esperados.

Além de seguir essas etapas, cinco princípios são apontados para a aplicação efetiva do *Kaizen*:
1. **Conhecer o cliente:** é preciso identificar seus interesses para elevar sua experiência.
2. **Deixar os processos fluírem sem desperdícios:** perdas e desperdícios devem ser uma preocupação de todos os colaboradores, fazendo com que seja maximizada a agregação de valor no processo.
3. **Ir ao *Gemba*:** visitar o local de melhoria, no qual é trabalhado o produto que se quer melhorar, pois é onde o valor e o problema estão ocorrendo.
4. **Empoderar pessoas organizando seus times:** o líder precisa dar uma meta real para seu time, fornecendo todas as ferramentas para que essa seja atingida.
5. **Ser transparente e falar sobre dados:** a *performance* e os resultados devem ser tangíveis, visíveis e, posteriormente, reconhecidos.

O *Kaizen* também pode ser aplicado para ganhos rápidos em metodologias mais complexas ou dentro de projetos. Considerando, por exemplo, o contexto do *Lean* Seis Sigma, existe um passo a passo que pode ser seguido para o evento *Kaizen*, conforme apresentado no Quadro 9.1.

Ao contrário de outras técnicas, o *Kaizen* nunca tem fim, ou seja, preza a Melhoria Contínua, visto que sempre há processos, produtos e serviços a serem otimizados. É possível definir o *Kaizen* como oportunidades de pequenas melhorias, chamadas "*Quick Wins*", ou seja, problemas que são resolvidos com baixo esforço e que trazem ganho rápido para a organização (causam alto impacto). A Figura 9.3 apresenta o enquadramento dos *Quick Wins* diante da matriz esforço × impacto.

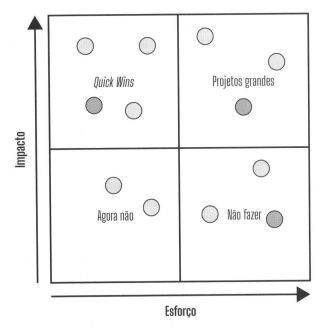

Figura 9.3 *Quick Wins* e matriz esforço × impacto.

Pré-*Kaizen*	*Kaizen*	Pós-*Kaizen*
Identificar o problema ao conduzir o projeto *Lean* Seis Sigma	1º dia – Observar o local/processo de ocorrência do problema e coletar dados relevantes	Apresentar o resultado do *Kaizen* aos gestores e documentá-lo no projeto *Lean* Seis Sigma
Fazer o levantamento de dados e análises do problema	2º dia – Identificar as causas potenciais. Definir as melhorias necessárias	Realizar um *follow-up* periódico de *Kaizen*
Planejar o evento *Kaizen*, definindo a equipe e o tempo do evento	3º dia – Elaborar um plano de ação e executar as ações	
Informar e preparar a equipe sobre a proposta do evento *Kaizen*	4º dia – Padronizar as ações de melhoria realizadas e treinar os envolvidos	
	5º dia – Desenvolver um plano de monitoramento dos resultados. Encerramento e comemoração junto à equipe	

Quadro 9.1 Passo a passo para o evento *Kaizen* no contexto *Lean* Seis Sigma.

9.1.4 Os sete pilares da filosofia *Kaizen*

A maioria das metodologias de gestão japonesas, como o controle de qualidade total (TQC), o *Just in Time* (JIT), a produtividade e o controle de qualidade zero defeitos (CQZD), pode ser sintetizada em uma palavra: "*Kaizen*". Pode-se afirmar que o *Kaizen* é o conceito guarda-chuva para diversas abordagens.

A filosofia *Kaizen* apoia-se em três princípios básicos:
1. estabilidade financeira e emocional dos funcionários;
2. clima organizacional agradável;
3. ambiente de trabalho simples e funcional.

Acima desses princípios, há pilares que permitem sua implementação, listados a seguir.

1. **Gemba:** significa "lugar de verdade", e é utilizada para referir-se ao local no qual as atividades que geram valor acontecem. Além disso, o termo incentiva os gestores a visitarem o chão da fábrica, tendo conhecimento dos processos que ali ocorrem.
2. **Desenvolvimento de pessoas:** como o "pai do *Kaizen*", Masaaki Imai, afirma que "a melhoria é de todo mundo", é esperado que os colaboradores se envolvam proativamente nas ações de melhoria, de uma forma diária e contínua, desenvolvendo hábitos profissionalmente mais saudáveis.
3. **Normas visuais:** a gestão visual ajuda na rápida identificação de mudança, bem como na evolução diária, evitando desperdícios e falhas nos processos, usando quadros e avisos visualmente impactantes.
4. **Processo e resultados:** para a filosofia *Kaizen*, é sempre necessário traçar um caminho para os objetivos por meio de uma meta clara e atingível. Portanto, o foco no processo é essencial para se atingir o resultado.
5. **Qualidade em primeiro lugar:** por ser uma filosofia de melhoria contínua e diária, o *Kaizen* preza a qualidade em todos os processos e produtos. Essa filosofia é suportada por três conceitos, que englobam:
    i) orientação para o mercado;
    ii) crença de que a próxima operação é o cliente;
    iii) Melhoria Contínua.
6. **Eliminação de desperdícios:** visa eliminar os oito desperdícios clássicos do *Lean Manufacturing* (defeitos e retrabalho, excesso de produção, processamento impróprio, transportes desnecessários, movimentos desnecessários, estoque, espera e intelectual), gerando qualidade e melhorias na empresa.
7. **Fluxo puxado:** prega que a produção deve ser "puxada" pela sua demanda, e não "empurrada" no mercado com a sua oferta.

9.1.5 *Kaizen* e gestão

Para a filosofia *Kaizen*, a gestão tem duas funções: manutenção e melhoria, conforme apresentado na Figura 9.4. A manutenção preza a conservação dos padrões tecnológicos, operacionais e gerenciais, e o desenvolvimento deles por meio de treinamento e disciplina. Assim, é estabelecido um Procedimento Operacional Padrão (POP), visando à estabilização de processos. Por sua vez, a melhoria refere-se a atividades para elevar os padrões atuais, de modo que o *Kaizen* se resume em manter e melhorar os padrões.

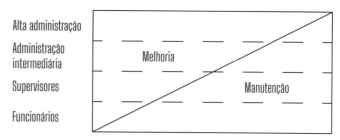

Figura 9.4 Percepção japonesa das funções de trabalho.

O processo de melhoria pode ser classificado como inovação ou *Kaizen* (conforme a Figura 9.5), em que o *Kaizen* significa melhorias decorrentes de esforços contínuos, e a inovação representa uma melhoria drástica como resultado de um grande investimento em tecnologias e/ou recursos.

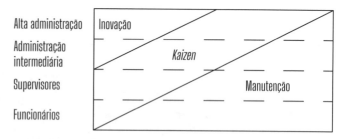

Figura 9.5 Melhoria: inovação e *Kaizen*.

A gestão da filosofia *Kaizen* está pautada em esforços humanos, como comunicação, moral, treinamento, autodisciplina, bom senso e baixo custo para melhoria, apresentando seis características principais:

- objetivos claros;
- trabalho em equipe;

- foco no tempo;
- criatividade *versus* custo;
- disponibilidade imediata dos recursos necessários;
- resultados rápidos.

9.1.6 A equipe e o líder *Kaizen*

A equipe *Kaizen* normalmente é composta por cinco a sete pessoas, com formação multifuncional, que podem ser da área ou do processo no qual o problema será analisado, contemplando membros de outras áreas ou processos.

É essencial que o líder *Kaizen* tenha domínio do método e compreenda os objetivos dessa filosofia, facilitando o envolvimento e a motivação da equipe, garantindo a imersão dos envolvidos e conduzindo uma análise crítica para identificar novas oportunidades de melhoria. O líder não deve focar apenas em sua posição de comando, e sim compreender seu papel enquanto exemplo e agente de mudanças.

RESUMO

- A filosofia *Kaizen* surgiu no Japão após a Segunda Guerra Mundial, como uma alternativa para manter a competitividade empresarial diante de um cenário de poucos recursos.
- As etapas para aplicação de um evento *Kaizen* são: identificar oportunidades, projetar o estado futuro, selecionar a equipe, treinar a equipe, priorizar as melhorias, e implementar as melhorias.
- É necessário seguir cinco princípios para a aplicação efetiva do *Kaizen*:
    1. conhecer o cliente;
    2. deixar os processos fluírem sem desperdícios;
    3. ir ao *Gemba* (chão de fábrica);
    4. empoderar pessoas organizando seus times;
    5. ser transparente e falar sobre dados.
- Os recursos necessários para um evento *Kaizen* devem estar disponíveis imediatamente, e as ações devem ser tomadas de modo simples e direto, com o objetivo bem estabelecido e focando em *Quick Wins*.
- Os pilares do *Kaizen* são: *Gemba*, desenvolvimento de pessoas, normas visuais, processo e resultados, qualidade em primeiro lugar, eliminação de desperdícios e fluxo puxado.
- As características principais do *Kaizen* são:
    - ✓ objetivos claros;
    - ✓ trabalho em equipe;
    - ✓ foco no tempo;
    - ✓ criatividade *versus* custo;
    - ✓ disponibilidade imediata dos recursos necessários;
    - ✓ resultados rápidos.
- Para a filosofia *Kaizen*, a gestão tem duas funções: manutenção e melhoria, de modo a conservar padrões e estabelecer um POP, além de promover a melhoria contínua das atividades.

REFERÊNCIAS BIBLIOGRÁFICAS

MARTIN, K.; OSTERLING, M. *The Kaizen Event Planner*: achieving rapid improvement in office, service, and technical environments. New York: Productivity Press, 2007.

MEDINILLA, Á. *Agile Kaizen*: managing continuous improvement far beyond retrospectives. Heidelberg: Springer Berlin, 2014.

ORTIZ, C. A. *Kaizen e Implementação de Eventos Kaizen*. 1. ed. Porto Alegre: Bookman, 2010.

Capítulo 10

SEIS SIGMA

OBJETIVOS DE APRENDIZAGEM

Ao final deste capítulo, será possível:

- Compreender o que é a metodologia Seis Sigma e como ela agrega valor aos processos de Melhoria Contínua.
- Identificar os principais objetivos da metodologia.
- Entender a importância da métrica e da confiabilidade dos dados.
- Compreender os níveis Sigma, pilares e princípios para implementação do Seis Sigma.
- Identificar as certificações *Belts* em Seis Sigma.

INTRODUÇÃO

Quando se trata de qualidade, é comum acreditar que 99% é uma ótima medida, ou seja, que 1% incorreto é aceitável. Mas será que 99% é um rendimento suficiente?

Esse é um questionamento que embasa a metodologia Seis Sigma, utilizada em projetos em que o nível de falha deve ser o menor possível, ou seja, o mais próximo de zero defeitos. Originado na Motorola nos anos 1980, o Seis Sigma surgiu como uma forma de atingir um nível extremamente baixo de variações nos processos; ser Seis Sigma equivale a aceitar no máximo 3,4 defeitos em 1 milhão de oportunidades. Para atingir esse nível, o Seis Sigma defende um processo de análise constante, focado em dados e na melhoria de resultados.

Seis Sigma mudou a maneira como trabalhamos e pensamos. É uma ferramenta poderosa que não apenas melhora a qualidade e a eficiência, mas também transforma a cultura da organização.

Jack Welch

10.1 CONCEITOS

10.1.1 Definição

O Seis Sigma (6σ) surgiu na década de 1980, quando a Motorola concorreu e venceu o prêmio nacional de qualidade dos Estados Unidos, o *Malcolm Baldrige*. Nessa premiação, o conceito de Seis Sigma foi apresentado pela primeira vez. Com essa filosofia, a Motorola defendeu que não bastava somente o atendimento das especificações, mas também a redução das variações dos processos.

A metodologia foi popularizada na década de 1990 por Jack Welch, CEO da General Electric (GE). Jack Welch viu o potencial do Seis Sigma para reduzir defeitos, aumentar a eficiência e melhorar a satisfação do cliente. Dessa maneira, a General Electric apresentou um salto em lucratividade, atribuído diretamente à implementação do Seis Sigma. O sucesso da GE tornou-se um modelo para outras empresas, que adotaram o Seis Sigma, inspiradas pelos seus resultados positivos.

O Seis Sigma é utilizado como parâmetro para comparar o nível de qualidade de produtos, processos, operações, equipamentos, entre outros. Desse modo, Bob Galvin, então presidente da Motorola, iniciou a análise de variação em todas as atividades da organização, adotando o Seis Sigma como meta para todas as atividades, que é de 3,4 partes por milhão de unidades com defeito. O Seis Sigma é uma poderosa metodologia de melhoria de processos, que traz benefícios em termos de qualidade, eficiência e lucratividade. Sua abordagem estruturada e baseada em dados possibilita a identificação e eliminação de defeitos e variabilidade, resultando em processos mais robustos e consistentes.

> *Muito antes de pensarmos no Seis Sigma, fizemos uma reunião de executivos. Nessa ocasião, Art Sundy, diretor da área de rádios bidirecionais, declarou: "Nossa qualidade é nojenta". Tínhamos 85% do Market Share mundial e estávamos conseguindo um crescimento de dois dígitos. A despeito disso, todos nós diretores levamos Sundy a sério. Rapidamente, percebemos que, se conseguíssemos controlar a variação na produção, poderíamos fazer funcionar todas as peças e processos e alcançar um resultado final de 3,4 defeitos por milhão de oportunidades, ou seja, um nível Seis Sigma. Nosso pessoal cunhou o termo e ele "pegou". Era prático, pois as pessoas entendiam que, quando se consegue controlar a variação, é possível obter resultados notáveis.*
>
> Bob Galvin, em entrevista para a *Revista HSM – Educação Executiva*

Pyzdek, defensor da excelência operacional e dedicado aos estudos de controle de qualidade, melhoria de processos, Seis Sigma e *Lean Manufacturing*, determina que o Seis Sigma corresponde a uma implementação rigorosa, altamente eficaz que visa à eliminação de erros. O Seis Sigma é uma resposta às crescentes expectativas dos clientes e ao aumento da complexidade de produtos, serviços e processos.

Pyzdek ainda propõe que "O Seis Sigma se concentra nos requisitos do cliente, na prevenção de defeitos, na redução do tempo de ciclo e na economia de custos. [...] Seis Sigma identifica e elimina custos que não agregam valor para os clientes, custos de desperdício". As atividades que são eliminadas pelo Seis Sigma são aquelas que não agregam valor para o cliente, e, quando eliminadas, permitem que o processo seja realizado de maneira mais eficiente.

Entretanto, é necessária uma análise das atividades realizadas, visto que existem as que não podem ser eliminadas, que são aquelas que mesmo não agregando valor direto para o cliente, são essenciais para o funcionamento da empresa e para apoiar a construção de valor. Essas atividades podem ser otimizadas, mas não eliminadas.

O Seis Sigma é uma abordagem que visa tornar o processo mais estável, por meio da diminuição de sua variabilidade e defeitos, e sua aplicação não remete apenas a projetos complexos, pois trata-se de uma metodologia com ampla aplicabilidade.

É importante que sua aplicação seja feita de maneira quantitativa, bem estruturada, com disciplina, contemplando uma mudança cultural em todos os níveis da organização. Além disso, com o avanço dessa ferramenta, foi possível integrar a filosofia do *Lean Manufacturing* com a metodologia Seis Sigma, resultando no *Lean* Seis Sigma, que será abordado no próximo capítulo (Capítulo 11, *Lean Seis Sigma*).

10.1.2 Objetivos e benefícios

Sigma é uma letra grega empregada em estatística que significa "desvio-padrão", e corresponde a uma medida de variação sofrida por um conjunto de dados. O objetivo principal do Seis Sigma é a Melhoria Contínua e a sistemática de processos, diante da eliminação de defeitos. O Seis Sigma pode ser aplicado em todos os ambientes e setores de uma organização, desde macro até micronegócios, visando identificar e eliminar a variabilidade dos processos.

Entre as vantagens de sua aplicação, destacam-se:

- melhora da eficiência;
- redução dos custos da má qualidade;

- eliminação de defeitos e redução do ciclo dos processos;
- melhora do serviço oferecido para o cliente;
- facilita a tomada de decisão com mais assertividade;
- aumento da lucratividade;
- tomada de decisões baseada em dados.

10.1.3 Aplicação

Visto que os principais objetivos do Seis Sigma estão ligados à gestão do negócio, para sua aplicação é preciso focar em:

- Projetos que tragam redução de defeitos na linha de produção.
- Projetos que tragam retorno financeiro, como a redução de custos fixos.
- Projetos que visam à otimização de produtos e processos.
- Projetos que se preocupam com o aumento do nível de satisfação dos clientes.

A metodologia Seis Sigma é muito diversificada e pode ser aplicada em diversos setores, pois engloba processos produtivos, industriais e até mesmo administrativos. No Quadro 10.1 pode-se perceber alguns exemplos de áreas de atuação do Seis Sigma, com seus respectivos projetos.

Área	Projeto
Indústria Química	Redução da porcentagem da eficiência do biorreator
Setor Público	Redução no tempo da aprovação de uma licitação
Empresa de Varejo	Redução da quantidade de notas fiscais emitidas com erro
Indústria Metalúrgica	Redução da porcentagem de sucata na produção de aço
Hospital	Redução do tempo da fila de triagem de pacientes

Quadro 10.1 Exemplos de áreas e projetos de atuação do Seis Sigma.

A análise estatística de dados é fundamental no Seis Sigma, pois por meio de estudo de comportamento do processo, possibilita entender variações e identificar áreas de melhoria. De acordo com essa análise, é possível realizar otimizações em processos internos, centrando as melhorias no que realmente importa para o cliente, conforme apresentado na Figura 10.1.

10.1.4 Nível Seis Sigma

O Nível Sigma analisa o desempenho do processo e indica a quantidade de defeitos em relação ao número de oportunidades para defeitos. Quanto maior o seu valor, menor a quantidade de defeitos e melhor a qualidade do processo. Existem diversas maneiras de calcular o nível

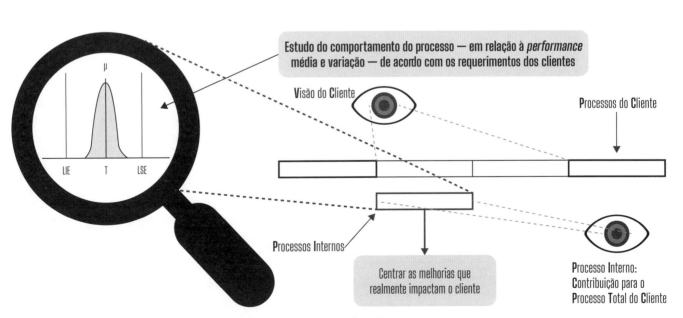

Figura 10.1 Estudo de comportamentos com base nos requisitos dos clientes.

sigma de um processo. A mais clássica é por meio da tabela de nível sigma, apresentada de forma reduzida na Tabela 10.1 e em maior detalhe no Anexo C. Essa tabela relaciona a quantidade de defeitos apresentados em 1 milhão de tentativas ou oportunidades *versus* o nível de acuracidade do processo.

Como podemos ver na Tabela 10.1, 1 sigma representa um nível de conformidade de 30,85%, o que significa que em 1 milhão de tentativas, o processo apresentou 691.463 defeitos. Por outro lado, no nível seis sigma, há 3,4 defeitos por 1 milhão de oportunidades, representando um percentual de conformidade de 99,9966%.

É importante ressaltar que o critério de qualidade vai ser definido não apenas pelas referências de nível sigma, e sim pelas necessidades do processo. Assim, é possível observar projetos seis sigma que focaram em melhorar a assertividade e gerar resultados, e alcançaram sucesso mesmo que não tenham alcançado o nível seis sigma. Isso significa que para aquele determinado requisito do cliente, um nível sigma menor que 6 já era suficiente. Portanto, o mais importante é que o especialista em Melhoria Contínua esteja em busca de melhorar continuamente os resultados.

Em termos estatísticos, o Seis Sigma visa reduzir a variabilidade para alcançar desvios-padrão muito pequenos – o termo "Seis Sigma" vem da curva de sino usada em Estatística. Assim, 1 sigma representa um único desvio-padrão da média, e se o processo for 6 sigmas (três acima e três abaixo da média), o nível de defeito é denominado "extremamente baixo", conforme apresentado na Figura 10.2.

Para compreender a diferença entre os níveis 5 Sigma e 6 Sigma, será apresentado um exemplo prático de uma empresa que fabrica 400 mil unidades de um produto por dia, entre as quais surgem 90 unidades com erro.

Nível de qualidade	Defeitos por milhão	Percentual de conformidade
1 sigma	691.463	30,85%
1,5 sigma	500.000	50%
2 sigma	308.537	69,15%
3 sigma	66.807	93,32%
4 sigma	6.210	99,38%
5 sigma	233	99,97%
6 sigma	3,4	99,9966%

Tabela 10.1 Níveis Seis Sigma.

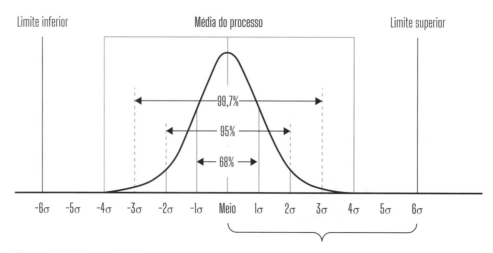

Figura 10.2 Curva Seis Sigma.

Nesse caso, há 225 produtos defeituosos por milhão, considerando o nível 5 Sigma. Ao considerar a meta 6 Sigma, a empresa deve produzir 400 mil produtos diários com uma média de 1,36 produto com erro, ou seja, 3,4 produtos por milhão.

A redução de erros passa a corresponder a 98,49% do nível 5 Sigma para o nível 6 Sigma. Desse modo, os colaboradores devem identificar inconformidades na metodologia da empresa, desenvolvendo uma visão de macroprocessos para visualizar as relações entre as atividades executadas e, assim, identificar falhas a serem tratadas.

10.1.5 Três pilares para a implementação do Seis Sigma

Três pilares são fundamentais para a implantação do programa de qualidade Seis Sigma, apresentados a seguir. Por meio da sinergia desses pilares, é possível garantir o engajamento e o comprometimento da equipe, e coletar dados que permitem trabalhar informações de maneira quantitativa e assertiva.

Mensuração

Sendo uma metodologia que preconiza a tomada de decisões por dados, um dos pontos primordiais para sua adoção está em entender a origem e a confiabilidade das informações dos processos. A veracidade dos dados coletados é imprescindível para a análise real do problema e o alcance da melhoria desejada. E somente com uma análise detalhada e aprofundada do processo é possível obter a solução mais adequada para o problema.

É essencial medir resultados, ou seja, deve-se ter um indicador mensurável para que seja apresentado e comparado o "antes e depois" do Seis Sigma. E esses resultados devem ser convertidos em ganho financeiro, para fazer com que a empresa financie o projeto. Portanto, assim que o tema do projeto for definido, é importante vincular cada aspecto analisado a uma métrica, que vai servir como indicador com dados confiáveis.

Método

Pilar que garante o passo a passo para a solução de problemas e a geração de resultados. A metodologia serve como um guia de boas práticas que deve ser sempre considerado, e sua pertinência deve ser analisada frente às necessidades de cada etapa do processo. Em projetos Seis Sigma, utiliza-se o *framework* DMAIC para a execução de um projeto (detalhado no Capítulo 18).

Comprometimento

Para o sucesso de um projeto Seis Sigma, é necessário o envolvimento de todos os participantes do time. O apoio e o envolvimento da liderança são primordiais, devendo prover os recursos e posicionamentos para fazer com que a metodologia e as aplicações sejam feitas de maneira assertiva.

10.1.6 Princípios Seis Sigma

O pensamento estatístico característico do Seis Sigma corresponde a uma lógica que parte de três princípios, conforme apresentado na Figura 10.3.

1. Todo trabalho executado é um processo

Processo é um conjunto de atividades inter-relacionadas. Por exemplo, um profissional da área de Compras recebe uma solicitação de compra, faz o levantamento de empresas com potencial de atendimento, entra em contato com possíveis fornecedores solicitando cotação, seleciona a melhor opção, realiza a homologação do fornecedor e faz o pedido. Há um objetivo nessas atividades: a solicitação de compras. Porém, para que seja concluído, há diversos processos envolvidos. Portanto, é necessário buscar a otimização em cada etapa, de modo a atingir o objetivo.

2. Todo processo pode sofrer variações

Todo processo está sujeito a variações e instabilidades. É nesse ponto que a atenção e os esforços devem se concentrar, de modo a minimizá-las. Compreender e

Figura 10.3 Princípios Seis Sigma.

quantificar essas variações é fundamental em termos de qualidade dos resultados. Nesse sentido, a análise estatística contribui com a gestão e a redução dessas variações.

3. Para melhorar processos é preciso diminuir as variações

A alta variabilidade resulta em maior investimento em manutenção de máquinas, aumento de custo em inspeções e acarreta desperdício de materiais, gerando impactos financeiros e até ambientais. Em um processo com alta variabilidade, a qualidade dos produtos é afetada, podendo comprometer a satisfação do cliente.

O desafio do especialista em Melhoria Contínua é diminuir variabilidades, visando à padronização de processos. Para isso, é preciso o engajamento de todos os colaboradores e coletar dados reais da operação, os quais devem ser analisados minuciosamente.

10.1.7 Seis Sigma e processos

O Seis Sigma enxerga os processos como uma sequência de atividades que transformam as entradas (X) em saídas (Y), visando atender às necessidades dos clientes. Esses processos podem ser analisados por meio de uma abordagem sistemática, envolvendo a identificação das causas (entradas do processo, ou seja, fontes de variabilidade), do processo e dos efeitos (saídas do processo, ou seja, medidas de qualidade), conforme apresentado na Figura 10.4.

As **causas** representam os fatores que afetam o desempenho do processo, e podem ser divididas em causas comuns e causas especiais.

- **Causas de variação comuns:** variações inerentes ao processo e que estão sujeitas a ocorrer em praticamente todos os processos, como desgaste de máquinas e flutuações nas condições do mercado. Sua ocorrência é um fator esperado e pode, portanto, ser antecipado.
- **Causas de variação especiais:** interferências externas que afetam o produto de modo abrupto, como acidentes, erros de configuração de máquinas e materiais de baixa qualidade.

As **entradas do processo** referem-se às informações, aos materiais e aos recursos necessários para executar as atividades do processo. Já a **fonte de variabilidade** é o fator que causa a variação nas saídas do processo, que pode ser interna ou externa ao processo, e que deve ser identificada para que a variação possa ser controlada.

O **processo** contempla a transformação das entradas (X) em saídas (Y), e pode ser analisado por meio do mapeamento do processo, ferramenta que permite visualizar a sequência de atividades, identificar gargalos e pontos de melhoria.

Os **efeitos** são os resultados ou consequências das atividades realizadas. Podem ser positivos ou negativos, dependendo do desempenho do processo. As **saídas**

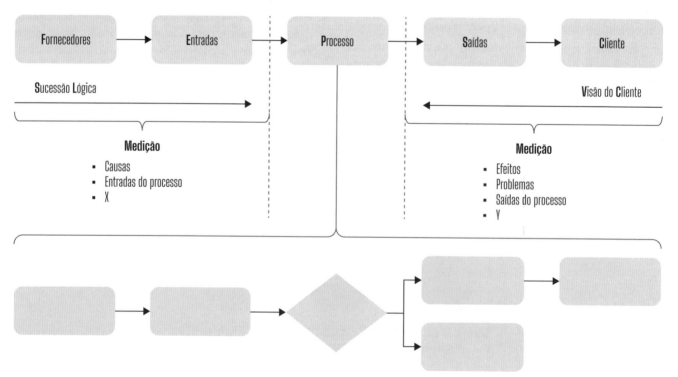

Figura 10.4 Seis Sigma e processos.

podem ser medidas por meio de indicadores de desempenho, como tempo de ciclo, qualidade e custo.

As **medidas de qualidade** são utilizadas para avaliar a eficácia do processo quanto ao atendimento às necessidades dos clientes. Essas medidas podem ser quantitativas ou qualitativas, e devem ser definidas com base nos requisitos do cliente.

10.1.8 Certificações *Belts* em Seis Sigma

Um dos segredos do sucesso da implementação da metodologia Seis Sigma é que ela representa um poderoso instrumento de educação, engajamento e valorização profissional. Isso acontece por meio de uma abordagem de capacitação estruturada, na qual os participantes são estimulados a evoluir e a aplicar o conhecimento, sendo reconhecidos como especialistas. O Seis Sigma faz uma analogia às graduações das artes marciais, sendo os profissionais chamados de "*White Belt*", "*Yellow Belt*", "*Green Belt*", "*Black Belt*" e "*Master Black Belt*" (Figura 10.5).

A seguir serão apresentadas as competências de cada cargo:

Acionista ou *Sponsor*

Participa da formação da carteira de oportunidades e da consequente aprovação dos projetos. Também participa de eventos de sustentação do programa, tais como cerimônias de certificação ou o início de sessões de treinamento, de modo a viabilizar a disponibilização de recursos financeiros e humanos.

Champion

Normalmente é líder da área que receberá o projeto.

Master Black Belt

Profissional com visão gerencial, financeira e estratégica. É o responsável por identificar oportunidades para realização de projetos, necessidades de capacitação, de modo a definir formas de controle para o sucesso da implementação da metodologia.

Black Belt

Profissional que tem amplas ferramentas e profunda bagagem estatística. O *Black Belt* é preparado para solucionar problemas de alta complexidade. Geralmente, atua por tempo integral em projetos e auxilia na mentoria de *Green Belts* em formação.

Green Belt

Profissional que dedica parte de seu tempo (geralmente cerca de 20 a 30%) a atividades de Melhoria Contínua e execução de projetos Seis Sigma. O *Green Belt* está preparado para liderar projetos e realizar análises estatísticas.

Yellow e White Belts

Profissionais do nível operacional da empresa, treinados nos fundamentos do Seis Sigma para que possam dar suporte aos *Black Belts* e *Green Belts* na implementação dos projetos.

Sendo uma metodologia focada na geração de resultados, o Seis Sigma valoriza e reconhece os profissionais que aplicam os conhecimentos adquiridos ao longo do curso. Para obtenção do certificado de especialista, é necessário comprovação com a entrega de um projeto. Na apresentação do primeiro projeto, o profissional é reconhecido como especialista *Green Belt*; no segundo projeto, *Black Belt*; e no terceiro projeto, *Master Black Belt*.

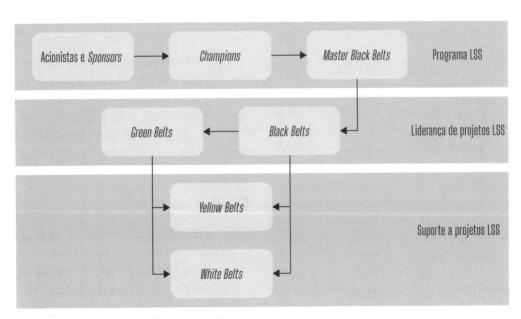

Figura 10.5 Níveis de certificação Seis Sigma.

A Figura 10.6 apresenta os critérios avaliados em um projeto Seis Sigma.

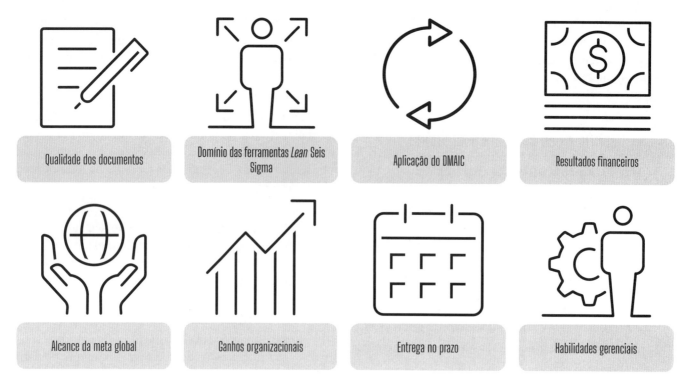

Figura 10.6 Critérios analisados nos projetos LSS.

Nas empresas, as certificações normalmente são realizadas em ciclos anuais, e a identificação de pessoas com certificação pode ser realizada de diversas maneiras. Para valorizar ainda mais a atuação profissional desses especialistas, as empresas criam mecanismos para diferenciar a atuação e dar ainda mais prestígio aos profissionais que obtêm esses títulos. Exemplos são bótons, uniformes diferentes e assinaturas de e-mail com a certificação. Essas são formas de valorizar e de engajar o time na participação da metodologia.

Sobre a certificação, Werkema (2012, p. 61) afirma o seguinte:

> A certificação de "*Belts*" é uma certificação de indivíduos treinados na metodologia Seis Sigma, e não de um sistema de gerenciamento da qualidade, como, por exemplo, a ISO 9001:2000. Sendo assim, não existem requisitos oficiais e padronizados que devam ser atendidos para que uma empresa de consultoria ou qualquer outra organização possa certificar "*Belts*". Ou seja, qualquer empresa pode se certificar de acordo com seus próprios critérios.

Werkema salienta que alguns aspectos têm sido analisados como forma de consenso para a análise de certificação de *Green Belt* e *Black Belt*, entre eles:

- Compreensão dos métodos e das ferramentas Seis Sigma (desempenho nos cursos de formação, no desenvolvimento dos projetos práticos e em testes de avaliação).
- Conclusão dos projetos práticos com geração de resultados significativos e tangíveis (a avaliação do retorno econômico dos projetos deverá ser validada pela diretoria financeira/controladoria da empresa).
- Raciocínio crítico, capacidade de síntese e comunicação de ideias.
- Capacidade para conduzir mudanças organizacionais, com a demonstração de habilidades de liderança, relacionamento interpessoal, trabalho em equipe e comunicação.

RESUMO

- A metodologia Seis Sigma (6σ) é uma abordagem estruturada, disciplinada e focada, que visa à otimização por meio da redução da variabilidade de processos.
- No Seis Sigma, a confiabilidade dos dados se torna fundamental, pois se trata de uma abordagem quantitativa e que utiliza ferramentas estatísticas para suas análises.

- Ao longo do tempo, a metodologia Seis Sigma foi incorporada à metodologia *Lean Manufacturing*, resultando no *Lean* Seis Sigma, abordagem que une os preceitos de ambas as metodologias para a melhoria dos processos.
- Para implementar o Seis Sigma, é necessário compreender seus três pilares:
  1. Mensuração: associada aos indicadores e aos resultados analisados.
  2. Método: associado ao passo a passo para guiar a correta aplicação da metodologia, que, neste caso, baseia-se no método DMAIC.
  3. Comprometimento: associado à disciplina e à dedicação necessárias ao desenvolvimento do projeto.
- O Nível Sigma refere-se à quantidade de defeitos por 1 milhão de oportunidades, o que quer dizer que o Seis Sigma representa 3,4 erros em uma amostra de 1 milhão, o que expressa um acerto de 99,9966%.
- Os princípios Seis Sigma são:
  1. Todo trabalho executado é um processo, ou seja, um objetivo apresenta diversos processos que devem ser analisados visando à otimização.
  2. Todo processo pode sofrer variações, sejam elas comuns, sejam elas especiais.
  3. Para melhorar processos é preciso diminuir as variações, sendo o papel dos gestores fundamental diante da metodologia Seis Sigma.
- O Seis Sigma enxerga os processos como um conjunto de atividades inter-relacionadas que podem ser analisadas e melhoradas por meio de uma abordagem sistemática, levando em consideração:
  1. as entradas (X)/causas, que contemplam as fontes de variabilidade;
  2. o processo;
  3. as saídas (Y)/efeitos, que representam os resultados ou consequências das atividades realizadas.
- Na metodologia Seis Sigma existem alguns níveis hierárquicos: Acionista/*Sponsor*, *Champion*, *Master Black Belt*, *Black Belt*, *Green Belt*, *Yellow Belt* e *White Belt*. Os três primeiros se enquadram no nível estratégico da organização, enquanto o *Black Belt* e o *Green Belt* estão no nível tático, e os demais no nível operacional.

REFERÊNCIAS BIBLIOGRÁFICAS

PYZDEK, T. *The Six Sigma Handbook:* a complete guide for green belts, black belts, and managers at all levels. New York: McGraw-Hill, 2003.

Capítulo 11

LEAN SEIS SIGMA

OBJETIVOS DE APRENDIZAGEM

Ao final deste capítulo, será possível:
- Compreender o que é e quais são os benefícios da integração das metodologias *Lean* e Seis Sigma.
- Entender o que é o Mapa de Raciocínio e qual sua importância para a implementação do *Lean* Seis Sigma.
- Identificar e compreender a aplicabilidade do *Lean* Seis Sigma em algumas áreas e os desafios associados.
- Compreender como implementar o *Lean* Seis Sigma e quais as principais barreiras apresentadas.

INTRODUÇÃO

Nos capítulos anteriores deste *Guia* (Capítulos 8 e 10), apresentamos como as metodologias *Lean Manufacturing* e Seis Sigma agregam valor ao cliente por meio da melhoria de seus processos. Agora, imagine conseguir unir o que há de melhor nas duas metodologias: redução de desperdícios do *Lean* e aumento da precisão do Seis Sigma.

Dessa fusão, surge uma das metodologias mais famosas e requisitadas no mundo corporativo: o *Lean* Seis Sigma (LSS). Essa metodologia proporciona uma abordagem abrangente e eficiente na otimização dos processos produtivos, responsável por aumentar a produtividade e reduzir a variabilidade na criação de produtos e/ou na prestação de serviços. Neste capítulo será apresentado como o *Lean* e o Seis Sigma se complementam quando o assunto é Melhoria Contínua.

As oportunidades para melhorias existem em grande quantidade, mas não mandam aviso.

Joseph Moses Juran

11.1 CONCEITOS

11.1.1 Definição: integração Lean Manufacturing e Seis Sigma

Por mais que as metodologias *Lean Manufacturing* e Seis Sigma tenham o propósito de impactar diretamente na lucratividade de uma organização, elas impactam de maneira diferente em um sistema de produção. Enquanto o Seis Sigma atua principalmente na redução da variabilidade e dos defeitos do processo a fim de torná-lo mais eficaz, o *Lean* foca em tornar o processo mais eficiente ao reduzir desperdícios e aumentar a velocidade produtiva, conforme apresentado na Figura 11.1.

Cristina Werkema, autora de oito livros da série Werkema de Excelência Empresarial, e que esteve à frente da implementação do LSS em grandes organizações, como Whirlpool, Embraco e Ambev, destaca que a integração entre o *Lean Manufacturing* e o Seis Sigma é uma estratégia abrangente, poderosa e eficaz para resolução de problemas referentes à melhoria de processos e produtos.

11.1.2 Objetivos e benefícios

A integração do *Lean Manufacturing* com o Seis Sigma traz inúmeros benefícios, já que reúne os resultados positivos das duas metodologias (Figura 11.2).

A seguir é apresentada uma análise do processo produtivo contemplando a união das metodologias *Lean Manufacturing* e Seis Sigma (Figura 11.3).

Analisando a Figura 11.3, é possível perceber que, inicialmente, o processo apresentava grande variabilidade e alto tempo de processamento. No momento seguinte, nota-se que o Seis Sigma foi aplicado, o que acarretou na redução da variabilidade, porém com tempo de processamento acima do ideal. Em um terceiro momento, foram implementados os preceitos da Manufatura Enxuta, promovendo a integração LSS, o que resultou em um rápido processamento, com baixa variabilidade. Isso demonstra a importância da fusão dessas duas metodologias para a geração de resultados mais sólidos e consistentes.

11.1.3 Lean Seis Sigma e a pirâmide dos sistemas de gestão

O LSS pode ser traduzido na pirâmide dos sistemas de gestão (Figura 11.4), englobando os níveis estratégico, tático e operacional. Pode-se analisar como cada estratificação da pirâmide se comporta na metodologia.

Por meio da análise da Figura 11.4, pode-se perceber que a metodologia LSS se encontra no nível tático da organização. A seguir, será apresentado o que cada nível da pirâmide representa, bem como sua composição, destacando o porquê de a metodologia LSS estar inserida nesse nível do sistema de gestão.

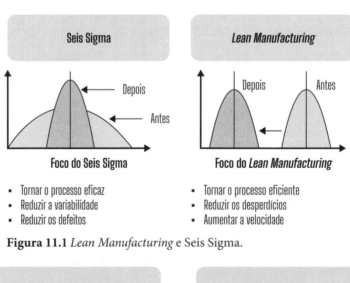

Figura 11.1 *Lean Manufacturing* e Seis Sigma.

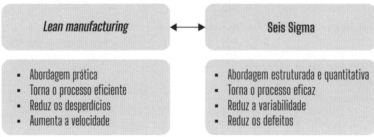

Figura 11.2 Integração *Lean* e Seis Sigma.

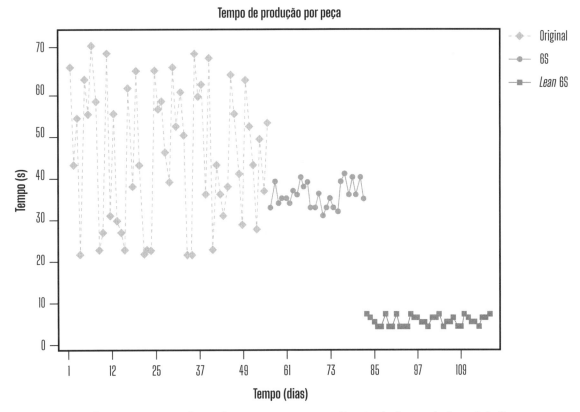

Figura 11.3 Diferença no tempo de produção por peça com aplicação do *Lean* e do *Lean* Seis Sigma.

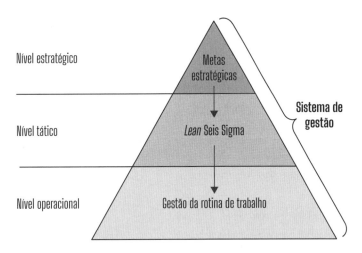

Figura 11.4 Pirâmide do sistema de gestão com a localização da metodologia *Lean* Seis Sigma.

- **Nível estratégico:** este nível é composto da alta administração, responsável por alinhar as metas corporativas, definir métricas financeiras e de *performance* e desdobrar os objetivos para o nível tático. É no nível estratégico que são monitorados os KPIs, os indicadores e onde são determinadas as estratégias do negócio.
- **Nível tático:** nesse nível está a gerência, e é aqui que são determinadas métricas e metas de nível gerencial, de modo a cumprir os objetivos traçados pelo nível estratégico. Também ocorre o desdobramento de metas para o nível operacional, a fim de que todos os níveis entendam suas metas individuais, o que ajuda no cumprimento das metas organizacionais.
- É nesse nível que o LSS está inserido, pois é nele que se trabalha com melhoria de processos e alavancagem de resultados. Assim, para um projeto Seis Sigma que atua com KPIs de negócios, é de extrema importância a comunicação

com a alta administração, pois são eles que trabalham com esse tipo de indicador.
- **Nível operacional:** é o nível no qual se encontram os operadores, os quais devem entender as métricas e metas operacionais e aplicá-las na rotina de trabalho. Nesse nível, definem-se normas e padrões a serem seguidos.

Durante a aplicação de um projeto LSS, é possível relacionar os níveis hierárquicos de uma organização com os envolvidos na implementação da seguinte maneira:
- **Nível estratégico:** normalmente estão presentes os *Master Black Belts*, que são profissionais capacitados para direcionar as estratégias junto ao programa Seis Sigma e fornecer o suporte necessário aos *Black Belts* e aos *Green Belts*.
- **Nível tático:** geralmente estão dispostos os líderes dos projetos LSS, ou seja, os *Black Belts* e os *Green Belts*. Eles ocupam posições de destaque na empresa e são capazes de conduzir e monitorar todas as etapas do projeto de implementação.
- **Nível operacional:** contemplam os profissionais de nível operacional, os quais passam por treinamentos nos fundamentos básicos do Seis Sigma, para assim executar ações de rotina de acordo com as diretrizes do projeto.

11.1.4 Aplicação

Quando um projeto LSS inicia, é importante estar ciente de que o primeiro passo para toda mudança é o treinamento de todos os envolvidos, pois é dessa maneira que as pessoas vão conhecer a metodologia e seu objetivo, além de enxergar a importância de seu engajamento na implementação.

A partir do envolvimento dos colaboradores, é possível iniciar o projeto LSS e obter uma análise de em qual processo será efetuado a melhoria. Uma ferramenta extremamente importante e fundamental para a implementação do LSS é o Mapa de Raciocínio, apresentado a seguir.

11.1.4.1 Mapa de Raciocínio

O Mapa de Raciocínio é um documento dinâmico que tem a finalidade de registrar a forma de raciocínio durante a execução de um projeto Seis Sigma. Apesar de não existir apenas uma maneira correta de se construir um Mapa de Raciocínio, existem alguns elementos que devem estar contidos no documento para que ele cumpra sua função, tais como:
- objetivo quantificável do projeto analisado;
- questionamentos iniciais a serem considerados;
- perguntas relacionadas;
- priorização de perguntas a serem respondidas;
- ferramentas e métodos utilizados para responder às perguntas;
- histórico do trabalho desenvolvido até chegar nas respostas;
- documentação das respostas;
- evolução de métricas e sua relação com o trabalho desempenhado.

Ao seguir o prescrito no Mapa de Raciocínio, o responsável pelo projeto irá usar o método DMAIC, que é o modelo base da metodologia LSS. Assim, cada etapa do método vai estar devidamente documentada por meio do Mapa de Raciocínio, o qual é realizado conforme o andamento do projeto. Para tanto, é importante que os *Belts* realizem os preenchimentos e os desdobramentos de acordo com a evolução do projeto.

Para ilustrar, a Figura 11.5 apresenta um Mapa de Raciocínio da etapa de Definição de um *Black Belt*, no Departamento de Compras de uma empresa.

Benefícios do Mapa de Raciocínio
- O Mapa de Raciocínio constrói uma base sólida e confiável para a apresentação do projeto dentro da empresa, visto que todos os dados, análises e ferramentas estão organizados, permitindo uma apresentação clara e precisa.
- Por meio do Mapa de Raciocínio, a informação do projeto se mantém documentada na empresa.
- O Mapa de Raciocínio faz com que os *Belts* sigam cada etapa do método DMAIC, sendo cada uma delas desdobrada; com isso, o ciclo por elas composto é respeitado.
- É por meio do Mapa de Raciocínio que será possível compreender quais ferramentas foram utilizadas, suas análises e resultados obtidos. O detalhamento é importante nesse documento, visto que é por meio dele que tudo o que foi feito é documentado.

11.1.5 Barreiras na implementação do *Lean Seis Sigma*

A implementação do LSS nas empresas pode encontrar dificuldades, visto que existem algumas barreiras de implementação de áreas específicas e resistências

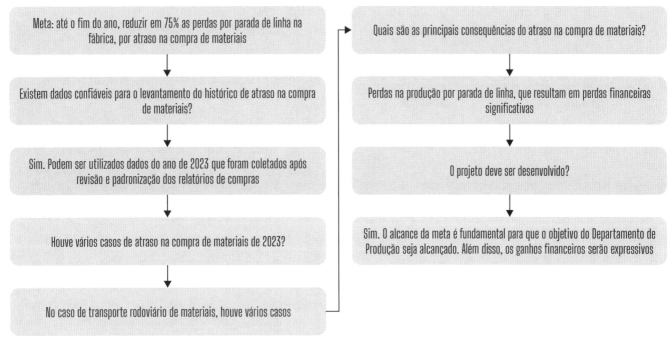

Figura 11.5 Mapa de Raciocínio para a etapa de Definição.

organizacionais, ou seja, empecilhos e dificuldades para reunir o programa de Melhoria Contínua com a equipe do projeto ou outros *stakeholders*.

Uma das principais barreiras encontradas quando se decide implementar o LSS é a mudança de pensamento da organização quanto ao processo a ser melhorado. Para que essa e outras barreiras também possam ser quebradas (como o medo de mudanças e de não atingir os resultados esperados), é essencial que a liderança faça com que os colaboradores entendam a necessidade da mudança.

Algumas situações que são muito comuns quando se trata de projetos de Melhoria Contínua são exemplificadas a seguir.

- projetos atrasados e abandonados por falta de dados;
- líderes que não dão valor à metodologia LSS;
- projetos de sucesso não replicados para outras áreas dentro da própria organização;
- líderes que afirmam que o LSS não se aplica à sua área.

Também é importante vencer a barreira entre as diferentes visões da necessidade de um programa de Melhoria Contínua. O diretor industrial ou CEO da empresa, por exemplo, pode enxergar a necessidade de um programa de Melhoria Contínua, porém, no chão de fábrica, os colaboradores podem enxergar a fabricação e produtividade como ótimas e estáveis.

A iniciativa de implantação de um programa LSS deve vir da alta gestão, fazendo com que os colaboradores se sintam motivados a alterar o *mindset* para a aplicação das ferramentas, a implantação de planos de ação e até mesmo auxiliar na mensuração de dados.

Ter uma alta gerência envolvida e comprometida com a metodologia também é uma alternativa, assim como selecionar uma equipe eficiente com o perfil adequado para compreender a metodologia, as ferramentas e as técnicas do LSS. Dessa forma, é importante envolver a área de Recursos Humanos para que treinamentos específicos ocorram quando necessários e para apoiar a seleção de candidatos a *Green Belts* e *Black Belts*.

11.1.6 Os sete passos para a implementação

O alinhamento do programa LSS aos objetivos estratégicos da organização é fundamental, assim como escolher os projetos de forma assertiva, de modo que possa haver a comunicação entre as diversas áreas, potencializando a contribuição durante os projetos.

Escolher temas que estão alinhados com os objetivos estratégicos da empresa aumenta o interesse da organização como um todo. Sendo assim, é importante adequar a metodologia para o contexto no qual será aplicada, conforme apresentado na Figura 11.6.

É importante que os responsáveis façam o acompanhamento durante cada etapa do método DMAIC, a fim de avaliar os resultados. Essa análise envolve a discussão sobre as etapas realizadas no projeto, a observação do desempenho e a motivação do candidato, a identificação de possíveis falhas no gerenciamento do projeto e a discussão sobre os próximos passos.

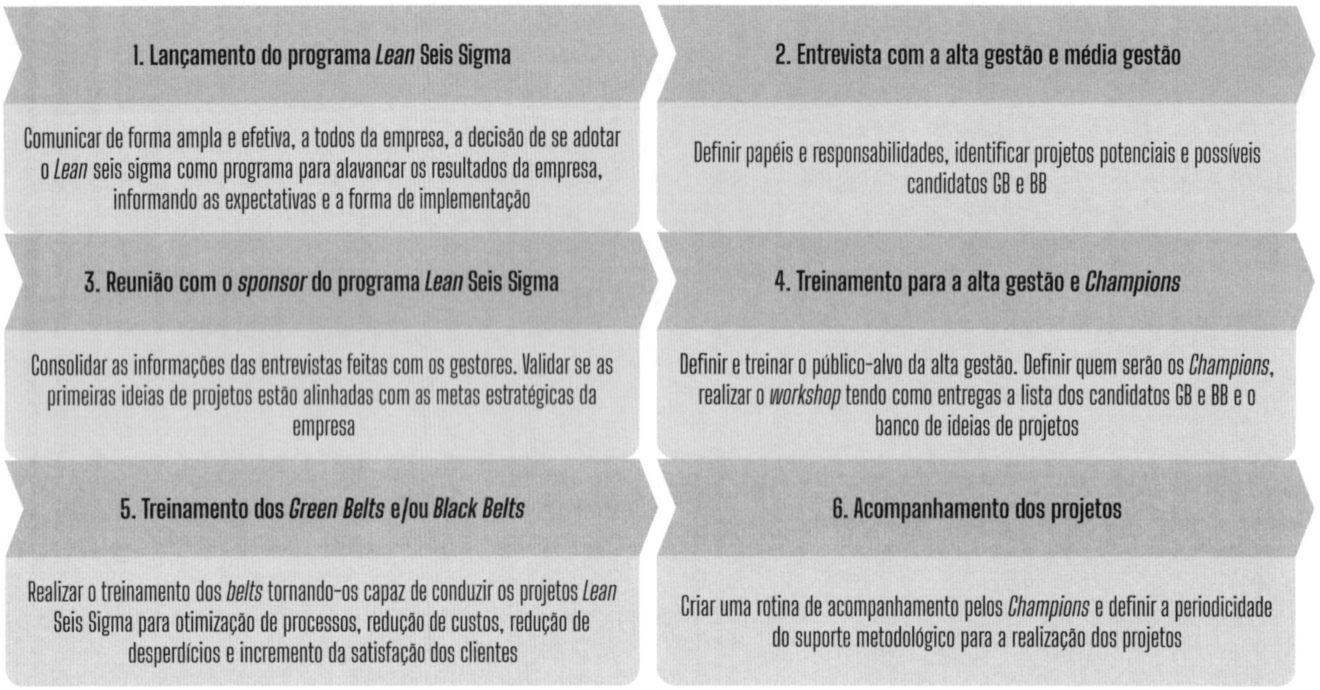

1. Lançamento do programa *Lean* Seis Sigma
Comunicar de forma ampla e efetiva, a todos da empresa, a decisão de se adotar o *Lean* seis sigma como programa para alavancar os resultados da empresa, informando as expectativas e a forma de implementação
2. Entrevista com a alta gestão e média gestão
Definir papéis e responsabilidades, identificar projetos potenciais e possíveis candidatos GB e BB
3. Reunião com o *sponsor* do programa *Lean* Seis Sigma
Consolidar as informações das entrevistas feitas com os gestores. Validar se as primeiras ideias de projetos estão alinhadas com as metas estratégicas da empresa
4. Treinamento para a alta gestão e *Champions*
Definir e treinar o público-alvo da alta gestão. Definir quem serão os *Champions*, realizar o *workshop* tendo como entregas a lista dos candidatos GB e BB e o banco de ideias de projetos
5. Treinamento dos *Green Belts* e/ou *Black Belts*
Realizar o treinamento dos *belts* tornando-os capaz de conduzir os projetos *Lean* Seis Sigma para otimização de processos, redução de custos, redução de desperdícios e incremento da satisfação dos clientes
6. Acompanhamento dos projetos
Criar uma rotina de acompanhamento pelos *Champions* e definir a periodicidade do suporte metodológico para a realização dos projetos

GB: *Green Belt*; BB: *Black Belt*.

Figura 11.6 Seis primeiros passos para a implementação do programa *Lean* Seis Sigma.

O acompanhamento é feito pela pessoa que está coordenando o programa LSS, podendo ser um *Master Black Belt*, ou um *Green Belt*, ou um *Black Belt* experiente ou até mesmo uma consultoria. A Figura 11.7 demonstra o sétimo e último passo para a implementação da metodologia LSS.

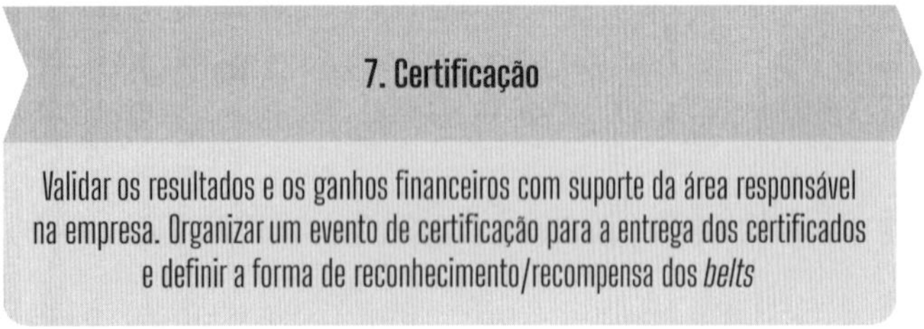

7. Certificação
Validar os resultados e os ganhos financeiros com suporte da área responsável na empresa. Organizar um evento de certificação para a entrega dos certificados e definir a forma de reconhecimento/recompensa dos *belts*

Figura 11.7 Último passo para a implementação do programa *Lean* Seis Sigma.

O lançamento do programa LSS inicia com um evento para alinhar as expectativas e selecionar temas de projetos que vão de encontro com os objetivos estratégicos da organização. Porém, ao final do ciclo, deve ser feito um novo evento com outra proposta: reconhecer os *Belts* responsáveis e seus projetos.

A certificação é o momento em que são avaliados os projetos e validados os ganhos financeiros, e essa validação de resultados pode ser realizada com a ajuda de um setor específico, como a Controladoria. Normalmente, essa certificação é feita durante um evento, assim como no início do programa. Para melhor entendimento, a Figura 11.8 apresenta como ocorre esse processo.

Orientação para cada etapa do método DMAIC
Verificar as principais entregas da etapa, o uso das ferramentas e as conclusões registradas na documentação
Identificado algum erro na metodologia?
Sim
Esclarecimento e correção
Não
É necessário orientar o candidato sobre uma nova ferramenta?
Sim
Capacitar o candidato
Não
Orientar sobre os próximos passos e as expectativas para as próximas entregas
Preencher a avaliação do candidato

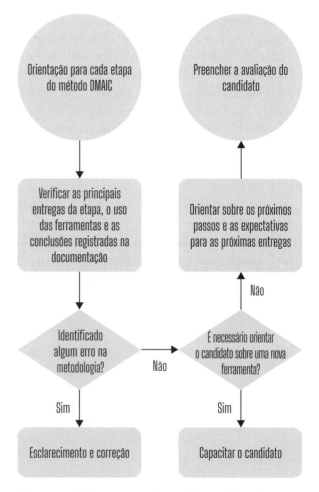

Figura 11.8 Fluxograma de certificação de *Belts*.

A certificação ocorre após o candidato cumprir integralmente as etapas de treinamento e condução do projeto. A avaliação de desempenho deve ser feita, idealmente, pelo *Master Black Belt* ou consultor que conduziu os treinamentos e fez o acompanhamento dos projetos. A participação do *Champion* também é possível nesse momento, e o passo para certificar os projetos é de extrema importância para que os *Belts* se motivem e façam novos projetos, com resultados ainda melhores.

11.1.7 O papel da alta gestão na implementação do *Lean* Seis Sigma

Um dos pontos críticos para o sucesso da implantação da metodologia LSS no ambiente organizacional é o forte envolvimento e comprometimento da alta gestão, responsável por promover e definir diretrizes para a implementação. Algumas dessas responsabilidades são apresentadas no Quadro 11.1.

Responsabilidades da alta gestão
Participar do treinamento do Seis Sigma
Participar do treinamento para a alta gestão
Validar temas de projetos
Monitorar rotineiramente de projetos
Alocar recursos suficientes para o bom andamento do programa *Lean* Seis Sigma
Criar planos de reconhecimento e recompensa
Destacar os ganhos resultantes do *Lean* Seis Sigma

Quadro 11.1 Exemplos de responsabilidades da alta gestão.

O apoio e o entusiasmo da alta gestão ocorrem quando esses gestores enxergam o LSS como um instrumento facilitador para o alcance das metas estratégicas da empresa. O LSS é utilizado com o objetivo de melhorar o desempenho da organização, e sem o envolvimento e o suporte da alta gerência é comum a iniciativa ter sua importância questionada por parte dos colaboradores.

11.1.8 Amplitude de aplicabilidade do *Lean* Seis Sigma

Apesar de o conceito de Melhoria Contínua ter surgido no contexto corporativo no início do século XX com as fábricas automotivas, hoje ele se perpetua entre os mais diferentes cenários empresariais. Hospitais, lojas comerciais, empresas de construção civil, transporte, finanças, marketing e até agências de emprego buscam constantemente inovar seus processos para entregar maior valor aos seus clientes, e aplicam os conceitos do LSS.

O LSS pode ser aplicável para diversos segmentos empresariais, já que auxilia no envolvimento dos principais dados e informações do processo de uma maneira concisa e organizada. Por meio dessa organização de informações sobre os processos, é possível analisá-los com maior facilidade, podendo assim gerar ações em prol dos objetivos definidos de melhoria.

Além disso, a metodologia ajuda a promover retorno financeiro que pode ser reinvestido, alimentando o ciclo de melhorias e mudanças. Para o crescimento e a consolidação no mercado — objetivos importantes para toda empresa — o LSS também é uma excelente filosofia, já que encara os problemas como oportunidades para elevar o seu desempenho a um patamar mais alto.

Durante sua implementação, é importante que ocorra a integração entre as áreas que serão atingidas pelo projeto, pois isso permite que os desafios da organização sejam enfrentados de maneira sistêmica e faz com que os resultados promovidos pela adoção da metodologia sejam alavancados e disseminados na cultura empresarial.

Também é fundamental adaptar a metodologia LSS à forma de análise de dados e a utilização das ferramentas ao processo que se deseja aprimorar. É importante que a escolha das ferramentas a serem utilizadas em cada etapa do projeto seja feita de acordo com a avaliação das necessidades de cada fase da implementação.

A seguir, são apresentadas algumas áreas de aplicação do LSS.

11.1.8.1 Área da manufatura

O *Lean* Seis Sigma é amplamente aplicado na manufatura para aumentar a eficiência, eliminar desperdícios e reduzir variações nos processos. O resultado é uma produção mais eficiente e com maior qualidade.

No contexto da manufatura, o *Lean* se concentra na eliminação de desperdícios (por exemplo, de tempo, material ou esforço). Isso contempla a identificação e remoção de atividades que não agregam valor, como tempo ocioso, retrabalho e excesso de movimentação. Por meio de técnicas como o mapeamento de fluxo de valor e o sistema *Kanban*, o *Lean* se compromete em criar um fluxo de trabalho mais ágil e a melhorar a eficiência operacional.

Por outro lado, o Seis Sigma é focado na redução da variabilidade e na melhoria da qualidade dos processos. Utilizando ferramentas estatísticas e metodologias como o ciclo DMAIC, o Seis Sigma se compromete em identificar e corrigir causas de defeitos e variações que afetam a consistência e a qualidade dos produtos. O resultado é melhora na satisfação do cliente e redução de custos associados a retrabalhos e rejeições.

Quando combinados, o *Lean* e o Seis Sigma proporcionam uma abordagem poderosa para a manufatura. Essa combinação permite que as empresas alcancem uma produção mais eficiente, com menos erros e maior satisfação dos clientes, promovendo uma vantagem competitiva no mercado.

11.1.8.2 Área de serviços

Na área de serviços, essa integração e adaptação é de suma importância, pois em muitos casos existe a compreensão de que a metodologia Seis Sigma é aplicável apenas em processos fabris. Por isso, é interessante que os benefícios do projeto sejam visualizados por diferentes áreas da empresa, o que facilita a implementação na área de serviços, que já apresenta muitos desafios, pois nesse setor as oportunidades podem ser mais difíceis de serem visualizadas e aproveitadas.

Além disso, nesse setor as mudanças nos processos ocorrem de forma mais simples e rápida, podendo surgir a todo momento a partir de decisões individuais. Os dados mais relevantes para acompanhar o desempenho dos processos muitas vezes não são medidos e, em alguns casos, existe uma dificuldade em definir como será feita a medição. Isso leva a uma falta de inspetores de qualidade no dia a dia em diversas áreas da empresa, diferentemente do ambiente da manufatura, no qual é possível ter uma equipe de controle de qualidade que faz a verificação periódica no chão de fábrica.

O controle da qualidade no setor de serviços está muito concentrado no pós-venda, o que dificulta que projetos LSS busquem a causa raiz do problema a ser resolvido. O Quadro 11.2 mostra alguns desafios da área de serviço.

Lean Seis Sigma na área de serviços
Falta de inspetores de qualidade no dia a dia
Produto em processo "invisível"
Mudanças mais simples, porém rápidas e individuais
Normalmente, os principais dados não são medidos
Pensamento de o LSS ser "estratégia fabril"

Quadro 11.2 Exemplos do *Lean* Seis Sigma na área de serviços.

Devido às dificuldades, há problemas e oportunidades não aproveitados no setor de serviços, como apresentado a seguir.

- **Custos com a não qualidade:** retrabalho, erros e projetos abandonados em empresas no setor de serviços podem chegar a 50% do orçamento.
- ***Lead time* com baixa agregação de valor:** diversas empresas e processos baseados em serviços têm, em média, apenas 10% do *lead time* do processo dedicado a tarefas que os clientes enxergam como agregação de valor.
- **Esforço e tempo voltado a desperdícios:** em muitas empresas desse setor, cerca de 90% do esforço e do tempo de processos de serviços são consumidos por espera, retrabalho, movimentação, inspeções, entre outros.
- **Inexistência de indicadores de qualidade de processos pré-venda:** as empresas de serviço não costumam ter indicadores de qualidade antes de o serviço ser feito para o cliente; o projeto LSS é uma oportunidade para criar esse indicador e coletar resultados mais assertivos.

Sobre a atuação do LSS na área de serviços, Werkema propõe que apesar de a implementação do LSS ser mais desafiadora em áreas administrativas e de serviços, visto a intangibilidade dos resultados dessas áreas, é possível superá-los definindo os aspectos subjetivos presentes na prestação de serviços de modo claro, mensurável e correlacionado aos objetivos que se busca alcançar (p. ex., ter a definição precisa e sem ambiguidades do que é, ou não, um defeito).

11.1.8.3 Área da saúde

Estendendo a aplicabilidade do LSS nas diversas áreas, desde a década de 2000, o Brasil e os Estados Unidos utilizam o LSS na área da saúde no que diz respeito à segurança e à satisfação do paciente. Os hospitais e os laboratórios de medicina diagnóstica têm processos na área operacional que absorvem muito bem os métodos de otimização do LSS.

Werkema destaca as contribuições do LSS na área da saúde, visto a necessidade de alcançar níveis de qualidade iguais ou superiores ao Seis Sigma. Em 2001, o Institute of Medicine, nos Estados Unidos, tratou questões relacionadas à qualidade e delimitou seis objetivos para a saúde: "o atendimento deve ser seguro, eficaz, com foco no paciente, oportuno, eficiente e justo".

Muitas das métricas dos projetos LSS estão associadas à qualidade do serviço prestado (atendimento), e não a ganhos financeiros. Isso ocorre porque, nessa área, os profissionais são mais motivados por questões associadas à segurança dos pacientes e à qualidade dos processos do que por resultados financeiros. No entanto, há necessidade de aplicação do LSS em todo o sistema, e não somente nos setores de atendimento direto aos pacientes.

O foco dessa área é o atendimento seguro, eficaz e com base no paciente, e com isso, percebe-se as oportunidades de identificação e redução de desperdícios, perdas e gargalos nos processos. O Quadro 11.3 apresenta alguns objetivos do LSS na área da saúde.

Lean Seis Sigma na área da Saúde
Reduzir o tempo de espera dos pacientes
Aumentar e eficiência dos processos
Reduzir o uso inadequado de materiais
Melhorar a alocação de recursos
Agilizar a preparação e digitação de laudos
Aumentar a produtividade dos processos

Quadro 11.3 Exemplos do *Lean* Seis Sigma na área da saúde.

11.1.8.4 Área de esportes

A metodologia LSS é ideal para diversos ramos empresariais e até mesmo nos esportes, em que o método deu origem ao livro *Six Sigma Tennis*, o qual analisa os pontos fortes e de melhoria de cada atleta por meio do método DMAIC, a fim de melhorar seu desempenho.

Na organização de eventos esportivos, a metodologia LSS pode ser usada para melhorar a eficiência dos processos, melhorar a segurança dos atletas e espectadores, reduzir o tempo de espera dos espectadores, reduzir os custos operacionais, melhorar a gestão de ingressos e assentos, entre outros.

11.1.9 Cuidados na implementação do *Lean* Seis Sigma

Independentemente da área de aplicação do LSS, a metodologia pode trazer resultados significativos e consistentes. Para isso, é necessário mensurar riscos e adotar boas práticas na implantação dessa metodologia. A seguir:

- Inicialmente, é importante fazer um mapeamento do processo, buscando o maior nível de detalhamento possível para que as oportunidades de melhoria sejam identificadas.
- Em seguida, é válido definir a melhor maneira de medir os indicadores que serão utilizados para avaliar o andamento do projeto.
- É importante se atentar para a escolha das ferramentas adequadas para cada tipo de processo.
- O alinhamento com a alta gerência e os colaboradores é fundamental, pois é importante que todos estejam envolvidos no processo de melhoria.
- A comunicação objetiva de pessoas e de áreas também é fundamental. Como o envolvimento deve ser de todos que estão direta ou indiretamente ligados ao problema, é fundamental que a comunicação seja clara entre as pessoas.
- Mensurar diretamente os ganhos pode ser uma alternativa que auxilia na resistência à implementação da metodologia. Desse modo, é possível medir quantitativamente a metodologia, ou seja, o quanto o LSS proporciona de ganho para a empresa com a eliminação ou redução de atividades que só geram desperdícios e custos desnecessários, tornando nítido o benefício vinculado à lucratividade.

RESUMO

- O LSS é uma abordagem que une os preceitos das metodologias Seis Sigma e *Lean Manufacturing*, em que a primeira visa à diminuição da variabilidade do processo, tornando-o mais eficaz, enquanto a segunda visa à redução dos desperdícios e ao aumento da velocidade de produção, tornando o processo mais eficiente.
- A metodologia LSS está no nível tático da pirâmide do sistema de gestão, justamente por ser nesse nível que ocorrem as ações que farão com que os objetivos estratégicos sejam atendidos. Além disso, é nesse nível que ocorre a melhoria dos processos e a alavancagem dos resultados.
- Para a implementação do LSS são estabelecidos sete passos:
  1. lançamento do programa LSS;
  2. entrevista com a alta e a média gestão;
  3. reunião com o *Sponsor* do programa LSS;
  4. treinamento para a alta gestão e *Champions*;
  5. treinamento dos *Green Belts* e/ou *Black Belts*;
  6. acompanhamento dos projetos;
  7. certificação.
- Para a implementação da metodologia, algumas barreiras podem surgir, por exemplo, a resistência à mudança de *mindset*, o medo de mudanças e até mesmo a divergência entre visões da necessidade dessa implementação. Para que esses fatores sejam supridos, a alta gestão e a liderança têm papéis fundamentais.
- A alta gestão tem papel fundamental na implementação do LSS, pois tem o objetivo de promover e definir diretrizes para a implementação. Sem o seu apoio, é comum que ocorra questionamento sobre a importância da implementação do LSS.

- Durante o projeto LSS, é importante utilizar o Mapa de Raciocínio, documento dinâmico que tem como objetivo registrar o raciocínio durante a execução do projeto. É fundamental compreender que esse documento é preenchido durante o projeto e não ao final dele.
- O LSS pode ser implementado em qualquer área. Sua aplicabilidade vai desde a área industrial até as áreas de serviços, saúde e esportes.

REFERÊNCIAS BIBLIOGRÁFICAS

WERKEMA, C. *Lean Seis Sigma*: introdução às ferramentas do Lean Manufacturing. Rio de Janeiro: Elsevier, 2012.

WERKEMA, C. *Perguntas e Respostas sobre o Lean Seis Sigma*. 2. ed. Rio de Janeiro: Elsevier, 2012.

Capítulo 12

DESIGN FOR SIX SIGMA E MÉTODO DMADV

OBJETIVOS DE APRENDIZAGEM

Ao final deste capítulo, será possível:
- Compreender o que é o *Design for Six Sigma*.
- Entender o que é o método DMADV e suas etapas.
- Analisar as diferenças do método DMADV em relação ao DMAIC.

INTRODUÇÃO

Nos capítulos anteriores, foram apresentadas as metodologias *Lean Manufacturing*, Seis Sigma e a união dessas abordagens: o *Lean* Seis Sigma (LSS). Uma extensão dessas metodologias é o *Design for Six Sigma* (DFSS), que utiliza as práticas e ferramentas LSS e amplia seu escopo ao propor uma abordagem que considera o controle de qualidade desde a etapa de concepção de projeto de um produto ou serviço.

O DFSS corresponde a uma ferramenta proativa, que integra estratégias de *design* e práticas *Lean* Seis Sigma para evitar defeitos e ineficiências antes que ocorram. Este capítulo se concentra em apresentar a definição dessa ferramenta, bem com seus objetivos, benefícios e sua abordagem sistemática e estruturada: o método DMADV.

O Design for Six Sigma não é apenas sobre criar produtos e serviços de alta qualidade, mas sobre projetá-los para serem perfeitos desde o início.

Subir Chowdhury

12.1 CONCEITOS

12.1.1 Definição: *Design for Six Sigma*

Enquanto o LSS é utilizado para reduzir os desperdícios e a variabilidade de um processo já existente, o DFSS é uma metodologia utilizada para o desenvolvimento de novos produtos e serviços, ou seja, da concepção à conclusão.

O DFSS é uma extensão do Seis Sigma que surgiu na General Electric (GE) no final da década de 1990, visando otimizar processos e projeto de novos produtos e serviços. O DFSS pode ser classificado como uma abordagem metodológica sistemática, que utiliza métodos estatísticos, de Engenharia e de *Lean Manufacturing*, possibilitando o lançamento de produtos e serviços no prazo mais curto possível, com menores custos e maior qualidade.

O nível de precisão esperado para processos que utilizam DFSS é de no mínimo 4,5 sigmas. No entanto, esses números podem ser melhores, alcançando valores superiores a 6 sigmas. Para obter níveis tão precisos, é essencial que as necessidades e as expectativas do cliente sejam conhecidas antes do início de qualquer projeto, ou seja, a voz do consumidor (VOC) é a prioridade do processo.

12.1.2 Objetivos e benefícios

O DFSS tem como objetivo principal garantir que a empresa obtenha maior lucratividade perante o lançamento do produto.

A adoção do DFSS deve ser integrada ao processo de *design* já existente, como proposto por Jugulum e Samuel, autores da obra *Design for Lean Six Sigma: a holistic approach design and innovation*. Eles citam que o *Design Lean Six Sigma* não substitui o atual processo de *design* das empresas, e que este não deve ser tratado como um conjunto de ferramentas independentes, e sim como um sistema a ser integrado ao processo de *design* existente.

De acordo com os autores, a integração das atividades e entregas do DFSS garantem que o processo de *design* seja otimizado para produzir resultados de classe mundial.

12.1.3 Aplicação

São três exemplos de aplicação do DFSS:

1. Quando uma organização pretende iniciar um projeto ou processo "do zero".
2. Quando um processo chegou em seu nível máximo de *performance* (*process entitlement*).
3. Quando as expectativas do consumidor demandarem novos processos ou produtos.

A Figura 12.1 apresenta o comparativo entre os dois métodos associados ao Seis Sigma: DFSS e DMAIC.

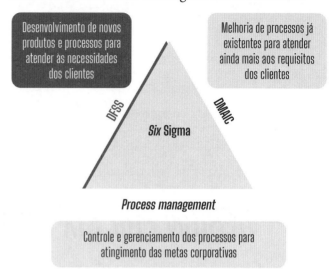

Figura 12.1 Métodos DFSS e DMAIC.

12.1.4 DMAIC *versus* DMADV

O DFSS, assim como o Seis Sigma, conta com o emprego de uma abordagem sistemática e estruturada: o DMADV. Esse método se originou do seguinte acrônimo:

D – Definir (*Define*)
M – Medir (*Measure*)
A – Analisar (*Analyze*)
D – Desenhar (*Design*)
V – Verificar (*Verify*)

O DMADV permite adotar as mesmas práticas e ferramentas do Seis Sigma, porém ele é usado para projetar ou remodelar um novo produto ou um novo processo. Enquanto o Seis Sigma utiliza o método DMAIC para elevar o desempenho de processos e produtos já existentes, o DFSS adota o método DMADV para atender a novas expectativas e necessidades de clientes e consumidores com novos produtos e/ou com maiores capacidades de produção.

A Figura 12.2 apresenta uma comparação entre os métodos DMAIC e DMADV.

Apesar de as três primeiras fases apresentarem designações iguais nas duas metodologias, elas não são idênticas quanto ao seu significado. O método DMAIC é utilizado na implementação de projetos Seis Sigma, e tem como objetivo otimizar produtos e processos, reduzir custos e aumentar a satisfação do cliente. O DMADV é utilizado em projetos DFSS, no desenvolvimento de novos produtos, o qual será especificado nas seções a seguir.

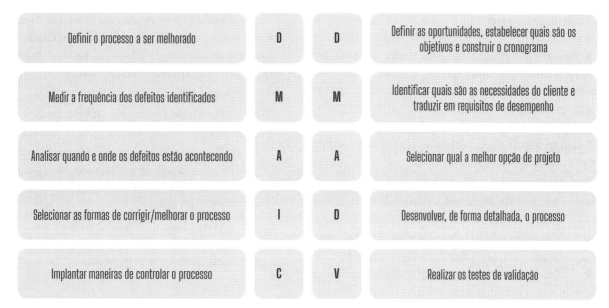

Figura 12.2 Comparação dos métodos DMAIC e DMADV.

Jugulum e Samuel propõem que:

> Toda organização está envolvida em quatro tipos de processos principais. [...] criar, melhorar, operar e gerenciar atividades. Enquanto o foco tradicional da abordagem Lean Seis Sigma está nas atividades de melhoria, o DFSS está focado nos processos de criação.

12.2 ETAPAS DO MÉTODO DMADV

A Figura 12.3 apresenta os objetivos da aplicação do método DMADV, detalhados nas seções a seguir.

12.2.1 Definição

É a fase responsável por definir objetivamente o que será projetado, na qual se espera como resultado a justificativa do porquê realizar o projeto, analisando a viabilidade do produto, bem como sua inserção no mercado. Assim, pode-se estimar quais são os recursos necessários para o desenvolvimento do produto.

O Quadro 12.1 apresenta as perguntas a serem feitas para a aplicação dessa etapa.

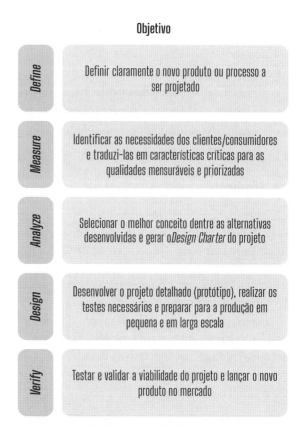

Figura 12.3 Objetivos e resultados esperados do DMADV.

Definição
1. Quais são os objetivos do projeto? Onde pretendemos chegar com ele?
2. Qual o problema ou oportunidade desse projeto?
3. Quais recursos serão necessários para resolvermos o problema?
4. Quais são os principais riscos envolvidos nesse projeto?

Quadro 12.1 Perguntas para a etapa de Definição do método DMADV.

A última pergunta, que trata sobre os riscos envolvidos, é extremamente importante. Afinal, durante a criação de um novo produto ou processo, está sendo feito um investimento, que pode ou não trazer lucratividade. Portanto, é necessário mapear esses riscos de forma antecipada, para que não haja um grande investimento em algo que não vai gerar retorno.

Existem algumas ferramentas que podem auxiliar nesse processo, apresentadas a seguir.

Ferramentas
- **Análise de Regressão/Fatorial:** visa definir e avaliar os mercados-alvo.
- **Diagrama de Relações/Matriz:** auxilia na avaliação da viabilidade técnica do projeto.
- **Diagrama de *Gantt*:** corresponde a um cronograma detalhado do projeto.
- **Diagrama do Processo Decisório:** auxilia na preparação para a próxima etapa.

A seguir, são apresentados os resultados que devem ser obtidos após a finalização dessa etapa.

Resultados esperados
- Justificativa para o desenvolvimento do projeto.
- Potencial de mercado para o novo produto.
- Análise preliminar de viabilidade.
- Estimativa de recursos.

12.2.2 Medição

Essa etapa tem como objetivo identificar as necessidades dos clientes e traduzi-las em características críticas que sejam mensuráveis. Nessa etapa é preciso captar as necessidades do mercado e transformá-las em linguagem de projeto, ou seja, em características técnicas a serem implementadas no produto ou serviço.

É essencial avaliar detalhadamente o ambiente de mercado e as características que podem fazer com que o produto não atenda às expectativas dele.

O Quadro 12.2 apresenta as perguntas a serem feitas para a aplicação dessa etapa.

Medição
1. Quem são os clientes do novo produto/processo/serviço?
2. Quais são as demandas mais importantes para o produto/serviço?
3. Quais são as especificações para cumprir?
4. Quais são os riscos e a viabilidade técnica?

Quadro 12.2 Perguntas para a etapa de Medição do método DMADV.

Nessa etapa, a pergunta sobre os riscos envolvidos remete mais à questão da viabilidade técnica, ou seja, o risco de não conseguir produzir ou criar o produto de acordo com as expectativas do cliente.

Ferramentas
- **Plano de Coleta de Dados:** auxilia no entendimento das necessidades dos clientes.
- ***Benchmarking*:** analisa os principais concorrentes do produto/serviço, buscando referências e oportunidades diante dos demais *players* do mercado.
- **Diagrama de Causa e Efeito:** auxilia no estabelecimento das características críticas para o produto a ser projetado.

Resultados esperados
- Identificação e priorização das necessidades dos clientes.
- Análise detalhada do mercado.
- Características críticas do produto para o atendimento às necessidades dos clientes.

12.2.3 Análise

A etapa de Análise é onde inicia o desenvolvimento do produto por meio de protótipo, simulação ou modelagem, tendo como objetivo selecionar o melhor conceito entre as alternativas desenvolvidas. Nessa etapa, é importante considerar variações do produto, de modo a entender qual a versão mais adequada a ser investida e produzida em maior escala.

O Quadro 12.3 apresenta as perguntas a serem feitas para a aplicação dessa etapa.

Análise
1. Quais são as entradas e as saídas-chave para que cada critério seja atendido?
2. Quais os principais processos a serem desenvolvidos?
3. O que devemos utilizar e quais os requisitos para selecionarmos o melhor *design*?

Quadro 12.3 Perguntas para a etapa de Análise do método DMADV.

Ferramentas

Normalmente, as ferramentas utilizadas para responder às perguntas do Quadro 12.3 são:
- **Análise de *Pugh*/TRIZ/DFM (*Design for Manufacturing*)/DFA (*Design for Assembly*):**

identifica as funções, gera os conceitos e seleciona qual o melhor resultado analisado para o produto.
- **Fluxo de caixa projetado:** visa analisar a viabilidade econômica do projeto.
- **Diagrama de Gantt:** visa planejar as próximas etapas do projeto.
- *Design Charter*: utilizado para resumir as conclusões das etapas anteriores.

Resultados esperados
- Definição das principais funções a serem projetadas para o atendimento às necessidades dos clientes.
- Avaliação técnica dos diferentes conceitos disponíveis e análise financeira detalhada.

12.2.4 *Design*

Com o objetivo de desenvolver o projeto detalhado (protótipo), é preciso realizar testes e preparar para a produção em pequena e em larga escala. Nessa etapa, também é crucial realizar a revisão financeira do projeto e dos planos de fornecimento, de marketing e de produção.

O Quadro 12.4 apresenta as perguntas a serem feitas para a aplicação dessa etapa.

Design
1. Quais são as atividades-chave que o *design* final do produto deve possuir?
2. Qual é o *design* final detalhado que atende aos critérios do cliente?
3. Como devemos montar o plano piloto para testar o *design* antes do lançamento tendo como objetivo minimizar a possibilidade de falhas?

Quadro 12.4 Perguntas para a etapa de *Design* do método DMADV.

Ferramentas

As ferramentas mais utilizadas para garantir que essa etapa seja concretizada com êxito são:
- **FMEA/Planejamento de Experimentos:** visa desenvolver o projeto detalhado, construindo os protótipos.
- **Testes de Vida Acelerados:** auxilia na realização dos testes funcionais.
- **Carta de Controle/Índice de Capacidade de Processo:** utilizados para o planejamento da produção.

Resultados esperados
- Desenvolvimento físico do produto e realização de testes.
- Análise do mercado e coleta de *feedbacks* dos clientes.
- Análise financeira atualizada.
- Planejamento da produção.
- Planejamento do lançamento.

12.2.5 Verificação

A fase final é a de Verificação, que tem por objetivo lançar o produto no mercado, de modo a testar e validar a viabilidade do projeto. Assim, é preciso validar os testes realizados na etapa de *Design*, visando à produção em larga escala, além da realização de revisões e ajustes sempre que necessário.

O Quadro 12.5 apresenta as perguntas a serem feitas para a aplicação dessa etapa.

Verificação
1. Como podemos assegurar que o projeto piloto é a representação do modelo real e vai produzir resultados significativos?
2. Quais ações podemos tomar caso o piloto não produza resultados satisfatórios?
3. Como podemos assegurar capabilidade ao longo do tempo?

Quadro 12.5 Perguntas para a etapa de Verificação do método DMADV.

Ferramentas
- **Métricas do Seis Sigma:** auxilia no processo de início da produção (*Start of Production* – SOP).
- **Plano de Marketing:** auxilia no lançamento do produto no mercado.

Resultados esperados
- Lançamento do produto no mercado.
- Avaliação da *performance* do projeto.

RESUMO

- O DFSS é uma extensão da metodologia Seis Sigma, que visa projetar novos produtos e processos.
- O método utilizado para o desenvolvimento dessa abordagem é o DMADV, o qual é composto das etapas de Definição, Medição, Análise, *Design* e Verificação.
- Ainda que os métodos DMADV e DMAIC apresentem as três primeiras etapas com nomenclaturas iguais, seus significados são distintos. Enquanto o DMADV é voltado para a criação de novos produtos, as necessidades

dos clientes e o desenvolvimento de ideias, o DMAIC é voltado para a identificação de problemas, as coletas de dados e as propostas de melhoria.

- Como extensão do Seis Sigma, o DFSS utiliza as práticas e ferramentas advindas do Seis Sigma, porém com o objetivo de desenvolver novos produtos e processos, ou até mesmo fazer melhorias por meio de uma remodelagem, caso não sejam suficientes adotando o método DMAIC.

REFERÊNCIAS BIBLIOGRÁFICAS

JUGULUM, R.; SAMUEL, P. *Design for Lean Six Sigma*: a holistic approach design and innovation. 1. ed. New York: John Wiley & Sons, 2008.

WERKEMA, C. *DFLSS – Design for Lean Six Sigma* – ferramentas básicas usadas nas etapas D e M do DMADV. Rio de Janeiro: Elsevier, 2012. v. 2.

Capítulo 13

WORLD CLASS MANUFACTURING

OBJETIVOS DE APRENDIZAGEM

- Compreender o que é o *World Class Manufacturing* e qual sua importância diante da Melhoria Contínua.
- Entender os 10 pilares técnicos e os 10 pilares gerenciais do *World Class Manufacturing*.
- Compreender quais são as etapas para a implementação do *World Class Manufacturing*.
- Entender como ocorre o sistema de avaliação *World Class Manufacturing*.

INTRODUÇÃO

World Class Manufacturing (WCM) é uma filosofia de gestão focada em alcançar a excelência operacional por meio do envolvimento de pessoas e da utilização de um processo de prevenção de perdas e melhoria nos processos. É orientado à redução de custos e visa otimizar os processos de logística, qualidade, manutenção e produtividade para níveis de classe mundial, por meio de um conjunto estruturado de métodos e ferramentas.

No WCM, a segurança é um valor fundamental e que permeia todo o processo de melhoria. Nele, o envolvimento das pessoas é a engrenagem da mudança, e os métodos e melhorias são aplicados pela própria equipe, com rigor e disciplina, por meio de ferramentas e um passo a passo.

Os principais objetivos são traduzir e atingir as expectativas dos clientes. Para isso, todas as perdas e anomalias devem estar visíveis, serem erradicadas ou levadas ao nível mínimo.

O objetivo final do World Class Manufacturing é criar um sistema que torne impossível a ocorrência de problemas.

Hajime Yamashina

13.1 CONCEITOS

13.1.1 Definição

O WCM é uma metodologia abrangente de gestão e Melhoria Contínua, inspirada no Sistema Toyota de Produção e outras práticas de manufatura enxuta. Empresas que implementaram WCM reportaram significativas reduções de custos com a diminuição de desperdícios e o aumento da eficiência, melhoria na qualidade percebida pelos clientes, ambientes de trabalho mais seguros e maior satisfação dos funcionários.

É uma metodologia estruturada que utiliza uma série de ferramentas guiadas por roteiros de erradicação de perdas focados em identificar, erradicar e prevenir uma perda específica.

Os principais objetivos do WCM são apresentados na Figura 13.1.

- Excelência operacional: melhorar continuamente os processos de manufatura para alcançar níveis excepcionais de eficiência, qualidade e segurança.
- Eliminação de desperdícios: foco em reduzir desperdícios em todas as formas, como tempo, recursos, energia e materiais.
- Melhoria Contínua: implementar uma cultura de Melhoria Contínua na qual todos os funcionários participam ativamente.

O sistema de gestão WCM trabalha em três níveis:

1. O primeiro desenvolve a inteligência de perdas, capaz de mensurar indicadores, identificar potenciais prioritários de perdas e relacioná-las a ganhos financeiros.
2. O segundo abrange a erradicação de perdas, estabelecendo o caminho (passo a passo) para atacar as perdas e alcançar os objetivos.
3. Por fim, ocorre a prevenção de perdas, introduzindo um sistema para sustentar os ganhos e desenvolver uma cultura permanente de melhorias e mudanças.

13.1.2 Origem

A metodologia WCM foi desenvolvida na década de 1980 pelo professor Hajime Yamashina, no Japão, inspirado pelo Toyota Production System. A proposta do WCM é elevar as empresas a um nível de classe mundial em termos de eficiência e competitividade, focando na eliminação de desperdícios, na Melhoria Contínua e na maximização da qualidade.

Um dos grandes diferenciais do WCM é sua abordagem estruturada e abrangente, que integra todos os níveis da organização, desde a alta liderança até os operadores. A metodologia se apoia em pilares técnicos e gerenciais que, juntos, garantem uma gestão eficiente e eficaz dos processos produtivos.

Ao longo dos anos, o WCM foi adotado por diversas indústrias ao redor do mundo, destacando-se em setores como automotivo, manufatura e bens de consumo. A Fiat Chrysler Automobiles (FCA) é um exemplo notável de empresa que implementou o WCM com sucesso, alcançando significativas melhorias em eficiência, qualidade e segurança.

A aplicação do WCM envolve práticas como manutenção autônoma, na qual operadores são capacitados para realizar manutenções básicas de seus equipamentos, e controle de qualidade rigoroso, assegurando produtos sem defeitos. Além disso, o desenvolvimento contínuo de competências dos colaboradores é incentivado, promovendo uma cultura de aprendizado e Melhoria Contínua.

Com o WCM, as empresas conseguem criar um ambiente de trabalho seguro, eficiente e sustentável, resultando em vantagens competitivas significativas. A metodologia não apenas melhora a produtividade e reduz

Figura 13.1 Objetivos do *World Class Manufacturing*.

custos, mas também engaja os funcionários, aumenta a satisfação dos clientes e assegura a sustentabilidade das operações.

13.2 PILARES DO *WORLD CLASS MANUFACTURING*

A Figura 13.2 representa a implantação do programa WCM.

Como todo sistema de gestão, sua base é suportada por procedimentos e padrões, e sistemas de controle e auditoria. Esses processos são fundamentais para garantir a estabilidade na entrega de valor ao cliente. Uma empresa sem padrões não consegue replicar e manter seus resultados.

No topo da estrutura estão presentes os grandes objetivos da metodologia: excelência operacional, eliminação de desperdícios e Melhoria Contínua.

A metodologia é baseada em 10 pilares técnicos e em 10 pilares gerenciais. Os pilares técnicos referem-se aos setores de entrega de valor da organização, operação e produção. Os pilares gerenciais suportam todos os pilares técnicos e estão relacionados com a maneira como a direção da empresa se compromete e aplica as práticas de gestão do WCM. Cada pilar é composto de sete passos para sua aplicação, passando por práticas reativas, evoluindo a ativas e finalizando com iniciativas proativas de gestão.

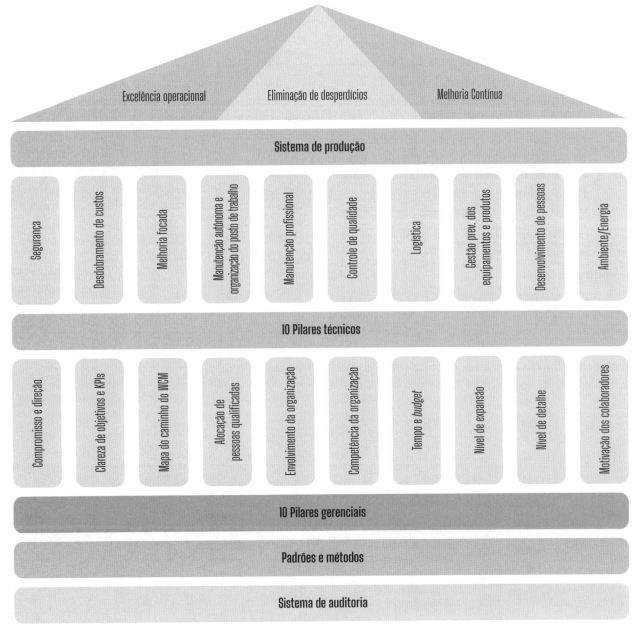

Figura 13.2 Implantação do *World Class Manufacturing*.

13.2.1 Os 10 pilares técnicos

Os pilares técnicos do WCM são essenciais para alcançar a excelência operacional. Cada pilar tem um objetivo específico que contribui para a Melhoria Contínua e a eficiência dos processos.

13.2.1.1 Pilar Técnico Segurança: garantir um ambiente de trabalho seguro e saudável

O objetivo do pilar de segurança no WCM é garantir um ambiente de trabalho seguro, eliminando acidentes e riscos. A sua importância reside na proteção dos funcionários, no aumento da moral e da produtividade, além de reduzir custos com acidentes. Os desafios incluem mudar a cultura organizacional e manter um compromisso contínuo com a segurança. Os resultados esperados são a redução de acidentes e maior bem-estar dos funcionários. Dicas pertinentes incluem implementar treinamentos regulares e incentivar a participação ativa dos funcionários.

- **Tarefas principais:** identificar e avaliar riscos, implantar medidas de controle, realizar treinamentos de segurança.
- **Ferramentas de gestão:** análise de riscos, *checklists* de segurança, auditorias de segurança, 5S (*Seiri, Seiton, Seiso, Seiketsu, Shitsuke*), PDCA (*Plan, Do, Check, Act*).

Os critérios de pontuação desse pilar respeitam a seguinte sequência:

Pontuação nível 1

Existem pessoas responsáveis pela segurança e pela organização financeira. Acidentes, tratamentos médicos e primeiros socorros são reportados e investigados. Estatísticas de segurança estão disponíveis e há separação entre trabalhos de rotina e não rotineiros. A conformidade das leis de segurança é registrada e analisada, e todos estão cientes dos padrões legais de segurança. As instalações e os equipamentos estão visualmente conforme os padrões de segurança, e há um plano de emergência presente nas instalações para acidentes, incêndios e explosões.

Pontuação nível 2

O princípio da pirâmide de Heinrich é compreendido e a classificação das áreas cobre 50% dos problemas de segurança. Dados de segurança são coletados e analisados, e todos os acidentes são reportados com causas raízes investigadas e contramedidas implementadas. Ferramentas de segurança profissional são utilizadas, e há um plano de ação de melhoria da segurança exibido nas áreas modelo. O local é limpo, com 5S nas áreas modelo, e há uma matriz de responsabilidades. Há um cronograma de inspeções atualizado, análises de risco e um grupo de coordenação funcional.

Pontuação nível 3

Dados de segurança são completamente analisados até as causas raízes, e a pirâmide de acidentes é atualizada regularmente. As contramedidas são priorizadas, e há um sistema efetivo de gestão da saúde e da segurança. Padrões de segurança visíveis são estabelecidos, e informações de segurança, como cruz verde, estão presentes. Padrões locais e procedimentos escritos estão disponíveis, e há verificações regulares de conformidade. Reuniões periódicas de orientação de saúde e segurança são presididas pelo *plant manager*, e há comunicação eficaz dos dados de acidentes sem ferimentos.

Pontuação nível 4

A participação dos empregados é evidenciada por *checklists* e controle de riscos. A segurança autônoma nas áreas modelo está ativa, e os empregados tomam contramedidas autônomas. Quase acidentes e atos inseguros são reportados e investigados, e a análise de causas raízes é

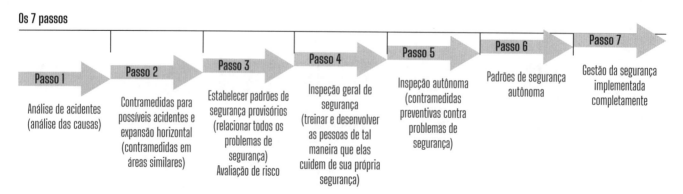

Figura 13.3 Sete passos para a implantação do pilar de segurança.

profunda. As observações de quase acidentes estão diminuindo, e há envolvimento demonstrável dos empregados. Questionários de atitude avaliam líderes de segurança, e há inspeções regulares de segurança. Procedimentos de trabalho seguro são dominados e contribuídos pelos empregados, com um modelo de segurança autônoma no local.

Pontuação nível 5

A segurança é abordada de modo proativo, sem acidentes com perda de tempo nos últimos 3 anos. Há um programa de bem-estar e um sistema de gestão da segurança totalmente implantado. Líderes de segurança são visíveis e apreciados, e questionários demonstram alto nível de satisfação dos colaboradores. A segurança autônoma é uma forma de vida, e os empregados lideram elementos do programa de segurança, usando habilidades SMAT para mudar comportamentos. Todos estão plenamente informados sobre questões de saúde e segurança, e há eliminação contínua de riscos. Contratantes e fornecedores estão envolvidos no programa de segurança.

13.2.1.2 Pilar Técnico *Cost Deployment* (Desdobramento de Custos): reduzir os custos de produção e otimizar o uso de recursos

O objetivo do pilar de custos é reduzir os custos operacionais e de produção, otimizando o uso de recursos e eliminando desperdícios sem comprometer a qualidade. Sua importância está em aumentar a competitividade e a margem de lucro. Os desafios incluem identificar e eliminar desperdícios sem comprometer a qualidade. Os resultados esperados são a redução do custo por unidade e maior eficiência operacional. Dicas: usar análise de valor e *benchmarking* para identificar oportunidades.

- **Tarefas principais:** analisar custos, identificar desperdício e implementar ações de redução de custos.
- **Ferramentas de gestão:** análise de valor, *benchmarking*, ABC de custos, *Kaizen*, *Lean Manufacturing*.

Os critérios de pontuação desse pilar respeitam a seguinte sequência:

Pontuação nível 1

Neste nível, as perdas e os desperdícios são rigidamente definidos e identificados, sendo medidos e registrados. Existem matrizes qualitativas e quantitativas disponíveis (Matriz A), e a diferença entre perdas causais e resultantes é claramente compreendida. A Matriz B está disponível, permitindo a tradução aproximada de desperdícios em custos. No entanto, há falta de cooperação entre Finanças e Produção, e, embora alguns projetos de melhoria tenham sido iniciados, seus resultados não foram validados financeiramente. Matrizes D, E e F estão disponíveis.

Pontuação nível 2

Aqui, mais de 80% do perímetro é coberto com WCM, embora detalhado de maneira insuficiente. Todas as principais perdas e desperdícios são identificados em conjunto por Finanças e Produção, sendo estratificados até o nível da estação de trabalho e da causa raiz única para grandes perdas. Há uma tradução quase correta de desperdícios em custos, e o desdobramento de custos cobre mais de 80% da base de custos da planta. Projetos baseados no *Cost Deployment* são executados com bons resultados. As áreas com grandes perdas são claramente compreendidas, e há uma implantação com padrões exigidos.

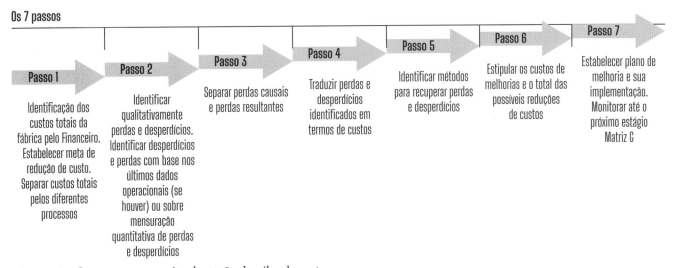

Figura 13.4 Sete passos para a implantação do pilar de custos.

Pontuação nível 3

Neste nível, o WCM cobre 100% do perímetro com detalhes suficientes e ligação lógica entre o orçamento e o *Cost Deployment*. O segundo, o terceiro e o quarto *Cost Deployment* estão completos, abrangendo mais de 80% da base de custos da planta. As matrizes A, B, C, D e F são corretamente usadas nas principais áreas. O *Cost Deployment* é realizado a tempo para o orçamento, com clara ligação entre a Matriz E e o orçamento, e é usado para fazer a Matriz G. O orçamento anual é seguido corretamente, e há consistência no *Cost Deployment* para os últimos 2 anos, o ano em curso, e os próximos 2 anos, resultando em uma redução substancial de custos.

Pontuação nível 4

A extensão e a expansão do *Cost Deployment* estão em andamento. O *Cost Deployment* computadorizado está disponível, com metade da introdução de dados automatizada. Os custos de produção e dos produtos são monitorados de maneira contínua mensalmente, e as medidas de desperdícios e perdas são feitas diariamente, em tempo real. O *Cost Deployment* de novos produtos está sendo implementado.

Pontuação nível 5

Neste nível mais avançado, há uma busca contínua por oportunidades de redução de custos e aumento de produtividade. Do total de custo conversão, 30% é considerado perdas e desperdícios, e esforços contínuos são feitos para identificá-los. Perdas externas e seu impacto sobre as plantas são claramente identificados, e programas de melhoramento são implementados. Novas oportunidades de redução de custos são continuamente identificadas, com lições aprendidas sendo expandidas horizontalmente. O *Cost Deployment* é combinado com o desdobramento de risco financeiro, que é utilizado para sustentar as conquistas, e os custos são totalmente informatizados e controlados.

13.2.1.3 Pilar Técnico Melhoria Focada (*Focused Improvement*): eliminar perdas e promover a Melhoria Contínua

O pilar de melhoria focada é dedicado à identificação e à resolução sistemática de problemas críticos que impactam a eficiência operacional. O objetivo é eliminar perdas e melhorar continuamente os processos por meio da utilização de técnicas estruturadas de solução de problemas. A importância desse pilar está em sua capacidade de direcionar os esforços de melhoria para áreas com maior potencial de ganho, resultando em benefícios significativos para a organização. Os desafios incluem a identificação correta dos problemas críticos, a formação de equipes multidisciplinares e a manutenção do foco nos objetivos. Os resultados esperados são a eliminação de gargalos, a redução de desperdícios e o incremento da produtividade. Dicas pertinentes incluem a utilização de métodos analíticos robustos e o envolvimento de todos os níveis da organização no processo de melhoria.

- **Tarefas principais:** identificar e priorizar problemas críticos, formar equipes de melhoria focada para resolver problemas, implementar e monitorar as ações corretivas e preventivas.
- **Ferramentas de gestão:** análise de causa raiz (RCA), diagrama de Ishikawa (Espinha de Peixe), PDCA, FMEA (*Failure Mode and Effects Analysis*), *Kaizen*.

Os critérios de pontuação desse pilar respeitam a seguinte sequência:

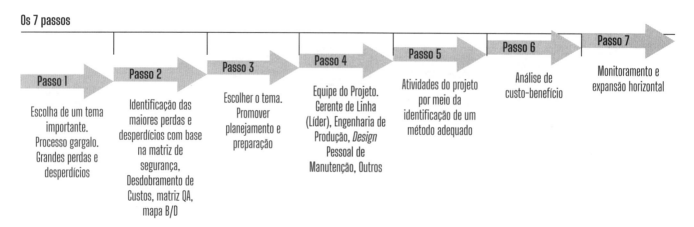

Figura 13.5 Sete passos para a implantação do pilar de melhoria focada.

Pontuação nível 1

Custos locais e perdas são entendidos e priorizados, porém a escolha de temas para melhoria focada carece de análise adequada de custo-benefício. Não há sistema para disseminar horizontalmente o conhecimento adquirido após cada melhoria.

Pontuação nível 2

Temas apropriados para melhoria focada são selecionados com base no *Cost Deployment*. Equipes funcionais são formadas conforme necessário, utilizando métodos adequados e as sete ferramentas do WCM. Custos e benefícios são monitorados mensalmente, e lições documentadas são usadas para treinamento.

Pontuação nível 3

Há conhecimento substancial para eliminar desperdícios e perdas, com uso rotineiro de técnicas básicas e intermediárias de FI em todos os níveis da organização. Ferramentas do WCM, IE, SMED, *fool proofing*, *error proofing* e VSM (*Value Stream Mapping*) são amplamente utilizadas.

Pontuação nível 4

Ferramentas intermediárias e avançadas, como PPA e DOE, são usadas para resolver problemas complexos. As lições aprendidas são expandidas horizontalmente, e abordagens dedutivas são adotadas. Há separação do trabalho do equipamento e uso de câmera de alta velocidade.

Pontuação nível 5

Existe um sistema contínuo para aumentar o conhecimento na fábrica, visando eliminar todas as perdas possíveis. Técnicas avançadas são usadas para criar mais conhecimento, perdas adicionais são atacadas, e há um aumento de engenheiros de produção excepcionais. O conhecimento é expandido horizontalmente.

13.2.1.4 Pilar Técnico Manutenção Autônoma e Organização do Posto de Trabalho: aumentar a responsabilidade e eficiência operacional

Este pilar utiliza duas metodologias para melhorar a produtividade e a segurança operacional:

Manutenção Autônoma

A Manutenção Autônoma (ou Autonomação) visa capacitar os operadores de linha a realizarem tarefas básicas de manutenção, como limpeza, inspeção e pequenos reparos. O objetivo é aumentar a responsabilidade dos operadores sobre os equipamentos, reduzir o tempo de inatividade e melhorar a eficiência das operações. Sua importância reside na criação de uma cultura de propriedade e cuidado com os equipamentos, que resulta em maior confiabilidade e vida útil dos ativos. Os desafios incluem a formação e a motivação contínua dos operadores, bem como a integração das atividades de manutenção autônoma com a manutenção profissional. Os resultados esperados são uma redução significativa das falhas e paradas de máquina, bem como maior produtividade. Dicas pertinentes incluem a implementação de treinamentos regulares e a criação de *checklists* detalhados para as inspeções diárias.

- **Tarefas principais:** Treinar operadores em técnicas básicas de manutenção, implementar *checklists* de inspeção e limpeza diária, monitorar e registrar atividades de manutenção realizadas pelos operadores.
- **Ferramentas de gestão:** *checklists* de inspeção, matriz de treinamento, 5S.

Os critérios de pontuação respeitam a seguinte sequência:

Pontuação nível 1

A classificação correta das máquinas em AA, A, B e C na fase reativa é fundamental. As máquinas AA

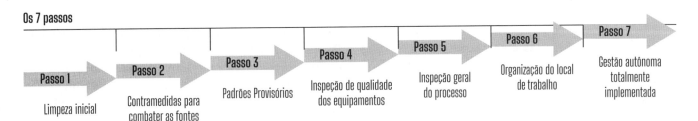

Figura 13.6 Sete passos para a implantação do pilar de manutenção autônoma.

representam 50% das quebras totais devido à falta de condição básica; A cobre até 70%; B, 90%; e C, 100%. A partir das máquinas AA, em que as perdas de degradação são mais significativas, os passos 1 a 3 são implementados conforme os padrões. Introduz-se a gestão visual (segurança, ferramentas, manuais, níveis de óleo, medidores), além de um cronograma de CILR (limpeza, inspeção, lubrificação, reaperto) exibido na máquina e seguido. Um calendário de AM é estabelecido em uma página, com auditorias de passo conduzidas regularmente e acompanhadas.

Pontuação nível 2

Classificam-se os operadores em quatro níveis:

1. Compreende o desempenho do processo;
2. Entende as propriedades dos materiais;
3. Detecta anormalidades e toma ações de emergência;
4. Atinge quebras e defeitos zero, com ajuda de AM e QC, sendo responsável pela produção diária.

O passo 4 é implementado nas máquinas modelo, com modificações para incluir elementos como FI ou QC pelos operadores se não for economicamente viável. Os passos 1 a 3 são concluídos para os primeiros 50% das máquinas AA, KPIs (*Key Performance Indicators*) são medidos regularmente, salas de treinamento são disponibilizadas, e uma análise de custo-benefício comprova a viabilidade do quarto passo.

Pontuação nível 3

Implementa-se o passo 5 nas máquinas modelo se for economicamente viável, com possíveis modificações para incluir melhorias focadas pelos operadores em perdas como inicialização e desligamento. Conclui-se a etapa 4 para os primeiros 50% das máquinas AA e os passos 1 a 3 para os restantes 50%. Reduz-se o tempo de limpeza e inspeção em mais de 90%, com a lubrificação passando de trabalho PM para AM, gerenciado pelos operadores. Os KPIs continuam a ser medidos regularmente.

Pontuação nível 4

Implementa-se o passo 6 nos processos modelo se for economicamente viável, com possíveis modificações para incluir FI pelos operadores. O passo 5 é aplicado às máquinas AA, e os passos 1 a 3 (ou 4) são aplicados às máquinas A. A autonomia se inicia para as máquinas modelo, começando pelas máquinas AA e expandindo conforme a viabilidade econômica.

Pontuação nível 5

Implementa-se o passo 7 nas máquinas modelo se for economicamente viável, com possíveis modificações para incluir EPM (*Enterprise Performance Management*) e EEM (*Early Equipment Management*) pelos operadores, abordando problemas de planejamento do produto e/ou equipamento. O passo 6 é aplicado às máquinas AA e os passos 1 a 3 (ou 4, 5) são aplicados às máquinas A. A autonomia começa a ocorrer nas máquinas modelo e AA, expandindo para as máquinas A e B conforme a viabilidade econômica.

Organização do Posto de Trabalho

A Organização do Posto de Trabalho busca criar e manter um ambiente de trabalho organizado, limpo e eficiente. O objetivo é melhorar a produtividade e a segurança, reduzir o desperdício de tempo e recursos, e promover uma cultura de disciplina e qualidade. Sua importância está em criar um espaço de trabalho que facilite o fluxo de operações e minimize os riscos de acidentes. Os desafios incluem a mudança de hábitos e comportamentos dos funcionários, e a manutenção da organização ao longo do tempo. Os resultados esperados são um ambiente de trabalho mais eficiente, seguro e agradável, além de uma melhoria na moral dos funcionários. Dicas pertinentes incluem a realização de auditorias regulares de 5S e o envolvimento ativo de todos os funcionários na manutenção da organização.

- **Tarefas principais:** implementar os passos do 5S, realizar auditorias regulares para garantir a manutenção dos padrões, promover treinamentos e campanhas de conscientização sobre os benefícios do 5S.
- **Ferramentas de gestão:** 5S, auditorias de 5S, gestão visual, *checklists* de organização, indicadores de desempenho (KPIs).

Os critérios de pontuação respeitam a seguinte sequência:

Pontuação nível 1

O princípio do mínimo manuseio de material é compreendido. As áreas são classificadas em AA, A, B e C com base no *Cost Deployment*: AA cobrem 50% da perda total; A até 70%; B, 90%; e C, 100%. Áreas modelo para WO das áreas AA, em que as perdas são substanciais devido à falta de organização adequada, foram escolhidas. WO Passos 1-3 foram implementados corretamente em todas as áreas modelo. O *Pace Monitor* mede a produção da linha, enquanto métodos de monitoramento, como vídeo e UAS, medem VA, SVA e NVA. Um sistema de auditoria garante o cumprimento dos passos, e a produtividade é medida antes e depois da aplicação de cada método.

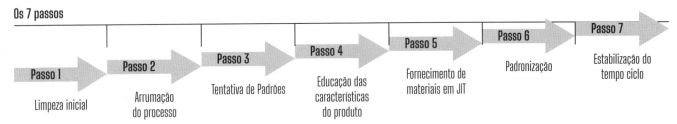

Figura 13.7 Sete passos para a implantação do posto de trabalho.

Pontuação nível 2

O foco na qualidade aumenta. O passo 4 de WO é aplicado nas áreas modelo. Treinamentos e educação sobre qualidade são adequados. Causas de erros humanos são analisadas por HERCA e TWTTP, com contramedidas aplicadas. *Quality Gate* elimina erros humanos repetitivos e QA Network lida com questões de qualidade não verificáveis pelo *Quality Gate*. Uso extensivo de *error proofing* e *fool proofing* é adotado. Salas de treinamento estão disponíveis. Os passos 1-3 de WO para áreas AA são concluídos, e análises de custo-benefício comprovam os benefícios do WO.

Pontuação nível 3

A atribuição de trabalho ideal é alcançada. O passo 5 de WO é aplicado nas áreas modelo. Operação no local de trabalho e suprimento de material são sincronizados. O passo 4 de WO é implementado em todas as áreas AA. Os passos 1-3 de WO são concluídos nas áreas A. Empilhadeiras não são usadas nos locais de trabalho. Contramedidas adequadas contra transportadores de rolos, transportadores suspensos e guindastes de teto são adotadas. Vários métodos eficientes de coleta são aplicados. Análises de custo-benefício mostram a melhoria da produtividade de WO e aumento do trabalho de logística.

Pontuação nível 4

Revisão e melhoria dos padrões são realizadas. O passo 6 de WO é implementado nas áreas modelo, com trabalho padronizado. LCA é aplicado para melhorar a produtividade. O passo 5 de WO é realizado em áreas AA. Os passos 1-4 de WO são completados nas áreas A, e os passos 1-3, nas áreas B.

Pontuação nível 5

A estabilização do tempo ciclo é alcançada. O passo 7 de WO é aplicado nas áreas modelo, e o passo 6, nas áreas AA. Os passos 1-5 de WO são implementados nas áreas A. A autonomia começa nas áreas modelo, expandindo-se gradualmente para áreas AA e depois B. Operadores se envolvem na fase de planejamento, com *feedback* para EEM e EPM. O passo 4 de WO é aplicado nas áreas B.

13.2.1.5 Pilar Técnico Manutenção Profissional: implementar práticas de manutenção preditiva e preventiva

O objetivo do pilar de manutenção profissional é maximizar a eficiência dos equipamentos por meio da manutenção preventiva e preditiva. A sua importância reside em reduzir paradas não planejadas e aumentar a produtividade. Os desafios incluem treinar funcionários e mudar a mentalidade de reativa para proativa. Resultados esperados: maior disponibilidade de máquinas e redução de custos de manutenção. Dicas: implementar rotinas de inspeção e manutenção periódica.

- **Tarefas principais:** planejar manutenção preventiva, realizar manutenções, analisar falhas.
- **Ferramentas de gestão:** TPM, RCM, análise de vibração, CMMS, 5S.

Os critérios de pontuação desse pilar respeitam a seguinte sequência:

Pontuação nível 1

Estabeleça definições claras dos equipamentos da oficina e etapas do processo, implementando um sistema de manutenção e gestão de fluxo de trabalho. Gerencie a lubrificação a óleo e as falhas com um sistema de ordem de serviço de emergência (EWO). Acompanhe KPIs e priorize os equipamentos da planta em AA, A, B e C, com AA cobrindo 50% das quebras. Escolha máquinas modelo para PM e defina metas. Utilize mapas de quebra visíveis e *machine ledgers* atualizados. Meça o tempo entre falhas e MTTR, e siga o cronograma de manutenção com adesão de pelo menos 80%. Elimine contaminação e implemente 5S nas oficinas e nos armazéns.

Os 7 passos

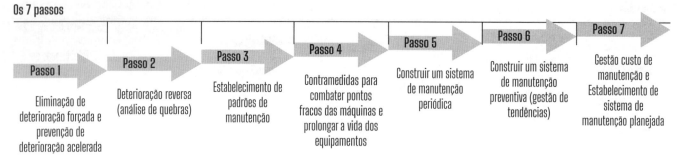

Figura 13.8 Sete passos para a implantação do pilar de manutenção profissional.

Pontuação nível 2

Implemente os passos 4 e 5 para máquinas modelo e desenvolva MPInfo. Complete os passos 1 a 4 para máquinas AA e os passos 1 a 3 para máquinas A. Aplique horizontalmente lições aprendidas de quebras de componentes. Estabeleça uma ligação lógica entre AM, PM e manutenção de desligamento.

Pontuação nível 3

Mantenha uma ligação lógica entre AM, PM e manutenção de desligamento. Para máquinas AA não cobertas por AM/PM, pratique a manutenção de componentes. Disponha de uma equipe de manutenção de quebras e concentre o tempo principalmente em PM e CM. Implante um sistema de gestão de tendência para componentes aplicáveis e estratifique o MTTR.

Pontuação nível 4

Implemente os passos 6 e 7 para máquinas modelo, movendo de manutenção baseada em tempo para monitoramento baseado em condição. Complete o passo 6 para máquinas AA, os passos 1 a 5 para máquinas A, os passos 1 a 4 para máquinas B, e os passos 1 a 3 para máquinas C. Almeje 99% de confiabilidade e introduza um sistema de gestão de tendência para componentes aplicáveis nas áreas de projeto.

Pontuação nível 5

Implemente o passo 7 para máquinas modelo e AA, o passo 6 para máquinas A, e os passos 1 a 5 para máquinas B, visando 99,9% de confiabilidade. Utilize CMMS integrados para estoques, ordens de serviço, histórico de equipamento, PM *tasking* e relatórios. Forneça *feedback* para EEM e envolva pessoas de PM no estágio de *design* do equipamento, padronizando peças de reposição.

13.2.1.6 Pilar Técnico Controle de Qualidade: melhorar a qualidade dos produtos e dos processos

O objetivo do pilar de controle de qualidade é garantir que produtos e processos atendam aos padrões de excelência, satisfazendo ou superando as expectativas dos clientes. É importante, pois a alta qualidade aumenta a satisfação do cliente e reduz retrabalhos. Os desafios incluem manter consistência e Melhoria Contínua em processos complexos. Resultados esperados: redução de defeitos e aumento da satisfação do cliente. Dicas: implementar controles de qualidade rigorosos e promover uma cultura de qualidade.

- **Tarefas principais:** realizar inspeções de qualidade, analisar dados de qualidade, implementar ações corretivas.
- **Ferramentas de gestão:** Controle Estatístico de Processo (CEP), *Poka Yoke*, FMEA, ISO 9001, *Six* Sigma.

Os 7 passos

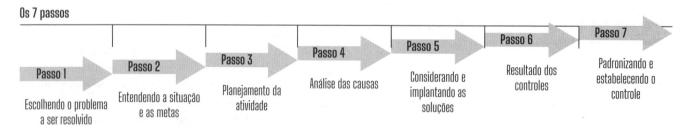

Figura 13.9 Sete passos para a implantação do pilar de controle de qualidade.

Os critérios de pontuação desse pilar respeitam a seguinte sequência:

Pontuação nível 1

Envolve uma visão geral e análise de 4M (material, máquina, método e mão de obra) com a medição de Cp e Cpk. A Matriz QA é desenvolvida para identificar e analisar problemas de qualidade externos e internos, separando-os em problemas de fabricação e de projeto. A quantidade e o impacto dos defeitos são identificados, com a gestão e a prevenção dos defeitos estruturados. A análise 4M é aplicada nas áreas críticas do processo.

Pontuação nível 2

O foco é estabelecer condições para zero defeitos em questões modelo, movendo a abordagem de reativa para preventiva. Aborda 50 a 100% dos problemas identificados pela Matriz QA. Os passos 1-4 de QM são aplicados para máquinas modelo, melhorando Cp e Cpk. Os passos 1-7 de QC são implementados para equipamentos não relacionados a problemas de qualidade, com controle de entrada de material, SOPs e TWTTP aplicados, além de educação e treinamento adequados.

Pontuação nível 3

A abordagem evolui de preventiva para proativa, com a aplicação do PPA para problemas difíceis e crônicos. O passo 5 de QM é aplicado a máquinas modelo e os passos 1-4 são aplicados para máquinas AA. Cinquenta perguntas são usadas para identificar causas raízes de problemas de qualidade nos pontos críticos de processamento. Matrizes X e QM estabelecem padrões de funcionamento e controle de entrada de material e SOPs são bem estabelecidos. *Fool proofing* e *error proofing* são amplamente utilizados para minimizar erros humanos.

Pontuação nível 4

A abordagem é proativa, com a aplicação de métodos avançados como DOE e Taguchi para problemas de qualidade complexos. A análise de variância (ANOVA) é utilizada para identificar a contribuição de cada fator. Gráficos de controle são usados para controlar a qualidade pelas causas. O passo 6 de QM é aplicado para máquinas modelo, e o passo 5, para máquinas AA, além dos passos 1-4 para máquinas A.

Pontuação nível 5

O processo está bem estabilizado e sob controle completo, com uma abordagem totalmente proativa. Gráficos de controle são usados para controlar a qualidade pelas causas. O passo 7 de QM é aplicado para máquinas modelo, o passo 6 para máquinas AA e o passo 5 para máquinas A. ANOVA é usada para identificar a taxa de contribuição de cada fator. O envolvimento do controle de qualidade na fase de *design* de novos produtos ou equipamentos é assegurado, com *feedback* contínuo para EPM e EEM.

13.2.1.7 Pilar Técnico Logística: otimizar os fluxos de materiais e informações

O objetivo do pilar de logística é otimizar o fluxo de materiais e informações para alcançar a máxima eficiência. Sua importância está na redução de *lead times* e custos de inventário. Os desafios incluem a coordenação entre departamentos e fornecedores. Os resultados esperados são entregas mais rápidas e precisas, e menores níveis de estoque. Dicas: usar técnicas como *Just in Time* (JIT) e *Kanban*.

- **Tarefas principais:** mapear fluxo de materiais, otimizar processos logísticos, monitorar desempenho logístico.
- **Ferramentas de gestão:** JIT, *Kanban*, VSM, ERP, *Cross-docking*.

Os critérios de pontuação desse pilar respeitam a seguinte sequência:

Pontuação nível 1

Nos processos modelo, do passo 1 ao 3, a linha de montagem segue a ordem real de produção. Todos os

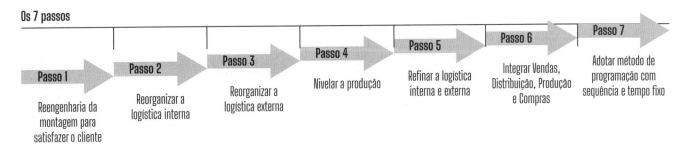

Figura 13.10 Sete passos para a implantação do pilar de logística.

passos estão corretamente implantados e a linha recebe materiais de maneira organizada. Itens caros, volumosos ou com muitas variações são abastecidos de modo sequencial e adequado. Itens volumosos podem usar o método *water*, e *kits* são montados para itens pequenos com muitas variações. Itens normais são fornecidos ciclicamente pelo patrulhamento, e peças pequenas e baratas seguem o sistema de duas caixas.

Pontuação nível 2

Além dos passos 1 a 3, há um fluxo suave nos passos 4 e 5 nos processos modelo. Atividades em toda a planta garantem o fluxo, com transporte compartilhado para encurtar tempos e maximizar estoques. Compras e montagem estão bem sincronizadas e FIFO é aplicado. A padronização das embalagens está estabelecida e as peças de classe B são abastecidas ciclicamente com um sistema de chamada.

Pontuação nível 3

O fluxo dos passos 4 e 5 é suave e preciso no passo 6. Logísticas interna e externa são refinadas para melhorar a visualização e diminuir o manuseio. Produção sincronizada dentro da planta, FIFO aplicado amplamente. Itens caros e volumosos são movimentados em até 2 horas, itens normais em até 2 dias, e peças pequenas em até 7 dias. O esforço de vendas uniformiza a produção para criar um fluxo suave.

Pontuação nível 4

O fluxo no passo 6 é preciso e no passo 7 é controlado. FIFO é praticado para a maioria dos itens. Estoque de turno acima de 25. Itens caros e volumosos movimentados em até 1 hora, itens normais em até 1 dia, e peças pequenas em até 5 dias. Vendas, Distribuição, Produção e Compras estão totalmente integradas para um fluxo preciso de entrega.

Pontuação nível 5

O fluxo controlado no passo 7 se aplica a toda a planta. Sincronização completa entre Vendas, Distribuição, Produção e Compras para um fluxo controlado. Sequência de tempo fixa pelo método de programação em toda a planta. Estoque de turno acima de 40. Manuseio mínimo de material e FIFO aplicados em todos os locais. Prazo de entrega ao revendedor é de 5 dias. Itens caros e volumosos movimentados em até 30 minutos, itens normais em até meio dia, e peças pequenas em até 3 dias. Política de compra e envolvimento de fornecedores na fase de *design*, usando VSM e SCM.

13.2.1.8 Pilar Técnico Gestão Antecipada de Equipamentos (*Early Equipment Management*): aumentar a confiabilidade de equipamentos

O pilar de *Early Equipment Management* (EEM) tem como objetivo integrar lições aprendidas da operação e da manutenção de equipamentos existentes no desenvolvimento e na aquisição de novos equipamentos, assegurando que sejam confiáveis, fáceis de manter e seguros desde o início. Esse pilar é crucial para garantir que os novos ativos atendam às necessidades de produção com a máxima eficiência e a mínima interrupção. A importância da EEM reside em reduzir o tempo de *ramp-up*, minimizar falhas iniciais e otimizar a vida útil dos equipamentos. Os desafios incluem a colaboração eficaz entre equipes de engenharia, manutenção e operações, além da implementação de um *feedback* contínuo durante todo o ciclo de vida do equipamento. Os resultados esperados são equipamentos mais confiáveis, menor custo de manutenção e maior produtividade. Dicas pertinentes incluem a utilização de análises de falhas anteriores, o *benchmarking* de melhores práticas e a formação de equipes multidisciplinares desde a fase de projeto.

- **Tarefas principais:** incorporar *feedback* de operadores e técnicos de manutenção no *design* de novos equipamentos, realizar análises de falhas passadas e aplicar as lições aprendidas, e envolver equipes multidisciplinares na fase de desenvolvimento e aquisição de equipamentos.
- **Ferramentas de gestão:** Análise de Modo e Efeito de Falha (FMEA), *Design for Maintainability*, *benchmarking*, análise de valor e gestão de projetos.

Os critérios de pontuação desse pilar respeitam a seguinte sequência:

Pontuação nível 1

Primeira avaliação do sistema EEM em projetos significativos. Modificações substanciais são necessárias durante a inicialização e a produção em massa. A máquina tem muitos pontos fracos, e a inicialização vertical ainda não foi atingida.

Pontuação nível 2

Avaliação contínua do sistema EEM com refinamento contínuo. Modificações são menos necessárias, incluindo *feedback* dos operadores. O equipamento ainda tem muitos pontos fracos e requer modificações no período de instalação.

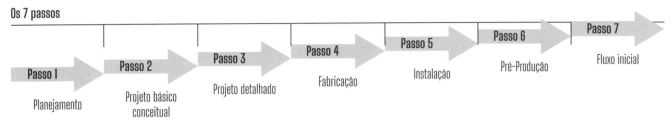

Figura 13.11 Sete passos para a implantação do pilar de gestão de equipamentos.

Pontuação nível 3

Sistemas EEM com *checklists* baseados em experiências da planta e *benchmarks* internos para evitar mudanças no *design*. Melhoria clara dos resultados para problemas resolvidos. Especificação de responsáveis e documentos em cada fase. Novos equipamentos seguem padrões de manutenção. *Startup* vertical alcançado, com demonstração de melhorias na *performance* e na manutenção.

Pontuação nível 4

Boa experiência em EEM, com capacidade de treinar fornecedores de equipamentos. Modificações ocorrem principalmente no conceito e nos detalhes do *design*. Problemas mínimos restantes na produção. O sistema evolui de preventivo para proativo.

Pontuação nível 5

Sistema EEM robusto com conceitos de abastecimento frontal, garantindo qualidade, custo e entrega. Qualidade assegurada por checagem rigorosa das cinco perguntas para zero defeitos. Modificações focadas no conceito e *design* básico. Fácil operação e manutenção, com gestão visual completamente aplicada. EEM reduz custo de equipamento e funcionamento. Sistema refinado com cada grande investimento.

13.2.1.9 Pilar Técnico Pessoas e Desenvolvimento: desenvolver habilidades e competências dos funcionários

O objetivo do pilar de pessoas e desenvolvimento é desenvolver as competências dos funcionários para alcançar a excelência operacional. É importante, pois funcionários capacitados são mais produtivos e engajados. Os desafios incluem identificar necessidades de treinamento e manter a motivação. Resultados esperados: maior habilidade técnica e engajamento dos funcionários. Dicas: implementar programas de desenvolvimento contínuo e incentivar a participação ativa.

- **Tarefas principais:** identificar necessidades de treinamento, desenvolver programas de treinamento e avaliar o impacto dos treinamentos.
- **Ferramentas de gestão:** Matriz de Competências, PDI (Plano de Desenvolvimento Individual), TWI (*Training Within Industry*), *e-learning*, *Coaching* e *Mentoring*.

Os critérios de pontuação desse pilar respeitam a seguinte sequência:

Pontuação nível 1

Há uma pessoa responsável pelo desenvolvimento de pessoas e pela organização financeira. Gestores e líderes são educados para atacar grandes perdas, priorizando educação e treinamento com base em dados de segurança e desempenho. Utilizam *Cost Deployment* e Matriz QA para identificar necessidades de desenvolvimento, e há estratificação de erros humanos. Embora exista um sistema rígido de avaliação das necessidades de conhecimento, não há avaliação dos conhecimentos atuais dos colaboradores, nem análise financeira das perdas por falta de habilidades. Uma matriz de cobertura de trabalho é usada para identificar lacunas. O recrutamento usa uma descrição básica do trabalho.

Pontuação nível 2

Análise de GAPs é realizada. Há uma avaliação razoável das necessidades de conhecimento e habilidades, incluindo um sistema de medida para verificar conhecimentos e habilidades atuais. Erros humanos e resultados de treinamentos são monitorados. O recrutamento é conduzido pelo RH, utilizando uma descrição básica do trabalho combinada com o gestor de linha. O processo de indução é básico, sem gestão ativa.

Pontuação nível 3

Educação e treinamento sistemáticos minimizam os GAPs entre necessidades e habilidades atuais. Programas de treinamento são desenvolvidos com base em perdas e erros, e os custos são monitorados. O treinamento é atualizado semestralmente e rastreado para todos os colaboradores. Há um sistema de avaliação aplicado em toda

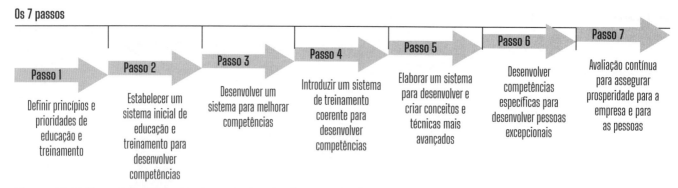

Figura 13.12 Sete passos para a implantação do pilar de pessoas e desenvolvimento.

a planta. Descrições de trabalho claras e competências necessárias são produzidas. KPIs de RH e processos são analisados, e políticas de RH são efetivamente implantadas e comunicadas. O recrutamento é baseado em competências e conduzido pelo gestor local com o RH. O processo de indução é sistemático e regularmente avaliado.

Pontuação nível 4

Esforço contínuo para educação e treinamento eficientes. Colaboradores estão motivados para adquirir novas habilidades e fazer melhorias. Todos têm metas claras alinhadas com a visão da empresa. Desenvolvimento de especialistas é promovido. O recrutamento compara atitudes com características necessárias e envolve membros da fábrica no processo, permitindo que expressem suas opiniões.

Pontuação nível 5

Sistema de educação e programa de treinamento desenvolvem recursos humanos competentes, alinhados com objetivos de se tornar uma empresa de classe mundial. Líderes empresariais são habilidosos em gerar estratégias inovadoras. Eventos de sucesso promovem a geração contínua de ideias inovadoras.

13.2.1.10 Pilar Técnico Meio Ambiente: minimizar o impacto ambiental das operações

O objetivo do pilar de Ambiente é reduzir o impacto ambiental das operações da empresa. Sua importância reside na responsabilidade social e na conformidade legal. Os desafios incluem identificar e implementar práticas ambientais eficazes. Os resultados esperados são menor consumo de recursos e redução de resíduos. Dicas: promover a reciclagem e o uso de energia renovável.

- **Tarefas principais:** realizar auditorias ambientais, implementar práticas sustentáveis e monitorar indicadores ambientais.
- **Ferramentas de gestão:** ISO 14001, Análise do Ciclo de Vida (ACV), 5S, gestão de resíduos, Indicadores de Sustentabilidade.

Os critérios de pontuação desse pilar respeitam a seguinte sequência:

Pontuação nível 1

Existe uma pessoa responsável pelas melhorias ambientais e uma organização, incluindo financeiro. A alta gerência tem visão e liderança para questões ambientais, destacando e desenvolvendo programas de ação com

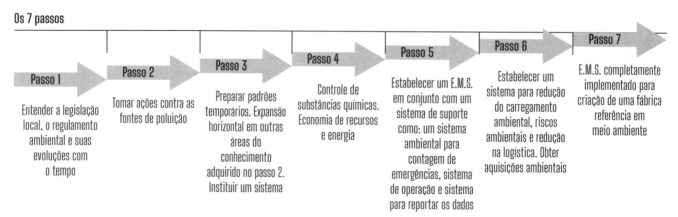

Figura 13.13 Sete passos para a implantação do pilar de meio ambiente.

o *budget* necessário. Todos os acidentes ambientais são reportados, analisados e contramedidas são tomadas. Estatísticas ambientais estão disponíveis para identificar e localizar problemas.

Pontuação nível 2

Há registros de leis ambientais e procedimentos em locais de risco, com programas de ação para assegurar a conformidade em curto prazo. Inclui listas de materiais perigosos e quantificação de itens. As principais questões ambientais são mapeadas e visualizadas. Metas claras e planos de redução de emissões, energia, água e perdas são estabelecidos, com um sistema de educação para empregados. Projetos e programas adequados são implantados para melhorias contínuas.

Pontuação nível 3

Existe um Sistema de Gestão Ambiental (EMS) e um sistema de autoauditoria, com melhorias implementadas. Atividades ambientais atuais atendem aos padrões necessários. Questões ambientais de médio e longo prazo são compreendidas e desenvolvidas com o *budget* necessário. A medição de energia utilizada é estratificada, com planos preliminares de redução em vigor.

Pontuação nível 4

Todas as áreas principais das questões ambientais são geridas sob um EMS, alcançando melhorias substanciais. Problemas de poluição são quase inexistentes. Um sistema de suporte, como contabilidade ambiental e reporte de dados, está em funcionamento. *Benchmarking* externo é realizado e os gestores estão à frente dos concorrentes. A fábrica está pronta para aplicação ou já tem certificação externa, como ISO 14001.

Pontuação nível 5

Há um sistema bem estabelecido para redução de problemas ambientais, com operações e redução de risco ambiental ativamente trabalhadas. Nos últimos 3 anos, não houve problemas ambientais ou locais de risco. Existe uma filosofia de Melhoria Contínua do meio ambiente. Treinamento ambiental e de locais de risco inclui preparação proativa para problemas futuros.

13.2.1.11 Resumo: pilares técnicos

Cada um dos pilares técnicos do WCM desempenha um papel crucial na Melhoria Contínua e na busca pela excelência operacional. Implementar e gerenciar esses pilares de maneira eficaz pode trazer benefícios significativos para a organização, incluindo maior eficiência, qualidade, segurança e sustentabilidade. A utilização de ferramentas de gestão apropriadas e a execução de tarefas-chave são fundamentais para alcançar os objetivos estabelecidos em cada pilar.

13.2.2 Os 10 pilares gerenciais

Os pilares gerenciais do WCM são essenciais para fornecer a estrutura e a orientação necessárias para implementar e sustentar práticas de excelência operacional.

13.2.2.1 Compromisso da Liderança: envolvimento ativo e visível dos líderes

O objetivo do compromisso da liderança no WCM é assegurar que a alta direção esteja totalmente engajada e comprometida com a implementação e a manutenção dos processos de Melhoria Contínua. A importância desse pilar reside no fato de que a liderança é fundamental para definir a direção, alocar recursos e influenciar a cultura organizacional. Os desafios da implantação incluem a resistência a mudanças e a necessidade de desenvolver uma visão clara e compartilhada entre todos os níveis de liderança. Os resultados esperados são uma liderança alinhada, que apoia ativamente as iniciativas de WCM e motiva a equipe a atingir altos padrões de desempenho. Dicas pertinentes incluem a comunicação transparente, o treinamento contínuo e a promoção de uma cultura de responsabilidade.

- **Principais tarefas:** realizar *workshops* de alinhamento com a liderança, estabelecer uma comunicação contínua sobre os progressos e os desafios, e monitorar o engajamento da liderança com indicadores específicos.
- **Principais ferramentas de gestão:** reuniões de revisão estratégica, painéis de controle de desempenho, programas de desenvolvimento de liderança, *feedback* 360 graus, planos de ação de melhoria.

Os critérios de pontuação desse pilar respeitam a seguinte sequência:

Pontuação nível 1

Empresa identifica e analisa falhas recorrentes, implementa ações corretivas, inicia o monitoramento de incidentes, realiza treinamentos básicos e estabelece comunicação entre direção e operação.

Pontuação nível 2

Desenvolve planos de manutenção preventiva em áreas piloto, cria KPIs, oferece treinamentos avançados, realiza auditorias regulares e ajusta planos com *feedback* contínuo.

Pontuação nível 3

Expande práticas preventivas para áreas principais, padroniza procedimentos, monitora KPIs, integra tecnologia e promove melhorias contínuas.

Pontuação nível 4

Implementa iniciativas proativas em áreas modelo, utiliza sistemas de predição, promove cultura de inovação, realiza *benchmarking* interno e incentiva alto engajamento.

Pontuação nível 5

Aplica práticas proativas em áreas principais, estabelece metas de excelência, integra análise de dados, desenvolve cultura de Melhoria Contínua e alinha ações com objetivos estratégicos de longo prazo.

13.2.2.2 Pilar Gerencial: Clareza de Objetivos e KPIs – Metas claras para orientar a excelência

Este pilar visa estabelecer objetivos claros e mensuráveis e definir KPIs que orientem a organização rumo à excelência operacional. A clareza nos objetivos e nos KPIs é crucial para garantir que todos os membros da equipe compreendam as metas e saibam como seu trabalho contribui para o sucesso da organização. O desafio está em definir KPIs relevantes e alinhados com a estratégia da empresa e garantir que sejam comunicados de maneira eficaz. Os resultados esperados incluem maior foco, alinhamento e Melhoria Contínua nos processos. Recomenda-se a revisão periódica dos KPIs e a adaptação conforme necessário para manter a relevância.

- **Principais tarefas:** definir e revisar objetivos estratégicos e KPIs, comunicar os KPIs a todos os níveis da organização, monitorar e analisar o desempenho regularmente.
- **Principais ferramentas de gestão:** *Balanced Scorecard*, painéis de indicadores de desempenho, análise SWOT, reuniões de revisão de desempenho, ferramentas de análise de dados.

Os critérios de pontuação desse pilar respeitam a seguinte sequência:

Pontuação nível 1

A clareza de objetivos e KPIs é reativa, surgindo apenas após problemas.

Pontuação nível 2

A abordagem é preventiva e aplicada às áreas modelo, com KPIs baseados em dados históricos.

Pontuação nível 3

A prevenção se estende a todas as principais áreas, integrando KPIs aos planos estratégicos.

Pontuação nível 4

A abordagem torna-se proativa nas áreas modelo, antecipando desafios e definindo objetivos desafiadores.

Pontuação nível 5

A proatividade abrange todas as principais áreas, com monitoramento avançado e ajustes contínuos.

13.2.2.3 Pilar Gerencial: Mapa de Caminho (*Route Map*) – Um plano detalhado para a implementação eficaz

O objetivo deste pilar é criar um mapa detalhado que oriente a implementação do WCM, definindo etapas, prazos e responsabilidades. A importância de um *route map* reside em proporcionar uma visão clara do caminho a seguir, facilitando o gerenciamento de recursos e a identificação de marcos críticos. Os desafios incluem a criação de um plano realista e flexível que possa se adaptar a mudanças e a obtenção de consenso entre todos os *stakeholders*. Os resultados esperados são uma implementação estruturada e eficiente do WCM, com todas as partes envolvidas cientes de suas responsabilidades. Dicas incluem a revisão periódica do mapa e a incorporação de *feedback* contínuo.

- **Principais tarefas:** desenvolver o mapa de caminho detalhado, comunicar o plano a todas as partes interessadas, revisar e ajustar o plano conforme necessário.
- **Principais ferramentas de gestão:** diagramas de Gantt, planos de projeto, ferramentas de gerenciamento de tarefas, reuniões de *status* de projeto, *softwares* de gerenciamento de projetos.

Os critérios de pontuação desse pilar respeitam a seguinte sequência:

Pontuação nível 1

A empresa adota uma abordagem reativa, resolvendo problemas conforme surgem, sem planejamento para evitar falhas.

Pontuação nível 2

Práticas preventivas são implementadas em áreas modelo, com manutenções programadas e inspeções.

Pontuação nível 3

Expande essas práticas para áreas principais, focando em estabilidade e confiabilidade.

Pontuação nível 4

A abordagem proativa é aplicada nas áreas modelo, com manutenção preditiva e monitoramento contínuo.

Pontuação nível 5

A abordagem proativa cobre todas as principais áreas, integrando sistemas avançados de manutenção e gestão para otimização contínua.

13.2.2.4 Pilar Gerencial: Alocação de Pessoas Qualificadas – Talentos certos nas funções certas

Este pilar se concentra na alocação eficiente de pessoas com as habilidades necessárias para implementar e sustentar o WCM. A importância deste pilar está em garantir que a organização tenha os talentos adequados nos lugares certos para atingir seus objetivos. Os desafios incluem identificar as habilidades necessárias, recrutar talentos qualificados e desenvolver continuamente as habilidades da equipe existente. Os resultados esperados incluem maior eficiência, inovação e capacidade de resolver problemas complexos. Recomenda-se investir em treinamento contínuo e em programas de desenvolvimento de carreira.

- **Principais tarefas:** identificar as competências necessárias, recrutar e alocar talentos de acordo com as necessidades, desenvolver e treinar a equipe continuamente.
- **Principais ferramentas de gestão:** matriz de competências, programas de treinamento e desenvolvimento, avaliação de desempenho, planos de sucessão, ferramentas de recrutamento.

Os critérios de pontuação desse pilar respeitam a seguinte sequência:

Pontuação nível 1

Identifique necessidades de treinamento baseadas em problemas recorrentes. Inicie a formação para resolver problemas básicos e implemente programas de treinamento preventivo, focando na mitigação de falhas e avarias. Crie um plano de desenvolvimento de competências básicas para todos os funcionários.

Pontuação nível 2

Implemente programas de treinamento preventivo em áreas piloto. Crie grupos de Melhoria Contínua e monitore a eficácia dos treinamentos. Introduza treinamentos especializados para prevenção de falhas e melhoria da eficiência.

Pontuação nível 3

Expanda programas de treinamento preventivo para todas as principais áreas. Padronize práticas de treinamento e desenvolva indicadores de *performance* para medir a eficácia.

Realize *workshops* e treinamentos avançados em manutenção preventiva e operação eficiente.

Pontuação nível 4

Implemente programas de desenvolvimento contínuo de competências nas áreas modelo. Crie equipes proativas focadas na inovação e no desenvolvimento de líderes e mentores internos. Use ferramentas avançadas de análise de dados para prever e prevenir problemas.

Pontuação nível 5

Estenda programas de desenvolvimento contínuo para todas as principais áreas. Cultive uma cultura organizacional proativa e integre tecnologias avançadas para monitoramento preditivo. Estabeleça processos para a realocação dinâmica de pessoal qualificado conforme as necessidades.

13.2.2.5 Pilar Gerencial: Comprometimento da Organização – A cultura de Melhoria Contínua em todos os níveis

O objetivo deste pilar é garantir que toda a organização esteja comprometida com a filosofia e as práticas do WCM. A importância desse comprometimento reside na criação de uma cultura de Melhoria Contínua que permeia todos os níveis da empresa. Os desafios incluem superar a resistência à mudança e fomentar uma mentalidade de propriedade e responsabilidade entre todos os funcionários. Os resultados esperados são um ambiente de trabalho colaborativo e engajado, no qual todos estão alinhados com os objetivos estratégicos. Dicas incluem a realização de campanhas de comunicação interna e o reconhecimento e a recompensa de comportamentos exemplares.

- **Principais tarefas:** promover campanhas de comunicação e engajamento, estabelecer programas de reconhecimento e recompensa, e facilitar a participação de todos os níveis em iniciativas de melhoria.
- **Principais ferramentas de gestão:** programas de engajamento de funcionários, ferramentas de comunicação interna, pesquisas de clima organizacional, programas de reconhecimento e recompensa, *workshops* e eventos de integração.

Os critérios de pontuação desse pilar respeitam a seguinte sequência:

Pontuação nível 1

A empresa passa de práticas reativas a preventivas, com foco em manutenções programadas e monitoramento básico.

Pontuação nível 2

Práticas preventivas avançadas são implementadas em áreas modelo, aumentando a eficiência e o engajamento.

Pontuação nível 3

Essas práticas são estendidas a todas as áreas principais, criando uma cultura preventiva uniforme.

Pontuação nível 4

Práticas proativas, como uso de IoT e análise de dados, são adotadas nas áreas modelo.

Pontuação nível 5

A abordagem proativa se expande para toda a organização, promovendo excelência operacional e inovação contínua.

13.2.2.6 Pilar Gerencial: Competência da Organização para Melhorar – Habilidades para sustentar a Melhoria Contínua

Este pilar visa desenvolver as competências necessárias dentro da organização para sustentar e avançar as iniciativas de WCM. A importância de fortalecer essas competências está em garantir que a empresa possa enfrentar desafios e aproveitar oportunidades de Melhoria Contínua de maneira eficaz. Os desafios incluem identificar lacunas de habilidades e proporcionar oportunidades de aprendizado adequadas. Os resultados esperados são uma organização ágil, capaz de se adaptar rapidamente às mudanças e melhorar constantemente seus processos. Recomenda-se a criação de um programa robusto de desenvolvimento de competências.

- **Principais tarefas:** avaliar as competências existentes e identificar lacunas, implementar programas de desenvolvimento de competências, monitorar e avaliar o progresso no desenvolvimento de competências.
- **Principais ferramentas de gestão:** avaliação de competências, planos de desenvolvimento individual, programas de treinamento e capacitação, *feedback* contínuo, ferramentas de *e-learning*.

Os critérios de pontuação desse pilar respeitam a seguinte sequência:

Pontuação nível 1

A empresa começa a transição de uma abordagem reativa para preventiva, introduzindo manutenções programadas, treinamentos básicos, *checklists* de inspeção e coleta de dados sobre falhas recorrentes.

Pontuação nível 2

Identificação de áreas modelo para implementar práticas preventivas, com treinamento avançado, padronização de processos e monitoramento contínuo.

Pontuação nível 3

Expansão das práticas preventivas para as principais áreas, integrando sistemas de monitoramento, análise de dados e treinamentos contínuos.

Pontuação nível 4

Evolução para uma abordagem proativa nas áreas modelo, com análise preditiva, melhorias contínuas, incentivo à proatividade e uso de tecnologia avançada.

Pontuação nível 5

Ampliação da abordagem proativa para todas as principais áreas, utilizando *big data*, análise preditiva e tecnologia avançada, promovendo uma cultura de Melhoria Contínua e inovação.

13.2.2.7 Pilar Gerencial: Tempo e Orçamento – Recursos para evitar desperdícios e garantir viabilidade

O objetivo deste pilar é garantir que o tempo e os recursos financeiros necessários para implementar o WCM sejam adequadamente planejados e gerenciados. A importância deste pilar reside em evitar desperdícios e garantir que as iniciativas de Melhoria Contínua sejam viáveis e sustentáveis. Os desafios incluem a alocação eficiente de recursos e a gestão de prioridades concorrentes. Os resultados esperados são a execução de projetos dentro do prazo e do orçamento, maximizando o retorno sobre o investimento. Recomenda-se uma gestão rigorosa do orçamento e a utilização de técnicas de gerenciamento de tempo.

- **Principais tarefas:** planejar e orçar as iniciativas de WCM, monitorar o progresso e o uso de recursos, e ajustar planos conforme necessário para manter o controle de custos e cronogramas.

- **Principais ferramentas de gestão:** orçamento de projetos, cronogramas de projeto, análise de custo-benefício, ferramentas de controle financeiro, ferramentas de gestão de tempo.

Os critérios de pontuação desse pilar respeitam a seguinte sequência:

Pontuação nível 1

Transição de práticas reativas para preventivas, com foco em reduzir respostas emergenciais. Introdução de manutenções preventivas básicas, registro de falhas e treinamentos iniciais.

Pontuação nível 2

Aplicação de manutenção preventiva em áreas modelo, melhorando a previsibilidade e reduzindo paradas não planejadas. Orçamento inclui previsões para manutenções, com controle de recursos.

Pontuação nível 3

Expansão das práticas preventivas para as principais áreas, padronizando procedimentos e uso de *software* de gestão de manutenção. Redução significativa de tempos de parada.

Pontuação nível 4

Abordagem proativa em áreas modelo, usando análises preditivas e tecnologias avançadas. Manutenção preditiva e treinamento avançado para equipes, visando eliminar problemas antes que ocorram.

Pontuação nível 5

Integração completa de manutenção proativa nas principais áreas, com uso de IA e *machine learning*. Orçamento otimizado, maximização do ROI e equipes altamente qualificadas para práticas proativas.

13.2.2.8 Pilar Gerencial: Nível de Detalhes – Atenção para identificar oportunidades de melhoria

Este pilar enfatiza a importância de manter um alto nível de detalhes ao implementar e monitorar o WCM. A atenção aos detalhes é crucial para identificar problemas e oportunidades de melhoria que poderiam ser negligenciados em uma análise superficial. Os desafios incluem a coleta e análise de dados precisos e a manutenção de um foco constante nos detalhes relevantes. Os resultados esperados são a identificação de problemas em estágio inicial e a implementação de soluções precisas e eficazes. Recomenda-se a utilização de sistemas de monitoramento e a análise detalhada de processos.

- **Principais tarefas:** coletar dados detalhados sobre processos, analisar dados para identificar problemas e oportunidades, e implementar melhorias baseadas em análises detalhadas.
- **Principais ferramentas de gestão:** ferramentas de análise de dados, sistemas de monitoramento de processos, planilhas detalhadas, ferramentas de visualização de dados, métodos de controle estatístico de processos.

Os critérios de pontuação desse pilar respeitam a seguinte sequência:

Pontuação nível 1

A empresa transita de práticas reativas para preventivas, implementando manutenções básicas e *checklists*.

Pontuação nível 2

Foca em áreas modelo, refinando programas preventivos e treinando equipes.

Pontuação nível 3

Expande essas práticas para as principais áreas, padronizando e monitorando-as.

Pontuação nível 4

Adota uma abordagem proativa nas áreas modelo, usando dados para prever problemas e engajando equipes em melhorias.

Pontuação nível 5

Aplica essa abordagem em todas as principais áreas, promovendo uma cultura de excelência e inovação.

13.2.2.9 Pilar Gerencial: Nível de Expansão – Expandir práticas para maximizar o impacto

Este pilar foca na expansão das práticas de WCM para todas as áreas da organização, garantindo que os benefícios sejam amplamente distribuídos. A importância de uma ampla implementação está em criar sinergias e maximizar o impacto das iniciativas de Melhoria Contínua. Os desafios incluem a coordenação entre diferentes departamentos e a manutenção de consistência nas práticas de WCM. Os resultados esperados são uma organização coesa e alinhada com os princípios de excelência operacional. Recomenda-se a criação de comitês interdepartamentais e a realização de treinamentos abrangentes.

- **Principais tarefas:** planejar a expansão das práticas de WCM, coordenar a implementação entre diferentes departamentos, monitorar e ajustar a implementação conforme necessário.
- **Principais ferramentas de gestão:** comitês interdepartamentais, programas de treinamento corporativo, ferramentas de colaboração, planos de implementação detalhados, sistemas de auditoria interna.

Os critérios de pontuação desse pilar respeitam a seguinte sequência:

Pontuação nível 1

A empresa transita de práticas reativas para preventivas, focado em identificar e resolver problemas antecipadamente.

Pontuação nível 2

Implementar práticas preventivas em áreas modelo, criando *benchmarks* e compartilhando melhores práticas.

Pontuação nível 3

Expande essas práticas para todas as principais áreas, uniformizando processos.

Pontuação nível 4

Adota práticas proativas nas áreas modelo, usando análise preditiva.

Pontuação nível 5

Aplica essas práticas em todas as principais áreas, criando uma cultura de antecipação e Melhoria Contínua.

13.2.2.10 Pilar Gerencial: Motivação dos Operadores – Engajamento e proatividade nas iniciativas

O objetivo deste pilar é garantir que os operadores estejam motivados e engajados nas iniciativas de WCM. A importância da motivação dos operadores está em sua capacidade de influenciar diretamente a execução e o sucesso das práticas de Melhoria Contínua. Os desafios incluem a manutenção de altos níveis de motivação em longo prazo e o reconhecimento e a recompensa de esforços individuais e de equipe. Os resultados esperados são operadores altamente motivados, comprometidos com a excelência e proativos na identificação e na resolução de problemas. Recomenda-se a implementação de programas de reconhecimento e a criação de um ambiente de trabalho positivo.

- **Principais tarefas:** desenvolver programas de reconhecimento e recompensa, promover a participação ativa dos operadores em iniciativas de melhoria, e facilitar um ambiente de trabalho motivador e positivo.
- **Principais ferramentas de gestão:** programas de incentivo, ferramentas de *feedback* contínuo, pesquisas de satisfação dos funcionários, programas de desenvolvimento de carreira e ferramentas de comunicação interna.

Os critérios de pontuação desse pilar respeitam a seguinte sequência:

Pontuação nível 1

Transita de práticas reativas para preventivas, implementando reconhecimento e pesquisas de clima.

Pontuação nível 2

Foca em áreas modelo, com times de melhoria e planos de carreira.

Pontuação nível 3

Expande práticas preventivas a todas as áreas principais.

Pontuação nível 4

Adota postura proativa em áreas modelo, promovendo desenvolvimento contínuo.

Pontuação nível 5

Estende a proatividade a todas as áreas principais, institucionalizando uma cultura de *feedback* e melhorias contínuas.

13.2.2.11 Resumo: pilares gerenciais

Os pilares gerenciais do WCM são essenciais para criar uma base sólida que suporte a implementação eficaz dos pilares técnicos. Cada pilar gerencial aborda aspectos críticos da gestão e da liderança, garantindo que a organização esteja alinhada, capacitada e pronta para enfrentar desafios e alcançar a excelência operacional. A utilização de ferramentas de gestão apropriadas e a execução de tarefas-chave são fundamentais para o sucesso de cada pilar, promovendo uma cultura de Melhoria Contínua e inovação.

13.3 IMPLEMENTAÇÃO

A implementação do WCM envolve várias etapas e exige o compromisso de toda a organização.

O primeiro passo está na elaboração do diagnóstico inicial da operação atual para identificar áreas de melhoria e oportunidades prioritárias.

Após o diagnóstico é recomendado definir uma área piloto. A área piloto é considerada uma área crítica para a organização e utilizada para demonstração de resultados iniciais da metodologia, para colher aprendizados e gerar exemplos, preparando as demais áreas para o processo de expansão. Nesse momento é importante levar em consideração as lições aprendidas e desenvolver maturidade sobre a metodologia. A partir da expansão para novas áreas, os outros passos podem ser aprimorados trabalhando a profundidade na metodologia.

De acordo com o nível de profundidade e expansão, a organização é certificada quanto à implementação do WCM. Os sistemas de auditorias visam analisar o quanto os princípios da metodologia estão difundidos na empresa, e por meio de avaliação de auditores, a organização pode atingir níveis de certificação bronze, prata, ouro ou *world class*, conforme apresentado na Figura 13.14.

13.4 SISTEMA DE AVALIAÇÃO

O WCM pontua a aplicação de cada um de seus pilares, tornando seus conceitos mensuráveis.

Os critérios de pontuação são ajustados conforme a particularidade de cada empresa, sendo considerado o nível de maturidade das práticas de gestão e o grau de abrangência do programa.

Para a avaliação, auditorias externas podem ser contratadas e realizadas conforme a necessidade de cada organização. A pontuação de cada pilar (técnico e gerencial) varia de 0 a 5, da seguinte maneira:

- **Pontuação nível 1:** Abordagem Reativa;
- **Pontuação nível 2:** Preventiva em Áreas Modelo;
- **Pontuação nível 3:** Preventiva para Principais Áreas;
- **Pontuação nível 4:** Proativa para Áreas Modelo;
- **Pontuação nível 5:** Proativa para Principais Áreas.

Assim, obtêm-se as seguintes classificações:

- Bronze: 50 a 59 pontos;
- Prata: 60 a 69 pontos;
- Ouro: 70 a 84 pontos;
- *World class*: mais de 85 pontos.

A conquista das classificações WCM representa um selo de qualidade e *performance* no mercado. As empresas que obtêm o selo de classe mundial são consideradas referência no processo de Melhoria Contínua e desenvolvimento de pessoas.

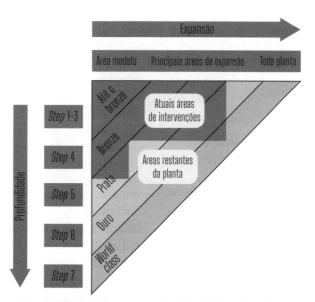

Figura 13.14 Implementação do *World Class Manufacturing*.

RESUMO

- O WCM é uma metodologia de gestão voltada para a excelência operacional. É inspirado no Sistema Toyota de Produção e se concentra na eliminação de desperdícios, na Melhoria Contínua e na maximização da qualidade. Empresas que adotaram essa metodologia, como a Fiat Chrysler Automobiles (FCA), alcançaram melhorias significativas em eficiência, qualidade e segurança.

- A estrutura do WCM é baseada em 10 pilares técnicos e 10 pilares gerenciais. Os pilares técnicos incluem segurança, desdobramento de custos, melhoria focada, manutenção autônoma, manutenção profissional, controle de qualidade, logística, gestão antecipada de equipamentos, desenvolvimento de pessoas e meio ambiente. Cada pilar técnico é composto de sete passos que guiam sua implementação, com o objetivo de reduzir desperdícios, melhorar a segurança, aumentar a eficiência operacional e engajar os funcionários na cultura de Melhoria Contínua.

- Os pilares gerenciais dão suporte aos pilares técnicos e garantem o alinhamento da organização com os princípios do WCM. Esses pilares incluem compromisso da liderança, clareza de objetivos e KPIs, mapa de caminho, alocação de pessoas qualificadas, comprometimento da organização, competência da organização para melhorar, tempo e orçamento, nível de detalhes, nível de expansão e motivação dos operadores. A gestão eficaz desses pilares é essencial para a implementação bem-sucedida do WCM e para alcançar a excelência operacional.

- A implementação do WCM segue várias etapas, começando com o diagnóstico inicial da operação para identificar áreas de melhoria. A escolha de uma área piloto é recomendada para demonstrar os resultados iniciais e colher aprendizados antes de expandir a metodologia para outras áreas. A avaliação do WCM é realizada por meio de auditorias que pontuam a aplicação dos pilares, com a possibilidade de obtenção de certificações que variam de bronze a *world class*, dependendo da pontuação alcançada.

- Este capítulo detalha como o WCM estrutura a busca pela excelência operacional por meio de uma metodologia sistemática que envolve todos os níveis da organização, desde a liderança até os operadores, promovendo um ambiente de trabalho seguro, eficiente e focado na Melhoria Contínua.

REFERÊNCIAS BIBLIOGRÁFICAS

FERNANDES, J. A. E. *WCM*: Manufatura de Classe Mundial – Produzindo sem Desperdício. Rio de Janeiro: Qualitymark, 2010.

SHINGO, S. *A Study of the Toyota Production System from an Industrial Engineering Viewpoint*. New York: Productivity Press, 1989.

WOMACK, J. P.; JONES, D. T.; ROOS, D. *The Machine that Changed the World*: the story of lean production. New York: Harper Perennial, 1990.

YAMASHINA, H. *Kaizen and Kaikaku*: dynamic management of the reform process. Cambridge: Institute for Manufacturing, University of Cambridge, 2000.

Parte III

PRINCIPAIS *FRAMEWORKS* PARA SOLUÇÃO DE PROBLEMAS

Frameworks são estruturas de trabalho, formas de pensar que consolidam práticas de sucesso para conduzir processos empresariais. Se você já se deparou com um problema, seja uma reclamação de cliente, seja o não alcance de uma meta, seja o conflito com a equipe, aplicar *frameworks* pode ajudar a resolvê-los de maneira mais ágil e precisa.

Os capítulos que compõem a Parte III são:
Capítulo 14 – Ciclo PDCA e SDCA
Capítulo 15 – Método de Análise e Solução de Problemas (MASP)
Capítulo 16 – Relatório A3
Capítulo 17 – Ferramenta 5G
Capítulo 18 – Método DMAIC e DMAIC Ágil

A terceira parte deste Guia apresenta os principais *frameworks* utilizados para agregar valor à Melhoria Contínua, de modo a oferecer ferramentas e métodos para acelerar a tomada de decisão.

Capítulo 14

CICLO PDCA E SDCA

OBJETIVOS DE APRENDIZAGEM

Ao final deste capítulo, será possível:
- Compreender o que é o ciclo PDCA e qual a sua importância.
- Identificar as quatro etapas do ciclo PDCA.
- Entender o que é o ciclo SDCA e qual a sua ligação com o ciclo PDCA.

INTRODUÇÃO

Diante da gestão da qualidade e da Melhoria Contínua, surgem duas metodologias fundamentais: o PDCA (Planejar [*Plan*], Fazer [*Do*], Verificar [*Check*] e Agir [*Act*]) e o SDCA (Padronizar [*Standard*], Fazer [*Do*], Verificar [*Check*] e Agir [*Act*]). Suas abordagens são cíclicas, destacando a importância de realizar ajustes constantemente, partilhando de um mesmo propósito: buscar incessantemente pela excelência operacional.

No decorrer dos anos, o PDCA se tornou uma das ferramentas de gestão mais famosas, que tem por objetivo promover a melhoria contínua dos processos por meio de quatro ações em ciclo. Enquanto o PDCA é orientado a solução de problemas e melhoria de resultados, o SDCA foca na padronização e na estabilidade para sustentar as melhorias ao longo do tempo. Juntos, o PDCA e o SDCA formam uma abordagem dinâmica e equilibrada, de modo a impulsionar as organizações à otimização e à eficiência duradoura.

O planejamento não te garante o sucesso, mas determina um caminho para alcançar os teus objetivos.

Evandro Moritz Luz

14.1 CONCEITOS

14.1.1 Definição: ciclo PDCA

O ciclo PDCA – conhecido também como "ciclo de Deming" ou "ciclo de Stewart" – é um *framework* de gerenciamento utilizado na gestão de projetos, qualidade e processos. O ciclo PDCA pode ser aplicado de modo isolado como um método para solucionar problemas. Contudo, tem maior eficiência se incorporado na cultura e utilizado de maneira contínua.

O PDCA contempla quatro etapas sequenciais, sendo elas: planejar, executar, verificar e agir.

O PDCA foi proposto levando em consideração diversos conceitos da Administração, os quais foram sintetizados em um ciclo de Melhoria Contínua. Seu desenvolvimento data em 1930, quando o americano e estatístico Walter A. Shewhart o propôs. Porém, somente em 1950 o PDCA foi amplamente divulgado e utilizado pelo professor William Edwards Deming.

Deming passou a ser conhecido como "o pai do controle de qualidade" e pela utilização do *framework*, embora ele não tenha sido seu criador. No entanto, Deming contribuiu para o aperfeiçoamento do PDCA, aplicado em grandes empresas, garantindo sua disseminação.

Limeira, Lobo e Marques, especialistas em gestão da qualidade, propõem algumas situações em que o ciclo PDCA pode ser aplicado, entre elas:

- ao iniciar um novo projeto;
- ao implementar ações de melhoria em um processo;
- ao implementar mudanças.

As vantagens da aplicação do PDCA são o aumento da competitividade, a otimização do processo produtivo e o aumento da lucratividade, já que se trata de uma ferramenta para analisar e solucionar problemas de forma preventiva. Além disso, o PDCA possibilita agir de modo preventivo diante de falhas e realizar a melhoria de processos.

14.2 DIVISÃO DO CICLO PDCA

O ciclo PDCA é dividido em quatro etapas, que seguem uma sequência lógica: *Plan* (planejar), *Do* (executar), *Check* (verificar) e *Act* (agir); cada etapa é composta de atividades específicas, conforme descritas na Figura 14.1.

14.2.1 Etapa *Plan* (Planejar)

Essa etapa é a base do gerenciamento para a melhoria de resultados, na qual será feito todo o planejamento e

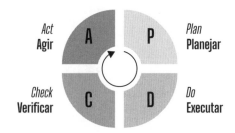

Figura 14.1 Ciclo PDCA.

escopo do problema a ser solucionado, e onde serão definidos os métodos de resolução de problemas e as metas.

O problema deve ser identificado e bem compreendido, de modo que se possa garantir que a solução definida durante o processo seja a mais adequada possível. A partir da identificação do problema, o próximo passo é analisar o comportamento do fenômeno, com o objetivo de determinar e avaliar as causas, buscando encontrar aquelas que geram maior impacto nos resultados.

Com essas informações, é possível elaborar uma estratégia de ação capaz de atacar diretamente as causas principais da maneira mais eficiente possível.

Atividades

As atividades indicadas nessa fase do PDCA são:

- definição do problema;
- levantamento das perdas;
- identificação dos principais efeitos;
- avaliação das causas;
- criação de um plano de ação.

Ferramentas

Existem diversas ferramentas da qualidade que podem auxiliar nessa etapa:

- Fluxograma: pode ser utilizado para conhecer o problema.
- Folha de Verificação e Histograma: podem ser empregados para mensurar o problema.
- *Brainstorming*, Diagrama de Pareto, Diagrama de Dispersão e Diagrama de *Ishikawa*: podem ser utilizados para analisar, ponderar e encontrar as soluções mais adequadas para o problema.
- Diagrama de Gantt: pode ser usado para elaborar um plano de ação.

14.2.2 Etapa *Do* (Executar)

De posse do plano de ação, o próximo passo para resolver o problema é colocar as tarefas em prática. Nessa etapa, todos os envolvidos no projeto são treinados a executar o plano proposto. É importante que haja comunicação clara e alinhamento de atividades, responsáveis, prazos e expectativas em todas as áreas envolvidas no processo para que as ações sejam executadas.

Também é importante que durante a fase de execução seja analisado se os colaboradores responsáveis pelo projeto têm competências necessárias para atuar de maneira eficiente na solução do problema.

Atividades

Nessa etapa é importante realizar as seguintes tarefas:
- apresentação clara das responsabilidades de todos os envolvidos;
- acompanhamento e registro dos resultados;
- busca por *feedbacks* para melhorar a execução;
- promoção de treinamentos para ajustar as competências essenciais.

Ferramenta
- FMEA (Análise dos Modos de Falha e seus Efeitos): auxilia na gestão da qualidade das ações e na execução do plano de ação.

14.2.3 Etapa *Check* (Verificar)

Nessa etapa, são feitas as verificações de resultados, possibilitando uma reflexão sobre o que foi alcançado na fase anterior e acerca do comprometimento dos responsáveis pela implementação das ações de melhoria.

Atividades

Para a verificação eficiente dos resultados, é importante que os seguintes pontos sejam executados e analisados:
- garantia de que todas as ações foram implementadas;
- avaliação de fatores externos que podem afetar os resultados;
- comparação dos resultados financeiros gerados pelas ações;
- verificação do desempenho de acordo com o que foi definido no escopo do projeto.

Ferramentas
- Histograma e Cartas de Controle: podem ser utilizados para a verificação de resultados.
- Deve ser utilizada alguma métrica de desempenho relacionada ao escopo do projeto, para criação de referencial comparativo de resultado.

14.2.4 Etapa *Act* (Agir)

O objetivo dessa etapa é consolidar as práticas que deram certo e interromper as que deram errado, para que os resultados possam ser melhorados.

É importante ressaltar que o PDCA é um ciclo de Melhoria Contínua. Portanto, quando um ciclo se encerra, garantindo a permanência dos resultados alcançados, é natural que novos gargalos surjam para que um novo ciclo se reinicie.

Atividades

As atividades realizadas nessa etapa são:
- validação das ações que foram executadas;
- ações corretivas nos problemas que foram identificados na fase anterior;
- elaboração de mecanismos que garantam a padronização dos processos aprimorados.

Ferramentas
- 5S, POP (Procedimento Operacional Padrão), CEP (Controle Estatístico de Processos) e *Poka-Yoke* podem ser utilizadas.

14.3 CICLO SDCA

A sigla SDCA corresponde a padronizar (*Standard*), executar (*Do*), verificar (*Check*), e agir (*Act*). Seu objetivo é manter o processo operando de maneira estável e previsível.

Após a utilização do ciclo PDCA, o processo ou produto precisa ser padronizado. É necessário o desenvolvimento de sistemas e dispositivos que previnam o retorno dos problemas solucionados anteriormente, sendo possível controlar e assegurar as melhorias já obtidas.

A Figura 14.2 apresenta a correlação entre os ciclos PDCA e SDCA.

Dessa maneira, o PDCA e o SDCA se posicionam como complementares. Enquanto o PDCA tem a sensibilidade de identificar se a melhoria foi atingida, o SDCA identifica a perda da padronização e a necessidade de melhoria, fazendo com que os ciclos auxiliem no aumento ou manutenção da qualidade do processo.

O ciclo PDCA e o ciclo SDCA são duas metodologias de pensamento estruturado que têm um mesmo enfoque: atuar sobre um problema ou uma oportunidade. Enquanto o ciclo PDCA busca resolver um problema de modo mais eficiente possível, o ciclo SDCA busca manter o processo funcionando com a garantia de que esse problema não retorne, conforme apresentado na Figura 14.3.

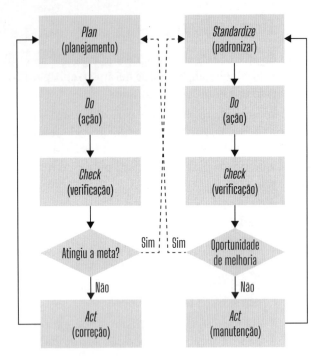

Figura 14.2 Integração dos ciclos PDCA e SDCA.

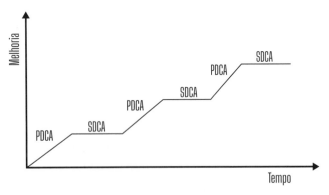

Figura 14.3 Ciclos PDCA e SDCA.

Enquanto o PDCA resolve o problema promovendo melhorias, o SDCA vai manter o processo funcionando sem que o problema retorne. Dessa forma, o PDCA e o SDCA devem ser usados em conjunto para garantir a Melhoria Contínua de uma organização.

Não dá para usar bem o PDCA (melhoria da operação) sem o SDCA (boa operação). É difícil melhorar o que é aleatório. Precisamos de consistência para melhorar.

Vicenti Falconi

RESUMO

- O ciclo PDCA foi amplamente divulgado por Deming e tem quatro etapas: Planejar, Executar, Verificar e Agir.

- Como se trata de um ciclo, o PDCA apresenta uma ordem de execução. Além disso, não existe etapa mais ou menos importante que outra, visto que todas são fundamentais para a execução das melhorias.

- O ciclo SDCA apresenta quatro etapas: Padronizar, Ação, Verificação e Manutenção, e é utilizado para identificar perdas e a necessidade de melhoria, fazendo com que os ciclos auxiliem no aumento ou manutenção da qualidade do processo.

- Os ciclos PDCA e SDCA apresentam uma correlação direta, visto que são complementares. O PDCA visa identificar um problema e resolvê-lo da melhor forma possível, enquanto o SDCA busca manter o funcionamento adequado do processo para que o problema não retorne.

REFERÊNCIAS BIBLIOGRÁFICAS

LIKER, J. K.; ROSS, K. *O Modelo Toyota de Excelência em Serviços*: a transformação *lean* em organizações de serviços. 1. ed. Porto Alegre: Bookman, 2019.

LIMEIRA, T. N. P; LOBO, R. N.; MARQUES, R. N. *Controle da Qualidade*: princípios, inspeção e ferramentas de apoio na produção de vestuário. São Paulo: Érica, 2015.

LOBO, R. N. *Gestão da Qualidade*. São Paulo: Érica, 2010.

Capítulo 15

MÉTODO DE ANÁLISE E SOLUÇÃO DE PROBLEMAS (MASP)

OBJETIVOS DE APRENDIZAGEM

Ao final deste capítulo, será possível:
- Compreender o que é o Método de Análise e Solução de Problemas (MASP).
- Identificar as oito etapas do MASP e entender como implementá-las.
- Entender a relação entre as etapas do MASP e do ciclo PDCA.
- Compreender a importância do MASP para a resolução de problemas e diante da Melhoria Contínua.

INTRODUÇÃO

O Método de Análise e Solução de Problemas (MASP) é uma ferramenta estruturada e robusta para enfrentar desafios e impulsionar a Melhoria Contínua em ambientes organizacionais. Sua abordagem sistemática envolve uma série de etapas lógicas essenciais para empresas comprometidas com a eficiência, a qualidade e o aprimoramento constante.

Ao longo deste capítulo, será abordada essa ferramenta versátil que pode ser adaptada a diferentes contextos, e que promove não apenas a solução pontual de problemas, mas também a aprendizagem empresarial e a Melhoria Contínua.

Problemas são apenas oportunidades não reveladas.
Wilson Fisk

15.1 CONCEITOS

15.1.1 Definição

O MASP apresenta oito passos de implementação e possibilita a realização de análises e a proposição de soluções para não conformidades de processos, produtos ou serviços, além da implementação de uma cultura orientada a resultados em uma organização.

Esta metodologia utiliza o conceito de PDCA, e foi desenvolvido pela União dos Cientistas e Engenheiros Japoneses (JUSE) visando padronizar processos, estabelecendo uma política de Melhoria Contínua por meio da realização sistemática de análise e solução de inconformidades. Sua relação com o PDCA e suas oito etapas são apresentadas na Figura 15.1.

O MASP promove a identificação e a descrição de problemas; os quatro primeiros passos aprofundam na etapa de planejamento, seguidos de uma etapa de execução e três passos para verificação, padronização e consolidação dos aprendizados.

15.1.2 Objetivos e benefícios

O principal objetivo da utilização do MASP é prevenir e corrigir não conformidades de processos. Sua aplicação permite que gestores utilizem um passo a passo, de modo a entender as principais variáveis que influenciam um problema, identificando sua causa raiz e tomando ações assertivas na busca de melhores resultados.

No MASP, é fundamental que, além de manter os resultados obtidos, sejam feitas novas buscas de oportunidades de melhoria. Esta metodologia demonstra seu valor ao promover um debate sobre as práticas mais sustentáveis de aplicação da própria metodologia de resolução de problemas, além de deixar recomendações de projetos futuros que compreendam o mesmo cenário de atuação do problema que foi resolvido inicialmente.

O MASP é uma metodologia assertiva, focada principalmente na preparação técnica e na execução, de modo a aumentar as chances de sucesso de um projeto. Por meio do monitoramento e da padronização de processos, a organização consegue ter maior controle do ambiente de trabalho.

15.1.3 Aplicação

O Método de Análise e Solução de Problemas é utilizado para prevenir e corrigir falhas nos processos, facilitando a tomada de decisões. Entre suas diversas aplicações, destacam-se:

- Tratamento de não conformidades, avaliando apontamentos que não estão conforme os parâmetros previamente definidos, sejam eles legais, sejam eles estratégicos.
- Mitigar desvios que possam impactar a qualidade.
- Eliminar os problemas na causa raiz, por meio de ações preventivas e corretivas.

15.2 PASSO A PASSO PARA A IMPLEMENTAÇÃO DO MASP

15.2.1 Etapa 1 – Identificação do problema

É a fase responsável pela definição do escopo do projeto. Nela, devem conter as ações que serão feitas, a equipe que as desenvolverá, quanto o projeto vai custar, o prazo para fazer as atividades propostas e o objetivo a ser alcançado.

Nessa etapa, é importante que se tenha em mente a priorização dos problemas, para que seja possível definir claramente o escopo de qual problema será resolvido primeiro. A definição clara do problema, bem como do seu escopo, evita perda de tempo e recursos, pois diminui a necessidade de fazer mudanças ao longo de sua aplicação.

Um problema bem definido é um problema quase resolvido.

Art Smalley

Figura 15.1 Método MASP com base no ciclo PDCA.

Essa etapa propicia maior alinhamento entre o problema e as tarefas que serão executadas; com isso, o tempo e os recursos financeiro e intelectual são melhor utilizados.

Principais atividades
- Definir o problema.
- Analisar o histórico do problema.
- Levantar as perdas atuais.
- Avaliar os possíveis ganhos.
- Identificar os potenciais efeitos.

Ferramentas

Folha de Verificação, Diagrama de Pareto, Contrato de Projeto e Matriz GUT.

15.2.2 Etapa 2 – Análise do fenômeno (observação)

Na sequência, é feita uma investigação das características do problema. A segunda etapa é a responsável por coletar e analisar informações, as quais devem ser verificadas quanto a sua confiabilidade e validação.

Nessa fase é comum o ajuste na meta do projeto, pois agora o problema está mais definido e compreendido.

Principais atividades
- Buscar por especificidades do problema.
- Observar o local.
- Preparar os documentos.

Ferramentas

Folha de Verificação, Diagrama de Pareto e Estratificação.

15.2.3 Etapa 3 – Análise do processo

O foco dessa etapa é a identificação da causa raiz do problema. Dessa forma, ocorre a classificação das causas dos problemas da seguinte forma:

- **Causas influentes:** possíveis causas levantadas em um primeiro momento por meio de registros de ocorrências. É uma espécie de *brainstorming* das causas que podem ter ocasionado uma não conformidade.
- **Causas mais prováveis:** causas classificadas como mais prováveis entre as causas já levantadas (influentes).
- **Causas raízes:** causas a serem trabalhadas nas próximas fases, as quais são escolhidas após análise e verificação das causas mais prováveis.

Principais atividades
- Definir as causas mais influentes.
- Separar e analisar as causas mais prováveis.

Ferramentas

Diagrama de Causa e Efeito (*Ishikawa*), *Brainstorming*, 5 Porquês, Histograma e Gráfico de dispersão.

15.2.4 Etapa 4 – Plano de ação

Consiste na elaboração do plano de ação para eliminar as causas do problema que foram identificadas e priorizadas. O foco será as causas que geram maior impacto ao problema, as quais foram priorizadas na fase anterior.

Principais atividades
- Elaborar a estratégia de ação.
- Focar nas causas mais prováveis.

Ferramentas

Brainstorming, Diagrama de Pareto, Matriz de Custos, 5W2H e FMEA.

15.2.5 Etapa 5 – Execução do plano de ação

Essa etapa é focada em aplicar o plano de ação, e seu objetivo principal é bloquear as causas do problema. Dessa forma, é essencial treinar e capacitar os executores e criar reuniões participativas, apresentando as tarefas e as razões para que sejam executadas.

Principais atividades
- Apresentar claramente as responsabilidades de todos os envolvidos.
- Acompanhar e registrar os resultados (positivos e/ou negativos).
- Avaliar alterações necessárias durante o andamento do projeto.

Ferramentas

Gestão à vista e Gráfico de Gantt.

15.2.6 Etapa 6 – Verificação dos resultados

Assim que executado o plano de ação, é importante avaliar alguns pontos a fim de verificar se as ações tomadas foram feitas de maneira eficiente. Assim, essa etapa é responsável por verificar se os objetivos alcançados estão de acordo com o esperado.

Principais atividades
- Garantir a autenticidade das informações sobre a meta.
- Converter e comparar os ganhos financeiros gerados.
- Em caso de resultados insatisfatórios, certificar-se de que todas as ações foram implantadas.
- Se os resultados obtidos não foram como esperado, avaliar por que isso aconteceu e o que pode ser feito a fim de resolver essa disparidade.

Ferramentas

Gestão à vista, Gráfico sequencial, Histograma e Carta de Controle.

15.2.7 Etapa 7 – Padronização

Após a análise e a satisfação com os resultados, é importante garantir que os ganhos obtidos sejam padronizados na organização, ou seja, é necessário que os ganhos sejam mantidos visando à Melhoria Contínua.

Principais atividades
- Validar os resultados obtidos.
- Elaborar dispositivos e sistemas que previnam o retorno dos problemas.

Ferramentas

Procedimento Operacional Padrão (POP) e Fluxograma.

15.2.8 Etapa 8 – Conclusão

Nessa etapa é feita uma reunião com todos os envolvidos no processo de aplicação do método, a fim de analisar sua aplicação, bem como a proposta de novos projetos que envolvam o mesmo cenário do projeto aplicado.

Principais atividades
- Relacionar os problemas remanescentes.
- Mostrar quais resultados superaram as expectativas.
- Planejar a eliminação desses problemas.
- Reavaliar o que está pendente, fazendo a organização desses problemas para posterior aplicação de um MASP.
- Criar um relatório que contenha os resultados obtidos, a evolução deles, as lições aprendidas, os erros e as dificuldades na aplicação

Ferramentas

Diagrama de Pareto e Gráfico de Controle.

RESUMO

- O MASP é utilizado para prevenir e corrigir falhas nos processos, facilitando a tomada de decisões.
- A metodologia MASP apresenta oito passos para implementação:

  1 – Identificação do problema;

  2 – Análise do fenômeno (observação);

  3 – Análise do processo;

  4 – Plano de ação;

  5 – Execução do plano de ação;

  6 – Verificação dos resultados;

  7 – Padronização;

  8 – Conclusão.

- Os oito passos de implementação do MASP podem ser correlacionados ao ciclo PDCA da seguinte forma:
  - ✓ Os quatro primeiros passos do MASP ("Identificação do problema", "Análise do fenômeno", "Análise do processo" e "Plano de ação") referem-se à etapa "Planejar" (*Plan*) do PDCA.
  - ✓ O passo "Execução do plano de ação" do MASP refere-se à etapa "Fazer" (*Do*) do PDCA.
  - ✓ O passo "Verificação dos resultados" do MASP refere-se à etapa "Checar" (*Check*) do PDCA.
  - ✓ Os últimos dois passos do MASP ("Padronização" e "Conclusão") referem-se à etapa "Agir" (*Act*) do PDCA.
- Diversas ferramentas de Melhoria Contínua podem ser utilizadas para auxiliar na implementação do MASP, como Diagrama de Pareto, Folha de Verificação, *Brainstorming*, 5W2H, Carta de Controle, Fluxograma e FMEA.
- Como o MASP promove a melhoria da qualidade, consequentemente promove a melhoria na satisfação dos clientes.

REFERÊNCIAS BIBLIOGRÁFICAS

CANOSSA, S. *MASP*: Método de Análise e Solução de Problemas. 1. ed. São Paulo: Sercan Materiais Didáticos, 2010.

SMALLEY, A. *Quatro tipos de problemas*: da contenção reativa à inovação. São Paulo: Editora Lean Institute Brasil, 2019.

Capítulo 16

RELATÓRIO A3

OBJETIVOS DE APRENDIZAGEM

Ao final deste capítulo, será possível:
- Entender o que é o relatório A3 e como preenchê-lo.
- Identificar a relação entre o relatório A3 e o ciclo PDCA.
- Compreender os três escopos do relatório A3.
- Identificar os princípios e os elementos do relatório A3.

INTRODUÇÃO

Um dos maiores desafios para trabalhar dados está em conseguir compilar informações essenciais para a tomada de decisões. O *framework* A3 propõe uma alternativa visual para identificação e tratamento de problemas, de modo claro, sintetizado e de fácil acesso.

O A3 se inspira no PDCA, e corresponde a uma ferramenta *Lean* que auxilia na solução de problemas. Sua estrutura visual e concisa ajuda a garantir que todas as partes interessadas compreendam claramente o problema, as causas raízes e as soluções implementadas, promovendo um ciclo contínuo de melhoria.

A simplicidade é o mais alto grau de sofisticação.

Leonardo da Vinci

16.1 CONCEITOS

16.1.1 Definição

O relatório A3 busca reconhecer e propor a resolução de problemas, por meio da identificação da causa raiz de problemas, sua natureza e a gama de possíveis contramedidas.

A ideia do relatório A3 é apresentar todo o raciocínio, problema, processo e informações relevantes em um relatório do tamanho de uma folha A3. Quando as informações são formatadas desse modo, elas podem ser apresentadas rapidamente, e decisões importantes podem ser tomadas.

Os envolvidos no desenvolvimento do relatório A3 precisam relatar fatos, pesquisar e oferecer *feedbacks*, com o objetivo de construir um caminho claro de acompanhamento do problema antes que as ações iniciem. O relatório A3 não deve se basear em percepções ou achismos, e sim no que acontece no Gemba (chão de fábrica).

Ao analisar as etapas do relatório A3, observa-se que essas estão relacionadas ao ciclo PDCA, conforme apresentado na Figura 16.1, e há um grande enfoque na completa compreensão do problema – etapa de planejamento do PDCA.

16.1.2 Objetivos e benefícios

O relatório A3 é utilizado para identificar problemas e propor soluções sintetizadas. Corresponde a uma forma dinâmica de pensar, na qual as informações são organizadas e resumidas de modo claro e objetivo para atingir a meta estabelecida.

Entre os benefícios da utilização do relatório A3, destacam-se:

- ajuda a seguir um fluxo de pensamento;
- facilita a comunicação;
- estimula a aprendizagem;
- ajuda a concentrar no que realmente importa;
- soluciona problemas operacionais e organizacionais;
- apoia a liderança e a mentoria;
- gera consenso;
- planeja questões específicas e acompanha projetos;
- documenta o caminho percorrido até chegar às soluções.

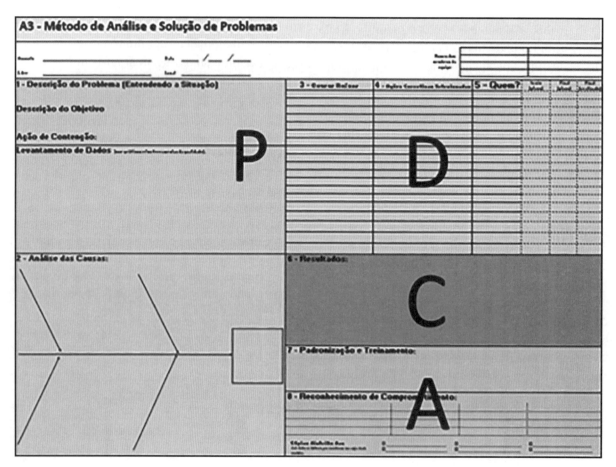

Figura 16.1 Relatório A3 e PDCA.

16.1.3 Escopo do relatório A3

A aplicação do relatório A3 ocorre em três escopos:
1. **Estratégico:** auxilia na tomada de decisão em alto nível e no desenvolvimento e no planejamento de negócios.
2. **Sistema:** tem um horizonte de tempo menor que o estratégico, atuando no nível de fluxo de valor e de projetos de melhoria operacional.
3. **Processo:** utilizado para promover a melhoria em um padrão de trabalho ou para certa solução de problemas.

16.1.4 Princípios do relatório A3

A seguir, são listados os princípios do relatório A3, enaltecendo suas potencialidades:
- **Ponto de vista sistêmico:** o relatório A3 é uma forma de solução de problemas que contempla todos os componentes para chegar na causa raiz do problema.
- **Foco em resultados e no processo:** desde a definição do escopo, o foco é no resultado, visto a definição de metas claras. Além disso, o relatório A3 também permite compreender uma situação que gera um problema, focando no processo que o causa.
- **Objetividade e simplicidade:** todos os processos ocorrem de maneira simples, estruturada e objetiva, não havendo necessidade de grandes investimentos.
- **Processo de raciocínio lógico:** na busca pelas causas raízes dos problemas, a proposição estruturada de alternativas e a construção de um plano de ação para agir diante dos problemas são feitas de maneira lógica.
- **Alinhamento com a equipe de projeto:** o relatório A3 é realizado com uma linguagem única e simples, possibilitando que todos da organização o compreendam. Assim, mesmo quem não sabe o que é um A3 é capaz de entendê-lo.

16.1.5 Aplicação

Existem diversas variações para a aplicação de um relatório A3, mas ele geralmente é estruturado conforme apresentado na Figura 16.2.

A seguir, será apresentado como cada campo do relatório deve ser preenchido.

1 – Título

Etapa na qual é definido um título para o problema ou melhoria a ser realizada.

2 – Contexto

Consiste em descrever o que se deseja resolver ou analisar, porque é relevante saber como isso afeta os objetivos da organização. Para tanto, é essencial ir ao local onde a inconformidade foi observada e analisar atentamente o problema. Por exemplo, se for no chão de fábrica (*gemba*), pode-se conversar com os envolvidos, visando obter informações sobre como e em quais condições o problema se manifestou.

Atividades

Nessa etapa, deve-se realizar as seguintes tarefas:
- definição do problema;
- resgate do histórico do problema;
- levantamento de perdas;
- análise de possíveis ganhos;
- identificação dos efeitos principais;
- geração de um documento.

Ferramentas

Para auxiliar no desenvolvimento dessas atividades, podem ser utilizadas as seguintes ferramentas:
- Folha de verificação.
- Carta de Controle.
- Diagrama de Ishikawa.

3 – Situação atual

Nessa etapa são utilizados meios de entender o comportamento do problema identificado nas etapas anteriores. Assim, não se deve economizar esforços para visualizar o contexto, de modo a utilizar fatos e datas para registrar o fenômeno observado.

Atividades

- Descrever o que está acontecendo.
- Utilizar fatos e datas ou até mesmo experiências anteriores similares.
- Apontar o local ou etapa do processo em que o problema acontece.

É preciso ser visual, utilizar gráficos e esboços ou inserir diagramas para fácil compreensão do que está sendo observado, de modo que qualquer pessoa leiga possa entender o problema. Ferramentas visuais são utilizadas para ajudar a ilustrar o processo atual, como as listadas a seguir.

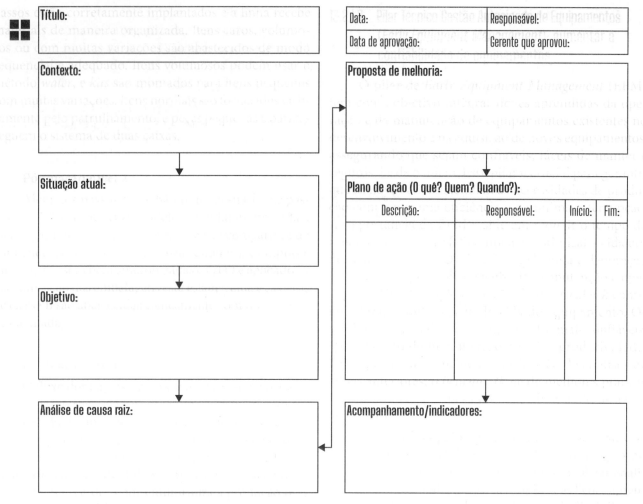

Figura 16.2 Modelo de relatório A3.

Ferramentas

- Histograma.
- Diagrama de Dispersão.
- Diagrama de Pareto.
- Fluxograma.

4 – Objetivo

Nessa etapa é definido o que será executado, quando o projeto será realizado e quais são os ganhos financeiros esperados. De acordo com os princípios do *Lean Manufacturing*, deve-se pensar nos objetivos e visualizar o estado ideal, visando evitar retrabalho e novas ocorrências do problema.

Atividades

- Estabelecer o objetivo a ser alcançado.
- Verificar se esse objetivo é realista.
- Determinar quando a meta será alcançada.
- Identificar como o objetivo será alcançado.

Ferramentas

- Método SMART.
- Fluxograma.
- Croqui, foto ou esboço do estado desejado.

5 – Análise de causa raiz

Após o recolhimento das informações, ocorre a verificação da relação entre a causa e o efeito que contribuiu com a criação do problema. Para tanto, é preciso identificar as causas raízes da inconformidade, pois se o problema for enfrentado imediatamente, somente serão tratados os sintomas. No entanto, essa é a superfície, e a causa raiz não será tratada.

É necessário investigar os motivos da ocorrência do problema; onde encontrar a verdadeira causa é o grande desafio para que a solução seja definitiva e eficaz.

Atividades

- Listar os principais problemas.
- Identificar a causa raiz.

- Determinar os motivos que levam à ocorrência do problema.

Ferramentas
- 5W2H.
- Diagrama de causa e efeito (Ishikawa).
- *Brainstorming*.

6 – Proposta de melhoria

Essa é a etapa para propor ideias para solucionar a inconformidade. Em muitas situações, boas ideias são abandonadas por não haver uma contramedida clara para sua implementação.

Atividades
- Listar todas as contramedidas.
- Definir o modo de ação dessas contramedidas.
- Especificar um responsável pelas atividades.

Ferramentas
- *Brainstorming*.
- 5W2H.

7 – Plano de ação

Por meio do plano de ação, são definidas as tarefas a serem executadas para realizar as contramedidas propostas, bem como os responsáveis por cada atividade e qual será a duração do projeto. Após ser aprovado, o plano de ação é executado, e, paralelamente, é necessário acompanhar as atividades para notar se estão ocorrendo desvios. Em caso positivo, é necessário retomar os esforços para descobrir o porquê, buscando novas ações corretivas.

Atividades
- Executar o plano de ação.
- Definir os responsáveis para cada atividade.
- Desenvolver um cronograma, com prazos de implementação do projeto.

Ferramentas
- Gráfico de Gantt.
- 5W2H.

8 – Acompanhamento/indicadores

Nessa etapa são definidos indicadores e/ou métricas para avaliar e validar a implementação do projeto, de modo a checar os resultados obtidos, padronizar o que deu certo, criar procedimentos operacionais padrão (POPs) e realizar ações corretivas em caso de desvios.

Para acompanhar os resultados, existem algumas situações clássicas pós-plano de ação que devem ser avaliadas, conforme apresentado na Figura 16.3. A primeira delas é a realização das ações e o alcance da meta. Isso significa que as ações foram efetivas, eficientes e que as atividades alcançaram os resultados pretendidos.

A segunda situação é quando as ações são realizadas e a meta não foi alcançada. Nesse caso, há um indício de que as ações não foram assertivas ou bem-definidas.

A terceira situação representa quando a meta foi alcançada, mas as ações não foram executadas, o que significa que os resultados não foram em função das ações realizadas, e sim de possíveis interferências externas que não haviam sido mapeadas anteriormente.

A quarta situação é quando a meta não foi alcançada e as ações não foram executadas, o que pode demonstrar falta de engajamento, orientação e motivação das pessoas na execução das ações planejadas.

		Meta alcançada?	
		Sim	Não
Ações executadas?	Sim	Projeto efetivo	Rever planejamento
	Não	Possível alteração do mercado/executar as ações planejadas	Executar as ações

Figura 16.3 Análise dos resultados da implantação do relatório A3.

Atividades
- Definir indicadores ou métricas para avaliar a implementação.
- Checar os resultados obtidos.
- Padronizar os resultados que deram certo.
- Criar POPs.
- Realizar ações corretivas em caso de desvios.

Ferramenta
- Controle Estatístico de Processo (CEP).

16.2 DICAS PARA UM RELATÓRIO A3 EFICAZ

- Seja visual: use gráficos, diagramas e imagens para complementar o texto.

- Foco na causa raiz: certifique-se de que a análise de causa raiz é completa e precisa.
- Mensure resultados: defina indicadores claros para medir o sucesso das ações.
- Revisão e *feedback*: revise o relatório com a equipe e *stakeholders* para garantir a precisão e a viabilidade das soluções.
- Documentação contínua: atualize o Relatório A3 conforme as ações são implementadas e os resultados são obtidos.

RESUMO

- O relatório A3 é usado para identificar inconformidades e propor soluções em somente uma das faces de uma folha de papel, de modo resumido e de fácil compreensão.
- As etapas do relatório A3 estão relacionadas com o ciclo PDCA, em que 80% do tempo deve ser usado na completa compreensão do problema – etapa de planejamento do PDCA.
- Há três escopos de aplicação do relatório A3: estratégico, sistema e processo. O escopo estratégico auxilia na tomada de decisões de alto nível. O sistema atua no nível de fluxo de valor e de projetos de melhoria operacional. Já o processo é usado quando se deseja a melhoria de um padrão de trabalho ou para certa solução de problemas.
- Entre os principais elementos e potencialidades do relatório A3, destacam-se: ponto de vista sistêmico, foco em resultados e no processo, objetividade e simplicidade, processo de raciocínio lógico e alinhamento com a equipe de projeto.
- O relatório A3 é composto de oito campos: título, considerações iniciais, situação atual, objetivo, análise, proposta de melhoria, plano de ação e acompanhamento/indicadores.

REFERÊNCIAS BIBLIOGRÁFICAS

SOBEK, D.; JIMMERSON, C. *Relatório A3*: ferramenta para melhorias de processos. Tradução de Diogo Kosaka. São Paulo: Lean Institute Brasil, 2016.

SUAREZ, G. *A3 da Toyota na Prática*: guia detalhado com casos reais. 2. ed. [S. l.: s. n.], 2019.

Capítulo 17

FERRAMENTA 5G

OBJETIVOS DE APRENDIZAGEM

Ao final deste capítulo, será possível:
- Entender o que é a ferramenta 5G.
- Compreender o surgimento, os objetivos e os benefícios da aplicação da ferramenta 5G.
- Entender como aplicar cada etapa do 5G, identificando sua importância diante da Melhoria Contínua.

INTRODUÇÃO

Para empresas que buscam alcançar o nível de classe mundial da manufatura, é preciso tomar decisões com base em fatos e dados validados de forma prática e teórica. Nesse sentido, a aplicação da ferramenta 5G garante que as informações sejam fundamentadas e que os tomadores de decisão coletem dados direto da fonte para identificar inconformidades.

A ferramenta 5G proporciona a compreensão detalhada e precisa da situação real no local de trabalho. As decisões se baseiam em observações diretas e em dados reais, em vez de suposições ou relatórios secundários, e facilita a identificação das causas raízes dos problemas e a implementação de soluções eficazes.

A ferramenta apresentada neste capítulo (5G) ajuda a incentivar a participação dos trabalhadores, que frequentemente têm o melhor conhecimento prático do processo.

Genchi Genbutsu (現地現物)
(Vá e veja por si mesmo).
Taiichi Ohno

17.1 CONCEITOS

17.1.1 Definição

A Ferramenta 5G, também conhecida como 5 *Genchi Genbutsu*, é um conceito importante no *Lean Manufacturing* e na metodologia *Lean* Seis Sigma, que se concentra na obtenção de uma compreensão profunda e prática de uma situação, incentivando os líderes e profissionais a "ir e ver" o local onde o trabalho é feito.

17.1.2 Objetivos e benefícios

O objetivo do 5G é restaurar as práticas mais eficazes e adequadas dos processos de um sistema produtivo, visando garantir o cumprimento de normas. Assim, é necessário ir até o posto de trabalho e verificar como os processos estão acontecendo, e, em seguida, fazer uma análise crítica para determinar quais tarefas são mais eficazes nos processos do sistema produtivo.

Sua aplicação permite uma compreensão detalhada e precisa da situação real no local de trabalho, baseando as decisões em observações diretas e dados reais, em vez de suposições ou relatórios secundários. O 5G facilita a identificação das causas raízes dos problemas e a implementação de soluções eficazes, além de incentivar a participação da liderança e da equipe operacional.

O 5G também é importante para o envolvimento dos líderes na compreensão dos processos que são executados no chão de fábrica. Esse engajamento coletivo causa um efeito de onda, motivando os colaboradores a dar o seu melhor para solucionar os problemas e atingir suas metas.

Além disso, essa ferramenta garante a aquisição de fundamentos teóricos dos processos, despertando o senso crítico ao comparar o que está ocorrendo na prática. Se as atividades estão ocorrendo de modo divergente do que a teoria direciona, é essencial que o gestor entenda o motivo dessa diferença, traçando um plano de ação. Assim, ao estudar a teoria, tanto colaboradores quanto gestores se tornam especialistas nos processos, de modo a garantir o desenvolvimento pessoal, um princípio muito valorizado no *Lean Manufacturing*.

17.1.3 Aplicação

A aplicação da ferramenta 5G deve se basear em dados e fatos reais, evitando suposições, considerando o respeito a todos os envolvidos, sem culpar os operadores pelos problemas. É importante garantir que os líderes e membros da equipe estejam treinados na metodologia e registrar todas as observações, dados e *insights* coletados para aprendizados futuros. Além disso, é importante que ocorram visitas regulares ao *Gemba* para monitorar o progresso e identificar novas oportunidades de melhoria. As etapas da ferramenta 5G são conhecidas por *Gemba, Gembutsu, Genjitsu, Genri* e *Gensoku*, conforme apresentado na Figura 17.1.

17.1.3.1 *Gemba* 現場

O termo "*Gemba*" significa "o lugar real", e na gestão *Lean Manufacturing*, significa "o local mais importante para um time", onde a entrega de valor realmente acontece. O *Gemba* é utilizado para orientar os gestores a entender a necessidade de irem ao chão de fábrica e acompanhar as atividades executadas.

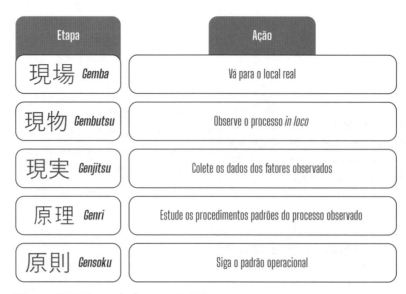

Figura 17.1 Etapas da ferramenta 5G.

Geralmente, inconformidades no chão de fábrica são comunicadas aos cargos de liderança por meio de declarações técnicas dos operadores. Porém, informações podem sofrer alterações conforme passam de uma pessoa para outra, e para que essas falhas na comunicação não ocorram e evitar planos de ações ineficazes, é essencial que o gestor vá ao chão de fábrica.

O simples fato de o gestor ir até o chão de fábrica para analisar o problema, incentiva os operadores a resolvê-lo, trazendo um impacto positivo para a organização, que vai além da melhoria do processo em si.

Taiichi Ohno, considerado o pai da produção *Just in Time*, desenvolveu o conceito de *Gemba walk*. Ao propor tal conceito, Ohno ofereceu a oportunidade de executivos deixarem suas rotinas diárias e dirigirem-se ao chão de fábrica, de modo a construir relações com os funcionários, baseadas na confiança mútua.

Há três elementos importantes do *Gemba walk*:

1. **Vá e veja:** o principal propósito do *Gemba walk* é que líderes de cada nível devem caminhar regularmente pelo chão de fábrica, de modo a se envolver na identificação de desperdício.
2. **Pergunte por quê:** um dos objetivos do *Gemba walk* é explorar a cadeia de valor detalhadamente e localizar inconformidades por meio da comunicação ativa. O bom líder está ansioso para ouvir, em vez de somente falar.
3. **Respeite as pessoas:** o *Gemba walk* não é uma "inspeção do chefe"; assim, apontar dedos e culpar as pessoas jamais devem ser feitos. Seu objetivo não é julgar e rever resultados, e sim colaborar com o time e encontrar problemas de modo colaborativo. Deve-se focar na identificação de pontos fracos do processo, não de pessoas.

17.1.3.2 *Gembutsu* 現物

O *Gembutsu* se conecta muito com o primeiro senso (*Gemba*) e significa "coisa real". O gestor precisa ter uma observação dos postos de trabalho e enxergar os problemas com os próprios olhos, tocando-os com as próprias mãos, sem ficar esperando por atualizações em seu escritório.

O objetivo do *Gembutsu* é que os tomadores de decisão de uma empresa tenham um conhecimento de primeira mão, o qual só é possível adquirir indo a campo. Esse senso foca mais nas peculiaridades, ou seja, nos detalhes que estão ocorrendo, visando tratar especificamente de um problema relacionado a um equipamento ou produto. Para isso, podem ser considerados dias de integração na fábrica, participação no processo de produção, entre outros.

Quando você caminha pela Fábrica, deve procurar algo que possa fazer pelas pessoas. Você não tem uma função no chão de Fábrica se estiver lá simplesmente por estar. Você precisa sair em busca de mudanças possíveis para o bem das pessoas que trabalham lá.

Taiichi Ohno

17.1.3.3 *Genjitsu* 現実

Genjitsu significa "fatos" e refere-se ao entendimento da realidade, sugerindo a obtenção de dados quantitativos de todos os processos, visando ao embasamento para desenvolvimento de planos de ação. Agindo dessa forma, há uma redução das chances de desperdícios e falhas, visto que ao tomar decisões sem se fundamentar em dados, as chances de cometer erros aumentam, gerando retrabalho.

Na busca pela excelência operacional, retrabalhos não são tolerados; portanto, determinar indicadores para quantificar perdas e desperdícios facilitam o gestor a entender a dimensão do problema, além de evitar a tomada de ação que não atue na causa raiz da inconformidade.

17.1.3.4 *Genri* 原理

Genri significa "teoria" e visa criar um entendimento robusto do processo analisado. Antes de desenvolver ações de melhoria, é fundamental ter um conhecimento teórico para melhor entendimento de como os equipamentos, máquinas e processos são executados. É preciso cruzar os dados levantados na fase anterior com o conhecimento teórico, estudando procedimentos e normas existentes para analisar sua pertinência e se realmente são aplicáveis.

Um exemplo dessa etapa é estudar o manual dos equipamentos para que seja possível entender se os problemas estão ocorrendo por não ter seguido recomendações do manual. Além disso, é necessário estudar os procedimentos padrão dos processos e compará-los com os dados coletados, a fim de identificar a causa da falha.

Para estruturar a análise de dados, deve-se seguir os passos descritos abaixo (ferramentas como Excel e Power BI podem suportar nestas atividades):

1. coletar dados;
2. agrupar dados por tópicos;
3. utilizar uma ferramenta para correlacionar dados;
4. montar gráficos com informações fornecidas pela correlação;
5. interpretar os gráficos de acordo com o sistema analisado;
6. montar um relatório de análise.

17.1.3.5 Gensoku 原則

O último passo significa "padronização", no qual são definidas as boas práticas e utilizado o senso de disciplina para treinar, aplicar e manter os procedimentos padronizados.

Ao identificar que o problema está na operação do funcionário, é preciso que o líder não enxergue isso como um erro suscetível à punição. Deve-se buscar entender o porquê o operador não está agindo conforme o procedimento padrão, e na sequência, uma maneira de ajudá-lo a aperfeiçoar suas atividades. Por fim, é preciso restabelecer o procedimento e continuar trabalhando para que a falha não volte a acontecer.

Seja a mão que ajuda, não o dedo que aponta.
Claudiana Duarte de Souza

RESUMO

- A ferramenta 5G surgiu do WCM e se fundamenta em cinco passos de validação de processos, utilizada para analisar inconformidades. As etapas são: *Gemba*, *Gembutsu*, *Genjitsu*, *Genri* e *Gensoku*.
  - ✓ *Gemba* é o local em que o problema ocorre. Taiichi Ohno (pai da produção *Just in Time*) desenvolveu o conceito de *Gemba walk*, oferecendo a oportunidade de executivos "deixarem" suas rotinas diárias e dirigirem-se ao chão de fábrica, construindo relações com os funcionários.
  - ✓ *Gembutsu* consiste em examinar materiais envolvidos no problema, a fim de fundamentá-lo por meio de atividades como integração na fábrica e participação no processo produtivo.
  - ✓ *Genjitsu* é a descrição quantificada e precisa do problema, visando ao embasamento para desenvolvimento de planos de ação. Desse modo, indicadores que quantificam desperdícios e perdas facilitam o gestor no entendimento da dimensão do problema.
  - ✓ No *Genri*, os dados levantados na fase anterior são cruzados com o conhecimento teórico, de modo a estudar procedimentos e normas existentes para verificar sua pertinência e aplicabilidade.
  - ✓ No *Gensoku*, ocorre a padronização da operação, em que são definidas as boas práticas e é utilizado o senso de disciplina para aplicar, treinar e manter os procedimentos que trouxeram resultados positivos à organização.

REFERÊNCIAS BIBLIOGRÁFICAS

CINTRA, G. A.; OLIVEIRA, M. A. *Aplicação de ferramentas Lean Manufacturing no processo produtivo*: estudos de casos múltiplos em empresas do segundo setor. 1. ed. Curitiba: Appris, 2021.

WOMACK, J. *Gemba Walks*. 2nd ed. Boston: Lean Enterprise Institute, Inc., 2011.

Capítulo 18

MÉTODO DMAIC E DMAIC ÁGIL

OBJETIVOS DE APRENDIZAGEM

Ao final deste capítulo, será possível:
- Compreender o que é o método DMAIC e como essa abordagem auxilia no processo de Melhoria Contínua.
- Identificar as cinco etapas do DMAIC e entender como implementá-las.
- Entender a relação entre as etapas do método DMAIC com as fases do ciclo PDCA.
- Compreender o que é o DMAIC Ágil.
- Diferenciar o DMAIC tradicional do DMAIC Ágil.
- Compreender como o DMAIC Ágil pode auxiliar na obtenção de resultados.

INTRODUÇÃO

O DMAIC é o *framework* mais adotado para a execução de projetos *Lean* Seis Sigma. Representa um método estruturado para identificar, analisar e eliminar defeitos ou ineficiências de processos, visando aprimorar a qualidade e a eficiência operacional. Esse *framework* promove uma cultura de Melhoria Contínua, capacitando equipes a enfrentarem desafios de modo eficiente e proativo.

Assim como a maior parte dos sistemas de gestão, o DMAIC se inspira do PDCA e utiliza ferramental estatístico, unindo várias ferramentas tradicionais de controle da qualidade. Este capítulo apresenta esse método, bem como sua derivação: o DMAIC Ágil, que também utiliza princípios e técnicas do *Lean* Seis Sigma (LSS) e foca na execução do projeto, de forma iterativa e incremental.

Quem não mede, não gerencia. Quem não gerencia, não melhora.
Joseph M. Juran

18.1 CONCEITOS

18.1.1 Método DMAIC: definição

O DMAIC é uma maneira sequencial e estruturada para resolver problemas. Um passo a passo que investe fortemente na etapa de planejamento, de modo a compreender todas as variáveis importantes para um problema e, assim, tomar ações mais assertivas e geradoras de resultados.

O DMAIC descreve uma linha de raciocínio que permite uma análise técnica e precisa de todo o problema. Essa sequência lógica se divide em cinco passos de execução, conforme apresentado na Figura 18.1: Definir, Medir, Analisar, Melhorar (do inglês, *Improve*) e Controlar.

18.1.2 Objetivos e benefícios

O DMAIC oferece uma estrutura clara para uma abordagem sistemática com o objetivo de resolver problemas complexos. Este método se baseia em dados concretos para tomada de decisões, promovendo uma cultura de Melhoria Contínua e assegurando que tais melhorias sejam mantidas ao longo do tempo.

Essa estruturação do DMAIC permite uma análise técnica e precisa de todo o problema, de modo a evitar conclusões precipitadas, além de permitir a atuação direta na causa raiz. Ademais, o método DMAIC incentiva o uso de métricas e análises estatísticas, fornecendo dados valiosos para serem utilizados em processos de tomada de decisão.

18.1.3 Aplicação

Rama Shankar, especialista em DMAIC, salienta que esse método pode ser aplicado em processos em que se deseja melhorar continuamente. A utilização do DMAIC não precisa ser feita apenas quando uma empresa apresenta um problema, visto que este pode ser utilizado para fomentar o cenário competitivo por meio da Melhoria Contínua.

Junto ao PDCA, o método DMAIC é considerado uma das principais formas de pensamento estruturado em análises sistêmicas e técnicas para resolução de problemas.

18.1.4 Relação entre o método DMAIC e o ciclo PDCA

Assim como o PDCA, o DMAIC é um ciclo de Melhoria Contínua, que descreve o passo a passo a ser seguido ao longo do projeto. Dessa maneira, é possível estabelecer uma relação entre as ferramentas, conforme apresentado na Figura 18.2.

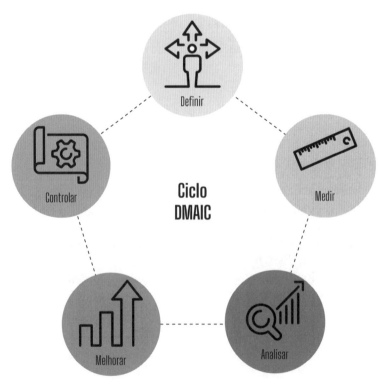

Figura 18.1 Etapas DMAIC.

18.2.1 D – Definição

Thomas Pyzdek, autor norte-americano e consultor de gestão, conhecido como defensor da excelência operacional, destaca que na etapa de Definição é preciso determinar quais oportunidades vão fornecer a maior recompensa pelos esforços em um projeto.

Entre as atividades dessa etapa, tem-se a compreensão do estado atual dos processos de acordo com várias métricas, identificando se os dados são relativamente estáveis ou se há discrepâncias, se as estatísticas estão de acordo com o esperado, e quais são as conclusões diante das distribuições estatísticas.

Nesta etapa, ocorre a definição do problema a ser resolvido, a análise da Voz do Consumidor (VOC) para identificação de suas necessidades e o desenvolvimento do Contrato de Projeto, que é um documento que formaliza o projeto de melhoria e tem informações como a equipe envolvida, o escopo do projeto, o cronograma e os indicadores.

Essa etapa é responsável pelas atividades descritas a seguir.

Atividades

- Definição do tema do projeto.
- Definição do escopo do projeto, incluindo a equipe responsável por seu desenvolvimento.
- Determinação de Objetivos e Resultados-Chave (OKRs) e Indicadores-chave de Desempenho (KPIs).
- Definição da meta global, por meio da análise dos dados e da observação da situação presente e do passado histórico.
- Elaboração do cronograma, levando em consideração a duração de cada tipo de projeto.
- Determinação do *baseline* e dos *assumptions*.
- Definição da equipe e dos *stakeholders* envolvidos no projeto.
- Sumarização das informações previamente recolhidas no Contrato de Projeto.

É fundamental que esse passo inicial seja feito com muita atenção, pois seus resultados irão nortear todo o desenvolvimento do projeto. Dessa forma, as perguntas a seguir podem orientar essa etapa.

Perguntas de orientação

- Qual é o problema ou oportunidade que estamos tentando resolver?
- Quem são os clientes e quais são suas necessidades e expectativas?
- Quais são os objetivos do projeto?

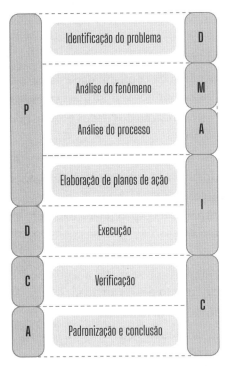

Figura 18.2 Comparação entre os ciclos PDCA e DMAIC.

Conforme apresentado na Figura 18.2, é possível fazer algumas análises:

- O DMAIC descreve uma fase de planejamento mais detalhada.
- Enquanto no ciclo PDCA a identificação do problema, a análise do fenômeno e do processo e a elaboração do plano de ação são ações realizadas na fase P (Planejamento), no método DMAIC esses processos são desdobrados em mais etapas.
- O desdobramento dos processos, descritos anteriormente, em mais etapas no método DMAIC permite maior aprofundamento em cada uma delas, tornando possível uma melhor compreensão do problema e um planejamento mais eficiente.
- Há várias semelhanças entre o PDCA e o DMAIC, e, por esse motivo, há quem considere o DMAIC uma evolução do PDCA. No entanto, o DMAIC tem um viés mais estatístico, pautado em indicadores de *performance*, sendo mais utilizado em Seis Sigma.

18.2 ETAPAS DO DMAIC

A seguir, serão apresentadas as atividades de cada etapa do método DMAIC.

- Quem fará parte da equipe do projeto e quais serão seus papéis e suas responsabilidades?
- Qual é o impacto esperado do projeto?

Fluxograma

A Figura 18.3 apresenta o fluxograma dessa etapa, resumindo em um passo a passo o que deve ser realizado durante essa fase.

18.2.2 M – Medição

Pyzdek destaca que essa fase é responsável pela verificação da confiabilidade e da informação. Para isso, o autor salienta que para atingir os propósitos e afirmar que as informações são confiáveis, é preciso que estas sejam provenientes de mais de uma fonte confiável. Pode-se dizer que a informação é válida se esta abranger suficientemente a área de interesse, representando precisamente os processos.

A ideia dessa etapa é analisar com mais profundidade o problema definido na fase anterior. Shankar destaca que a proposta da fase de Medição é reunir uma linha de base de informação sobre o processo que necessita de melhoria. A linha de base de informação sobre o processo é usada para melhor entender o que está acontecendo no processo, quais são as expectativas do cliente e onde estão os problemas.

Dessa forma, a análise proposta nessa etapa é feita com a ajuda da estatística quantitativa, mas também se entende o processo por meio de um mapeamento, que pode auxiliar a descobrir onde o problema definido na etapa anterior ocorre. Essa etapa é fundamental para que se tenha um profundo conhecimento sobre o problema e para começar a se aproximar de possíveis causas, principalmente aquelas que geram mais impacto nos resultados finais.

Essa etapa é responsável pelas atividades descritas a seguir.

Atividades

- Análise da confiabilidade da base de dados e busca por novas informações, se necessário.
- Estratificação dos dados e análise do histórico deles.
- Análise do Sistema de Medição (MSA).
- Identificação das causas potenciais que geram o problema.
- Análise da capabilidade e da *performance* dos processos.

As perguntas apresentadas a seguir podem orientar no desenvolvimento dessas atividades.

Perguntas de orientação

- Quais são as métricas e os dados relevantes que precisamos coletar?
- Como será realizado o mapeamento do processo atual?
- Quais são as fontes de variação no processo atual?
- Como garantimos a precisão e a confiabilidade dos dados coletados?
- Quais são as metas de desempenho atuais e históricas?

Fluxograma

A Figura 18.4 apresenta o fluxograma dessa etapa, resumindo em um passo a passo o que deve ser realizado durante essa fase.

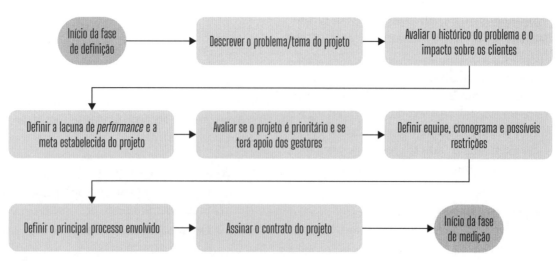

Figura 18.3 Passo a passo simplificado da fase de Definição.

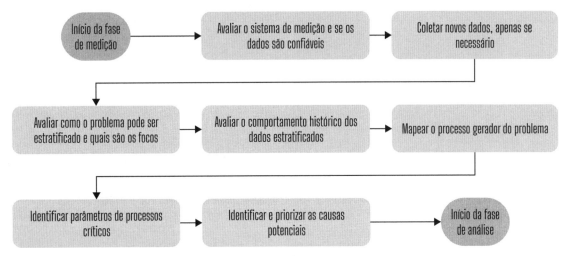

Figura 18.4 Passo a passo simplificado da fase de Medição.

18.2.3 A – Análise

A etapa de Análise ajuda a melhor entender a relação entre causa e efeito no processo, ou seja, identificar quais fatores de entrada exercem influência na saída. Nessa etapa é essencial filtrar os fatores de entrada, retirando os insignificantes por meio do desempenho de análises estatísticas dos dados coletados.

Essa fase tem um papel crucial no andamento geral do projeto, pois nela acontece a comprovação de que a causa escolhida na etapa anterior de fato perturba o processo, comprometendo o resultado do indicador. Além disso, essa etapa finaliza a parte de planejamento que teve início na etapa de Definição do método DMAIC.

Pyzdek apresenta dois passos para a análise do processo que leva à solução do problema. São eles:

1. **Pensamento divergente:** etapa em que são levantadas o máximo possível de soluções para os problemas, lançando uma ampla rede de alternativas.
2. **Pensamento convergente:** etapa na qual é identificada a melhor alternativa, convergindo para uma solução.

Essa etapa é responsável pelas atividades descritas a seguir.

Atividades

- Identificação das causas raízes que afetam o processo de forma mais significativa e geram variabilidade no resultado de interesse.
- Com as informações reunidas nas etapas anteriores, é possível comprovar essas causas com fatos e dados, utilizando gráficos, análises estatísticas e ferramentas qualitativas.
- Analisar os dados estatisticamente, por meio de correlação e regressão de dados.

Perguntas de orientação

Para avaliar as causas potenciais, pode-se fazer os seguintes questionamentos:

- Quais são as causas raízes do problema?
- Quais padrões ou tendências emergem dos dados coletados?
- Quais hipóteses podem ser testadas para validar as causas raízes identificadas?
- Quais são os pontos de maior impacto no processo?
- Como priorizamos as causas raízes para a ação corretiva?

Fluxograma

A Figura 18.5 apresenta o fluxograma dessa etapa, resumindo em um passo a passo o que deve ser realizado durante essa fase.

18.2.4 I – Melhoria

O foco da etapa de Melhoria é transformar as análises realizadas nas fases anteriores em soluções práticas que possam resolver os problemas identificados. Após definir claramente os problemas, medir o desempenho do processo e analisar suas causas raízes, a fase de Melhoria se concentra na busca e na implementação de soluções eficazes.

Figura 18.5 Passo a passo simplificado da fase de Análise.

Nesta etapa, há o desafio de garantir que as melhorias sejam sustentáveis a longo prazo. Isso implica em desenvolver sistemas e processos que não apenas implementem as melhorias, mas que também as mantenham e as aprimorem continuamente.

Essa etapa é responsável pelas atividades descritas a seguir.

Atividades

- Proposição, priorização e execução de soluções adequadas para cada causa raiz estudada e comprovada na etapa anterior.
- Verificação dos impactos e dos resultados obtidos com as melhorias implementadas.
- Medição dos ganhos financeiros gerados pela implementação do plano de ação.

Perguntas de orientação

- Quais são as possíveis ações de melhoria identificadas para resolver as causas raízes?
- Quais critérios serão utilizados para selecionar a melhor solução?
- Como será implementado o plano de ação?
- Como garantimos que as melhorias serão sustentáveis?
- Como mediremos o impacto das melhorias implementadas?

Fluxograma

A Figura 18.6 apresenta o fluxograma dessa etapa, resumindo em um passo a passo o que deve ser realizado durante essa fase.

18.2.5 C – Controle

A etapa de controle é considerada a mais crítica de um projeto *Lean* Seis Sigma. O objetivo desta etapa é garantir a manutenção dos resultados obtidos com o projeto. Para tanto, é necessário usar uma série de ferramentas e métodos a fim de assegurar que as mudanças serão mantidas. O maior desafio neste momento está no envolvimento e treinamento de pessoas em novos hábitos, ferramentas e modos de trabalho. Shankar resume essa etapa da seguinte maneira: "Controlar todos os fatores de entrada significativos que influenciam a saída".

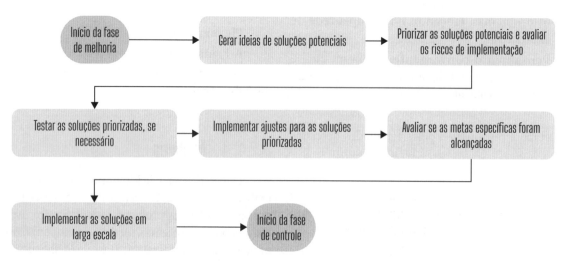

Figura 18.6 Passo a passo simplificado da fase de Melhoria.

Essa etapa é responsável pelas atividades descritas a seguir.

Atividades

- Monitoramento dos resultados alcançados após a implementação e execução do plano de ação.
- Criação e/ou utilização de mecanismos e ferramentas de controle que sustentem os resultados atingidos.

Perguntas de orientação

- Quais controles serão implementados para garantir a manutenção das melhorias?
- Como monitoraremos o desempenho do processo após as melhorias?
- Quais planos de contingência estarão em vigor caso o desempenho comece a decair?
- Como comunicaremos e treinaremos os funcionários nas novas práticas?
- Como documentaremos o projeto e as lições aprendidas?

Porém, é importante não ser passivo nessa etapa: se o resultado não foi como o esperado, é feito um ajuste. Do contrário, se o objetivo foi alcançado, é importante transformar em um padrão, de modo a colher os resultados a longo prazo.

Fluxograma

A Figura 18.7 apresenta o fluxograma dessa etapa, resumindo em um passo a passo o que deve ser realizado durante essa fase.

O Anexo E apresenta uma tabela complementar, apresentando os objetivos principais, as atividades e ferramentas e as perguntas-chave feitas em cada etapa do DMAIC.

18.3 DMAIC ÁGIL

18.3.1 Definição

O DMAIC Ágil é a metodologia que une os preceitos advindos do LSS às diretrizes do *Scrum*. Nessa abordagem ágil, o ciclo se mantém com as mesmas cinco etapas (Definir, Medir, Analisar, Melhorar e Controlar), porém existem algumas mudanças em relação ao ciclo tradicional.

Com o DMAIC Ágil é possível desenvolver projetos LSS de maneira mais rápida e intensa, fazendo entregas iterativas e incrementais. Os resultados obtidos por essa abordagem ágil são resultados bastante satisfatórios e com alto patamar de excelência.

Por meio da Figura 18.8, é possível perceber como ocorre o ciclo DMAIC Ágil. É importante ressaltar que as ferramentas utilizadas para o desenvolvimento de projetos com essa abordagem são as mesmas ferramentas já conhecidas e advindas do LSS. Por isso, para executar projetos com a abordagem DMAIC Ágil, é importante que exista um conhecimento das ferramentas comumente usadas para projetos puramente LSS.

18.3.2 Ciclo DMAIC tradicional × ciclo DMAIC Ágil

Por meio da Figura 18.9, é possível identificar que o ciclo DMAIC Ágil apresenta a fase de Melhoria já nas etapas

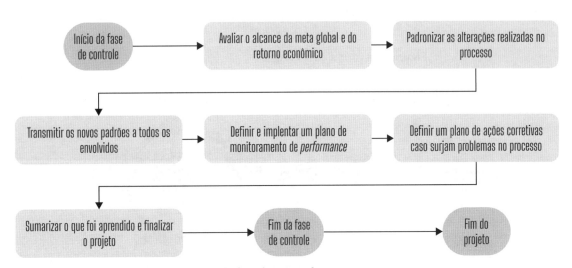

Figura 18.7 Passo a passo simplificado da fase de Controle.

de Medição e Análise do método tradicional. Ainda que essas etapas ágeis possam ser chamadas de melhoria, suas designações normais são mantidas, porém é preciso ter em mente que durante o ciclo DMAIC Ágil, melhorias incrementais são feitas ao longo do ciclo desde a segunda etapa. Isso faz com que o retrabalho diminua, além de proporcionar um ganho quanto ao tempo de execução do projeto.

Ao analisar a Figura 18.9, é possível compreender que existem três etapas de entregas bem-definidas. No ciclo DMAIC Ágil, por se tratar de uma metodologia ágil e se basear nos preceitos de entregas iterativas e incrementais, as melhorias podem ser feitas durante todo o projeto, e não é necessário esperar para depois melhorar. Entretanto, a etapa já conhecida como melhoria será a etapa específica para a melhoria relacionada às causas raiz priorizadas e comprovadas.

Nessa metodologia, a equipe pode ser correlacionada a um time, visto que todos os envolvidos estão dispostos a se ajudar para alcançar o objetivo final. Sendo assim, é essencial que ocorra a imersão da equipe para a solução do problema.

18.3.3 Cinco etapas ágeis

Na primeira etapa do DMAIC Ágil, não existe grande diferença para o DMAIC tradicional, pois é nessa fase que serão definidos o tema, a equipe, a meta, o cronograma e o problema que será trabalhado.

Entretanto, esse cronograma é flexível, pois já na etapa de Medição ágil, sua entrega principal é a priorização das causas potenciais, visto que nem sempre é possível trabalhar em todas as causas encontradas e no desdobramento da meta. No ciclo DMAIC Ágil, a meta é desdobrada em objetivos menores e, ao alcançá-los, a meta principal também é atingida. Portanto, a soma dos objetivos menores corresponde à meta principal.

A etapa de Análise ágil é marcada pela comprovação das causas priorizadas na etapa anterior. Muitas vezes, nem todas as causas podem ser comprovadas e, quando isso ocorre, apenas as causas comprovadas – seja de forma qualitativa, seja de forma quantitativa – são trabalhadas. Já a etapa de Melhoria ágil é composta da proposta de ações de melhoria, bem como de sua priorização e

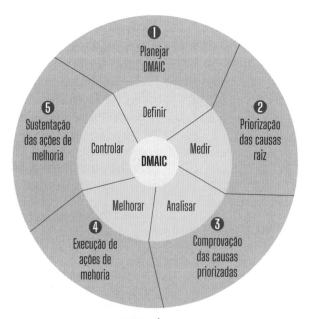

Figura 18.8 Ciclo DMAIC Ágil.

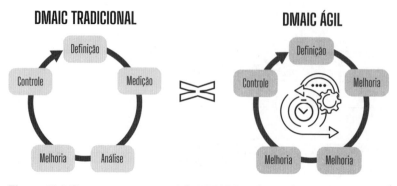

Figura 18.9 Comparação entre o ciclo DMAIC tradicional e o ciclo DMAIC Ágil.

implementação. Assim como as causas potenciais encontradas na segunda etapa, é preciso priorizar quais ações de melhoria de fato serão implementadas.

A etapa de Controle visa, sobretudo, definir estratégias para que as melhorias executadas na etapa anterior se mantenham ao longo do tempo, além de monitorar como essas melhorias impactaram o processo. É válido ressaltar que todas essas entregas descritas por cada etapa apresentam ferramentas conhecidas para sua aplicação adequada, ferramentas advindas do LSS.

18.3.4 Etapas em *sprints*

Quando se trata dos diferenciais dessa metodologia em relação à tradicional, alguns pontos devem ser destacados:

- As etapas são feitas em *sprints*. Apenas quando a entrega da *sprint* é feita, ela pode ser finalizada.
- O desdobramento da meta feito na etapa de Medição ágil influencia no tempo de execução do projeto.
- As etapas de Análise, de Melhoria e de Controle são feitas em uma única *sprint* para cada objetivo menor desdobrado.
- Duração média das *sprints*: a Definição ágil apresenta uma *sprint* de 2 semanas; a etapa de Medição ágil, de 2 a 3 semanas; e as etapas de Análise, Melhoria e Controle ágil apresentam uma *sprint* de 2 semanas por meta desdobrada.

A Figura 18.10 complementa os tópicos apresentados anteriormente, contemplando o início da etapa de Controle ágil.

Por meio da Figura 18.10 é possível compreender que as etapas de Definição e Medição ágeis apresentam, para cada uma delas, uma *sprint*. A partir do desdobramento da meta na etapa de Medição ágil, tem-se uma *sprint* para cada meta desdobrada, composta das etapas de Análise, Melhoria e Controle ágeis.

18.3.5 A escolha da melhor metodologia

É natural que após a apresentação de diversas metodologias, surjam dúvidas: qual é a melhor? Quando utilizar cada?

A escolha por uma determinada metodologia faz parte de uma estratégia ampla de envolvimento de pessoas e da criação de uma cultura organizacional única. A liberdade para inovar, criar novas práticas e adotar novos formatos é essencial para o desenvolvimento de uma cultura de Melhoria Contínua. Por isso é sempre importante avaliar o contexto e o foco em resultado.

Uma falha comum do especialista em Melhoria Contínua está em utilizar a ferramenta inadequada para a solução de problemas. A verdade é que não existe metodologia melhor ou pior, e sim a que mais se enquadra para resolver determinada situação. O especialista deve ter em mente que a metodologia e as ferramentas são um meio para a melhoria, nunca um fim. Observe a Figura 18.11.

Para tratar problemas simples e com solução conhecida, é importante pensar em ações de execução imediata. Essas iniciativas são ações dinâmicas destinadas a resolver problemas de baixa complexidade e com resultados visíveis no curto prazo, que não requerem uma análise profunda ou mudanças sistêmicas no processo. São ideais para situações em que a rapidez na implementação é crucial e os recursos disponíveis são limitados.

Para problemas com solução rápida, recomenda-se a adoção de MASP, *Kaizen* ou PDCA (*Plan-Do-Check-Act*). São projetos caracterizados por seu ciclo contínuo de planejamento, execução, verificação e ação. O PDCA é ideal em ambientes nos quais é possível implementar pequenas mudanças, monitorar os resultados e realizar ajustes conforme necessário.

Em problemas com solução conhecida e foco na eliminação de desperdícios, recomenda-se a realização de Projetos *Lean*, que utilizam várias ferramentas e técnicas para identificar e eliminar atividades que não agregam

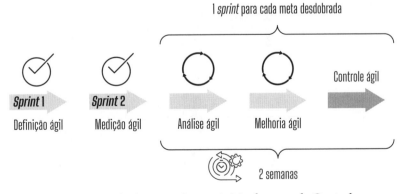

Figura 18.10 Etapas ágeis em *sprints* no início da etapa de Controle.

valor ao produto ou serviço final. Esta abordagem é ideal para processos que necessitam de melhorias significativas em termos de eficiência operacional.

Para problemas com causa desconhecida, utiliza-se o *Lean* Seis Sigma (DMAIC). Nele os projetos *Lean* Seis Sigma combinam a eliminação de desperdícios com a redução da variabilidade. É ideal para problemas complexos que necessitam de uma solução estruturada a fim de eliminar desperdícios e reduzir variabilidade, resultando em melhorias significativas e sustentáveis.

Já para desenvolver um novo produto, serviço ou processo recomenda-se a utilização de Projetos DFSS (*Design for Six Sigma*), que têm foco no *design* ou *redesign* de produtos e processos. Esta abordagem é ideal para o desenvolvimento de novos produtos ou processos nos quais a qualidade e a eficiência precisam ser garantidas desde o início. Ao criar um novo produto que deve atender a especificações rigorosas do cliente, um projeto DFSS ajuda a garantir que todas as necessidades sejam atendidas a partir do princípio, minimizando retrabalhos e garantindo a qualidade.

Cada uma dessas metodologias tem suas próprias características e é mais adequada para contextos específicos. Avalie sempre a natureza do problema, a urgência da solução, os recursos disponíveis e os objetivos estratégicos da organização na escolha da metodologia certa.

A próxima parte deste livro vai guiá-lo para se tornar um especialista em solucionar problemas de origem desconhecida por meio do detalhamento e da execução de projetos seguindo o passo a passo do *framework* DMAIC.

RESUMO

- O método DMAIC apresenta cinco etapas para a execução de um projeto de melhoria: Definição, Medição, Análise, Melhoria e Controle.
- O método DMAIC é um método estruturado e sequencial, que utiliza ferramentas estatísticas e não estatísticas para promover a melhoria de processos.
- Existe uma relação entre o DMAIC e o ciclo PDCA; o DMAIC é desdobrado em etapas mais detalhadas, permitindo maior compreensão acerca do problema.
- O DMAIC Ágil é uma metodologia que une os preceitos advindos do LSS às diretrizes provenientes do *Scrum*, *framework* das metodologias ágeis.
- O DMAIC Ágil apresenta a fase de Melhoria já nas etapas de Medição e Análise do método tradicional.
- Ainda que as etapas de Medição e Análise ágeis possam ser denominadas "etapas de Melhoria", suas nomenclaturas originais são mantidas para fazer a diferenciação. Na etapa de Melhoria ágil especificamente, as otimizações são relacionadas às causas potenciais priorizadas e comprovadas nas duas etapas anteriores.
- A etapa de Definição ágil é semelhante à sua etapa original, porém o cronograma nesta abordagem é flexível, justamente por se tratar de uma metodologia ágil. Já a etapa de Medição ágil é caracterizada pelo desdobramento da meta em metas menores e pela priorização das causas raiz.
- Esse desdobramento influencia na quantidade de *sprints* das próximas etapas, pois, para cada meta desdobrada, as etapas de Análise, Melhoria e Controle ágeis vão compor uma *sprint*.

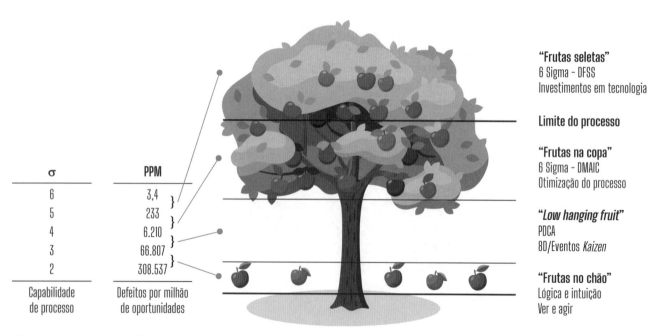

Figura 18.11 Seleção de *frameworks*.

REFERÊNCIAS BIBLIOGRÁFICAS

PYZDEK, T. *The Six Sigma Project Planner*: a step-by-step guide to leading a Six Sigma Project through DMAIC. New York: McGraw-Hill, 2003.

SHANKAR, R. *Process Improvement Using Six Sigma*: a DMAIC guide. Milwaukee: ASQ Quality Press, 2009.

SOUZA JUNIOR, A. P. *QP Summit*: imersão completa na cultura de qualidade e produtividade de grandes empresas. QP Summit, Grupo Voitto, 2019.

Parte IV

EXECUÇÃO DE UM PROJETO LEAN SEIS SIGMA: ETAPA DE DEFINIÇÃO

A partir de agora, você será guiado em um passo a passo para solucionar problemas de origem desconhecida com o framework DMAIC. A primeira etapa é a Definição de um Projeto *Lean* Seis Sigma.

A etapa de Definição é o começo da jornada, na qual são estabelecidos fundamentos claros e concisos, delineado o problema, e definidas metas mensuráveis. Essa etapa é fundamental para garantir que o projeto seja direcionado para a solução efetiva dos problemas e para que sejam estabelecidas metas claras e atingíveis. Com uma etapa de Definição detalhada, é possível ter um entendimento claro do problema e estabelecer uma abordagem eficaz para a melhoria dos processos.

A seguir, são apresentadas as principais perguntas a serem respondidas e tarefas a serem realizadas durante essa etapa:

- Qual é o problema ou oportunidade que estamos tentando resolver?

  Identifique e descreva claramente o problema ou oportunidade de melhoria, incluindo o escopo e os limites do projeto.

- Quem são os clientes e quais são suas necessidades e expectativas?

  Determine quem são os clientes (internos e externos) do processo e compreenda suas necessidades, expectativas e requisitos.

- Quais são os objetivos do projeto?

  Defina metas claras e mensuráveis (SMART: Específicas, Mensuráveis, Atingíveis, Relevantes e com Prazo) que o projeto deve alcançar.

- Quem fará parte da equipe do projeto e quais são seus papéis e responsabilidades?

  Forme uma equipe multidisciplinar e atribua papéis e responsabilidades específicos a cada membro.

- Qual é o impacto esperado do projeto?

  Avalie os benefícios esperados, como melhorias na qualidade, redução de custos, aumento da satisfação do cliente etc.

Existem algumas ferramentas que facilitam cada etapa desse passo a passo; primeiramente, é essencial ouvir a Voz do Clientes, a qual deve embasar os processos futuros. Para garantir o comprometimento da equipe durante todo o processo e para formalizar todas as informações definidas nessa etapa inicial, é muito importante a elaboração do contrato do projeto, um documento que contém o local de ocorrência do problema, os indicadores que serão utilizados para medir o andamento da solução, a equipe envolvida, o cronograma, o escopo e uma identificação da base de dados que vai servir como fonte de informação ao longo do projeto. A Figura Parte IV.1 representa o caminho percorrido para identificação de projetos de melhoria. Os projetos devem traduzir a necessidade da empresa em melhorar o nível dos seus processos. Eles devem estar alinhados com o desdobramento das métricas e objetivos da áreas, da análise de mapa da cadeia de valor dos processos ou da avaliação de impacto da iniciativa sobre o EBITDA da empresa.

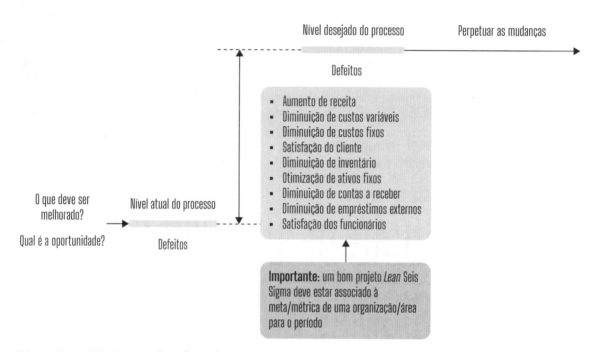

Figura Parte IV.1 Etapas e benefícios de um projeto *Lean* Seis Sigma.

Os capítulos que compõem a Parte IV são:
Capítulo 19 – Definição do problema e planejamento do projeto
Capítulo 20 – Voz do Consumidor
Capítulo 21 – Ferramentas de Planejamento e Definição

Por meio do QR Code, você terá acesso a arquivos para praticar as ferramentas propostas na etapa de Definição.

uqr.to/1ul68

Capítulo 19

DEFINIÇÃO DO PROBLEMA E PLANEJAMENTO DO PROJETO

OBJETIVOS DE APRENDIZAGEM

Ao final deste capítulo, será possível:
- Entender como identificar projetos *Lean* Seis Sigma (LSS).
- Compreender como definir metas, o escopo do projeto, os Objetivos e Resultados-chave (OKRs) e os Indicadores-chave de Desempenho (KPIs).
- Entender como determinar o *baseline* e os *assumptions*.
- Compreender como determinar a equipe de trabalho (líder, PMO e demais envolvidos), bem como os *stakeholders* do projeto.
- Aprender as sete etapas para desenvolver um contrato de projeto.

INTRODUÇÃO

A etapa de planejamento é uma das mais importantes do processo de execução de projetos *Lean* Seis Sigma (LSS), pois permite estabelecer metas e objetivos, bem como o escopo, o cronograma e o orçamento (*business case*). Durante essa etapa, é importante identificar e avaliar os riscos, definir as suposições (*assumptions*) e desenvolver uma estratégia para garantir que o projeto seja bem-sucedido.

Definir metas claras e mensuráveis é fundamental para o sucesso de um projeto. Elas devem estar alinhadas aos objetivos de negócios da empresa e ser realistas e alcançáveis dentro do escopo, do cronograma e do orçamento. Além disso, o desenvolvimento de contratos claros e detalhados é importante para garantir que todos os *stakeholders* tenham entendimento claro sobre as expectativas, as responsabilidades e as condições do projeto.

Planejamento não garante nada. Mas sem planejar, o nada é praticamente garantido.

Thielle Felix

19.1 COMO IDENTIFICAR PROJETOS

Para definir qual problema ou oportunidade será trabalhada na metodologia LSS, é fundamental compreender como identificar um bom projeto. Algumas fontes e indicadores para identificar potenciais projetos LSS são os seguintes:

- indicadores de volume de produção;
- produtividade ou desperdícios;
- problemas referentes à variabilidade de processos ou à qualidade dos produtos;
- custos que exercem alto impacto no orçamento da empresa;
- reclamações e resultados de pesquisas realizadas junto a clientes internos e externos;
- resultados de estudos de *benchmarking*;
- oportunidades para melhoria de produtos ou processos com elevado volume de produção;
- oportunidades identificadas a partir do mapeamento de processos ou mapeamento do fluxo de valor.

Após criar um banco de ideias de projetos LSS, o próximo passo consiste em priorizá-las avaliando o impacto de cada potencial projeto sobre os objetivos estratégicos da empresa. A seguir, são apresentados alguns exemplos de projetos que estão relacionados aos objetivos estratégicos empresariais.

- oportunidades de melhoria de processos para reduzir a variabilidade e aumentar sua capacidade;
- problemas referentes à qualidade do produto;
- custos significativos para o orçamento da empresa;
- indicadores com baixo desempenho referentes a desperdícios e produtividade;
- reclamações e sugestões recorrentes de clientes e/ou colaboradores;
- oportunidades observadas após estudos de *benchmarking*.

O Quadro 19.1 apresenta algumas características de um bom projeto LSS.

A lista de potenciais projetos a serem desenvolvidos deve resultar do desdobramento das métricas e objetivos de diversas áreas e da análise da cadeia de valor dos processos. A Figura 19.1 contempla a matriz esforço × impacto para priorização de projetos *Lean* Seis Sigma. Os projetos e oportunidades altamente desejáveis apresentam alto índice de impacto, com baixo esforço; e os projetos e oportunidades indesejáveis apresentam alto esforço e baixo impacto.

A seguir, são apresentados exemplos de projetos LSS para diferentes setores.

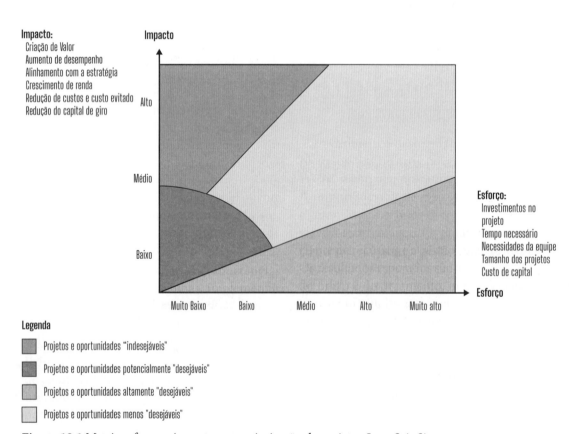

Figura 19.1 Matriz esforço × impacto para priorização de projetos *Lean* Seis Sigma.

O tema do projeto se relaciona aos objetivos estratégicos da empresa e pode ser trabalhado na rotina no dia a dia
Idealmente, o escopo do projeto permite sua conclusão em 3 a 4 meses para o *Green Belt* e em 4 a 6 meses para o *Black Belt*
Impacto significativo na performance da organização, ganho de qualidade e, principalmente, ganho financeiro
Possui uma base de dados confiável e um indicador mensurável, sendo possível quantificar os resultados
Existe uma lacuna de performance entre o valor atual do indicador e o desejado
As soluções necessárias para eliminar o problema não são conhecidas ou não são óbvias para a Organização

Quadro 19.1 Características de um bom projeto *Lean* Seis Sigma

1. Manufatura

Redução de defeitos no processo de soldagem: projeto focado em diminuir a taxa de defeitos nas soldas em uma linha de produção de peças automotivas.

Otimização do Tempo de Troca de Ferramentas (SMED): iniciativa para reduzir o tempo de *setup* em máquinas de produção, aumentando a flexibilidade e a eficiência.

Redução de desperdícios no processo de pintura: projeto para identificar e eliminar desperdícios no processo de pintura de produtos, a fim de aperfeiçoar o uso de materiais e o tempo de ciclo.

2. Serviços de saúde

Redução do tempo de espera em Pronto-Socorro: projeto para reduzir o tempo médio de espera dos pacientes em emergências hospitalares.

Melhoria da precisão na administração de medicamentos: iniciativa para diminuir os erros na administração de medicamentos aos pacientes.

Otimização do fluxo de pacientes em cirurgias eletivas: projeto focado em aprimorar a programação e o fluxo de pacientes para cirurgias eletivas, reduzindo cancelamentos e atrasos.

3. Serviços financeiros

Redução de erros em processamento de faturas: projeto para minimizar erros no processamento de faturas de clientes, a fim de aumentar a eficiência e a satisfação do cliente.

Otimização do processo de concessão de crédito: iniciativa para diminuir o tempo necessário de análise e aprovação de créditos.

Redução do tempo de resposta no atendimento ao cliente: projeto para elevar a eficiência do atendimento ao cliente em operações bancárias, encurtar o tempo de resposta e aumentando a satisfação.

4. Logística e cadeia de suprimentos

Otimização da gestão de inventário: projeto para reduzir o excesso de estoque e aprimorar a acuracidade dos inventários, a fim de evitar rupturas e excessos.

Melhoria do processo de entrega ao cliente: iniciativa para diminuir o tempo de entrega de produtos aos clientes, aperfeiçoando a logística e o atendimento.

Redução de custos de transporte: projeto focado em otimizar rotas e modos de transporte para abrandar custos logísticos sem impactar o nível de serviço.

5. Setor de Tecnologia da Informação (TI)

Redução de defeitos em *software*: projeto para melhorar a qualidade do código, diminuindo o número de *bugs* e falhas em softwares lançados.

Otimização do processo de desenvolvimento ágil: iniciativa para elevar a eficiência das *sprints* em metodologias ágeis, aumentando assim a produtividade da equipe de TI.

Melhoria no tempo de resolução de incidentes de TI: projeto para encurtar o tempo médio de resolução de incidentes críticos, aprimorando o suporte técnico

Rama Shankar, autora especialista no método DMAIC, apresenta uma ferramenta que pode auxiliar a identificar um possível problema a ser resolvido, denominada "*Cost of Quality*" (COQ, em português, "Custo de Qualidade").

A autora salienta que o COQ aloca os custos incorridos pelas atividades da empresa em duas categorias: custo da conformidade e custo da não conformidade. O primeiro, também conhecido como custo de boa qualidade (*Cost Of Good Quality* - COGQ), pode ser dividido em custos associados a atividades de avaliação e prevenção. Os custos de avaliação estão relacionados às atividades de revisão de documentação, inspeção e calibração. Já os custos de prevenção estão relacionados a atividades como validações, treinamentos e planejamento.

Os custos de não conformidade podem ser divididos em custos relacionados a falhas internas e externas, e são conhecidos como custo de baixa qualidade (*Cost Of Poor Quality* - COPQ). Esses custos estão associados à falha em atender aos requisitos do cliente; normalmente, os custos de erro interno são reprocessamento e retrabalho, enquanto os custos externos se referem a concessões, devoluções e reclamações.

Para melhor compreensão de como identificar possíveis projetos LSS, será apresentado um exemplo prático, no qual algumas situações que necessitam de melhorias em uma metalúrgica serão propostas e, por meio dessa análise, possíveis projetos LSS serão identificados.

EXEMPLO PRÁTICO

Uma empresa metalúrgica que produz lâminas de aço para a indústria automobilística está enfrentando desafios em sua operação. O gestor de Melhoria Contínua da empresa solicitou uma reunião com a alta administração para avaliar potenciais projetos e registrou os seguintes problemas:

1. os operadores da produção têm cometido erros na documentação dos relatórios diários;
2. os resultados do indicador de geração de sucata aumentaram nos últimos 3 meses;
3. o consumo de energia elétrica aumentou;
4. a produtividade das duas principais linhas de produção variou além dos limites especificados pela empresa.

Para abordar esses problemas, foram identificados os seguintes projetos LSS potenciais:

- redução de erros no preenchimento dos relatórios de produção;
- redução da quantidade de sucata gerada por tonelada de produto final;
- redução do consumo de energia elétrica (kWh) por tonelada de produto acabado;
- redução da variabilidade na produtividade das duas principais linhas de produção.

19.2 DEFINIÇÃO DE METAS, ESCOPO, OKRS E KPIS

19.2.1 Metas

Em relação à definição de metas, pode-se usar como referência os ensinamentos de Vicente Falconi, consultor em gestão, escritor brasileiro e reconhecido pela American Society for Quality como "Uma das 21 vozes do Século 21".

Falconi destaca que todos os diretores, gerentes e supervisores devem ser treinados para determinar, em suas respectivas áreas de trabalho, as suas lacunas de *performance*; essas lacunas correspondem à diferença entre o valor atual de um indicador e um valor ideal. A meta é estabelecida dentro da lacuna, considerando recursos disponíveis, a capacidade de ser alcançada e de direcionar e estimular os envolvidos na busca pelos resultados. Uma meta deve ser factível, desafiadora e mensurável.

Nos projetos LSS, geralmente a meta é escrita com objetivo, valor e prazo, por exemplo:

- reduzir a quantidade de sucata gerada para 25 kg/t até dezembro de 2036;
- reduzir o *turnover* de 9,5 para 4,8% em 6 meses.

A Figura 19.2 apresenta os componentes para definição das metas de um projeto LSS.

É importante definir uma meta que seja realista para o contexto do projeto e da organização, pois metas muito altas podem ser difíceis de serem alcançadas, o que pode resultar em desmotivação da equipe responsável pela realização do projeto.

Para melhor compreensão e assimilação sobre o conceito de metas, dois exemplos serão apresentados a seguir.

19.2.2 Escopo

Antes de elaborar o contrato do projeto, é importante definir claramente qual o seu escopo, ou seja, o que será realizado.

Além do escopo do projeto, há o escopo do produto, conceitos que não podem ser confundidos. Enquanto o escopo do projeto identifica o trabalho que será feito no projeto, o escopo do produto aponta recursos, características, requisitos, funcionalidades e especificações que devem ser seguidos no produto ou serviço do projeto.

Figura 19.2 Componentes para definição de metas.

EXEMPLOS PRÁTICOS

Exemplo 1

Uma empresa metalúrgica produz lâminas de aço para a indústria automobilística. Os resultados do indicador de geração de sucata estão, em média, 45 kg/t do produto final. Recentemente, a empresa comprou informações de mercado e percebeu que o concorrente trabalha com o mesmo indicador, em torno de 15 kg/t. Esses dados foram coletados por meio de um processo de *benchmarking*, no qual os concorrentes do mesmo ramo empresarial foram analisados, a fim de identificar oportunidades de melhoria.

Qual deve ser a meta para um projeto LSS de redução de sucata gerada na metalúrgica?

Dados:

- *Performance* **atual:** 45 kg/t;
- **Benchmarking:** 15 kg/t;
- **50% da lacuna de *performance*:** 0,50 × (45 kg/t – 15 kg/t) = 15 kg/t;
- **Meta:** produção atual – 50% da lacuna = (45 kg/t – 15 kg/t) = 30 kg/t.

Assim, a meta é reduzir a geração de sucata de uma média de 45 kg/t para 30 kg/t, em um período de 4 meses.

Exemplo 2

Uma grande empresa de *outsourcing*, com mais de 7 mil funcionários em cinco cidades do Sudeste, realizou um levantamento anual de sua produção. Por meio desse, foi possível analisar que o *turnover* da empresa é de 9,5% e que cada ponto percentual (p.p.) representa um custo de R$ 120.000,00.

Recentemente, a empresa contratou um diretor com anos de experiência no segmento de telefonia, que definiu como *benchmarking* um *turnover* anual de 2,5%.

Qual deve ser a meta para um projeto LSS de redução de índice de *turnover*? Qual seria o ganho financeiro do projeto baseado na meta estipulada?

- *Performance* **atual:** 9,5%;
- **Benchmarking:** 2,5%;
- **50% da lacuna de *performance*:** 0,50 × (9,5% – 2,5%) = 3,5%;
- **Meta:** *turnover* atual – 50% da lacuna = (9,5% – 3,5%) = 6%.

Assim, a meta é reduzir o *turnover* anual da empresa de 9,5 para 6% em um período de 12 meses.

Observa-se que esse prazo é de 12 meses, pois o indicador estabelecido foi um indicador anual.

Além disso, o ganho financeiro pode ser calculado da seguinte forma:

3,5 p.p. × R$ 120.000,00

Portanto, o ganho financeiro é de R$ 420.000,00.

Exemplo: Projeto de desenvolvimento de um *software*

- **Escopo do produto:** o *software* precisa conter 100 itens no seu menu principal, três tutoriais com as principais operações, 400 arquivos de ajuda no formato XML, testes dos sistemas operacionais e testes de usabilidade em um departamento piloto na empresa.
- **Escopo do projeto:** concepção, desenvolvimento, testes, piloto em um departamento da empresa e homologação de uma versão 2.0 do *software*.

Para definição do escopo do projeto, pode ser utilizado o Diagrama Fora Dentro, apresentado na Figura 19.3.

O Diagrama Fora Dentro tem como objetivo estabelecer, junto à equipe, o que será feito no projeto, bem como quem estará envolvido. Na parte de dentro, são colocados os elementos que farão parte do projeto, ou seja, o que o projeto engloba. Já a parte de fora contempla elementos que não farão parte do projeto.

Essa ferramenta auxilia diante do melhor dimensionamento do projeto LSS e, por meio dela, é possível estabelecer as diretrizes do projeto, respeitando o prazo existente e os elementos dispostos dentro do planejamento. Caso a demanda necessite de um novo item que está fora do escopo, um novo projeto pode ser feito posteriormente.

Fora
<Elementos que não farão parte do projeto>
<Podem envolver fatos limitantes ou barreiras>

Dentro
<Elementos que farão parte do projeto>
<Podem envolver fatores limitantes ou barreiras>

Fora
<Elementos que não farão parte do projeto>
<Podem envolver fatores limitantes ou barreiras>

Figura 19.3 Diagrama Fora Dentro.

19.2.3 OKRs

O OKR (do inglês *Objectives and Key Results*) é uma metodologia de organização dos objetivos e resultados-chave de uma empresa, que podem ser compreendidos da seguinte maneira:

- **Objetivos (O):** devem ser claros e diretos, definindo onde a empresa deseja chegar; um bom objetivo serve como estímulo de desempenho para os funcionários.
- **Resultados-chave (KR):** responsáveis por determinar o quão próximo ou distante a empresa está do objetivo proposto. Para cada objetivo é recomendado ter de dois a cinco resultados principais, de modo a mensurar os parâmetros desejados pela empresa (Figura 19.4).

A seguir, são apresentadas as sete estratégias para definição de OKRs.

1 – Definição de metas

O primeiro passo é definir metas claras e atingíveis, com base no histórico e em dados da empresa.

2 – Priorização dos objetivos mais relevantes

Após a definição das principais metas, devem ser estabelecidos os objetivos mais relevantes para os próximos meses. Isso fará com que o trabalho seja subdividido em tarefas menores, motivando os funcionários no dia a dia para execução do processo.

3 – Estabelecimento de prazos

Essa fase do processo requer bastante planejamento para que não seja estabelecido um prazo muito longo nem muito curto, visto que um prazo apertado pode gerar desmotivação devido a um alto nível de estresse dos colaboradores, enquanto uma data muito longa faz com que os funcionários trabalhem com baixa produtividade.

4 – Divisão das tarefas

É necessário dividir as atividades de acordo com os conhecimentos de cada integrante, com suas formações, aptidões e preferências.

5 – Acompanhamento constante

O gestor deve fazer o acompanhamento constante do trabalho da sua equipe, realizando uma análise semanal completa de todo o trabalho realizado, possibilitando a realização de correções rápidas em caso de algum erro nos processos.

6 – Compartilhando os OKRs com todos os membros

Para que uma equipe atinja o sucesso, a transparência é essencial. Quando todos são informados sobre os rumos da empresa, cria-se o senso de pertencimento, resultando em melhor desempenho e produtividade.

7 – Avaliar o resultado e não o esforço

O esforço é algo essencial e que não deve ser deixado de lado. Porém, se há esforço sem resultado, é muito provável que o processo tenha alguma falha. Portanto, antes de mais nada, é preciso focar a atenção nas métricas, pois elas serão o norte para entender o funcionamento dos mecanismos da empresa.

19.2.4 KPIs

Os indicadores-chave de desempenho do negócio, chamados "KPIs" (do inglês *Key Performance Indicators*), são métricas que quantificam a *performance* de processos de acordo com os objetivos organizacionais.

Para que os KPIs sejam significativos em um projeto, é necessário entender o planejamento estratégico e definir metas que sejam compatíveis com os objetivos da

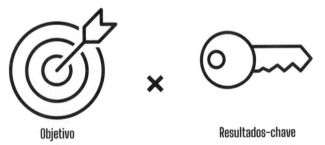

Figura 19.4 Determinação de OKRs.

organização. Assim, é possível direcionar os indicadores para a evolução dos resultados da empresa e torná-los referência para tomadas de decisões e criação de estratégias de melhoria, como é o caso dos projetos LSS. A Figura 19.5 apresenta essa abordagem.

Para projetos de Melhoria Contínua e LSS, compreender quais são os indicadores estratégicos do negócio é extremamente relevante, já que os projetos devem contribuir para os objetivos estratégicos da empresa e contar com o apoio da alta administração e dos demais gestores.

Portanto, é importante que o projeto seja orientado a um indicador de desempenho do negócio ou do objetivo estratégico. A Figura 19.6 apresenta alguns projetos que podem ser obtidos por meio de objetivos estratégicos da empresa baseados em indicadores de desempenho.

Como é possível observar nas Figuras 19.5 e 19.6, existem diferentes tipos de indicadores, e os principais são:

- **Indicadores de produtividade:** ligados à quantidade de entregas produtivas. Exemplo: hora/máquina.
- **Indicadores de qualidade:** relacionados à qualidade das entregas. Exemplo: número de avarias.
- **Indicadores de capacidade:** ligados à capacidade produtiva do processo. Exemplo: capacidade do maquinário.
- **Indicadores estratégicos:** referentes ao posicionamento estratégico da empresa. Exemplo: nível de satisfação dos clientes.

Os indicadores de desempenho são formas de medir e acompanhar a evolução dos resultados do negócio rumo à visão da empresa. Além disso, é comum observar o negócio sob as quatro perspectivas do *Balanced ScoreCard* (BSC), uma ferramenta utilizada para gestão estratégica.

Por meio dessa ferramenta é possível identificar as atividades que precisam ser realizadas a fim de atingir o objetivo desejado, além de permitir analisar se as ações realizadas estão voltadas para a estratégia definida. Essa ferramenta tem quatro perspectivas:

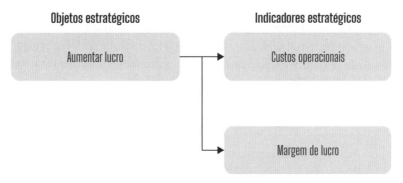

Figura 19.5 Objetivo estratégico e seus indicadores.

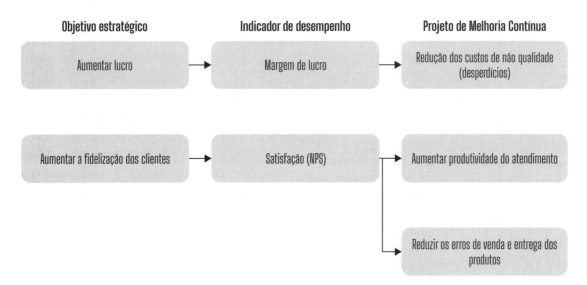

Figura 19.6 Traduzindo o objetivo estratégico em projetos de Melhoria Contínua.

- **Financeira:** relaciona-se com o sucesso financeiro, identificando a relação dos impactos das decisões estratégicas com as metas e indicadores utilizados. É necessário analisar o faturamento, a lucratividade e o aumento de valor organizacional.
- **Processos internos:** relaciona-se com a análise dos processos que geram maior impacto na empresa, visando melhorá-los. Verifica a necessidade de desenvolver novos processos, com o intuito de alcançar os objetivos e atender à demanda dos clientes. Na prática, essa perspectiva pode ser traduzida em indicadores como custo, produtividade, tempo de desenvolvimento e tecnologia.
- **Aprendizado e crescimento:** relaciona-se com a qualificação dos colaboradores a fim de que seus conhecimentos proporcionem o crescimento da empresa. É analisado ativos intangíveis, como engajamento, satisfação, capacitação e rotatividade de colaboradores.
- **Clientes:** relaciona-se com a satisfação do cliente; nesse momento, é analisado se o produto/serviço agrega valor, satisfazendo as necessidades dos clientes. É importante identificar os *stakeholders* e definir os resultados a serem avaliados, como satisfação, fidelização, aquisição, rentabilidade e participação de mercado.

A Figura 19.7 apresenta o esquema da ferramenta BSC e expõe as perguntas que podem ser feitas em cada perspectiva, a fim de expressar o objetivo individual de cada uma delas.

É possível compreender que essa metodologia é uma maneira de comunicar os objetivos estratégicos da empresa, de forma a enxergar a relação de cada um deles entre si e na organização como um todo.

Um ponto importante dessa ferramenta é que ela não foca apenas na visão financeira. Muitas vezes, a análise financeira pode ser vista como o único fator importante para se avaliar na organização, visto que o principal foco empresarial é a lucratividade. Porém, existe a necessidade do enfoque em outras áreas, principalmente quando existem pessoas nos processos, gerando a necessidade de contemplar suas necessidades e pretensões.

O termo "*Balanced*" origina-se do fato de que todas as perspectivas devem ser balanceadas, contendo uma quantidade e relevância de objetivos em cada campo. Percebe-se que as perspectivas estabelecem uma relação de causa e efeito, e seu objetivo pode ser resumido na seguinte frase: "Colaboradores sempre devem buscar **Aprendizagem e Crescimento** para evoluírem na execução de **Processos Internos**, ampliando a satisfação dos **Clientes** e garantindo o retorno **Financeiro** para a organização".

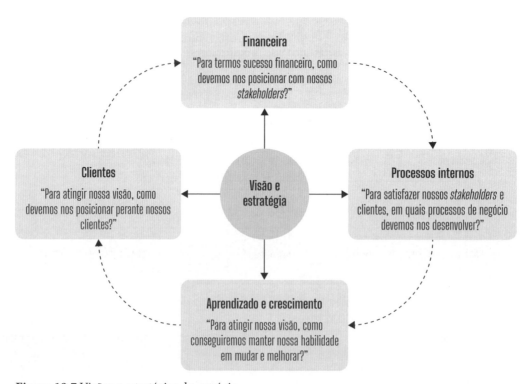

Figura 19.7 Visões e estratégias do negócio.

19.2.4.1 Principais métricas KPI

Cada tipo de negócio tem suas necessidades específicas, e uma métrica que é muito útil e recomendável para uma empresa pode não ser relevante para outra. Entretanto, existem algumas métricas que são mais abrangentes e capturam informações que são usuais para diversos ramos empresariais, as quais são apresentadas a seguir.

1 – Receita

A receita mensura quanto dinheiro entrou por meio da venda de produtos, serviços ou aplicações financeiras, garantindo uma comparação com as médias de mercado, de modo a permitir a identificação se é preciso investir mais em determinado setor.

Cálculo da receita

$$Receita: \sum faturamento\ no\ período\ analisado$$

2 – *Ticket* médio

O *ticket* médio é usado para medir o desempenho coletivo ou individual da equipe comercial e para identificar quais são os clientes mais importantes para a proposta de negócio. O *ticket* médio representa o valor da compra que cada cliente realiza em média, e é considerado uma das métricas mais importantes de um negócio. Quanto maior o valor do *ticket* médio, maior a satisfação dos seus clientes em relação ao seu produto ou serviço.

A palavra "*ticket*" refere-se ao valor gasto em uma compra. O *ticket* médio pode ser calculado em função do valor monetário das vendas totais de uma empresa dividido pelo número de vendas. O cálculo do *ticket* médio leva em conta o número de clientes e qual é o valor médio de suas compras em determinado período.

Cálculo do ticket médio

$$Ticket\ médio = \frac{Faturamento\ total}{Número\ de\ pedidos\ ou\ clientes}$$

3 – *Return on Investment*

Return on Investment ou retorno sobre investimento (ROI) é um indicador que mensura o retorno dos investimentos realizados. Assim, é possível identificar quais investimentos estão gerando mais retorno para a organização.

Cálculo do ROI

$$ROI: \frac{Receitas - custos}{Custos}$$

4 – Lucratividade

O lucro remete à parcela que a organização recebe do faturamento depois de descontar os custos. Já a lucratividade refere-se ao valor percentual que demonstra a rentabilidade do negócio, a partir de uma visão do quanto o faturamento oferece de retorno.

Quando uma empresa tem alta lucratividade, significa que o retorno do seu negócio é alto e que os esforços submetidos para isso estão na direção correta.

Cálculo da lucratividade

$$Lucratividade: \frac{Lucro\ líquido}{Receita\ total} \times 100$$

5 – Relatório de KPIs

O relatório KPI auxilia na identificação de tendências por meio de análises mais detalhadas e de *insights*, suportando a tomada de decisões. O primeiro passo para desenvolver o relatório é determinar para quem este é destinado e qual é o seu objetivo.

Diversas ferramentas têm a funcionalidade de criar relatórios personalizados de indicadores-chave de desempenho: para demonstrar o faturamento pode ser utilizado o *PowerBI*, e para apresentar os principais KPIs de andamento de um projeto, pode ser usado o *MS Project*. Além disso, os dados podem ser coletados de diversos lugares, com base no segmento da empresa, por exemplo, Google Analytics, SEMrush e ERPs.

Outro ponto fundamental é definir a frequência em que os relatórios devem ser feitos, para que ocorra o acompanhamento periódico dos dados. Também é essencial garantir que o relatório não contemple indicadores que não sejam relevantes para o objetivo, pois isso vai gerar sobrecarga com KPIs desnecessários. Em suma, o relatório deve ser claro e de fácil compreensão pelo público-alvo.

19.3 DETERMINAÇÃO DO *BASELINE* E *ASSUMPTIONS*

O *baseline* (linha de base) é uma medida de desempenho ou de sucesso e determina a capacidade de o projeto cumprir os requisitos conforme o planejado. Esse termo foi definido pelo Project Management Body of Knowledge (PMBOK), e representa uma "fotografia" do planejamento do projeto, ou seja, o ponto de partida definido ou a referência que engloba o orçamento, o escopo e o cronograma.

O PMBOK foi desenvolvido pelo Project Management Institute (PMI) e corresponde a um guia que oferece um direcional para o planejamento e a gestão de projetos. O PMI, originado no final da década de 1960 nos EUA, reuniu profissionais de gerenciamento de projetos para desenvolver um ambiente de *networking* e estabelecer boas práticas, códigos de ética na profissão e certificar profissionais da área de gerenciamento de projetos, os quais foram sintetizados no manual denominado PMBOK.

Segundo o PMBOK, as premissas (ou *assumptions*) representam um "fator do processo de planejamento considerado verdadeiro, real ou certo, sem necessidade de prova ou demonstração". Assim, o gerente do projeto manifesta suas premissas aos envolvidos no projeto para obter uma validação às suas suposições iniciais ou uma correção nas premissas que forem falsas.

São muito utilizadas no setor financeiro e de compras para prever oscilações de preços do mercado. Um exemplo no setor financeiro seria quando a companhia assume o dólar médio do período.

Premissas podem sofrer alterações durante o projeto e precisam ser monitoradas. Caso contrário, podem representar um risco para sua consecução.

A combinação do *baseline* e de *assumptions* ajuda a estabelecer uma base sólida para o planejamento e gerenciamento de projetos, possibilitando avaliar o progresso e ajustar a estratégia de negócio, se necessário.

19.4 DEFINIÇÃO DA EQUIPE

19.4.1 Líder

Um ponto muito importante no início de um projeto LSS é a escolha da equipe. Normalmente, uma equipe é formada por quatro a seis colaboradores, e o líder do projeto define claramente o papel de cada membro. Para ser o líder de uma equipe de alto desempenho, cinco fatores devem ser levados em conta, descritos a seguir.

Orientação e exemplo

Para que a orientação seja bem-sucedida, é essencial que o líder faça aquilo que está ensinando, pois ele é o espelho de toda a equipe. O mais importante nessa etapa é definir, em conjunto com o RH e os gestores, quais são as pessoas certas para compor a equipe de alta *performance* e estabelecer os melhores projetos, focando nos problemas críticos.

Construção de confiança

Saber quem são as pessoas da equipe, o que elas gostam e quais são seus objetivos pessoais e profissionais é uma forma de demonstrar que elas são especiais. Isso abre caminhos para a construção de um relacionamento de confiança, o qual fará com que cada membro da equipe se sinta parte do projeto.

Objetivos

Usando a relação de confiança já criada e entendido as peculiaridades de cada membro, o líder consegue estabelecer os objetivos de sua equipe de alta *performance*, em que a determinação de objetivos e metas é importante para manter o time motivado e na mesma direção.

Alinhamento

Definir as atividades de cada colaborador, bem como quando e onde serão executadas, são diretrizes necessárias para alinhar ações de sucesso. A execução requer um time resiliente, capaz de lidar com os desafios e superar as adversidades que surgem no caminho. Os processos se tornam menos complexos quando há uma implementação eficiente, alinhada ao perfil do grupo e à identidade da empresa.

Resiliência

É essencial o líder estar sempre preparado para eventuais mudanças no cenário, pois ainda que a equipe esteja no ápice do seu desempenho, não é descartável a possibilidade de contratempos, por exemplo, a saída de um membro importante.

Com as características explicitadas anteriormente, o líder é capaz de escolher e coordenar profissionais comprometidos e que tenham total domínio sobre o processo abordado. Tais qualidades previnem que ocorram falhas de comunicação, que são grandes responsáveis por fracassos em projetos.

Em contrapartida, o cliente também pode não se comunicar bem, e isso novamente causa prejuízo na entrega correta do produto/serviço desejado. Uma falha na comunicação pode fazer com que o produto seja projetado de forma distinta do desejado, e até mesmo aumentar o custo do projeto em razão das novas especificações.

Um dos grandes papéis dos líderes é a preocupação em relação à boa comunicação. Ela deixa clara as expectativas do cliente, que são fundamentais para a entrega de um produto/serviço de acordo com as especificações e as solicitações.

19.5 PROJECT MANAGEMENT OFFICE

O *Project Management Office* (PMO) é o setor responsável pela implementação e pela garantia da manutenção dos padrões do Gerenciamento de Projetos. O PMO proporciona otimização dos processos e controle das etapas de execução por meio da padronização de atividades de gestão de projetos, responsabilizando-se pela criação de metodologias a serem aplicadas ao gerenciamento, além de dar suporte aos gerentes e líderes dos projetos, disponibilizando ferramentas e orientações.

O PMO pode atuar na definição e no monitoramento de indicadores relacionados ao gerenciamento de projetos, e ainda assumir a gestão direta de parte dos projetos da companhia. Também podem atuar na Gestão do Portfólio de Projetos, o que inclui a realização de reuniões de acompanhamento com gerentes e líderes de projetos, de modo a acompanhar a evolução e gerar relatórios.

Segundo o PMBOK, há três tipos de PMO:

- **PMO de suporte:** tem um perfil consultivo e voltado para o *coaching*, e seu papel é fazer recomendações para o líder de projetos, apontando vantagens e desvantagens de cada ferramenta ou técnica e sugerindo o melhor caminho a ser seguido em cada projeto.
- **PMO de controle:** além de apoiar os líderes de projeto na condução das iniciativas, também é responsável por avaliar a conformidade dos projetos e verificar se a equipe está seguindo os modelos e usando as ferramentas e os processos de gestão de projetos.
- **PMO direto:** profissional que tem um grau de controle ainda maior do que o PMO de controle, visto que é responsável por direcionar recursos da organização para os projetos. É o PMO direto que escolhe quais líderes de projetos vão trabalhar em cada iniciativa e qual orçamento pode ser gasto.

19.5.1 Diferença entre líder de projetos e *Project Management Office*

É comum haver confusão quanto à denominação e à atribuição de tarefas das áreas de líder de projetos e de PMO. As diferenças entre essas áreas são apresentadas a seguir.

Atribuições do líder ou gerente de projetos

- Coordenar esforços visando atingir os objetivos específicos do projeto.
- Controlar os recursos do projeto dentro da estrutura da organização.
- Informar os envolvidos no projeto sobre seu desempenho.

Atribuições do PMO

- Coordenar esforços visando atingir a estratégia da corporação.
- Otimizar os recursos compartilhados entre todos os projetos da empresa.
- Disponibilizar informações consolidadas sobre os projetos que estão sob seu gerenciamento.
- Fornecer suporte ferramental e metodológico para os líderes de projetos.

O PMO também pode ser o líder de um projeto, por isso pode haver essa confusão. As diferenças são sutis, mas é preciso ter em mente que, embora as funções sejam similares, o PMO envolve-se em questões estratégicas da organização por inteiro, já o gerente ou líder de projetos vai atuar sempre gerenciando aspectos específicos de determinado projeto.

19.5.2 Seis benefícios da implantação de um *Project Management Office*

Projetos alinhados à estratégia da organização

Diariamente, as organizações recebem inúmeras demandas, e não dá para executar tudo, pois os recursos são limitados. Por meio do gerenciamento do portfólio de projetos, o PMO garante que os projetos estratégicos sejam priorizados.

Aumento da qualidade dos projetos

O PMO é responsável por disseminar ferramentas e metodologia de gestão de projetos que seja adequada, segura, robusta e efetiva, de modo a criar uma padronização no gerenciamento de projetos. Consequentemente, haverá um aumento na qualidade dos produtos e serviços ofertados, pois por meio de processos já testados e aprovados, as chances de sucesso aumentam.

Capacitação dos gerentes de projetos

O PMO pode ser considerado um centro de referência em gestão de projetos, de modo que gestores podem consultá-lo para ter acesso ao andamento das iniciativas. Isso contribui para a valorização do capital intelectual da empresa e para o desenvolvimento de gerentes de projetos.

Facilidade em tomar decisões

O PMO é responsável pela organização dos dados sobre os projetos, pela mensuração de indicadores e pela apresentação do *status* dos projetos em reuniões periódicas. Por meio dessas atividades, os líderes podem ser mais assertivos, seguros e claros em suas decisões, visto o embasamento fornecido pelo PMO.

Visibilidade e transparência para os projetos

A centralização dos projetos com o PMO proporciona um panorama das iniciativas que estão em andamento, havendo maior visibilidade dos projetos que estão sendo executados, quem são os colaboradores alocados e de quanto será o investimento em cada iniciativa.

Minimização das falhas em projetos

Uma das possíveis funções do PMO é fazer a auditoria de processos, de modo a verificar se os projetos atendem a prazos, custos e escopo. Uma vez que isso é analisado, o PMO pode intervir na gestão dos projetos que não atendem às expectativas e aos objetivos pré-estabelecidos.

19.6 DEFINIÇÃO DE STAKEHOLDERS

Stakeholders são todos aqueles que têm envolvimento direto ou indireto no projeto, sejam pessoas, sejam organizações. Para o sucesso de um projeto, é importante traçar a estratégia diante do gerenciamento de *stakeholders*, no qual é preciso definir os envolvidos no projeto, selecionando todos os públicos que se relacionam com a organização.

Com um processo de identificação eficaz, é possível superar significativamente riscos, criar uma vantagem competitiva e melhorar a visibilidade em todas as etapas das operações. Para tanto, existem nove requisitos essenciais para a seleção de *stakeholders*:

1. histórico da empresa;
2. reputação no mercado;
3. custo-benefício;
4. qualidade;
5. flexibilidade;
6. comunicação;
7. saúde financeira;
8. produtividade;
9. logística e localização.

19.7 CONTRATO DE PROJETO (PROJECT CHARTER)

O Contrato de Projeto é um documento que firma um acordo entre a equipe executora do projeto, tendo como objetivo formalizar as principais definições do início do projeto, como cronograma, escopo e meta. Também apresenta claramente os objetivos que são esperados da equipe, visando manter a equipe alinhada e garantir o comprometimento dos envolvidos.

19.7.1 *Business case*: apresentando e validando uma ideia de projeto

O *business case* é um documento ou até mesmo uma proposta verbal que visa vender uma ideia. Deve ser bem fundamentada para incentivar o investimento no projeto, descrevendo o porquê, como, quem e o quê é preciso para decidir se o projeto vai ser levado adiante. Uma vez apresentado o *business case*, os gestores e diretores têm informações relevantes para analisar se o projeto será priorizado na organização.

O *business case* avalia o potencial de viabilidade financeira de um projeto, incluindo uma análise de custo-benefício, uma avaliação de risco e uma estratégia de implementação, visando fornecer uma base sólida para tomar decisões de investimento e justificar a alocação de recursos para um projeto ou iniciativa.

Um dos principais fatores responsáveis pelo sucesso de um projeto LSS é a mensuração direta de seus benefícios na lucratividade da empresa. Para garantir que os resultados dos projetos sejam traduzidos para a linguagem financeira, é necessária uma forte atuação da controladoria da empresa para:

1. validação dos ganhos resultantes dos projetos;
2. estabelecimento de critérios claros para quantificação dos ganhos;
3. alocação de profissionais para auxílio dos especialistas nos cálculos financeiros.

Os ganhos dos projetos podem ser divididos em duas categorias, apresentadas a seguir.

Hard Savings ou Benefícios Diretos

Correspondem aos ganhos que podem ser verificados facilmente no EBITDA (do inglês *Earnings Before Interest, Taxes, Depreciation and Amortization* – Lucros antes de juros, impostos, depreciação e amortizações). São os ganhos que são facilmente distinguidos pela área financeira em seus relatórios de negócio, nos quais o "antes e depois" das ações de melhoria implantadas reflete no resultado da organização.

Como exemplo, é possível citar a redução de custo variável (indicador de energia elétrica, combustível), a redução de custo fixo, o aumento de vendas com a mesma ou maior margem de resultado, a receita de novos produtos, a redução de custo de transporte e o manuseio e a rotatividade do estoque.

Soft Savings ou Benefícios Indiretos

Correspondem aos ganhos que não se pode verificar facilmente no EBITDA ou nos resultados financeiros da empresa, pois *soft savings* correspondem aos ganhos indiretos ou intangíveis de um projeto LSS. Como exemplo, é possível citar a melhoria da imagem da empresa, o incremento da satisfação do cliente, a melhoria no relacionamento com fornecedores e a otimização do sistema de gestão e da qualidade.

Entendendo as duas categorias de ganhos apresentadas, é possível exemplificar alguns ganhos em projetos com impacto econômico-financeiro (Quadro 19.2).

Ganhos com impacto econômico-financeiro	
Evitar custos/Investimentos	Projetos buscam formas criativas de utilizar os recursos existentes, utilizam os conceitos do TPM e da redução do tempo de *setup* para aumentar o tempo de vida dos equipamentos e reduzir paradas não planejadas e quebras.
Reduzir custos	Projetos que visam eliminar desperdícios, custos de não qualidade (retrabalho, sucateamento) e atividades de não agregação de valor.
Aumentar capacidade	Projeto que visa racionalizar a atividade, gerando ganhos de produtividade.
Aumentar receita	Projeto que visa criar fontes de receita, incremento da satisfação do cliente e sua fidelização, aumentar a assertividade do *mix* de produção.
Melhoria de qualidade	Visa a redução de defeitos e retrabalho, redução da variabilidade dos processos e aumento da capabilidade.

Quadro 19.2 Ganhos com impacto econômico-financeiro em projetos.

Com esses indicadores, fica mais fácil visualizar os impactos de um projeto em uma das áreas mais importantes para o bem-estar de uma empresa: a parte financeira. Normalmente, um projeto de Melhoria Contínua apresenta resultados financeiros a curto prazo, o que pode ajudar muito na economia de uma organização e ser um diferencial para seu sucesso.

Tendo essas informações mensuradas, o *business case* é apresentado ao gestor ou ao diretor de uma empresa, podendo chegar até o CEO. Dessa forma, é preciso trabalhar aspectos da apresentação, como indicadores relevantes, bem como *storytelling* (conceito apresentado a seguir), para convencer e cativar os gestores.

Storytelling: definição e importância

Storytelling é a capacidade de contar uma história de forma relevante e envolvente, ou seja, é a técnica de utilização de elementos narrativos cativantes para propagação de um argumento. Corresponde à arte de contar, adaptar e desenvolver histórias utilizando elementos específicos (personagem, conflito, ambiente e uma mensagem) – para transmitir uma ideia ou mensagem e conectar-se com o receptor emocionalmente.

> *Os relatos se convertem no legado de uma empresa.*
>
> Michael Perman

Para que todos os objetivos possam ser documentados, os itens apresentados a seguir são contemplados pelo Contrato de Projeto.

1 – Descrição do problema

A declaração do problema refere-se a uma descrição mais específica e focada nos sintomas provenientes do problema que será abordado pela equipe. Essa declaração deve ser objetiva e direta, de forma que não gere dúvidas posteriormente, conforme apresentado na Figura 19.8.

2 – Metas e ganhos

Refere-se aos resultados previstos para o projeto, em que as metas consistem em uma declaração dos alvos específicos do projeto, necessários para alcançar os ganhos e o propósito global esperado. A Figura 19.9 representa essa etapa do *project charter*.

3 – Escopo e fatores críticos

Nessa etapa, são identificados os limites para o projeto e é listado o escopo específico, conforme determinado na etapa de planejamento. Assim, descrevem-se as condições de contorno e identificam-se os principais parâmetros cobertos pelo projeto, conforme apresentado na Figura 19.10.

São esclarecidas e documentadas as restrições e as limitações do projeto e outros fatores que afetam o esforço da equipe em conclui-lo com sucesso, de modo a agir preventivamente diante de potenciais dificuldades.

4 – Responsabilidade da equipe e definição do cronograma

Refere-se aos principais marcos do projeto, e muitas vezes é identificado com um gráfico. Um plano de projeto deve responder às questões-chave "Quem?", "O quê?", "Onde?", "Quanto?", "Como?" e "Quando?" (Figura 19.11); a ferramenta 5W2H pode ser utilizada para determinar a ação que deve ser executada.

Project charter – contrato do projeto

Título do projeto
Redução dos custos de juros e multas com pagamentos atrasados aos fornecedores

Green belt	Data da elaboração do contrato
Roberto Silva	15/03

Descrição do problema
O atual processo de pagamento de Notas Fiscais de fornecedores não permite o pagamento no prazo, conforme acordado em contrato. Reclamações por partes dos fornecedores tem se mostrado cada vez mais frequente e a empresa paga juros e multas pelos atrasos. Algumas iniciativas já foram feitas na área, contudo sem sucesso.

Indicador do projeto	Periodicidade	Valor atual
Custo de juros e multas (R$)	Mensal	R$ 52.500,00

Figura 19.8 Primeira parte do Contrato de Projeto.

Meta
Reduzir o patamar médio dos custos de juros e multas em 63,7% (de R$ 45.487,00 para R$ 16.500,00), considerando um desvio padrão de R$ 3.800,00, em um período médio de 4 meses.

Ganhos (anual)	
$$$ (tangível)	**Qualidade (intangível)**
1. R$ 28.987,00 por mês ou um ganho potencial de R$ 347.844,00 no ano.	1. Perda de credibilidade no mercado 2. Perda de poder de negociação junto ao fornecedor 3. Desgaste interno entre a área de operações e a área financeira

Figura 19.9 Segunda parte do Contrato de Projeto.

Escopo (dentro e fora)	
Dentro	**Fora**
1. Todos os fornecedores da área de operações 2. Mapear todos os processos da área de Contas a pagar 3. Novos fornecedores serão incluídos nas soluções do projeto	1. Notas fiscais recebidas pelo RH 2. Processos secundários de pagamentos de NFs

Figura 19.10 Terceira parte do Contrato de Projeto.

Equipe	Responsabilidade do projeto
Roberto Silva Amanda Oliveira Ricardo Braga Letícia Cabral	Líder do projeto (*green belt*) Coleta de dados Análise estatística Levantamento de causas e soluções

Cronograma				
Definir	Medir	Analisar	Melhorar	Controlar
01 a 15/03	16/03 a 30/04	01 a 15/05	16/05 a 15/06	16 a 30/06

Aprovações
Sponsor
Champion
Green belt

Figura 19.11 – Terceira parte do Contrato de Projeto.

Nessa etapa, também é importante definir as funções de cada membro envolvido no contrato. Por fim, com o contrato do projeto elaborado, é possível manter a equipe alinhada com o foco do projeto, pois esse documento formaliza as principais definições do trabalho por meio de cronograma, escopo e meta.

RESUMO

- Para identificação de projetos LSS, a ferramenta *Cost of Quality* (COQ) pode ser utilizada, visto que classifica as atividades de uma empresa em duas categorias: custo da conformidade e custo da não conformidade, possibilitando identificar irregularidades e oportunidades de desenvolvimento de projetos de melhoria.
- É importante definir metas realistas para o contexto do projeto e da organização, e determinar o escopo do projeto. A matriz Fora Dentro pode auxiliar nessa etapa de definição do escopo, visto que tem como objetivo estabelecer o que será feito no projeto, bem como quem estará envolvido.
- Nas etapas iniciais do desenvolvimento de um projeto, é essencial determinar OKRs e KPIs, visto que os OKRs determinam objetivos e resultados-chave do projeto, enquanto os KPIs representam métricas que quantificam a *performance* de processos de acordo com os objetivos da empresa.
- Na etapa de Definição, é importante determinar o *baseline* (linha de base) e os *assumptions* (premissas). O *baseline* representa o ponto de partida definido ou a referência quanto ao orçamento, ao escopo e ao cronograma, enquanto os *assumptions* são utilizados para simplificar a complexidade de projetos e permitir que as equipes estabeleçam planos realistas, por meio de suposições feitas durante a planificação de um projeto.
- Entre as características que um líder de projeto deve desenvolver, destacam-se: orientação e alinhamento entre todos os envolvidos, construção de confiança, determinação de objetivos claros e realistas e resiliência.
- PMO é o setor responsável pela implementação e pela garantia da manutenção dos padrões do Gerenciamento de Projetos, de modo a proporcionar otimização de processos e controle das etapas de execução.
- Para seleção de *stakeholders*, os seguintes critérios devem ser analisados:

  1 – histórico da empresa;

  2 – reputação no mercado;

- 3 – custo-benefício;
- 4 – qualidade;
- 5 – flexibilidade;
- 6 – comunicação;
- 7 – saúde financeira;
- 8 – produtividade;
- 9 – logística e localização.

• Uma atividade importante da etapa de Definição é o desenvolvimento do Contrato de Projeto, o qual firma um acordo entre a equipe executora do projeto, tendo como objetivo formalizar as principais atividades e definições, como cronograma, escopo, meta, objetivos, entre outras.

• Entre as informações documentadas no Contrato de Projeto, é importante apresentar o *business case*, o qual avalia o potencial de viabilidade financeira, incluindo uma análise de custo-benefício.

• O *business case* pode ser apresentado de acordo com *hard savings* (lucros antes de juros, impostos, depreciação e amortizações e facilmente distinguidos pela área financeira nos relatórios de negócio) e *soft savings* (ganhos indiretos ou intangíveis de um projeto).

• Os itens que normalmente são contemplados pelo Contrato do Projeto são:
  - 1 – descrição do problema;
  - 2 – metas e ganhos;
  - 3 – escopo e fatores críticos;
  - 4 – responsabilidade da equipe e definição do cronograma.

REFERÊNCIAS BIBLIOGRÁFICAS

KUBIAK, T. M.; BENBOW, D. W. *The certified Six Sigma Black Belt Handbook*. 3. ed. Milwaukee: American Society for Quality, 2016.

SHANKAR, R. *Process Improvement Using Six Sigma*: a DMAIC guide. Milwaukee: ASQ Quality Press, 2009.

THEISENS, H. C. *Lean Six Sigma Green Belt Mindset, Skill set and Tool set*. 5. ed. Enschede: Lean Six Sigma Academy, 2021.

Capítulo 20

VOZ DO CONSUMIDOR

OBJETIVOS DE APRENDIZAGEM

Ao final deste capítulo, será possível:
- Compreender como ocorre a identificação de clientes para um projeto *Lean* Seis Sigma (LSS).
- Identificar as fontes de coleta de dados dos clientes.
- Compreender como analisar os dados dos clientes e como a matriz QFD (*Quality Function Deployment*) auxilia nesse processo.
- Entender como a Voz do Consumidor (VOC) é traduzida em CTQ (*Critical to quality*) e em CTP (*Critical to process*).
- Compreender como usar a ferramenta SIPOC e como esta se relaciona com a VOC.

INTRODUÇÃO

Henry Ford costumava dizer que a voz do consumidor é a mais importante fonte de informação para Melhoria Contínua. Definir quais são as demandas do cliente é o ponto inicial para o desenvolvimento de projetos *Lean* Seis Sigma (LSS). Uma ferramenta muito utilizada é a Voz do Consumidor (VOC).

Ouvir e compreender as necessidades e desejos dos clientes permite que as empresas ofereçam soluções melhores e mais alinhadas com a satisfação. Ao incorporar a VOC nas estratégias de negócios, é possível impulsionar vendas e criar soluções mais relevantes e personalizadas para os clientes, e compreender suas necessidades é o ponto de partida para o desenvolvimento de projetos LSS.

A falha na preparação é a preparação para a falha.
Benjamin Franklin

20.1 IDENTIFICAÇÃO DE CONSUMIDORES

É importante identificar os principais clientes do projeto, de modo a conhecer suas principais necessidades e expectativas. A VOC será útil para definir as oportunidades de melhoria que poderão ser trabalhadas pelo LSS para identificar as métricas (indicadores) que darão direcionamento ao projeto.

A VOC é usada para descrever as necessidades dos consumidores internos e externos, assim como suas percepções sobre o produto ou serviço entregue. Em um projeto de melhoria, os dados da VOC ajudam a equipe a relacionar características críticas para o cliente às possíveis melhorias no processo e identificar métricas ou parâmetros de processo para orientar o foco do projeto.

Quando se trata de VOC, é importante entender os dois tipos de consumidores do projeto:

- **Consumidores internos (Voz do Negócio):** indivíduos ou áreas da empresa que recebem o produto ou serviço em estágio intermediário ou como um produto acabado. Geralmente, conseguem avaliar características do processo envolvido.
- **Consumidores externos (Voz do Consumidor):** indivíduos ou organizações que consomem o produto ou serviço oferecido pela empresa. Geralmente, conseguem avaliar características do produto ou serviço pelo qual pagaram.

20.2 COLETA DE DADOS DO CONSUMIDOR

Informações relacionadas a preço de venda, entrega, qualidade, confiabilidade e flexibilidade podem ser obtidas por meio de questionários, pesquisas de satisfação, entrevista e reuniões. Essas informações da VOC podem ser coletadas de duas maneiras: fontes ativas e fontes reativas, conforme descrito a seguir.

- **Fontes reativas:** a informação chega por meio de reclamações ou ligações para o suporte técnico ao cliente, relatórios de vendas e informações sobre devoluções de produtos e garantias.
- **Fontes ativas:** é necessário se esforçar para obter as informações por meio de pesquisa escrita, entrevistas, grupos de foco e observações diretas.

Os clientes podem ter necessidades ocultas, e em alguns casos sugerem soluções ao identificar os pontos de melhoria. É importante ter a capacidade de traduzir o *feedback* do consumidor em características técnicas ou termos do negócio, que serão úteis ao projeto. Para melhor compreender a voz do consumidor, alguns passos podem ser seguidos, conforme apresentado no Quadro 20.1.

1. Identificar os clientes do projeto (clientes internos e externos)
2. Planejar o modo de coleta das informações (fontes ativas e reativas)
3. Analisar as informações coletadas, identificando as necessidades dos clientes
4. Traduzir a fala dos clientes em termos técnicos ou termos de negócio (criar CTQs e CTPs)
5. Estabelecer quais medidas podem direcionar o projeto

Quadro 20.1 Passos para compreender a Voz do Consumidor.

A coleta de dados do consumidor é essencial para auxiliar as empresas a compreender melhor seus clientes e fornecer um atendimento mais assertivo, além de ajudar na tomada de decisões estratégicas e na personalização de campanhas de marketing. Esses dados podem incluir informações demográficas, dados financeiros, histórico de compras e informações de contato. É importante garantir que a coleta de dados seja feita de maneira ética e que respeite a privacidade dos clientes.

O Quadro 20.2 apresenta um exemplo de fatores a serem analisados durante a coleta de dados.

Indicador	Definição operacional	Fonte de dados	Tamanho da amostra	Resp. pela coleta dos dados	Quando os dados serão coletados	Como os dados serão coletados	Outros dados que devem ser coletados ao mesmo tempo
-	-	-	-	-	-	-	-
-	-	-	-	-	-	-	-
-	-	-	-	-	-	-	-
-	-	-	-	-	-	-	-
-	-	-	-	-	-	-	-

Como os dados serão utilizados?	Como os dados serão mostrados?
Exemplos: Identificação dos maiores "ofensores" Identificação se dados seguem a normalidade Análises de causa e efeito Análises de correlação	Exemplos: Diagrama de Pareto Histograma Gráficos de Tendência Gráficos de Dispersão

Quadro 20.2 Fatores para coleta de dados.

As maneiras mais comuns de coleta de dados do consumidor incluem:

- **Pesquisas de mercado:** uma empresa pode enviar uma pesquisa para seus clientes para coletar informações detalhadas sobre suas necessidades e preferências.
- **Formulários de contato:** o consumidor pode preencher um formulário *on-line* ou em papel com informações básicas sobre si, como nome, e-mail, telefone, entre outros.
- **Análise de dados comportamentais:** uma empresa pode coletar dados das interações dos clientes com seu *site*, aplicativo ou outros canais digitais para melhor entender seus comportamentos e preferências.
- **Registro de compra:** as informações coletadas durante o processo de compra, como nome e endereço, podem ficar registradas, analisando a reincidência de compra e a satisfação do cliente.
- **Interação em mídias sociais com perguntas ou promoções:** as empresas podem usar as mídias sociais para coleta de informações, como nome e e-mail, por meio de perguntas ou promoções.
- *Cookies* **e tecnologias de rastreamento** *on-line*: mecanismos que coletam dados dos clientes ao armazenar informações sobre suas atividades na *internet*, registrando preferências de navegação e permitindo a personalização da experiência do usuário.

Ao desenvolver um plano para coleta de dados, as empresas devem se ater aos seguintes pontos:

1. os dados apresentam significado físico;
2. os dados são confiáveis;
3. todas as variáveis de entrada e saída (ou seja, que apresentem inter-relação) utilizam a mesma referência temporal.

Além disso, alguns questionamentos são importantes:

- Quais dados serão medidos?
- Quais são as medidas de *performance*?
- Quais são as causas dos defeitos do processo?
- Serão analisados todos os dados ou apenas uma amostra?
- Qual o tamanho correto da amostra?
- Qual a frequência adequada de coleta de dados?
- Qual o método mais adequado para seleção de dados?
- Quais são as ferramentas necessárias?
- Quais relatórios serão utilizados?
- Quais bases de dados serão tomadas?
- Quais são os recursos a serem utilizados?
- Quem será o responsável pela coleta dos dados?
- Outras áreas ou pessoas deverão participar do processo?
- Onde as informações estão disponíveis?

- Quando os dados serão coletados?
- Por quanto tempo os dados serão coletados?
- O que se deseja fazer com os dados coletados?
- São identificadas tendências nos processos?

20.3 ANÁLISE DE DADOS

A análise dos Requisitos Críticos do Consumidor (CCR, do inglês *Critical Customer Requirements*) é uma prática que visa transformar a VOC em requisitos de projeto ou produto. Uma ferramenta muito empregada nessa etapa é a Matriz Desdobramento da Função Qualidade (QFD, do inglês *Quality Function Deployment*), apresentada a seguir.

20.3.1 Quality Function Deployment

O Desdobramento da Função da Qualidade (QFD) é uma ferramenta de Melhoria Contínua que visa traduzir a VOC na voz do processo (VOP), listando as necessidades de um nicho específico de consumidores, ou até mesmo de um único consumidor. Essa ferramenta permite conferir, de modo quantitativo, as relações entre necessidades e requisitos, filtrando quais soluções devem ser priorizadas para atender ao cliente.

Com o QFD, é possível converter as demandas dos clientes em características de qualidade, por meio do desdobramento dos atributos dos componentes funcionais do projeto e dos processos de operação. A estrutura dessa ferramenta (também chamada "Casa da Qualidade") é apresentada na Figura 20.1.

Na sequência, são apresentadas as etapas para a utilização do QFD.

1 – Requisitos dos clientes

No lado esquerdo da Casa da Qualidade, são listados os requisitos do consumidor. Exemplo: ao comprar um *smartphone*, os consumidores levam em consideração os seguintes aspectos: tamanho, preço, peso, qualidade da câmera, duração da bateria e prestígio social. Essas informações geralmente são adquiridas por meio de pesquisas de mercado, entrevistas com clientes e coleta de *feedbacks*.

2 – Importância

Os requisitos dos clientes são então priorizados e ponderados. Para avaliar a importância dos requisitos, normalmente é usada uma escala de 1 a 5, em que 1 é pouco relevante e 5 é muito relevante. Por meio dessa análise de percentual, é possível classificar a importância de cada requisito.

3 – *Benchmark* competitivo

A avaliação concorrencial apresenta as classificações atuais das empresas concorrentes em relação a cada necessidade dos consumidores, determinando o que elas deixam de atender e qual vantagem a proposta analisada tem diante da concorrência.

4 – Requisitos do produto

Na horizontal, ao lado da matriz central, são adicionados os requisitos do desenvolvimento do produto (como custo de produção e sistema operacional). Essas informações são traduzidas em requisitos técnicos do projeto.

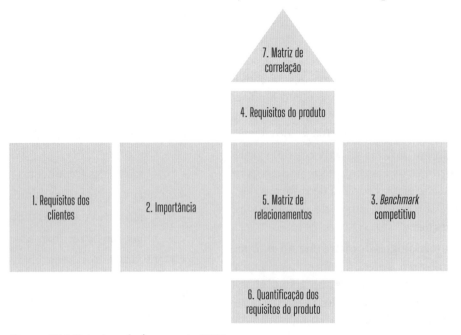

Figura 20.1 Estrutura da ferramenta QFD.

5 – Matriz de relacionamento

Na matriz de relacionamento (matriz central) é identificado o grau de impacto de cada parâmetro do projeto na necessidade do consumidor, usando os símbolos apresentados na Figura 20.2.

Símbolo	Impacto	Peso
●	Forte	9
○	Médio	3
△	Fraco	1
	Sem relação	0

Figura 20.2 Símbolos da matriz de relacionamento.

Essa matriz é criada para relacionar os requisitos do produto com os requisitos dos clientes com os requisitos do produto, facilitando a identificação de prioridades.

6 – Qualificação dos requisitos do produto

Após preencher a matriz de relacionamento, é preciso adicionar a classificação de importância e a porcentagem de importância em cada requisito de *design* do produto.

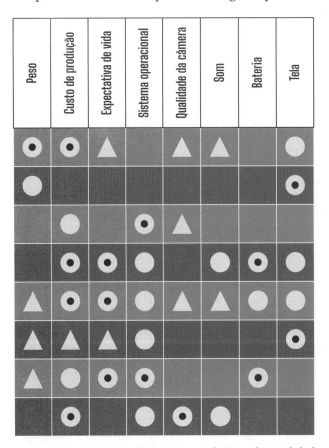

Figura 20.3 Matriz de relacionamento da Casa da Qualidade.

Para calcular a classificação de importância, é preciso multiplicar a porcentagem da classificação de importância pela pontuação de relacionamento de cada necessidade do cliente. Os requisitos com as maiores classificações de importância provavelmente são os recursos que a empresa deve priorizar ou investir mais recursos. A Figura 20.3 apresenta um exemplo da matriz de relacionamento.

7 – Matriz de correlação

A matriz de correlação determina como os requisitos do produto "ajudam e dificultam uns aos outros", por meio dos símbolos apresentados na Figura 20.4.

Símbolo	Significado
++	Positivo forte
+	Positivo
−	Negativo
−−	Negativo forte

Figura 20.4 Símbolos da matriz de correlação.

Acima de cada requisito do produto, é marcado os recursos alocados para cada variável, em que a seta para baixo indica baixo investimento, e a seta para cima, alto investimento, conforme apresentado na Figura 20.5. Essas classificações podem ter diversas interpretações, nas quais as setas podem representar alocação financeira, de recursos, de tempo, entre outros. Assim, é recomendado usar uma legenda para indicar o significado dos símbolos e das setas.

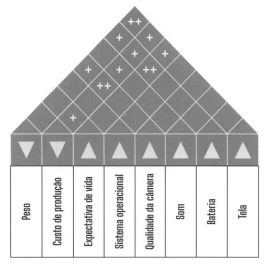

Figura 20.5 Indicador de investimento de recursos.

Assim, o QFD ou Casa da Qualidade está preenchido, determinando as características imprescindíveis que o produto precisa ter para atender às demandas dos clientes, representando uma ótima ferramenta para documentar a VOC e manter os processos alinhados durante a produção. A Figura 20.6 apresenta a matriz totalmente preenchida.

20.4 TRADUÇÃO DA VOZ DO CONSUMIDOR EM CTQS E CTPS

Os clientes frequentemente apresentam descrições vagas de suas necessidades. A frase de Henry Ford reforça esse contexto: "Se eu perguntasse a meus compradores o que eles queriam, teriam dito que era um cavalo mais rápido". Mais do que coletar informações, é necessário traduzi-las em termos técnicos. Para isso, é preciso criar CTQs (*Critical to quality*) e CTPs (*Critical to process*), apresentados a seguir.

- **CTQ:** corresponde às características mensuráveis e determinantes para a qualidade do produto ou serviço. Quando o cliente manifesta uma reclamação referente a um produto ou serviço, indica o não atendimento de uma CTQ.
- **CTP**: são as características críticas para o processo. Quando o consumidor faz referência ao processo indicando que tem alguma expectativa nessa etapa do fluxo de valor, está se referindo à CTP.

As CTQs são determinadas conforme as expectativas e as necessidades dos clientes sobre a qualidade

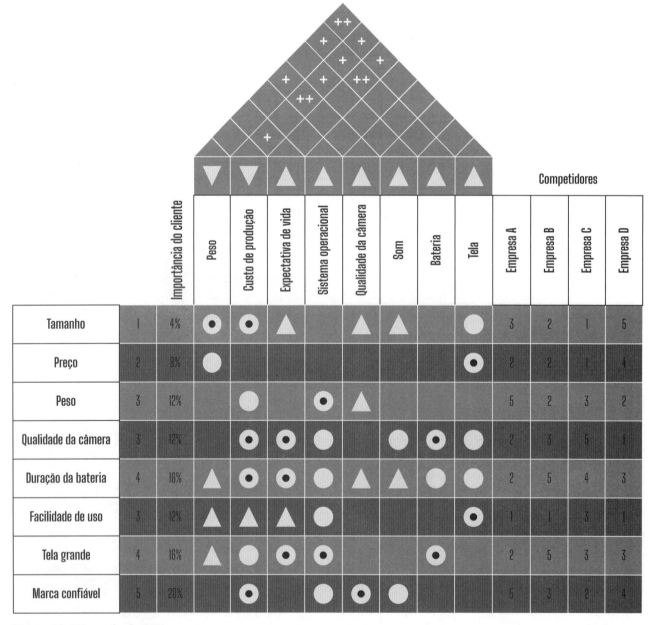

Figura 20.6 Exemplo de QFD.

do produto, contemplando características técnicas que precisam ser monitoradas e controladas. Dessa forma, as CTQs estão relacionadas à VOC (conforme apresentado na Figura 20.7), visto que são definidas de acordo com as necessidades dos clientes e são monitoradas para assegurar que a empresa esteja atendendo a essas necessidades.

Já as CTPs estão relacionadas à Voz do Negócio (VOB, em inglês *Voice of Business*), pois elas são determinadas conforme as especificações técnicas do produto e nas necessidades do negócio. As CTPs precisam ser definidas de modo a atender às necessidades, mantendo a eficiência e a rentabilidade do negócio.

O diagrama da Figura 20.8 demonstra o desdobramento de um possível problema ou oportunidade a ser trabalhado em seus clientes, direcionadores e requisitos técnicos (CTQs e CTPs). É importante compreender a correlação dessas informações para atender às necessidades e às expectativas do consumidor.

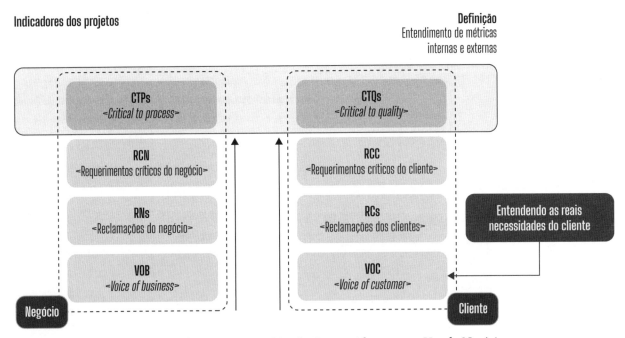

Figura 20.7 Relação das CTPs e das CTQs com a Voz do Consumidor e com a Voz do Negócio.

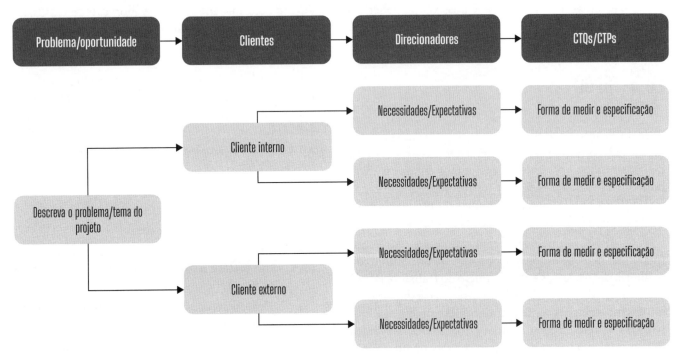

Figura 20.8 Passos para a identificação de indicadores com a Voz do Consumidor.

EXEMPLO PRÁTICO

Uma pizzaria está registrando diversas reclamações referentes ao serviço de entrega. Visando diminuir a ocorrência de reclamações e melhor satisfazer as necessidades dos clientes, foi desenvolvido um mapeamento do problema, dos clientes, direcionadores, CTQs e CTPs, conforme apresentado na Figura 20.9.

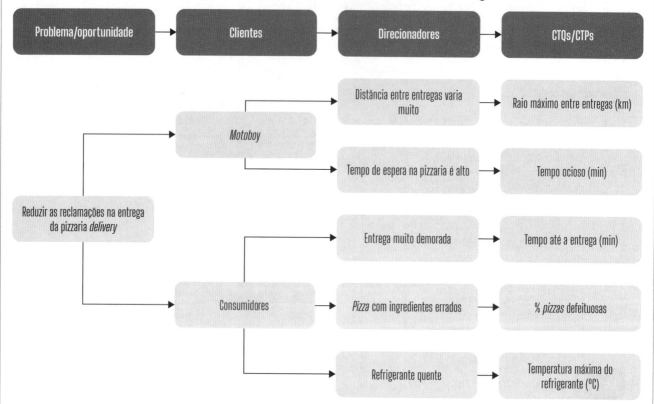

Figura 20.9 Exemplo: reduzir as reclamações da entrega da pizzaria *delivery*.

Na situação apresentada, é possível perceber como a VOC é determinante para a elaboração de CTQs e CTPs, que podem então ser utilizadas como indicadores importantes durante a etapa de Definição do projeto LSS.

20.5 SIPOC

A utilização da ferramenta SIPOC é essencial diante da identificação da VOC, pois pode ser utilizado para garantir que o processo esteja alinhado com as expectativas do consumidor e para identificar pontos em que a VOC pode ser usada para melhorar o processo. Ao combinar o SIPOC e a VOC, é possível desenvolver processos mais eficientes e satisfatórios para os consumidores.

O SIPOC é uma ferramenta visual que tem como finalidade mapear todos os elementos de um projeto de melhoria de processos antes do início do trabalho. Por se tratar de um diagrama de fácil compreensão e que resume muitas informações de maneira simples e objetiva, a matriz SIPOC ajuda a comunicar as informações relevantes de um processo para toda a equipe envolvida no projeto de melhoria.

Por meio do SIPOC (representado na Figura 20.10) é possível mapear de forma relevante todos os elementos de um projeto de melhoria de processos antes do início do trabalho. Com isso, ele ajuda na visualização e na compreensão de um projeto complexo de maneira sistêmica.

Os elementos que contemplam o SIPOC são apresentados a seguir.

- ***Suppliers* (fornecedores):** quem fornece os recursos para o processo.
- ***Inputs* (entradas):** recursos e/ou informação que afetam o processo, ou seja, a realização da atividade.
- ***Process* (etapas do processo):** principais atividades de um processo específico.
- ***Outputs* (saídas):** entregas e/ou resultado de cada etapa do processo.

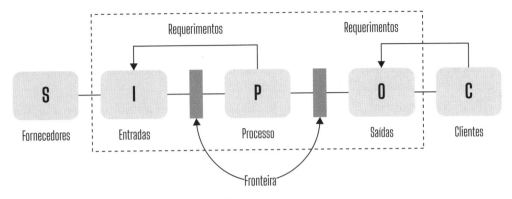

Figura 20.10 Fluxo de elaboração do SIPOC.

- ***Clients* (clientes):** quem recebe a saída de cada etapa do processo.

Em projetos LSS, o SIPOC é um diagrama utilizado com o objetivo de definir, de maneira macro, como funciona o principal processo envolvido no estudo de melhoria. Esse estudo ajuda na visualização e na elaboração do que está dentro do escopo e o que não precisa ser contemplado pelo projeto.

Sua utilização proporciona uma visão mais geral do processo, sendo os detalhes inseridos na próxima etapa (Medição). O preenchimento da matriz é iniciado na etapa "P" seguindo para a esquerda e depois para a direita, conforme apresentado na Figura 20.11.

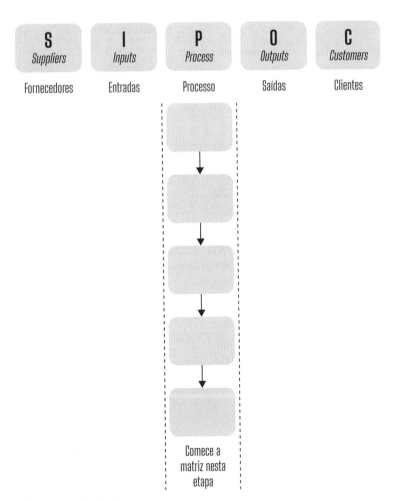

Figura 20.11 SIPOC – sequência.

EXEMPLO PRÁTICO

Uma empresa de manufatura de impressoras está conduzindo um projeto LSS *Green Belt* para otimizar o processo de pagamento de notas fiscais aos fornecedores.

Atualmente, aproximadamente 75% das notas fiscais são pagas com atraso superior a 15 dias. O primeiro passo do líder do projeto *Green Belt* foi a criação de um SIPOC para melhor compreensão do processo que está causando o problema e para delimitar o escopo do projeto (Quadro 20.3).

S	I	P	O	C
Fornecedor de peças	– Nota Fiscal – Informações de cadastro	Receber Nota Fiscal	Nota Fiscal recebida	Área comercial
Área comercial	Nota fiscal recebida; manual de preenchimento de NF	Validar Nota Fiscal	Nota Fiscal validada (sem erros e informações faltantes)	Área de contas a pagar
Área de contas a pagar	Nota Fiscal validada	Lançar Nota Fiscal no sistema	Nota Fiscal lançada com data de pagamento definida	Área de contas a pagar
Área de contas a pagar	Nota Fiscal lançada	Pagar Nota Fiscal	Nota Fiscal paga no prazo	Fornecedor de peças

Quadro 20.3 SIPOC da empresa de impressoras.

RESUMO

- A VOC auxilia na identificação dos consumidores internos e dos consumidores externos e em suas percepções sobre o produto e/ou serviço ofertado. Além disso, direciona a equipe a relacionar essas necessidades às melhorias que serão implementadas.

- Informações da VOC podem ser coletadas de duas formas: fontes ativas (obtidas por meio de pesquisa escrita, entrevistas, grupos de foco e observações diretas) e fontes reativas (obtidas por meio de reclamações ou ligações para o suporte técnico ao consumidor, relatórios de vendas e informações sobre devoluções de produtos e garantias).

- Uma importante ferramenta de análise de dados coletados dos consumidores é a Matriz QFD, a qual traduz a VOC na VOP, convertendo as demandas dos consumidores em características de qualidade.

- Para traduzir a VOC em termos de negócio, é possível fazer uso das CTQs e das CTPs. As CTQs são as características mensuráveis e determinantes para a qualidade, enquanto as CTPs são as características críticas do processo quando se refere às expectativas ou necessidades dos consumidores.

- A Matriz SIPOC é uma ferramenta que permite resumir os elementos do processo de forma simples e objetiva, e é composta de cinco colunas (fornecedores, entradas, etapas do processo, saídas e clientes), auxiliando no mapeamento de processos.

REFERÊNCIAS BIBLIOGRÁFICAS

CORREA, C. *Vicente Falconi*: o que importa é resultado. 1. ed. Rio de Janeiro: Primeira Pessoa, 2017.

KUBIAK, T. M.; BENBOW, D. W. *The certified Six Sigma Black Belt Handbook*. 3. ed. Milwaukee: American Society for Quality, 2016.

SHANKAR, R. *Process Improvement Using Six Sigma*: a DMAIC guide. Milwaukee: ASQ Quality Press, 2009.

THEISENS, H. C. *Lean Six Sigma Green Belt Mindset, Skill set and Tool set*. 5. ed. Enschede: Lean Six Sigma Academy, 2021.

Capítulo 21

FERRAMENTAS DE PLANEJAMENTO E DEFINIÇÃO

OBJETIVOS DE APRENDIZAGEM

Ao final deste capítulo, será possível:
- Compreender como o *brainstorming* auxilia na definição do problema e na coleta de ideias.
- Aprender a usar o Diagrama de Afinidade para organização de ideias e identificação de padrões.
- Entender como usar a Análise SWOT para avaliar as forças, fraquezas, oportunidades e ameaças relacionadas ao problema.
- Aprender a usar a Matriz GUT para determinar a ordem de importância das ações a serem tomadas.
- Entender como a Matriz RACI é usada para definir as responsabilidades e os papéis de cada membro da equipe.
- Aprender a usar o Gráfico de Gantt para planejar o cronograma das ações.
- Entender como o PERT/CPM é usado para estimar o tempo de cada atividade e identificar o caminho crítico.
- Aprender a utilizar a Matriz de Gravidade de Risco para identificar e avaliar os riscos potenciais e tomar medidas preventivas.
- Compreender o que é *benchmarking* e quais são seus tipos e benefícios.

INTRODUÇÃO

Ao iniciar a etapa de "Definir", deparamo-nos com um conjunto de ferramentas estratégicas, cada qual desempenhando um papel único na construção de uma base sólida para o andamento do projeto. Para suportar essa etapa, várias ferramentas podem ser utilizadas para clarificar e compreender o problema a ser trabalhado, para gerar ideias e soluções, organizar informações coletadas e planejar o projeto de modo eficiente e eficaz.

Neste capítulo, você vai aprender como usar ferramentas como *brainstorming*, matriz RACI, PERT/CPM e Diagrama de Afinidade. Essas ferramentas ajudam a planejar tarefas e a promover a comunicação e a colaboração entre os envolvidos na equipe, o que é fundamental para o sucesso de qualquer projeto de melhoria.

A clareza e a compreensão do problema são fundamentais para o sucesso de qualquer projeto de melhoria de processos, e as ferramentas usadas na etapa de Definição do DMAIC ajudam a alcançar essa clareza.

Edwards Deming

21.1 BRAINSTORMING

Brainstorming significa "tempestade de ideias", e é uma técnica que explora a capacidade criativa dos colaboradores, visando à solução de problemas ou à criação de algo novo. Seu objetivo é levantar várias possibilidades em um primeiro momento, para seguir na fase de seleção e teste de ideias. A Figura 21.1 apresenta as etapas a serem seguidas para a realização de uma sessão de *brainstorming*, detalhadas na sequência.

1 – Explicação do problema

O líder do projeto deve explicar detalhadamente o problema que o grupo está enfrentando, de modo a definir claramente os objetivos do projeto, bem como fornecer qualquer informação adicional relevante. Isso ajuda a estabelecer um contexto comum para todos os membros do grupo.

2 – Anotação de ideias dos envolvidos

Cada membro da equipe deve ter tempo suficiente para anotar suas próprias ideias, sem julgamento ou crítica, visto que o objetivo é permitir que cada pessoa explore sua criatividade e solte sua imaginação sem a pressão da avaliação imediata. Neste momento, nenhuma ideia deve ser descartada.

3 – Apresentação das ideias

Cada membro compartilha suas ideias com o grupo, de modo organizado e sem julgamento, a fim de preservar a energia criativa da equipe. O objetivo é coletar o maior número possível de ideias, mesmo as mais inesperadas ou ousadas.

4 – Agrupamento das ideias

As ideias compartilhadas são agrupadas com base em suas semelhanças ou relações, permitindo que o grupo explore as ideias de maneira mais profunda e crie soluções mais completas e robustas.

Para categorizar informações e ideias, o Diagrama de Afinidade pode ser utilizado. Essa é uma ferramenta visual que ajuda a equipe a organizar as ideias geradas e a identificar padrões e relações entre elas.

EXEMPLO

Um grupo de amigos decidiu abrir um novo negócio e está em busca de ideias criativas para o empreendimento. Portanto, eles decidem utilizar a técnica de *brainstorming* para gerar ideias e tomar decisões sobre o negócio.

O grupo se reuniu em uma sala e definiu o objetivo do *brainstorming*: gerar ideias para o novo negócio. Os amigos escolhem um moderador, que conduzirá a sessão, e todos concordam em seguir as regras do *brainstorming*: não julgar as ideias, gerar o maior número possível de ideias e incentivar a criatividade.

O moderador inicia a sessão de *brainstorming* solicitando que cada participante escreva suas ideias em *post-its* e cole na parede. As primeiras ideias surgem: abrir uma loja de roupas, um café temático, uma livraria com espaço de *coworking*, entre outras. O moderador incentiva os participantes a elaborarem ainda mais suas ideias, solicitando detalhes, sugestões e novas ideias a partir das já apresentadas. As ideias começam a fluir e o grupo anota tudo na parede, classificando-as de acordo com um Diagrama de Afinidade.

O grupo, então, decide fazer uma pausa para avaliar todas as ideias geradas. Eles discutem cada ideia e identificam quais são viáveis, quais atendem ao objetivo do negócio e quais precisam ser descartadas. Após a avaliação, os amigos chegam a um consenso sobre a melhor ideia para o negócio: abrir uma loja de roupas com foco em moda sustentável.

Eles concordam que a loja deve ter uma pegada *eco-friendly*, com roupas produzidas com materiais reciclados e orgânicos, e que a decoração da loja deve seguir esse conceito. Assim, o grupo conseguiu utilizar a técnica de *brainstorming* para gerar ideias e tomar uma decisão importante para o negócio.

Com isso, concluiu-se que essa técnica foi essencial para estimular a criatividade, gerar uma grande quantidade de ideias e avaliar qual delas seria a melhor opção para o negócio.

Figura 21.1 Etapas do *brainstorming*.

O Diagrama de Afinidade é representado por quadrantes, nos quais as ideias geradas no *brainstorming* são escritas em *post-its* ou cartões e agrupadas conforme critérios de semelhança. A equipe pode mover as ideias de um quadrante para outro, conforme identificam padrões e relações, permitindo visualizar a estrutura geral das ideias e identificar possíveis soluções ou caminhos a seguir.

5 – Encerramento

Nessa etapa, o processo é encerrado e as soluções são selecionadas para implementação. O líder deve anotar as decisões e as próximas etapas, assegurando que o grupo esteja alinhado e que as soluções sejam efetivamente implementadas.

21.2 ANÁLISE SWOT

Análise ou matriz SWOT – em português, análise ou matriz FOFA – é uma técnica de gestão que realiza a análise de cenários para tomada de decisões, observando quatro fatores (em inglês: *Strengths*, *Weaknesses*, *Opportunities* e *Threats*, e em português: Forças, Oportunidades, Fraquezas e Ameaças), conforme apresentado na Figura 21.2.

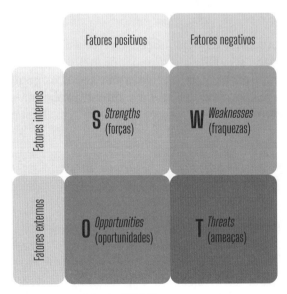

Figura 21.2 Matriz SWOT.

A matriz SWOT examina os ambientes interno e externo de uma empresa, visando realizar o gerenciamento de riscos e encontrar oportunidades de melhoria e otimização de desempenho, por meio da mitigação das ameaças e das fraquezas encontradas no ambiente organizacional. A análise SWOT geralmente é conduzida como parte do planejamento estratégico da empresa, envolvendo coleta e análise de informações relevantes sobre a organização, seus concorrentes e o ambiente de atuação.

Conforme apresentado na Figura 21.2, a análise SWOT é realizada em quatro etapas:

1. **Forças (*Strengths*):** etapa na qual a empresa identifica seus pontos fortes, como recursos internos, habilidades e vantagens competitivas diante da concorrência. Exemplos: marca forte, patentes, equipe altamente qualificada, rede de distribuição sólida, entre outros.
2. **Fraquezas (*Weaknesses*):** etapa de identificação de fraquezas, ou seja, os recursos internos, habilidades ou desvantagens competitivas diante da concorrência. Exemplos: falta de financiamento, falta de experiência em determinado mercado, ausência de patentes, problemas produtivos, entre outros.
3. **Oportunidades (*Opportunities*):** fase na qual a empresa identifica as oportunidades disponíveis em seu mercado, como novas tendências, tecnologias emergentes, mudanças nas preferências do consumidor, entre outros.
4. **Ameaças (*Threats*):** fase na qual a empresa identifica as ameaças que enfrenta em seu mercado, como novos concorrentes, mudanças nas preferências do consumidor, mudanças nas regulamentações, entre outros.

Ao realizar a análise SWOT, a empresa terá uma visão geral dos pontos fortes e dos pontos fracos de sua posição competitiva, bem como das oportunidades e ameaças externas que enfrenta. Assim, a empresa pode desenvolver estratégias para potencializar seus pontos fortes, melhorar suas fraquezas, aproveitar oportunidades e gerenciar ameaças.

21.3 MATRIZ GUT

A Matriz GUT é uma ferramenta de priorização que auxilia a ordenar atividades, identificando o que é mais importante, por meio dos critérios gravidade, urgência e tendência. Esses critérios variam em uma escala de 1 a 5, e a pontuação de cada um deve ser multiplicada para resultar no GUT (*score* final). Na Matriz GUT, a pontuação mínima é de 1 ponto, e a máxima, de 125 pontos, conforme apresentado na Figura 21.3.

Os três critérios da Matriz GUT são:

1. **Gravidade:** representa o impacto que um problema pode ocasionar no andamento dos processos.
2. **Urgência:** corresponde ao tempo ou prazo limite que um problema precisa ser solucionado.
3. **Tendência:** está relacionada à "piora" de um problema, pois a tendência aumenta à medida que aumenta a possibilidade de um problema piorar.

> ## EXEMPLO
>
> Em uma empresa de *telemarketing*, o gerente geral deseja aplicar um projeto *Lean* Seis Sigma (LSS) para conseguir aumentar a produtividade do atendimento. Sendo assim, foi elaborada uma matriz SWOT para analisar as forças, as fraquezas, as oportunidades e as ameaças do projeto, divididas em questões internas e externas.
>
> **Questões INTERNAS**
>
> **Forças do projeto:**
>
> - equipe engajada;
> - tempo adequado;
> - coordenadores disponíveis.
>
> **Fraquezas do projeto:**
>
> - investimento limitado;
> - pouco domínio do processo;
> - suporte do time de TI à distância.
>
> **Questões EXTERNAS**
>
> **Oportunidades do projeto:**
>
> - apoio do fornecedor do sistema de atendimento.
>
> **Ameaças do projeto:**
>
> - imprevisibilidade da demanda;
> - dificuldade de encontrar mão de obra qualificada.
>
> Esse levantamento permite à equipe envolvida trabalhar de maneira mais adequada, buscando mitigar as fraquezas e ameaças do projeto e aproveitar as forças e as oportunidades, maximizando os resultados.

21.3.1 Como montar a Matriz GUT

1 – Liste todos os problemas

Para elaborar a Matriz GUT, é necessário listar todos os problemas que prejudicam o funcionamento dos processos da organização. É recomendável que essa atividade seja feita em grupo, por meio de uma sessão de *brainstorming* para garantir que todos os pontos de vista sejam considerados e nenhum problema passe despercebido.

Figura 21.3 Matriz GUT.

Para utilizar a Matriz GUT, basta seguir o modelo fornecido no Quadro 21.1.

2 – Categorize os problemas

É necessário atribuir uma classificação de 1 a 5 para cada problema identificado na listagem, conforme a prioridade deles; o maior valor indica maior urgência de solução.

O Quadro 21.2 apresenta os critérios que devem ser seguidos para atribuir essa nota.

3 – Classifique os problemas

Agora que todos os problemas já foram listados e as notas já foram atribuídas, é necessário multiplicar todas as notas que foram concedidas a cada problema, ou seja, é preciso multiplicar as notas de cada linha. Os problemas que ficaram com maior nota deverão ser priorizados.

Para tanto, deve ser elaborado um plano de ação, contemplando os devidos responsáveis e prazos para a solução de cada problema da Matriz GUT. A determinação de responsáveis pode ser estabelecida por meio da Matriz RACI, apresentada no Exemplo a seguir.

21.4 MATRIZ RACI

A Matriz RACI é uma ferramenta usada para definir claramente as autoridades e responsabilidades de cada membro de uma equipe em relação a determinadas atividades ou tarefas.

A sigla RACI é composta da primeira letra de quatro papéis essenciais para definir, delegar e executar responsabilidades de um projeto, apresentados a seguir.

- **Responsável (R):** a pessoa ou grupo designado como "Responsável" tem a responsabilidade de realizar determinada atividade e alcançar os resultados esperados. O responsável pode ser um profissional específico ou um grupo que tem a função de fazer a gestão de tarefas e garantir que os resultados sejam alcançados.
- **Apropriado (A):** a pessoa ou grupo denominado "Apropriado" tem a autoridade para tomar decisões e fornecer recursos, como tempo, pessoas ou recursos financeiros. O Apropriado também é responsável por autorizar mudanças no escopo ou nos objetivos da tarefa.
- **Consultado (C):** os denominados "Consultados" precisam ser acessados antes que as decisões sejam tomadas, visto que eles fornecem opiniões ou informações relevantes que são essenciais para tomar uma decisão assertiva. Eles não são responsáveis pela execução das tarefas, porém são importantes para o sucesso delas.
- **Informado (I):** os designados "Informados" precisam ser mantidos informados sobre o progresso da tarefa ou sobre as decisões que foram tomadas. Os Informados não têm responsabilidade ou autoridade na tarefa, mas precisam estar cientes do andamento das atividades para garantir a continuidade das suas próprias tarefas ou para tomar decisões.

Problemas	Gravidade	Urgência	Tendência	GUT	Classificação
Problema X					
Problema Y					
Problema Z					

Quadro 21.1 Listagem de problemas.

	Gravidade	Urgência	Tendência
5	Extremamente grave	Deve ser resolvido imediatamente	Vai piorar rapidamente se nada for feito
4	Muito grave	Urgente	O problema pode piorar em pouco tempo se nada for feito
3	Grave	Resolva o problema o mais rápido possível	Vai piorar a médio prazo
2	Pouco grave	Pouco urgente	Vai piorar a longo prazo
1	Sem gravidade	Pode esperar	Não trará prejuízos à organização

Quadro 21.2 Critérios para atribuição de nota.

EXEMPLO

O gerente de um projeto de desenvolvimento de *software* está enfrentando problemas com a qualidade do código produzido pela sua equipe. Então, ele decide usar a Matriz GUT para priorizar os problemas e definir as ações necessárias para resolvê-los.

Primeiramente, ele convoca uma reunião com a equipe para discutir os problemas encontrados no código. Durante a reunião, são identificados os seguintes problemas:

1. o código não está seguindo as melhores práticas de programação;
2. há muitos *bugs* no *software*;
3. o processo de revisão de código não está sendo realizado corretamente;
4. o tempo de resposta do sistema é muito lento.

Na sequência, os problemas foram classificados de acordo com a Matriz GUT, sendo atribuídas notas de 1 a 5 para cada um dos quatro pontos listados anteriormente. Os resultados dessa etapa são apresentados na Tabela 21.1.

Problema	Gravidade	Urgência	Tendência	Pontuação GUT
Código não segue as melhores práticas	4	3	2	24
Muitos *bugs* no *software*	5	4	3	60
Revisão de código não está sendo realizada corretamente	3	5	1	15
Tempo de resposta do sistema é muito lento	2	2	4	16

Tabela 21.1 Exemplo – Matriz GUT.

Assim, o gerente define a ordem prioritária para resolver cada problema apontado. Com base nas pontuações, o primeiro problema a ser trabalhado foi o de muitos *bugs* no *software*, seguido por código que não aplica as melhores práticas, tempo de resposta lento do sistema, e finalizando com a revisão do código que não está sendo realizado corretamente. As seguintes ações foram tomadas:

- **Código não segue as melhores práticas:** contratar um consultor para treinar a equipe em boas práticas de programação.
- **Muitos *bugs* no *software*:** dedicar mais tempo à fase de testes e contratar um especialista em qualidade de *software* para ajudar na identificação e na resolução dos *bugs*.
- **Revisão de código não está sendo realizada corretamente:** reforçar a importância da revisão de código na equipe e criar um processo formal para garantir que todos os códigos sejam revisados antes de serem incorporados ao sistema.
- **Tempo de resposta do sistema é muito lento:** contratar um especialista em desempenho de sistemas para identificar os gargalos e otimizar o sistema.

Com a utilização da Matriz GUT, o gerente e sua equipe conseguiram priorizar os problemas e definir ações claras e objetivas para resolvê-los, de modo a ajudar a melhorar a qualidade do código produzido pela equipe e, consequentemente, a qualidade do *software* entregue ao cliente.

A Figura 21.4 apresenta um exemplo de preenchimento da Matriz RACI, em que são determinadas as atividades que cada colaborador executará.

Com a classificação dos envolvidos no projeto por meio da utilização da Matriz RACI, diversos benefícios são obtidos, entre eles: alinhamento do time sobre atividades a serem executadas, definição de responsabilidades de cada envolvido, antecipação e prevenção de problemas, atualização dos profissionais sobre o progresso das atividades, maior facilidade diante da tomada de decisões, visualização do tempo necessário para a execução de tarefas e otimização de resultados.

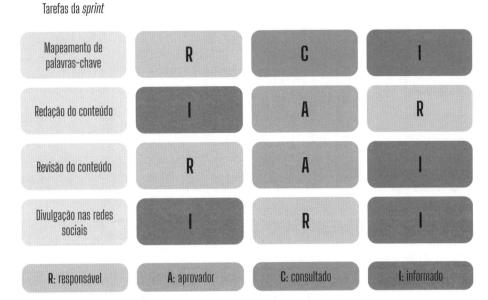

Figura 21.4 Matriz RACI.

21.5 GRÁFICO DE GANTT

O Gráfico de Gantt é uma representação visual de um plano de projeto, que corresponde ao andamento das tarefas ao longo do tempo, possibilitando acompanhar o cronograma do projeto e identificando pontos de interseção ou dependência entre tarefas.

Esse gráfico é composto de duas seções principais: uma com a lista das tarefas e outra com a representação temporal das tarefas. As atividades são representadas por barras horizontais que se estendem ao longo do tempo, em que a data de início é indicada no início da barra, e a data de término, no final da barra, conforme apresentado na Figura 21.5.

A figura ilustra as principais etapas e durações de um projeto, considerando o método DMAIC (composto das etapas de Definição, Medição, Análise, Melhoria e Controle). O Gráfico de Gantt é utilizado para organizar e acompanhar o andamento de projetos, analisando o cumprimento dos cronogramas estipulados.

Um dos recursos mais valorizados do Gráfico de Gantt é que ele permite identificar a relação de dependência entre as tarefas, identificando o caminho crítico, riscos e principais gargalos a serem monitorados.

EXEMPLO

O líder responsável pelo gerenciamento de um projeto de desenvolvimento de *software* tem várias tarefas que precisam ser concluídas, cada uma com um conjunto de responsabilidades associadas. Para garantir que todas as responsabilidades sejam atribuídas e monitoradas adequadamente, o líder decide usar a ferramenta Matriz RACI, listando a tarefa, com seu respectivo responsável, apoiador, consultado e informado.

Tarefa: Desenvolver a interface do usuário

Responsável (R): Equipe de *Design*

Apoiador (A): Equipe de Desenvolvimento

Consultado (C): Gerente de Projeto

Informado (I): Equipe de Testes

Com essa matriz RACI, fica claro para todos os envolvidos no projeto quem é responsável por cada tarefa, quem está apoiando na sua conclusão, quem precisa ser consultado e quem precisa ser informado. Assim, a matriz ajuda a evitar mal-entendidos e garante que todas as responsabilidades sejam atribuídas adequadamente.

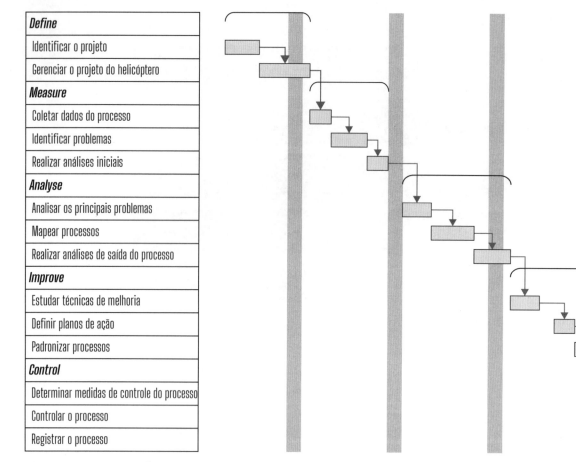

Figura 21.5 Diagrama de Gantt.

EXEMPLO

O líder de um projeto de construção de uma casa decide usar o Gráfico de Gantt para gerenciar o projeto, de modo a visualizar as tarefas que precisam ser realizadas e o tempo necessário para completá-las.

Primeiramente, ele identificou as tarefas necessárias para concluir o projeto, da seguinte maneira:
1. compra de materiais de construção;
2. preparação do terreno;
3. fundação;
4. construção da estrutura;
5. instalações elétricas e hidráulicas;
6. acabamentos interno e externo;
7. limpeza final.

Na sequência, ele estimou o tempo necessário para cada tarefa:
1. compra de materiais de construção: 2 semanas;
2. preparação do terreno: 1 semana;
3. fundação: 2 semanas;
4. construção da estrutura: 6 semanas;
5. instalações elétricas e hidráulicas: 3 semanas;
6. acabamentos interno e externo: 4 semanas;
7. limpeza final: 1 semana.

Com essas informações, o líder construiu um Gráfico de Gantt, contemplando as tarefas organizadas em ordem cronológica, e as barras representando a duração de cada tarefa, conforme apresentado na Figura 21.6.

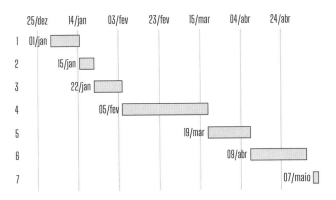

Figura 21.6 Diagrama de Gantt – Exemplo.

Com esse Gráfico de Gantt, é possível identificar a ordem das tarefas e o tempo necessário para cada uma. Além disso, é possível analisar claramente que algumas tarefas, como a construção da estrutura, têm uma duração maior do que outras, como a limpeza final. Assim, ao utilizar a ferramenta para gerenciar o projeto de construção, o líder pode garantir que as tarefas sejam concluídas em tempo hábil e que o projeto esteja dentro do prazo estabelecido.

21.6 PERT-CPM

As metodologias PERT-CPM têm objetivos em comum, como previsão, controle e gerenciamento de recursos e prazos.

A sigla PERT (do inglês *Program Evaluation and Review Technique* – Técnica de Avaliação e Revisão de Programa) baseia-se em métodos probabilísticos e fornece uma média ponderada para estimar a duração de cada atividade. O PERT leva em consideração três suposições de tempo para a realização de determinada atividade, apresentadas a seguir.

- **Cenário otimista:** tempo mínimo para conclusão de uma atividade, e terá peso 1 no cálculo da média.
- **Cenário pessimista:** tempo máximo para conclusão da mesma atividade, e com o mesmo peso 1.
- **Cenário mais provável:** tem peso 4 no cálculo da média, visto que considera o tempo mais provável de conclusão da atividade.

Já o CPM (do inglês *Critical Path Method* – Método do Caminho Crítico) baseia-se no fato de que algumas atividades são mais lentas e influenciam mais no prazo final do resultado.

Assim, o PERT-CPM é uma técnica de visualização gráfica que indica as tarefas e diferentes caminhos, conforme apresentado na Figura 21.7.

As representações gráficas do PERT-CERP correspondem a:

- **círculos:** simbolizam as atividades de um processo;
- **setas:** representam a transição entre as etapas do projeto;
- **letras:** são códigos que representam as etapas reais;
- **números:** correspondem ao tempo que as atividades levam para serem concretizadas.

Cálculo do caminho crítico

O caminho crítico corresponde à sequência de atividades, do início ao fim, na qual se tem a menor folga total (tempo que uma atividade pode atrasar sem comprometer o prazo do projeto). Por exemplo, existem os seguintes caminhos para sair do Ponto A e chegar ao Ponto B.

Caminho 1: 140 dias
Caminho 2: 158 dias
Caminho 3: 138 dias
Caminho 4: 150 dias

Considerando esse cenário, o caminho crítico corresponde ao trajeto 3. Em suma, o caminho crítico ajuda a identificar o sequenciamento de atividades mais importantes para entregar o projeto no menor prazo possível, e são essas atividades que o gerente de projeto deve direcionar sua atenção.

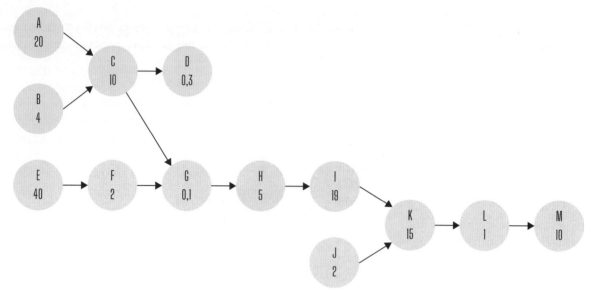

Figura 21.7 Diagrama montado da técnica PERT-CPM.

Tendo o cronograma do projeto desenvolvido (lista de atividades, rede de precedência e durações das atividades), pode-se preencher com os valores do Início Mais Cedo (IMC), do Início Mais Tarde (IMT), do Término Mais Cedo (TMC) e do Término Mais Tarde (TMT), conforme apresentado na Figura 21.8. Na ordem das tarefas são preenchidos o IMC e o TMC, e quando ocorre o retorno, é preenchido o TMT e o IMT.

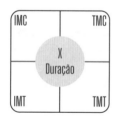

Figura 21.8 Diagrama preenchido.

- **IMC:** valor mais cedo para começar uma tarefa. Nas extremidades iniciais, começa no zero.

- **TMC:** valor mais cedo para terminar uma tarefa, e é feito pela soma do IMC e da duração da(s) tarefa(s).

- **TMT:** tempo mais tarde para uma tarefa terminar. Nas extremidades finais, inicia-se no maior tempo de percurso.

- **IMT:** tempo mais tarde para uma tarefa começar. Para calculá-lo, subtrai-se a duração da atividade do valor de TMT.

A Figura 21.9 apresenta o preenchimento do IMC e do TMC.

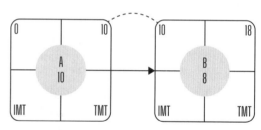

Figura 21.9 IMC e TMC preenchidos.

Podem ocorrer duas situações especiais em que se deve dobrar a atenção. São elas:

- Uma tarefa predecessora de duas tarefas:

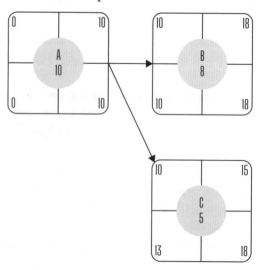

Figura 21.10 Uma tarefa predecessora de duas tarefas.

- Duas tarefas predecessoras de uma tarefa:

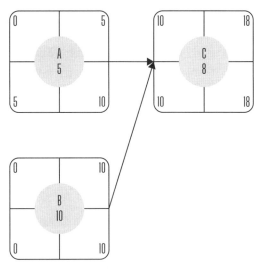

Figura 21.11 Duas tarefas predecessoras de uma outra tarefa.

Para maior compreensão desses conceitos, a seguir é apresentado um exemplo prático.

EXEMPLO

Em uma empresa de domissanitários (produtos de limpeza doméstica), o processo de fabricação de água sanitária ocorre de acordo com os passos apresentados no Quadro 21.3.

	Tarefa
A	Limpar o reator
B	Medir os reagentes
C	Encher o reator
D	Desligar o reator
E	Limpar a envasadora
F	Colocar garrafas na esteira de entrada
G	Acionar envasadora
H	Remover garrafas da esteira de saída
I	Tirar o nível do líquido
J	Tampar a garrafa
K	Colar rótulo
L	Dobrar caixa
M	Encher a caixa com 12 garrafas de 1 L
N	Passar a caixa na máquina de fita adesiva
O	Empilhar

Quadro 21.3 Tarefas de uma empresa de domissanitários.

Um colaborador cronometrou os tempos otimistas, pessimistas e mais prováveis e fez a média ponderada para descobrir o tempo geral da tarefa, além de analisar as predecessoras das tarefas (Quadro 21.4).

	Pred	Tempo (min.)
A	-	20
B	-	4
C	A, B	10
D	C	0,3
E	-	40
F	E	2
G	C, F	0,1
H	G	5
I	H	19
J	-	2
K	I, J	15
L	K	1
M	L	10

Quadro 21.4 Atividades predecessoras e tempo médio das atividades.

De acordo com as predecessoras, foi feito um diagrama com nós e linhas. Os nós representam as tarefas, e as linhas, a conectividade entre elas. Os tempos foram acrescentados ao lado dos nós para saber a duração das atividades, de forma gráfica (Figura 21.12).

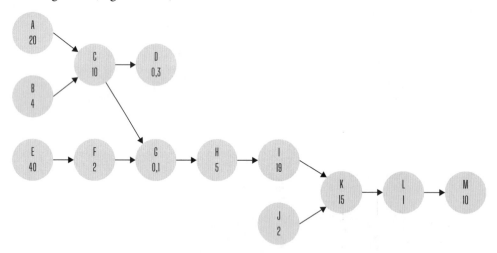

Figura 21.12 Diagrama da técnica PERT-CPM.

Com o diagrama em mãos, o IMC, o TMC, o IMT e o TMT foram calculados (Figura 21.13).

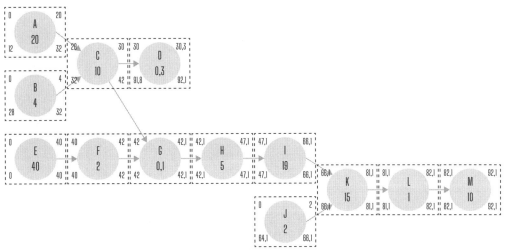

Figura 21.13 Diagrama com IMC, TMC, IMT e TMT preenchidos.

Agora é possível dizer que o caminho crítico é o E→F→G→H→I→K→L→M, com duração de 92,1 minutos. Isso significa que esse caminho não tolera atrasos em nenhuma atividade. Por outro lado, algumas atividades têm folgas, ou seja, um limite de tempo que podem atrasar e que não afetam o caminho principal.

Para analisar se um caminho permite folga ou não, basta analisar a diferença entre TMT e TMC ou IMT e IMC; se esse valor for igual a zero, então não há folga.

Por exemplo:
- folga da atividade A: 12 - 0 = 12 ou 32 - 20 = 12;
- folga da atividade B: 28 - 0 = 28 ou 32 - 4 = 28;
- folga da atividade C: 32 - 20 = 12 ou 42 - 30 = 12;
- folga da atividade D: 91,8 - 30 = 61,8 ou 92,1 - 30,3 = 61,8;
- folga da atividade J: 64,1 - 0 = 64,1 ou 66,1 - 2 = 64,1.

Portanto, para calcular a folga das atividades é possível analisar a diferença dos termos à esquerda ou à direita do bloco que se deseja calcular a folga. Nos demais blocos, a diferença à esquerda ou à direita é nula, o que remete a atividades que não apresentam folga.

Assim, as atividades que apresentam folga e seus respectivos tempos são:

A → 12 minutos; B → 28 minutos; C → 12 minutos; D → 61,8 minutos; J → 64,1 minutos

21.7 MATRIZ DE GRAVIDADE DE RISCO

A Matriz de Gravidade de Risco é uma ferramenta que permite avaliar e priorizar os riscos enfrentados por uma organização, e é desenvolvida atribuindo classes de risco a combinações entre a probabilidade de ocorrer determinado evento associado à sua potencial consequência. A matriz é dividida em zonas de risco intolerável, substancial, moderado, aceitável e trivial, conforme a Figura 21.14.

Os riscos classificados como altos são considerados prioridade, pois são os que podem causar grandes danos ao projeto. Assim, a equipe deve trabalhar para mitigá-los ou transferi-los antes que ocorram. Essa ferramenta permite que a equipe mantenha o projeto seguro, minimizando os danos causados por riscos.

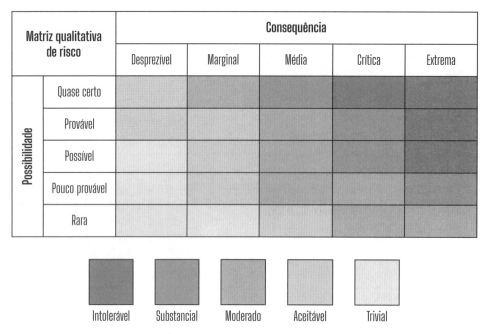

Figura 21.14 Matriz de Gravidade de Risco.

EXEMPLO

Um engenheiro de segurança de uma indústria química precisa avaliar os riscos de um processo de produção que envolve o manuseio de produtos perigosos. Para isso, ele decidiu utilizar a Matriz de Gravidade de Risco e atribuir uma nota para os critérios de probabilidade de ocorrência e gravidade do risco.

Primeiramente, ele identificou os riscos envolvidos no projeto, listando-os da seguinte maneira:
- risco de desabamento ou colapso da estrutura;
- risco de acidentes com equipamentos de construção;
- risco de lesões ou morte dos trabalhadores;
- risco de danos ambientais;
- risco de atrasos no cronograma devido a condições climáticas adversas.

Na sequência, o engenheiro avalia a probabilidade e a gravidade de cada risco identificado. Por exemplo, o risco de desabamento da estrutura pode ter uma probabilidade baixa, mas uma gravidade extremamente alta, enquanto o risco de atrasos no cronograma pode ter uma probabilidade moderada, mas uma gravidade relativamente baixa.

Assim, foi possível classificar cada risco de acordo com a probabilidade e com a gravidade, da seguinte maneira:

Probabilidade
- **Alta:** risco de desabamento ou colapso da estrutura, risco de acidentes com equipamentos de construção, risco de lesões ou morte dos trabalhadores.
- **Moderada:** risco de atrasos no cronograma devido a condições climáticas adversas.
- **Baixa:** risco de danos ambientais.

Gravidade
- **Alta:** risco de desabamento ou colapso da estrutura, risco de lesões ou morte dos trabalhadores, risco de danos ambientais.
- **Moderada:** risco de acidentes com equipamentos de construção, risco de atrasos no cronograma devido a condições climáticas adversas.

Na sequência, os riscos identificados foram classificados nos seguintes quadrantes:
- **Quadrante intolerável:** risco de desabamento ou colapso da estrutura e risco de lesões ou morte dos trabalhadores.
- **Quadrante substancial:** risco de acidentes com equipamentos de construção e risco de danos ambientais.
- **Quadrante moderado:** risco de atrasos no cronograma devido a condições climáticas adversas.

Com os riscos identificados e classificados, é necessário tomar medidas para reduzir ou eliminar os riscos mais críticos. Por exemplo, medidas de segurança adicionais podem ser implementadas para reduzir o risco de desabamento da estrutura, enquanto um plano de contingência pode ser elaborado para lidar com a possibilidade de atrasos no cronograma devido a condições climáticas adversas.

21.8 BENCHMARKING

Benchmarking é uma expressão derivada da palavra "*benchmark*", que significa "referência". Refere-se a um processo sistemático de análise e comparação do desempenho de uma empresa ou um processo em relação a outros na mesma organização ou em diferentes setores.

O *benchmarking* deve ser uma atividade contínua, visto que os padrões de desempenho estão em constante mudança, tornando-se essencial que as empresas identifiquem regularmente áreas para melhoria e atualizem seus processos.

Essa ferramenta é importante diante da tomada de decisões estratégicas, pois auxilia na identificação de oportunidades de melhoria e no alinhamento de metas da empresa com as melhores práticas do setor. Além disso, ajuda a identificar novas tendências e tecnologias que possam ser implementadas para melhorar o desempenho da organização.

Entre os benefícios do *benchmarking*, destacam-se:
- fornecer maior conhecimento do mercado;
- identificar tendências e tecnologias;
- melhorar o conhecimento que a empresa tem de si mesma;
- identificar práticas de sucesso de empresas referência no mercado;
- possibilitar aprender com quem já passou pelos mesmos desafios;
- motivar a equipe a atingir objetivos realizáveis, já alcançados por outras empresas;
- buscar redução de custos, ampliação na margem de lucro, aumento na produtividade, entre outros.

21.8.1 Principais tipos de *benchmarking*

Há uma série de tipos de *benchmarking*, e os principais são apresentados a seguir.

Competitivo

O objetivo é usar os concorrentes como parâmetro; a intenção é medir como o produto ou o negócio se posiciona em relação a quem disputa diretamente os clientes. Para tanto, normalmente são usados dados oficiais e divulgados publicamente, como o faturamento e o crescimento empresarial.

Funcional

Nesse caso, uma empresa estuda uma função específica de outras organizações, independentemente da área de atuação. Assim, é possível aprender as melhores estratégias com organizações de outros mercados. Por exemplo, utilizando esse tipo de *benchmarking*, é possível que uma empresa identifique e adote tendências na área de TI.

Genérico

Essa modalidade é semelhante à anterior, porém, enquanto o *benchmarking* funcional é focado em uma função específica, o genérico é mais amplo. Este é aplicável quando há processos semelhantes, ainda que não disputem mercado – em alguns casos, nem desenvolvem o mesmo produto. Entretanto, a comparação é válida para encontrar oportunidades de melhoria.

Interno

Quando uma organização compara processos entre suas diferentes unidades, ela está realizando o *benchmarking* interno. O objetivo é buscar um aprimoramento por meio da análise de práticas que surgiram dentro da própria organização e que levaram determinadas filiais ou diretorias a alcançar resultados melhores que outras. Um dos maiores benefícios desse tipo de *benchmarking* é que este contribui com a padronização de processos da organização.

De cooperação

Ocorre quando duas empresas firmam parceria para trocar informações. Por exemplo, se uma empresa tem sucesso com vendas e outra com relacionamento com o cliente, elas podem fazer um levantamento de estratégias e *cases*, de modo a crescerem juntas.

EXEMPLO

Uma empresa de varejo de roupas está procurando maneiras de melhorar seu atendimento ao cliente. Portanto, decidiu usar o *benchmarking* para avaliar seu desempenho em relação aos concorrentes e identificar oportunidades de melhoria.

Para isso, cinco etapas foram seguidas:

Passo 1 – Definir o escopo do *benchmarking*

A empresa decide que o escopo do *benchmarking* será o atendimento ao cliente em lojas de varejo de roupas semelhantes em sua região.

Passo 2 – Identificar as empresas a serem comparadas

A empresa escolheu três empresas de varejo de roupas com lojas na mesma região e tamanho semelhante.

Passo 3 – Coletar dados

Foram coletados dados sobre os processos de atendimento ao cliente das empresas concorrentes. Isso inclui informações sobre a experiência do cliente, tempo de espera em filas, disponibilidade de produtos, qualidade do atendimento ao cliente etc.

Passo 4 – Analisar dados e identificar oportunidades de melhoria

Após coletar os dados, a empresa de varejo de roupas pode comparar seu desempenho com o de seus concorrentes e identificar oportunidades de aprimoramento. Podem constatar que a qualidade do atendimento ao cliente precisa ser melhorada ou que estão demorando mais para atender aos clientes em comparação à concorrência. Além disso, podem descobrir que um de seus concorrentes tem um programa de fidelidade bem-sucedido que eles consideram implementar.

Passo 5 – Implementar mudanças e monitorar resultados

Com base nas oportunidades de melhoria identificadas, a empresa de varejo de roupas pode implementar mudanças em seus processos de atendimento ao cliente. Isso pode incluir o aprimoramento do treinamento de seus funcionários para elevar a qualidade do atendimento, a introdução de um programa de fidelidade ou a redução do tempo de espera dos clientes nas filas. Posteriormente, eles monitoram os resultados dessas mudanças para avaliar sua eficácia e ajustam os processos, conforme necessário.

Assim, a ferramenta de *benchmarking* pode ajudar a empresa a identificar oportunidades de melhoria e implementar mudanças eficazes para melhorar seu desempenho em relação aos concorrentes.

RESUMO

- *Brainstorming* é uma técnica que explora a capacidade criativa dos colaboradores, visando gerar o maior número possível de ideias para solução de problemas ou a criação de algo novo.
- O Diagrama de Afinidade é uma ferramenta usada para organizar e categorizar as ideias geradas em uma sessão de *brainstorming*, permitindo uma análise mais clara e eficiente dos resultados.
- A Análise SWOT ajuda a avaliar o desempenho de um projeto ou de uma empresa, identificando pontos fortes (*Strengths*), oportunidades (*Opportunities*), fraquezas (*Weaknesses*) e ameaças (*Threats*), e corresponde a uma forma de avaliar os ambientes interno e externo para desenvolver estratégias mais eficientes.
- A Matriz GUT é uma ferramenta de priorização que ajuda a ordenar as atividades, identificando o que é mais importante por meio dos critérios gravidade, urgência e tendência.
- A Matriz RACI é usada para definir claramente as responsabilidades dos membros de uma equipe. A sigla RACI representa as categorias "Responsável", "Apropriado", "Consultado" e "Informado".
- O Gráfico de Gantt pode ser utilizado diante do planejamento do projeto e do desenvolvimento do cronograma, uma vez que organiza as atividades de acordo com o método DMAIC (composto das etapas de Definição, Medição, Análise, Melhoria e Controle).
- O PERT-CPM é uma técnica de visualização gráfica por meio de círculos e setas que indicam as tarefas e os caminhos entre elas, e possibilita calcular o caminho crítico, ou seja, aquele que apresenta a menor folga total (tempo que uma atividade pode atrasar sem comprometer o prazo do projeto).
- A Matriz de Gravidade de Risco é uma ferramenta que possibilita avaliar e priorizar os riscos de uma organização, combinando a probabilidade de ocorrência de determinado risco com a sua gravidade de impacto.
- *Benchmarking* é uma técnica de comparação de desempenho com empresas consideradas líderes em determinada área, visando identificar oportunidades de melhoria. Existem vários tipos de *benchmarking*, e os principais são: Competitivo, Funcional, Genérico, Interno e de Cooperação.

REFERÊNCIAS BIBLIOGRÁFICAS

CORREA, C. *Vicente Falconi*: o que importa é resultado. 1. ed. Rio de Janeiro: Primeira Pessoa, 2017.

KUBIAK, T. M.; BENBOW, D. W. *The certified Six Sigma Black Belt Handbook*. 3. ed. Milwaukee: American Society for Quality, 2016.

SHANKAR, R. *Process Improvement Using Six Sigma*: a DMAIC guide. Milwaukee: ASQ Quality Press, 2009.

THEISENS, H. C. *Lean Six Sigma Green Belt Mindset, Skill set and Tool set*. 5. ed. Enschede: Lean Six Sigma Academy, 2021.

CASOS PRÁTICOS – ETAPA DE DEFINIÇÃO

Depois de ter conhecido as ferramentas que podem ser aplicadas no *Lean* Seis Sigma, é o momento de entender como elas podem ser aplicadas em estudos de caso. Nessa parte bônus do Guia Prático do Especialista em Melhoria Contínua são apresentados três estudos de caso como modo de facilitar a compreensão da aplicação de um projeto *Lean* Seis Sigma.

É importante ressaltar que os *cases* que serão demonstrados foram modelados com base em situações reais vivenciadas pela equipe de consultores, mas para assegurar o sigilo e a confidencialidade, os contextos e os nomes foram alterados.

CASOS PRÁTICOS – ETAPA DE DEFINIÇÃO (*DEFINE*)

A primeira etapa do método DMAIC é utilizada para definir o escopo do projeto com precisão, identificar o processo gerador do problema, definir uma meta global e elaborar o contrato do projeto. As etapas seguidas para contemplar a etapa de Definição são apresentadas a seguir.

Etapa de Definição: Projeto de redução de erros na entrega de tubos de aço e escapamentos em uma indústria nacional

1 – Contextualização do projeto

A empresa Voitto Tubes, uma das maiores processadoras de aço do Brasil, atua no mercado há mais de 30 anos e oferece soluções para os setores de construção civil, óleo e gás, e automotivo. Com duas fábricas no interior de São Paulo e oito centros de distribuição em várias regiões do Brasil, a empresa investiu em qualidade de produto e excelência operacional para conquistar uma fatia significativa do mercado.

No entanto, a Voitto Tubes está enfrentando problemas com o Índice de Sucesso na Entrega de Tubos e Escapamentos (OTIF_entrega – entregas realizadas *On Time in Full*), que mede o percentual de entregas realizadas dentro do prazo acordado e com o pedido completo. Atualmente, esse indicador está em 63%, abaixo da meta ideal de 90% estabelecida pela alta administração.

O principal fator que afeta o OTIF_entrega é o processo de fechamento do pedido, separação e envio dos produtos. Outros indicadores que podem estar relacionados incluem o nível de estoque, o tempo para separação dos produtos e o deslocamento até o destino final.

O projeto de melhoria proposto deve focar em aumentar a eficiência desses processos feitos para todas as regiões do Brasil, com o objetivo de melhorar o desempenho do OTIF_entrega nas entregas feitas por transportes terrestre e aéreo.

2 – Definição da meta do projeto

O principal indicador do projeto é o OTIF_entrega, que mede a eficiência das entregas realizadas dentro do prazo e com o pedido completo, e é calculado de acordo com o somatório de entregas feitas no prazo e com pedido completo em função de todas as entregas do mês, multiplicado por 100.

A meta é aumentar o OTIF_entrega de 63,5 para 83% em 6 meses. Isso representa 50% da lacuna entre o patamar atual de 63,5% e o ideal de 90%, conforme os objetivos da Voitto Tubes.

3 – Compreensão do processo gerador do problema e do escopo do projeto

O escopo do projeto inclui entregas de tubos e escapamentos para todas as regiões do Brasil realizadas por transportes terrestre e aéreo, originadas das duas fábricas em São Paulo. Estão fora do escopo pedidos diretos aos Centros de Distribuição, transportes diferentes e entregas de telhas, andaimes e peças automotivas.

Além do indicador principal OTIF_entrega, serão monitorados indicadores secundários, como o custo com transporte emergencial e o tempo de deslocamento. O custo com transporte emergencial é crucial para ganhos financeiros e satisfação do cliente, enquanto o tempo de deslocamento ajuda a melhorar o planejamento das entregas.

Atualmente, o OTIF_entrega é 62,9%, com média de 67,5%, mediana de 66,6%, valor máximo de 81,3%, mínimo de 53,3% e desvio padrão de 6,4%. A análise de séries temporais mostra uma série aleatória, sem padrões evidentes, com menor variabilidade e média mais baixa nos últimos 25 a 30 meses.

Um *boxplot* define a região com os 25% piores desempenhos de OTIF_entrega (entre o valor mínimo e o 1º quartil) e os 25% melhores desempenhos (entre o 3º quartil e o valor máximo). Observe a Figura Caso 1.1.

Sabendo que os dados são normais, uma Carta de Controle X-AM (I-MR) é construída com o objetivo de avaliar a estabilidade do processo. Observe a Figura Caso 1.2.

Uma Carta de Controle mostra que o processo é estável, sem sinais de *outliers*, tendência, sequência, sazonalidade ou proximidade dos limites de controle.

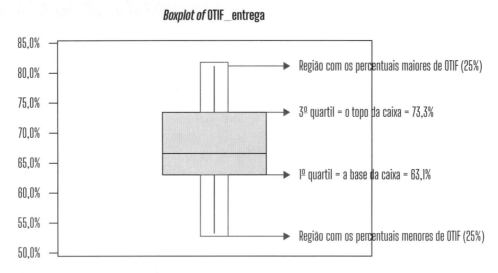

Figura Caso 1.1 *Boxplot* OTIF_entrega.

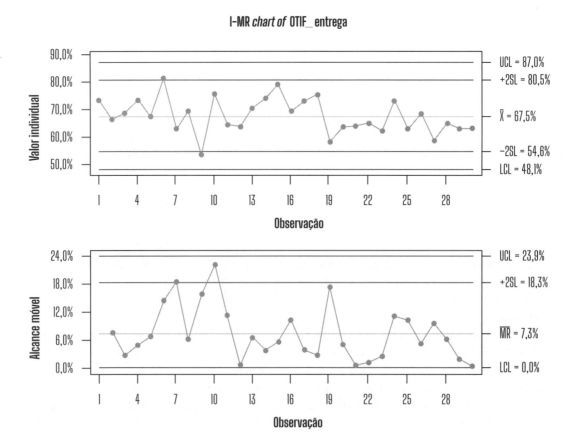

Figura Caso 1.2 Carta de Controle X-AM (I-MR).

Os limites de controle inferior e superior são 48,1 e 87%, respectivamente, refletindo a variabilidade do processo atual.

O processo, sendo estável, é avaliado com base na meta de 83%, com limites de especificação entre 78 e 88% (5 pontos percentuais abaixo e acima da meta). Cada ponto percentual acima de 80% reduz os gastos não planejados em R$ 110,00 por pedido no modal terrestre e R$ 290,00 no modal aéreo.

Com uma média de 65 entregas mensais no terrestre e 15 no aéreo, o ganho potencial é calculado da seguinte maneira:

- modal terrestre: 110 × 65 × 3 = R$ 21.450,00 por mês;
- modal aéreo: 290 × 15 × 3 = R$ 13.050,00 por mês;
- total de ganhos potenciais: R$ 21.450,00 + R$ 13.050,00 = R$ 34.500,00 por mês;
- total anual: R$ 34.500,00 × 12 = R$ 414.000,00.

O processo de fechamento do pedido, separação e envio dos produtos é identificado como o principal gerador do problema. Variáveis importantes devem ser analisadas para combater as principais causas e melhorar o desempenho do OTIF_entrega.

O SIPOC foi criado para definir melhor o escopo do projeto e para entender as partes envolvidas e os recursos utilizados. Observe a Tabela Caso 1.1.

4 – Elaboração do contrato do projeto

O contrato do projeto para a Voitto Tubes é apresentado na Figura Caso 1.3.

S	I	P	O	C
Suppliers	Inputs	Process	Outputs	Customers
Fornecedores	Insumos	Processo	Produtos	Clientes
• Área de TI • Cliente	• Portal do cliente • Qtd. de produto • Especificações do produto	Implantar o pedido	Pedido implantado no sistema Voitto Tubes	Área Comercial
• Área Comercial • Área de TI • Cliente	• Pedido implantado • Mapa de entregas • Disponibilidade do produto	Acordar prazo de entrega com cliente	• Prazo acordado • Pedido liberado para a expedição	Área de Expedição
• Área de Operação • Plano de saúde • Cliente	• Pedido liberado • Separador • Material para embalagem	Separar e embalar o produto	• Produto separado e embalado • Nota Fiscal emitida • Etiqueta de identificação impressa e colada no produto	Logística/modal de transporte
Logística	• Produto separado e embalado • Nota Fiscal • Definição do modal	Transportar o produto até o cliente	Produto em transporte	Modal/transportadora
Modal/transportadora	• Produto transportado • Nota Fiscal	Entregar o produto	Produto armazenado no local da entrega	Cliente

Tabela Caso 1.1 SIPOC do processo.

Contrato de Projeto *Project Charter*				
Projeto:	Otimização do OTIF das entregas de tubos e escapamentos		Líder:	[coloque o seu nome]
Cliente:	Logística		Patrocinador:	[CEO/Alta administração]
Área:	Comercial, Expedição e Logística		Data:	[considera dia atual]
Objetivo do Projeto				
Por meio dos conceitos e das ferramentas do *Lean* Seis Sigma, será possível analisar o processo de implantação, separação e transporte dos pedidos de tubos e escapamentos com o objetivo de reduzir os erros que prejudicam as entregas no prazo correto e de modo completo.				
Justificativa/Histórico				
Atualmente, uma grande oportunidade está na melhoria do Índice de Sucesso na Entrega de Tubos e Escapamentos (OTIF_entrega). A empresa conquistou uma fatia de mercado significativa nos últimos 5 anos, mas recentemente começou a ter problemas para cumprir o prazo de entrega de seus produtos, negociado junto aos clientes. O OTIF_entrega, entregas realizadas *on time in full*, é medido como o percentual de entregas feitas dentro do prazo acordado e com o pedido completo. Atualmente, o indicador está na faixa de 63%, e o ideal seria 90%.				
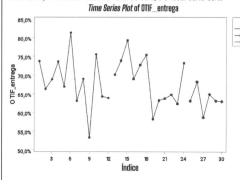 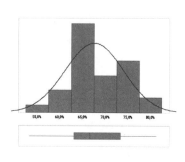				
Definição da Meta		**KPIs**		
Aumentar o OTIF_entrega de 63,5% para 83% no prazo de 6 meses.		OTIF_entrega		
Limites do Projeto (Inclui/Exclui)				
O escopo inclui as entregas feitas para todas as regiões do Brasil, da linha de tubos e escapamentos. Serão consideradas as entregas feitas por modal terrestre e aéreo e todos os pedidos originados das duas fábricas no interior de São Paulo. Não inclui no escopo pedidos feitos diretamente ao Centro de Distribuição, que tenham utilizado outro transporte diferente do terrestre ou aéreo. O projeto não contemplará produtos da linha de telhas, andaimes e peças automotivas.				
Premissas e Restrições do Projeto				
Os ganhos do projeto não são apenas financeiros, mas também qualitativos. Considerar apenas os pedidos para tubos e escapamentos. Para ter ganho financeiro, o OTIF deve obrigatoriamente ultrapassar o valor de 80%.				
Equipe de Trabalho				
	Nome		Cargo	Área/Empresa
Líder:	[coloque o seu nome]		[GB ou BB]	Melhoria Contínua
Patrocinador:	[nome]		CEO	Alta Administração
Membros da equipe:	[nomes de 3 a 5 membros]			[área da Melhoria Contínua] [área Comercial] [área de Expedição e Logística]
Especialistas para suporte técnico:	[nomes de 2 a 3 membros]			[área Logística] [área de TI]
Requisitos do Cliente				
Entregas no prazo, entregas com pedido completo, planejamento adequado para regiões remotas.				
Contribuições para o Negócio				
Os ganhos do projeto não são apenas financeiros, mas também qualitativos. O aumento do OTIF gera maior satisfação do cliente com a qualidade do serviço desejada pela empresa. Esses ganhos qualitativos ajudam na fidelização do cliente.				
Valor do Ganho Financeiro (R$):	414.000,00 em um ano			
Responsável pela aprovação:	[gerente de unidades da regional Minas Gerais]			
Validação Final do Projeto				
Aprovação:	[assinatura do gerente da regional Minas Gerais]			

Figura Caso 1.3 Contrato de projeto.

Etapa de Definição: Projeto de aumento do nível de serviço de atendimento nas unidades da regional Minas Gerais

1 – Contextualização do projeto

O Grupo Vitta é uma grande empresa nacional de medicina diagnóstica e tem mais de 70 unidades de atendimento espalhadas nas principais cidades das regiões Sudeste e Centro-Oeste do país. Atua na área de serviços, oferecendo aos seus clientes exames laboratoriais e de imagem, por exemplo, exames de sangue, ultrassom, tomografia e ressonância magnética.

Um especialista *Lean* Seis Sigma da regional de Minas Gerais busca melhorar o desempenho das unidades de atendimento utilizando o método DMAIC, as ferramentas e os conceitos do *Lean* Seis Sigma.

A área de *Business Intelligence* (BI) do Grupo Vitta é responsável por medir diversos indicadores de resultado nas unidades de atendimento, e recentemente indicou que na regional de Minas Gerais o nível de serviço de atendimento das unidades está abaixo da meta e do resultado médio das outras regionais.

O nível de serviço de atendimento (NS atendimento) é medido como o percentual de clientes que foram atendidos na recepção e encaminhados para a realização dos exames em até 15 minutos. Atualmente, o nível das unidades da regional de Minas Gerais é, em média, de 68%, abaixo da meta de 75% do indicador e da média de 81% das outras regionais.

O principal processo que influencia no indicador de NS atendimento é o processo de atendimento e encaminhamento do cliente. Outros fatores determinantes incluem tempo de espera, cadastro, liberação do cliente, percentual de exames pré-autorizados e *layout* da unidade. Portanto, a Voz do Negócio (VOB) indica que as maiores oportunidades de Melhoria Contínua no Grupo Vitta estão nas unidades de atendimento.

Por meio dos conceitos e das ferramentas do *Lean* Seis Sigma, será possível analisar o processo de atendimento e encaminhamento do cliente nas unidades e identificar as principais causas que geram um resultado baixo no NS atendimento. O projeto de Melhoria Contínua visa identificar e corrigir as causas desses problemas, alinhando as unidades regionais às metas da empresa.

2 – Definição da meta do projeto

O principal indicador do projeto, que será utilizado para avaliar o resultado final, é o NS atendimento, calculado de acordo com o somatório de clientes atendidos em até 15 minutos em função de todos os clientes atendidos, multiplicado por 100.

O valor mais recente do indicador, do último mês, é 68%. Foram analisados os valores médios, a mediana, o máximo, o mínimo e o desvio padrão do indicador nos últimos 24 meses, identificando: média de 71,4%, mediana de 70,6%, valor máximo de 80,8%, mínimo de 62,7% e desvio padrão de 5,77%.

A normalidade dos dados foi verificada com um p-valor superior a 0,05. Observe a Figura Caso 2.1.

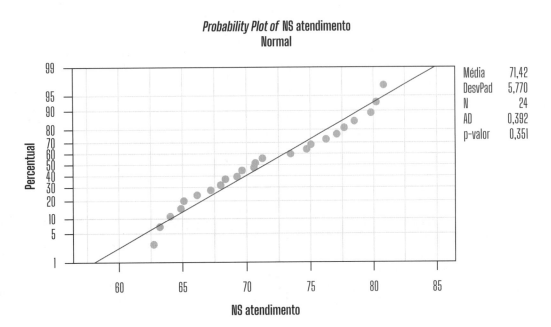

Figura Caso 2.1 Teste de normalidade e estatísticas descritivas para valores de NS atendimento.

Uma análise de séries temporais mostrou que o NS atendimento tem piorado ao longo do tempo, especialmente nos últimos 12 meses, que apresentam uma média de 66,6%. Um *boxplot* foi utilizado para destacar os valores mais baixos e os mais altos no período.

A meta do projeto *Lean* Seis Sigma foi definida para aumentar o NS atendimento de 66,6 para 82% em 6 meses, considerando um patamar ideal de 90%. O ganho financeiro potencial, baseado em um aumento de 7 pontos percentuais acima da meta da empresa, foi estimado em R$ 315.840,00 por ano, considerando o atendimento de 192 mil clientes anuais.

3 – Compreensão do processo gerador do problema e do escopo do projeto

O estudo realizado nas unidades da regional Minas Gerais foca no processo de atendimento e encaminhamento do cliente, que é crucial para identificar variáveis que ajudam a resolver problemas. Com isso, define-se um melhor escopo do projeto, abrangendo as atividades desde a retirada da senha pelo cliente até o encaminhamento para o exame.

Um SIPOC foi criado (Tabela Caso 2.1) para auxiliar na compreensão do escopo, das pessoas envolvidas e dos recursos utilizados.

4 – Elaboração do contrato do projeto

O contrato do projeto para o Grupo Vitta é apresentado na Figura Caso 2.2.

Etapa de Definição: Projeto de redução do custo de juros e multas por pagamentos atrasados de fornecedores

1 – Contextualização do projeto

A empresa Tech Tudo, uma manufatura de impressoras, vem enfrentando elevados custos com pagamentos

S Suppliers Fornecedores	I Inputs Insumos	P Process Processo	O Outputs Produtos	C Customers Clientes
• Área de TI • Cliente	• Totem de senha • Sistema de gerenciamento de fila • Necessidade do cliente	Retirar a senha de atendimento	Senha impressa	Cliente
• Área de Operação • Área de TI • Cliente	• Operador de atendimento • Guichê de atendimento • Sistema de cadastro • Documentos	Cadastrar o cliente	• Cadastro do cliente completo • Guia de exames	• Área de Operação • Área Comercial
• Área de Operação • Plano de saúde • Cliente	• Operador de atendimento • *Site* do plano de saúde • Dados do cliente • Pedido médico	Verificar autorização dos exames	Exames autorizados	• Área de Operação • Área Comercial • Financeiro
• Área de Operação • Área de TI	• Operador de atendimento • Guichê de atendimento • Sistema de cadastro	Imprimir guia para realização dos exames	Guia de exames impressa	• Ilha de exames • Cliente
Área de Operação	• Informações sobre localização dos exames • Assistente de atendimento	Encaminhar cliente para o exame	Cliente conduzido até o local do exame	Ilha de exames

Tabela Caso 2.1 SIPOC do processo.

	Contrato de Projeto *Project Charter*

Projeto:	Aumento do nível de serviço de atendimento das unidades da regional Minas Gerais	Líder:	[coloque o seu nome]
Cliente:	Unidades de atendimento	Patrocinador:	[CEO/Alta administração]
Área:	Operação	Data:	[considera dia atual]

Objetivo do Projeto

Por meio dos conceitos e das ferramentas do *Lean* Seis Sigma, será possível analisar o processo de atendimento e encaminhamento do cliente nas unidades e identificar as principais causas que geram um resultado baixo no NS atendimento

Justificativa/Histórico

Analisando a Voz do Negócio (VOB), percebe-se que as maiores oportunidades para realização de projetos de Melhoria Contínua no Grupo Vitta estão nas unidades de atendimento. Segundo a empresa, por meio da área de *Business Intelligence*, na regional Minas Gerais, o nível de serviço do atendimento está abaixo da meta e da média performada pelas outras regionais. Os resultados mais recentes indicam que a regional Minas Gerais tem o NS atendimento de 68%, sendo a meta da empresa um NS atendimento de 75% para todas as regionais.

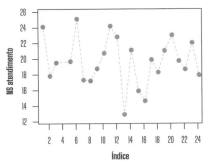

Definição da Meta	KPIs
Aumentar o NS atendimento de 66,6% para 82% no prazo de 6 meses.	NS atendimento

Limites do Projeto (Inclui/Exclui)

O que fará parte do escopo são as atividades que ocorrem dentro da unidade de atendimento, desde o momento em que o cliente retira sua senha até o momento em que ele levanta do guichê de atendimento e é encaminhado para o exame.

Premissas e Restrições do Projeto

Os ganhos do projeto não são apenas financeiros, mas também qualitativos.
Atuar apenas nas unidades da regional Minas Gerais.
Para ter ganho financeiro, o NS atendimento deve obrigatoriamente ultrapassar o valor de 75%.

Equipe de Trabalho

	Nome	Cargo	Área/Empresa
Líder:	[coloque o seu nome]	Especialista Melhoria Contínua	Melhoria Contínua
Patrocinador:	[nome]	CEO	Alta Administração
Membros da equipe:	[nomes de 3 a 5 membros]		[área da Melhoria Contínua] [área de Atendimento] [área de Operações]
Especialistas para suporte técnico:	[nomes de 2 a 3 membros]		[área de Processos] [área de TI]

Contribuições para o Negócio

Os ganhos do projeto não são apenas financeiros, mas também qualitativos. O aumento do NS atendimento melhora o fluxo do cliente dentro das unidades e gera maior satisfação do cliente com a rapidez do atendimento. Esses ganhos qualitativos ajudam na fidelização do cliente à marca Grupo Vitta.

Valor do Ganho Financeiro (R$):	315.840,00 em um ano
Responsável pela aprovação:	[gerente de unidades da regional Minas Gerais]

Validação Final do Projeto

Aprovação:	[assinatura do gerente da regional Minas Gerais]

Figura Caso 2.2 Contrato de projeto.

atrasados aos fornecedores. Afinal, o processo atual de pagamento de NFs tem erros e atrasos que inviabilizam o pagamento delas no prazo.

Reclamações são cada vez mais frequentes por parte dos fornecedores e a empresa está com a imagem desgastada no mercado, visto que o custo anual com o pagamento de juros e multas está próximo de R$ 500.000,00. Dessa maneira, fica clara a possibilidade de melhoria por meio de um projeto *Lean* Seis Sigma (LSS).

Com base no banco de dados da Tech Tudo, foi possível elaborar o teste de normalidade e identificar dados estatísticos importantes, como média, mediana e desvio padrão, conforme apresentado na Figura Caso 3.1.

Na Tabela Caso 3.1 é possível observar numericamente alguns conceitos estatísticos importantes.

2 – Definição da meta do projeto

Para o problema em questão, o *benchmarking* ideal é atingir um valor zero, ou seja, o objetivo é não pagar nenhum tipo de juros ou multas devido a atrasos no pagamento das NFs dos fornecedores. No entanto, reconhecemos que essa meta pode ser difícil de ser alcançada com apenas um projeto de 6 meses. Portanto, a meta, embora desafiadora, deve ser factível.

Assim, a meta estabelecida é reduzir o patamar médio dos custos de juros e multas em 63,7% (de R$ 45.487,00 para R$ 16.500,00), considerando um desvio padrão de R$ 3.800,00 (mais baixo), em um período de 6 meses (*baseline*: janeiro de 2013 a julho de 2014).

3 – Compreendendo o processo gerador do problema e o escopo do projeto

O principal processo desse projeto compreende desde o recebimento da NF até o seu pagamento, envolvendo as áreas Comercial, Operações e Contas a Pagar. É um processo que não tem alto grau de complexidade, mas apresenta pontos de melhoria em suas etapas.

Dessa maneira, o projeto contempla as NFs de todos os fornecedores que passam pelo processo de pagamento de NF na área de Contas a Pagar. Os fornecedores

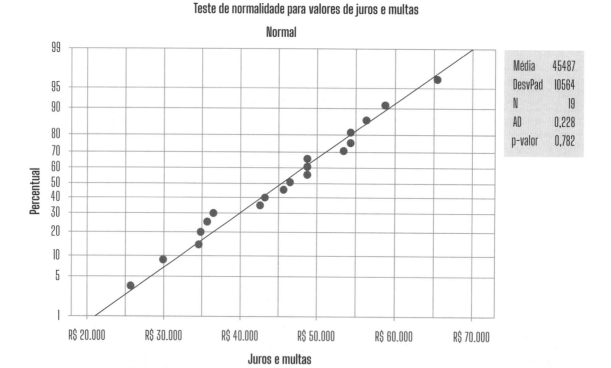

Figura Caso 3.1 Teste de normalidade e estatísticas descritivas para valores de juros e multas.

Variável	Média	DesvPad	Mínimo	Q1	Mediana	Q3	Máximo	Amplitude	Modo	N de modo
Juros e multas	45487	10564	25643	35643	46512	54367	65438	39795	*	0

Tabela Caso 3.1 Valores obtidos no teste de normalidade.

cadastrados durante o projeto também serão contemplados no plano de ação. A líder do projeto é uma *Green Belt* da área de Contas a Pagar, enquanto a equipe envolvida é composta de colaboradores da área de TI.

O SIPOC apresentado na Figura Caso 3.2 foi elaborado para auxiliar no entendimento do escopo do projeto, das pessoas envolvidas e dos recursos utilizados ao longo do processo.

Por meio dessa ferramenta, algumas análises podem ser feitas, como as principais etapas do processo e as áreas envolvidas. Além disso, é possível utilizar a Matriz Fora Dentro, em que são especificados o que será e o que não será contemplado pelo projeto. Com essa ferramenta é possível fazer um melhor dimensionamento do projeto, visto que possibilita entender o que está dentro ou fora dele (Figura Caso 3.3).

4 – Elaborando o contrato do projeto

Na empresa Tech Tudo, o documento foi assinado pela *Green Belt* (líder), pelos membros da equipe do projeto e pelo *champion*. O contrato do projeto é apresentado nas Figuras Caso 3.4 e Caso 3.5.

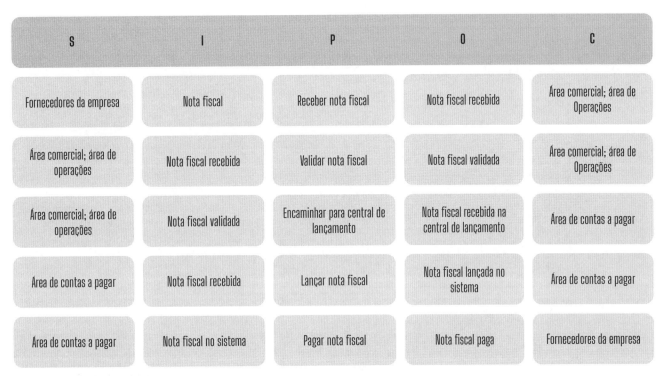

Figura Caso 3.2 SIPOC do processo.

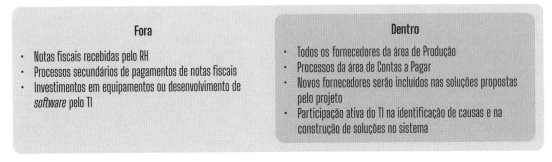

Figura Caso 3.3 Matriz Fora Dentro para definição do escopo.

Project charter

Título do projeto

Redução dos custos com juros e multas de pagamentos atrasados a fornecedores

Green belt	Champion	Data
Marcela Silveira	Henrique Ferreira	15/08/2014

Descrição do problema

A empresa vem enfrentando elevados custos com pagamentos atrasados a fornecedores. O processo atual de pagamento possui erros e atrasos que inviabilizam o pagamento em dia das notas fiscais. Reclamações são cada vez mais frequentes por parte dos fornecedores. A empresa está com a imagem desgastada no mercado e perder poder de negociação em novos contratos. O gasto anual com estes pagamentos está próximo de R$ 500.000,00.

Indicador do projeto	Periodicidade	Valor atual
Somatório dos juros e multas (R$)	Mensal	R$ 56.436,00 (jul/14)

Comportamento histórico do problema | Medidas descritivas

Média	Desvio	Min	Máx
R$ 45.487,00	R$ 10.564,00	R$ 25.643,00	R$ 65.438,00

Comentários

No período avaliado, os dados são considerados normais e estáveis, mas com média e variabilidade alta. Isto significa que, apesar de estar sob controle estatístico, o indicador se encontra em um patamar muito além do idealizado. Verificou-se uma média de R$ 45.487,00, com desvio padrão de R$ 10.564,00.

Meta

Reduzir o patamar médio dos custos de juros e multas em 76,25% (de R$ 45.487,00 para R$ 10.800,00), considerando um desvio padrão de R$ 2.500,00, em um período de 6 meses. (Baseline: janeiro/2013 – julho/2014)

Figura Caso 3.4 Primeira parte do *Project Charter*.

Ganhos (anual)	
R$ 416.244,00 (no ano) O ganho potencial do projeto está relacionado com um custo de não qualidade. Portanto, deixaremos de gastar o valor citado acima	1 – Aumento da credibilidade no mercado 2 – Maior poder de negociação no fechamento de contratos 3 – Melhor comunicação entre a área de Operações e a área Financeira

Suposições

1 – O projeto contempla todos os fornecedores da empresa
2 – Pode existir a necessidade de desenvolver soluções na área de TI e o projeto terá prioridade na fila
3 – O resultado pode ser impactado se houver uma grande variação na necessidade de aquisição de produtos ou serviços dos fornecedores
4 – Novos fornecedores devem ser contemplados no projeto

Restrições

1 – O projeto deve durar no máximo 6 meses
2 – Não poderá haver proposta de contratação de pessoas

Equipe	Função no projeto	Responsabilidade no projeto
Henrique Ferreira Marcela Silveira Rafael Lima Igor Pereira Beatriz Silva	*Champion* facilitador Líder *green belt* *Yellow belt* *Yellow belt* Colaboradora	Remover barreiras Liderar a equipe e conduzir as análises Participar do levantamento de causas e soluções Participar do levantamento de causas e soluções Ajudar no preenchimento da documentação e nas análises das etapas *Define* e *Measure*

Cronograma

Define	*Measure*	*Analyze*	*Improve*	*Control*
01/08/14 a 15/08/14	16/08/14 a 31/08/14	01/09/14 a 15/10/14	16/10/14 a 15/12/14	16/12/14 a 31/01/15

Aprovações

| Rafael Lima - *Yellow belt* | Joaquim Scheidegger – Diretor (*sponsor*)
Henrique Ferreira (*Champion*)
Marcela Silveira – *Green belt*
Igor Pereira - *Yellow belt* | Beatriz Silva (área de Contas a Pagar) |

Figura Caso 3.5 Segunda parte do *Project Charter*.

Parte V

EXECUÇÃO DE UM PROJETO LEAN SEIS SIGMA: ETAPA DE MEDIÇÃO

A etapa de Medição do DMAIC permite a identificação de dados confiáveis e precisos sobre a situação atual dos processos, os quais serão utilizados nas etapas subsequentes, de Análise, Melhoria e Controle. Durante essa fase, ocorre a mensuração dos dados relevantes para tratar o problema e para a compreensão do contexto, permitindo a verificação da precisão das informações coletadas, bem como a identificação de fatores críticos e de oportunidades de melhoria.

A seguir, são apresentadas as principais perguntas a serem respondidas, e tarefas a serem realizadas durante essa etapa.

- Quais são as métricas e dados relevantes que precisamos coletar?

  Identifique as métricas críticas para a qualidade (CTQs, do inglês *Critical To Quality*) e determine quais dados são necessários para medir o desempenho atual do processo.

- Como será realizado o mapeamento do processo atual?

  Utilize ferramentas como mapeamento de processos, fluxogramas ou *Value Stream Mapping* (VSM) para documentar o fluxo de trabalho atual.

- Quais são as fontes de variação no processo atual?

  Identifique possíveis fontes de variação que possam estar contribuindo para o problema, como materiais, métodos, máquinas, mão de obra etc.

- Como garantimos a precisão e a confiabilidade dos dados coletados?

Implemente um plano de coleta de dados robusto, incluindo verificações de qualidade e análises de repetibilidade e reprodutibilidade (R&R).
- Quais são as metas de desempenho atuais e históricas?

Estabeleça uma linha de base para o desempenho atual e compare-a com dados históricos, se disponíveis, para identificar tendências e variações.

A escolha de métodos e indicadores de medição é crucial, bem como o suporte de dados de estatística e probabilidade, visto que uma boa medição envolve o uso de indicadores confiáveis e de métodos adequados para a coleta de dados. É importante estabelecer parâmetros claros para medir e avaliar a consistência das informações coletadas.

A etapa de Medição é essencial para garantir a qualidade dos dados a serem utilizados nas próximas etapas, pois sem uma medição adequada, o projeto de melhoria pode ser desenvolvido com dados imprecisos que podem levar a soluções ineficazes. A Figura Parte V.1 representa os principais desafios da etapa de medição.

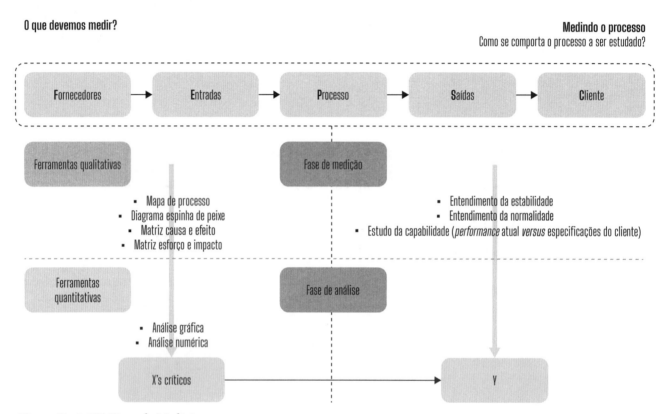

Figura Parte V.1 Etapa de Medição.

Os capítulos que compõem a Parte V são:
Capítulo 22 – Seleção de Métricas e Coleta de Dados
Capítulo 23 – Análise do Sistema de Medição
Capítulo 24 – Estatística e Probabilidade
Capítulo 25 – Capabilidade e *Performance* de Processos
Capítulo 26 – Ferramentas de Medição

Por meio do QR Code, você terá acesso a arquivos para praticar as ferramentas propostas na etapa de Medição.

uqr.to/1ul6n

Capítulo 22

SELEÇÃO DE MÉTRICAS E COLETA DE DADOS

OBJETIVOS DE APRENDIZAGEM

Ao final deste capítulo, será possível:
- Aprender quais são as métricas de tempo, e como utilizá-las.
- Aprender quais são as métricas de qualidade, e como utilizá-las.
- Identificar o que são dados qualitativos, quantitativos, contínuos e discretos.
- Entender o que é amostragem, sua classificação e como calcular o seu tamanho.
- Entender os conceitos de acurácia e precisão, bem como de estabilidade, tendência ou viés, linearidade, repetitividade e reprodutibilidade.

INTRODUÇÃO

A etapa de Medição é importante para selecionar as métricas adequadas para medir o desempenho dos processos, para coletar dados precisos e relevantes, e para selecionar a amostragem visando garantir que os dados coletados sejam representativos da população total.

É essencial escolher métricas que reflitam o desempenho do processo e possibilitem a identificação de melhorias. A coleta e o armazenamento de dados precisos e relevantes são cruciais para a análise e a interpretação dessas medidas, pois também permitem avaliar o impacto de soluções implementadas e medir o sucesso dessas soluções ao longo do tempo.

É importante prover um sistema confiável de coleta de dados e garantir que as informações coletadas sejam relevantes para o processo analisado.

Estatística é a arte de torturar os dados até que eles confessem.
Bernard Shaw

22.1 MÉTRICAS DE TEMPO

As métricas de tempo são importantes para identificar pontos de atraso em processos, o que pode afetar a qualidade e a eficiência do resultado final. Elas também permitem o monitoramento contínuo do desempenho dos processos e a identificação de tendências ao longo do tempo. As principais métricas são apresentadas a seguir.

22.1.1 Lead Time

O termo "*Lead Time*" vem da junção de *Lead* (conduzir) e *Time* (tempo), ou seja, é o tempo que leva para conduzir todo o processo por meio do ciclo de produção. O *Lead Time* é o tempo transcorrido desde que o cliente faz a solicitação de um produto ou serviço, até seu recebimento pelo cliente ou a finalização da prestação do serviço.

O cálculo do *Lead Time* é fundamental para auxiliar na visão sistêmica do tempo total gasto em todo o fluxo de valor. Ele também permite a determinação do prazo de atendimento à demanda, o cálculo da produtividade, a verificação da existência de gargalos ao longo do processo produtivo e a identificação de oportunidades de otimização.

A Figura 22.1 ilustra o conceito de *Lead Time*.

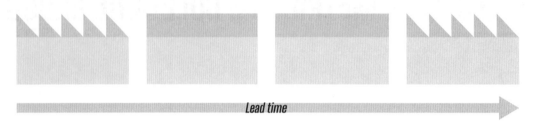

Figura 22.1 *Lead Time* do processo.

EXEMPLO PRÁTICO

O gerente de produção de uma empresa de bicicletas esportivas deseja calcular o *Lead Time* do processo produtivo. O sequenciamento das atividades é conhecido, assim como o tempo decorrido para a aquisição de materiais e de cada etapa do fluxo produtivo, conforme descrito na Tabela 22.1.

Atividades	Descrição das atividades	Atividades precedentes	Duração estimada (dias)
A	Fornecedor X	-	4
B	Fornecedor Y	-	2
C	Etapa 1	A, B	1
D	Etapa 2	C	3
E	Etapa 3	C	2
F	Etapa 4	C	1
G	Etapa 5	D, E	1
H	Etapa 6	G, F	2
I	Entrega	H	1

Tabela 22.1 Dados do sequenciamento de produção da empresa de bicicletas.

Para calcular o *Lead Time*, o gerente vai somar o tempo de aquisição de matéria-prima com o tempo de produção e entrega do produto, passando por todas as etapas críticas ao processo. No exemplo, o maior tempo decorrido para todo o processo é calculado da seguinte maneira:

$$A \ (4 \text{ dias}) + C \ (1 \text{ dia}) + D \ (3 \text{ dias}) + g \ (1 \text{ dia}) + H \ (1 \text{ dia}) + I \ (1 \text{ dia}) = 12 \text{ dias}$$

Conclui-se que o *Lead Time* é de 12 dias, e é possível obter uma visualização desse exemplo por meio da utilização do método do caminho crítico, esboçando todas as atividades por meio de círculos e setas. Assim, é possível analisar que o *Lead Time* será o caminho crítico (A-C-D-G-H-I), conforme demonstrado na Figura 22.2.

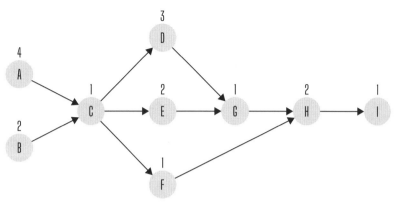

Figura 22.2 Cálculo do *Lead Time* da empresa de bicicletas por meio do caminho crítico.

22.1.2 Tempo de Ciclo

O Tempo de Ciclo é o tempo em que um produto ou lote é finalizado em apenas uma etapa do processo ou em um processo do fluxo de valor. O Tempo de Ciclo deve ser determinado por meio de observação, e pode incluir, além do tempo de operação, tempo de espera, preparo e carregamento ou descarregamento de materiais.

Ter um bom entendimento do Tempo de Ciclo permite identificar qual é a capacidade produtiva de determinado processo, e, consequentemente, ajuda na administração de recursos e na organização da produção.

A determinação do Tempo de Ciclo é importante para avaliar a necessidade de otimização de uma etapa específica do processo. Além disso, a sua comparação com o *Takt Time* (indicador apresentado a seguir) indica como está a evolução da taxa de produção de acordo com a demanda existente.

Também é importante ter em mente que a soma dos tempos de ciclo pode não resultar em um valor igual ao tempo de *Lead Time*; isso pode ser explicado pelo fato de que o *Lead Time* abrange o tempo total do processo, inclusive o tempo entre suas etapas, o que não é incluído no Tempo de Ciclo.

Enquanto o Tempo de Ciclo corresponde ao tempo para execução de uma peça ou o tempo de uma etapa do processo produtivo, o *Lead Time* é o tempo que a equipe de produção demora para entregar o produto após o pedido do cliente.

22.1.3 Takt Time

O *Takt Time* é utilizado para determinar o tempo no qual as peças devem ser produzidas para atender à demanda do cliente, e sua avaliação é importante para equilibrar a produção entre as equipes e os setores, para identificar máquinas que não estão operando no padrão necessário para cumprir a demanda e para evitar o desequilíbrio no estoque, tanto para mais quanto para menos.

EXEMPLO PRÁTICO

Uma empresa de logística deseja otimizar todo o seu processo de distribuição. Para isso, além do *Lead Time*, foram calculados os tempos de ciclo das principais etapas do processo geral.

Na área de expedição, na qual é realizada uma das etapas de todo o processo produtivo, leva-se 45 minutos para carregar e consolidar a carga no caminhão, 10 minutos para verificar se a carga está segura e 2 minutos para liberar o motorista.

Assim, o Tempo de Ciclo foi calculado da seguinte maneira:

Tempo de ciclo: 45 + 10 + 2 = 57 minutos.

Quando uma empresa determina e consegue cumprir seu *Takt Time*, ela pode melhorar seu relacionamento com os clientes, já que consegue prever a produção e a entrega do produto para o consumidor na data acertada em contrato.

O cálculo do *Takt Time* se dá pela seguinte equação:

$$Takt\ Time = \frac{\text{Tempo operacional líquido}}{\text{Necessidade}}$$

Definido como a divisão entre o tempo operacional líquido em um período e a necessidade do cliente no mesmo período, é possível exemplificar o cálculo do *Takt Time* com a situação apresentada a seguir.

22.1.4 Tempo de *Setup*

O Tempo de *Setup* é o tempo para ajustar o equipamento a uma nova necessidade de produto ou processo. Quando é necessário parar a produção, o Tempo de *Setup* é o tempo entre a fabricação da última peça do ciclo que acabou de ser finalizado e o início da fabricação da primeira peça perfeita do novo ciclo que será iniciado.

A redução do Tempo de *Setup* é um dos focos do *Lean Manufacturing*, pois é uma maneira de aumentar a

---

EXEMPLO PRÁTICO

O gerente de produção de uma empresa de manufatura trabalha com os dados de produção e demanda da Tabela 22.2.

Turno de 9 horas	540 minutos
Almoço	60 minutos
Café – 2 intervalos	20 minutos
Parada para limpeza	4 minutos
Tempo operacional líquido/dia	26.160 segundos
Necessidade mensal (un.)	9.600
Quantidade de dias trabalhos/mês	20
Necessidade/dia	480 un.

Tabela 22.2 Dados para o cálculo do *Takt Time*.

Na tabela, está discriminado o tempo total do turno em minutos. No entanto, é preciso levar em conta que os colaboradores não trabalham efetivamente durante todo esse tempo. Por isso, deve-se descontar as paradas (almoço de 60 minutos, dois intervalos para café de 20 minutos cada e parada para limpeza de 4 minutos).

Assim, o tempo operacional líquido por dia é calculado da seguinte maneira:

Tempo operacional líquido: 540 − 60 − 20 − 20 − 4 = 436 minutos (26.160 segundos).

A empresa recebeu uma demanda mensal de 9.600 unidades produzidas. Como nesse mês a produção funcionará durante 20 dias, é calculada a necessidade diária de 480 unidades.

Assim, pode-se calcular o *Takt Time*:

$$Takt\ Time = \frac{\text{Tempo operacional líquido}}{\text{Necessidade}} = \frac{26.160\ s}{480} = 54{,}5\ s$$

Portanto, para que a empresa consiga atender a essa demanda mensal, é preciso que o ritmo de produção seja capaz de entregar uma unidade a cada 54,5 segundos.

capacidade produtiva do fluxo de valor, ao mesmo tempo em que se minimiza o impacto dos gargalos do sistema. Durante a etapa de Melhoria, será apresentada a técnica SMED (ver Capítulo 30, *Ferramentas de Melhoria*, item 30.1), que propõe práticas e métodos para mitigar o Tempo de *Setup*.

22.1.5 Eficiência do Ciclo do Processo

A Eficiência do Ciclo do Processo (PCE) é o indicador que mede a proporção entre o tempo de agregação de valor (TAV) e o *Lead Time*.

A compreensão referente à taxa de agregação de valor em relação ao *Lead Time*, ou seja, a PCE, pode ajudar a perceber a necessidade de eliminação de atividades que não agregam valor e a minimização de atividades necessárias, mas que também não acrescentam mais valor ao cliente.

A Figura 22.3 ilustra o conceito de PCE.

Sendo assim, o cálculo da PCE é realizado da seguinte maneira:

$$PCE = \frac{\text{Tempo de agregação de valor}}{\text{Lead Time}}$$

22.1.6 Work in Process – Trabalho em Processo

O Trabalho em Processo (WIP, do inglês *Work in Process*) pode ser entendido como os itens que estão dentro dos limites do processo ou fluxo de valor, mas que ainda não foram liberados. Também pode ser definido como estoque em processo, o que pode resultar no aumento do *Lead Time* e de desperdícios.

É importante para toda empresa limitar o WIP, pois isso significa diminuir a quantidade de tarefas inacabadas e de dinheiro parado durante o processo produtivo. Para otimizá-lo, é essencial analisar a capacidade das equipes envolvidas, a complexidade das tarefas realizadas e adotar ferramentas de gestão que facilitem a visualização do processo como um todo.

22.2 MÉTRICAS DE QUALIDADE

As métricas de qualidade são importantes, pois ajudam a compreender como o processo está funcionando em relação à qualidade do resultado final e a identificar pontos que precisam de melhorias para aumentar a eficiência e garantir a satisfação dos clientes. As principais métricas de qualidade são apresentadas a seguir.

> **EXEMPLO PRÁTICO**
>
> Em uma empresa que produz embalagens metálicas, as refiladoras são as máquinas utilizadas para cortar as folhas de metal durante o processo produtivo. Esses equipamentos são capazes de cortar uma grande quantidade de folhas e em medidas variadas.
>
> A produção da empresa deve acompanhar a demanda de confecção de latas e tampas metálicas, em diferentes tamanhos. Como as medidas e os formatos dos cortes demandados variam muito de acordo com as necessidades demandadas, isso exige que sejam feitos ajustes constantemente nas facas rotativas presentes nas refiladoras, de modo a adequar a máquina para fazer o corte na medida necessária.
>
> O tempo demandado para realizar esse tipo de ajuste é um exemplo de Tempo de *Setup*, pois é preciso parar a produção para alterar o funcionamento dos equipamentos antes de começar a produzir embalagens de outro tipo.

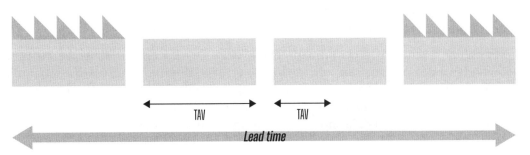

Figura 22.3 Tempo de agregação de valor dentro do *Lead Time*.

EXEMPLO PRÁTICO

Em uma linha de produção de calçados, foram medidos os seguintes TAVs:

Processo	Tempo de agregação de valor(es)	Tempo de não agregação de valor(es)
Recepção do estoque	00	28.800
Recorte	600	1.200
Montagem	1.200	240
Costura	2.300	700
Pintura	1.650	1.400
Acabamento	1.200	700
Envio para inventário	0	43.200
Total	6.950	76.240

Tabela 22.3 Tempo de agregação e não agregação de valor no processo.

Como visto anteriormente, para calcular o *Lead Time*, deve-se somar o tempo total de agregação de valor (6.950 segundos) com o tempo total de não agregação de valor (76.240 segundos). Portanto, tem-se:

$$6.950 + 72.240 = 83.190 \text{ s}$$

Agora que o *Lead Time* do processo já foi calculado, é possível determinar a PCE:

$$\text{PCE} = \frac{6.950 \text{ s}}{83.190 \text{ s}} = 0{,}08 - 8\%$$

Assim, percebe-se que o tempo de agregação de valor corresponde a apenas 8% do tempo total do processo.

EXEMPLO PRÁTICO

Na linha produtiva de uma montadora de carros, existem múltiplas estações de trabalho que realizam operações diferentes de uma maneira sistemática, de acordo com a lógica da produção.

Porém, em alguns momentos, uma unidade não avança de uma estação de trabalho para outra de maneira imediata, fazendo com que seja adicionada ao estoque durante o processo enquanto aguarda a liberação da próxima estação de trabalho, responsável pela etapa do fluxo produtivo. Um exemplo seriam peças do carro que, depois de finalizada sua montagem, ainda não foram encaminhadas para o processo de pintura. Essas peças são consideradas no WIP, gerando custo de capital imobilizado, que deve sempre ser o menor possível.

22.2.1 *Overall Equipment Effectiveness – Efetividade Global do Equipamento*

A Efetividade Global do Equipamento (OEE, do inglês *Overall Equipment Effectiveness*) é utilizada para mensurar o rendimento do processo produtivo e envolve os resultados da disponibilidade, da *performance* e da qualidade, sendo calculada da seguinte maneira:

Índice OEE = Disponibilidade × Performance × Qualidade

Disponibilidade

A disponibilidade é um indicador que leva em consideração todos os tempos de parada da linha de produção. São eventos que não acontecem diariamente (eventos não planejados), como paradas para manutenção, períodos em que falta material para a produção e *setup*.

Cálculo

Disponibilidade = Tempo real em produção / Tempo programado para produzir

Performance

O índice de desempenho representa a relação entre a velocidade de produção na linha e a velocidade na qual o equipamento foi projetado. Esse índice leva em consideração que a máquina não funciona na velocidade ideal, pois ocorrem falhas em razão da ineficiência dos operadores, da falta de treinamento dos funcionários e dos materiais que não atendem à especificação desejada.

Cálculo

Performance = Quantidade que a máquina produziu / Quantidade que a máquina consegue produzir

Qualidade

A qualidade é um indicador da relação entre o tempo em que a máquina produziu peças boas e o tempo em que foram produzidas peças com defeito.

Cálculo

Qualidade = Total produzido – (Produtos em retrabalho + Perdidos) / Total produzido

No cenário ideal, o índice OEE deveria resultar em 100%. Porém, visando a uma perspectiva realista e atingível, foi criado o *World Class OEE*, um índice usado como *benchmark* e que auxilia na comparação dos resultados, estabelecendo valores mínimos a serem atingidos:

- Disponibilidade: 90%;
- *Performance*: 95%;
- Qualidade: 99%.

Com esses valores, o índice OEE ideal é de 85%, que, quando atingido, classifica uma indústria como sendo de alta *performance*. Com a compreensão e o cálculo da OEE, é possível avaliar o impacto da eficiência de um equipamento em todo o sistema produtivo, de modo a ajudar no alinhamento entre a manutenção e os processos operacionais, com o objetivo de manter níveis superiores de desempenho.

22.2.2 *First Time Through*

O *First Time Through* (FTT) mede a porcentagem de unidades que passam pelo processo de produção sem ocorrer sucateamento, reprocessamento, retorno às etapas anteriores ou desvios para área de reparo. O FTT também se aplica a áreas administrativas, e é capaz de medir o quão bem a organização cria um produto ou serviço, avaliando a quantidade de unidades defeituosas.

O cálculo do FTT auxilia na identificação da eficiência do sistema produtivo e na verificação de quaisquer mudanças no nível de desempenho do processo de produção. Esse indicador pode servir como fonte de avaliação da necessidade de mudanças e melhorias, especialmente se seus níveis apresentarem altas variações ou distinções repentinas.

O cálculo desse indicador ocorre por meio da seguinte igualdade:

$$FTT = \frac{\text{Unidades na entrada do processo} - (\text{sucata} + \text{reprocesso} + \text{reparos})}{\text{Unidades na entrada do processo}}$$

EXEMPLO PRÁTICO

Uma indústria manufatureira trabalha com três turnos (das 6 às 14 horas, das 14 às 22 horas e das 22 às 6 horas); há equipamentos que permanecem ligados 24 horas por dia. Dessa forma, foi feita uma análise de acordo com os três indicadores que compõem a OEE.

- Disponibilidade

Considerando que cada turno tem 1 hora destinada para refeições, o tempo padrão de produção total da empresa é de 21 horas por dia.

Contudo, não é sempre que uma máquina funciona durante todas essas horas. Se, em um dia, uma máquina ficar parada por 3 horas por questões como parada para manutenção, falta de material ou *setup*, o tempo disponível de produção dela será de 18 horas. Logo, a sua disponibilidade de trabalho será de:

$$\frac{18\,h}{21\,h} \times 100\% = 85,71\%$$

- *Performance*

Essa máquina deveria produzir 1.500 peças em 18 horas. Porém, só foram produzidas 1.100 peças, o que corresponde a 16 horas de produção líquida – as outras 2 horas foram perdidas em virtude de a máquina ter trabalhado abaixo da velocidade ideal.

Logo, a *performance* da máquina foi de:

$$\frac{16\,h}{18\,h} \times 100\% = 88,88\%$$

- Qualidade

Durante as 16 horas de produção líquida (tempo em que a máquina operou sem nenhum imprevisto), 110 peças foram reprovadas pela área de Qualidade da empresa, o que resultou em 1 hora de trabalho desperdiçado.

Portanto, essa máquina apresentou uma qualidade de 93,75%, conforme cálculo a seguir.

$$\frac{15\,h}{16\,h} \times 100\% = 93,75\%$$

De posse desses índices, é possível calcular a OEE da seguinte forma:

$$\frac{\text{Disponibilidade} \times \textit{Performance} \times \text{Qualidade} = \text{Índice OEE}}{85,71 \times 88,88 \times 93,75 = 71,43\%}$$

Observa-se que a OEE está abaixo de 85%, considerado o índice ideal. Assim, medidas para aumentar a OEE precisam ser tomadas diante dos três índices (disponibilidade, *performance* e qualidade).

EXEMPLO PRÁTICO

Durante o ciclo produtivo de uma empresa de metais, os itens devem passar por três processos de tratamento, o que pode causar desperdícios e retrabalho.

Por isso, para calcular o FTT da empresa, é preciso analisar quantos produtos foram produzidos ao longo de todo o processo produtivo, sem a ocorrência de desvios ou reprocessamentos.

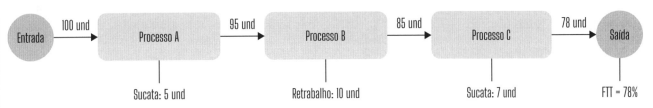

Figura 22.4 Demonstração de *First Time Through*.

Entre as 100 unidades de entrada do processo, cinco viraram sucata no processo A, 10 foram retrabalhadas no processo B e sete foram sucateadas no processo C, o que gerou uma saída de 78 unidades ao fim do processo.

Com esses dados, o FTT pode ser calculado da seguinte maneira:

$$\text{FTT} = \frac{100 - (5 + 10 + 7)}{100} = \frac{78}{100} = 0{,}78\% = 78\%$$

22.2.3 Defeitos por Unidade, Defeitos por Oportunidade e Defeitos por Milhão de Oportunidades

As métricas Defeitos por Unidade (DPU), Defeitos por Oportunidade (DPO) e Defeitos por Milhão de Oportunidades (DPMO) são usadas para medir a eficiência e a qualidade de um processo ou produto.

- **DPU:** corresponde à quantidade de defeitos encontrados em uma unidade de produção ou serviço, e pode ser calculado da seguinte maneira:

$$\text{DPU} = \frac{\text{Número de defeitos}}{\text{Número de unidades}}$$

- **DPO:** representa o número de defeitos por oportunidade de falha, ou seja, é o número de vezes que uma falha ocorre por unidade produzida. Para calcular o DPO, o seguinte cálculo deve ser efetuado:

$$\text{DPO} = \frac{\text{Número de defeitos}}{\text{Número de oportunidades} \times \text{Número de unidades}}$$

- **DPMO:** corresponde ao número de oportunidades de falha por milhão de unidades produzidas. O DPMO fornece uma medida mais ampla da eficiência e da qualidade do processo, visto que considera não apenas os erros, mas também a quantidade de unidades produzidas. Para calculá-lo, o seguinte cálculo deve ser efetuado:

$$\text{DPMO} = \text{DPO} \times 1000000$$

Essas métricas são trabalhadas dentro da metodologia Seis Sigma, e são fundamentais para o andamento do projeto, pois elas representam um modo de avaliar o processo que está sendo executado. Com elas, também é possível medir o custo financeiro causado pela quantidade de defeitos existentes na linha de produção quando um processo não está otimizado e estabilizado.

Calculadas as métricas, é possível traduzir o nível de qualidade conforme a escala do nível Sigma, apresentada na Tabela 22.4 (a tabela de conversão mais aprofundada é apresentada no Anexo C).

Nível de qualidade	Defeitos por milhão	Percentual de conformidade
1 sigma	691.463	30,85%
1,5 sigma	500.000	50%
2 sigma	308.537	69,15%
3 sigma	66.807	93,32%
4 sigma	6.270	99,38%
5 sigma	233	99,97%
6 sigma	3,4	99,9966%

Tabela 22.4 Níveis Sigma.

Por meio do cálculo do DPMO, é possível localizar o valor mais próximo do calculado na segunda coluna da tabela anterior e identificar o nível sigma correspondente. Um exemplo dessa identificação é apresentado a seguir.

22.3 TIPOS DE DADOS

De acordo com Paul Velleman, membro da American Statistical Association, a Estatística é a ciência que permite obter conclusões a partir de dados. A compreensão dos principais conceitos estatísticos é fundamental para a condução de um projeto LSS, uma vez que se trata de uma metodologia quantitativa. Esse tipo de conhecimento contempla a base para a aplicação de métodos estatísticos que serão importantes para a análise dos dados gerados.

22.3.1 Qualitativos e quantitativos

O uso de dados quantitativos e qualitativos é essencial para obtenção de informações relevantes para a tomada de decisões estratégicas. A seguir, é apresentada a diferença entre esses dois tipos de dados.

EXEMPLO PRÁTICO

Uma indústria cervejeira produz cervejas Pilsen, tipo de cerveja mais consumida no Brasil devido às características climáticas do país. O Engenheiro de Alimentos e *Black Belt* da indústria foi avaliar o processo de produção e realizou uma amostragem com 40 mil garrafas, na qual identificou que 900 garrafas apresentaram 1.500 defeitos em pelo menos um dos parâmetros de qualidade.

O produto é avaliado em três testes de qualidade:
- índice de clarificação;
- teor alcoólico;
- índice de acidez.

O *Black Belt* pediu para que um dos *Green Belts* realizasse o cálculo de DPU, DPO e DPMO.

Primeiramente, ele calculou o DPU. O número de defeitos foi 1.500 — falha em quaisquer testes de qualidade é contabilizada como um defeito. Ou seja, se o produto foi produzido com falhas nos três critérios de qualidade, é um produto com três defeitos.

$$DPU = \frac{1.500}{40.000} = 0,0375$$

Na sequência, foram calculados o DPO e o DPMO. O número de oportunidades é referente às características analisadas, ou seja, a oportunidade de erro ou de acerto.

$$DPO = \frac{1.500}{3 \times 40.000} = 0,0125$$

$$DPMO = 0,0125 \times 1000000 = 12.500=$$

Por fim, relaciona-se o DPMO com a tabela de nível sigma, conforme a Tabela 22.5.

Nível de qualidade	Defeitos por milhão	Percentual de conformidade
1 sigma	691.463	30,85%
1,5 sigma	500.000	50%
2 sigma	308.537	69,15%
3 sigma	66.807	93,32%
4 sigma	6.210	99,38%
5 sigma	233	99,97%
6 sigma	3,4	99,9966%

Tabela 22.5 Níveis Sigma – Exemplo.

Na Tabela 22.5, é observado que 12.500 DPMO está mais próximo de 6.210 DPMO do que de 66.807 DPMO, porém o nível sigma não pode ser considerado como 4. Por isso, a tabela pode ser preenchida conforme a Tabela 22.6.

Descrição da característica	DPU	DPO	DPMO	Nível Sigma
Refugo de peças	0,0375	0,0125	12.500	>3,0

Tabela 22.6 Descrição das características DPU, DPO, DPMO e Nível Sigma de uma indústria cervejeira.

Dessa forma, nota-se que ainda há uma boa margem de melhoria na busca pelo nível Seis Sigma. Por isso, o projeto *Le*an Seis Sigma (LSS) é essencial para essa empresa adquirir diferencial competitivo e otimizar seus processos.

Qualitativos

Descrevem características subjetivas ou não numéricas de uma amostra (p. ex., cor, opinião, gênero) e são classificados em ordinais e nominais.

- **Dados qualitativos ordinais:** dados que têm uma ordem, por exemplo, a variável "Grau de instrução", pois pode ter seus valores ordenados (Fundamental, Médio, Graduação e Pós-graduação).
- **Dados qualitativos nominais:** dados em que uma ordem não pode ser estabelecida.

Quantitativos

Dados quantitativos podem ser medidos e contados, como idade, peso, preço, entre outros. Esses dados geralmente são analisados por meio de métodos estatísticos, visto que apresentam propriedades matemáticas, como média, mediana e desvio padrão.

Os dados quantitativos também são conhecidos como dados numéricos e são subdivididos em discretos e contínuos.

- **Dados quantitativos discretos:** dados que resultam de um conjunto finito (ou enumerável) de valores. Dados são ditos como discretos quando assumem apenas um número finito de pontos que podem ser representados pelos inteiros não negativos. Exemplos de dados discretos são: a quantidade de produtos em estoque e o número de carros em um estacionamento.
- **Dados quantitativos contínuos:** dados que resultam de um número infinito de valores possíveis associados a pontos em uma escala contínua. Dados são ditos como contínuos quando eles existem em um intervalo, em que há uma infinidade de valores que podem estar contemplados nesse intervalo. Por exemplo,

entre 1,538 e 1,539 existe uma infinidade de valores, como 1,5382, 1,5383, 1,53824, e assim por diante. Outros exemplos de dados contínuos são: peso e altura de uma população, tempo decorrido e peso de produtos.

22.4 AMOSTRAGEM

Durante um projeto LSS, o estudo das relações de causa e efeito ajuda no direcionamento do plano de amostragem. A partir da definição dos objetivos, levando em conta sua relação com as questões técnicas do processo estudado, é possível desenvolver uma estratégia de execução.

Geralmente, esse plano se converte em uma hipótese estatística que precisa ser testada. Por isso, a seleção do plano de amostragem está intimamente ligada com o teste a ser realizado e com a ferramenta estatística utilizada para desenvolver essa etapa do projeto.

Como os projetos e/ou processos que envolvem o uso da Metodologia Seis Sigma são orientados por dados, é importante entender alguns conceitos:

- **População:** conjunto de todos os dados que descrevem algum fenômeno de interesse. Por exemplo, todos os dados coletados no projeto.
- **Amostra:** subconjunto de dados extraídos de uma população. Como geralmente envolve um grande esforço para medir todas as observações que constituem a população, o mais frequente é que se trabalhe com amostras.

Existem metodologias de amostragem que determinam os tamanhos e as frequências ideais para cada caso. De acordo com o Princípio da Probabilidade, uma pequena amostra ajuda a tirar conclusões sobre a totalidade. A amostragem é compreendida como o processo de seleção de apenas alguns membros de uma população, visando fazer inferências estatísticas e chegar em conclusões sobre toda a população. Dessa maneira, para que as conclusões sejam confiáveis, é fundamental que a amostra represente dados reais da população da qual foi extraída.

Os métodos de amostragem são divididos em: não probabilísticos e probabilísticos.

- **Amostragem não probabilística:** é uma amostragem intencional, ou seja, a seleção dos elementos depende do julgamento do pesquisador ou entrevistador. O Quadro 22.1 apresenta alguns exemplos e características desse tipo de amostragem.
- **Amostragem probabilística:** quando todos os membros da população tiverem a mesma chance de serem selecionados para compor a amostra, esta é probabilística.

Como a metodologia Seis Sigma trabalha com a análise de dados estatísticos, vamos nos aprofundar nas amostras probabilísticas, visto que normalmente trazem informações mais confiáveis. O Quadro 22.2 apresenta alguns exemplos e características desse tipo de amostragem.

22.4.1 Tamanho da amostra

Existem três fatores que determinam o tamanho de uma amostra:

- **Nível de confiança adotado (1 α):** representa a chance de a amostra conter o valor verdadeiro

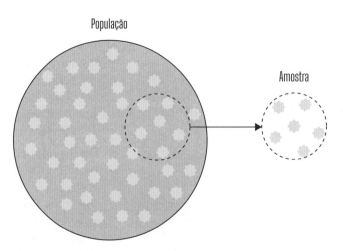

Figura 22.5 Relação entre população e amostra.

da característica da população. Quanto maior o nível de confiança desejado, maior será o tamanho da amostra.

- **Precisão da estimativa:** representa a diferença (erro) máxima permitida entre o resultado obtido e o valor verdadeiro da característica de interesse da população. Quanto maior a precisão desejada, maior o tamanho da amostra.
- **Variabilidade da população:** quanto mais semelhantes forem os elementos da população, menor terá que ser o tamanho da amostra.

22.4.2 Cálculo de tamanho de amostra

O primeiro passo para calcular o tamanho da amostra é entender se os dados são classificados como contínuos ou discretos.

- **Dados contínuos**

Para calcular o tamanho da amostra quando se trata de dados contínuos, deve-se utilizar a fórmula a seguir:

$$n = \left[\frac{Z_{\alpha/2}}{E}\right]^2$$

Tamanho da amostra =
$$\left[\frac{\text{Nível de confiança (Curva normal)} \times \text{Desvio padrão}}{\text{Precisão}}\right]^2$$

Em que:
- n = tamanho da amostra;
- E = precisão da estimativa;
- s = desvio padrão da amostra;
- $Z_{\alpha/2}$ = valor da variável normal padrão associado ao nível de confiança. O nível de confiança mais comum utilizado é 95% (1,96). A Tabela 22.7 apresenta alguns valores de nível de confiança.

Nível de confiança	$Z_{\alpha/2}$
90%	1,645
95%	1,96
95,5%	2,00
99%	2,575

Tabela 22.7 Nível de confiança – dados discretos.

Amostragem	Características
Amostragem por conveniência	São escolhidos os elementos mais fáceis ou acessíveis
Amostragem por julgamento	Com base na experiência do pesquisador, são escolhidos elementos considerados os mais adequados para fornecer as informações desejadas.
Amostragem por cotas	Com base na experiência do pesquisador, um número mínimo de elementos pertencentes à população é definido. Em um segundo momento, os elementos são selecionados por conveniência.

Quadro 22.1 Amostragem não probabilística.

Amostragem	Características
Amostragem aleatória simples	Todo elemento da população tem a mesma chance de ser escolhido.
Amostragem aleatória estratificada	A população é dividida em grupos homogêneos em relação a uma característica de interesse. Amostras aleatórias são selecionadas de cada grupo (estratos). Exemplo: separação por idade.
Amostragem por conglomerado	A população é dividida em grupos heterogêneos internamente, mas semelhantes entre si. Exemplo: separação por quarteirões.

Quadro 22.2 Amostragem probabilística.

EXEMPLO PRÁTICO

Um supervisor de uma linha de produção de barras de aço decidiu fazer um estudo sobre os dados do seu processo referente à espessura do produto. Para isso, ele precisa determinar o tamanho amostral necessário para realizar a análise.

Ele dispõe das seguintes informações:

- o nível de confiança necessário para o teste é de 95%, ou seja, $\alpha = 5\%$;
- precisão da estimativa: 0,2 cm;
- variabilidade estimada: 1,3 cm;
- valor de $Z_{\alpha/2}$: 1,96.

Por meio dos dados, é possível calcular o tamanho da amostra da seguinte maneira:

$$n = \left[\frac{1,96 \times 1,3}{0,2}\right]^2$$

$$n = 162,31$$

$$n = 163 \text{ valores}$$

Assim, para o estudo em questão, é necessário que se faça a medição de pelo menos 163 barras de aço.

- **Dados discretos**

Para calcular o tamanho da amostra para dados discretos, deve-se utilizar a fórmula a seguir:

$$n = p(i-p)\left[\frac{Z_{\alpha/2}}{E}\right]^2$$

Em que:

- n = tamanho da amostra;
- E = precisão da estimativa;
- $Z_{\alpha/2}$ = valor da variável normal padrão associado ao nível de confiança;
- p = proporção estimada do evento que deve ser baseada em um histórico ou em uma amostra piloto.

Nível de confiança	$Z_{\alpha/2}$
90%	1,645
95%	1,96
95,5%	2,00
99%	2,575

Tabela 22.8 Nível de confiança – dados contínuos.

22.4.3 Cálculo do tamanho de amostra quando o tamanho da população é conhecido

Em um primeiro momento, é necessário fazer o seguinte cálculo:

$$n_0 = \frac{1}{E_0^2}$$

Em que:

- n_0 = primeira aproximação do tamanho da amostra;
- E_0 = erro amostral tolerável.

De posse dessa estimativa, é necessária uma correção para determinar o tamanho de amostra mais adequado. Para isso, utiliza-se a fórmula a seguir.

$$n = \frac{N \times n_0}{N + n_0}$$

Em que:

- N = tamanho da população;
- n = tamanho final da amostra.

EXEMPLO PRÁTICO

O responsável pelo setor de qualidade de uma grande rede varejista deseja estimar o intervalo de confiança para a proporção de itens devolvidos pelos clientes. Para isso, ele precisa determinar o tamanho de amostra adequado.

Ele dispõe das seguintes informações:

- o nível de confiança necessário para o teste é de 95%, ou seja, α = 5%;
- precisão da estimativa = 2%;
- proporção histórica de itens devolvidos = 13,5%.

Assim, o tamanho amostral será calculado da seguinte maneira:

$$n = 0{,}135 \times (1 - 0{,}135)\left[\frac{1{,}96}{0{,}02}\right]^2$$
$$n = 1.121{,}50$$
$$n = 1.122 \text{ valores}$$

Para o problema proposto, é necessário que o responsável calcule pelo menos 1.122 valores para que seja possível determinar o que se deseja com confiança de 95% e precisão de estimativa de 2%.

EXEMPLO PRÁTICO

Deseja-se fazer uma pesquisa de opinião em uma cidade com 150 mil habitantes, considerando um erro amostral de 2%. Qual o tamanho de amostra mais adequado?

Primeiramente, é preciso efetuar o seguinte cálculo:

$$n_0 = \frac{1}{E_0^2} = \frac{1}{0{,}02^2} = 2.500$$

De posse dessa primeira estimativa, é possível calcular o tamanho da amostra da seguinte maneira:

$$n = \frac{N \times n_0}{N + n_0}$$
$$n = \frac{150.000 \times 2.500}{150.000 + 2.500} = 2459{,}016 = 2.459$$

Assim, para esse contexto, devem ser entrevistados, no mínimo, 2.459 habitantes.

RESUMO

- A etapa de Medição do método DMAIC consiste em analisar o processo e o fenômeno, examinando detalhadamente os dados históricos, sendo possível levantar as causas potenciais do problema.

- Para realizar a medição e obter o controle de processos, é importante ter o mapeamento de métricas, sejam elas de tempo, sejam elas de qualidade. As métricas de tempo são: *Lead Time*, Tempo de Ciclo, *Takt Time*, Tempo de Setup, Eficiência do Ciclo de Processo (PCE) e Trabalho em Processo (WIP).

- As métricas de qualidade são: Eficácia Global do Equipamento (OEE), *First Time Through* (FTT), Defeitos por Unidade (DPU), Defeitos por Oportunidade (DPO) e Defeitos por Milhão de Oportunidades (DPMO).

- Há dois tipos de dados: qualitativos e quantitativos. Os dados qualitativos descrevem características subjetivas ou não numéricas, e são classificados em ordinais (que apresentam uma ordem) e nominais (dados que não podem ser ordenados). Já os dados quantitativos podem ser medidos ou contados, e são classificados em discretos (conjunto de dados finitos) e contínuos (resultam de um número infinito de valores possíveis associados a pontos em uma escala contínua).

- Uma amostra corresponde a um subconjunto de dados extraídos de uma população. Existem três fatores que determinam o tamanho de uma amostra: nível de confiança adotado, precisão da estimativa e variabilidade da população.

- A precisão analisa a repetibilidade (variação encontrada em medições que ocorrem sob as mesmas condições) e a reprodutibilidade (refere-se à capacidade de um resultado ou medição ser reproduzido por diferentes equipamentos ou observadores).

REFERÊNCIAS BIBLIOGRÁFICAS

KUBIAK, T. M.; BENBOW, D. W. *The certified Six Sigma Black Belt Handbook*. 3. ed. Milwaukee: American Society for Quality, 2016.

PYZDEK, T.; KELLER, P. A. *Quality Enginnering Handbook*. 3. ed. Boca Raton: Taylor & Francis, 2010.

SHANKAR, R. *Process Improvement Using Six Sigma*: a DMAIC guide. Milwaukee: ASQ Quality Press, 2009.

THEISENS, H. C. *Lean Six Sigma Green Belt Mindset, Skill set and Tool set*. 5. ed. Enschede: Lean Six Sigma Academy, 2021.

Capítulo 23

ANÁLISE DO SISTEMA DE MEDIÇÃO

OBJETIVOS DE APRENDIZAGEM

Ao final deste capítulo, será possível:
- Compreender o que é a Análise do Sistema de Medição (MSA) e qual sua importância.
- Entender como realizar a MSA de dados contínuos, bem como os conceitos de acuracidade, precisão, repetibilidade, reprodutibilidade, discriminação, vício e linearidade.
- Compreender as principais análises de repetibilidade e reprodutibilidade: GR&R (*Gauge Repeatability & Reproducibility*) e P/T (Precisão sobre a Tolerância).
- Entender como realizar a MSA de dados discretos.
- Aprender a calcular a discordância de um sistema, identificando percentuais considerados aceitáveis, marginais ou inaceitáveis.

INTRODUÇÃO

A Análise do Sistema de Medição (MSA, do inglês *Measurement System Analysis*) é um conjunto de métodos e procedimentos que avaliam a capacidade de um sistema de medição em fornecer dados precisos e repetíveis, bem como identificar pontos de não conformidades e oportunidades de melhoria.

O objetivo da MSA é analisar o desempenho do sistema de medição, avaliando fatores como precisão, repetitividade, reprodutibilidade, acuracidade e linearidade. Com isso, a MSA permite a tomada de decisões mais precisas, de modo a aprimorar o desempenho do sistema de medição, representando, assim, uma forma de assegurar a qualidade das medições e das análises.

Um sistema de medição confiável é a base para qualquer iniciativa de melhoria contínua. Sem ele, os esforços de qualidade são como construir uma casa sobre areia movediça.

Douglas Montgomery

23.1 DADOS CONTÍNUOS

A MSA corresponde a um método objetivo de avaliação da validade de um sistema de medição, de modo a minimizar fatores que contribuem para a variação de dados, como fatores ambientais, de umidade, temperatura, ou fatores humanos.

A MSA utiliza ferramentas para identificar a quantidade de variação atrelada ao sistema de medição. Conforme apresentado na Figura 23.1, é possível dizer que a MSA é fundamental para analisar a viabilidade de qualquer projeto, visto que ela verifica se o sistema de medição adotado é eficiente e se os dados mensurados representam a realidade.

Diversos fatores podem influenciar negativamente na medição e alterar os resultados do projeto. Alguns exemplos são listados a seguir.

- **Equipamento:** instrumento de medição, fixação e calibração.
- **Processo:** método de teste e especificação.
- **Amostras:** materiais, plano de amostragem e preparação da amostra.
- **Equipe:** operadores, treinamento, habilidade, cuidado e educação.
- **Ambiente:** temperatura, umidade, pré-condicionamento e condicionamento.
- **Gerenciamento:** programas de treinamento, suporte a pessoas, suporte ao sistema de gestão da qualidade e sistema de metrologia.

O estudo de sistemas de medição fornece informações a respeito da porcentagem de variação nos seus dados de processo, ocasionados a partir do erro no processo de medição. Os três aspectos avaliados pela MSA são: repetibilidade, reprodutibilidade e discriminação.

A Figura 23.2 apresenta a variabilidade de duas formas diferentes: as variabilidades advindas do processo e as advindas do sistema de medição. Sistemas de medição manual apresentam a possibilidade de maiores falhas quando comparados a sistemas automatizados. O que se deseja é que a variação total observada por meio do sistema de medição seja praticamente zero.

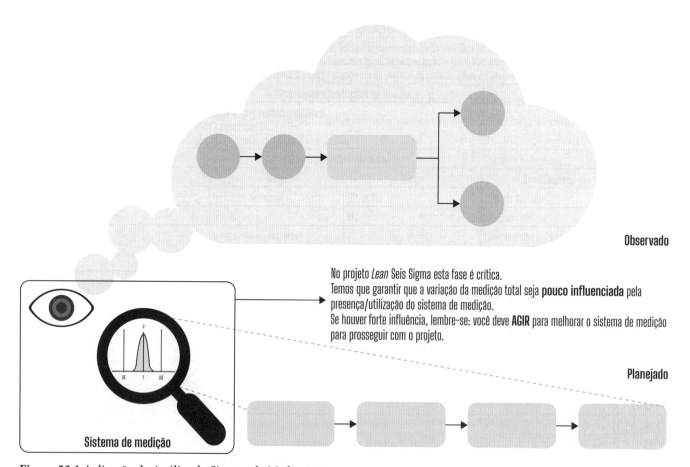

Figura 23.1 Aplicação da Análise do Sistema de Medição.

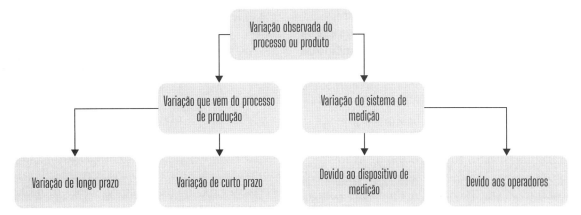

Figura 23.2 Fluxograma da variação do sistema de medição.

Os seguintes elementos fazem parte da análise do sistema de medição:

- **Acuracidade:** descreve a diferença entre a medição realizada e o seu valor real.
- **Precisão:** descreve a variação observada quando se mede a mesma peça repetidas vezes com o mesmo equipamento.

Pode-se observar esses dois conceitos na Figura 23.3. Três conceitos são importantes na análise de sistema de medição: repetibilidade, discriminação e reprodutibilidade.

1. **Repetibilidade:** essa variação é observada quando um único operador mede a mesma amostra diversas vezes utilizando o mesmo equipamento. Normalmente um equipamento inadequado pode gerar falta de repetibilidade.
2. **Discriminação:** é a capacidade do sistema de medição detectar e indicar mudanças na característica medida, mesmo que pequenas. Quanto melhor for a discriminação, melhor será a capacidade do sistema de medição de detectar diferentes grupos de valores.
3. **Reprodutibilidade:** é observada quando diferentes operadores medem a mesma amostra usando o mesmo equipamento. Normalmente, um procedimento de medição inadequado ou a falta de capacitação de alguns operadores pode gerar falta de reprodutibilidade.

A avaliação desses dois conceitos é analisada pelo fato de a variação do sistema de medição ser regido pela equação a seguir. Além disso, a variação total do sistema é regida pela variação do processo e do sistema de medição, como demonstrado na Figura 23.1.

$$\sigma_{SM}^2 = \sigma_{Repro}^2 + \sigma_{Repe}^2 \rightarrow \sigma_{SM} = \sqrt{\sigma_{Repro}^2 + \sigma_{Repe}^2}$$

Tipos de análise – R&R

- **GR&R (*Gauge Repeatability & Reproducibility*):** compara a variabilidade do sistema de

Figura 23.3 Comparação entre acuracidade e precisão.

medição com a variabilidade total observada, ou seja, é a fração total da variação devido ao sistema de medição. Esse índice é calculado da seguinte maneira:

$$GRR = \frac{6 \times \sigma_{MS}}{6 \times \sigma_{total}} \times 100\%$$

- **P/T (Precisão sobre a Tolerância):** compara a capacidade do sistema de medição com a faixa de especificação, ou seja, é a fração da tolerância devido à variação do sistema de medição. Esse índice pode ser calculado da seguinte maneira:

$$\%P/T = \frac{6 \times \sigma_{MS}}{USL - LSL} \times 100\%$$

$$\% = \frac{6 \times \sigma_{MS}}{6 \times \sigma_{Total}} \times 100\%$$

Assim, os critérios para a definição de um sistema de medição aceitável estão descritos na Tabela 23.1.

Além disso, é importante tratar de mais dois conceitos:

- **Vício:** descreve a diferença entre o valor de referência de uma característica medida e a média de medições repetidas dessa mesma característica. Se o vício for constante, não existe linearidade.
- **Linearidade:** é a diferença entre os valores de vício ao longo do intervalo de operação do sistema de medição. Sistemas de medição acurados são sistemas que não apresentam vício e linearidade.

É possível concluir que essa é uma ferramenta eficiente para comparar dois ou mais instrumentos de medição ou dois ou mais operadores. A análise de sistemas de medição deve ser usada como parte dos critérios necessários para definir se os dados são confiáveis, aceitando o equipamento de medição utilizado, o procedimento de medição e a habilidade dos operadores.

Critérios	Valores	Classificação
Gauge R&R e %P/T	≤ 10%	Sistema de medição **aceitável**
Gauge R&R e %P/T	Entre 10 e 30%	Sistema de medição **marginal**
Gauge R&R e %P/T	≥ 30%	Sistema de medição **inaceitável**
Número de categorias	≥ 4 categorias	Discriminação **aceitável**
Número de categorias	< 4 categorias	Discriminação **inaceitável**

Tabela 23.1 Critérios, valores e classificação de um sistema de medição.

EXEMPLO PRÁTICO

Uma empresa de alimentos deseja avaliar seu sistema de medição quanto ao vício e à linearidade. Para isso, a empresa selecionou quatro tipos de produtos de sua linha de produção. Cada produto foi pesado em um laboratório de metrologia para determinação do valor de referência e, posteriormente, um operador pesou 10 vezes cada um dos produtos. O objetivo é verificar se a variabilidade do sistema de medição é significativa e se pode interferir no resultado do processo.

Para realizar esse processo no Minitab, abra o arquivo "Alimentos.MPJ", acessando o QR Code a seguir, e siga estes passos:

1. Selecione Estat > Ferramentas da Qualidade > Estudo de Medição > Estudo de Linearidade e Vício de Medição.
2. Selecione a coluna "Produtos" para a categoria "Números de peça" > selecione a coluna "Valores de Referência" para a categoria "Valores de referência" > selecione a coluna "Medição" para a categoria "Dados da medição".
3. Selecione Opções... > selecione "Amplitude amostral" em "Métodos para estimar repetidamente o desvio padrão" > Clique em OK.

uqr.to/1tna8

4. Análise de dados:

Relatório de linearidade de medição e vício para medição

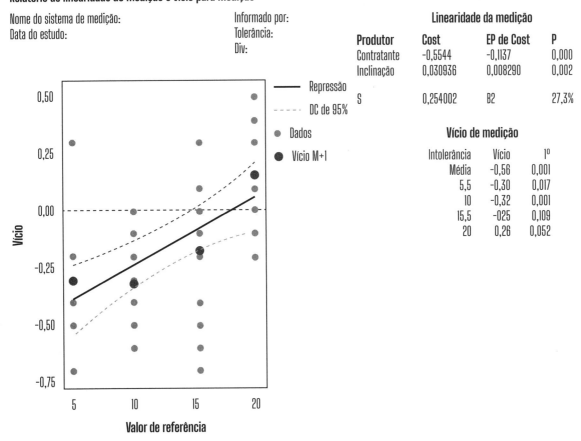

Figura 23.4 Relatório de Linearidade de Medição e Vício para Medição.

Na Figura 23.4, é possível perceber que o p-valor da inclinação (remete à linearidade) e da constante (remete ao vício) é menor que 0,10; R2 está muito abaixo de 100%; vício médio para cada valor na coluna do meio da tabela "Vício da Medição"; e a reta de referência não está contida nos limites da faixa de confiança.

Equação da Regressão Linear:

Vício = –0,5544 + 0,030936x (valor de referência).

Teste de Hipóteses referente à inclinação:

H_0: inclinação = 0 (vício constante / linearidade aceitável).

H_1: inclinação ≠ 0 (vício variável / linearidade inaceitável).

Se p ≥ 0,10, a linearidade é aceitável (aceito H_0).

Se p < 0,10, a linearidade é inaceitável (rejeito H_0).

Linearidade da medição				
Preditor	Coef	EP de Coef	p
Constante	−0,5544	0,1137	0,000
Inclinação	0,030936	0,008190	0,001
S	0,284012	**R2**	27,3%

Tabela 23.2 Linearidade de Medição obtida por meio do Minitab.

Teste de Hipóteses referente ao intercepto (analisado quando a linearidade é aceitável).

H_0: intercepto = 0 (ausência de vício).

H_1: intercepto ≠ 0 (presença de vício).

Se p ≥ 0,10, o vício está ausente (aceito H_0).

Se p < 0,10, o vício está presente (rejeito H_0).

O coeficiente de determinação (0 < R − Sq < 1) deve ficar sempre próximo de 100%, o que indica melhor ajuste da equação de regressão aos dados. Na atividade, o R-Sq = 27,3%, o que indica que o modelo linear pode não ser apropriado aos dados.

De acordo com os critérios apresentados, é possível concluir que o Sistema de Medição da empresa de alimentos não é aceitável.

23.2 DADOS DISCRETOS

O cenário de um sistema de medição por atributos normalmente trata-se de inspeção/classificação, e o resultado da medição são valores do tipo perfeita/defeituosa, passa/não passa. No caso da avaliação de sistemas de medição por atributos, é colocada ênfase na avaliação da capacidade do avaliador em detectar repetidamente itens perfeitos ou defeituosos.

Também é avaliada a tendência com que o avaliador rejeita unidades perfeitas e aceita unidades defeituosas. Nesse sistema, os principais elementos são:

- **Precisão:** a avaliação da precisão é feita por meio da comparação dos resultados dos avaliadores, independentemente do padrão, e é dividida em dois componentes: repetibilidade e reprodutibilidade.
  - **Repetibilidade:** representa a capacidade do avaliador de repetir a mesma resposta quando avalia repetidas vezes o mesmo item, de modo independente do padrão. A avaliação da repetibilidade é feita por meio da comparação dos resultados para um mesmo avaliador.
  - **Reprodutibilidade:** representa a capacidade do grupo de avaliadores de escolher a mesma resposta quando avaliam o mesmo item, de maneira independente do padrão.
- **Vício:** ocorre quando os resultados dos avaliadores são comparados com um padrão, podendo gerar concordância ou discordância.
  - **Concordância individual:** representa a capacidade de cada avaliador de escolher a resposta correta, de acordo com o padrão, quando avalia todos os itens em todas as repetições.
  - **Concordância global:** representa a capacidade do grupo de avaliadores de escolher a resposta correta, de acordo com o padrão, quando avaliam todos os itens em todas as repetições.
  - **Discordância:** representa a capacidade de cada avaliador de escolher uma resposta diferente do padrão quando avalia todos os itens, podendo se dividir de três formas:

- **Classificação errada:** representa a aceitação de um item defeituoso, isto é, classificar como perfeito um item que é defeituoso. É possível calcular a classificação errada por meio da seguinte fórmula:

$$\text{Classificação errada} = \frac{\text{Número de itens classificados como perfeitos em todas as inspeções do avaliador}}{\text{Número de itens defeituosos}}$$

- **Alarme falso:** representa a rejeição de um item perfeito, ou seja, classificar como defeituoso um item que é perfeito, implicando na realização de trabalho e reinspeção desnecessárias. É possível calcular o alarme falso por meio da seguinte fórmula:

$$\text{Alarme falso} = \frac{\text{Número de itens classificados como defeituosos em todas as inspeções do avaliador}}{\text{Número de itens defeituosos}}$$

- **Mistura:** ocorre quando há resultados contraditórios nas avaliações de um mesmo item, ou seja, o item que é avaliado como perfeito também é avaliado como defeituoso. É possível calcular a mistura por meio da seguinte fórmula:

$$\text{Mistura} = \frac{\text{Número de itens classificados de modo contraditório nas inspeções repetidas do avaliador}}{\text{Número total de itens}}$$

Entre todos os critérios apresentados anteriormente, o sistema será avaliado por: percentuais de concordância individual, classificação errada e alarme falso. Sempre que um avaliador ou instrumento for classificado como marginal ou inaceitável, haverá necessidade de adoção de ações corretivas. Na Tabela 23.3 é possível analisar os percentuais de aceitável, marginal e inaceitável para os três critérios que serão avaliados.

Na Tabela 23.4 é apresentada uma sugestão de tamanho de amostra para o estudo do sistema de medição. A amostra deve ser composta de cerca de 50% de itens perfeitos e 50% de itens defeituosos.

	Aceitável	Marginal	Inaceitável
Concordância individual	90% ou mais	Entre 80 e 90%	Menor que 80%
Alarme falso	5% ou menos	Entre 5 e 10%	Maior que 10%
Classificação errada	2% ou menos	Entre 2 e 5%	Maior que 5%

Tabela 23.3 Critérios avaliados no Sistema de Medição com dados discretos.

Número de avaliadores	Número mínimo de itens	Número mínimo de inspeções
1	24	5
2	18	4
3 ou mais	12	3

Tabela 23.4 Sugestão de tamanho de amostra.

EXEMPLO PRÁTICO

Uma empresa de varejo percebeu que uma parte significativa de produtos danificados por manuseio incorreto, que não poderiam ser vendidos ao consumidor, não eram retirados das prateleiras conforme o procedimento padrão definido pela empresa.

O *Green Belt*, que era gerente regional, decidiu avaliar o sistema de medição na inspeção de produtos danificados, ou seja, verificar a capacidade dos supervisores de loja em identificar corretamente os produtos que deveriam ser retirados das prateleiras.

O supervisor de loja é o responsável por inspecionar diariamente os produtos de cada departamento. Por meio da avaliação do sistema de medição, é possível verificar se o trabalho dos supervisores é confiável.

Participaram do estudo três supervisores responsáveis pela inspeção para identificação de produtos danificados. Vinte produtos (nove perfeitos e onze defeituosos) foram utilizados na avaliação, após terem sido previamente classificados pelo gestor da loja, que é considerado a pessoa com melhor capacidade para diferenciar de maneira confiável os produtos defeituosos dos perfeitos.

Cada supervisor inspecionou três vezes cada um dos produtos selecionados de maneira aleatória, e os resultados obtidos estão apresentados na Tabela 23.5, em que **P** significa **produto perfeito** e **D, produto defeituoso**.

Item	Padrão	Supervisor A			Supervisor B			Supervisor C		
1	D	D	D	D	D	D	D	D	D	D
2	P	P	P	P	P	P	P	P	P	P
3	P	P	P	P	P	P	P	P	P	P
4	D	D	D	D	D	D	D	D	D	D
5	D	D	D	D	D	P	D	D	D	D
6	P	D	P	D	P	P	P	P	D	P
7	D	D	D	D	P	P	P	P	P	P
8	P	D	D	D	P	P	P	P	P	P
9	D	D	D	D	D	D	D	D	D	D
10	P	P	P	P	P	P	P	P	P	P
11	D	D	D	D	D	P	D	D	D	D
12	P	P	P	P	P	P	P	P	P	P
13	D	D	D	D	P	P	P	P	P	P
14	P	P	P	P	P	P	P	P	P	P
15	D	D	D	D	D	D	D	D	D	D
16	P	P	P	P	P	P	P	P	P	P
17	D	D	D	D	D	P	D	D	D	D
18	D	D	D	D	D	D	D	D	D	D
19	P	P	P	P	P	P	P	P	P	P
20	D	D	D	D	P	P	P	P	P	P

Tabela 23.5 Classificação padrão dos produtos avaliados pelos três supervisores.

Para realizar esse teste no Minitab, siga o seguinte caminho:

uqr.to/1tn9f

1. Abra o arquivo "Varejo.mtw", acessando o QR Code ao lado.
2. Clique em Estat > Ferramentas da Qualidade > Análise de Concordância de Atributos.
3. Em "Coluna de atributo", selecione a coluna "Resposta"; em "Amostras", selecione a coluna "Produto"; em "Avaliadores", selecione a coluna "Supervisor"; em "Atributo/padrão conhecido", selecione a coluna "Padrão".
4. Clique em Resultados… > clique em Porcentagens de concordância da avaliação dentro e entre avaliadores > clique em OK duas vezes.

Os resultados são mostrados na Tabela 23.6.

Análise de concordância por atributos para resposta					
Dentro dos avaliadores					
Concordância de avaliação					
Avaliador	N° de inspecionados	N° de correspondências	Percentual	IC de 95%	
A	20	19	95,00	(75,13; 99,87)	
B	20	16	80,00	(56,34; 94,27)	
C	20	19	95,00	(75,13; 99,87)	
N° de concordâncias: o avaliador concorda com os ensaios.					
Cada Avaliador *versus* Padrão					
Concordância de avaliação					
Avaliador	N° de inspecionados	N° de correspondências	Percentual	IC de 95%	
A	20	18	90,00	(68,30; 98,77)	
B	20	13	65,00	(40,78; 84,61)	
C	20	16	80,00	(56,34; 94,27)	
N° de correspondências: a avaliação do avaliador ao longo dos ensaios concorda com o padrão conhecido.					
Discordância de avaliação					
Avaliador	N° de P/D	Percentual	N° de P/D	Percentual	N° de misturados	Percentual
A	0	0,00	1	11,11	1	5,00
B	3	27,27	0	0,00	4	20,00
C	3	27,27	0	0,00	1	5,00
N° de P/D: avaliações entre ensaios = P/padrão = D						
N° de D/P: avaliações entre ensaios = D/padrão = P						
N° de misturados: as avaliações entre ensaios não são idênticas.						

Continua

Continuação

| Entre avaliadores ||||
| Concordância de avaliação ||||
N° de inspecionados	N° de correspondências	Percentual	IC de 95%
20	11	55,00	(31,53; 76,94)

N° de concordâncias: as avaliações de todos os avaliadores concordam entre si.

N° de inspecionados	N° de correspondências	Percentual	IC de 95%
20	11	55	(31,53; 76,94)

N° de concordâncias: as avaliações de todos os avaliadores concordam com o padrão conhecido.

Tabela 23.6 Análise de atributos.

A tabela pode ser dividida em quatro menores para facilitar a análise. A primeira mostra a repetibilidade; a segunda, a concordância individual; a terceira, a discordância (primeira coluna referente à classificação errada e segunda coluna referente ao alarme falso); e a quarta, a reprodutibilidade.

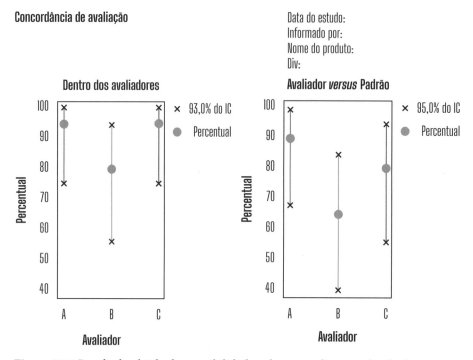

Figura 23.5 Resultado obtido da repetibilidade e da concordância individual.

De acordo com os critérios apresentados, percebeu-se que o sistema de medição da empresa não é aceitável devido aos seguintes motivos:

- Supervisor A tem concordância individual ACEITÁVEL, mas alarme falso é INACEITÁVEL.
- Supervisor B tem concordância individual INACEITÁVEL, além da classificação errada também ser inaceitável.
- Supervisor C tem classificação individual MARGINAL, além da classificação errada também ser inaceitável.

É possível concluir que esse sistema de medição é inaceitável.

A variação total observada em um processo pode ocorrer de duas fontes: do processo em si e do sistema de medição. Se as variações do processo estiverem confundidas com as variações do sistema de medição, principalmente quando a variação do sistema de medição é significativa, é possível fazer ajustes no processo quando necessário.

A análise do sistema de medição é fundamental para evitar problemas dessa natureza. Além disso, um sistema aceitável garante que as mensurações e os indicadores a serem estudados durante um projeto LSS sejam confiáveis, o que vai alavancar resultados realmente significativos a partir das melhorias implementadas pelo projeto. No contexto da Análise do Sistema de Medição (MSA), alguns dos principais desafios incluem a variabilidade humana, a calibração dos equipamentos e a interpretação dos resultados. A variabilidade humana é um fator crítico, pois diferentes operadores podem introduzir variações nas medições, o que compromete a consistência dos dados. Além disso, a calibração regular dos equipamentos de medição é fundamental para garantir que as medições sejam precisas e confiáveis ao longo do tempo. Por fim, a interpretação correta dos resultados do MSA é essencial para que ações eficazes possam ser tomadas. Uma interpretação inadequada pode levar a decisões erradas, afetando a qualidade dos processos e produtos.

RESUMO

- A MSA corresponde a um método objetivo de avaliação da validade de um sistema de medição, de modo a minimizar a ocorrência de variações de dados em decorrência de fatores como umidade, temperatura, fatores humanos, entre outros.
- Os seguintes elementos fazem parte da análise do sistema de medição:
  - ✓ Acuracidade: descreve a diferença entre a medição realizada e o seu valor real.
  - ✓ Precisão: descreve a variação observada quando se mede a mesma peça repetidas vezes com o mesmo equipamento.
- Também é essencial analisar a repetibilidade e a reprodutibilidade dos dados. A repetibilidade é observada quando um único operador mede a mesma amostra diversas vezes utilizando o mesmo equipamento. Já a reprodutibilidade é observada quando diferentes operadores medem a mesma amostra usando o mesmo equipamento.
- Para analisar a repetibilidade e a reprodutibilidade, é possível calcular o GR&R, que compara a variabilidade do sistema de medição com a variabilidade total observada, e o P/T, que compara a capacidade do sistema de medição com a faixa de especificação, ou seja, a fração da tolerância devido à variação do sistema de medição.
- Outros conceitos da MSA são vício (descreve a diferença entre o valor de referência de uma característica medida e a média de medições repetidas dessa mesma característica) e linearidade (diferença entre os valores de vício ao longo do intervalo de operação do sistema de medição).
- No caso de dados discretos, normalmente há um cenário de inspeção/classificação, e o resultado da medição são valores do tipo perfeita/defeituosa, passa/não passa; assim como para dados contínuos, também são analisados a precisão e o vício dos dados.
- Ao analisar o vício, é essencial verificar a concordância individual e global dos dados, bem como a discordância, que pode ser decorrente da classificação errada de itens, de alarmes falsos e de mistura de informações.

REFERÊNCIAS BIBLIOGRÁFICAS

KUBIAK, T. M.; BENBOW, D. W. *The certified Six Sigma Black Belt Handbook*. 3. ed. Milwaukee: American Society for Quality, 2016.

THEISENS, H. C. *Lean Six Sigma Green Belt Mindset, Skill set and Tool set*. 5. ed. Enschede: Lean Six Sigma Academy, 2021.

Capítulo 24

ESTATÍSTICA E PROBABILIDADE

OBJETIVOS DE APRENDIZAGEM

Ao final deste capítulo, será possível:
- Compreender as principais medidas estatísticas: média, mediana, quartis, amplitude, variância e desvio padrão.
- Identificar os principais gráficos utilizados na aplicação da ferramenta *Lean* Seis Sigma (LSS): gráfico de barras, gráfico de setores, gráfico de séries temporais, histograma, Diagrama de Pareto e gráfico de *boxplot*.
- Compreender as distribuições de probabilidade contínuas (Normal, Qui-quadrado, distribuição t, distribuição F, Weibull, exponencial e lognormal) e discretas (Poisson e Binormal).
- Compreender o que são séries temporais por meio dos conceitos de tendência e sazonalidade de dados.

INTRODUÇÃO

A fase de Medição do DMAIC permite a identificação de problemas e a definição de objetivos claros para a melhoria de processos. Para tanto, é necessário compreender e medir as características-chave dos processos para que a tomada de decisões culmine em soluções eficazes.

A Estatística e a Probabilidade contribuem para a coleta, a análise e a interpretação de dados de maneira rigorosa e objetiva, fornecendo uma base sólida para a análise de variabilidade e incertezas, permitindo que as decisões sejam baseadas em evidências concretas, e não em suposições ou julgamentos subjetivos.

Neste capítulo, será explorado como a Estatística e a Probabilidade são usadas na etapa de Medição do método DMAIC, discutindo como aplicá-las para alcançar resultados eficientes e eficazes.

Sem dados, você é apenas mais uma pessoa com uma opinião.
William Edwards Deming

24.1 PRINCIPAIS MEDIDAS ESTATÍSTICAS

24.1.1 Média

Média é a estatística mais utilizada para representar a locação dos dados, e é calculada da seguinte maneira:

$$\underline{x} = \frac{\text{Soma de todos os dados}}{\text{Número de dados somados}}$$

24.1.2 Mediana

Corresponde ao termo central de um conjunto de dados colocados em ordem crescente ou decrescente. Se a quantidade de valores ordenados for ímpar, a mediana é exatamente o número localizado no meio da lista. Se a quantidade de valores ordenados for par, a mediana é calculada como a média dos dois valores centrais, conforme apresentado na Figura 24.1.

24.1.3 Quartis

Quartis são valores que dividem uma amostra em quatro partes iguais por meio de três quartis (Q1, Q2 e Q3), conforme ilustrado na Figura 24.2.

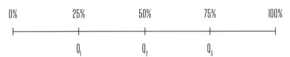

Figura 24.2 Quartis.

- O primeiro quartil (Q1) é o valor que divide o conjunto de dados em 25% dos dados abaixo do Q1 e 75% dos dados acima do Q1.
- O segundo quartil corresponde à mediana.
- O terceiro quartil (Q3) é o valor que divide o conjunto de dados em 75% dos dados abaixo de Q3 e 25% dos dados acima de Q3.

24.1.4 Amplitude

Amplitude é a diferença entre o maior e o menor valor de um conjunto de dados, baseia-se somente nos valores extremos do conjunto de dados.

$$R = Max - Min$$

24.1.5 Variância

Indica a variação dos dados em relação à média, ou seja, é usada para medir a "distância" entre cada valor isolado e a média dos dados. Quanto maior a variância, maior a dispersão dos dados em relação à média. A variância é calculada da seguinte maneira:

$$\sigma^2 = \frac{1}{n-1} \sum_{i=1}^{n} \left(x_1 - \underline{x} \right)^2$$

Em que:

n = quantidade de dados;

x_i = valor individual;

Σ: somatório de todos os termos, desde a primeira posição ($i = 1$) até a posição n;

$\underline{x}$: média.

24.1.6 Desvio padrão

Desvio padrão é a variação média do processo em relação ao valor da média. Se o desvio padrão for alto, o processo tem muita variabilidade; logo, quanto menor o desvio padrão, melhor será o processo. O desvio padrão é calculado da seguinte maneira:

$$s = \sqrt{\frac{1}{n-1} \sum_{i=1}^{n} \left(x_1 - \underline{x} \right)^2}$$

Figura 24.1 Mediana.

EXEMPLO

Durante 10 dias uma empresa mediu a quantidade de itens defeituosos fabricados em sua linha de produção. Os dados medidos de segunda a sexta foram: 6, 9, 6, 5, 1, 7, 4, 2, 5, 5. Assim, foi possível tirar as seguintes conclusões a respeito dessa linha de produção:

- Média

$$\underline{x} = \frac{(6+9+6+5+1+7+4+2+5+5)}{10} = 5 \text{ itens}$$

- Mediana

Ordenando: 1, 2, 4, 5, **5**, **5**, 6, 6, 7, 9

Mediana:

$$\frac{5+5}{2} = 5$$

- Quartis (Q1, Q2 e Q3)

Ordenando: 1, 2, 4, 5, 5, 5, 6, 6, 7, 9

O primeiro quartil é composto dos valores 1, 2, 4, 5, 5

Q1 = 4

Q2 = mediana = 5

O terceiro quartil é composto dos valores 5, 6, 6, 7, 9

Q3 = 6

- Amplitude

R = 9 − 1 = 8

- Variância

$$\sigma^2 = \frac{1}{n-1}\sum_{i=1}^{n}(x_i - \underline{x})^2$$

$$\sigma^2 = \frac{1}{10-1}\sum (1-5)^2 + (2-5)^2 + (4-5)^2 + (5-5)^2 + (5-5)^2 + (5-5)^2 + (6-5)^2 + (6-5)^2 + (7-5)^2 + (9-5)^2$$

$\sigma^2 = 5{,}33$

- Desvio padrão

$$s = \frac{1}{n-1}\sum_{i=1}^{n}(x_i - \underline{x})^2$$

$$s = \sqrt{\frac{1}{10-1}\sum (1-5)^2 + (2-5)^2 + (4-5)^2 + (5-5)^2 + (5-5)^2 + (5-5)^2 + (6-5)^2 + (6-5)^2 + (7-5)^2 + (9-5)^2}$$

$s = 2{,}31$

Cálculo por meio do Minitab

Por meio do Minitab, também é possível realizar esses cálculos. Para tanto, o seguinte passo a passo pode ser seguido:

1. Abra um arquivo em branco e preencha o *worksheet* com os dados fornecidos.

C1-T	C2
Dias	Itens defeituosos
Segunda	6
Terça	9
Quarta	6
Quinta	5
Sexta	1
Segunda	7
Terça	4
Quarta	2
Quinta	5
Sexta	5

Tabela 24.1 Preenchimento de dados no *worksheet*.

2. Clique em Estat > Estatísticas Básicas > Exibição de Estatísticas Descritivas...
3. Na janela aberta, selecione a coluna "Itens Defeituosos" no campo "Variáveis". Clique em "Estatísticas" para uma nova janela se abrir.
4. Na janela "Exibição de Estatísticas Descritivas", marque as opções: "Média", "Desvio padrão", "Primeiro quartil", "Mediana", "Terceiro quartil", "Mínimo", "Máximo", "Amplitude", "N total", e selecione a estatística de verificação "Padrão". Clique em OK duas vezes para finalizar. Serão obtidos os seguintes dados:

\multicolumn{5}{c}{Estatísticas descritivas: itens defeituosos}
\multicolumn{5}{c}{Estatísticas}
Variável	Contagem total	Média	DesvPad	Mínimo
Itens defeituosos	10	5,000	2,309	1,000
Q1	Mediana	Q3	Máximo	Amplitude
3,500	5,000	6,250	9,000	8,000

Tabela 24.2 Resultados estatísticos obtidos pelo Minitab.

Com esse exemplo, é possível visualizar o poder da ferramenta Minitab, que pode ser utilizada para agilizar e automatizar os cálculos e as análises de diversas séries de dados.

24.2 MÉTODOS GRÁFICOS

Os gráficos são representações visuais que podem ser utilizados para avaliar o comportamento do indicador e identificar oportunidades de melhoria. Também podem ser aplicados para analisar os seguintes aspectos: se os dados foram coletados de maneira satisfatória, tendências atípicas e pontos extremos, periodicidades ou sazonalidades, e alta variabilidade do indicador.

É possível avaliar quais problemas geram mais impactos nos resultados e aplicar as ferramentas adequadas de melhoria. Os gráficos também são úteis nas etapas seguintes do método DMAIC, especialmente no que diz respeito ao monitoramento das atividades realizadas ao longo do projeto e da manutenção das melhorias implementadas.

A seguir, são apresentados os principais gráficos utilizados na aplicação da metodologia LSS.

24.2.1 Gráfico de barras

O gráfico de barras é utilizado para resumir um conjunto de dados categorizados, agrupando as informações em barras, em que cada uma delas representa uma categoria particular; a altura de cada barra indica os resultados, e os espaços entre as barras representam as várias categorias mostradas no gráficos. Observe o próximo Exemplo Prático.

No Minitab, é possível construir o gráfico de barras contando a frequência dos dados que são atribuídos ou por meio de números de uma tabela.

EXEMPLO PRÁTICO

Em uma linha de produção, foi realizada a contagem de peças automotivas fabricadas com defeito. Durante 2 horas de produção, 30 peças foram avaliadas, conforme apresentado no Quadro 24.1.

1	Perfeita	6	Perfeita	11	Defeituosa	16	Perfeita	21	Perfeita	26	Perfeita
2	Perfeita	7	Defeituosa	12	Perfeita	17	Perfeita	22	Perfeita	27	Perfeita
3	Defeituosa	8	Defeituosa	13	Perfeita	18	Perfeita	23	Defeituosa	28	Defeituosa
4	Perfeita	9	Perfeita	14	Defeituosa	19	Perfeita	24	Perfeita	29	Perfeita
5	Perfeita	10	Perfeita	15	Perfeita	20	Perfeita	25	Defeituosa	30	Perfeita

Quadro 24.1 Peças perfeitas e peças defeituosas.

Para a construção do gráfico de barras no Minitab, siga os seguintes passos:
1. Abra o arquivo "Gráficos básicos.MTW", que contém a base de dados, acessando o QR Code ao lado.
2. Clique em Gráfico > Gráfico de Barras > Simples > Selecione a coluna "CLASSIFICAÇÃO" como Variáveis Categóricas > Clique em OK.

uqr.to/1tnry

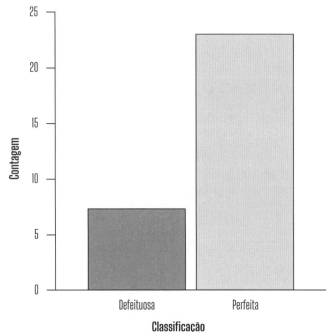

Figura 24.3 Resultado obtido do gráfico de barras.

Por meio desse gráfico, é possível concluir visualmente que as peças perfeitas são produzidas em maior quantidade e que as peças defeituosas representam aproximadamente 1/3 das peças produzidas.

24.2.2 Gráfico de setores

O gráfico de setores, também conhecido como gráfico circular ou de pizza, é um diagrama no qual a frequência de cada categoria estatística dos dados é proporcional à medida do ângulo do setor circular que representa a respectiva categoria.

Considera-se que 100% dos dados correspondem a um setor circular de 360°, e os valores de cada categoria estatística representada são proporcionais às respectivas medidas dos ângulos. Observe o próximo Exemplo Prático.

24.2.3 Gráfico de séries temporais

Conhecido como gráfico de séries temporais ou gráfico sequencial, representa os valores individuais do resultado de um processo em função do tempo. Na Figura 24.5 há um exemplo de gráfico de séries temporais representando a produção de uma fábrica em Juiz de Fora.

Na interpretação do gráfico anterior, é possível observar se existem situações especiais ou se há pontos muito afastados dos demais. A presença de padrões, como uma tendência ou sazonalidade, pode indicar a atuação de causas com impacto mais significativo no processo. Assim, por meio desse gráfico é possível analisar o comportamento histórico do indicador.

24.2.4 Histograma

Também conhecido como "diagrama de distribuição de frequências", corresponde à representação gráfica, em colunas, de um conjunto de dados previamente tabulado e dividido em classes uniformes.

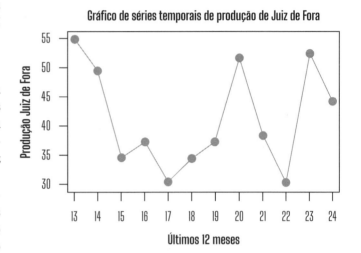

Figura 24.5 Exemplo de gráfico de séries temporais.

EXEMPLO PRÁTICO

Seguindo o exemplo anterior, pode-se visualizar como o gráfico de setores é utilizado. Para criá-lo, realize o seguinte passo a passo:

1. No Minitab, clique em Gráfico > Gráfico de Setores.
2. Selecione a coluna "CLASSIFICAÇÃO". Mantenha a caixa "Contagens de gráficos de valores únicos" marcada > Clique em OK.

Figura 24.4 Resultado esperado do gráfico de setores.

Com o gráfico de setores, é possível avaliar visualmente a proporção de certos elementos em relação ao todo. No caso, nota-se que a quantidade de peças defeituosas representa mais de 25% do total de peças.

EXEMPLO PRÁTICO

Uma empresa fabrica tubos de aço para diversas aplicações como construção civil, automóveis e para a indústria de óleo e gás. Um dos indicadores estratégicos da empresa monitora a quantidade de produtos desclassificados, ou seja, que não podem ser comercializados por não atenderem às normas de fabricação. A medição é feita mensalmente, avaliando o valor de produto desclassificado em relação à Receita Operacional Líquida (ROL).

Desclassificados por receita = valor dos desclassificados / ROL

Após coletar dados confiáveis de janeiro de 2023 a março de 2024, o gestor da empresa optou por iniciar sua análise com um gráfico de séries temporais para observar o comportamento do indicador no tempo.

Para analisar esse problema no Minitab, é necessário realizar os seguintes passos:

1. Abra o arquivo "Tubes.MTW", acessando o QR Code ao lado.
2. Selecione a aba Gráficos > Gráficos de Séries Temporais > Simples > Clique em OK.
3. Selecione "Desclassificados" como variável.
4. Clique em Tempo/Escala > Na aba "Tempo", selecione "Estampa" e escolha a coluna "Meses". Clique em OK duas vezes.

uqr.to/1tns1

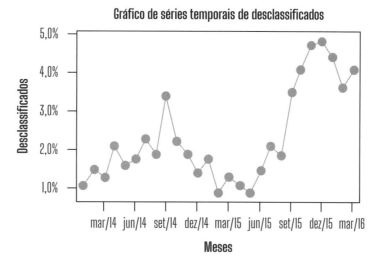

Figura 24.6 Resultado obtido pelo gráfico de séries temporais.

Os comportamentos evidentes no gráfico de séries temporais do indicador de % desclassificados são:

- Uma variabilidade alta ao longo de todo o período mensurado, além de uma aleatoriedade dos valores. Também é perceptível uma tendência crescente a partir de junho de 2024.
- O valor médio do período é 2,34%, e o valor médio dos últimos 6 meses é 4,28%.
- *Performance* média atual: 4,28%.
- *Benchmarking* (proposto): 0,5%.

Considerando o *benchmarking* de desempenho de 0,5%, é possível calcular a lacuna de *performance* (diferença entre o ideal e o desempenho atual):

$$4,28 - 0,5 = 3,78\%$$

Desse modo, é possível criar uma meta de projeto LSS, buscando reduzir pela metade a lacuna de *performance* (50 de 3,78%, equivalente a 1,89%). Uma sugestão seria reduzir o % desclassificados de 4,28 para 2,39% (4,28% − 1,89%) em um período de 4 meses.

No gráfico, a base de cada retângulo representa uma classe, e a altura de cada retângulo representa a quantidade ou frequência com que o valor dessa classe ocorreu no conjunto de dados. Na Figura 24.7 é possível observar um histograma em que é apresentada a distribuição da frequência de sobrecarga nas bagagens em um voo comercial.

Com o histograma, é possível avaliar a forma aproximada dos dados, a localização dos valores centrais e a dispersão. É possível analisar, por exemplo, que a maior parte das bagagens apresentam peso entre 30 e 40 kg, pois são representadas pela maior frequência disposta no histograma. Assim, o objetivo é analisar cada motivo individualmente e comparar os comportamentos.

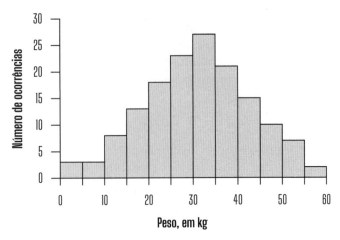

Figura 24.7 Exemplo de histograma.

EXEMPLO PRÁTICO

Após a análise com o Pareto, o gestor da empresa de tubos decidiu focar seus esforços em três motivos vitais para o problema: emenda, solda fraca e ajuste de máquina.

Para fazer essa análise, ele realizou os seguintes passos, ainda no mesmo arquivo "Tubes.MTW" (acesse o QR Code ao lado):

1. Selecione Gráfico > Histograma... > Com Ajuste > Clique em OK.
2. Selecione as três variáveis: "Emenda", "Solda Fraca" e "Ajuste de Máquina".
3. Selecione Múltiplos Gráficos > Selecione "Em painéis separados do mesmo gráfico" e marque as caixas "Mesmo Y" e "Mesmo X, incluindo as mesmas caixas (bins)" > Clique em OK duas vezes.
4. Para melhor visualização, clique com o botão direito no gráfico que foi criado > Selecione Painel... > Vá na aba Organização > Selecione "Personalizado" e preencha para 3 linhas e 1 coluna > Clique em OK.

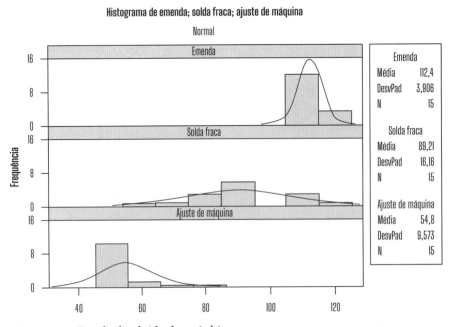

Figura 24.8 Resultado obtido dos três histogramas.

De acordo com o resultado obtido, o gestor foi capaz de responder às seguintes perguntas:

1 – O comportamento dos três motivos de desclassificados é semelhante?

É diferente tanto em locação quanto em variabilidade e forma.

2 – Qual motivo tem a maior média e qual motivo tem o menor desvio padrão?

A emenda tem a maior média e o menor desvio padrão.

3 – Os três motivos têm um comportamento aproximadamente Normal?

Aparentemente, apenas o motivo "Ajuste de Máquina" não tem um comportamento Normal. A curva de dados do motivo de ajuste de máquina é uma Log Normal.

4 – Qual motivo se destaca como o que mais contribui para o problema?

O motivo "Emenda" contribui mais para o volume total de desclassificados (em toneladas), já o motivo "Solda Fraca" contribui com sua alta variabilidade.

24.2.5 Gráfico ou Diagrama de Pareto

O Gráfico ou Diagrama de Pareto é uma ferramenta estatística que auxilia na tomada de decisão e permite a priorização de problemas por meio de sua classificação em duas categorias: vitais ou triviais. O conceito principal do Pareto é que normalmente 80% dos problemas se concentram em 20% das causas potenciais, como apresentado na Figura 24.9.

Os problemas categorizados como vitais são aqueles que apresentam alta representatividade para a organização, ao contrário dos problemas categorizados como triviais. Além disso, os triviais são representados em grande número, enquanto os vitais apresentam-se em pequena quantidade.

Isso significa que se identificar as principais causas e resolvê-las, cerca de 80% dos problemas estarão resolvidos. Logo, deve-se concentrar a atenção nos pontos vitais, já que estes resultam em grandes perdas para a organização, apesar de representarem um pequeno número de problemas.

Construção do Diagrama de Pareto

Primeiramente, ocorre o levantamento dos problemas mais incidentes, com os quais pode ser construída uma tabela com cada causa, acompanhada da frequência

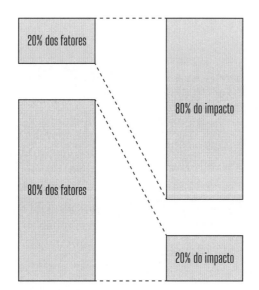

Figura 24.9 Princípio de Pareto.

da ocorrência. O exemplo a seguir apresenta uma situação de perda de potência em um automóvel, no qual um mecânico, ao constatar frequentemente esse problema, fez um diagnóstico mensurando as causas que levavam à perda de potência, criando a Tabela 24.3.

Em seguida, é calculado o percentual absoluto e acumulado. O percentual absoluto é obtido dividindo o número de ocorrências individuais pelo total de ocorrências. Por exemplo, para o defeito "Combustível adulterado", há 23 ocorrências, e dividindo esse valor pelo total ($n = 64$), obtém-se o percentual absoluto de 35,94%, conforme apresentado na Tabela 24.4. Já o percentual acumulado é obtido somando cada porcentagem à porcentagem acumulada da linha anterior.

Por fim, o Diagrama de Pareto pode ser obtido em qualquer *software* que gere um gráfico de colunas, junto a um gráfico de linhas. Para o exemplo da perda de potência em um automóvel, o Diagrama de Pareto desenvolvido pelo mecânico ficou conforme ilustrado na Figura 24.10.

A partir da análise do diagrama, o mecânico percebeu que as principais causas para a perda de potência são o combustível adulterado e os bicos injetores entupidos. Logo, para mitigar a ocorrência desse problema, o mecânico recomendou a seus clientes parar de abastecer em postos de gasolina que não têm selo de qualidade e a realização de manutenção preventiva, de modo a manter a limpeza e o tratamento correto quanto aos bicos injetores.

A seguir, é dado continuidade ao exemplo da empresa de tubos, mostrando o passo a passo para gerar um Diagrama de Pareto por meio do Minitab.

Tipos de defeito	Número de ocorrências
Combustível adulterado	23
Bicos injetores entupidos	18
Tanque de combustível com sujeira	10
Bomba de combustível com defeito	7
Filtro de combustível entupido	4
Cabo das velas com defeito	2

Tabela 24.3 Defeitos mais frequentes.

Tipos de defeito	Número de ocorrências	% absoluto	% acumulado
Combustível adulterado	23	35,94%	35,94%
Bicos injetores entupidos	18	28,13%	64,06%
Tanque de combustível com sujeira	10	15,63%	79,69%
Bomba de combustível com defeito	7	10,94%	90,63%
Filtro de combustível entupido	4	6,25%	96,88%
Cabo das velas com defeito	2	3,13%	100%
TOTAL	64	100%	100%

Tabela 24.4 Percentual absoluto e percentual acumulado.

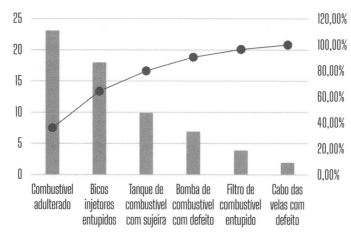

Figura 24.10 Diagrama de Pareto – Exemplo.

EXEMPLO PRÁTICO

Na empresa de tubos, sempre que um produto é desclassificado, ocorre seu registro e a identificação do motivo que levou a esse cenário.

Portanto, é possível avaliar se existe um motivo que gera maior quantidade de produto desclassificado. De posse desses dados, o gestor da empresa construiu um Pareto utilizando o valor médio em toneladas por motivo. Para isso, ainda no mesmo arquivo "Tubes.MTW", ele realizou os seguintes passos:

1. Selecione Estat > Ferramentas da Qualidade > Gráfico de Pareto...
2. Selecione a coluna "Motivos", na primeira linha.
3. Selecione a coluna "Média/15 (ton)", na segunda linha > Clique em OK.

uqr.to/1tnrx

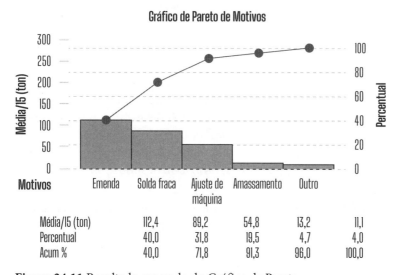

Figura 24.11 Resultado esperado do Gráfico de Pareto.

Com base no Pareto, foi possível identificar e responder aos seguintes aspectos:
- Considerando que os itens vitais acumulam cerca de 80% de relevância, há três itens vitais: emenda, solda fraca e ajuste de máquina.
- Itens vitais somam 256,4 toneladas, e itens triviais, 24,3 toneladas.

De acordo com o resultado obtido, o gestor foi capaz de responder à seguinte pergunta:

Se a meta do projeto LSS fosse reduzir em 40% a quantidade média (em toneladas) de produtos desclassificados, qual seria o percentual de redução necessário, se fossem trabalhados apenas os itens vitais?
- Considere que a meta global de redução de 40% é sobre o valor médio de 280,7 toneladas.

A redução de 40% sobre a meta global corresponde à redução de 112,28 toneladas (40% de 280,7) sobre o valor médio global de 280,7 toneladas. Isso equivale a uma redução de 280,7 para 168,42 toneladas.

A partir desses dados, podemos concluir que a redução somente dos itens vitais corresponde a 43,8% (112,28 / 256,4 × 100%).

Assim, para reduzir 40% da quantidade média de produtos desclassificados trabalhando apenas itens vitais, deve-se reduzir 43,8% desses itens (emenda, solda fraca e ajuste de máquina).

24.2.6 Gráfico de *boxplot*

O *boxplot* é um diagrama de caixa construído utilizando as referências de valores mínimos e máximos, primeiro e terceiro quartis, mediana e *outliers* da base de dados (valores discrepantes). O *boxplot* tem como objetivo estudar as medidas estatísticas do conjunto de dados, como propriedades de localização, variabilidade, média e *outliers*.

No *boxplot*, a parte central do gráfico contém os valores que estão entre o primeiro quartil e o terceiro quartil. As hastes inferiores e superiores se estendem, respectivamente, do primeiro quartil até o menor valor, limite inferior, e do terceiro quartil até o maior valor. Na Figura 24.12 são destacados os elementos do *boxplot*.

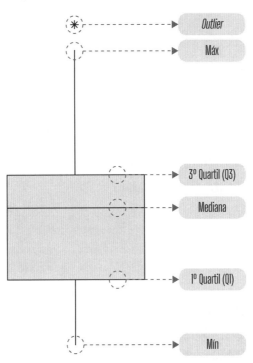

Figura 24.12 Itens do *boxplot*.

EXEMPLO PRÁTICO 1

Na empresa de tubos, o gestor construiu o *boxplot* dos três principais motivos de desclassificados e fez uma análise semelhante à do Histograma.

Com o *boxplot*, ficou mais evidente a presença de *outliers* e a assimetria dos dados. Além disso, a comparação entre os três motivos analisados é mais fácil, já que a amplitude e a locação do *boxplot* são visualmente simples de identificar.

Veja como é possível construir um *boxplot* no Minitab por meio dos seguintes passos:

1. Siga no arquivo "Voitto Tubes.MTW", acessando o QR Code ao lado.
2. Selecione Gráfico > *Boxplot* > Múltiplos Y's Simples > Clique em OK.
3. Selecione as três variáveis: Emenda, Solda Fraca e Ajuste de Máquina > Clique em OK.

uqr.to/1tns6

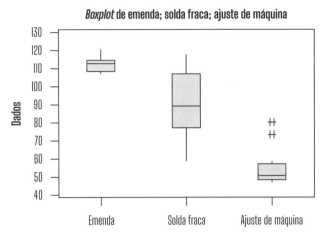

Figura 24.13 Resultado obtido pelo gráfico *boxplot*.

Por meio da análise do *boxplot*, o gestor da empresa de tubos consegue responder às seguintes perguntas:

1 – Quais observações podemos fazer mais facilmente com o *boxplot* em vez do Histograma?

No *boxplot* é possível observar facilmente a simetria ou assimetria dos dados, a diferença na amplitude/variabilidade de cada motivo, a posição do valor mediano e a existência de *outliers*.

2 – Qual é o motivo com maior dispersão?

A Solda Fraca tem maior dispersão.

3 – Qual é o motivo com maior valor mediano?

A Emenda tem maior valor mediano.

4 – Quantos *outliers* é possível observar nos três *boxplots*?

É possível observar dois *outliers*, todos no *boxplot* do motivo "Ajuste de Máquina".

EXEMPLO PRÁTICO 2

Um dos maiores problemas enfrentados por uma empresa de varejo são os erros e os desperdícios no processo de embalagem e expedição dos produtos. Quando um cliente acessa o *site* da empresa e faz uma compra, o pedido chega à área de embalagem, que deve identificar qual é o melhor tipo de embalagem para a cesta de produtos do pedido do cliente, e rapidamente embalar para que a transportadora possa entregá-los.

Analisando a base de dados da empresa (acesse o arquivo "Atividade Varejo. MTW" por meio do QR Code a seguir), é possível constatar alguns fatores (variáveis Xs) que são causas que afetam as principais saídas do processo (variáveis Ys).

Ao analisar o percentual de embalagens defeituosas por Centro de Distribuição, é possível comprovar que o Centro de Distribuição é uma causa raiz do problema, utilizando o *boxplot* para essa análise.

Para tanto, a empresa utilizou do Minitab, e realizou as seguintes etapas:

1) Aberto o arquivo, selecione Gráfico > *Boxplot* > Escolha a opção "Um Y Com Grupos" (tem-se uma variável, mas deseja-se estratificá-la por centro de distribuição) > Clique em OK.

2) Em "Variáveis do gráfico", selecione "% de embalagens defeituosas", e para "Variáveis categóricas para agrupamento", selecione "Centro de Distribuição" > Clique em OK.

uqr.to/1tns7

O resultado está representado na Figura 24.14.

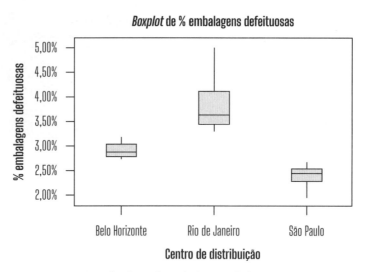

Figura 24.14 *Boxplot* de % de embalagens defeituosas.

Por meio da figura anterior é possível perceber a variabilidade por Centro de Distribuição. Comparando os três centros de distribuição, é possível analisar que o Rio de Janeiro apresenta a maior média, assim como a maior variabilidade, fazendo com que seja possível concluir que o Centro de Distribuição do Rio de Janeiro impacta o problema de maneira mais significativa, comprovando, portanto, que ali deve ser o foco de melhoria.

Por meio do exemplo, foi possível determinar a influência de uma causa (Centro de Distribuição) em um resultado de interesse (% de embalagens defeituosas), apenas com gráficos básicos. Porém, nem sempre esse tipo de gráfico comprova as causas do problema. Por isso, outros métodos e ferramentas serão abordados adiante.

24.3 DISTRIBUIÇÕES DE PROBABILIDADE

A distribuição de probabilidade ajuda a compreender a forma, a dispersão e a localização de um conjunto de dados. Pode-se analisar uma distribuição por meio de gráficos e estatística descritiva, por exemplo; um histograma pode ajudar a compreender a forma da distribuição, se existem picos, se a dispersão é grande, entre outras informações. As principais distribuições estão descritas no Quadro 24.2.

Distribuição	Tipo	Descrição	Tabela
Normal	Contínua	Descreve uma variável aleatória com uma média e um desvio padrão específicos, e corresponde a uma variável aleatória contínua que segue uma forma de sino.	Anexo A1
Qui-quadrado	Contínua	Descreve a soma de quadrados de *k* variáveis aleatórias normalmente distribuídas e independentes. Essa distribuição é definida por um único parâmetro: o número de graus de liberdade.	Anexo A2
Distribuição *t*	Contínua	Utilizada para criar intervalos de confiança para a média da população que segue a Distribuição Normal, mas o desvio padrão é desconhecido (teste de hipótese). Também é aplicada para determinar se a média de duas amostras que seguem a Distribuição Normal são diferentes, se a variância das amostras for desconhecida.	Anexo A3
Distribuição *F*	Contínua	Usada em testes de Análise de Variância para comparar quão significativa é a variação causada por determinado fator em relação à variação causada pelo erro ou por outro fator.	Anexo A4

Continua

Continuação

Distribuição	Tipo	Descrição	Tabela
Weibull	Contínua	Utilizada para modelar falhas de produtos e equipamentos. Representa uma família de distribuições que se ajusta a uma grande variabilidade de dados e aplicações.	–
Exponencial	Contínua	Representa o tempo ou espaço entre ocorrências de um evento.	–
Lognormal	Contínua	Representa uma variável aleatória cujo logaritmo apresenta Distribuição Normal.	–
Poisson	Discreta	Aplicável a eventos que têm uma taxa de ocorrência por intervalo.	Anexo A5
Binormal	Discreta	Utilizada para apresentar o número de sucessos decorrentes de uma determinada sequência de tentativas.	Anexo A6

Quadro 24.2 Distribuições de probabilidade.

24.3.1 Distribuição Normal

A Distribuição Normal é uma das mais importantes distribuições estatísticas. Sua curva teórica apresenta formato de sino, é simétrica em relação à sua média, e é possível desenhar uma curva normal tendo apenas dois parâmetros: média e desvio padrão.

A distribuição Normal apresenta vasta aplicação em diversas áreas. Na modelagem estatística, normalmente é usada para descrever fenômenos como peso e a altura humana, servindo como base para inferências estatísticas, como intervalos de confiança e testes de hipóteses. Nos processos industriais, essa distribuição estatística é essencial para entender e controlar a variabilidade de produtos e processos, contribuindo para a melhoria da qualidade.

A Figura 24.15 demonstra a probabilidade de dados na curva Normal.

O ponto mais alto na curva representa o valor com a maior moda do processo, ou seja, o valor que mais aparece na base de dados. Os outros cortes verticais (3s, 2s e 1s) representam o desvio padrão em relação à média, ou seja, uma faixa de valores que representa a soma ou subtração de um desvio padrão em relação à média.

Na curva Normal, cada faixa de valores representa certa probabilidade de ocorrência. Nesse exemplo, na primeira faixa, de menos 1 desvio padrão até 1 desvio padrão, está compreendido 68,26% da base de dados. Na faixa que vai de menos 2 até mais 2 sigma, há 95,44% de possibilidade de ocorrência. Por fim, a faixa mais ampla dessa distribuição (de menos 3 até mais 3 sigma) representa 99,74% dos dados.

Com esse conceito de distribuição Normal contextualizado é possível comparar e compreender que um processo é estável quando a base de dados é capaz de ser representada pela curva de Gauss (distribuição Normal) e compreendida entre uma faixa de mais ou menos 3 sigma. Para calcular a probabilidade de ocorrência de um fenômeno, é preciso calcular a área sob a curva representada.

No contexto do Seis Sigma, é possível compreender que o nível de qualidade tem forte relação com os desvios padrão, isto é, quanto mais desvios padrão couberem da média ao limite de tolerância estipulado, maior a qualidade do processo.

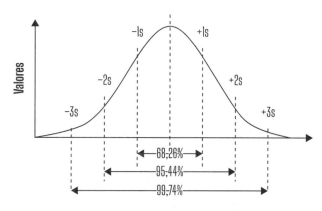

Figura 24.15 Distribuição Normal com probabilidades.

EXEMPLO PRÁTICO

Em uma sala de aula, o professor anotou a idade de cada um dos 40 alunos presentes. Sabendo que a distribuição da idade dos alunos é Normal, foi desenhada a curva com média igual a 23 anos e desvio padrão igual a 2 ($\mu = 23$ e $\sigma = 2$).

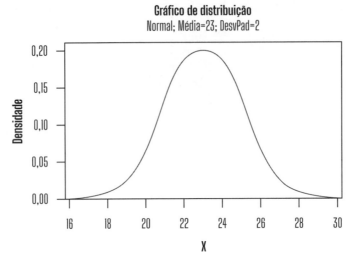

Figura 24.16 Distribuição Normal do exemplo.

Para desenhar a curva Normal, basta iniciar pela média, e à direita da curva somar "2 anos" ($\sigma = 2$) durante três vezes (68,26%, 95,44% e 99,74% da base de dados) e à esquerda subtrair os "2 anos" durante os três intervalos.

Observando a distribuição Normal, foi possível tirar as seguintes conclusões a respeito da idade dos alunos:

- 68,26% dos alunos têm idade entre 21 e 25 anos ($\pm 1\sigma$) – 28 dos 40 alunos.
- 95,44% dos alunos têm idade entre 19 e 27 anos ($\pm 2\sigma$) – 38 dos 40 alunos.
- 99,74% dos alunos têm idade entre 17 e 29 anos ($\pm 3\sigma$) – esse percentual equivale a 39,896 dos dados coletados, ou seja, abrange os 40 alunos.

Teorema Central do Limite

Segundo o Teorema Central do Limite, independentemente da distribuição de probabilidade dos dados, se uma amostra é suficientemente grande, a distribuição de médias amostrais será aproximadamente normal. Assim, quando o tamanho amostral aumenta e são calculadas médias de períodos maiores, a distribuição da variável se aproxima a uma distribuição Normal.

EXEMPLO PRÁTICO

A cada 2 horas, uma empresa registra a quantidade de itens defeituosos em um lote de 100 produtos. Entretanto, o histograma desenvolvido com os dados coletados (Figura 24.17) indica que a distribuição dos resultados diverge da curva Normal esperada.

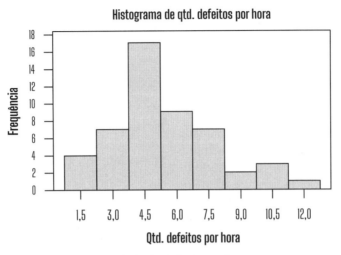

Figura 24.17 Quantidade de defeitos por hora.

Na sequência, decidiu-se agrupar os dados diariamente, ou seja, foi calculada a média de defeitos do dia de produção e utilizou-se o valor da média diária para gerar um novo histograma. Assim, é possível visualizar um gráfico de Distribuição Normal (Figura 24.18).

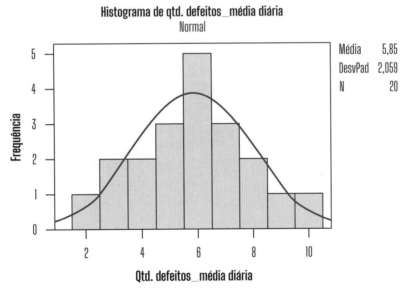

Figura 24.18 Quantidade média de defeitos diária.

Dessa forma, fica evidente que com o aumento do tamanho amostral e com o cálculo da média de períodos maiores (por dias em vez de horas), a distribuição da variável se aproximou de uma Distribuição Normal, conforme explicado pelo Teorema Central do Limite.

Para determinar se certa variável aleatória segue uma distribuição Normal, basta verificar se ela segue a função densidade de probabilidade, dada por:

$$f(x) = \frac{e^{\frac{-(x-\underline{x})^2}{2\sigma^2}}}{\sqrt{2\pi}\sigma}$$

Em que:

$\underline{x}$ = média;

σ^2 = variância de x.

De maneira mais simples, é possível verificar a normalidade da variável utilizando o teste de normalidade em algum *software* estatístico. Para isso, é importante avaliar o p-valor, que representa uma medida que indica a probabilidade de obter resultados tão grande ou maior do que os observados, assumindo que a hipótese nula é verdadeira. Se $p \geq 0,05$, os dados são normais; se $p < 0,05$, os dados não são normais.

Dados não Normais são comuns em alguns cenários, por exemplo, na manutenção, no mercado financeiro ou em testes de confiabilidade. Sempre que os dados não forem Normais, é importante avaliar e escolher as ferramentas estatísticas apropriadas.

Muitas vezes, é preciso calcular a probabilidade de ocorrência de determinado resultado. Para isso, basta integrar a função $f(x)$ em relação a x, com os limites de integração representando a faixa de valores de que se quer obter a probabilidade. Vale notar que a integral da função densidade de probabilidade normal não tem solução analítica. Sendo assim, seu cálculo deve ser realizado por meio de um método numérico. Para sanar tal dificuldade, a função pode ser padronizada com a substituição dos parâmetros por $\mu = 0$ e $\sigma^2 = 1$.

Essa abordagem é dada pela definição de uma nova variável aleatória Z, chamada "variável aleatória normal padronizada". Se x for uma variável aleatória normal com média $E(x) = \mu$ e variância $V(x) = \sigma^2$, a variável aleatória Z será uma variável aleatória normal, com $E(Z) = 0$ e $V(Z) = 1$.

Em suma, Z é uma variável aleatória normal padrão. Dessa forma, é possível obter a área sob a curva da normal padrão de forma analítica, e então obter a área entre dois pontos sob a curva por meio do uso da tabela de conversão apresentada a seguir, e essa área representa a probabilidade.

Etapas para usar a tabela Z

1 – Padronização da variável: antes de usar a tabela Z (Anexo A1), é preciso transformar a variável de interesse em uma variável normal padronizada, ou seja, com média zero e desvio padrão unitário. Isso pode ser feito usando a seguinte equação:

$$Z = \frac{(x - \underline{x})}{\sigma}$$

Em que:

x = valor da variável;

$\underline{x}$ = média da variável;

σ = desvio padrão

2 – Consulta na tabela Z: depois de padronizar a variável, é possível usar a tabela Z (Anexo 1.1) para encontrar a probabilidade associada ao valor padronizado. Por exemplo, se encontrar $Z = 1,05$ na tabela Z, poderá ver a probabilidade de que uma variável normal padronizada tenha um valor menor ou igual a 1,05.

A primeira coluna da tabela apresenta os valores de Z até a primeira casa decimal, enquanto a primeira linha da tabela corresponde à segunda casa decimal de Z. Por exemplo, se o valor obtido com a aplicação da fórmula apresentada anteriormente for 1,82, o valor da probabilidade será 0,9656, conforme realçado na Tabela 24.5.

Z	0,00	0,01	0,02	0,03	0,04	0,05	0,06	0,07	0,08	0,09
0,0	0,5000	0,5040	0,5080	0,5120	0,5160	0,5199	0,5239	0,5279	0,5319	0,5359
0,1	0,5398	0,5438	0,5478	0,5517	0,5557	0,5596	0,5636	0,5675	0,5714	0,5753
0,2	0,5793	0,5832	0,5871	0,5910	0,5948	0,5987	0,6026	0,6064	0,6103	0,6141
0,3	0,6179	0,6217	0,6255	0,6293	0,6331	0,6368	0,6406	0,6443	0,6480	0,6517
0,4	0,6554	0,6591	0,6628	0,6664	0,6700	0,6736	0,6772	0,6808	0,6844	0,6879
0,5	0,6915	0,6950	0,6985	0,7019	0,7054	0,7088	0,7123	0,7157	0,7190	0,7224
0,6	0,7257	0,7291	0,7324	0,7357	0,7389	0,7422	0,7454	0,7486	0,7517	0,7549
0,7	0,7580	0,7611	0,7642	0,7673	0,7704	0,7734	0,7764	0,7794	0,7823	0,7852
0,8	0,7881	0,7910	0,7939	0,7967	0,7995	0,8023	0,8051	0,8078	0,8106	0,8133
0,9	0,8159	0,8186	0,8212	0,8238	0,8264	0,8289	0,8315	0,8340	0,8365	0,8389
1,0	0,8413	0,8438	0,8461	0,8485	0,8508	0,8531	0,8554	0,8577	0,8599	0,8621
1,1	0,8643	0,8665	0,8686	0,8708	0,8729	0,8749	0,8770	0,8790	0,8810	0,8830
1,2	0,8849	0,8869	0,8888	0,8907	0,8925	0,8944	0,8962	0,8980	0,8997	0,9015
1,3	0,9032	0,9049	0,9066	0,9082	0,9099	0,9115	0,9131	0,9147	0,9162	0,9177
1,4	0,9192	0,9207	0,9222	0,9236	0,9251	0,9265	0,9279	0,9292	0,9306	0,9319
1,5	0,9332	0,9345	0,9357	0,9370	0,9382	0,9394	0,9406	0,9418	0,9429	0,9441
1,6	0,9452	0,9463	0,9474	0,9484	0,9495	0,9505	0,9515	0,9525	0,9535	0,9545
1,7	0,9554	0,9564	0,9573	0,9582	0,9591	0,9599	0,9608	0,9616	0,9625	0,9633
1,8	0,9641	0,9649	0,9656	0,9664	0,9671	0,9678	0,9686	0,9693	0,9699	0,9706
1,9	0,9713	0,9719	0,9726	0,9732	0,9738	0,9744	0,9750	0,9756	0,9761	0,9767
2,0	0,9772	0,9778	0,9783	0,9788	0,9793	0,9798	0,9803	0,9808	0,9812	0,9817
2,1	0,9821	0,9826	0,9830	0,9834	0,9838	0,9842	0,9846	0,9850	0,9854	0,9857
2,2	0,9861	0,9864	0,9868	0,9871	0,9875	0,9878	0,9881	0,9884	0,9887	0,9890
2,3	0,9893	0,9896	0,9898	0,9901	0,9904	0,9906	0,9909	0,9911	0,9913	0,9916
2,4	0,9918	0,9920	0,9922	0,9925	0,9927	0,9929	0,9931	0,9932	0,9934	0,9936
2,5	0,9938	0,9940	0,9941	0,9943	0,9945	0,9946	0,9948	0,9949	0,9951	0,9952
2,6	0,9953	0,9955	0,9956	0,9957	0,9959	0,9960	0,9961	0,9962	0,9963	0,9964
2,7	0,9965	0,9966	0,9967	0,9968	0,9969	0,9970	0,9971	0,9972	0,9973	0,9974
2,8	0,9974	0,9975	0,9976	0,9977	0,9977	0,9978	0,9979	0,9979	0,9980	0,9981
2,9	0,9981	0,9982	0,9982	0,9983	0,9984	0,9984	0,9985	0,9985	0,9986	0,9986
3,0	0,9987	0,9987	0,9987	0,9988	0,9988	0,9989	0,9989	0,9989	0,9990	0,9990
3,1	0,9990	0,9991	0,9991	0,9991	0,9992	0,9992	0,9992	0,9992	0,9993	0,9993
3,2	0,9993	0,9993	0,9994	0,9994	0,9994	0,9994	0,9994	0,9995	0,9995	0,9995
3,3	0,9995	0,9995	0,9995	0,9996	0,9996	0,9996	0,9996	0,9996	0,9996	0,9997
3,4	0,9997	0,9997	0,9997	0,9997	0,9997	0,9997	0,9997	0,9997	0,9997	0,9998
3,5	0,9998	0,9998	0,9998	0,9998	0,9998	0,9998	0,9998	0,9998	0,9998	0,9998

Tabela 24.5 Tabela Z – Exemplo.

EXEMPLO PRÁTICO

A produtividade dos operadores de uma empresa de aços apresenta uma Distribuição Normal; então, utilizou-se o Minitab para identificar a probabilidade de um valor específico de produtividade ocorrer dentro de uma faixa de valores.

Inicialmente, foi calculada a média e o desvio padrão dos dados da produtividade, listados na Tabela 24.6.

Variável	Contagem total	Média	DesvPad	Mínimo
Produtividade do operador	50	4,5497	0,3185	3,8429
Q1	**Mediana**	**Q3**	**Máximo**	**Amplitude**
4,3475	4,5588	4,7386	5,3938	1,5509

Tabela 24.6 Dados da empresa de aços.

Para o cálculo das probabilidades, deve-se:
1. Abrir um arquivo em branco no Minitab.
2. Selecionar Gráficos > Distribuição de Probabilidade > Visualizar Probabilidade.
3. Escolher o gráfico "Visualizar Probabilidade" e clicar em OK.
4. Preencher o valor da média e do desvio padrão.

Para descobrir a probabilidade da produtividade de um colaborador ser maior ou igual a 5,0, deve-se:
1. Clicar na aba "Área Sombreada" e escolher a opção "Valor de X";
2. Digitar 5,0 no campo "valor de X" > Clicar em OK.

O resultado esperado é o apresentado na Figura 24.19.

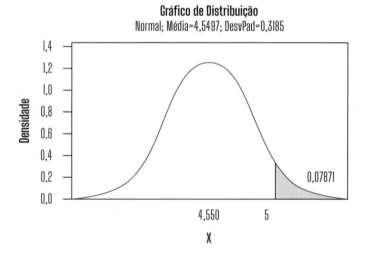

Figura 24.19 Probabilidade da produtividade de um colaborador ser maior ou igual a 5.

Tem-se, dessa forma, a área que representa a probabilidade, com o valor 0,07871, ou seja, aproximadamente 7,9%.

Para descobrir a probabilidade de a produtividade de um colaborador ficar entre 4,5 e 4,8, basta seguir os mesmos passos anteriores, mas, na aba "Área Sombreada", escolher a opção "Valor de X" > Meio > digitar 4,5 para o valor 1 de X e digitar 4,8 para o valor 2 de X. Veja a Figura 24.20.

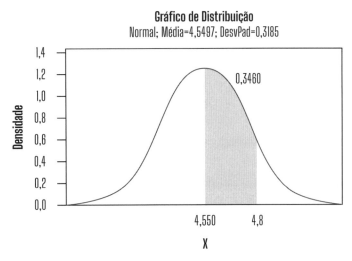

Figura 24.20 Probabilidade de a produtividade do colaborador estar entre 4,5 e 4,8.

Sendo assim, nota-se que a probabilidade de a produtividade do colaborador estar dentro do intervalo 4,5-4,8 é de 0,3460, ou seja, 34,6%. Com os dados obtidos a partir do Minitab, o gerente de produção foi capacitado a adequar o processo produtivo de acordo com a produtividade dos colaboradores, o que otimizou os resultados e melhorou o desempenho geral da empresa.

24.3.2 Distribuição Qui-quadrado

A distribuição X^2 ou Qui-quadrado é uma distribuição da soma de K variáveis aleatórias ao quadrado, normalmente distribuídas ao acaso e independentes entre si. Dessa forma:

$$X^2 = Z_1^2 + Z_2^2 + \dots Z_K^2$$

Como $Z = \dfrac{(x - \underline{x})}{\sigma}$, então a equação para a distribuição Qui-quadrado é $\sum_1^n (z_i)^2 = \sum_1^n \left(\dfrac{x_1 - \underline{x}}{\sigma}\right)^2$.

Dessa forma: $\dfrac{(n-1)s^2}{\sigma^2} \cong X^2_{[n-1]}$

A distribuição apresenta k Graus de Liberdade (GL), e a forma da distribuição depende dos GL, visto que a curva se torna cada vez mais próxima do eixo x à medida que os GL aumentam, conforme a Figura 24.21.

24.3.3 Distribuição t

Distribuição t ou t-Student é uma distribuição de probabilidade utilizada para estimar a média de uma população quando o tamanho da amostra é pequeno e a variação da população é desconhecida (desvio padrão desconhecido). É uma distribuição que se aproxima de uma Normal (Gaussiana) e sua principal aplicação é na inferência estatística, em que é usada para testar hipóteses sobre a média populacional a partir de uma amostra.

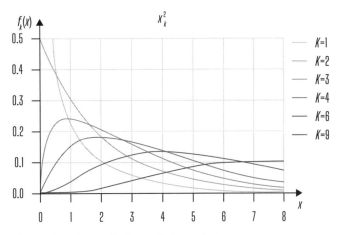

Figura 24.21 Distribuições Qui-quadrado.

A seguir, são apresentadas algumas características da distribuição *t*-Student.

- A distribuição *t* tem a forma de sino e é simétrica em relação à média.
- A distribuição *t* é uma família de curvas, cada uma determinada por um parâmetro denominado GL. Os GL são o número de escolhas livres deixadas depois que uma amostra estatística é calculada.
- Quando é usada a distribuição *t* para estimar a média de uma população, os GL são iguais ao tamanho da amostra menos um: GL = $n - 1$.
- A média, a moda e a mediana da distribuição *t* são iguais a zero.
- Conforme os GL aumentam, a distribuição *t* se aproxima da distribuição Normal.

Se uma amostra aleatória $X_1, X_2, ... X_n$ de tamanho n e normalmente distribuída, com média desconhecida e variância finita, então *T* é distribuído (distribuição *t*), com $n - 1$ GL. Para realizar o cálculo, a seguinte equação é usada:

$$t = \frac{(\bar{x} - \mu_0)}{s/\sqrt{n}}$$

Em que:
$\bar{x}$ = média;
μ_0 = média da amostragem aleatória;
s = desvio padrão amostral;
n = tamanho amostral.

A Figura 24.22 apresenta a distribuição *t* com diferentes GL.

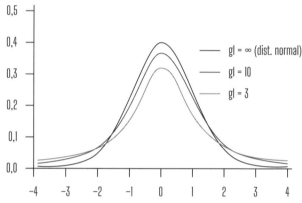

Figura 24.22 Plotagem da distribuição *t*.

EXEMPLO PRÁTICO

Foram coletados dados da medição do volume de garrafas de refrigerante para analisar se este é estatisticamente diferente de 300 mL. Foram realizadas 100 medições, e uma média de 299,169 mL e um desvio padrão de s = 3,246 foram encontrados.

Assim, serão testadas as seguintes hipóteses usando uma amostra *t*:
- $H_0 : \mu_0 = 300$ (volume igual a 300 mL);
- $H_A : \mu_A \neq 300$ (volume diferente de 300 mL).

O teste estatístico *t* para uma amostra é calculado aplicando a seguinte equação:

$$t = \frac{(\bar{x} - \mu_0)}{s/\sqrt{n}}$$
$$t = \frac{(299,169 - 300)}{3,246/\sqrt{100}}$$
$$t = -2,56$$

Para obter um intervalo de confiança[1] de 95%, é utilizada a tabela de distribuição *t* (apresentada no Anexo 1.3).
O valor de 0,025 é analisado na tabela, visto que:
$\alpha = 0,05/2 = 0,025$
Considerando GL de 99, obtém-se o valor t = 1,984.
Assim, se $|t| > 1,984$, a hipótese nula (*H*0) será rejeitada.
Como $|t| = 2,56$ é maior que 1,984, a hipótese nula é rejeitada.
Desse modo, a conclusão é que o volume médio das garrafas não é igual a 300 mL.

---

[1] O intervalo de confiança indica os valores nos quais se acredita que um parâmetro populacional, como a média ou a proporção, possa estar contido com determinada probabilidade de acerto, e geralmente é expresso em porcentagem, como 95 ou 99%.

24.3.4 Distribuição F

A distribuição F (também conhecida como "distribuição F de Fisher") é uma distribuição de amostragem contínua da razão entre duas variáveis aleatórias independentes com distribuição Qui-quadrado, em que cada uma é dividida por seus GL.

Sendo X e Y duas variáveis aleatórias com GL v_1 e v_2, as variáveis serão distribuídas em uma distribuição F com GL $v_1 = n_1 - 1$ e $v_2 = n_2 - 1$. Então, o valor de F é calculado da seguinte forma:

$$F = \frac{\dfrac{X}{v_1}}{\dfrac{Y}{v_2}}$$

A distribuição F é assimétrica, alinhada à direita e descrita pelos GL de seu numerador (v_1) e denominador (v_2). A seguir, os gráficos da Figura 24.23 apresentam o efeito de diferentes GL na forma da distribuição F.

24.3.5 Distribuição de Weibull

A distribuição de Weibull é uma distribuição que pode ser usada para modelar o tempo de falha de sistemas e materiais, a duração de eventos, entre outros. Assim, a distribuição de Weibull tem uma ampla gama de aplicações, incluindo engenharia, manufatura, entre outros.

A função densidade de probabilidade Weibull apresenta três parâmetros (α, β e Υ).

- O parâmetro α (alfa) é denominado "parâmetro de posição", visto que controla a posição da curva sobre o eixo das abscissas, conforme apresentado na Figura 24.24.
- O parâmetro β (beta) é denominado "parâmetro de escala", visto que controla as dimensões que a curva vai assumir. À medida que β aumenta, a curva tende a se tornar mais dispersa, conforme apresentado na Figura 24.25.
- O parâmetro Υ (gama) é denominado "parâmetro de forma", pois controla as diferentes formas que a distribuição pode assumir.
    - Assim, se $\Upsilon \leq 1$, a função tem a forma de "J-invertido" e apresenta-se igual à distribuição exponencial se $\Upsilon = 1$.
    - Se $1 < \Upsilon \leq 3,6$, a distribuição apresenta-se assimétrica à direita e igual à distribuição Normal se $\Upsilon = 3,6$.
    - Para $\Upsilon > 3,6$, a distribuição apresenta-se assimétrica à esquerda.

A Figura 24.26 apresenta o comportamento das curvas, variando o parâmetro Υ e mantendo os demais constantes.

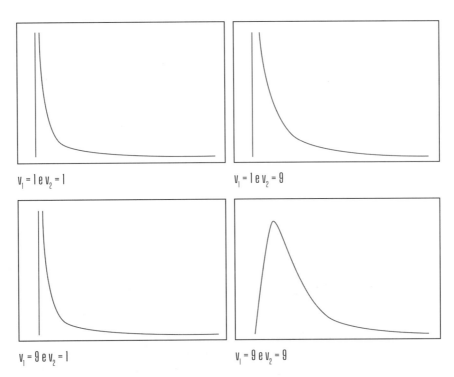

Figura 24.23 Plotagem da distribuição F com diferentes GL.

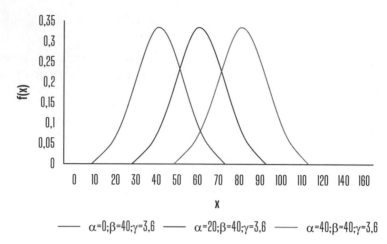

Figura 24.24 Distribuição de Weibull – Parâmetro α.

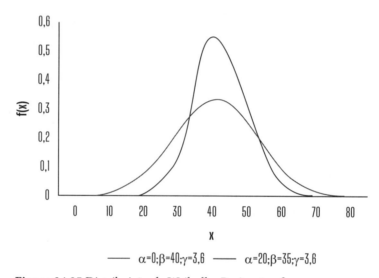

Figura 24.25 Distribuição de Weibull – Parâmetro β.

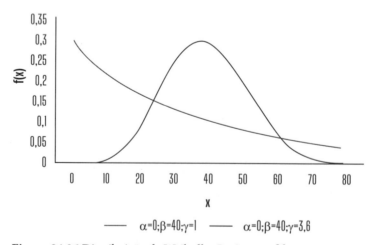

Figura 24.26 Distribuição de Weibull – Parâmetro ϒ.

24.3.6 Distribuição exponencial e lognormal

A distribuição exponencial descreve o tempo entre eventos independentes que ocorrem com taxa constante. É muito utilizada para modelar processos de falha, pois possibilita realizar estudos de confiabilidade de peças ou sistemas, representando o tempo decorrido até a falha.

Considerando que a média desse processo é $\lambda > 0$, o gráfico de distribuição exponencial apresenta-se conforme ilustrado na Figura 24.27.

Já a distribuição lognormal descreve uma variável aleatória cujo logaritmo tem Distribuição Normal. É comumente usada para modelar variáveis que só podem ser positivas (p. ex., renda, massa etc.) e que tendem a ter distribuição assimétrica para valores maiores.

Diferentemente da Distribuição Normal, a lognormal tem suporte no conjunto dos reais positivos e apresenta assimetria, conforme demonstrado na Figura 24.28.

24.3.7 Distribuição de Poisson

É a distribuição aplicável a eventos que têm uma taxa de ocorrência por intervalos, como unidade de tempo, volume, distância, entre outros. A Figura 24.29 ilustra esse tipo de distribuição.

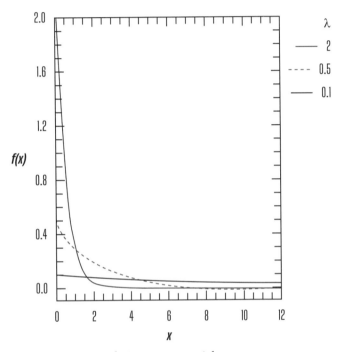

Figura 24.27 Distribuição exponencial.

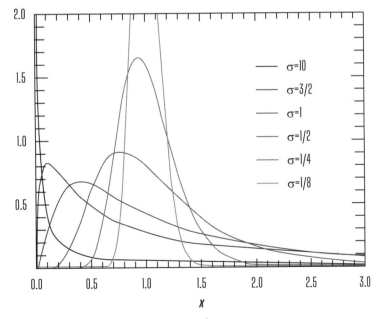

Figura 24.28 Distribuição lognormal.

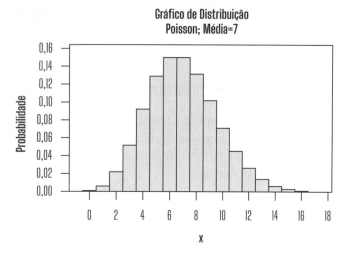

Figura 24.29 Distribuição de Poisson.

Alguns exemplos que podem ter a distribuição de Poisson são:
- número e defeitos em uma amostra de 10 peças;
- número de erro de digitação por folha;
- número de defeitos na pintura por metro quadrado;
- número de lâmpadas queimadas a cada mês.

A distribuição de Poisson é utilizada quando o número de possíveis ocorrências discretas é muito maior do que o número médio de ocorrências em determinado intervalo de tempo ou espaço. A probabilidade de um número designado de sucessos por unidade de intervalo, $\mathbb{P}(X)$, pode ser calculada da seguinte forma:

$$\mathbb{P}(X = x) = e^{-\lambda} \frac{\lambda^x}{x!}$$

Em que:
λ = média de eventos em certo intervalo de tempo, volume, área ou taxa média de ocorrência por unidade medida;
x = número de eventos observados;
e = base do logaritmo natural (equivalente a 2,71828).

Quanto maior o número médio de ocorrências por intervalo, mais simétrica é a distribuição de Poisson. Em contrapartida, quanto menor o número médio de ocorrências por intervalo, mais distorcida é a distribuição, apresentando uma cauda longa para a direita.

24.3.8 Distribuição Binomial

A Distribuição Binomial é utilizada para dados discretos, geralmente quando há referência à inspeção ou classificação, ou seja, cada evento ou observação apresenta apenas dois resultados possíveis: sucesso/fracasso, passa/não passa, sim/não, perfeito/defeituoso, por exemplo.

É importante destacar que todos os eventos são realizados sob a mesma condição e o resultado de um evento não influencia o resultado de outro, ou seja, essa distribuição apresenta eventos independentes. Em um subcapítulo mais adiante será abordada a ferramenta Cartas de Controle. As cartas p e np são baseadas nesse tipo de distribuição e, por isso, é importante abordá-las nesse momento.

Assim, alguns exemplos que seguem a distribuição Binomial são:
- número de peças boas × número de peças ruins;
- número de embarques no prazo em determinado período (a cada hora);
- número de faturas pagas no prazo;
- absenteísmo em determinado período (a cada dia).

A Figura 24.30 mostra como se comporta a curva da distribuição Binomial.

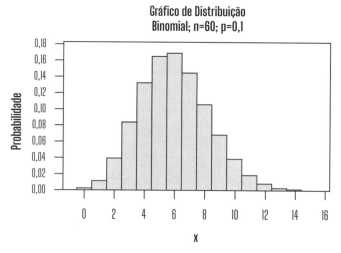

Figura 24.30 Distribuição Binomial.

É possível perceber simetria e semelhança com a curva Normal, e isso ocorre quando a probabilidade de sucesso e de fracasso são iguais a 50%. Em contrapartida, quanto mais distante de 50% for a probabilidade de sucesso, mais distorcida será a distribuição.

Na distribuição Binormal, a probabilidade de ter exatamente x sucessos é dada pela função de probabilidade apresentada a seguir.

$$px(x) = \mathbb{P}(X = x) = \binom{n}{x} p^x (1-p)^{n-x}$$

Em que:

$$\binom{n}{x} = \frac{n!}{x!(n-x)!}$$

24.4 SÉRIES TEMPORAIS

Nas etapas de Definição e Medição do método DMAIC, é importante utilizar diversos recursos estatísticos para avaliar o comportamento histórico dos dados associados ao projeto. Uma das maneiras de avaliar esse comportamento é por meio da análise de séries temporais, observando a existência de padrões como tendência e sazonalidade.

Série temporal é um conjunto de observações sobre determinada variável, ordenado no tempo e registrado em períodos regulares. A suposição que norteia a análise de séries temporais é que existe um sistema causal relativamente constante, que influenciou os dados no passado e que pode continuar a influenciar no futuro.

Assim, criam-se padrões não aleatórios que podem ser apresentados por meio de gráficos ou outro processo estatístico, visto que a observação de comportamentos passados auxilia na previsão sobre o futuro, de modo a orientar a tomada de decisões.

Durante a execução de um projeto LSS, a avaliação do comportamento de uma variável ao longo do tempo pode ser fundamental para a formulação de planos e estratégias de melhoria. Sendo assim, a análise de séries temporais pode ser usada como uma importante ferramenta para a identificação de períodos de crescimento ou decrescimento, sazonalidade de uma ocorrência e até mesmo para a previsão de observações futuras por meio da análise de tendência.

24.4.1 Tendência

A tendência de uma série temporal é definida como um padrão de crescimento/decrescimento gradual da variável em certo período. Ela pode apresentar um comportamento linear ou não linear, conforme os exemplos a seguir.

Para esse estudo, é importante considerar que as interferências que agiam sobre o processo no passado continuarão a agir no futuro, que as previsões não levam em consideração rupturas/mudanças significativas realizadas no processo e que estas não são perfeitas, pois é impossível prever todas as variações aleatórias que ocorrerão no processo.

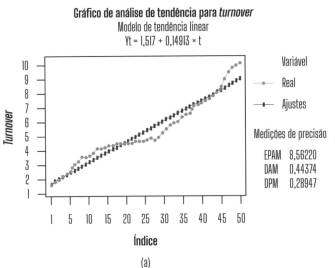
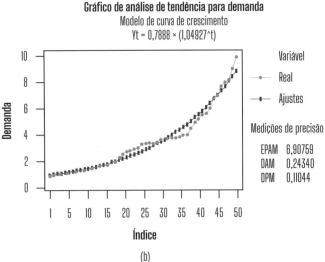

Figura 24.31 (a) Tendência linear. **(b)** Tendência não linear.

EXEMPLO PRÁTICO

A empresa ABC atua como prestadora de serviços no segmento de Call Center. Em sua principal operação, a empresa tem um total de 3.500 funcionários segmentados em 20 equipes de atendimento.

Um dos indicadores que a empresa acompanha semanalmente é a produtividade de cada equipe, a qual é calculada como a quantidade de ligações realizadas por colaborador por hora.

Um *Black Belt* decidiu avaliar o comportamento da produtividade de duas equipes de alta *performance*, com o objetivo de avaliar se o desempenho das duas equipes é semelhante.

Para isso, o *Black Belt* usou o Minitab e abriu o arquivo "ABC.mtw" (acesse o QR Code a seguir). Inicialmente, ele decidiu fazer um relatório geral para a produtividade de cada equipe; para gerar esses gráficos, ele realizou os seguintes passos:

1. Selecione Estat > Estatísticas Básicas > Sumário Gráfico...
2. Em variáveis, selecione a coluna "PROD EQUIPE 1" > Clique em OK.
3. Repita o processo para a equipe 2.

uqr.to/1tnu8

Os resultados esperados para essa atividade são apresentados nas Figuras 24.32 e 24.33.

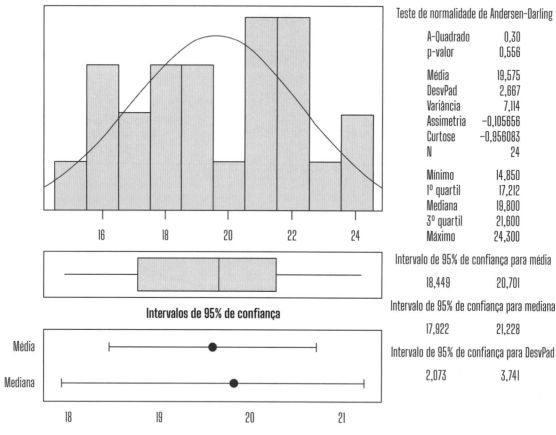

Figura 24.32 Relatório para a produtividade da equipe 1.

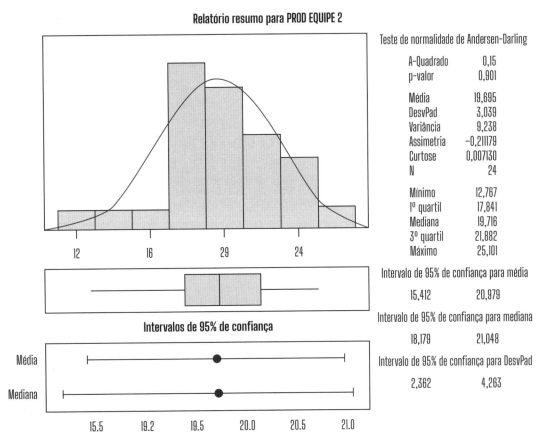

Figura 24.33 Relatório para a produtividade da equipe 2.

Em seguida, o líder de Melhoria Contínua da empresa ABC realizou os seguintes passos para avaliar a tendência da produtividade de cada equipe:

1. Selecione Estat > Séries Temporais > Análise de tendência...
2. Em variável, escolha a coluna desejada.
3. Escolha o modelo de tendência desejado > Clique em OK.

Assim, o *Black Belt* fez uma análise da tendência linear. Os resultados são apresentados nas Figuras 24.34 e 24.35.

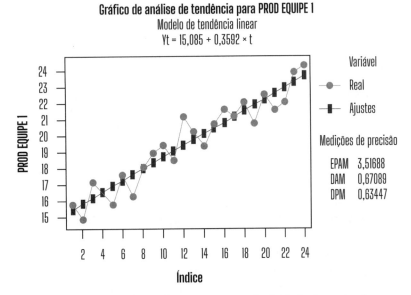

Figura 24.34 Análise de tendência para a produtividade da equipe 1.

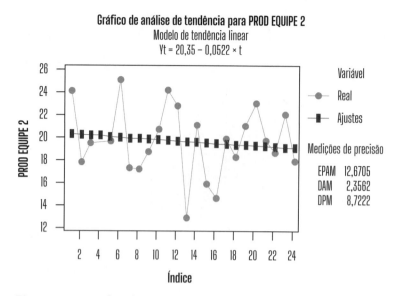

Figura 24.35 Análise de tendência para a produtividade da equipe 2.

É possível analisar que a equipe 1 tem forte tendência de crescimento, sendo sua variabilidade causada pela própria tendência, além de ser mais previsível. Por outro lado, o *Black Belt* concluiu que a equipe 2 não tem tendência significativa, pois existe variabilidade gerada pela aleatoriedade dos dados. Portanto, o comportamento das duas equipes é diferente, e é necessário entender o motivo da variabilidade da equipe 2.

Utilizando o modelo criado na análise de tendência da equipe 1, o *Black Belt* da empresa decidiu fazer a previsão da produtividade para as próximas 4 semanas. Para isso, ele realizou os seguintes passos, ainda no arquivo "ABC.mtw":

1. Selecione Estat > Séries Temporais > Análise de Tendência...
2. Na variável, selecione a coluna "PROD EQUIPE 1".
3. Selecione o modelo Linear.
4. Marque a caixa "Gerar previsões" e preencha o número de previsões com 4 > Clique em OK.

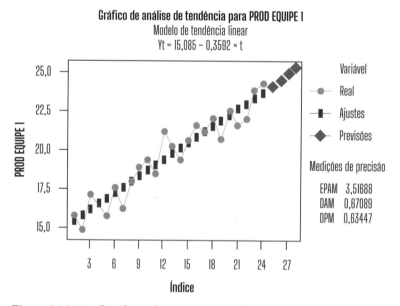

Figura 24.36 Análise de tendência para a produtividade da equipe 1 com previsão para 4 semanas.

Na janela "Session" é possível observar os valores das previsões geradas para as próximas 4 semanas, conforme foi escolhido pelo *Black Belt*. Com esses dados, ele pode ter uma visão do crescimento da produtividade da equipe. Além disso, é possível analisar que o Minitab também calcula e apresenta os erros de previsão, dispostos na caixa à direita. A Tabela 24.7 demonstra esses valores de previsão.

Período	Previsão
25	24,0652
26	24,4244
27	24,7837
28	25,1429

Tabela 24.7 Valores das previsões das próximas 4 semanas.

Indicadores de erro

Existem três métricas comumente usadas para avaliar a precisão de previsões em séries temporais: *Mean Absolute Percentage Error* (MAPE), *Mean Absolute Deviation* (MAD) e *Mean Squared Deviation* (MSD).

- **MAPE:** mede o erro absoluto médio em termos de porcentagem do valor real. É uma métrica útil para comparar a precisão de previsões em diferentes séries temporais, independentemente do tamanho dos valores reais.

Cálculo

$$\text{MAPE (Erro Percentual Absoluto Médio)} = \frac{\sum_{i=1}^{n} \frac{|x_i - p_i|}{x_i}}{n} 100$$

Em que:
x_i = valor real no período;
p_i = previsão para o período;
n = número de períodos de previsão.

- **MAD:** mede o desvio absoluto médio entre os valores previstos e os valores reais. É uma métrica fácil de calcular e útil quando os valores reais variam muito.

Cálculo

$$\text{MAD (Erro Médio Absoluto)} = \frac{\sum_{i=1}^{n} |x_i - p_i|}{n} 100$$

- **MSD:** mede a variação média quadrática entre os valores previstos e os valores reais, e comumente é usada em aplicações de aprendizado de máquina, em que o objetivo é minimizar o erro quadrático médio.

Cálculo

$$\text{MSD (Erro Médio Absoluto)} = \frac{\sum_{i=1}^{n} |x_i - p_i|^2}{n}$$

24.4.2 Sazonalidade

A sazonalidade representa uma repetição de comportamento causada por variações regulares observadas em uma série temporal. Os efeitos da sazonalidade podem ser medidos em semestres, trimestres, meses, semanas ou dias, e os indicadores de erros de previsão são os mesmos, ou seja, MAPE, MAD e MSD.

O gráfico a seguir (Figura 24.37) demonstra esse conceito de sazonalidade, mostrando que os meses de maio, junho, novembro e dezembro apresentam picos de venda e geraram o efeito sazonal.

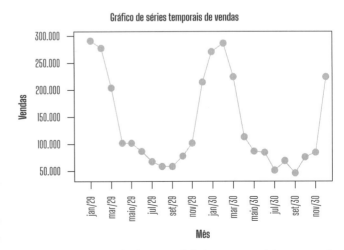

Figura 24.37 Exemplo de sazonalidade em uma série temporal.

EXEMPLO PRÁTICO

O *Black Belt* da empresa ABC decidiu avaliar o comportamento do absenteísmo da empresa, e com a ajuda da análise de séries temporais, quer comprovar a existência de tendência e sazonalidade no histórico do absenteísmo. Além disso, a empresa deseja saber qual é a previsão do absenteísmo para os próximos 6 meses.

Inicialmente, foi elaborado um gráfico de tendência linear para o absenteísmo, e, com essa análise, foi possível comprovar que não existe tendência nos dados históricos.

Para realizar o exercício, o *Black Belt* realizou as seguintes etapas:

1. Abrir o "ABC.mtw" e selecionar Estat > Séries Temporais > Decomposição...
2. Em "variável", selecionar a coluna "Absenteísmo" e preencher o comprimento sazonal com 12 (número de meses em 1 ano).
3. Escolher o modelo "Multiplicativo" e "Somente Sazonal".
4. Marcar a caixa "Gerar previsões" e preencher o número de previsões com 6 (para analisar os próximos 6 meses – a partir de: 24) > Clicar em OK.

A partir desse momento, o gráfico será gerado. O resultado é mostrado na Figura 24.38.

uqr.to/1tnu8

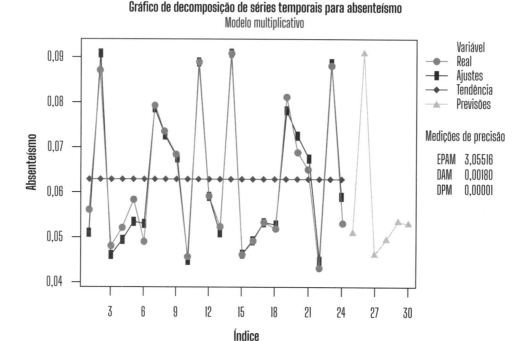

Figura 24.38 Resultado obtido pela decomposição da série temporal para absenteísmo.

Além disso, a previsão gerada pode ser visualizada na Tabela 24.8.

Período	Previsão
25	0,0508040
26	0,0907704
27	0,0460976
28	0,0492679
29	0,0533967
30	0,0526357

Tabela 24.8 Previsão obtida para os próximos 6 meses.

O erro percentual médio do modelo é de 3%, ou seja, essa é a diferença esperada entre os valores acima (previsões) e os valores reais. Assim, com os gráficos gerados, é possível observar que se trata de um modelo com baixo percentual de erro.

RESUMO

- As principais medidas estatísticas são:
    - **Média:** corresponde à soma de todos os dados de um conjunto dividido pela quantidade de dados do conjunto.
    - **Mediana:** representa o termo central de um conjunto de dados colocados em ordem crescente ou decrescente.
    - **Quartis:** valores que dividem uma amostra em quatro partes iguais por meio de três quartis (Q1, Q2 e Q3).
    - **Amplitude:** diferença entre o maior e o menor valor de um conjunto de dados, e se baseia nos valores extremos do conjunto de dados.
    - **Variância:** indica a variação dos dados em relação à média, e é usada para medir a "distância" entre cada valor isolado e a média dos dados.
    - **Desvio padrão:** corresponde à variação média do processo em relação ao valor da média.
- Os principais gráficos utilizados na aplicação da ferramenta LSS são: gráfico de barras, gráfico de setores, gráfico de séries temporais, histograma, Gráfico ou Diagrama de Pareto e gráfico de *boxplot*.
- As principais distribuições de probabilidade de dados contínuos são:
    - **Normal:** descreve uma variável aleatória com uma média e um desvio padrão específicos, e corresponde a uma variável aleatória contínua que segue uma forma de sino.
    - **Qui-quadrado:** descreve a soma de quadrados de k variáveis aleatórias normalmente distribuídas e independentes. Essa distribuição é definida por um único parâmetro: o número de GL.
    - **Distribuição *t*:** utilizada para criar intervalos de confiança para a média da população que segue a Distribuição Normal, mas o desvio padrão é desconhecido (teste de hipótese). Também é aplicada para determinar se as médias de duas amostras que seguem a Distribuição Normal são diferentes, se a variância das amostras for desconhecida.
    - **Distribuição *F*:** usada em testes de análise de variância para comparar quão significativa é a variação causada por determinado fator em relação à variação causada pelo erro ou por outro fator.
    - **Weibull:** utilizada para modelar falhas de produtos e equipamentos. Representa uma família de distribuições que se ajusta a uma grande variabilidade de dados e aplicações.
    - **Exponencial:** representa o tempo ou espaço entre ocorrências de um evento.
    - **Lognormal:** representa uma variável aleatória cujo logaritmo apresenta Distribuição Normal.
- As principais distribuições de probabilidade de dados discretos são:
    - **Poisson:** aplicável a eventos que têm uma taxa de ocorrência por intervalo.

- ✓ **Binormal:** utilizada para apresentar o número de sucessos decorrentes de determinada sequência de tentativas.
- Por meio da análise de séries temporais, é possível analisar a tendência e a sazonalidade do processo. Essa análise é bastante usada nas etapas de Definição e Medição do método DMAIC.
  - ✓ **Tendência:** representa o crescimento ou decrescimento de uma variável ao longo do tempo, podendo ser ou não linear.
  - ✓ **Sazonalidade:** representa uma repetição de comportamento causada por variações regulares observadas em uma série temporal ao longo de períodos inferiores a 1 ano.

REFERÊNCIAS BIBLIOGRÁFICAS

KUBIAK, T. M.; BENBOW, D. W. *The certified Six Sigma Black Belt Handbook*. 3. ed. Milwaukee: American Society for Quality, 2016.

MONTGOMERY, D.; RUNGER, G. *Estatística Aplicada e Probabilidade para Engenheiros*. Rio de Janeiro: LTC, 2016.

THEISENS, H. C. *Lean Six Sigma Green Belt Mindset, Skill set and Tool set*. 5. ed. Enschede: Lean Six Sigma Academy, 2021.

WERKEMA, M. C. C. *Ferramentas estatísticas básicas para o gerenciamento de processos*. Belo Horizonte: Werkema, 1995.

Capítulo 25

CAPABILIDADE E *PERFORMANCE* DE PROCESSOS

OBJETIVOS DE APRENDIZAGEM

Ao final deste capítulo, será possível:
- Compreender o que é capabilidade, bem como seus índices Cp e Cpk.
- Entender como definir um processo capaz.
- Compreender como transformar dados não normais em normais para calcular a capabilidade do processo.
- Entender o que é *performance* de processos, bem como seus índices Pp e Ppk.
- Identificar a diferença entre os índices de capabilidade e os índices de *performance* de processos.

INTRODUÇÃO

A avaliação da capabilidade e da *performance* de processos é essencial para identificar oportunidades de melhoria e garantir que os produtos produzidos satisfaçam as necessidades e as expectativas dos clientes. Essa avaliação é importante para o planejamento da produção, para a otimização de processos e para o gerenciamento de recursos.

Processos bem gerenciados permitem que as empresas sejam mais competitivas, respondendo rapidamente às mudanças do mercado e otimizando seus recursos para reduzir custos operacionais. Além disso, a capacidade de manter processos dentro das especificações assegura a conformidade com normas regulatórias, o que é essencial em setores altamente regulamentados. Dessa maneira, a gestão eficaz da capabilidade e da *performance* dos processos não apenas contribui para a satisfação do cliente, mas também para a sustentabilidade e o crescimento da organização a longo prazo.

A melhoria da capacidade e performance de processos é fundamental para aumentar a eficiência e a eficácia da produção.

James W. Harrington

25.1 CAPABILIDADE (CP E CPK)

A capabilidade de processo é o potencial de produzir produtos ou serviços dentro das especificações de concepção. E essas especificações são denominadas "Limite Inferior de Especificação" (LSL, do inglês *Lower Specification Limit*) e "Limite Superior de Especificação" (USL, do inglês *Upper Specification Limit*). A Figura 25.1 ilustra o conceito de capabilidade.

A diferença entre LSL e USL é chamada "tolerância do processo" e é numericamente igual a USL – LSL. A capabilidade do processo assume apenas a variação de causa comum e não a variação de causa especial, e esta representa o melhor desempenho do processo.

O processo deve primeiramente passar pelo controle estatístico, detectando e atuando sobre causas especiais de variação. Em seguida, o seu desempenho é previsível e a sua capabilidade de satisfazer as expectativas dos clientes pode ser avaliada.

O cálculo da capabilidade é baseado na distribuição de dados contínuos, por exemplo, a distribuição Normal. Mensurar a capabilidade do processo é importante para avaliar seu desempenho. De maneira geral, corresponde à habilidade de se gerar produtos dentro de uma faixa de especificação proveniente dos clientes internos e dos clientes externos.

A capabilidade do processo é avaliada por meio da comparação da faixa característica do processo com a faixa de especificação. Sendo assim, em um projeto *Lean Seis Sigma* (LSS), esses indicadores são ótimos recursos para identificar oportunidades de otimização e melhoria dos resultados organizacionais.

25.1.1 Índices para avaliação da capabilidade do processo

O Quadro 25.1 apresenta os índices de capabilidade, bem como sua descrição e cálculo.

É possível compreender que o índice Cp compara a variabilidade dos dados com a amplitude das especificações, e, com isso, pode-se analisar de maneira simples se os dados atendem às necessidades especificadas. Se o valor de Cp for maior que 1, significa que o processo está dentro das especificações e é considerado capaz. Já para analisar se o processo está centrado, os valores de Cp e Cpk devem ser iguais.

Em contrapartida, o índice Cpk é calculado a partir dos desvios dos dados em relação às especificações, e representa uma forma de determinar se um processo é estável e controlado. Se o valor de Cpk for maior que 1, significa que a maioria dos dados de produção está dentro das especificações e que o processo é considerado controlado e estável. Já valores menores que 1 indicam que há maior probabilidade de produção fora das especificações e que o processo precisa ser melhorado.

25.1.2 Índices Cp e Cpk e a curva normal

A Figura 25.2 apresenta como o índice Cp se relaciona com a curva normal, seguida de conclusões sobre os índices Cp e Cpk.

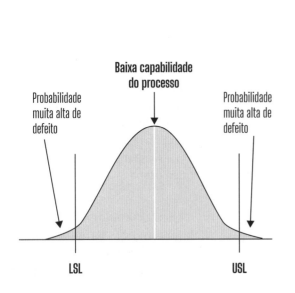
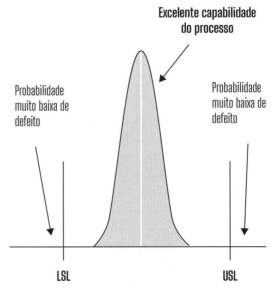

Figura 25.1 Baixa e alta capabilidade de processo.

Sobre os valores de Cp e Cpk, é possível concluir que:

- Se Cp = Cpk, o processo é exatamente centrado.
- Quando Cpk < Cp, o processo está descentralizado para algum dos lados, e quanto maior essa diferença, mais descentralizado está o processo.

A Figura 25.3 ilustra essas análises com valores, facilitando a compreensão.

Observa-se que quanto maior o valor de Cp e de Cpk, menor será a probabilidade de o processo estar fora das especificações estabelecidas.

Caso o Cp esteja alto (processo sob controle), mas o Cpk baixo, o processo terá baixa variação em relação aos limites, porém estará descentralizado, com a maioria dos resultados fora do ideal, correspondendo a um processo não adequado. A Figura 25.4 demonstra possíveis comportamentos do Cp e do Cpk, e as ações que devem ser tomadas em caso de valores fora das especificações.

Índice	Descrição	Cálculo
Cp	Mede a capabilidade potencial do processo	$Cp = \dfrac{(USL - LSL)}{6\sigma}$
Cpk	Mede a capabilidade real do processo	$Cpk = \dfrac{min(\mu - LSL), (USL - \mu)}{3\sigma}$

Quadro 25.1 Índices de capabilidade, descrição e cálculo.

Figura 25.2 Valores de Cp e sua relação com a curva normal.

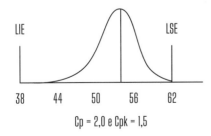
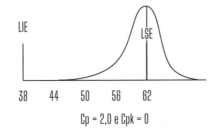
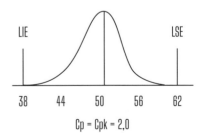

Figura 25.3 Análises de Cp e Cpk.

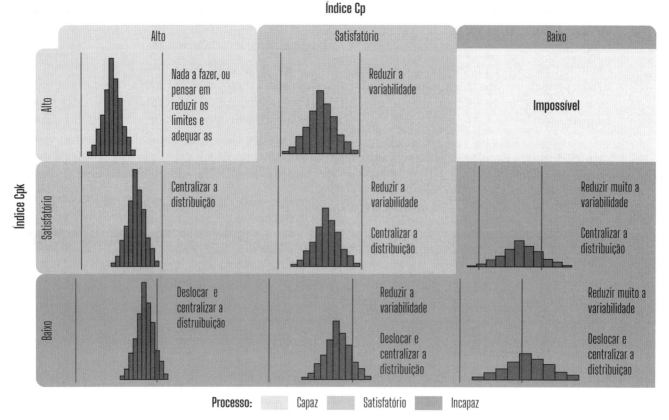

Figura 25.4 Relação Cp e Cpk.

25.1.3 Identificação de um processo capaz

Um processo vai ser classificado como capaz quando seis desvios padrão (99,74%) ou mais do seu processo couberem entre os limites especificados (Cp e Cpk ≥ 1), mesmo não estando perfeitamente centralizado. Na indústria, geralmente o valor exigido para Cp e Cpk é ≥ 1,33 (nível 4 sigma), conforme apresentado na Tabela 25.1. Em projetos LSS, que tem nível de precisão 6 sigma, o Cp e o Cpk devem ser iguais a 2,0.

Observa-se que quanto maior o valor de Cp ou Cpk, menor será a probabilidade de a característica medida estar fora das especificações, resultando em menor ocorrência de defeitos durante o processo.

Nível sigma	Cpk	Cp	Interpretação
± 1σ	0,33	0,33	Processo incapaz
± 2σ	0,67	0,67	Processo incapaz
± 3σ	1,00	1,00	Processo aceitável
± 4σ	1,33	1,33	Processo aceitável
± 5σ	1,67	1,67	Processo capaz
± 6σ	2,00	2,00	Processo capaz

Tabela 25.1 Interpretação do Cp e do Cpk.

EXEMPLO PRÁTICO

Em uma empresa de *outsourcing*, com operações em toda a região Sudeste, um dos indicadores mais estratégicos da empresa é o Tempo Médio de Atendimento (TMA), já que a empresa acorda em contrato um TMA mínimo (LIE) e máximo (LSE) para cada ligação. Com suspeita de que a operação Rio de Janeiro e a operação São Paulo não conseguem respeitar as especificações do TMA, uma base de dados com o tempo de 250 ligações será analisada.

A especificação acordada em contrato é LIE = 180 segundos e LSE = 240 segundos.

Para realizar esse processo no Minitab, o gestor realizou os seguintes passos:

1) Abra o arquivo "Outsourcing.MTW", acessando o QR Code a seguir, e faça o Teste de Normalidade para cada operação. Será possível perceber que a operação São Paulo apresenta dados Normais (p-valor alto) e a operação Rio de Janeiro não apresenta dados Normais (p-valor baixo).

uqr.to/1toq9

2) Selecione Estat > Ferramentas da Qualidade > Análise de Capacidade > Normal...

3) Selecione TMA São Paulo como variável > Digite 1 (forma de medição de dados; cada linha representa uma medição) em tamanho de subgrupo.

4) Digite 180 em "Espec Inferior" e 240 em "Espec superior" > Clique em OK.

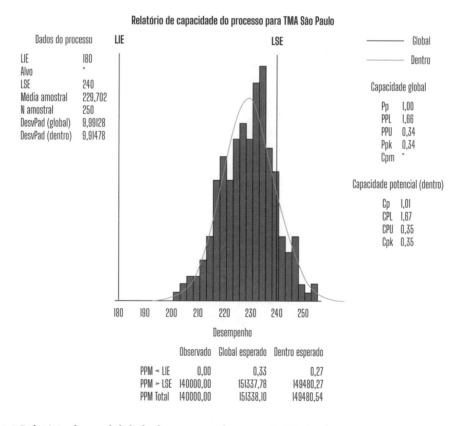

Figura 25.5 Relatório de capabilidade do processo da operação São Paulo.

Por meio do relatório de capabilidade do processo, é possível responder às seguintes perguntas:

1 – Qual é o valor de Cp e Cpk do TMA de São Paulo?

Cp = 1,01; Cpk = 0,35.

2 – É possível concluir que o processo é capaz?

O processo não é capaz, já que Cp está muito próximo de 1 e Cpk < 1. O valor ideal seria Cp e Cpk > 1,33.

3 – Qual é o percentual de ligações que ficam fora da especificação? A resposta pode ser escrita em ppm ou percentual.

Observado: 140.000 ppm ou 14% das ligações. É o que foi observado pela amostra analisada.

Global esperado: 151.338 ppm ou 15,13% das ligações. É o resultado do processo no futuro, ou seja, o que seria entregue se as medições continuassem sendo feitas.

A análise da operação Rio de Janeiro será avaliada no tópico para capabilidade de dados não normais.

25.1.4 Nível sigma do processo

O nível sigma de um processo é nomeado pela letra estatística Z, que representa a quantidade de desvios padrão entre determinado valor e a média do processo. No exemplo a seguir, $Z_{ST} = 6$, já que existem seis desvios padrão entre 180 e 210, ou entre 210 e 240.

Por meio da Figura 25.6, com os limites especificados entre 180 e 240, média igual a 210 e desvio padrão igual a 5, é possível analisar o nível sigma por meio do seguinte raciocínio:

A partir da média, quantas vezes é possível somar à direita e subtrair à esquerda o desvio padrão?

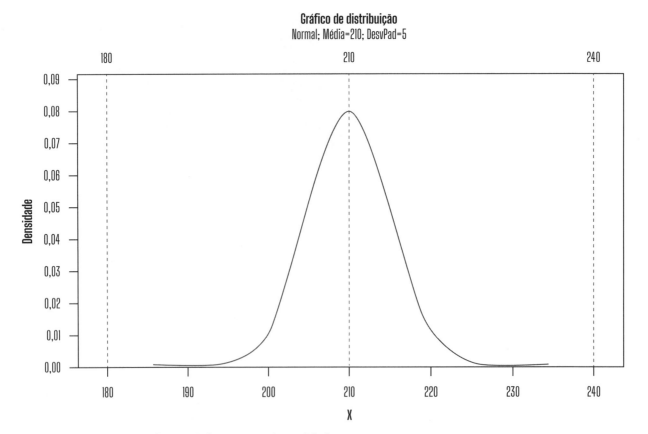

Figura 25.6 Curva normal para nível seis sigma de qualidade.

Observa-se que:
- 210 + 5 + 5 + 5 + 5 + 5 + 5 = 240;
- 210 − 5 − 5 − 5 − 5 − 5 − 5 = 180.

Assim, o nível sigma é igual a 6.

Nesse exemplo, o nível sigma foi representado por Z_{ST}, ou seja, a capabilidade de curto prazo que representa o melhor que o processo pode ser, já que se trata de uma base de dados centrada e sem as variações que o processo sofre no longo prazo.

No próximo exemplo, identifica-se uma capabilidade de longo prazo, ou seja, quando uma base de dados representa a medição de várias amostras do processo ao longo do tempo.

Nessa situação, o processo sofre variações e dificilmente será centrado. Portanto, o valor calculado é Z_{LT}. Considera-se como Nível Sigma o Z_{ST} (capabilidade de curto prazo), sendo $Z_{ST} = Z_{LT} + 1,5$. Nesse caso, $Z_{LT} = 4,5$, já que é possível encaixar 4,5 desvios padrão entre 217,5 e 240, representando o Nível Sigma de Longo Prazo (Z_{LT}). Curvas de processos reais podem ser deslocadas em até 1,5 desvio do centro para a esquerda ou para a direita.

No Minitab, o nível sigma pode ser obtido pelos mesmos passos explicados no exemplo prático anterior, com a exceção que ao ingressar na aba "Análise de Capacidade" e colocar os limites inferiores e superiores, deve-se clicar na janela "opções" e marcar "Z benchmark" em vez de "Estatísticas de capacidade". Além disso, é necessário desmarcar a opção "Dentro da análise do subgrupo", visto que o nível sigma é calculado para a análise global esperada.

25.1.5 Capabilidade de processo para dados não normais

Uma dificuldade encontrada em projetos Seis Sigma surge quando os dados de saída do processo não são normais, o que impactará o método de cálculo da capabilidade do processo. No entanto, o sugerido é que sejam encontradas outras ferramentas que avaliem de melhor maneira os dados disponíveis.

Existem técnicas para transformar dados não normais em normais, como uma transformação conhecida como Box-Cox, que visa obter a curva normal equivalente de uma dada distribuição inicial. Além dessa transformação, é possível também obter a capabilidade de processos para dados não normais por meio da identificação da distribuição.

- **Transformação Box-Cox**: sempre que for possível normalizar os dados, pode-se utilizar a Transformação Box-Cox para criar uma Normal a partir de dados não normais.

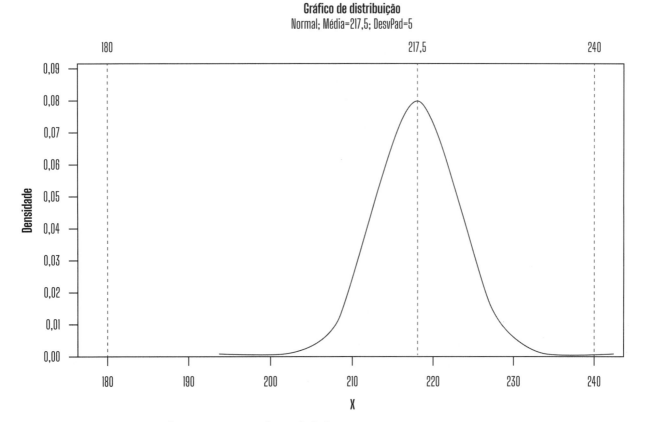

Figura 25.7 Curva normal com 4,5 sigma de qualidade.

- **Identificação da distribuição**: sempre que for possível identificar qual é a distribuição dos dados não normais (p. ex., Weibull, Lognormal, Poisson etc.) pode-se calcular a capabilidade de processos para dados não normais.

EXEMPLO PRÁTICO 1

Como foi descrito no exemplo de capabilidade, a operação Rio de Janeiro não apresenta dados normais, tornando-se necessário fazer uma transformação para uma curva normal equivalente, e para isso será utilizado o método Box-Cox, conforme passo a passo descrito a seguir.

1) Selecione Estat > Ferramentas da Qualidade > Análise de capacidade > Normal...
2) Selecione "TMA Rio" como variável > Tamanho do subgrupo e especificações continuam as mesmas > Transformar...
3) Selecione a opção "Transformação de poder do Box Cox" > Usar "gama" ideal > Clique em OK duas vezes.

O resultado é apresentado na Figura 25.8.

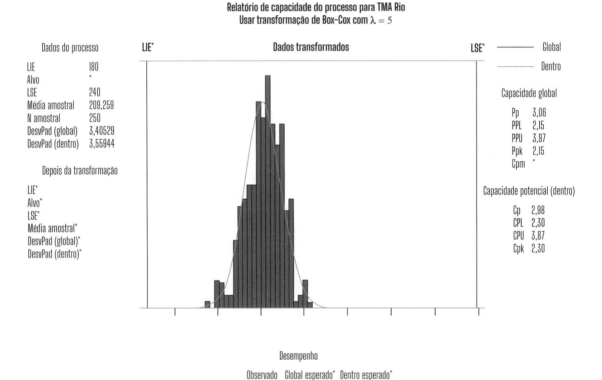

Figura 25.8 Relatório de capabilidade do processo para TMA Rio.

Com base na figura anterior, é possível chegar a algumas conclusões:
1) Cp = 2,98; Cpk = 2,10;
2) o processo é capaz, já que Cp e Cpk > 1,33;
3) no Rio, todas as ligações estão dentro da especificação.

EXEMPLO PRÁTICO 2

Uma empresa de varejo acompanha diariamente as entregas de produtos realizados em todo território nacional. Essa logística representa um dos maiores custos da empresa, além de ter um grande peso na satisfação do cliente.

Para a empresa manter o percentual de entregas fora do prazo (dentro da faixa aceitável de 0 a 7%), é importante que ela mantenha o negócio saudável, reduzindo custos e mantendo os clientes satisfeitos.

Assim, o objetivo será avaliar os dados dos últimos 70 dias e constatar se o processo de entregas da empresa está se mantendo capaz dentro da faixa de 0 a 7%, conforme necessidade do negócio.

Será utilizada a Transformação Box-Cox e a Identificação de Distribuição no Minitab para praticar as duas maneiras de avaliar a capabilidade de processos para dados não normais.

Para isso, é necessário abrir o arquivo "Varejo.mtw", acessando o QR Code ao lado.

O primeiro passo é verificar a normalidade dos dados de %entregas fora do prazo, conforme etapas descritas a seguir.

1) Selecione Estat > Estatísticas Básicas > Teste de Normalidade...
2) Avalie o p-valor descrito.

uqr.to/1toqb

É possível observar que o p-valor dos dados é menor do que 0,05, portanto conclui-se que os dados não são normais. Sendo assim, a transformação Box-Cox pode ser utilizada como uma tentativa de normalizar esses dados. Para isso, siga os seguintes passos:

1) Selecione Estat > Cartas de Controle > Transformação Box-Cox...
2) Selecione a coluna "%ENTREGAS FORA DO PRAZO".
3) Em tamanho dos subgrupos, preencha 1 (usa-se esse valor quando os dados não estão divididos em subgrupos).
4) Clique em Opções... > Preencha para armazenar os dados na coluna "C2" > Clique em OK duas vezes.

A Tabela 25.2 demonstra os valores obtidos pela transformação Box-Cox.

C1	C2
%ENTREGAS FORA DO PRAZO	Dados Box-Cox
0,2	0,62139
4,1	1,52045
9,7	1,95758
6,8	1,75952
11,5	2,05861
7,5	1,81536
0,1	0,48350
8,3	1,86758
5,1	1,61456
7,7	1,83181
0,4	0,78699
3,0	1,38696
1,1	1,01946
0,3	0,67220
0,9	0,98409

Continua

Continuação

C1	C2
%ENTREGAS FORA DO PRAZO	Dados Box-Cox
10,3	1,99262
0,2	0,59966
0,7	0,91386
15,7	2,25707
3,8	1,48888

Tabela 25.2 Percentagem de entregas fora do prazo e dados Box-Cox.

Com isso, é possível verificar que os dados Box-Cox estão preenchidos na coluna C2. Agora, é possível repetir o teste de normalidade para avaliar se a transformação Box-Cox foi capaz de normalizar os dados. O resultado esperado do teste de normalidade para os dados Box-Cox é o apresentado na Figura 25.9.

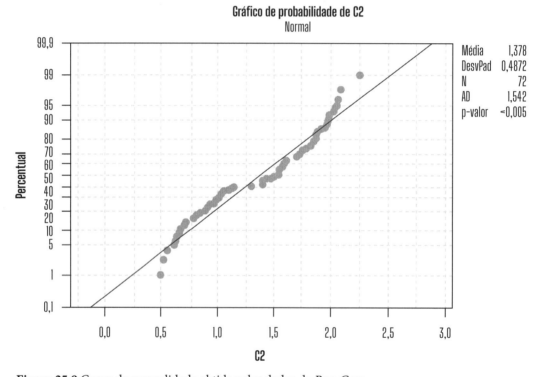

Figura 25.9 Curva de normalidade obtida pelos dados do Box-Cox.

Com a análise do p-valor, é possível notar que o Box-Cox não foi capaz de normalizar os dados. Portanto, é necessário utilizar a técnica da identificação de distribuição.

Para isso, siga os passos:
1) Selecione Estat > Confiabilidade/Sobrevivência > Análise de Distribuição (Censura à Direita) > Gráfico de Identificação de Distribuição...
2) Selecione a coluna dos dados originais (C1) e deixe marcada a opção "usar todas as distribuições" > Clique em OK.

Agora, é preciso analisar os valores de Anderson-Darling, que constam na Tabela 25.3. O teste de qualidade do ajuste requer que a distribuição escolhida seja aquela que apresenta o menor valor de Anderson-Darling.

No caso, a distribuição a ser escolhida será a distribuição de Weibull, como pode ser visto na Tabela 25.3.

| Goodness-of-fit ||
Distribuição	Anderson-Darling (adj)
Weibull	1,777
Lognormal	2,634
Exponential	1,908
Loglogistic	2,323
3-parameter Weibull	1,794
3-parameter Lognormal	2,548
3-parameter Exponential	2,029
3-parameter Loglogistic	2,368
Smallest extreme value	2,965
Normal	2,251
Logistic	2,219

Tabela 25.3 Teste de qualidade de ajuste.

Sendo assim, agora é possível realizar o teste de capabilidade de acordo com a distribuição de Weibull. Para isso:
1) Selecione Estat > Ferramentas da Qualidade > Análise de Capacidade > Não Normal...
2) Selecione a coluna com os dados originais (C1), escolha a distribuição Weibull e preencha as especificações (inferior e superior) com 0 e 7, conforme dita o exemplo > Clique em Opções...
3) Escolha "Z Benchmark", para obter o nível sigma do processo > Clique em OK duas vezes.

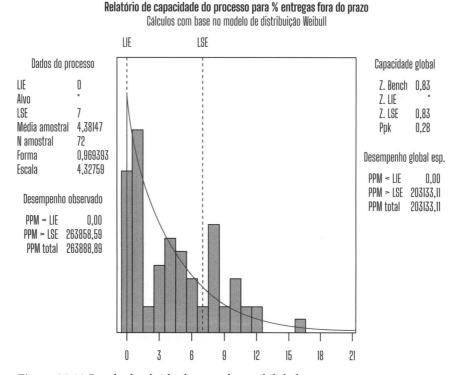

Figura 25.10 Resultado obtido do teste de capabilidade.

Com a análise do relatório anterior, é possível concluir que o processo não é capaz, já que o nível sigma é de 0,83+1,5 = 2,33. Além disso, é possível avaliar que o percentual fora da faixa de especificação é de 20,3%.

25.1.6 Cálculo da capabilidade de processo para atributos

Sabe-se que, em alguns contextos, serão trabalhados dados discretos atributivos, nos quais o valor do indicador é calculado com base em contagens (p. ex., quantidade de itens defeituosos, aprovado/reprovado e perfeito/defeituoso).

O cálculo da capabilidade para atributos é baseado na apuração dos defeitos por milhão de oportunidades (DPMO). Após calcular o DPMO, utiliza-se a Tabela 25.4, na qual a correspondência é direta.

	DPMO		DPMO		DPMO		DPMO		DPMO
0,00	933.193	1,20	617.912	2,40	184.060	3,60	17.865	4,80	483
0,05	926.471	1,25	598.706	2,45	171.056	3,65	15.778	4,85	404
0,10	919.243	1,30	579.260	2,50	158.655	3,70	13.904	4,90	337
0,15	911.492	1,35	559.618	2,55	146.859	3,75	12.225	4,95	280
0,20	903.199	1,40	539.828	2,60	135.666	3,80	10.724	5,00	233
0,25	894.350	1,45	519.939	2,65	125.072	3,85	9.387	5,05	193
0,30	884.930	1,50	500.000	2,70	115.070	3,90	8.198	5,10	159
0,35	874.928	1,55	480.061	2,75	105.650	3,95	7.143	5,15	131
0,40	864.334	1,60	460.172	2,80	96.800	4,00	6.210	5,20	108
0,45	853.141	1,65	440.382	2,85	88.508	4,05	5.386	5,25	89
0,50	841.345	1,70	420.740	2,90	80.757	4,10	4.661	5,30	72
0,55	828.944	1,75	401.294	2,95	73.529	4,15	4.024	5,35	59
0,60	815.940	1,80	382.088	3,00	66.807	4,20	3.467	5,40	48
0,65	802.338	1,85	363.169	3,05	60.571	4,25	2.980	5,45	39
0,70	788.145	1,90	344.578	3,10	54.799	4,30	2.555	5,50	32
0,75	773.373	1,95	326.355	3,15	49.471	4,35	2.186	5,55	26
0,80	758.036	2,00	308.537	3,20	44.565	4,40	1.866	5,60	21
0,85	742.154	2,05	291.160	3,25	40.059	4,45	1.589	5,65	17
0,90	725.747	2,10	274.253	3,30	35.930	4,50	1.350	5,70	13
0,95	708.840	2,15	257.846	3,35	32.157	4,55	1.144	5,75	11
1,00	691.463	2,20	241.964	3,40	28.717	4,60	968	5,80	9
1,05	673.645	2,25	226.627	3,45	25.588	4,65	816	5,85	7
1,10	655.422	2,30	211.856	3,50	22.750	4,70	687	5,90	5
1,15	636.831	2,35	197.663	3,55	20.182	4,75	577	5,95	4
								6,00	3

Tabela 25.4 Nível sigma por meio do DPMO.

EXEMPLO PRÁTICO

Uma indústria metalúrgica produz ligas de alumínio com elevada resistência à corrosão e boa soldabilidade. Um *Black Belt*, responsável por avaliar o processo de produção, deseja verificar a quantidade de peças defeituosas produzidas e calcular o nível sigma do processo.

Considerando que as peças estão sujeitas a três tipos de falhas (trinca, desgaste e quebra), qual o valor do nível sigma para:

1 – uma produção de 7.500 peças, tendo contabilizado 105 defeitos no total de peças produzidas?

DPMO = [105 / (3 × 7500)] × 1.000.000 = 0,004666 × 1.000.000 = 4667.

Na tabela, DPMO = 4667 corresponde ao **nível sigma 4,10**.

2 – uma produção de 4.200 peças, tendo contabilizado 6 defeitos no total de peças produzidas?

DPMO = [6 / (3 × 4200)] × 1.000.000 = 0,000476 × 1.000.000 = 476.

Na tabela, DPMO = 476 corresponde ao **nível sigma 4,80**.

25.2 *PERFORMANCE* (PP E PPK)

A *performance* do processo é baseada na variação total de um processo a longo prazo, e assume tanto a variação de causa comum quanto a variação de causa especial. Uma vez que um processo sempre apresentará variabilidade, a sua média e desvio padrão podem variar ao longo do tempo.

Na metodologia LSS, tanto a capabilidade quanto a *performance* do processo são reportados à organização como um nível sigma, e quanto maior for esse nível, melhor é o desempenho do processo. A análise da capabilidade ou da *performance* pode ser feita para os seguintes fins:

- Determinar a *performance* desejada no início de um projeto de melhoria.
- Demonstrar as melhorias no final de um projeto.
- Analisar a capabilidade de um processo de produzir dentro das especificações.
- Definir os requisitos de *performance* para novos equipamentos.
- Fazer escolhas entre fornecedores concorrentes.
- Ajudar no desenvolvimento do produto.

25.2.1 Diferença entre os índices de capabilidade e os índices de *performance* de processos

A capabilidade informa como o processo poderá agir no futuro, e os índices de *performance* informam como o processo agiu no passado ou está agindo no momento. A diferença entre os cálculos de Cp/Cpk e dos índices de *performance* (Pp/Ppk) está no tipo de desvio padrão (fator de dispersão) utilizado.

25.2.2 Índices Pp e Ppk

Pp

O Pp compara a tolerância especificada com a *performance* do processo no passado, por meio do desvio padrão de longo prazo.

$$Pp = \frac{(USL - LSL)}{6s}$$

A diferença entre o Cp e o Pp é a forma como é calculado o fator de dispersão (σ e s) do denominador. O Pp usa o desvio padrão global de todas as amostras, já o Cp usa a medida de dispersão média, calculada entre os valores de um mesmo subgrupo.

O desvio padrão de curto prazo (σ) tende a ser menor que o desvio padrão de longo prazo (s), visto que o segundo (s) irá detectar variações globais, que podem se referir a lotes de matéria-prima, mudanças em equipamentos, variação entre turnos, entre outros.

Dessa forma, a proximidade entre os resultados de Cp e Pp representa um processo que está sendo operado de modo consistente ao longo do tempo. Em contrapartida, quando esses índices diferem de modo substancial, é possível afirmar que o processo está sendo operado de modo imprevisível.

A seguir, são apresentadas algumas características do Pp:

- não é sensível aos deslocamentos (causas especiais) dos dados;
- quanto maior o índice, torna-se menos provável que o processo esteja fora das especificações;
- um processo com uma curva estreita (um Pp elevado) pode não estar de acordo com as necessidades do cliente se não for centrado dentro das especificações.

Ppk

De forma análoga ao Pp, o Ppk é uma medida que analisa o desvio padrão global, enquanto o Cpk é usado para o desvio de curto prazo.

$$Ppk = \frac{mín(\mu - LSL), (USL - \mu)}{3s}$$

A seguir, são apresentadas algumas características do Ppk:

- indica a proximidade da média com o valor alvo do processo;
- representa o ajuste do índice Pp para uma distribuição não centrada entre os limites de especificação;
- é sensível aos deslocamentos (causas especiais) dos dados.

A Figura 25.11 apresenta um comparativo entre os indicadores de capabilidade (Cp e Cpk) e de *performance* (Pp e Ppk), elucidando os conceitos apresentados neste capítulo. Na prática, tanto o Pp quanto o Ppk não têm relação se o processo está centrado ou não. O Pp é adotado quando o processo não é estável (usando as regras do CEP de estabilidade do processo, ou seja, livre de causas especiais). Se o processo não é estável, para medir *performance*, considera-se o desvio padrão de longo prazo. Se o processo for estável, o desvio padrão de curto prazo será muito próximo do desvio padrão de longo prazo; dessa maneira, medir Cp/Cpk já seria suficiente.

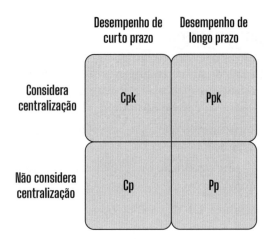

Figura 25.11 Indicadores de capabilidade e *performance*.

RESUMO

- A capabilidade de processo é o potencial de desenvolver produtos ou serviços dentro das especificações de concepção, as quais são denominadas "Limite Inferior de Especificação" (LSL) e "Limite Superior de Especificação" (USL).

- Para a análise da capabilidade, são utilizados os índices Cp (compara a variabilidade dos dados com a amplitude das especificações) e Cpk (diferença entre o centro da distribuição e a especificação inferior).

- Um processo vai ser classificado como capaz quando seis (99,74%) desvios padrão ou mais do seu processo couberem entre os limites especificados (Cp e Cpk ≥ 1), mesmo não estando perfeitamente centralizado.

- O nível sigma de um processo é nomeado pela letra estatística "Z", o qual representa a quantidade de desvios padrão entre determinado valor e a média do processo.

- Existem técnicas para transformar dados não normais em normais, como a transformação conhecida como Box-Cox. Além dessa transformação, é possível também obter a capabilidade de processos para dados não normais por meio da identificação da distribuição

- O cálculo da capabilidade para atributos é baseado nos conceitos de DPMO e de nível sigma, uma vez que identificados os DPMO, é possível identificar o nível sigma do processo.

- A *performance* de processos é baseada na variação total de um processo a longo prazo e assume tanto a variação de causa comum quanto a variação de causa especial.

- A diferença entre os índices de capabilidade e de *performance* é que a capabilidade informa como o processo poderá agir no futuro, e os índices de *performance* informam como o processo agiu no passado ou está agindo no momento.

- Para a análise da *performance* de processos, são utilizados os índices Pp (compara a tolerância especificada com a *performance* do processo no passado, por meio do desvio padrão de longo prazo) e Ppk (indica a proximidade da média com o valor alvo do processo, usando o desvio padrão global).

REFERÊNCIAS BIBLIOGRÁFICAS

KUBIAK, T. M.; BENBOW, D. W. *The certified Six Sigma Black Belt Handbook*. 3. ed. Milwaukee: American Society for Quality, 2016.

THEISENS, H. C. *Lean Six Sigma Green Belt Mindset, Skill set and Tool set*. 5. ed. Enschede: Lean Six Sigma Academy, 2021.

Capítulo 26

FERRAMENTAS DE MEDIÇÃO

OBJETIVOS DE APRENDIZAGEM

Ao final deste capítulo, será possível:
- Compreender o que é o Diagrama de Ishikawa e como aplicá-lo.
- Aprender a utilizar o Diagrama de Espaguete.
- Entender como documentar atividades por meio do Mapa de Processo.
- Aprender a utilizar a ferramenta Mapeamento do Fluxo de Valor (VSM).
- Compreender a importância e a contribuição da Matriz Esforço × Impacto e da Matriz Causa e Efeito para a etapa de Medição do DMAIC.

INTRODUÇÃO

É a partir da etapa de Medição que os dados são coletados para identificação das causas de problemas, e é por meio dessa compreensão que se pode analisar, planejar e implementar soluções eficazes. Por conta disso, é fundamental conhecer e aplicar as ferramentas de identificação de causas de problemas apresentadas neste capítulo.

Entre as ferramentas, destacam-se: Diagrama de Ishikawa, Diagrama de Espaguete, Mapa de Processo, Mapeamento do Fluxo de Valor (VSM), Matriz Esforço × Impacto e Matriz Causa e Efeito, as quais fornecem uma visão geral e estratégica dos processos, permitindo a identificação das variáveis que influenciam nos problemas que serão solucionados.

A utilização de ferramentas inadequadas de medição pode resultar em soluções ineficientes e equivocadas.

Dr. Joseph M. Juran

26.1 DIAGRAMA DE ISHIKAWA

Também conhecido como "Diagrama de Causa e Efeito" ou "Espinha de Peixe", essa ferramenta proporciona a visualização de eventuais causas de um problema, antecipando os possíveis efeitos. Esse diagrama é importante para encontrar a causa raiz do problema, visto que corresponde a uma representação visual de fácil entendimento e de análise simplificada.

Dada a sua estrutura flexível, o diagrama é aplicável em problemas das mais diversas naturezas, sendo essa uma das maiores vantagens dessa ferramenta. Esses problemas (causas) são representados por meio do método 6M, conforme a Figura 26.1.

1. Máquina: muitos problemas são derivados das falhas das máquinas e dos equipamentos, e isso pode ser causado por uma manutenção inexistente ou quando esta é realizada de maneira incorreta. Com isso, é importante sempre supervisionar o funcionamento de todos os equipamentos, evitando prejuízos.

2. Materiais: esse problema pode ser relacionado com produtos fora das especificações ou em volume incorreto. Por esse motivo, é de extrema importância o bom relacionamento com seu fornecedor, para que ele ofereça materiais corretos, na quantidade e qualidade ideais.

3. Mão de obra: está relacionada com as atitudes dos colaboradores na execução das atividades. Esse problema pode ser causado por pressa, imprudência, falta de qualificação ou por falta de competência para executar a atividade.

4. Meio ambiente: problemas relacionados aos ambientes interno e externo da organização. Quando se fala de ambiente externo, é possível citar a poluição e a instabilidade do tempo, por exemplo. Já no ambiente interno, pode-se citar a falta de espaço, o *layout* incorreto, o barulho, entre outros. É imprescindível ter um ambiente de trabalho favorável, visando à diminuição da rotatividade, e evitar gastos com contratação e treinamento de novos colaboradores.

5. Medida: está relacionada com as métricas utilizadas para medir, controlar e monitorar os processos. Se usada de forma incorreta, resulta em retrabalho e prejudica o processo.

6. Método: Refere-se aos procedimentos e métodos adotados pela organização durante as atividades. Esses podem ser por meio de *softwares* e/ou ferramentas de planejamento.

A ferramenta pode ser aplicada a partir do desenho da Espinha de Peixe, com posterior definição clara do efeito (problema) e das categorias que se enquadram nesse problema. Logo após, deve ser feito um *brainstorming* para levantar as diversas causas, e para cada uma, deve-se questionar o porquê de estar acontecendo, realizando revisões até chegar a uma versão final do diagrama.

Primeiramente são listadas as causas primárias (ossos principais do peixe), e, na sequência, as causas secundárias e terciárias (ossos menores), conforme apresentado na Figura 26.2.

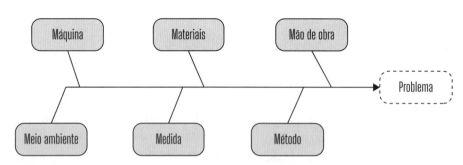

Figura 26.1 6M envolvidos nas causas de um problema.

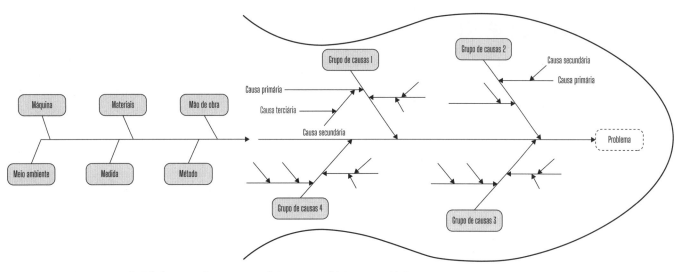

Figura 26.2 Diagrama de Ishikawa – Causas primárias, secundárias e terciárias.

EXEMPLO PRÁTICO

Uma empresa de manufatura de impressoras está conduzindo um projeto *Lean* Seis Sigma *Green Belt* para otimizar o processo de pagamento de notas fiscais (NFs) aos fornecedores.

Após finalizar a etapa de Definição do método DMAIC, o *Green Belt*, líder do projeto, terá que iniciar a busca pelas causas do problema na fase Medição. Para isso, além de mapear o processo em detalhe, ele elaborou a Espinha de Peixe, apresentada a seguir (Figura 26.3).

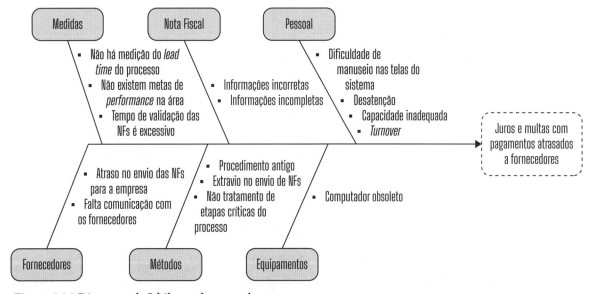

Figura 26.3 Diagrama de Ishikawa do exemplo.

Com o diagrama em mãos, o líder do projeto teve uma visão mais clara sobre os efeitos do problema e, a partir disso, pode tomar medidas preventivas e corretivas mais eficazes.

26.2 DIAGRAMA DE ESPAGUETE

O Diagrama de Espaguete é uma ferramenta visual muito importante para o *Lean Manufacturing*, e consiste em um emaranhado de linhas traçadas, as quais representam toda a trajetória percorrida por um funcionário em uma empresa durante a execução de tarefas de determinado processo.

Esse diagrama busca melhor entendimento sobre o fluxo de pessoas e/ou materiais em determinado *layout*, seja em um meio de produção, seja no ambiente administrativo.

O Diagrama de Espaguete tem como finalidade a eliminação de desperdícios por meio da visualização de todas as perdas com deslocamento e da medição do nível de eficiência do *layout* atual, que se dá por meio do número de linhas traçadas na planta.

Quanto maior o número de linhas, mais tempo se perde e, portanto, menos eficiente é a área estudada. Por meio da redução da distância percorrida por um funcionário, tem-se um melhor aproveitamento do tempo gasto entre as diferentes etapas do processo. Desse modo, é possível fazer uma organização de *layout* ideal e mais otimizada para uma empresa.

O Diagrama de Espaguete geralmente é usado em conjunto com outras ferramentas de melhoria, como VSM, SMED (Troca Rápida de Ferramenta) e 5S (Cinco Sensos). No entanto, também é possível utilizar essa ferramenta de maneira independente e simples, pois, basicamente, o que será preciso é traçar um mapa que contenha todos os caminhos percorridos por pessoas e/ou produtos.

O Diagrama de Espaguete teve um impulso significativo graças às inovações tecnológicas, pois possibilitam a realização de rastreamento avançado por meio da utilização de sensores RFID, GPS e sistemas de posicionamento em tempo real.

Cinco passos para construir um Diagrama de Espaguete

1. Decidir qual o processo ou fluxo de pessoas será analisado e avaliar o quanto de valor que a mudança desse *layout* agregará ao negócio.
2. Escolher o recurso/tecnologia a ser utilizado no processo.
3. Mapear todo o trajeto percorrido pelo colaborador e/ou material, de forma a representar todo o fluxo do processo, definindo as distâncias percorridas e o tempo gasto em cada uma. Se necessário, utilizar mais de uma cor para representá-los.
4. Fazer uma análise criteriosa dos percursos desenhados, buscando identificar movimentos desnecessários e passíveis de melhoria, e levando em conta o tempo e a distância identificados no passo anterior.
5. Identificar uma organização que reduza ao máximo todos os trajetos indesejáveis, elaborando propostas que atendam aos funcionários do setor e atinjam os níveis de melhoria esperados.

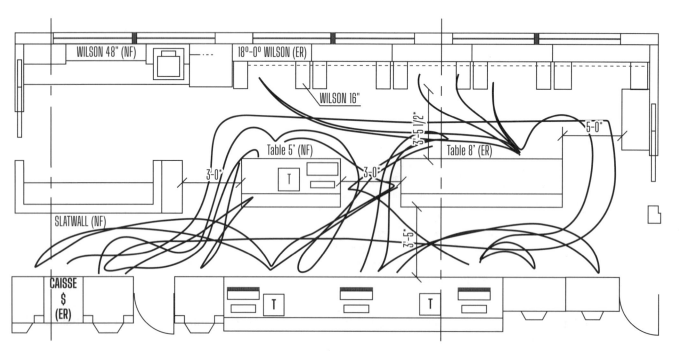

Figura 26.4 Diagrama de Espaguete.

Alguns outros fatores também ajudam a montar um Diagrama de Espaguete e, portanto, facilitam a tomada de decisão, entre eles:

- Descrever os pontos de paradas ou gargalos entre os processos, e o tempo gasto em cada um.
- Fazer uma análise das tarefas do *layout* atual que necessitam de recursos de outros setores.
- Buscar transformar o sistema de produção ou meio administrativo no mais linear possível.
- Eliminar os passos que não agregam valor ao produto.

26.3 MAPA DE PROCESSO

O Mapa de Processo é uma forma gráfica de documentar como o processo vai ocorrer, incluindo as etapas que agregam e que não agregam valor. Além disso, identifica as principais saídas/entregas de cada etapa (produto em processo), as principais entradas/parâmetros de processos e os requisitos das saídas/parâmetros de produto.

O Mapa de Processo pode ser elaborado toda vez que for necessária uma visão rápida e detalhada das etapas do projeto, já que ele é utilizado para facilitar o entendimento do processo e identificar oportunidades de eliminação de

EXEMPLO PRÁTICO

O líder da manufatura de uma empresa de eletrodomésticos percebe que sua equipe realiza muita movimentação durante o processo produtivo de refrigeradores. Portanto, ele realiza um estudo de deslocamentos dos funcionários, verificando se todos realmente eram necessários.

Ao aplicar o Diagrama de Espaguete, o líder constatou que diversas alterações poderiam ser realizadas, de modo a poupar movimentações, e, consequentemente, otimizar o processo produtivo. A Figura 26.5 mostra um processo antes (à esquerda) e depois (à direita) da aplicação do Diagrama de Espaguete.

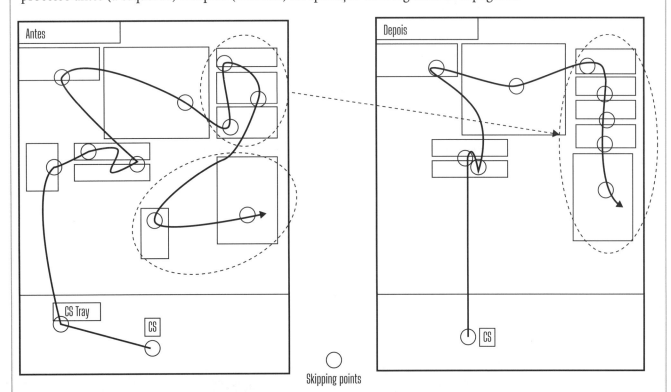

Figura 26.5 Antes e depois da otimização com o Diagrama de Espaguete.

Portanto, o Diagrama de Espaguete ajudou a equipe de trabalho a rearranjar os locais de ofício, buscando melhorar a eficiência do processo, reduzindo e eliminando desperdícios.

etapas que não agregam valor, além de gargalos, desperdícios, áreas problemáticas ou redundantes.

Com a construção do Mapa de Processo, é possível ter uma visualização mais detalhada das etapas do processo envolvido no projeto *Lean* Seis Sigma (LSS). Com isso, é possível tomar decisões a respeito de cada fase do processo que não estejam em conformidade com o padrão desejado. Essa ferramenta ajuda no entendimento das entradas e das saídas do processo, fatores que podem ser essenciais durante a execução do método DMAIC.

Como é uma ferramenta visual e ilustrativa, a seguir estão demonstrados os símbolos básicos do Mapa de Processo (Figura 26.6).

Como montar um Mapa de Processo

A seguir é apresentado um Mapa de Processo do pagamento do cliente em uma loja por meio do cartão de débito/crédito. Para iniciar sua elaboração, o primeiro passo é descrever os limites do processo (onde começa e onde termina) e as principais atividades/tarefas (Figura 26.7).

O Mapa de Processo também pode conter o resultado da etapa do processo (Produto/Serviço em Processo — Pp e Produto/Serviço Final — PF) (Figura 26.8).

Em seguida, é preciso fazer a identificação dos parâmetros de produto, conforme apresentado a seguir.

- **Parâmetro de PF (Y maiúsculo):** variável que caracteriza o produto/serviço no estágio final.
- **Parâmetro de Pp (y minúsculo):** variável que caracteriza o produto/serviço nos estágios intermediários do processo.

Identificados os parâmetros de produto e dispondo-os em seus devidos lugares, o quarto passo é identificar os parâmetros de processo, conforme apresentado a seguir.

- **Parâmetro de processo (x):** variável do processo, considerado uma entrada da etapa do processo que pode afetar o resultado, ou seja, o desempenho do produto/serviço que está sendo produzido.

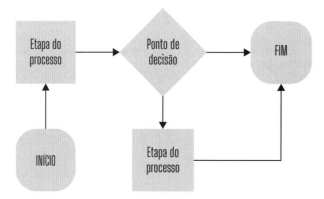

Figura 26.6 Símbolos básicos e ligações do Mapa de Processo.

Figura 26.7 Primeiro passo para a elaboração do Mapa de Processo.

Figura 26.8 Segundo passo para a elaboração do Mapa de Processo.

É possível concluir que os parâmetros de processo são os responsáveis por permitir que cada etapa do processo seja realizada adequadamente, e é por meio desses parâmetros que o Pp correspondente à sua etapa será entregue corretamente.

Identificados os parâmetros (x), o próximo passo é classificá-los como controlável ou ruído, evidenciando o que é crítico ao processo. A variável denominada "controlável" representa toda condição que se pode garantir a existência/ocorrência. Em contrapartida, as variáveis denominadas "ruído" são representadas pelas condições que não são possíveis de garantir o controle ou aquelas que não se deseja controlar. Pontos críticos são representados por asteriscos (*), ou seja, corresponde ao que é mais relevante para o processo ocorrer.

A Figura 26.13 ilustra a aplicação do mapa do processo em diferentes fases do DMAIC. Na etapa de Medição são levantadas informações a respeito de como se acredita que o processo é executado. Essas informações são confrontadas na etapa de Análise, na qual se constata como realmente o processo ocorre na prática. A partir dessa análise, são estabelecidas ações para a definição do processo ideal.

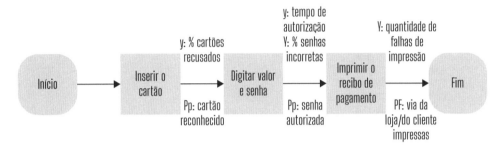

Figura 26.9 Terceiro passo para a elaboração do Mapa de Processo.

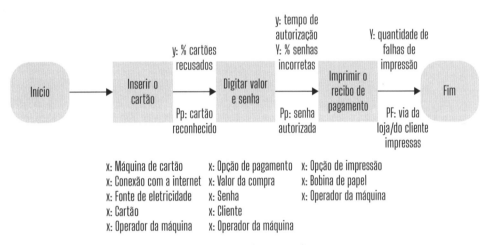

Figura 26.10 Quarto passo para a elaboração do Mapa de Processo.

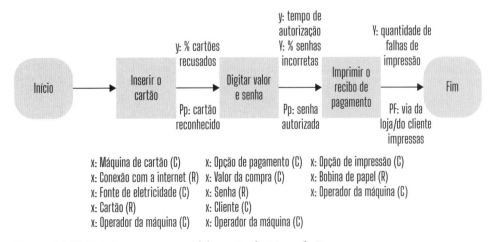

Figura 26.11 Quinto passo para a elaboração do Mapa de Processo.

EXEMPLO PRÁTICO

O coordenador de uma empresa de varejo que tem o Sistema LSS percebeu que o índice de certificação de *Green Belts* da empresa é muito baixo (cerca de 63% contra um valor esperado de 90%).

Logo, será realizado um projeto para melhorar o índice de certificação, e um Mapa de Processo para executá-lo foi desenvolvido, conforme apresentado na Figura 26.12.

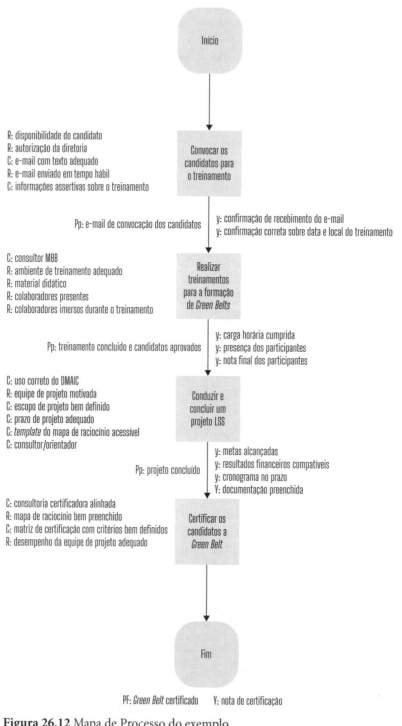

Figura 26.12 Mapa de Processo do exemplo.

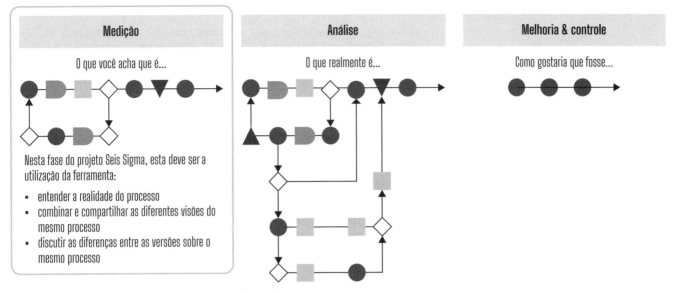

Figura 26.13 Mapa de Processo – Etapas do DMAIC.

26.4 MAPEAMENTO DO FLUXO DE VALOR

O Mapeamento do Fluxo de Valor (VSM, do inglês *Value Stream Map*) é um método que descreve visualmente as principais etapas de um processo de execução de produtos ou serviços. Assim, torna-se possível identificar desperdícios no fluxo de valor e definir ações de melhoria para construir um novo processo com produtividade, qualidade, rapidez e menor custo.

O fluxo de valor é toda ação compreendida como necessária para a produção de um produto, desde o fornecimento de matéria-prima até a entrega ao consumidor final. Além da análise do estado atual da série de eventos que ocorre até a entrega ao consumidor, o VSM também pode servir para projetar um estado futuro para o fluxo de valor, de acordo com as novas necessidades.

EXEMPLO PRÁTICO

O gerente de uma fábrica de móveis que produz mesas e cadeiras de madeira deseja realizar um VSM do processo de fabricação de mesas. Para isso, ele seguiu os seguintes passos:

1. Identificação do produto final: mesa de madeira.
2. Identificação das etapas do processo produtivo: corte da madeira, montagem da estrutura da mesa, fixação dos pés da mesa, lixamento da superfície da mesa, aplicação de verniz, embalagem e envio.
3. Identificação do tempo de processamento e do tempo de espera em cada etapa do processo produtivo. Por exemplo, o corte da madeira pode levar 30 minutos, mas pode haver um tempo de espera de 15 minutos para a madeira secar antes de seguir para a próxima etapa.
4. Identificação dos gargalos do processo, ou seja, as etapas que demoram mais tempo ou que têm maior tempo de espera.
5. Identificação das áreas de desperdício, como excesso de estoque, transporte desnecessário, retrabalho, entre outras.
6. Identificação de oportunidades de melhoria, como implementação de ferramentas de automação, melhorias no *layout* da fábrica, redução de estoque, entre outras.

Com essas informações, o gerente pode criar um VSM da produção de mesas de madeira, destacando as etapas, os tempos e as áreas de desperdício. Em seguida, será possível trabalhar com a equipe para implementar melhorias no processo, visando reduzir o tempo de produção, reduzir custos e aumentar a eficiência.

Elemento	Símbolo	Descrição
Processo		Na parte superior, é apresentado o nome do processo ou departamento que está sendo mapeado. Na parte inferior, podemos detalhar a quantidade de recursos ou informações relevantes sobre o processo.
Fontes externas		Identifica clientes e fornecedores.
Operador		Informa o número de pessoas necessárias para executar a atividade do processo. Pode ser usado para representar um trabalho que demanda um tempo parcial.
Caixa de dados		Local onde serão registradas informações importantes, como as métricas *Lean* que foram mensuradas ao longo do fluxo de valor.
Produção com movimento empurrado		Matéria-prima ou componentes são empurrados pelo processo de produção e não por solicitação do cliente.
Produção com movimento puxado		Matéria-prima ou componentes puxados no processo pela solicitação do cliente.
Produção com movimento automatizado		A automatização é utilizada para movimentar matéria-prima ou componentes de um processo para outro.
FIFO	FIFO	Os produtos devem ser "puxados" e entregues na ordem *first in, first out*, ou seja, primeiro que entra, primeiro que sai.
Estoque não planejado/ Inventário		Indica a contagem de itens do inventário ou o tempo gasto para processá-los.
Embarque por ferrovia		Representa o movimento de retirada de materiais por ferrovias. É importante registrar a frequência de embarques de materiais junto ao ícone no Mapa de Fluxo de Valor.
Embarque por rodovia	terça e sexta 5.000	Representa o movimento de retirada de materiais por caminhões. É importante registrar a frequência de embarques de materiais junto ao ícone no Mapa de Fluxo de Valor.
Embarque aéreo	6 vezes/ano 100.000	Representa o movimento de retirada de materiais por via aérea. É importante registrar a frequência de embarques de materiais junto ao ícone no Mapa de Fluxo de Valor.
Embarque fluvial ou marítimo	2 vezes/mês 10.000	Representa o movimento de retirada de materiais por embarcações. É importante registrar a frequência de embarque de materiais junto ao ícone no Mapa de Fluxo de Valor.
Supermercado		Indica todos os produtos estocados em uma área, com definição de nível mínimo e máximo. O lado aberto da figura fica voltado para o processo fornecedor.
Estoque pulmão/ estoque de emergência		Indica todos os produtos estocados em uma área considerada estoque de segurança ou para emergências.
Fluxo de informação manual		Indica que a transferência da informação é feita de modo manual (pedido diário, programação de produção).
Fluxo de informação eletrônica		Indica que a transferência de informação é feita de forma eletrônica (e-mail, ERP, fax).
Retirada		Movimento de retirada de materiais, puxado pelo processo seguinte, e muitas vezes feito de um estoque/supermercado.
Vá ver		Indica ajustes na programação a partir da verificação presencial dos níveis de estoque.
Kaizen		Detecta as melhorias necessárias no processo ou ao longo do fluxo de valor que serão solucionadas por iniciativas *Kaizen*.

Quadro 26.1 Elementos utilizados no Mapa de Fluxo de Valor.

Existem três partes principais no VSM:
- **Fluxo de materiais:** fluxo desde o recebimento dos fornecedores até a entrega aos clientes.
- **Transformação:** conversão da matéria-prima em produto acabado.
- **Fluxo de informação:** suporta e orienta o fluxo de materiais e de transformação.

No Quadro 26.1, são apresentados os principais elementos (ícones) utilizados para a construção de um VSM.

É importante estar atento aos passos e diretrizes tanto do VSM atual quanto do VSM futuro, pois são eles que orientam a melhor forma de criação do VSM. É interessante seguir a sequência proposta, pois ela auxilia a melhor forma de concepção do VSM.

26.4.1 Mapa de Fluxo de Valor do Estado Presente

Para criar um VSM de modo eficiente em processos de manufatura ou processos administrativos de uma organização, é recomendado seguir os passos listados abaixo.

1. Defina o fluxo de valor e a família de produtos que será mapeada.
2. Estabeleça uma equipe e inicie o desenho do Mapa do Estado Atual.
3. Mensure as principais métricas existentes no Mapa do Estado Atual.
4. Identifique quem é o cliente e quais são as suas necessidades.
5. Mapeie o fluxo de materiais da direita para a esquerda (do fim para o início).
6. Identifique os fornecedores e a forma de entrega de matérias-primas.
7. Faça o fluxo de informações da parte superior do mapa.
8. Identifique o movimento do produto em transformação e registre as métricas que foram mensuradas no fluxo de valor.
9. Desenhe a linha do tempo e registre o *lead time*.
10. Identifique as oportunidades de melhorias com o ícone do *Kaizen*, e sempre defina os tempos de agregação e não agregação de valor segundo a Voz do Cliente.

26.4.2 Mapa de Fluxo de Valor do Estado Futuro

Após a elaboração do VSM atual, que expressa como o fluxo de valor está no momento, ocorre a definição do VSM do Estado Futuro, que expressa o fluxo de valor melhorado. Há algumas diretrizes para o VSM do Estado Futuro, apontadas a seguir.

1. Desenvolver um fluxo contínuo onde for possível.
2. Usar o sistema puxado baseado em supermercados nos quais o fluxo contínuo não for possível.
3. Produzir de acordo com o *Takt Time*.
4. Enviar demanda do cliente para o processo que controla o ritmo da produção.
5. Nivelar o *mix* de produção.
6. Nivelar o volume de produção.
7. Reduzir os tempos de *setup*.

A Figura 26.14 apresenta o VSM do Estado Futuro.

26.5 MATRIZ CAUSA E EFEITO

A Matriz Causa e Efeito é utilizada para priorizar as entradas do processo (causas/X's) de acordo com o impacto que provoca em cada uma das saídas (Y's) ou requerimentos do cliente. Recomenda-se que sejam identificadas as principais entradas levantadas no Mapa de Processo e na Espinha de Peixe para aplicação dessa ferramenta.

Essa ferramenta tem o objetivo de priorizar quais são as causas responsáveis pelo maior impacto no resultado, conforme o interesse do projeto.

Como montar uma Matriz Causa e Efeito

Existem seis passos para a aplicação da ferramenta, apresentadas a seguir.

1. Definir as saídas da matriz que serão utilizadas (Y's do Mapa de Processo). Essas são dispostas ao longo das colunas da matriz apresentada no Quadro 26.2. Não é necessário utilizar todos os Y's encontrados no Mapa de Processo, e sim apenas os mais relevantes para o caso (sugestão: 3 y's).
2. Definir um peso de 5 a 10 para cada saída.
3. Escrever todas as entradas da matriz que foram mapeadas (causas do Diagrama de Ishikawa). Essas são dispostas ao longo das linhas da matriz apresentada no Quadro 26.2.
4. Estabelecer a relação entre cada entrada e cada saída utilizando a seguinte legenda: 0 (não existe correlação), 1 (correlação fraca), 3 (correlação moderada) e 5 (correlação forte).
5. Multiplicar o valor de cada célula pelo peso de cada saída.
6. Somar os valores da linha para obter a nota final.

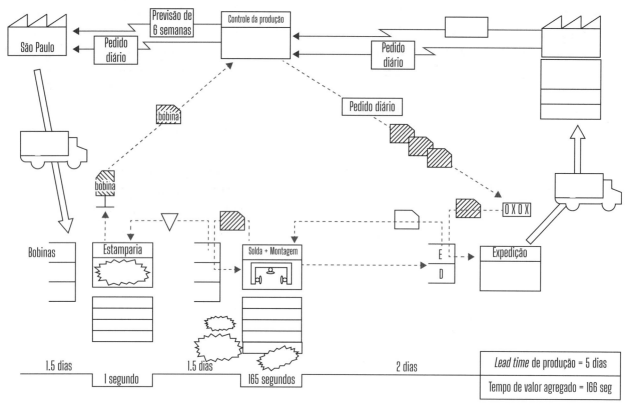

Figura 26.14 Mapa de Fluxo de Valor do Estado Futuro.

	Saídas			
	Saída 1	Saída 2	Saída 3	Resultados finais
Peso	5	8	10	
Entrada 1				
Entrada 2				
Entrada 3				
...				

Quadro 26.2 Matriz Causa e Efeito exemplificada.

Com a elaboração da Matriz Causa e Efeito, é possível avaliar quais são as causas que mais afetam os resultados. A partir dessa análise, pode ser utilizada a Matriz Esforço × Impacto (apresentada na seção a seguir, 26.6) para definir quais as causas que serão comprovadas durante a condução da etapa de Análise, (próxima fase do método DMAIC).

É interessante e recomendado que essa análise seja feita em equipe, estabelecendo um consenso e obtendo pontos de vistas distintos, necessários a essa ferramenta.

26.6 MATRIZ ESFORÇO × IMPACTO

A Matriz Causa e Efeito pode ser complementada pela Matriz Esforço × Impacto, visto que essa ferramenta avalia as variáveis de entrada sob a ótica do grau de esforço e impacto que cada uma pode gerar nas variáveis de saída. Com essa matriz, é possível analisar os seguintes aspectos:

- As entradas que podem ser avaliadas mais rapidamente e com maior facilidade.
- Entradas que são prioritárias para a solução do problema, mas exigem uma análise minuciosa de recursos (p. ex., tempo, dinheiro, pessoas etc).
- Entradas que podem ser descartadas, visto que geram impacto baixo sobre o problema e exigem os recursos citados anteriormente.

A Figura 26.15 esboça a Matriz Esforço × Impacto, na qual o impacto alto ou baixo é definido pela pontuação obtida na Matriz Causa e Efeito. Já na dimensão Esforço há necessidade de coleta de dados, análises mais

EXEMPLO PRÁTICO

O gerente de uma hamburgueria decidiu mapear o processo da linha de produção e levantar todas as causas potenciais do desperdício por meio do Diagrama de Ishikawa. Feito isso, o próximo passo foi priorizar as causas, utilizando a Matriz Causa e Efeito.

Utilizando as saídas identificadas no Mapa de Processo, ou seja, os principais parâmetros de produto (Y's) e as causas do Diagrama de Ishikawa como as entradas da Matriz, foi estabelecido um peso entre 5 e 10 para cada parâmetro de produto (saídas/Y's) e pontuada toda interseção na Matriz Causa e Efeito.

As causas com maior pontuação, ou seja, de maior impacto no resultado de interesse foram:

		Saídas			
		y1 = tempo de preparação	y2 = quantidade de hambúrgueres descartados	y3 = itens corretos na bandeja	Resultados
	Peso	5	10	8	
x1	Tempo excessivo para embalar o hambúrguer	5	0	1	33
x2	Tempo muito alto de espera do cliente	5	0	0	25
x3	Ambiente quente prejudica qualidade dos vegetais	1	3	1	43
x4	Poluição sonora dificulta a concentração	3	3	3	69
x5	Ingredientes fora do padrão de qualidade	3	5	1	73
x6	Pão e carne são consumidos mais rapidamente	5	1	1	43
x7	Alface é de difícil manuseio	3	1	0	25
x8	A embalagem do hambúrguer mais solicitado acaba	0	0	1	8
x9	Procedimento de montagem de difícil compreensão	5	5	3	99
x10	Padrão de correspondência de embalagens é confuso	0	0	3	24
x11	Colaborador não segue o procedimento de montagem	3	3	1	53
x12	Colaborador recebeu treinamento insuficiente	3	3	3	69
x13	Forno apresenta problemas frequentes	3	1	1	33

Tabela 26.1 Matriz Causa e Efeito da hamburgueria.

Com a análise da Matriz Causa e Efeito preenchida, o gerente da hamburgueria consegue identificar os procedimentos responsáveis pelo maior impacto ao longo da linha de produção. Nesse caso, é preciso tomar medidas sobre o procedimento de montagem, a qualidade dos ingredientes e do treinamento dos colaboradores e sobre a poluição sonora do ambiente.

aprofundadas e tempo e/ou recurso humano necessário para definir a solução. Como é possível analisar na Figura 26.15, as principais variáveis selecionadas para atacar o problema devem ser as entradas localizadas no quadrante Alto Impacto × Baixo Esforço.

A implementação dessa ferramenta pode trazer diversos benefícios, pois facilita a visualização de quais atividades devem ser feitas com prioridade e quais devem ser evitadas ou adiadas, e justifica a tomada de decisões ao longo do projeto.

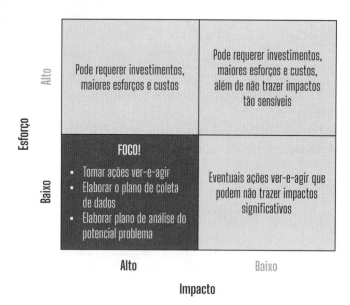

Figura 26.15 Matriz Esforço × Impacto.

EXEMPLO PRÁTICO

No exemplo prático do subcapítulo anterior, a hamburgueria estabeleceu a Matriz Causa e Efeito, obtendo os resultados expressos na Tabela 26.2.

		Saídas			
		y1 = tempo de preparação	y2 = quantidade de hambúrgueres descartados	y3 = itens corretos na bandeja	Resultados
	Peso	5	10	8	
x1	Tempo excessivo para embalar o hambúrguer	5	0	1	33
x2	Tempo muito alto de espera do cliente	5	0	0	25
x3	Ambiente quente prejudica qualidade dos vegetais	1	3	1	43
x4	Poluição sonora dificulta a concentração	3	3	3	69
x5	Ingredientes fora do padrão de qualidade	3	5	1	73
x6	Pão e carne são consumidos mais rapidamente	5	1	1	43
x7	Alface é de difícil manuseio	3	1	0	25
x8	A embalagem do hambúrguer mais solicitado acaba	0	0	1	8
x9	Procedimento de montagem de difícil compreensão	5	5	3	99

Continua

Continuação

		Saídas			
		y1 = tempo de preparação	y2 = quantidade de hambúrgueres descartados	y3 = itens corretos na bandeja	Resultados
	Peso	5	10	8	
x10	Padrão de correspondência de embalagens é confuso	0	0	3	24
x11	Colaborador não segue o procedimento de montagem	3	3	1	53
x12	Colaborador recebeu treinamento insuficiente	3	3	3	69
x13	Forno apresenta problemas frequentes	3	1	1	33

Tabela 26.2 Matriz Causa e Efeito da hamburgueria – Exemplo 2.

Nesse exemplo, analisando os resultados finais obtidos e as causas a eles associados, pode-se estabelecer uma Matriz Esforço × Impacto, apresentada a seguir (Figura 26.16).

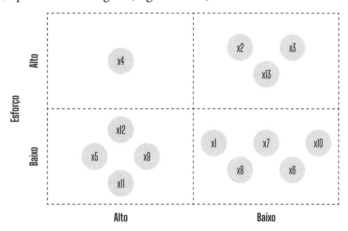

Figura 26.16 Matriz Esforço × Impacto da empresa de hambúrguer.

Nesse exemplo, as causas 5, 9, 11 e 12 deverão ser priorizadas. A priorização da causa 4 vai depender dos recursos da empresa, visto seu alto esforço. As causas 1, 6, 7, 8 e 10 poderão ser analisadas para priorização futura. Já as causas 2, 3 e 13 serão descartadas.

RESUMO

- O Diagrama de Ishikawa é uma ferramenta que permite identificar a causa raiz de problemas, os quais são representados por meio do método 6M: Máquina, Materiais, Mão de obra, Meio ambiente, Medida e Método.

- O Diagrama de Espaguete é uma ferramenta que visa à eliminação de desperdícios e se baseia em um emaranhado de linhas que representam o fluxo de pessoas e/ou material do processo produtivo. Por meio dessas linhas, é possível visualizar as perdas com deslocamento e analisar a eficiência do *layout*.

- O Mapa de Processo possibilita compreender todo o processo produtivo de forma rápida e detalhada. Essa ferramenta abrange tanto as atividades que agregam valor quanto aquelas que não agregam, possibilitando identificar otimizações em processos.

- O VSM descreve visualmente as principais etapas de um processo de execução de produtos ou serviços, possibilitando identificar desperdícios no fluxo de valor e definir ações de melhoria para construir um novo processo com melhorias quanto à produtividade, agilidade, qualidade e custo.

- A Matriz Causa e Efeito é utilizada para priorizar as causas (entradas do processo) de acordo com o impacto por elas gerado em cada saída. Recomenda-se, inclusive, que para a utilização dessa ferramenta, sejam levantadas as principais causas por meio do Mapa de Processo e do Diagrama de Ishikawa.
- A Matriz Esforço × Impacto avalia o esforço e o impacto que as variáveis de entrada podem gerar nas variáveis de saída. A matriz é composta de quatro quadrantes:

1. alto esforço e alto impacto;

2. alto esforço e baixo impacto (pode ser descartado);

3. baixo esforço e alto impacto (quadrante de maior interesse);

4. baixo esforço e baixo impacto.

REFERÊNCIAS BIBLIOGRÁFICAS

KUBIAK, T. M.; BENBOW, D. W. *The certified Six Sigma Black Belt Handbook*. 3. ed. Milwaukee: American Society for Quality, 2016.

THEISENS, H. C. *Lean Six Sigma Green Belt Mindset, Skill set and Tool set*. 5. ed. Enschede: Lean Six Sigma Academy, 2021.

CASOS PRÁTICOS – ETAPA DE MEDIÇÃO

Depois de ter conhecido as ferramentas que podem ser aplicadas no *Lean* Seis Sigma, é o momento de entender como elas podem ser aplicadas em estudos de caso. Nessa parte bônus do Guia Prático do Especialista em Melhoria Contínua são apresentados três estudos de caso como modo de facilitar a compreensão da aplicação de um projeto *Lean* Seis Sigma.

É importante ressaltar que os *cases* que serão demonstrados foram modelados com base em situações reais vivenciadas pela equipe de consultores, mas para assegurar o sigilo e a confidencialidade, os contextos e os nomes foram alterados.

ETAPA DE MEDIÇÃO (*MEASURE*)

A fase de Medição tem dois caminhos: o quantitativo e o qualitativo. No caminho quantitativo, são utilizadas ferramentas de estatística e gráficos para analisar o comportamento do indicador. Já no caminho qualitativo, é possível mapear o processo e fazer uma análise com ferramentas, por exemplo, o diagrama de Ishikawa.

Etapa de Medição: Projeto de redução de erros na entrega de tubos de aço e escapamentos em uma indústria nacional

1 – Análise estatística da variável resposta

Na estratificação dos dados, é possível avaliar o OTIF por tipo de produto como Tubos e Escapamentos, e, além disso, segmentar os dados nos tipos de erros cometidos na entrega, como prazo incompleto, fora do prazo completo e fora do prazo incompleto.

Considerando a base de dados do OTIF_entrega estratificado por produto, desenvolve-se um histograma para cada tipo de produto, no qual é possível indicar o valor da média e o desvio padrão.

A comparação das médias revela que o OTIF médio dos Escapamentos é significativamente melhor que o dos Tubos, conforme a Figura Caso 1.1 demonstra.

A estratificação adicional por tipo de falha na entrega identificou três principais problemas: tubos com prazo incompleto e fora do prazo completo, além de

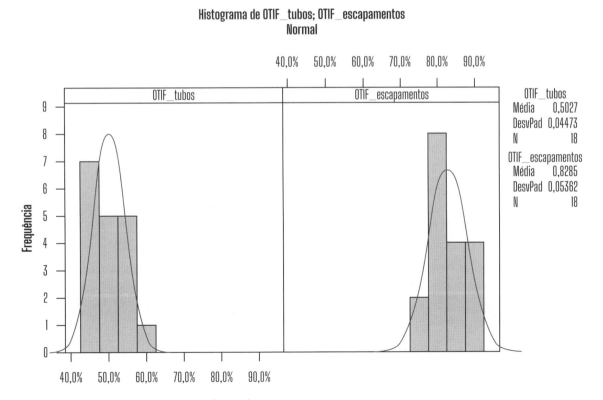

Figura Caso 1.1 Histograma para cada produto.

escapamentos fora do prazo completo. Esses três focos representam cerca de 83% do problema.

Para cada foco, foram calculadas média, mediana e desvio padrão. As médias são significativamente diferentes, com a maior média sendo para tubos entregues no prazo com pedido incompleto. Os desvios padrão são similares, sendo o maior para escapamentos entregues fora do prazo com pedido completo. A ANOVA confirma que as médias dos três focos são significativamente diferentes, com p-valor menor que 0,05.

A análise de um gráfico sequencial revelou um comportamento especial apenas para escapamentos entregues fora do prazo com pedido completo. Observou-se uma tendência de piora, com valores mais altos ao longo do tempo, resultando em valores iniciais abaixo da média e valores finais acima da média. Os outros dois focos de problema mostram comportamento aleatório, com maior ou menor variabilidade.

Com base nessa análise, assumindo que os itens que não são focos terão uma melhoria de 10% após as melhorias, foram definidas metas específicas para cada um dos três focos. Essas metas visam alcançar a meta global do projeto. A definição é vista na Figura Caso 1.2.

Um fluxograma do processo foi criado para identificar as etapas críticas e os parâmetros críticos, abrangendo o fechamento do pedido e a entrega tanto para tubos quanto para escapamentos. Observe a Figura Caso 1.3.

2 – Identificação das causas e variáveis de entrada

O Diagrama de Ishikawa apresentado na Figura Caso 1.4 demonstra as causas identificadas no contexto do projeto.

3 – Priorização das causas potenciais

A partir da Matriz de Causa e Efeito, é possível priorizar as causas identificadas no Ishikawa, correlacionando-as com os problemas (prazo incompleto_tubos, fora do prazo completo_tubos, fora do prazo completo_escap.), em que 0 é correlação inexistente e 5 é correlação forte. Observe a Tabela Caso 1.1.

Após a priorização, foram definidas as causas a serem comprovadas na etapa de Análise do método DMAIC, que foram classificadas utilizando a Matriz Esforço × Impacto.

Etapa de Medição: Projeto de aumento do nível de serviço de atendimento nas unidades da regional Minas Gerais

1 – Análise estatística da variável resposta

Foi realizada uma análise do processo e fenômeno nas cinco unidades do Grupo Vitta na regional Minas Gerais: Unidade BH Centro, Unidade BH Pampulha, Unidade BH Belvedere, Unidade Betim e Unidade Contagem. Durante a análise, foram estratificados os dados do NS atendimento de cada unidade.

Foram, portanto, calculadas as médias, as medianas e os desvios padrão para cada uma das cinco unidades, bem como as suas respectivas normalidades.

Nas Figuras Caso 2.1 e Caso 2.2 é possível observar um gráfico sequencial das cinco unidades, assim como um histograma.

Para uma análise detalhada, foram elaborados gráficos sequenciais para cada uma das cinco unidades, analisando médias e variabilidade dos dados.

Para comparar as médias do NS atendimento das cinco unidades, foi realizada uma ANOVA, bem como testes de hipóteses para realizar comparações entre as médias das unidades.

A análise dos p-valores dos testes indicou que as médias das unidades BH Pampulha e Betim são equivalentes, enquanto as médias das unidades BH Pampulha e BH Belvedere, assim como BH Belvedere e Contagem, são significativamente diferentes.

DEFINIÇÃO DO RACIONAL DAS METAS ESPECÍFICAS grupo Vitta

	Média Atual	Meta após Projeto
No prazo incompleto_tubos	24,10%	10,00%
Fora do prazo completo_tubos	17,70%	7,50%
Fora do prazo completo_escap	13,70%	6,50%
Fora do prazo incompleto_tubos	7,80%	7,00%
No prazo incompleto_escap	1,80%	1,60%
Fora do prazo incompleto_escap	1,60%	1,40%

	Média Atual	Meta após Projeto
OTIF_tubos	50,30%	75,50%
OTIF_escapamentos	82,90%	90,50%
MÉDIA	**66,70%**	**83,00%**

Figura Caso 1.2 Definição de metas específicas.

CASOS PRÁTICOS – ETAPA DE MEDIÇÃO | 311

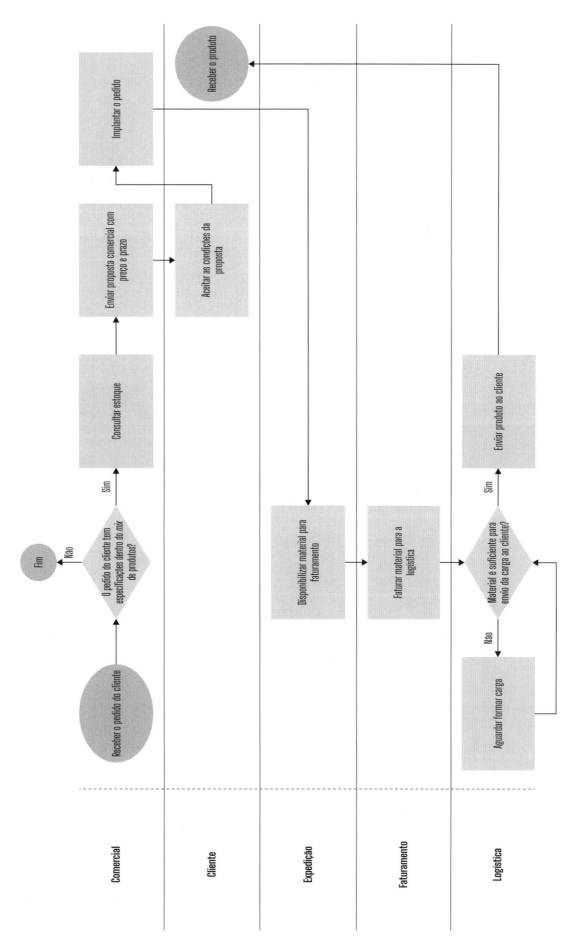

Figura Caso 1.3 Fluxograma do processo.

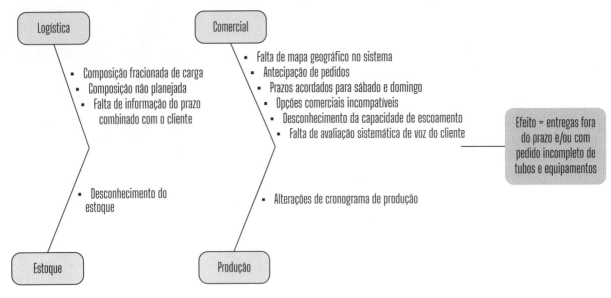

Figura Caso 1.4 Diagrama de Ishikawa do projeto.

	ID	Saídas do Processo / Possíveis Xs do processo (causas)	no prazo incompleto_ tubos **10**	fora do prazo completo_ tubos **9**	fora do prazo completo_ escap **8**	Total	
Entradas	1	composição fracionada de carga	1	5	3	79	9%
	2	composição não planejada	1	3	3	61	7%
	3	falta de informação do prazo combinado	0	3	3	51	6%
	4	falta de mapa geográfico no sistema	1	5	5	95	11%
	5	antecipação de pedidos	5	3	3	101	12%
	6	prazos acordados para final de semana	1	3	3	61	7%
	7	opções comerciais incompatíveis	5	3	1	85	10%
	8	desconhecimento capac. de escoamento	5	3	1	85	10%
	9	falta de avaliação sist. da voz do cliente	0	3	3	51	6%
	10	desconhecimento do estoque	5	3	3	101	12%
	11	alterações de cronograma de produção	5	3	3	101	12%
	12					0	0%
	13					0	0%
	14					0	0%
	15					0	0%

Principais saídas do processo

0	correlação inexistente
1	correlação fraca
3	correlação mediana
5	correlação forte

Tabela Caso 1.1 Priorização de causas do Diagrama de Ishikawa.

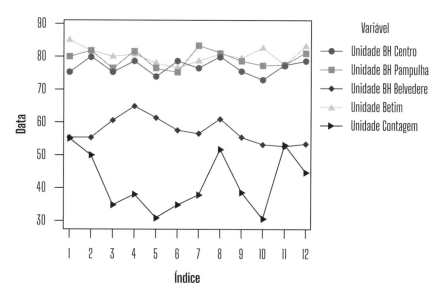

Figura Caso 2.1 Gráfico sequencial de todas as unidades.

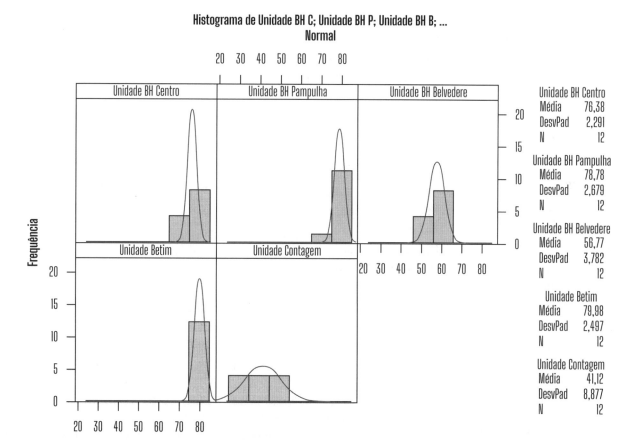

Figura Caso 2.2 Histograma de todas as unidades.

Com base nas análises de gráficos sequenciais, histogramas, ANOVA e testes de hipóteses, concluiu-se que as unidades BH Belvedere e Contagem devem ser priorizadas no projeto, pois seus resultados médios são significativamente piores que o restante da regional, impactando negativamente o NS atendimento da regional Minas Gerais.

Além disso, a unidade Contagem apresenta maior variabilidade, que pode ser melhorada com a intervenção do projeto. Focando na melhoria dessas duas unidades, o objetivo é alavancar o resultado da regional Minas Gerais para atingir a meta de 82% de NS atendimento.

Supondo um aumento de apenas 5% no resultado médio das unidades BH Centro, BH Pampulha e Betim, foram estabelecidas metas específicas para as unidades BH Belvedere e Contagem, que devem aumentar o NS atendimento de 56,8 para 83% e de 41,1 para 80%, respectivamente, em 6 meses.

Foi elaborado um Mapa de Processos (Figura Caso 2.3) que detalha as etapas, as entregas e os parâmetros, classificando as variáveis de processo (Xs) como controláveis (xC) ou ruídos (xR).

2 – Identificação das causas e variáveis de entrada

O Diagrama de Ishikawa apresentado na Figura Caso 2.4 demonstra as causas identificadas para o NS de atendimento.

3 – Priorização das causas potenciais

A partir da Matriz de Causa e Efeito é possível priorizar as causas identificadas no Ishikawa, correlacionando-as com os principais indicadores de saída do processo (Ys), em que 0 é uma correlação inexistente e 5 uma correlação forte. Observe a Tabela Caso 2.1.

Após a priorização, foram definidas as causas a serem comprovadas na etapa de Análise do método DMAIC, utilizando a Matriz Esforço × Impacto. As causas priorizadas foram classificadas da seguinte maneira:

- **Prioritárias – Impacto alto com pouco esforço:** (4) Falta de documentos; e (14) Treinamento insuficiente.
- **Ver e Agir – Impacto baixo, mas exige pouco esforço:** (10) Falta procedimento para gestão de filas; (11) Procedimento de autorização desatualizado; e (13) Falta de atenção.
- **Complexas – Impacto alto que exige grande esforço:** (1) Computadores lentos; (2) Número de guichês de atendimento reduzido; e (7) Tempo alto para liberação de senha de autorização por parte do plano de saúde; e (8) Burocracia excessiva para obter pré-autorização.

Etapa de Medição: Projeto de redução do custo de juros e multas por pagamentos atrasados de fornecedores

1 – Análise estatística da variável resposta

As ferramentas *boxplot* e histograma foram aplicadas para analisar o histórico do problema de forma detalhada, conforme as Figuras Caso 3.1 e Caso 3.2.

Por meio dos dois gráficos é possível avaliar as propriedades de locação, a variabilidade e a forma, permitindo realizar algumas considerações:

- A média e a mediana são próximas a 45 mil e o desvio padrão é um pouco mais alto.
- Não existe nenhum *outlier*, ou seja, em nenhum mês o pagamento de juros foi muito mais alto ou muito mais baixo do que os demais (não existem valores fora do que já foi previsto), e os dados são aproximadamente normais, o que remete ao comportamento histórico dos dados apresentados.

Também é necessário analisar a capabilidade de processos, pois esta permite analisar se o processo atende às necessidades, às especificações ou à determinada característica. A Figura Caso 3.3 demonstra a capacidade do processo, seguida de uma breve análise.

Por meio do gráfico é possível analisar a capacidade atual e a desejada, de modo que atualmente a capacidade do projeto é baixa, visto estar fora dos limites inferior (LIE) e superior (LSE). O processo não é capaz e cerca de 93,6% dos resultados ficam fora da faixa de valores definida como a meta do projeto. O próximo passo dessa etapa é identificar o processo gerador do problema, iniciando a definição do escopo do projeto.

Vale ressaltar que é importante, em todo projeto, a devida documentação e conclusão a respeito das ferramentas utilizadas, de maneira que qualquer pessoa possa compreender as informações dispostas ao ler o documento, que qualquer pessoa seja capaz de compreender o projeto, bem como os dados a ele associado. Para dar continuidade à etapa de Definição, o projeto necessita estabelecer uma meta.

Os dados coletados foram retirados do Planejamento de Recursos Empresariais (ERP) da empresa e foram duplamente conferidos por um responsável. A base de dados é considerada confiável para a análise dos dados estratificados por tipo de fornecedor, a qual é apresentada na Figura Caso 3.4.

CASOS PRÁTICOS – ETAPA DE MEDIÇÃO | 315

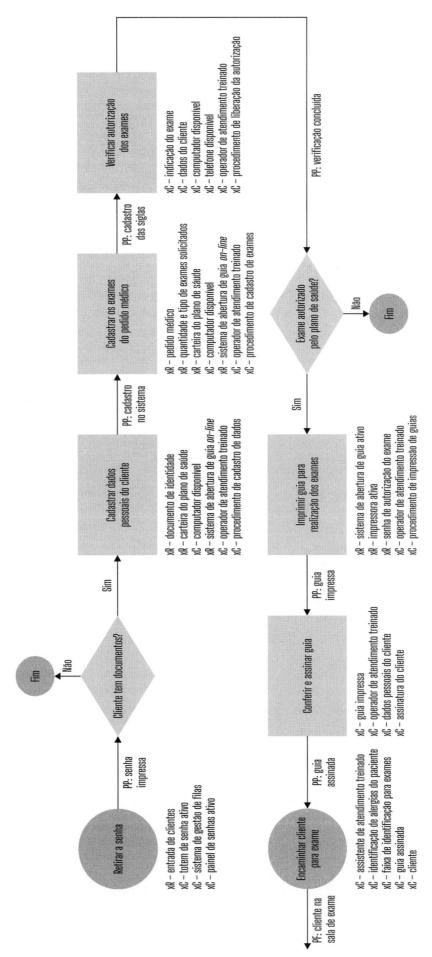

Figura Caso 2.3 Mapa de Processos com variáveis e parâmetros classificados.

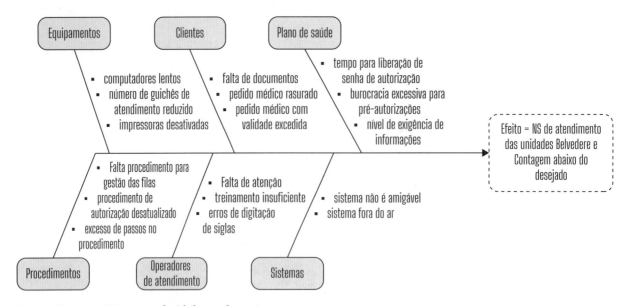

Figura Caso 2.4 Diagrama de Ishikawa do projeto.

	ID	Saídas do Processo Possíveis Xs do processo (causas)	y1 - tempo de espera do cliente	y5 - tempo de cadastro das siglas	y7 - tempo para verificar autorização	Y1 - tempo de liberação do cliente	Total
			8	6	8	10	
Entradas	1	computadores lentos	0	5	3	3	84
	2	número de guichês de atendimento reduzido	5	1	5	3	116
	3	impressoras desativadas	0	0	0	3	30
	4	falta de documentos	0	3	3	3	72
	5	pedido médico rasurado	0	3	0	3	48
	6	pedido médico com validade excedida	0	3	0	3	48
	7	tempo para liberação de senha autoriz.	0	0	5	5	90
	8	burocracia excessiva para pré-autoriz.	0	0	5	3	70
	9	nível de exigência de informações	0	0	3	3	54
	10	falta procedimento para gestão de filas	5	0	0	3	70
	11	procedimento de autoriz. desatualizado	0	0	3	3	54
	12	excesso de passos no procedimento	0	3	0	3	48
	13	falta de atenção	0	3	3	1	52
	14	treinamento insuficiente	0	3	3	3	72
	15	erros de digitação de siglas	0	3	0	1	28
	16	sistema não é amigável	0	3	3	3	72
	17	sistema fora do ar	0	3	3	3	72

Tabela Caso 2.1 Priorização de causas do Diagrama de Ishikawa.

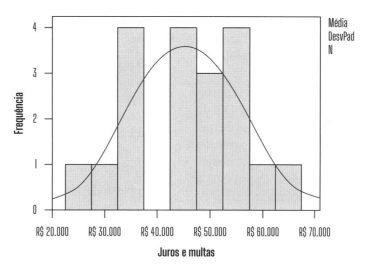

Figura Caso 3.1 Histograma (com curva normal) de juros e multas.

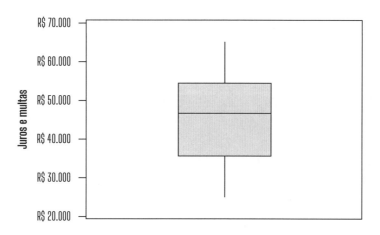

Figura Caso 3.2 *Boxplot* de juros e multas.

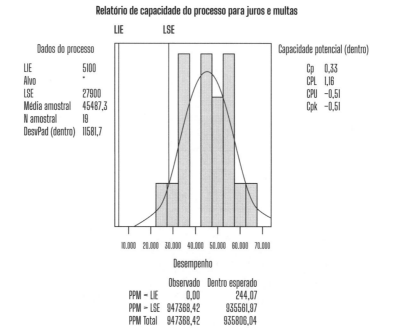

Figura Caso 3.3 Capacidade do processo.

Após a estratificação dos dados por tipos de fornecedor, por meio do Diagrama de Pareto, é possível analisar a representatividade de cada tipo, conforme apresentado na Figura Caso 3.5.

Por meio do Diagrama de Pareto, foi possível constatar que três dos fornecedores da empresa recebem 93% do pagamento de multas e juros. Logo, os fornecedores de matéria-prima, serviços e consumíveis serão o foco do projeto. Poderia, inclusive, trabalhar com foco nos dois primeiros, já que eles representam 83% do problema. Entretanto, a equipe optou por trabalhar com os três primeiros tipos de fornecedores, englobando, assim, 93% do problema.

2 – Identificação das causas e das variáveis de entrada

O processo gerador do problema envolveu a área de Contas a Pagar da empresa e os seus fornecedores. Além disso, o pagamento de juros e multas contempla desde a etapa de recebimento da nota fiscal (NF) até o pagamento dela e tem algumas variáveis críticas, por exemplo, a capacitação dos analistas envolvidos e a qualidade dos procedimentos que são seguidos.

A partir de uma sessão de *brainstorming* com a equipe do projeto e os colaboradores da área de Contas a

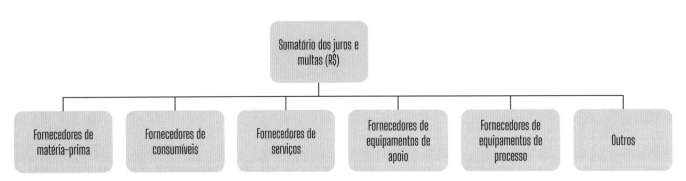

Figura Caso 3.4 Estratificação dos dados por tipo de fornecedores.

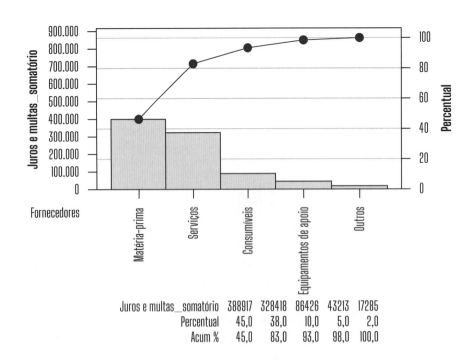

Figura Caso 3.5 Pareto dos juros e multas por tipo de fornecedor.

Pagar, foram levantadas causas potenciais, e elas foram organizadas por meio de um Diagrama de Causa e Efeito.

O Mapa de Processo deixa claro todas as cinco etapas do processo de Contas a Pagar. Cada fase tem uma entrega, e todas têm uma avaliação do produto em processo (y), ou seja, uma avaliação da qualidade dessa entrega.

Algumas etapas demonstraram um nível crítico, por exemplo, a validação da nota fiscal. Sendo assim, os porquês do problema de juros e multas foram analisados no Diagrama de Causa e Efeito (Espinha de Peixe) apresentado na Figura Caso 3.7.

3 – Priorização das causas potenciais

Utilizando os critérios de priorização de gravidade, ocorrência e poder de atuação da equipe, foi possível selecionar 70,6% das causas que têm maior representatividade. Na Matriz de Causa e Efeito foram listadas todas as causas que estão na Espinha de Peixe, e cada critério de priorização (*outputs*) recebeu um peso diferente.

Dessa maneira, apenas as causas que receberam notas muito baixas, como *turnover* e desatenção dos funcionários, foram descartadas como possíveis causas do problema de juros e multas.

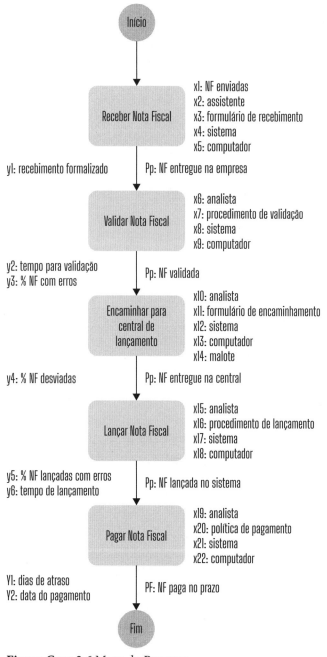

Figura Caso 3.6 Mapa do Processo.

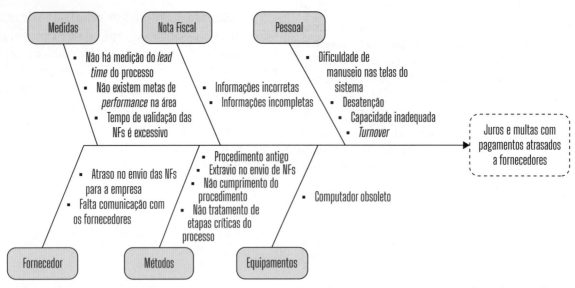

Figura Caso 3.7 Diagrama de causas prováveis para juros e multas com pagamentos atrasados a fornecedores.

	Outputs				
	Gravidade	Ocorrência	Poder de atuação da equipe do projeto	TOTAL	Percentual (%)
	10	8	9	-	-
Não há medição do *lead time* do processo	3	5	3	97	6,2
Não existem metas de *performance* na área	3	5	3	97	6,2
Tempo de validação das NFs é excessivo	3	3	3	81	5,2
Falta de comunicação com os fornecedores	3	3	3	81	5,2
Atraso no envio das NFs para a Central de Lançamento	5	3	3	101	6,5
Informações incorretas	5	3	5	119	7,6
Informações incompletas	5	3	5	119	7,6
Não tratamento de etapas críticas do processo	3	5	3	97	6,2
Não cumprimento do procedimento	5	3	5	119	7,6
Extravio do envio das NFs	5	1	3	85	5,5
Procedimento antigo	5	5	5	135	8,7
Dificuldade de manuseio nas telas do sistema	3	1	5	83	5,3
Desatenção	3	1	3	65	4,2
Capacitação inadequada	3	3	5	99	6,4
Turnover	3	3	1	63	4,0
Computador obsoleto	3	5	5	115	7,4

5 Correlação FORTE   **1 Correlação FRACA**

3 Correlação INTERMEDIÁRIA   **0 Correlação AUSENTE**

Tabela Caso 3.1 Matriz de Priorização.

Parte VI

EXECUÇÃO DE UM PROJETO LEAN SEIS SIGMA: ETAPA DE ANÁLISE

Na etapa de Análise do método DMAIC, os dados coletados na fase de Medição são explorados e analisados para identificar os principais fatores que afetam a qualidade do produto ou processo. Essa análise inclui a aplicação de técnicas estatísticas, como Regressão, Correlação, Estudos Multi-Vari, Análise de Variância (ANOVA) e Testes de Hipótese, bem como a utilização de ferramentas como FMEA para avaliar os riscos associados aos fatores identificados.

A seguir, são apresentadas as principais perguntas a serem respondidas e tarefas a serem realizadas durante essa etapa:

- Quais são as causas raízes do problema?

   Utilize ferramentas de análise de causa raiz, como o Diagrama de Ishikawa (Causa e Efeito) e os 5 Porquês, para identificar as causas subjacentes do problema.

- Quais padrões ou tendências emergem dos dados coletados?

   Analise os dados para identificar padrões, tendências e correlações que possam explicar o problema.

- Quais hipóteses podem ser testadas para validar as causas raízes identificadas?

   Formule hipóteses baseadas na análise dos dados e planeje testes para validar essas hipóteses.

- Quais são os pontos de maior impacto no processo?

   Determine quais etapas ou pontos do processo têm maior impacto sobre o problema identificado e onde as melhorias serão mais eficazes.

- Como priorizamos as causas raízes para a ação corretiva?

   Utilize uma matriz de priorização ou outra ferramenta de priorização para focar nas causas raízes mais significativas e de maior impacto.

A etapa de Análise contempla a interpretação de dados, a identificação de padrões e tendências, a avaliação dos riscos e das causas prováveis dos problemas. Ao compreender as causas raiz, a equipe do projeto pode desenvolver soluções eficazes e sustentáveis diante da melhoria de processos. Essa etapa também permite a identificação de áreas críticas do processo que precisam ser monitoradas e gerenciadas adequadamente para evitar a recorrência dos problemas.

Nessa etapa também são determinadas as entradas (X's) vitais do processo, o que envolve a identificação dos fatores que podem estar contribuindo para variações e que precisam ser controlados para melhorar a qualidade do produto ou serviço prestado. Para selecionar os X's vitais, é preciso filtrar os dados principais e analisar o processo usando técnicas estatísticas para determinar a relação entre os fatores e a saída do processo, conforme ilustrado na Figura Parte VI.1.

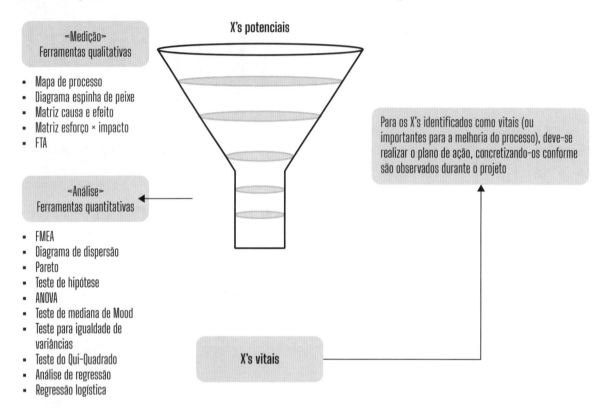

Figura Parte VI.1 Filtragem dos X's principais.

Ao longo da Parte VII deste Guia, as técnicas estatísticas e as ferramentas utilizadas na etapa de Análise serão apresentadas, visando à execução de um projeto *Lean* Seis Sigma (LSS) devidamente fundamentado e alinhado com a Melhoria Contínua.

Os capítulos que compõem a Parte VI são:

Capítulo 27 – Correlação e Regressão

Capítulo 28 – Testes e Ferramenta para Análise de Dados

Por meio do QR Code, você terá acesso a arquivos para praticar as ferramentas propostas na etapa de Análise.

uqr.to/1ul6o

Capítulo 27

CORRELAÇÃO E REGRESSÃO

OBJETIVOS DE APRENDIZAGEM

Ao final deste capítulo, será possível:
- Compreender como usar o Mapa de Análise Estatística, de modo a identificar qual análise (correlação, regressão ou testes) é mais adequada para cada situação.
- Entender o que é correlação e como interpretar um Diagrama de Dispersão.
- Identificar quando e como usar correlação linear simples, correlação linear múltipla e correlação logística.
- Entender o que são Cartas Multi-Vari e como interpretá-las.

INTRODUÇÃO

A correlação e a regressão são ferramentas estatísticas que desempenham um papel crucial na análise de dados, permitindo que as organizações compreendam as relações entre variáveis e façam previsões informadas.

A correlação ajuda a identificar a força e a direção dos relacionamentos, permitindo que as empresas detectem padrões e tendências importantes. Seu maior desafio está na interpretação correta dos resultados, pois a correlação não implica causalidade; ou seja, mesmo que duas variáveis estejam correlacionadas, isso não significa necessariamente que uma causa a outra.

A regressão, por sua vez, vai além ao fornecer modelos preditivos que auxiliam na tomada de decisões estratégicas, como prever o impacto de mudanças em variáveis-chave nos resultados desejados. Assim, a utilização dessas técnicas é fundamental para transformar dados em *insights* acionáveis, melhorando a precisão das decisões e garantindo análises precisas e confiáveis.

A regressão é uma das ferramentas mais poderosas para entender como diferentes variáveis se relacionam e prever resultados futuros.

Andrew Ng

27.1 MAPA DE ANÁLISE ESTATÍSTICA

Na etapa de Análise do método DMAIC, é importante comprovar a relação entre as causas priorizadas (Xs vitais) e as saídas de interesse do processo (variáveis Y), por meio de fatos e dados. Para identificar quais são as ferramentas estatísticas mais adequadas ao uso no projeto, é interessante usar o Mapa de Análise Estatística, que tem como objetivo selecionar as ferramentas de acordo com o seu objetivo específico.

O objetivo do Mapa de Análise Estatística é transformar um problema prático em um modelo estatístico, conforme ilustrado na Figura 27.1, na qual também são apresentadas as etapas para utilização dessa ferramenta.

Para analisar o comportamento de duas variáveis com dados contínuos, é possível utilizar a correlação, o Diagrama de Dispersão e a regressão linear simples. Se as variáveis tiverem dados discretos/atributo, podem ser usados o teste Qui-quadrado e a tabela de contingência.

Entretanto, se o objetivo é utilizar uma variável (Y) e demonstrar que sua estratificação gera resultados diferentes (fatores de estratificação representam a causa), então podem ser utilizados o teste de hipótese, o teste de igualdade de variâncias, ANOVA e Cartas Multi-Vari. A Figura 27.2 demonstra essa abordagem.

O Mapa de Análise Estatística é usado como um guia para indicar qual ferramenta deve ser utilizada, considerando a natureza dos dados de entrada e saída que serão avaliados. É uma diretriz importante a ser seguida durante a execução de um projeto *Lean* Seis Sigma (LSS), pois evita o retrabalho por uso de ferramental inadequado e favorece a análise de dados de maneira mais eficiente e confiável.

27.2 CORRELAÇÃO E DIAGRAMA DE DISPERSÃO

A correlação é a medida padronizada da relação entre dados e indica a força e a direção do relacionamento linear entre duas variáveis aleatórias. Ela ocorre quando duas variáveis têm tendência conjunta e podem ser quantificadas por meio do cálculo do coeficiente de correlação

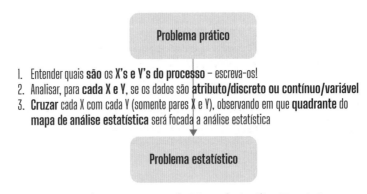

Figura 27.1 Objetivo e etapas do Mapa de Análise Estatística.

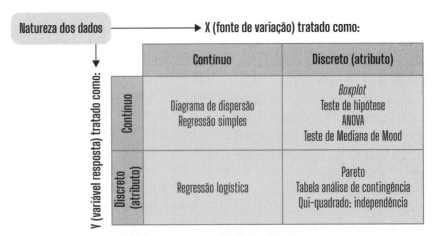

Figura 27.2 Ferramentas da etapa análise.

linear (r), o qual é utilizado na compreensão se a correlação entre duas variáveis existe e qual sua classificação.

A correlação segue os seguintes princípios:

- Quando o valor de r é próximo de +1, a correlação é positiva.
- Quando o valor de r é próximo de –1, a correlação é negativa.
- Quando o valor de r é próximo de 0, não há correlação.

A intensidade da correlação pode ser avaliada de acordo com o valor de r. Quanto mais próximo de +1, mais forte é a correlação positiva. Da mesma forma, quanto mais próximo de –1, mais forte é a correlação negativa.

A Figura 27.3 (Diagrama de Dispersão) apresenta graficamente os três tipos de correlação, em que os pontos representam o valor da variável e a linha representa a reta de regressão. Quanto maior a correlação, mais pontos estarão próximos da reta.

O Diagrama de Dispersão é construído a partir de uma correlação existente entre dados. No contexto do LSS, essa ferramenta pode ser utilizada para verificar a existência de uma relação de causa e efeito entre as variáveis abordadas.

É possível utilizar a correlação, a regressão e o Diagrama de Dispersão em diferentes contextos, e alguns deles são citados a seguir:

- índice de satisfação pelo tempo de execução de uma atividade;
- comparação da temperatura impactando o rendimento do produto;
- análise da temperatura sobre a concentração de ferro no produto final;
- análise da vazão da corrente de ar impactando o tempo de resfriamento de uma peça;
- análise do impacto da velocidade de rotação do equipamento sobre a homogeneidade da mistura;
- análise do número de horas extras afetando os custos de uma área;
- análise do absenteísmo afetando a produtividade de uma operação.

27.2.1 Coeficiente de correlação linear

O coeficiente de correlação linear (r) dimensiona o grau de relação entre duas ou mais variáveis, por meio da equação a seguir.

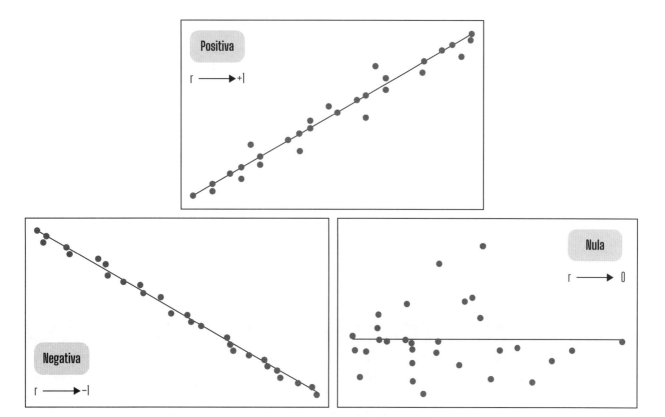

Figura 27.3 Correlações positiva, negativa e nula por meio do gráfico de dispersão.

$$r = \frac{S_{XY}}{\sqrt{S_{XX}S_{YY}}} = \frac{\sum_{i=1}^{n} x_i y_i - \frac{\left(\sum_{i=1}^{n} x_i\right)\left(\sum_{i=1}^{n} y_i\right)}{n}}{\sqrt{\left(\sum_{i=1}^{n} x_i^2 - \frac{\left(\sum_{i=1}^{n} x_i\right)^2}{n}\right)\left(\sum_{i=1}^{n} y_i^2 - \frac{\left(\sum_{i=1}^{n} y_i\right)^2}{n}\right)}}$$

Em que:

x_i = desvios reduzidos da variável independente ($x_i = X_i - X$);

y_i = desvios reduzidos da variável dependente ($y_i = Y_i - Y$);

n = número de valores observados.

Aplicando a fórmula anterior, o resultado pode ser analisado da seguinte forma:

- **para r = 1 ou r = –1**: há uma perfeita correlação positiva ou negativa;
- **para r = 0,5 ou r = –0,5**: correlação regular, positiva ou negativa.

27.2.2 Tipos de correlação

Existem três tipos de correlação:

1. **Correlação simples**: analisa o grau de relação entre duas variáveis: uma dependente (Y_i) e outra independente (X_i).
2. **Correlação múltipla**: analisa o grau de relação simultânea entre a variável dependente (Y_i) e duas ou mais variáveis independentes (X_i).
3. **Correlação parcial**: estuda a relação pura entre duas variáveis, depois de eliminada estatisticamente a influência de outras variáveis independentes.

27.2.3 Correlação × causa e efeito

Uma forte relação matemática entre duas ou mais variáveis não necessariamente significa que uma é causa da outra. Para validar a existência da causalidade, deve-se verificar na prática se a relação causa e efeito pode acontecer, ou seja, se é fisicamente possível.

Cabe ao especialista em Melhoria Contínua comparar variáveis de um mesmo processo, ou seja, de um mesmo contexto, visto que a correlação pode existir graficamente entre duas ou mais variáveis e, mesmo assim, uma não ser a causa da outra.

EXEMPLO PRÁTICO

Uma empresa de análises clínicas e diagnóstico de imagem, com mais de 90 unidades espalhadas por Minas Gerais, oferece uma grande variedade de exames com diferentes complexidades. As possibilidades vão desde um simples hemograma até testes de DNA. Os serviços de diagnóstico por imagem também são diversificados, por exemplo, mamografia, radiografia e ressonância magnética.

Recentemente, o laboratório treinou uma turma de 15 *Green Belts* que estão realizando projetos de otimização de processos e redução de custos em diversas áreas da empresa. Um dos projetos mais relevantes em andamento é o de "Consolidação de Tubos", visto que o uso exagerado de tubos no momento da coleta de sangue gera trabalho desnecessário e um custo elevado para a empresa. O objetivo do projeto é avaliar o índice de consolidação e aperfeiçoar esse indicador.

Índice de Consolidação = exames processados / quantidade de tubos coletados.

Sendo assim, é preciso avaliar se existe uma correlação entre o índice de consolidação e a porcentagem de exames de rotina. A base de dados contempla valores mensais dos indicadores.

Para entender como essa parte do processo pode ser analisada por meio de ferramentas estatísticas no *software* Minitab, abra o arquivo "Labs3.MTW", acessando o QR Code a seguir, e realize os seguintes passos:

1. Selecione Estat > Estatística Básica > Correlação...
2. Selecione no campo "Variáveis" o Índice de consolidação e % exames de rotina > Clique em OK.

O resultado é apresentado na Tabela 27.1.

Correlação: índice de consolidação; % exames de rotina	
Correlação Pearson de índice de consolidação e % exames de rotina	0,976
P-valor	0,000

Tabela 27.1 Índice de consolidação; porcentagem de exames de rotina.

Além disso, também é possível construir um gráfico de dispersão para uma análise mais visual. Para isso, é necessário realizar os seguintes passos:

1. Selecione Gráfico > Gráfico de Dispersão... > Com Regressão > Clique em OK.
2. Selecione "Índice de consolidação como Variável Y" e "% exames de rotina como Variável X" > Clique em OK.

O resultado é apresentado na Figura 27.4.

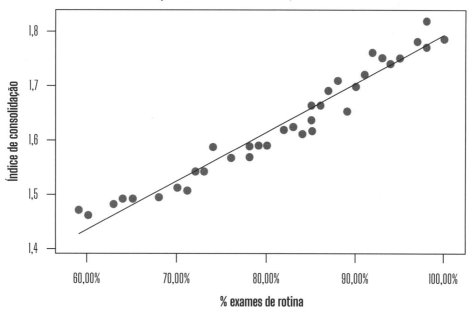

Figura 27.4 Resultado esperado do gráfico de correlação.

Com a análise, é possível afirmar que existe uma correlação entre o índice de consolidação e a porcentagem de exames de rotina, já que no Diagrama de Dispersão é possível observar uma inclinação positiva dos pontos e a proximidade entre os pontos e a reta.

Além disso, o valor do *r* (coeficiente de correlação linear) é de 0,976, o que indica uma correlação positiva forte.

É importante que o líder do projeto LSS esteja familiarizado com as ferramentas analisadas, pois elas são fontes de informações valiosas que podem servir de base para a identificação de oportunidades de melhoria, redução de custos e estratégias de otimização de processos.

27.3 REGRESSÃO LINEAR SIMPLES

A regressão é uma técnica para verificar se duas ou mais variáveis estão inter-relacionadas. Para isso, a análise de regressão estabelece um modelo matemático que ajuda a entender como determinadas variáveis influenciam outra variável. Exemplos de sua aplicação são:

- análise de fornecedores pelo tempo de execução de uma atividade;
- verificação do número de horas extras afetando os custos de uma área;
- análise do volume de certo insumo afetando a produtividade de uma máquina ou equipamento.

Assim, é possível conhecer a natureza da relação entre as variáveis estudadas, o que possibilita a realização de estudos acerca de situações que não estão ocorrendo conforme o esperado. Esse tipo de modelagem matemática permite a seleção e análise das variáveis que afetam mais significativamente o resultado, o que pode ajudar na comprovação do impacto das causas identificadas na etapa de Medição.

Existem diversos modelos de regressão, os quais são utilizados de acordo com a natureza das variáveis que estão sendo estudadas e com o interesse no tipo de resultado desejado. Neste Guia, serão apresentados os modelos de regressão linear (simples e múltipla) e logística, os mais utilizados em projetos LSS.

A regressão linear simples é o modelo matemático que pode explicar a dependência entre a variável de entrada (X) e a variável de saída (Y), considerando que apenas duas variáveis estarão envolvidas. Esse tipo de regressão assume que existe uma relação linear entre as duas variáveis, e que o valor da variável dependente pode ser previsto com base em uma equação de reta, apresentada a seguir.

$$y = \alpha + \beta x + \varepsilon$$

Em que:

y = variável dependente ou variável resposta;

x = variável independente, regressora ou explicativa;

α = coeficiente linear ou intercepto;

β = coeficiente angular ou inclinação da reta.

ε = erro entre o valor observado e o valor fornecido pela equação. (Há uma diferença entre o valor observado e o valor gerado pela equação, a qual é denominada "erro", e é representada por ε, uma variável aleatória que mensura a falha do modelo em ajustar-se aos dados. Tal erro pode ser devido ao efeito de variáveis não consideradas, erros de medição, entre outros.)

Método dos mínimos quadrados

Para estimar os parâmetros do modelo, é preciso um método de estimação, no qual o mais comumente utilizado é o método dos mínimos quadrados, o qual ajusta a melhor equação possível aos dados observados.

Baseado em n pares de observações (y_1, x_1), (y_2, x_2), ..., (y_n, x_n), o método dos mínimos quadrados consiste em escolher α e β, de modo que a soma dos quadrados dos erros $\left(\sum_{i=1}^{n} \varepsilon_i^2 \right)$ seja mínima.

Essa linha adaptada toma a forma de:

$$\check{y} = \check{\alpha} + \check{\beta} x$$

em que:

$\check{y}$ = variável dependente ou variável resposta;

x = variável independente, regressora ou explicativa;

$\check{\alpha}$ e $\check{\beta}$ = coeficientes de regressão linear;

e:

$$\check{\alpha} = \check{y} - \check{\beta} \overline{x}$$

$$\check{\beta} = \frac{S_{XY}}{S_{XX}}$$

em que:

$$S_{XY} = \sum_{i=1}^{n} x_i y_i - \frac{\sum_{i=1}^{n} x_1 \sum_{i=1}^{n} y_i}{n}$$

$$S_{XX} = \sum_{i=1}^{n} x_i^2 - \frac{\left(\sum_{i=1}^{n} x_i \right)^2}{n}$$

$$S_{YY} = \sum_{i=1}^{n} y_i^2 - \frac{\left(\sum_{i=1}^{n} y_i \right)^2}{n}$$

em que:

n = número de dados (pontos).

EXEMPLO PRÁTICO 1

Considerando os dados da Tabela 27.2, encontre o coeficiente de correlação linear e a equação de regressão linear.

x	y
10	2
15	3
20	5
15	4

Tabela 27.2 Dados – Exemplo de regressão linear.

Para obter o coeficiente de correlação linear, é preciso calcular S_{XY} e S_{XX}, conforme a Tabela 27.3.

	x	y	x2	xy	y2
	10	2	100	20	4
	15	3	225	45	9
	20	5	400	100	25
	15	4	225	60	16
TOTAL	60	14	950	225	54
MÉDIA	15	3,5			

Tabela 27.3 Cálculos – Exercício de regressão linear.

$$S_{XY} = \sum_{i=1}^{n} x_i y_i - \frac{\sum_{i=1}^{n} x_1 \sum_{i=1}^{n} y_i}{n}$$

$$S_{XY} = 225 - \frac{60 \cdot 14}{4} = 15$$

$$S_{XX} = \sum_{i=1}^{n} x_i^2 - \frac{\left(\sum_{i=1}^{n} x_i\right)^2}{n}$$

$$S_{XX} = 950 - \frac{(60)^2}{4} = 50$$

$$S_{YY} = \sum_{i=1}^{n} y_i^2 - \frac{\left(\sum_{i=1}^{n} y_i\right)^2}{n}$$

$$S_{YY} = 54 - \frac{(14)^2}{4} = 5$$

Usando a fórmula do coeficiente de correlação linear:

$$r = \frac{S_{XY}}{\sqrt{S_{XX}S_{YY}}} = \frac{\sum_{i=1}^{n} x_i y_i - \frac{\left(\sum_{i=1}^{n} x_1\right)\left(\sum_{i=1}^{n} y_1\right)}{n}}{\sqrt{\left(\sum_{i=1}^{n} x_i^2 - \frac{\left(\sum_{i=1}^{n} x_i\right)^2}{n}\right)\left(\sum_{i=1}^{n} y_i^2 - \frac{\left(\sum_{i=1}^{n} y_i\right)^2}{n}\right)}}$$

$$r = \frac{15}{\sqrt{50*5}} = 0,9489$$

Usando as equações dos coeficientes, obtém-se:

$$\breve{\beta} = \frac{S_{XY}}{S_{XX}}$$

$$\breve{\beta} = \frac{15}{50}$$

$$\breve{\beta} = 0,3$$

$$\breve{\alpha} = \bar{y} - \breve{\beta}\bar{x}$$

$$\breve{\alpha} = 3,5 - 0,3 \cdot 15$$

$$\breve{\alpha} = -1$$

Dessa forma, a equação de regressão linear é dada por:

$$\breve{y} = \breve{\alpha} + \breve{\beta}x$$

$$\breve{y} = -1 + 0,3x$$

EXEMPLO PRÁTICO 2

Na empresa de análises clínicas, é possível notar que existe uma correlação entre o índice de consolidação de tubos e a porcentagem de exames de rotina. A regressão linear simples permitirá definir uma equação que descreva essa relação entre as duas variáveis. Para isso:

1. Abra o arquivo "Labs3.mtw".
2. Selecione Estat > Regressão > Gráfico de Linha Ajustada...
3. Selecione "Índice de consolidação como Resposta (Y)" > Selecione "% exames de rotina como Preditora (X)" > Selecione "Linear" > Clique em OK.

uqr.to/1tqqy

O resultado é apresentado a seguir. Na Figura 27.5 é possível obter a equação de regressão linear simples, que é definida por: Y = 0,9086 + 0,8799x.

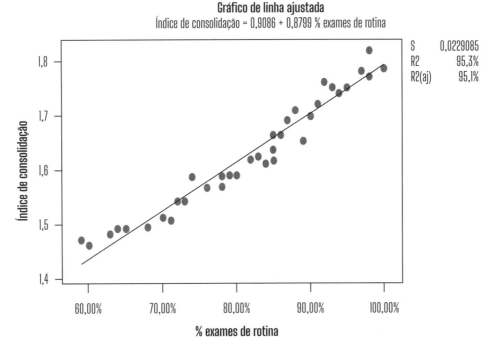

Figura 27.5 Resultado esperado do gráfico de correlação.

Análise de regressão: índice de consolidação *versus* % exames de rotina						
A equação de regressão é: Índice de consolidação = 0,9086 + 0,8799 % exames de rotina						
S = 0,0229085		R-Sq = 95,3%			R-Sq (adj) = 95,1%	
Análise da variância						
Source (Fonte)	DF	SS		MS	F	P
Regression (Regressão)	1	0,360850		0,360850	687,60	0,000
Error (Erro)	34	0,017843		0,000525		
Total	35	0,378693				

Tabela 27.4 Dados sobre a análise de regressão linear.

Para validar esse modelo, é necessário realizar os seguintes passos:

1 – Avaliar o p-valor da regressão

Regra de decisão:

- p-valor ≤ 0,05: a correlação entre as duas variáveis é significativa;
- p-valor > 0,05: a correlação entre as duas variáveis não é significativa

2 – Coeficiente de Determinação

Regra de decisão:

- O coeficiente será calculado como $0 \leq R^2 \leq 100\%$.
- Quanto mais próximo de 100%, maior a representatividade da variável *x* ao explicar o comportamento da variabilidade que ocorre com a variável *y*, sendo ideal um R^2 acima de 50%. O restante da variabilidade é explicado por outras variáveis não utilizadas no modelo.

3 – Análise de Resíduos

É preciso avaliar as seguintes suposições associadas à regressão linear simples:

- Os erros têm média zero e variância constante.
- Os erros não são correlacionados, ou seja, o valor de um erro não depende de qualquer outro erro.
- Os erros têm distribuição Normal.

É necessário realizar os seguintes passos:

1. Selecione Estat > Regressão > Gráfico de Linha Ajustada...
2. Selecione "Índice de consolidação como Resposta (Y)" > Selecione "% de exames de rotina como preditora (X)" > Selecione "Linear".
3. Selecione a opção "Gráficos..." > Selecione "Quatro em um" > Clique em OK.
4. Selecione "Armazenamento..." > Selecione "Resíduos" > Clique em OK duas vezes.

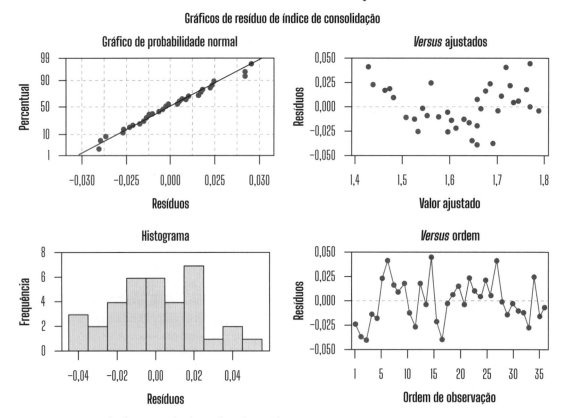

Figura 27.6 Resultado esperado da análise de resíduo.

Assim, as conclusões finais são:

- As duas variáveis do modelo são correlacionadas, visto que no modelo de regressão linear se observa uma proximidade dos pontos em relação à reta, indicando uma correlação positiva forte.
- A variável preditora (x) é representativa, já que R^2 = 95%, o que significa que 95% da variabilidade de Y é explicada pela variabilidade de X. Os 5% restantes são explicados por erro experimental (outras variáveis que não foram incluídas no modelo).
- É possível analisar média zero e variabilidade aproximadamente constante pelo gráfico Ordem de Observação, e que os erros não são correlacionados em razão do espaçamento entre os pontos no gráfico "Valor Ajustado". Além disso, é possível observar por meio do gráfico de Probabilidade que os erros têm distribuição Normal.

Dessa forma, conclui-se que o modelo de regressão linear é adequado.

27.4 REGRESSÃO LINEAR MÚLTIPLA

Assim como a regressão linear simples, a regressão linear múltipla é um modelo matemático que explica a dependência entre as variáveis de entrada (x) e a variável de saída (Y), porém, nesse caso, é possível explicar a dependência de múltiplas variáveis. Além disso, é importante considerar que as variáveis de entrada estarão na forma linear (x_1, x_2) ou em interações ($x_1 x_2$).

$$y = b_0 + b_1 x_1 + \ldots + b_k x_k + \varepsilon$$

Em que:

y = variável dependente ou variável resposta;

$x_1, x_2, \ldots, x_k$ = variável independente ou preditora;

$b_0, b_1, b_2, b_{12}, \ldots, b_k$ = coeficientes de regressão.

Um exemplo de utilização de regressão linear múltipla seria para analisar a relação entre o Produto Interno Bruto (PIB) do setor agropecuário com a temperatura média no verão. Entretanto, deseja-se acrescentar como variável explicativa, além da temperatura, a precipitação no verão, sendo necessário trabalhar com regressão linear múltipla.

Equação da regressão linear múltipla

Para o desenvolvimento de uma equação para o modelo de regressão linear múltipla, será usado o método de mínimos quadrados ordinários (MQO).

Desse modo, para o caso de duas variáveis independentes, a equação por MQO é dado por:

$$Y_i = \check{\beta}_0 + \check{\beta}_1 X_{1i} + \check{\beta}_2 X_{2i} + \check{\varepsilon}_1$$
$$\check{Y}_i$$

Em que:

ε = erro ou resíduo da regressão.

O método de MQO seleciona os valores para os parâmetros desconhecidos que minimizam a soma dos quadrados do erro ou resíduos da regressão (ε). Com N observações de Y, X_1 e X_2, $\check{\beta}_0$, $\check{\beta}_1$, e $\check{\beta}_2$ são escolhidos simultaneamente, fazendo com que o valor da expressão a seguir seja o menor possível:

$$Mín \sum_{i=1}^{n} \varepsilon_1^{\bar{2}} = \sum_{i=1}^{n} \left(Y_1 - \hat{\beta}_0 - \hat{\beta}_1 X_{1i} - \hat{\beta}_2 \right)^2$$

A resolução matemática da equação anterior mostra que os estimadores de MQO ($\bar{y}$) satisfazem as equações normais, ou seja:

$$\bar{y} = \check{\beta}_0 + \check{\beta}_1 X_1 + \check{\beta}_2 X_2$$

em que:

$$\check{\beta}_1 = \frac{\left(\sum_{i=1}^{n} Y_1 X_{1i}\right)\left(\sum_{i=1}^{n} X_{2i}^2\right) - \left(\sum_{i=1}^{n} Y_i X_{2i}\right)\left(\sum_{i=1}^{n} X_{1i} X_{2i}\right)}{\left(\sum_{i=1}^{n} X_{2i}^2\right)\left(\sum_{i=1}^{n} X_{1i}^2\right) - \left(\sum_{i=1}^{n} X_{1i} X_{2i}\right)^2}$$

$$\check{\beta}_2 = \frac{\left(\sum_{i=1}^{n} Y_1 X_{2i}\right)\left(\sum_{i=1}^{n} X_{1i}^2\right) - \left(\sum_{i=1}^{n} Y_i X_{1i}\right)\left(\sum_{i=1}^{n} X_{1i} X_{2i}\right)}{\left(\sum_{i=1}^{n} X_{2i}^2\right)\left(\sum_{i=1}^{n} X_{1i}^2\right) - \left(\sum_{i=1}^{n} X_{1i} X_{2i}\right)^2}$$

e:

$$\sum_{i=1}^{n} Y_i X_{1i} = \check{\beta}_0 \sum_{i=1}^{n} X_{1i} + \check{\beta}_1 \sum_{i=1}^{n} X_{1i}^2 + \check{\beta}_2 \sum_{i=1}^{n} X_{1i} X_{2i}$$

$$\sum_{i=1}^{n} Y_i X_{2i} = \check{\beta}_0 \sum_{i=1}^{n} X_{2i} + \check{\beta}_1 \sum_{i=1}^{n} X_{1i} X_{2i} + \check{\beta}_2 \sum_{i=1}^{n} X_{2i}^2$$

Na interpretação do modelo de regressão linear múltipla, tem-se que:

$$\check{y}_1 = \check{\beta}_0 + \check{\beta}_1 X_{1i} + \check{\beta}_2 X_{2i}$$

EXEMPLO PRÁTICO

O RH de uma empresa de carros deseja verificar se existe alguma correlação entre o índice de produtividade dos operadores do chão de fábrica e algumas características (variáveis x), como tempo de empresa (meses), nota da avaliação de desempenho (nota do RH), idade (anos) e absenteísmo (%). Sabe-se que os dados são confiáveis, pois o sistema de medição foi previamente avaliado.

O objetivo será determinar quais variáveis serão incluídas no modelo de regressão linear, e se a equação de regressão é adequada. Para acompanhar os passos do exercício, abra o arquivo "Cars2.mtw", acessando o QR Code a seguir.

Inicialmente, é preciso verificar se as suposições associadas à regressão linear foram satisfeitas. Para isso:

1) Selecione Estat > Regressão > Regressão > Melhores Subconjuntos…
2) Selecione "Índice de produtividade como Resposta:" > Selecione as variáveis 'Tempo de empresa', "Nota RH", "Idade", "Absenteísmo" e todas as interações de segunda ordem como Preditores livres: > Clique em OK.

uqr.to/1tt0s

Os dados obtidos são:

Vars	R2	R2 (adj)	R2 (pred)	Cp de Mallows	S	Empresa	Nota RH	Idade	Absenteísmo	x1x2	x1x3	x1x4	x1x3	x1x4	x1x4
1	81,8	81,5	80,1	146,3	2,2093					X					
1	79,3	78,9	77,2	173,0	2,3579	X									
2	91,3	90,9	89,9	48,5	1,5488					X		X			
2	90,3	89,8	88,7	59,1	1,6348	X						X			
3	92,7	92,2	91,1	35,1	1,4286	X				X		X			
3	92,5	92,0	90,9	37,5	1,4507				X	X		X			
4	95,0	94,6	93,4	12,5	1,1918	X	X			X		X			
4	93,8	93,3	92,1	25,5	1,3313	X	X		X	X					
5	95,4	94,8	93,6	11,0	1,1644	X	X			X		X			X
5	95,3	94,8	93,6	11,4	1,1697	X	X		X	X		X			
6	96,2	95,7	94,7	3,9	1,0638	X	X		X	X		X		X	
6	95,5	94,9	93,4	11,4	1,1585	X	X	X		X		X			X
7	96,2	95,6	94,3	5,8	1,0739	X	X		X	X		X		X	X
7	96,2	95,6	94,3	5,8	1,0749	X	X		X	X	X	X		X	
8	96,3	95,6	93,8	7,2	1,0796	X	X	X	X	X		X		X	X
8	96,3	95,6	93,4	7,2	1,0798	X	X		X	X	X	X		X	X
9	96,3	95,5	93,4	9,0	1,0901	X	X	X	X	X		X	X	X	X
9	96,3	95,5	93,3	9,2	1,0930	X	X	X	X	X	X	X		X	X
10	96,3	95,4	92,8	11,0	1,1038	X	X	X	X	X	X	X	X	X	X

Tabela 27.5 Dados para a escolha de variáveis e interações para a equação de regressão.

Para escolha de quais variáveis ou interações que vão compor a equação de regressão, serão analisadas as colunas R2 ajustado R2 (adj) e a coluna S. Quanto maior o valor de R2 ajustado e menor o valor de S, melhor. A escolha da coluna R2 ajustado (R2 (adj)) se dá pelo fato de que ela considera a quantidade de variável x que está sendo contemplada, ao mesmo tempo em que analisa se essa quantidade está representando as alterações que serão observadas em y. E a coluna S refere-se à variabilidade.

As variáveis x_1, x_2 e x_4 (tempo de empresa, nota RH e absenteísmo) e as interações entre elas ($x_1 x_2$, $x_1 x_4$ e $x_2 x_4$) serão incluídas no modelo de regressão linear múltipla. O próximo passo será avaliar se a equação de regressão é adequada. Então:

3) Selecione Estat > Regressão > Regressão > Ajuste de Modelo de Regressão...
4) Selecione "Índice de produtividade como Respostas" > Selecione as variáveis "Tempo de empresa", "Nota RH", "Absenteísmo" e as interações "tempo de empresa × nota RH" ($x_1 x_2$), "tempo de empresa × absenteísmo" ($x_1 x_4$) e "Nota RH × absenteísmo" ($x_2 x_4$) como Preditores contínuas: > Clique em Gráficos...
5) Selecione a opção "Quatro em um" > Clique em OK duas vezes.

Os resultados são apresentados na Tabela 27.6.

Análise de regressão: índice de pr *versus* tempo de empresa; nota RH; absenteísmo; x1x2; x1x4;...

Análise de variância

Fonte	GL	SQ (Aj)	QM (Aj)	Valor-F	p-valor
Regressão	6	1241,18	206,864	182,78	0,000
Tempo de empresa	1	46,60	46,599	41,17	0,000
Nota RH	1	31,37	31,369	27,72	0,000
Absenteísmo	1	12,59	12,586	11,12	0,002
x1x2	1	52,74	52,737	46,60	0,000
x1x4	1	23,59	23,593	20,85	0,000
x2x4	1	11,53	11,531	10,19	0,003
Erro	43	48,67	1,132		
Total	49	1289,85			

Sumário do modelo

S = 1,06384	R2 = 96,23%	R2 (aj) = 95,70%	R2 (pred) = 94,70%

Coeficientes

Termo	Coef	EP de Coef	Valor-T	p-valor	VIF
Constante	244,1	31,1	7,85	0,000	
Tempo de empresa	–6,48	1,01	–6,42	0,000	3270,00
Nota de RH	–17,56	3,34	–5,26	0,000	48,49
Absenteísmo	–10,32	3,09	–3,33	0,002	2234,21
x1x2	0,724	0,106	6,83	0,000	3587,23
x1x4	–0,0824	0,0180	–4,57	0,000	5,47
x2x4	1,090	0,342	3,19	0,003	2114,91

Tabela 27.6 Análise de regressão.

Analisando os resultados, é possível concluir que o p < 0,05 para cada variável preditora e que interação adicionada ao modelo indica que a variável ou interação é significativa. Além disso, os valores de R^2 e R^2 (ajustado) estão acima de 50% e o mais próximo de 100% possível. Sendo assim, o p-valor de regressão e o coeficiente de determinação estão validados. Assim, a equação de regressão pode ser escrita como:

$$\text{Índice de produtividade} = 244{,}1 - 6{,}48*(\text{Tempo de empresa}) - 17{,}56 * (\text{Nota RH}) - 10{,}32 * (\text{Absenteísmo}) + 0{,}724 * (x_1 x_2) - 0{,}0824 * (x_1 x_4) + 1{,}090 * (x_2 x_4)$$

Por meio das variáveis preditoras (x), é possível avaliar o comportamento da variável resposta (y). O próximo passo é validar a análise de resíduos.

Obs.	Índice de produtividade	Ajuste	Resid	Resid Pad	
1	73,690	74,330	–0,640	–096	X
34	82,012	84,124	–2,112	–2,05	R
45	89,300	86,417	2,883	2,83	R
R Resíduo grande; X atípicos					

Tabela 27.7 Análise de resíduo grande e informações atípicas.

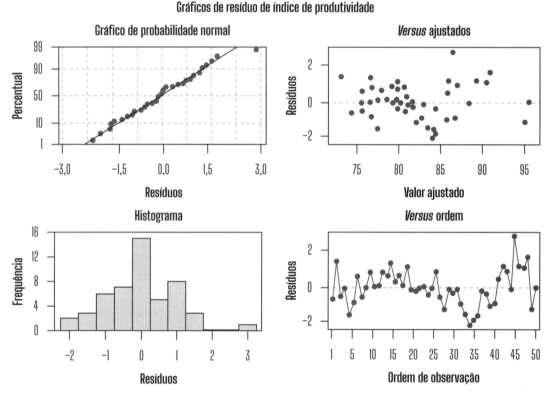

Figura 27.7 Gráficos de resíduo de índice de produtividade.

De acordo com os gráficos anteriores, é possível concluir que os resíduos têm distribuição Normal, média zero, variância constante e não são correlacionados.

Com base nos resultados do Minitab, é possível afirmar que o modelo é adequado. O valor do R^2(aj) é 95,7%, ou seja, a representatividade das variáveis preditoras (x) é alta e explica a maior parte da variabilidade que ocorre com a variável resposta (y).

O p-valor da regressão é igual a zero, ou seja, existe correlação entre as variáveis preditoras (x) incluídas no modelo e a variável resposta (y). Com os testes validados, é possível concluir que a equação da regressão é validada e representa o modelo explicitado nesse exemplo.

27.5 REGRESSÃO LOGÍSTICA

A regressão logística modela a probabilidade de um evento ocorrer para certo valor da variável de entrada (x) contínua. Essa técnica é recomendada para situações em que a variável dependente é de natureza dicotômica ou binária. A regressão logística permite a estimação da probabilidade associada à ocorrência de um evento em face de um conjunto de variáveis explanatórias.

A regressão logística é semelhante à linear, exceto que, em vez de um resultado gráfico, a variável resultado é binária (o valor é 0 ou 1). Há dois tipos de mensuráveis: o item que está sendo medido, ou seja, as variáveis; e os dados de resposta, a qual corresponde a uma variável binária.

Por exemplo, ao prever se determinado aluno será aprovado ou reprovado em uma prova, as horas de estudo são a variável ou recurso, e a variável de resposta terá duas saídas possíveis: aprovado ou reprovado.

Tipos de regressão logística

- **Regressão logística binária:** nesse caso, há apenas dois resultados possíveis para a resposta, como no exemplo anterior, no qual o aluno seria aprovado ou reprovado.
- **Regressão logística multinomial:** as variáveis de resposta podem incluir três ou mais respostas, que não estarão em ordem. Por exemplo: prever se os clientes de um restaurante preferem determinado tipo de comida (vegana, vegetariana ou carne).
- **Regressão logística ordinal:** também pode apresentar três ou mais variáveis de saída, entretanto, existe uma ordem que as medições seguem. Por exemplo: classificar a qualidade de um hotel em uma escala de 1 a 5.

Função logística

Na regressão logística, a probabilidade de ocorrência de determinado evento pode ser estimada de forma direta. No caso de a variável dependente Y assumir apenas dois possíveis resultados (0 ou 1) e haver um conjunto de p variáveis independentes $(X_1, X_2, ..., X_p)$, o modelo de regressão logística pode ser apresentado da seguinte forma:

$$P(Y=1) = \frac{1}{1+e^{-g(x)}}$$
$$g(x) = B_0 + B_1 X_1 + ... + B_p X_p$$

Coeficientes

Os coeficientes $B_0, B_1, ..., B_p$ são estimados a partir do conjunto de dados, por meio do método da máxima verossimilhança, no qual se encontra uma combinação de coeficientes que maximiza a probabilidade de a amostra ter sido observada.

A. Quando $g(x) \to +\infty$, então $P(Y=1) \to 1$;
B. Quando $g(x) \to -\infty$, então $P(Y=1) \to 0$.

Curva da regressão logística

A curva logística tem um comportamento probabilístico no formato da letra S (conforme apresentado na Figura 27.8), o que é uma característica da regressão logística.

Nesse caso, um coeficiente positivo aumenta a probabilidade, enquanto um coeficiente negativo diminui a probabilidade.

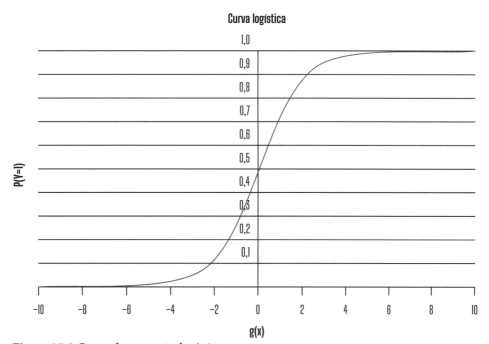

Figura 27.8 Curva da regressão logística.

EXEMPLO PRÁTICO

Um laboratório de análises clínicas e diagnóstico de imagem tem mais de 90 unidades espalhadas por Minas Gerais. Ainda na fase Análise do método DMAIC, o *Black Belt* do projeto de consolidação de tubos planejou uma coleta de dados para avaliar a relação entre o tempo de empresa do colaborador e seu desempenho na linha de produção.

Foram monitorados 25 colaboradores no período de 1 semana. Para cada colaborador, registrou-se o seu tempo de empresa em meses e, durante o período da coleta, foi registrado se o colaborador desempenhou acima da média atual da empresa ou se o seu desempenho foi abaixo da média.

Para os exames manuais, sabe-se que o índice de consolidação médio do laboratório é de 1,74, ou seja, em média os colaboradores processam 1,74 exame para cada tubo coletado.

Para fazer a análise, o *Black Belt* decidiu fazer uso da regressão logística binária, por meio da qual aplicou a seguinte regra:

- Y = 1, se o colaborador tiver um desempenho igual ou maior que 1,74 no período da coleta de dados.
- Y = 0, se o colaborador tiver um desempenho abaixo de 1,74 no período da coleta de dados.

Sendo assim, as hipóteses testadas pelo *Black Belt* serão:

- H_0: o tempo de empresa (x) e o resultado do desempenho (y) são independentes, ou seja, um não influencia o outro.
- H_A: o tempo de empresa (x) e o resultado do desempenho (y) são dependentes.

Para a realização da análise, abra o arquivo "Labs4.mtw", acessando o QR Code a seguir, e realize os seguintes passos:

1) Selecione Estat > Regressão > Gráfico de Linha Ajustada Binária...
2) Selecione "Classificação" para o campo Resposta > Indique o valor 1 para Evento de Resposta > Selecione "Tempo de empresa" para o campo Preditor > Clique em "Armazenamento...".
3) Selecione "Valores ajustados" > Clique em OK duas vezes.

Os resultados são apresentados a seguir.

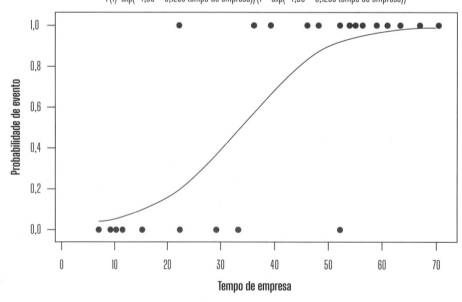

Figura 27.9 Gráfico de linha ajustada binária.

Linha ajustada binária: classificação *versus* tempo de espera					
Gráfico de linha ajustada binária					
Método					
Função de ligação		Logito			
Linhas usadas		25			
Informações da resposta					
Variável		Valor		Frequência	
Classificação		1		15	(Evento)
		0		10	
		Total		25	
Fonte	GL	Dev (aj.)	Média (aj.)	Qui-quadrado	p-valor
Regressão	1	18,79	18,7904	18,79	0,000
Tempo de empresa	1	18,79	18,7904	18,79	0,000
Erro	23	14,86	0,6461		
Total	24	33,65			

Tabela 27.8 Linha ajustada binária: classificação *versus* tempo de espera.

Sumário do modelo				
R2 *deviance*		R-quad (aj.) *deviance*		AIC
55,84%		52,87%		18,86%
Coeficientes				
Termo		Coef	EP de Coef		VIF
Constance		-4,30	1,77		
Tempo de espera		0,1288	0,0463		1,00
Razões de chances para preditoras contínuas				
		Razão de chances		IC de 95%	
Tempo de espera		1,1374		(1,0387; 1,2455)	
Obs.	Probabilidade observada	Ajuste	Resid	Resid Pad	
18	0,0000	0,9161	-2,2261	-2,32	R
R – resíduo grande				

Tabela 27.9 Sumário do modelo.

Os resultados demonstram a quantidade de eventos da amostra, sendo 15 resultados acima da média e 10 resultados abaixo da média. Além disso, o p-valor determina se as variáveis são correlacionadas. Se p < 0,05, existe uma correlação. Além disso, é importante que o valor de R^2 esteja acima de 50%, o que indica que a variável x consegue explicar boa parte da variabilidade do modelo.

Na planilha do Minitab, a coluna AJUSTES1 foi criada e contém os valores de probabilidade de ocorrência de cada evento. Com isso, é possível determinar a probabilidade de um colaborador desempenhar acima da média para cada tempo de empresa da base de dados. Essa coluna pode ser vista na Tabela 27.10.

Tempo de empresa	Classificação	AJUSTES1
36	1	0,581771
39	1	0,671791
55	1	0,941382
15	0	0,085200
56	1	0,948096
7	0	0,032180
67	1	0,986892
11	0	0,052714
29	0	0,360959
52	1	0,916065
22	1	0,186569
10	0	0,046643
48	1	0,867041
9	0	0,041241
7	0	0,032180
63	1	0,978253
59	1	0,964129
52	0	0,916065
22	0	0,186569
46	1	0,834457
61	1	0,972045

Tabela 27.10 Probabilidade de desempenho acima da média pelo tempo de empresa (em meses).

Com a realização da análise, o *Black Belt* foi capaz de responder às seguintes perguntas:

1 – Existe dependência entre as variáveis?

Sim. Na regressão logística, quando p < 0,05 as variáveis são correlacionadas.

2 – É possível afirmar que quanto maior o tempo de empresa do colaborador, maior é a chance de ele desempenhar acima da média?

Sim. A correlação é positiva, então um colaborador com 60 meses de empresa tem uma probabilidade muito maior de desempenhar acima da média que um colaborador de 10 meses.

3 – Qual é a probabilidade de um colaborador performar acima da média se ele tiver 9, 22, 36 ou 61 meses de experiência na empresa?

9 meses – 4,12%;

22 meses – 18,66%;

36 meses – 58,18%;

61 meses – 97,2%.

4 – É possível afirmar que atualmente é satisfatório o tempo médio que um colaborador leva para ter uma boa *performance*?

Para ter mais de 50% de *performance* acima da média um colaborador deve ter cerca de 36 meses de empresa, o que representa 3 anos. A princípio, esse valor não é satisfatório, sendo ideal o colaborador conseguir uma *performance* melhor no seu primeiro ano de empresa.

27.6 CARTAS MULTI-VARI

Cartas Multi-Vari (ou análise multivariada) são gráficos usados para analisar a relação entre múltiplas variáveis em um conjunto de dados, e representam uma extensão das cartas de controle univariadas, as quais são usadas para monitorar uma única variável ao longo do tempo. As Cartas Multi-Vari contemplam informações de várias variáveis em um único gráfico, permitindo a identificação de tendências e padrões que não seriam facilmente detectáveis em um gráfico de controle univariado.

Seu objetivo é ilustrar como a alteração nas variáveis de entrada impactam na saída (resultado de interesse). Além disso, as cartas separam variações causadas por causas comuns de variações geradas por causas especiais.

As Cartas Multi-Vari podem ser usadas para monitorar a qualidade de processos e identificar pontos de melhoria em um ambiente de produção ou operações. O método Multi-Vari pode ser definido como o estudo dos efeitos de variáveis controláveis e não controláveis (x) nas saídas do processo (y), o que é similar às análises apresentadas anteriormente. No entanto, diferentemente das outras análises, essa ferramenta faz uso de uma abordagem visual.

Como os gráficos desenvolvidos pelas Cartas Multi-Vari fornecem resumos dos dados e revelam a magnitude de contribuição das fontes de variação no seu processo, sua utilização permite uma gestão visual dos dados, o que pode facilitar a análise e a compreensão dos dados quando forem apresentados, seja para a equipe envolvida durante o projeto, seja para a alta gerência depois da finalização, como forma de descrever e comparar os resultados do projeto.

Exemplo de Cartas Multi-Vari

A Figura 27.10 demonstra um exemplo de Carta Multi-Vari, na qual se observa a possibilidade de trabalhar com a variável Y (no caso, refugo) em relação a dois fatores de estratificação (turno e máquina). Isso permite a análise da interação entre essas três variáveis e o que pode influenciar mais no processo.

A seguir, na Figura 27.11, é apresentada uma Carta Multi-Vari com três fatores: os fatores A e B têm dois níveis cada, e o Fator C tem três níveis.

Cada painel da Figura 27.11 representa um nível de Fator C, os losangos verdes representam as médias para cada nível do Fator C, e a linha verde liga as médias de nível desse fator.

Cada painel tem duas seções que correspondem a cada nível do Fator B, em que os quadrados vermelhos representam os meios para cada nível do Fator B. Assim, cada seção tem um conjunto de símbolos que correspondem a cada nível médio para o Fator A, e a linha azul-sólido conecta as médias de nível do Fator A.

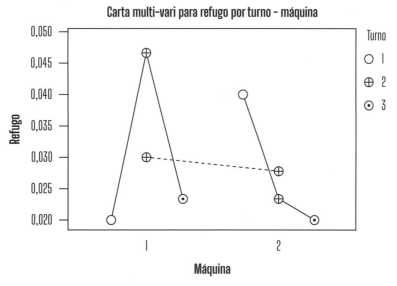

Figura 27.10 Exemplo 1 de Carta Multi-Vari.

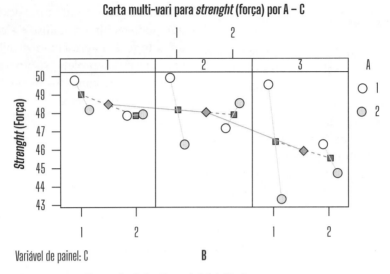

Figura 27.11 Exemplo 2 de Carta Multi-Vari.

EXEMPLO PRÁTICO

O *Green Belt* de uma empresa de aditivos deseja avaliar o percentual de impureza de alguns de seus produtos. Para isso, é necessário avaliar o efeito que as entradas (variáveis controláveis e ruídos) proporcionam na variável de saída, no caso, porcentagem de impureza.

Como padrão interno da empresa para a qualidade, o limite máximo para o teor de impureza deve ser de 7%. As variáveis de entrada que serão estudadas são: dia, turno e períodos dentro do turno.

Os subgrupos racionais criados para a amostragem foram: amostras coletadas durante 3 dias de produção, durante os três turnos de funcionamento, em dois momentos diferentes dentro de cada turno (início e fim).

Para definir quais são as principais variáveis que explicam a variação na porcentagem de impurezas, abra o arquivo "Aditivos.MPJ", acessando o QR Code a seguir, e realize os seguintes passos:

1) Selecione Estat > Ferramentas de Qualidade > Carta Multi-Vari...
2) Selecione a variável "Impureza" no campo Resposta > Selecione a variável "Dia" no campo Fator 1 e a variável "Turno" no campo Fator 2 > Clique em OK.

É interessante utilizar dois fatores de cada vez, para facilitar a visualização e a compreensão no gráfico. Sendo assim, o resultado é apresentado na Figura 27.12.

uqr.to/1tt13

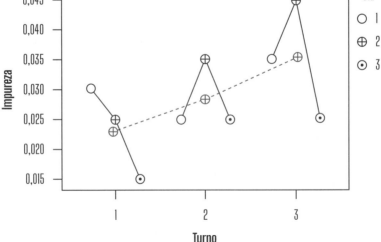

Figura 27.12 Carta Multi-Vari para impureza por dia-turno.

Com a análise do gráfico, é possível notar que os três turnos apresentam grande variabilidade no resultado de impurezas. Considerando que essa taxa deva ser a menor possível, nota-se que o turno 1 trabalha com o melhor desempenho, pois apresenta os resultados mais baixos, especialmente no dia 3. Por outro lado, o turno 3 é responsável pelo pior resultado geral no dia 2, com alto grau de impureza.

Além da Multi-Vari por dia-turno, é interessante também comparar o desempenho de cada momento dentro dos turnos, para entender se existe alguma variação alta que influencie no resultado final. Para fazer essa análise, realize os seguintes passos:

1) Selecione Estat > Ferramentas de Qualidade > Carta Multi-Vari...
2) Selecione a variável "Impureza" no campo Resposta > Selecione a variável "Turno" no campo Fator 1 e a variável "Momento" no campo Fator 2 > Clique em OK.

Com isso, o gráfico gerado será o seguinte:

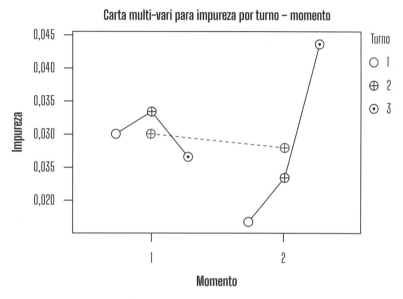

Figura 27.13 Carta Multi-Vari para impureza por turno-momento.

Com os resultados, é possível concluir que o turno é o principal condutor da variabilidade, e que entre os turnos existe uma diferença de variabilidade média menor, mas dentro de cada turno os valores se alteraram de maneira mais significativa nos 3 dias e ao longo do momento 2. A variável "turno" é, potencialmente, uma fonte de variação do grau de impureza, sendo necessário investigar o que ocorre dentro de cada turno.

RESUMO

- Na etapa de Análise, ocorre a coleta e a análise de dados, a identificação de padrões e tendências, a avaliação dos riscos e das causas prováveis dos problemas, em que são usadas ferramentas estatísticas como correlação, regressão, Cartas Multi-Vari, entre outras.
- O Mapa de Análise Estatística auxilia na identificação da melhor ferramenta de acordo com seu objetivo específico, ajudando assim na escolha da melhor ferramenta de acordo com os dados apresentados e o que se deseja alcançar como análise e resultado.
- A correlação é uma medida padrão que indica a relação entre duas variáveis aleatórias, podendo ser calculada pelo seu coeficiente de correlação, o qual analisa se existe correlação e se esta é positiva ou negativa. O gráfico dessa ferramenta é composto de pontos, que representam os valores da variável, e a linha de regressão – quanto maior a proximidade dos pontos em relação à linha, maior a correlação.
- A regressão é uma técnica que verifica a relação de uma variável com a outra, analisando se o comportamento de uma afeta o comportamento da outra. Existem diversos modelos para regressão – neste Guia, foram apresentadas a regressão linear (simples e múltipla) e a regressão logística, as mais utilizadas em projetos LSS.
  ✓ A regressão linear simples verifica a relação entre duas variáveis e segue uma equação linear para analisar essa dependência, de modo a explicar a dependência entre uma variável de entrada (x) e a variável de saída (y).

- ✓ A regressão linear múltipla segue o mesmo preceito da regressão linear simples, porém com a diferença de que se pode analisar a dependência de várias variáveis.
- ✓ A regressão logística modela a probabilidade de um evento ocorrer para determinado valor da variável de entrada (x) contínua. Essa regressão é semelhante à linear, exceto que, em vez de um resultado gráfico, a variável "resultado" é binária (valor é 0 ou 1).

- As Cartas Multi-Vari são uma ferramenta visual que permite analisar graficamente o impacto das variáveis de entrada na saída, podendo ainda ser utilizadas para comprovar as causas encontradas na etapa anterior.

REFERÊNCIAS BIBLIOGRÁFICAS

KUBIAK, T. M.; BENBOW, D. W. *The certified Six Sigma Black Belt Handbook*. 3. ed. Milwaukee: American Society for Quality, 2016.

SUPPORT Minitab. *Fundamentos da carta multi-vari*. Disponível em: https://support.minitab.com/pt-br/minitab/20/help-and-how-to/quality-and-process-improvement/quality-tools/supporting-topics/multi-vari-chart-basics/. Acesso em: 01 jul. 2024.

THEISENS, H. C. *Lean Six Sigma Green Belt Mindset, Skill set and Tool set*. 5. ed. Enschede: Lean Six Sigma Academy, 2021.

Capítulo 28

TESTES E FERRAMENTA PARA ANÁLISE DE DADOS

OBJETIVOS DE APRENDIZAGEM

Ao final deste capítulo, será possível:
- Compreender o que é o teste de hipóteses, identificando suas derivações e aprendendo como interpretar seus dados.
- Entender o que é a Análise de Variância (ANOVA) e qual sua importância e diferença em relação ao teste de hipóteses.
- Identificar os tipos de ANOVA (ANOVA para um fator ou para dois fatores e ANOVA para múltiplas comparações).
- Compreender o que são testes não paramétricos, especialmente o Teste de Levene e o Teste de Mediana de Mood.
- Entender o que é o Teste do Qui-quadrado, seu objetivo e suas hipóteses.
- Compreender o que é a ferramenta FMEA, as 12 etapas para sua construção e sua classificação em PFMEA e DFMEA.

INTRODUÇÃO

Os testes estatísticos são ferramentas essenciais para a análise de dados, pois permitem que sejam feitas validações das inferências sobre a população com base em amostras. Neste capítulo, serão apresentados os principais testes estatísticos utilizados na etapa de Análise do método DMAIC, os quais permitem analisar e interpretar os dados coletados, identificando tendências e padrões que possam indicar possíveis problemas ou oportunidades de melhoria.

Serão abordados temas como: teste de hipóteses, Análise de Variância (ANOVA), testes não paramétricos e Teste Qui-quadrado; além de conceitos fundamentais, como hipóteses nula e alternativa, níveis de significância e intervalos e níveis de confiança, bem como a aplicação prática desses testes em diferentes cenários.

Testar hipóteses é um processo de tentar refutá-las. A força de uma hipótese reside em sua capacidade de resistir a testes rigorosos.

Ronald Fisher

28.1 TESTE DE HIPÓTESES

O teste de hipóteses é baseado na utilização de uma amostra com o objetivo de testar uma afirmação sobre um parâmetro ou característica da população. Não se trata de uma simples comparação matemática entre dois ou mais valores, e sim da necessidade de compreender se o valor obtido a partir de determinada amostra representa uma simples variação amostral da situação atual ou não.

Os testes de hipóteses podem ser utilizados para realizar análises dos mais diversos elementos de um projeto *Lean* Seis Sigma (LSS), como o tempo de execução de uma atividade por turno, a produtividade por colaborador, a avaliação do índice de satisfação do cliente por região, a margem líquida na venda de produtos, entre muitos outros.

Como a aplicação é ampla, é importante avaliar qual o tipo de hipótese mais adequado para o contexto analisado. Para trabalhar com esse teste, são construídas duas hipóteses:

- **Hipótese nula (H_0)**: afirma que um parâmetro da população (média, desvio padrão etc.) é **igual** a um valor hipotético. Muitas vezes, a hipótese nula é a alegação inicial baseada em análises anteriores ou conhecimentos especializados.
- **Hipótese alternativa (H_A)**: afirma que um parâmetro da população é **menor**, **maior** ou **diferente** do valor hipotético na hipótese nula. A hipótese alternativa é aquela que se acredita que pode ser verdadeira ou se espera provar ser verdadeira.

A partir da formulação das hipóteses, tem-se a probabilidade de quatro ocorrências, apresentadas a seguir e ilustradas na Figura 28.1.

1. Rejeitar a hipótese nula quando ela é verdadeira (Erro tipo I ou α).
2. Não rejeitar a hipótese nula quando ela é verdadeira (Decisão correta).
3. Rejeitar a hipótese nula quando a hipótese alternativa é verdadeira (Decisão correta).
4. Não rejeitar a hipótese nula quando a hipótese alternativa é verdadeira (Erro tipo II ou β).

O erro α (tipo I) corresponde ao nível de confiança (padroniza-se neste Guia um nível de confiança de 95%, ou seja, $\alpha = 0{,}05$). O erro β está relacionado com o tamanho da amostra, ou seja, quanto maior o tamanho da amostra, menor a chance de haver erros (isto é chamado "poder do teste").

A probabilidade de cometer um erro na tomada de decisão pode ser representada da seguinte maneira:

- **Probabilidade do erro α (tipo I)**: também denominado "nível de significância" ou "tamanho do teste"

$$\alpha = P(\text{erro do tipo I}) = P(\text{rejeitar } H_0 \mid H_0 \text{ verdadeira})$$

- **Probabilidade do erro β (tipo II)**: também denominado "nível de significância" ou "tamanho do teste"

$$\beta = P(\text{erro do tipo II}) = P(\text{não rejeitar } H_0 \mid H_0 \text{ falsa})$$

28.1.1 Intervalo e nível de confiança

O intervalo de confiança é uma estimativa que tem um parâmetro populacional (como média ou desvio padrão) visível em porcentagem e elencada por nível de confiança, sendo 90, 95 e 99% os mais usados.

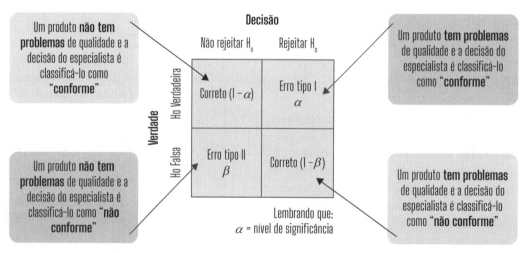

Figura 28.1 Lógica dos erros do teste de hipótese.

O intervalo de confiança corresponde ao intervalo numérico que tem um parâmetro a ser avaliado, e o nível de confiança indica a porcentagem citada anteriormente. Assim, em vez de assumir que uma estatística é absolutamente precisa, os intervalos de confiança podem ser usados para fornecer um intervalo dentro do qual a verdadeira estatística do processo seja um nível de confiança conhecido.

O nível de confiança ou alfa é usado para avaliar a significância estatística de uma diferença ou relação observada entre duas amostras, e representa a probabilidade de rejeitar a hipótese nula quando ela é verdadeira. É comum definir o nível alfa como 0,05 ou 0,01, o que significa que há, respectivamente, uma chance de 5 ou 1% de rejeitar a hipótese nula quando ela é verdadeira.

Supondo que se deseja retirar uma amostra para calcular um intervalo de confiança de 90% para determinado parâmetro de população. Para calcular o nível alfa é preciso subtrair o intervalo de confiança de 1. Por exemplo, se se deseja um intervalo de confiança de 90% de que a análise está correta, o nível alfa será 1 – 0,90 = 0,10 (10%), assumindo que teve um teste de uma cauda. Para testes de duas caudas (conforme apresentado na área sombreada da Figura 28.2), é preciso dividir o nível alfa por 2. Nesse exemplo, os dois alfas com cauda seriam 10%/2, como apresentado na Figura 28.2.

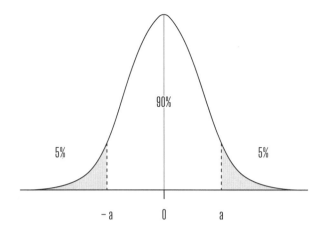

Figura 28.2 Intervalo e nível de confiança.

28.1.2 Cinco tipos de teste de hipóteses

Podem ser aplicados cinco tipos de testes de hipóteses para comparar as médias de uma amostra com um valor de referência (ou de duas amostras entre si). A seguir, serão apresentadas as definições e uma aplicação prática de cada um desses tipos de testes.

1 – Teste *t* para uma amostra

O teste *t* para uma amostra determina se a média de uma amostra difere de maneira significativa de um valor especificado (padrão). Nesse caso, é importante garantir

---

EXEMPLO PRÁTICO

O *Green Belt* responsável pelo projeto de consolidação de uma empresa de tubos conseguiu adquirir informações de mercado e identificou que os concorrentes estão trabalhando, em média, com um índice de consolidação igual a 1,75.

Por meio do teste *t* para uma amostra, o *Green Belt* fará uma validação estatística para concluir se sua empresa tem um resultado igual ou pior que o dos concorrentes.

- H_0: índice de consolidação = 1,75;
- H_A: índice de consolidação ≠ 1,75.

Para entender como esse processo foi realizado no Minitab, basta abrir o arquivo "Tubes.mtw", acessando o QR Code a seguir, e realizar os seguintes passos:

1. Selecione Estat > Estatísticas Básicas > Teste *t* para 1 amostra...
2. Selecione a coluna "Índice de consolidação" como a variável > Clique em "Realizar teste de hipóteses" > Digite 1,75 em Média Hipotética > Clique em Opções...
3. Confira se o nível de confiança está em 95% > Escolha o teste ≠ como Hipótese alternativa > Clique em OK duas vezes.

uqr.to/1tt1j

Importante: deve-se garantir que as amostras são independentes e provenientes de uma Distribuição Normal.

Para a regra de decisão do teste, compara-se o *p*-valor encontrado com o nível de significância α:

- se $p < \alpha$: rejeitar H_0;
- se $p \geq \alpha$: não rejeitar H_0;
- nível de significância $\alpha = 0,05$ (5%).

Os resultados esperados são descritos na Tabela 28.1.

Teste *t* para uma amostra: índice de consolidação					
Estatísticas descritivas					
N	Média	DesvPad	EP média	IC de 95% para μ	
36	1,6252	0,1040	0,0173	(1,5900; 1,6604)	
μ: média de índice de consolidação					
Teste					
Hipótese nula	H_0: $\mu = 1,75$	T-valor	p-valor		
Hipótese alternativa	H_1: $\mu \neq 1,75$	-7,20	0,000		

Tabela 28.1 Teste *t* para uma amostra.

Com o resultado, é possível notar que $p = 0,000$.

Com base na regra de decisão do teste, o *Green Belt* chegou à seguinte decisão: a hipótese nula foi rejeitada e concluiu-se que o índice de consolidação é diferente de 1,75. Além disso, o valor médio do índice de consolidação da empresa tem 95% de confiança de estar dentro do intervalo entre 1,59 e 1,66.

que as amostras são provenientes de uma Distribuição Normal. Um exemplo prático é proposto a seguir.

Poder do teste

Define-se o poder de um teste $(1 - \beta)$ como a probabilidade de rejeitar H_0 quando H_0 é falsa, ou seja, a decisão correta. A utilidade prática do poder do teste é a definição de um tamanho de amostra adequado. Os fatores que influenciam no poder do teste são:

- o poder do teste aumenta quando se aumenta o nível de significância (α);
- o aumento da variabilidade da população afeta negativamente o poder, ou seja, quando ela aumenta, o poder do teste diminui.

O poder do teste é representado da seguinte maneira:

$$1 - \beta = P(\text{não rejeitar } H_0 \mid H_1 \text{ verdadeira})$$

Analisando graficamente, temos a Figura 28.3.

2 – Teste *t* para duas amostras

Assim como o teste *t* para uma amostra, o teste *t* para duas amostras determina se a média de duas amostras independentes difere significativamente. Da mesma maneira, é importante garantir que as amostras são independentes e provenientes de uma distribuição normal.

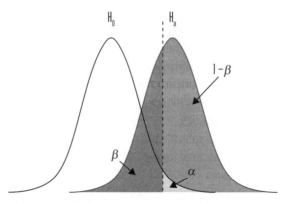

Figura 28.3 Poder do teste e erros α e β.

EXEMPLO PRÁTICO

No mesmo arquivo do exemplo anterior ("Tubes.mtw"), é possível calcular o poder do teste, considerando que uma variação menor que 0,05 não seja considerada significativa. Para isso, realize os seguintes passos:

1. Selecione Estat > Poder e Tamanho Amostral > Teste *t* para 1 amostra...
2. Digite 36 em Tamanhos Amostrais > Digite 0,05 em Diferenças > Digite 0,1040 em Desvio Padrão.
3. Selecione Opções... > Em "Hipótese Alternativa" clique em "Não é igual" > Digite 0,05 em "Nível de significância" > Clique em OK duas vezes.

Os resultados do teste estão apresentados na Tabela 28.2 e na Figura 28.4.

Poder e tamanho da amostra		
Teste *t* para uma amostra		
Teste de média = nulo (*versus* ≠ nulo)		
Cálculo do poder para média = nulo + diferença		
α = 0,05 desvio padrão assumido = 0,104		
Resultados		
Diferença	Tamanho amostral	Poder
0,05	36	0,800861

Tabela 28.2 Poder do teste para um tamanho de 36 amostras.

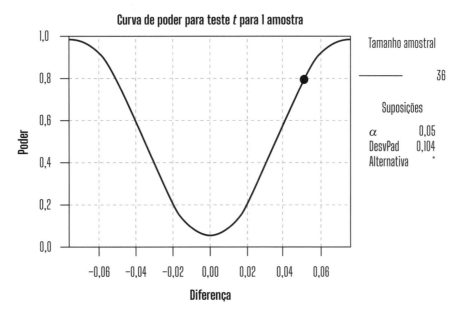

Figura 28.4 Curva de poder para teste *t* para uma amostra com tamanho amostral 36 e poder do teste de aproximadamente 80%.

A Figura 28.4 mostra que com as 36 amostras utilizadas no teste *t* para uma amostra, o poder do teste é de aproximadamente 80% (o valor exato pode ser visto na Tabela 28.2, na qual outras informações, como desvio padrão e a diferença que foi estabelecida, também são apresentadas).

Uma estratégia que pode ser utilizada para obter o poder do teste desejado é calcular um tamanho de amostra ideal. Nesse caso, inicialmente, deve-se calcular o tamanho amostral para obter um poder de 0,95. Para isso:

1. Selecione Estat > Poder e Tamanho Amostral > Teste *t* para 1 amostra...
2. Em "Diferenças" digite 0,05 > Digite 0,95 em "Valores de poder" > Digite 0,1040 em "Desvio Padrão".
3. Selecione Opções... > Em "Hipótese Alternativa" clique em "Não é igual" > Digite 0,05 em Nível de significância > Clique em OK duas vezes.

Os resultados estão apresentados na Tabela 28.3.

Poder e tamanho da amostra		
Teste *t* para uma amostra		
Teste de média = nulo (*versus* ≠ nulo)		
Cálculo do poder para média = nulo + diferença		
α = 0,05 desvio padrão assumido = 0,104		
Resultados		
Diferença	Tamanho amostral	Poder
0,05	59	0,952647

Tabela 28.3 Tamanho amostral para um poder do teste de 95%.

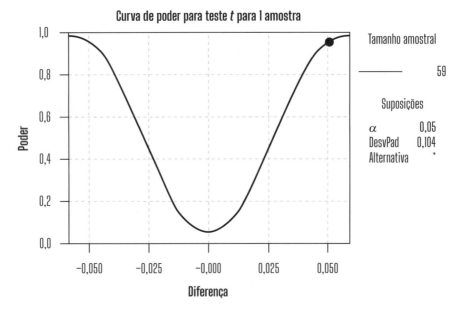

Figura 28.5 Curva de poder para teste *t* para uma amostra com tamanho amostral 59 e poder do teste de 95%.

Sendo assim, é possível analisar que o tamanho ideal da amostra seria 59, considerando o objetivo do poder do teste ser avaliado em 0,95. Desse modo, é possível determinar o poder do teste desejado por meio do cálculo do tamanho de amostra ideal.

EXEMPLO PRÁTICO

Um dos engenheiros da empresa de tubos identificou como causa potencial o fornecedor dos equipamentos utilizados nas análises. Segundo ele, o equipamento de cada fornecedor consolida ou fraciona o conteúdo dos tubos de maneira diferente, o que pode afetar o indicador do projeto.

O *Green Belt* fará o teste *t* para duas amostras, com o objetivo de avaliar o índice de consolidação estratificado por fornecedor/equipamento. Atualmente, a empresa de tubos trabalha com dois fornecedores de equipamentos: a empresa X e a empresa Y.

- H_0: desempenho empresa X = desempenho empresa Y;
- H_A: desempenho empresa X ≠ desempenho empresa Y.

Duas amostras são independentes se a extração da amostra de uma das populações não afeta a extração de outra população. Assim, deve-se garantir que as amostras sejam independentes, provenientes de uma distribuição Normal e com variâncias iguais.

Regra de decisão do teste:
- se $p < \alpha$, rejeitar H_0;
- se $p \geq \alpha$, não rejeitar H_0;
- nível de significância $\alpha = 0,05$ (5%).

Veja como o processo pode ser realizado no Minitab. Para isso, abra o arquivo "Tubos2.mtw", acessando o QR Code ao lado, e realize os seguintes passos:

1) Selecione Estat > Estatísticas Básicas > Teste *t* para 2 amostras…
2) Selecione a opção "Cada amostra está em sua respectiva coluna" > Escolha empresa X como Amostra 1 e empresa Y como Amostra 2 > Clique em Opções…
3) Escolha a opção adequada para a hipótese alternativa (nesse exemplo, a opção testada é ≠).
4) Clique em "Assumir Variâncias Iguais" ou deixe desmarcado caso as variâncias não sejam iguais.
5) Clique em OK duas vezes.

Os resultados estão dispostos na Tabela 28.4.

Teste *t* para duas amostras e IC: ProLab; BrasMed					
Método					
μ_1: média de ProLab					
μ_2: média de BrasMed					
Diferença: $\mu_1 - \mu_2$					
Assumiu-se igualdade de variâncias para esta análise					
Estatísticas descritivas					
Amostra	N	Média	DesvPad	EP média	
ProLab	36	1,723	0,110	0,018	
BrasMed	36	1,5602	0,0999	0,017	
Estimativa da diferença					
Diferença	DesvPad combinado	IC de 95% para a diferença		
0,1625	0,1052	(0,1131; 0,2120)		
Teste					
Hipótese nula	$H_0: \mu_1 - \mu_2 = 0$	T-valor	GL	p-valor
Hipótese alternativa	$H_1: \mu_1 - \mu_2 \neq 0$	6,56	70	0,000

Tabela 28.4 Teste *t* para duas amostras.

O *p*-valor igual a zero faz com que, na regra de decisão, a hipótese nula seja rejeitada e a hipótese alternativa seja mantida, ou seja, as médias das duas amostras são significativamente diferentes. Também é possível analisar que a diferença entre essas duas amostras sempre será maior do que zero, considerando o nível de confiança, sendo os valores mínimo e máximo iguais a 0,1131 e 0,2120, respectivamente.

Assim, de fato, os equipamentos da empresa X apresentam melhor *performance* quando comparados aos equipamentos da empresa Y.

Com os resultados em mãos, o *Green Belt* decidiu verificar o poder do teste realizado, considerando aceitável uma variação de até 0,05 no índice de consolidação dos laboratórios.

6) Selecione Estat > Poder e Tamanho Amostral > Teste t para 2 amostras...
7) Em "Tamanhos amostrais" digite 36 > Digite 0,05 em "Diferenças" > Digite 0,1052 em "Desvio Padrão".
8) Selecione Opções... > Em "Hipótese Alternativa" clique em "Não é igual" > Digite 0,05 em "Nível de significância" > Clique em OK duas vezes.

Os resultados são apresentados na Tabela 28.5 e na Figura 28.6.

Poder e tamanho da amostra		
Teste *t* para duas amostras		
Teste de média = média 2 (versus ≠)		
Cálculo do poder para média 1 = média 2 + diferença		
α = 0,05 desvio padrão assumido = 0,1052		
Resultados		
Diferença	**Tamanho amostral**	**Poder**
0,05	36	0,511526

Tabela 28.5 Poder do teste para um tamanho de 36 amostras.

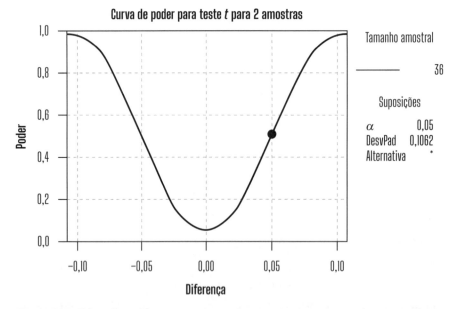

Figura 28.6 Curva de poder para teste *t* para duas amostras com tamanho amostral 36 e poder do teste de aproximadamente 51%.

Visto que o teste tem um poder bastante baixo, calcule os tamanhos amostrais para que o *Green Belt* do projeto tenha um teste com poder de 0,80; 0,85; 0,90 e 0,95. É válido ressaltar que mesmo aumentando o poder do teste, o resultado em relação à *performance* não se altera. Entretanto, é interessante ter a preocupação de aumentar o tamanho amostral para aumentar o poder do teste, principalmente quando o *p*-valor se aproxima do valor de corte 0,05.

9) Selecione Estat > Poder e Tamanho Amostral > Teste *t* para 2 amostras...
10) Em "Diferenças" digite 0,05 > Digite 0,80 0,85 0,90 0,95 em "Valores de poder" > Digite 0,1052 em "Desvio Padrão".
11) Selecione Opções... > Em "Hipótese Alternativa" clique em "Não é igual" > Digite 0,05 em "Nível de significância" > Clique em OK duas vezes.

Os resultados são apresentados na Tabela 28.6 e na Figura 28.7.

Poder e tamanho da amostra			
Teste *t* para duas amostras			
Teste de média 1 = média 2 (versus ≠)			
Cálculo do poder para média 1 = média 2 + diferença			
α = 0,05 desvio padrão assumido = 0,1052			
Resultados			
Diferença	Tamanho amostral	Poder-alvo	Poder real
0,05	71	0,80	0,803004
0,05	81	0,85	0,852342
0,05	94	0,90	0,900001
0,05	117	0,95	0,951561

Tabela 28.6 Tamanho amostral para poder de teste de 80, 85, 90 e 95%.

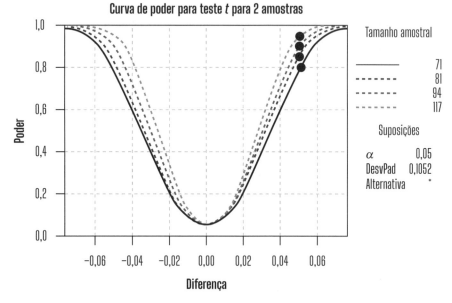

Figura 28.7 Curva de poder para teste *t* para duas amostras com poder de teste de 80, 85, 90 e 95%.

A partir desse teste, é possível responder às seguintes perguntas:

1 – Qual é o *p*-valor do teste?
p = 0,000

2 – Com base na regra de decisão do teste, qual foi a conclusão do *Green Belt*?

Ele rejeitou a hipótese nula e concluiu que o desempenho médio da empresa X e o da empresa Y são diferentes, sendo a média da empresa X maior.

3 – Caso não existam vantagens comerciais de um fornecedor em relação ao outro, qual deveria ser o fornecedor priorizado pelo *Green Belt*?

A empresa X, que tem uma média maior, pois, para o indicador avaliado, quanto maior, melhor.

3) Teste *t* pareado (duas amostras)

O teste *t* pareado determina se a média de duas amostras pareadas (dependentes) diferem significativamente. Para a aplicação desse tipo de teste, é fundamental que os dois conjuntos de observações estejam relacionados à mesma unidade amostral e sejam provenientes de uma distribuição Normal.

> ## EXEMPLO PRÁTICO
>
> O RH de uma empresa de carros deseja verificar se duas faixas distintas de tempo de empresa (abaixo de 18 meses, acima de 18 meses) têm resultados significativamente distintos para o índice de produtividade dos operadores do chão de fábrica.
>
> Por meio do teste *t* pareado, é possível fazer a comparação do índice de produtividade médio, resultante de 45 dias de medição, para cada operador de um mesmo turno, com características similares e apenas o tempo de empresa visivelmente distinto.
>
> - H_0: abaixo de 18 meses = acima de 18 meses;
> - H_A: abaixo de 18 meses ≠ acima de 18 meses.
>
> Para realizar esse teste, é possível realizar os passos a seguir no Minitab. Para isso, abra o arquivo "Cars.MPJ", acessando o QR Code ao lado.
>
> 1) Selecione Estat > Estatísticas Básicas > Teste *t* pareado...
> 2) Selecione "Abaixo de 18 meses" como Amostra 1: > Selecione "Acima de 18 meses como" Amostra 2: > Clique em Opções...
> 3) Confira se o Nível de confiança está em 95% > Escolha o teste ≠ como Hipótese alternativa > Clique em OK duas vezes.
>
> uqr.to/1tt1u
>
> **Importante**: deve-se garantir que as amostras são dependentes e provenientes de uma Distribuição Normal.
>
> Regra de decisão do teste:
>
> - se *p* < α: rejeitar H_0;
> - se *p* ≥ α: não rejeitar H_0;
> - nível de significância α = 0,05 (5%).
>
> Os resultados são apresentados na Tabela 28.7.

Teste *t* pareado e IC: abaixo de 18 meses; acima de 18 meses				
Estatísticas descritivas				
Amostra	N	Média	DesvPad	EP média
Abaixo de 18 meses	45	74,793	3,097	0,462
Acima de 18 meses	45	83,411	2,790	0,416
Estimativa da diferença pareada				
Média	DesvPad	EP média	IC de 95% para a diferença_μ	
−8,618	4,356	0,649	(−9,926; −7,309)	
Teste				
Hipótese nula	H_0: diferença_μ = 0		T-valor	*p*-valor
Hipótese alternativa	H_1: diferença_μ ≠ 0		−13,27	0,000

Tabela 28.7 Teste *t* pareado.

Por meio do *p*-valor igual a zero, a regra de decisão foi a rejeição da hipótese nula e a hipótese alternativa foi mantida. Além disso, o intervalo de confiança das médias é sempre diferente de zero. Por meio dessa análise, é possível concluir que as amostras apresentam diferenças significativas. O grupo "acima de 18 meses" apresenta desempenho melhor.

Além disso, o RH calculou o poder do teste, considerando que uma variação menor que 2 no índice de produtividade médio não seja considerada significativa. Para acompanhar, siga os passos:
1. Selecione Estat > Poder e Tamanho Amostral > Teste *t* pareado...
2. Digite 45 em "Tamanhos Amostrais" > Digite 2 em "Diferenças" > Digite 4,356 em "Desvio Padrão".
3. Selecione "Opções..." >Em "Hipótese Alternativa" clique em "Não é igual" > Digite 0,05 em "Nível de significância" > Clique em OK duas vezes.

Os resultados são mostrados a seguir.

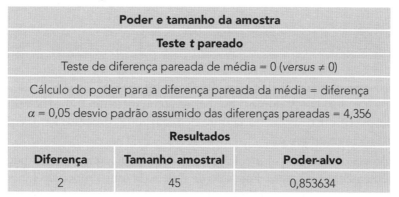

Tabela 28.8 Poder do teste para teste *t* pareado.

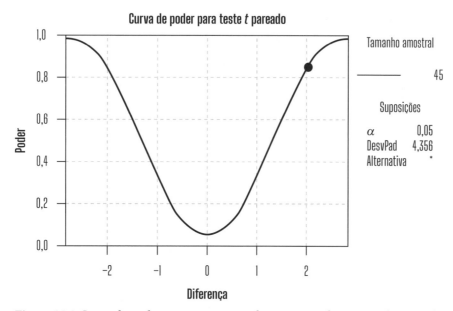

Figura 28.8 Curva de poder para teste *t* pareado com tamanho amostral 45 e poder do teste aproximadamente 85%.

Após a realização do teste, é possível responder às seguintes perguntas:
1 – Qual é o *p*-valor do teste?
O *p*-valor é igual a zero.
2 – Com base na regra de decisão do teste, qual foi a conclusão do RH?
A hipótese nula é rejeitada, portanto os resultados dos colaboradores com mais de 18 meses de empresa são significativamente melhores.
3 – Qual é o intervalo de confiança para a diferença média dos índices de produtividade?
O intervalo de confiança está entre –9,9 e –7,3, o que significa que os colaboradores com menos de 18 meses de empresa têm uma *performance* no índice de produtividade que fica de 7,3 pontos percentuais a 9,9 pontos percentuais abaixo dos colaboradores com mais tempo de empresa.

4 – Teste para uma proporção

O teste para uma proporção determina se a proporção de uma amostra difere de maneira significativa de um valor especificado (padrão). Para melhor compreensão sobre esse teste e sua aplicabilidade, um exemplo prático é proposto nesta página.

5 – Teste para duas proporções

Trabalhando da mesma maneira que o teste para uma proporção, o teste para duas proporções compara se a proporção de duas amostras difere significativamente. Para melhor compreensão sobre esse teste e sua aplicabilidade, um exemplo prático é proposto na próxima página.

EXEMPLO PRÁTICO

Além de monitorar a produtividade dos operadores, a empresa de carros também acompanha de perto o índice de refugo de peças produzidas. A empresa estabelece como meta um índice de refugo igual ou menor que 2%. Um *Black Belt* deseja verificar se as melhorias que ele realizou no processo e nos equipamentos resultaram em um índice dentro da meta da empresa.

Uma amostra aleatória de 130 peças foi coletada e avaliada, e na amostra, seis peças foram consideradas defeituosas e, consequentemente, refugadas. Por meio do teste para uma proporção é possível comparar o resultado da amostra com o valor de referência do índice de refugo. Para isso, é necessário realizar os passos a seguir no Minitab, ainda no mesmo arquivo do exemplo anterior ("Cars.MPJ").

- H_0: proporção de peças refugadas na amostra = 2%;
- H_A: proporção de peças refugadas na amostra ≠ 2%.

    1. Selecione Estat > Estatísticas Básicas > Teste para 1 Proporção...
    2. Selecione "Dados sumarizados" > Digite 6 em "Número de eventos" > Digite 130 em "Número de ensaios" > Clique em "Realizar teste de hipóteses" > Digite 0,02 em "Proporção hipotética" > Clique em "Opções..."
    3. Confira se o Nível de confiança está em 95% > Escolha o teste ≠ como Hipótese alternativa > Clique em OK duas vezes.

Regra de decisão do teste:
- se $p < \alpha$, rejeitar H_0;
- se $p \geq \alpha$, não rejeitar H_0;
- nível de significância $\alpha = 0,05$ (5%).

O resultado obtido é apresentado na Tabela 28.9.

Teste e IC para uma proporção					
Teste de *p* = 0,02 *versus p* ≠ 0,02					
Amostra	X	N	Amostra P	95% IC	*p*-valor exato
1	6	130	0,046154	(0,017123; 0,097750)	0,120

Tabela 28.9 Teste para uma proporção.

Com a análise do *p*-valor, o *Black Belt* pôde aceitar a hipótese nula, que afirma que a proporção de peças refugadas na amostra apresenta taxa de 2%. Assim, a empresa não está com a *performance* dentro do percentual de referência.

EXEMPLO PRÁTICO

Surpreso com o resultado da primeira amostra de 130 peças, o *Black Belt* estabeleceu a hipótese de que os dois turnos da empresa teriam resultados distintos. Portanto, um turno poderia estar fora da meta desejada pela empresa, enquanto o outro turno estaria dentro da meta.

O *Black Belt* realizou uma nova coleta de amostras. Ele avaliou 580 peças do primeiro turno, sendo 18 peças refugadas, e 560 peças do segundo turno, sendo sete peças refugadas.

Por meio do teste para duas proporções é possível comparar o resultado das duas amostras e verificar se o resultado é significativamente distinto, além de observar se algum turno está dentro da meta definida para o índice de refugo.

As hipóteses construídas são:
- H_0: proporção de peças refugadas no 1º turno = proporção de peças refugadas no 2º turno.
- H_A: proporção de peças refugadas no 1º turno ≠ proporção de peças refugadas no 2º turno.

Para a realização do teste, são coletadas amostras dos elementos das duas populações e observada a proporção de elementos que têm alguma característica de interesse.

O teste é válido se o tamanho da amostra de cada população multiplicado pela proporção da característica de interesse for maior ou igual a 5.
- n1*p1 = 580 * 0,031 = 18 (OK);
- n1*(1 – p1) = 580 * 0,969 = 562 (OK);
- n2*p2 = 560 * 0,0125 = 7 (OK);
- N2*(1 – p2) = 560 * 0,95 = 553 (OK).

Para a realização do teste, realize os passos a seguir no mesmo arquivo do exercício anterior ("Cars.MPJ"):
1. Selecione Estat > Estatísticas Básicas > Teste para 2 Proporções...
2. Selecione Dados sumarizados > Digite 18 em Número de eventos da Amostra 1 > Digite 7 em Número de eventos da Amostra 2 > Digite 580 em Número de ensaios da Amostra 1 > Digite 560 em Número de ensaios da Amostra 2 > Clique em Opções...
3. Confira se o Nível de confiança está em 95% > Escolha o teste ≠ como Hipótese alternativa > Clique em OK duas vezes.

Regra de decisão do teste:
- se $p < \alpha$, rejeitar H_0;
- se $p \geq \alpha$, não rejeitar H_0;
- nível de significância $\alpha = 0,05$ (5%).

Os resultados são apresentados na Tabela 28.10.

Teste e IC para duas proporções			
Método			
p_1: proporção onde Amostra 1 = evento p_2: proporção onde Amostra 2 = evento Diferença = $p_1 - p_2$			
Estatísticas descritivas			
Amostra	N	Evento	Amostra p
Amostra 1	580	18	0,031034
Amostra 2	560	7	0,012500
Estimativa da diferença			
Diferença			IC de 95% para a diferença
IC com base na aproximação normal			
Teste			
Hipótese nula			H_0: $p_1 - p_2 = 0$
Hipótese alternativa			H_1: $p_1 - p_2 \neq 0$
Método		Z-valor	p-valor
Aproximação normal		2,16	0,031
Exato de Fisher			0,042

Tabela 28.10 Teste para duas proporções.

Por meio desse teste foi possível responder às seguintes perguntas:

1 – Qual é o *p*-valor do teste?

O *p*-valor é igual a 0,042, o que significa que a hipótese nula foi rejeitada.

2 – É possível afirmar que o primeiro turno tem resultado significativamente distinto em relação ao segundo turno? Qual turno está dentro da meta?

Sim. O primeiro turno tem resultado significativamente pior que o segundo turno. Com 95% de confiança, podemos dizer que a diferença de *performance* entre os turnos fica dentro do intervalo de 0,17 a 3,5 pontos percentuais.

Nenhum dos dois turnos está dentro da meta, pois um teste de hipóteses para uma proporção de cada turno isoladamente demonstra que não temos evidências suficientes para dizer que algum turno esteja abaixo de 2%.

28.2 ANOVA – ANÁLISE DE VARIÂNCIA

A ANOVA, ou Análise de Variância, tem como objetivo comparar a média de população amostral, e assim identificar se essas médias diferem significativamente entre si. A Análise de Variância também é uma forma de resumir um modelo de regressão linear por meio da decomposição da soma dos quadrados para cada fonte de variação no modelo e, utilizando diferentes técnicas, testar a hipótese de que qualquer fonte de variação no modelo é igual a zero.

A ANOVA é um método para testar a igualdade de três ou mais médias populacionais, com base na análise das variâncias amostrais. Os dados amostrais são separados em grupos denominados "fator" ou "tratamento", que corresponde a uma característica que permite distinguir diferentes populações, em que cada fator apresenta dois ou mais grupos (classificações).

A denominação "Análise de Variância" baseia-se na abordagem de que o procedimento utiliza variâncias para determinar se as médias são diferentes. O procedimento funciona por meio da comparação da variância entre as médias de grupos *versus* a variância dentro dos grupos como uma maneira de determinar se os grupos são todos parte de uma população maior ou populações distintas com características diferentes.

A análise de variância pode atuar como um complemento às análises realizadas durante o projeto, pois a sua interpretação correta pode auxiliar no estabelecimento de novos meios de realizar determinado trabalho, com menores recursos, em uma fração do tempo requerido pelos métodos anteriores.

28.2.1 ANOVA × teste de hipóteses

A diferença básica entre os testes de hipóteses e a Análise de Variância é o número de amostras. Enquanto os testes de hipóteses trabalham com duas amostras, a ANOVA compara a média de mais de duas amostras e determina se ao menos uma se difere significativamente das demais.

A hipótese nula é que todas as médias são iguais, enquanto a hipótese alternativa considera que pelo menos uma média é diferente, ou seja:

- **Hipótese nula (H_0):** amostra 1 = amostra 2 = amostra 3 = ... = amostra N.
- **Hipótese alternativa (H_A):** pelo menos uma amostra tem desempenho médio significativamente diferente.

28.2.2 Suposições necessárias para a Análise de Variância

A aplicação da Análise de Variância requer as seguintes suposições:

- As observações são independentes, ou seja, cada elemento amostral deve ser independente.
- Os grupos comparados apresentam a mesma variância.
- Os erros são independentes e provenientes de uma distribuição Normal com média igual a zero e variância constante.

28.2.3 Tipos de ANOVA

Por meio do Minitab, é possível fazer a Análise de Variância para um ou dois fatores. Além disso, será apresentado a ANOVA para múltiplas comparações, conforme apresentado a seguir.

1 – ANOVA para um fator

A Análise de Variância para um fator é uma ferramenta utilizada para analisar o comportamento de diversos tratamentos de um fator aplicado a apenas um processo. O objetivo é identificar se os valores da variável de resposta medidos nos diversos níveis do fator controlável diferem entre si.

Hipóteses do ANOVA de um critério

- **Hipótese nula:** a média de todas as populações são iguais, ou seja, o tratamento (fator) não tem efeito (não há variação em média entre os grupos).
- **Hipótese alternativa:** nem todas as médias são iguais, ou seja, pelo menos uma média é diferente, isto é, existe efeito do tratamento (fator). Isso não quer dizer que todas as médias são diferentes, visto que alguns pares podem ser iguais.

Dessa maneira:

$$H_0 = \mu_1 = \mu_2 + \mu_3 = ... = \mu_k$$

Em que:

H_0 = nem todas as médias populacionais são iguais.

Representando graficamente:

- **Médias iguais:** H_0 é verdadeira (sem efeito do tratamento).

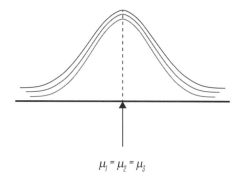

Figura 28.9 ANOVA de um fator – Médias iguais.

- **Médias diferentes:** H_0 não é verdadeira (com efeito do tratamento).

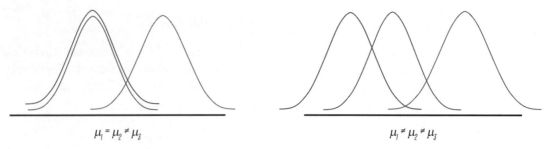

Figura 28.10 ANOVA de um fator – Médias diferentes.

EXEMPLO PRÁTICO

Na empresa XYZ, o *layout* na área de produção é separado em quatro linhas: verde, azul, vermelha e amarela. A linha vermelha, por exemplo, recebe os tubos coletados para exames hematológicos, e a linha azul recebe os tubos coletados para exames parasitológicos e de uroanálise.

O especialista em Melhoria Contínua da empresa fará uma Análise de Variância para determinar se o desempenho médio das linhas é igual ou se pelo menos uma linha tem desempenho significativamente diferente das outras. Sendo assim, foram definidas as seguintes hipóteses:

- H_0: linha verde = linha azul = linha amarela = linha vermelha.
- H_A: pelo menos um desempenho médio é significativamente diferente.

Para acompanhar o estudo feito no Minitab, abra o arquivo "XYZ.mtw", acessando o QR Code a seguir, e realize os seguintes passos:

1. Selecione Estat > ANOVA > Um fator...
2. Escolha a opção "Os dados estão em uma coluna separada para cada nível de fator" > Selecione as quatro Linhas como variáveis no campo Respostas > Clique em OK.

Os resultados são apresentados na Figura 28.11.

uqr.to/1tt1w

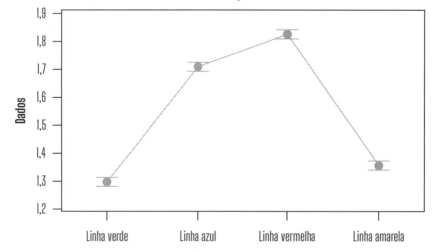

Figura 28.11 Análise de Variância para um fator.

Com base na figura anterior, é possível analisar que, graficamente, existe uma diferença entre as médias de cada linha. Contudo, para a comprovação de que essa diferença é significativa, faz-se necessária a utilização da regra de decisão pelo *p*-valor, que pode ser analisada na Tabela 28.11.

ANOVA com um fator: linha verde; linha azul; linha... linha amarela					
Método					
Hipótese nula		Todas as médias são iguais			
Hipótese alternativa		Nem todas as médias são iguais			
Nível de significância		α = 0,05			
Assumiu-se igualdade de variâncias para a análise					
Informações dos fatores					
Fator	Níveis	Valores			
Fator	4	Linha verde; linha azul; linha vermelha; linha amarela			
Análise de variância					
Fonte	GL	SQ (Aj.)	QM (Aj.)	Valor F	p-valor
Fator	3	7,3236	2,44120	954,85	0,000
Erro	140	0,3579	0,00256		
Total	143	7,6815			
Sumário do modelo					
S		R2	R2 (Aj.)	R2 (pred)	
0,0505631		95,34%	95,24%	95,07%	
Médias					
Fator		N	Média	DesvPad	IC de 95%
Linha verde		36	1,29589	0,05650	(1,27923; 1,31255)
Linha azul		36	1,70922	0,05319	(1,69256; 1,72588)
Linha vermelha		36	1,82556	0,04931	(1,80890; 1,84222)
Linha amarela		36	1,35604	0,04211	(1,33938; 1,37270)
DesvPad combinado = 0,505631					

Tabela 28.11 ANOVA para um fator.

Para realizar a análise, foi elaborada a seguinte regra de decisão do teste:
- se $p < \alpha$, rejeitar H_0;
- se $p \geq \alpha$, não rejeitar H_0;
- nível de significância $\alpha = 0,05$ (5%).

Como o resultado do *p*-valor foi 0, isso significa que pelo menos uma média é significativamente diferente do restante (rejeitou-se a hipótese nula). Após a análise dos resultados, o especialista decidiu verificar o poder do teste realizado, considerando uma variação menor que 0,03 como não significativa.

Para isso, ele realizou os seguintes passos:
1. Selecione Estat > Poder e Tamanho Amostral > ANOVA para 1 Fator...
2. Em "Número de níveis" digite 4 > Digite 36 em "Tamanhos amostrais" > Digite 0,03 em "Valores da diferença máxima entre as médias" > Digite 0,0505631 em "Desvio Padrão".
3. Selecione Opções... > Digite 0,05 em "Nível de significância" > Clique em OK duas vezes.

Os resultados para o poder do teste são apresentados na Tabela 28.12.

Poder e tamanho da amostra		
ANOVA com um fator		
α = 0,05 desvio padrão assumido = 0,0505631		
Fatores: 1 Número de níveis: 4		
Resultados		
Diferença máxima	Tamanho amostral	Poder
0,03	36	0,530132
O tamanho amostral é para cada nível		

Tabela 28.12 Poder do teste para ANOVA de um fator com 36 amostras.

Com o resultado, é possível verificar um valor de poder igual a 0,53. Com isso, o especialista resolveu calcular um tamanho adequado de amostra para obter um teste de poder igual a 0,95.

Para isso, ele realizou os seguintes passos:

1) Selecione Estat > Poder e Tamanho Amostral > ANOVA para 1 Fator...
2) Em "Número de Níveis", digite 4 > Digite 0,03 em "Valores da diferença máxima entre as médias" > Digite 0,95 em "Valores de poder" > Digite 0,0505631 em "Desvio Padrão".
3) Selecione Opções... > Digite 0,05 em "Nível de significância" > Clique em OK duas vezes.

Poder e tamanho da amostra			
ANOVA com um fator			
α = 0,05 desvio padrão assumido = 0,0505631			
Fatores: 1 Número de níveis: 4			
Resultados			
Diferença máxima	Tamanho amostral	Poder-alvo	Poder real
0,03	99	0,95	0,950976
O tamanho amostral é para cada nível			

Tabela 28.13 Poder do teste de 95% para ANOVA de um fator.

Com o resultado, é possível verificar que, para atingir um poder do teste igual a 95%, o tamanho amostral adequado para essa situação seria de 99.

Portanto, a conclusão é que existe uma diferença entre as *performance*s das linhas analisadas.

2 – ANOVA para dois fatores

A ANOVA se baseia em testar se as médias de populações ou amostras são iguais. A ANOVA para dois fatores possibilita o estudo do impacto que diferentes níveis de dois fatores distintos têm em uma variável de resposta. Por meio da ANOVA também é possível identificar se existe pelo menos um grupo com média significativamente diferente.

Para esse tipo de análise de variância, alguns fatores devem ser considerados, entre eles:

- deve haver o mesmo número de observações para cada fator;
- os fatores devem ser fixos;
- os níveis devem ser independentes, aleatórios e normais;
- a variância entre os níveis deve ser homogênea (teste de igualdade de variância);
- os processos em análise devem estar estáveis;
- os resíduos devem ser normalmente distribuídos.

EXEMPLO PRÁTICO

Em uma empresa que atua na fabricação de embalagens de papel, o Gerente de Produção deseja investigar se o refugo gerado na fabricação dos dois principais produtos (Produto 1 e Produto 2) tem correlação com o equipamento utilizado (Impressora A, Impressora B, Impressora C).

A ANOVA de dois fatores pode ser utilizada para estudar a relação entre produto e impressora, concluindo se o refugo é significativamente maior ou menor para algum grupo.

O arquivo utilizado no Minitab é "Embalagens SA.MPJ" (acesse o QR Code ao lado).

Inicialmente, deve-se analisar a estabilidade da variável Y (quantidade de refugo). Para isso, utiliza-se o teste de normalidade e a Carta de Controle. Para tanto:

1) Selecione Estat > Estatística Básica > Teste de Normalidade > Para Variável escolha Refugo > Clique em OK.

uqr.to/1tt1y

O resultado pode ser observado na Figura 28.12.

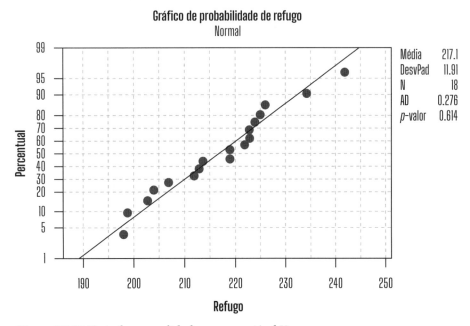

Figura 28.12 Teste de normalidade para a variável Y.

Analisando o p-valor alto, é possível concluir que os dados são normais. Sendo os dados normais, pede-se a Carta de Controle. Para isso:

1) Selecione Estat > Cartas de Controle > Cartas de Variáveis para Dados Individuais > Dados Individuais...
2) Para Variáveis, selecione Refugo > Clique em OK.

O resultado é apresentado na Figura 28.13.

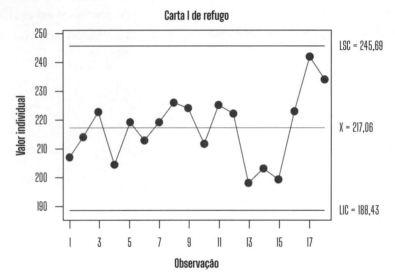

Figura 28.13 Carta de Controle para a variável Y.

Após a variável Y ser avaliada como normal e estável, o próximo passo é garantir que a variância entre os níveis seja homogênea (próximas, sem muita distinção), por meio do teste de igualdade de variância. Assim, as hipóteses construídas para esse teste são:

- H_0: variância 1 = variância 2 = ... = variância N;
- H_A: pelo menos uma variância é diferente.

Para isso:

1. Selecione Estat > ANOVA > Teste de Igualdade de Variância.
2. Selecione "Refugo" como Resposta > Selecione "Impressora e Produto" como Fatores > Clique em Opções... > Certifique-se de que o campo "Usar Teste com Base na Distribuição Normal" esteja marcado > Clique em OK duas vezes.

O resultado é apresentado na Figura 28.14.

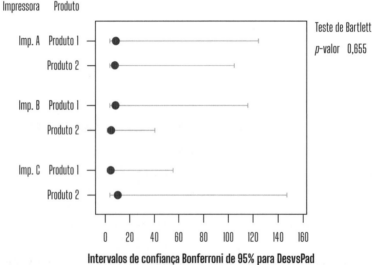

Figura 28.14 Teste para igualdade de variâncias.

A regra de decisão do teste é:
- se $p < \alpha$, rejeitar H_0;
- se $p \geq \alpha$, não rejeitar H_0;
- nível de significância $\alpha = 0{,}05$ (5%).

Com a análise dos resultados e o estudo da regra de decisão, é possível comprovar a premissa de que os níveis têm variância homogênea, já que o *p*-valor é maior que 0,05 (a hipótese nula não foi rejeitada). A partir da confirmação de que os níveis apresentam variância homogênea, o próximo passo é realizar a análise de resíduos. No Minitab, siga as instruções:

1) Selecione Estat > ANOVA > Modelo Linear Generalizado > Ajuste de Modelo Linear Generalizado...
2) Para Respostas, selecione "Refugo" > Para Fatores, selecione "Produto e Impressora".
3) Selecione Gráficos... > Selecione a opção "Quatro em um"> Clique em OK duas vezes.

O resultado é apresentado na Figura 28.15.

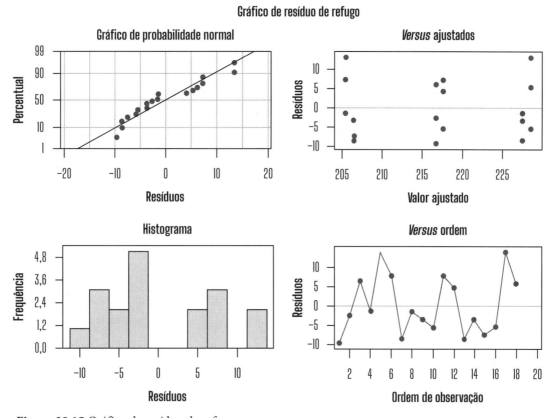

Figura 28.15 Gráfico de resíduo de refugo.

Também é possível analisar que o *p*-valor do produto é alto e, por isso, faz com que os níveis entre as médias desse fator sejam semelhantes. Em contrapartida, o fator "impressora" apresenta *p*-valor baixo, o que significa que pelo menos um dos níveis desse fator apresenta média que difere das demais de forma significativa (o fator "impressora" é o fator que apresenta uma mudança mais brusca em relação à quantidade de refugo.)

Além disso, por meio dos gráficos de resíduo de refugo é possível analisar a normalidade dos dados (gráfico de probabilidade normal e histograma) e que não existem evidências claras de *outliers* no último gráfico. Assim, é possível validar a análise de variância.

Por fim, utiliza-se o auxílio de dois gráficos para que a conclusão seja melhor visualizada, visto que as conclusões sobre o fator "impressora" foram numéricas. Para o primeiro gráfico, são realizados os seguintes passos:

1) Selecione Estat > ANOVA > Gráfico de Efeitos Principais > Selecione "Refugo" como Resposta; em seguida, selecione "Impressora e Produto" como Fatores > Clique em OK.

O resultado é apresentado na Figura 28.16.

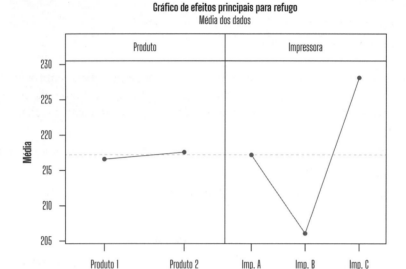

Figura 28.16 Gráfico de efeitos principais para refugo.

A figura anterior confirma o que foi verificado pelo *p*-valor, demonstrando que os dois níveis de produto apresentam resultados médios próximos e que cada nível de impressora apresenta resultados médios distintos.

Seguindo para o segundo gráfico utilizado, deve-se realizar:

1) Selecione Estat > ANOVA > Gráfico de Interação > Selecione "Refugo" como Resposta; em seguida, selecione "Impressora e Produto" como Fatores > Marque a opção "Exibir Matriz de Gráfico de Interação Completa" > Clique em OK.

O resultado é apresentado na Figura 28.17.

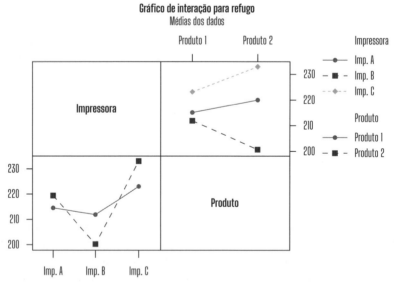

Figura 28.17 Gráfico de interação para refugo.

Com a avaliação dos resultados, é possível perceber que o desempenho da impressora B tem menor influência na produção de refugo. Por outro lado, a impressora C é a que apresenta maior média na geração de refugo. Além disso, também é importante notar que não existem grandes variações com relação à geração de refugo de acordo com o tipo de produto.

Conclui-se que existe a relação de produto e impressora relacionada à quantidade de refugo, de acordo com as análises apresentadas.

3 – ANOVA para múltiplas comparações

A ANOVA para múltiplas comparações permite a identificação, para dois ou mais fatores, de qual é o grupo que tem uma média com diferença significativa a partir da comparação entre todos os fatores e seus níveis. Para realizar esse tipo de análise, são necessárias técnicas adequadas às amostras que estão sendo estudadas. Neste Guia, serão apresentados os testes de Tukey e Dunnett.

3.1 – Teste de Tukey

O Teste de Tukey foi proposto por John Tukey, em 1953, como um procedimento de comparação múltipla de uma única etapa e um teste estatístico. Para a aplicação dessa técnica, é importante trabalhar com amostras que apresentem o mesmo número de observações.

Em análise de variância, esse método realiza uma comparação entre todos os pares das médias de cada nível dos fatores, e é utilizado para criar intervalos de confiança para todas as diferenças pareadas entre as médias dos níveis dos fatores. Para isso, o Teste de Tukey faz o controle da taxa de erro global para um nível de significância especificado.

3.2 – Teste de Dunnett

O método de Dunnett é utilizado na ANOVA para criar intervalos de confiança para as diferenças entre a média de cada nível de fator e a média de um grupo de controle. Se um intervalo contém o zero, conclui-se que não há diferença significativa entre as duas médias na comparação.

EXEMPLO PRÁTICO

Na atividade anterior, foi identificado que, para o fator "Impressora", existe pelo menos um nível que difere dos demais. Por outro lado, na análise do fator "Produto", concluiu-se que os níveis produzem resultados iguais de produtividade. Sendo assim, é interessante descobrir quais são os níveis da "Impressora" (impressora A, B e C) que têm produtividade média significativamente diferentes.

Para isso, abra o arquivo "Embalagens SA.MPJ" e realize os seguintes passos:

1. Selecione Estat > ANOVA > Modelo Linear Generalizado > Ajuste de Modelo Linear Generalizado...
2. Em Resposta selecione "Refugo" > Em Fatores selecione "Produto e Impressora" > Clique em OK.
3. Selecione Estat > ANOVA > Modelo Linear Generalizado > Comparações > Em tipo de Comparação selecione "Emparelhamento" > Marque a opção "Tukey" > Selecione "Produto e Impressora".
4. Clique em "Resultados..." > Marque o campo "Informações de Agrupamento e Testes e Intervalos de Confiança".
5. Clique em "Gráficos..." > Selecione a opção "Gráfico de Intervalos para diferenças de médias" > Clique em OK duas vezes.

Os resultados são apresentados a seguir.

Tukey pairwise comparisons: *response* = refugo, term = produto			
Grouping information using the Tukey method and 95% confidence			
Produto	N	Mean	*Grouping*
Produto 2	9	217,556	A
Produto 1	9	216,556	A
Means that do not share a letter are significantly different			

Tukey simultaneous tests for differences of means					
Difference of produto levels	Difference of means	SE of difference	Simultaneous 95% CI	T-valor	*p*-valor ajustado
Produto 2 – Produto 1	1,00	3,90	(-7,36; 9,36)	0,26	0,801
Individual confidence level = 95,00%					

Tabela 28.14 Teste de Tukey para o fator "Produto".

| Tukey pairwise comparisons: *response* = refugo, term = impressora ||||
| Grouping information using the Tukey method and 95% confidence ||||
Produto	N	Mean	Grouping
Imp. C	6	228,000	A
Imp. A	6	217,167	A
Imp. B	6	206,000	B
Means that do not share a letter are significantly different			

| Tukey simultaneous tests for differences of means ||||||
Difference of produto levels	Difference of means	SE of difference	Simultaneous 95% CI	T-valor	*p*-valor ajustado
Imp. B – Imp. A	–11,17	4,77	(–23,65; 1,32)	–2,34	0,083
Imp. C – Imp. A	10,83	4,77	(–1,65; 23,32)	2,27	0,094
Imp. C – Imp. B	22,00	4,77	(9,52; 34,48)	4,61	0,001

Tabela 28.15 Teste de Tukey para o fator "Impressora".

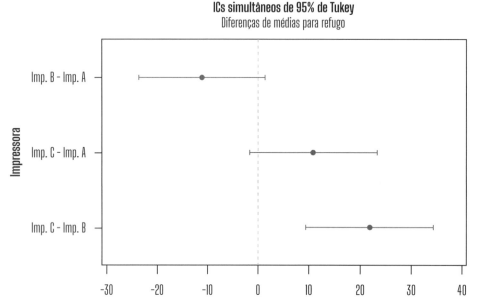

Figura 28.18 Gráfico de comparação de Tukey.

Inicialmente, o Minitab realiza a comparação entre os níveis do fator "Produto". Com isso, é possível analisar a ocorrência de variação nos níveis desse fator. Sendo assim, o nível de *p*-valor (maior do que 0,05) evidencia que não existe diferença entre os níveis desse fator.

Da mesma maneira, o Minitab realiza a análise com relação ao fator "Impressora". Nesse caso, o *p*-valor menor que 0,05 evidencia que existe uma diferença significativa entre a produtividade da Impressora B e a da Impressora C.

Graficamente, é possível analisar pela figura anterior que os intervalos de confiança que sobrepõem a linha tracejada apresentam os valores médios do par comparado semelhantes. Em contrapartida, os intervalos de confiança que não sobrepõem a linha tracejada (Impressora B e Impressora C) apresentam seus valores médios do par comparado com diferença significativa.

Para a sua construção, deve ser definido um grupo de controle, e as demais médias serão comparadas a ele. Essa comparação é realizada por meio da análise da diferença das demais médias com a média do grupo de controle, o que gera os intervalos de confiança. Diferentemente do Teste de Tukey, esse método pode ser utilizado para grupos com diferentes números de observações.

28.3 TESTES NÃO PARAMÉTRICOS

Os testes não paramétricos (também conhecidos como "testes livres de distribuição") são aplicados para a análise de amostras que não têm as características da distribuição Normal ou qualquer outra distribuição particular. Esses testes são usados quando os dados não

EXEMPLO PRÁTICO

O exemplo anterior (Teste de Tukey) também pode ser feito utilizando o Teste de Dunnett. Portanto, abra o arquivo "Embalagens SA.MPJ" e siga as instruções:

1) Selecione Estat > ANOVA > Modelo Linear Generalizado > Ajuste de Modelo Linear Generalizado...
2) Em "Resposta" selecione "Refugo" > Em "Fatores" selecione "Produto e Impressora" > Clique em OK.
3) Selecione Estat > ANOVA > Modelo Linear Generalizado > Comparações > Em "Tipo de Comparação" selecione a opção "Com um Controle" > Marque o campo "Dunnett" > Selecione "Produto e Impressora".
4) Em "Nível de Controle" selecione "Produto 1" para o fator Produto e "Impressora B" para o fator Impressora > Clique em OK.
5) Clique em Gráficos... > Selecione a opção "Gráfico de Intervalos para diferenças médias" > Clique em OK duas vezes.

Os resultados são apresentados a seguir.

Dunnett multiple comparisons with a control: *response* = refugo, *term* = impressora				
Grouping information using the Dunnett method and 95% confidence				
Impressora	N	Mean	Grouping	
Imp. B (*control*)	6	206,000	A	
Imp. C	6	228,000		
Imp. A	6	217,167	A	
Means not labeled with the letter A are significantly different from the control level mean				
Dunnett simultaneous tests for level mean – control mean				
Difference of impressora levels	Difference of means	SE of difference	Simultaneous 95% CI	T-valor	p-valor ajustado
Imp. A – Imp. B	11,17	4,77	(–0,56; 22,89)	2,34	0,062
Imp. C – Imp. B	22,00	4,77	(10,28; 33,72)	4,61	0,001
Individual confidence level = 97,23%				

Tabela 28.16 Teste de Dunnet.

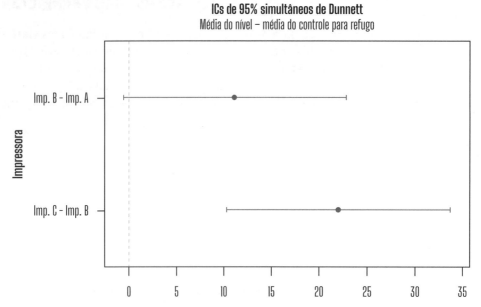

Figura 28.19 Gráfico de comparação de Dunnett para o fator "Impressora".

A análise dos resultados ocorre de maneira similar à do Teste de Tukey, possibilitando uma avaliação gráfica e numérica. Por meio da utilização da Impressora B como grupo de controle, é possível validar que existe uma diferença significativa entre a Impressora B e a Impressora C. O *p*-valor menor que 0,05 demonstra a não igualdade entre a produtividade das duas impressoras.

Graficamente, é possível analisar pela figura anterior que o intervalo que não sobrepõe a linha tracejada é o par que corresponde à diferença significativa.

---

atendem aos pressupostos dos testes paramétricos, como a normalidade e a homogeneidade de variância.

O conhecimento sobre testes não paramétricos é importante pois, em muitos casos, os dados a serem tratados durante a condução de um projeto LSS podem não apresentar distribuição Normal. Portanto, a aplicação de testes não paramétricos se mostra fundamental frente a esse tipo de situação, permitindo que a análise seja realizada de maneira correta e eficiente.

A utilização desse método traz diversas vantagens, tais como:

- aplicação a uma grande variedade de situações;
- utilização de pequenas distribuições amostrais;
- análise de dados categóricos;
- avaliação rápida e fácil.

Por outro lado, como desvantagem, esse tipo de teste tem menor eficiência em detectar alterações reais se comparado aos testes paramétricos.

Neste Guia, serão apresentados o Teste de Levene e o Teste de Mediana de Mood.

28.3.1 Teste de Levene

O Teste de Levene é utilizado para analisar a igualdade entre variâncias de duas amostras ou populações não paramétricas. Assim, para realizar esse teste é importante inicialmente considerar que os dados das amostras são independentes e que as duas amostras não são normalmente distribuídas.

O Teste de Levene compara a variância dentro de cada grupo com a variância geral dos dados, visando determinar se as diferenças nas variações dentro dos grupos são estatisticamente significativas.

Hipótese do teste de Levene

- H_0: os grupos têm a mesma variância;
- H_1: pelo menos um grupo tem mediana diferente das demais.

EXEMPLO PRÁTICO

Uma clínica que realiza exames de sangue deseja analisar o comportamento da demanda diária de duas unidades. O objetivo será comparar a quantidade média e a variância da demanda entre as duas unidades para concluir se os comportamentos são distintos ou não. Para isso, abra o arquivo "Clinica.MTW", acessando o QR Code a seguir, e utilize os comandos no Minitab:

1. Inicialmente, é importante confirmar que os dados não são normais. Para isso, selecione Estat > Estatísticas Básicas > Sumário Gráfico...
2. Selecione "Qtd Clientes" como Variável e "Unidades" no campo "Por Variável (opcional)" > Clique em OK.

uqr.to/1tt20

Com os resultados, é possível confirmar, pelos gráficos e pelos resultados numéricos, que a distribuição dos dados para ambas as unidades não segue o padrão Normal, uma vez que p-valor é menor do que 0,05. A partir dessa confirmação, o Teste de Levene pode ser utilizado para comparar as variâncias. Siga os passos:

1. Selecione Estat > ANOVA > Teste de igualdade de Variâncias.
2. Selecione "Qtd Clientes" como Resposta; em seguida, selecione "Unidades" como Fatores > Clique em Opções... > Certifique-se de que o campo "Usar Teste com Base na Distribuição Normal" esteja **desmarcado** > Clique em OK duas vezes.

O gráfico esperado é o representado na Figura 28.20.

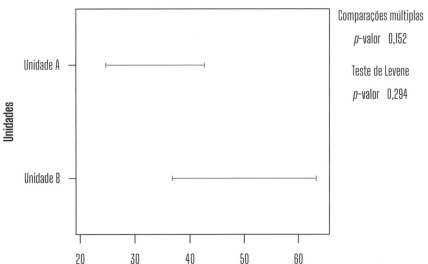

Figura 28.20 Teste de Levene.

Com base no gráfico, é possível observar uma sobreposição nos resultados das unidades A e B, o que indica equivalência entre os resultados. Além disso, o p-valor (nesse caso, deve-se considerar apenas o p-valor do Teste de Levene) também confirma a equivalência existente, já que é um valor alto. Sendo assim, conclui-se que a variabilidade na quantidade de clientes atendidos pela unidade A é equivalente aos resultados encontrados na unidade B.

28.3.2 Teste de Mediana de Mood

O Teste de Mediana de Mood é utilizado para avaliar a igualdade de medianas entre dois ou mais grupos de dados. Ele não faz suposições sobre a distribuição dos dados e é uma alternativa ao Teste de Levene, que é um teste paramétrico que pressupõe normalidade dos dados.

Hipóteses do teste de mediana de Mood:

- H_0: as medianas dos grupos são iguais;
- H_1: pelo menos um grupo tem mediana diferente das demais.

ANOVA 1 fator × Teste de Mood

Primeiramente, o indicado é realizar o teste de variâncias, e caso o teste comprove que as variâncias são estatisticamente iguais, pode ser realizado um teste de ANOVA de um fator. Caso contrário, é recomendado utilizar o Teste de Mood. Observe o próximo Exemplo Prático.

28.4 TESTE DO QUI-QUADRADO

O Teste do Qui-quadrado é utilizado quando o objetivo é saber se existem associações entre duas ou mais variáveis em um estudo, correspondendo à abordagem parecida com a dos testes apresentados anteriormente. No entanto, a diferença é que as variáveis tratadas pelo Qui-quadrado são discretas.

Esse teste pode ser utilizado para comprovar uma suspeita de que certos fatores influenciam o comportamento do resultado de interesse, ou seja, pode ser usado para comprovar causas potenciais definidas na etapa anterior.

Por meio do teste, é possível avaliar a significância estatística da associação entre as variáveis consideradas, conforme as hipóteses a seguir.

- H_0: não há associação entre as variáveis (não existe dependência);
- H_1: há associação entre as variáveis (existe dependência).

EXEMPLO PRÁTICO

Seguindo no arquivo do exemplo anterior ("Clínica.mtw"), o objetivo agora é testar a diferença entre as medianas dos resultados das unidades A e B, uma vez que já foi confirmado que as variâncias são estatisticamente iguais. Portanto, siga as instruções:

1. Selecione Estat > Não paramétricas > Teste de Mood para a Mediana...
2. Selecione "Qtd Clientes" como Resposta; em seguida, selecione "Unidades" como Fatores > Clique em OK.

Os resultados esperados são apresentados na Tabela 28.17.

Teste de Mood para a mediana: Qtd Clientes *versus* Unidades						
Teste de mediana de Mood para Qtd Clientes							
Qui-quadrado = 1,33 GL = 1 P = 0,248							
Unidades	**N<**	**N>**	**Mediana**	**Q3-Q1**	**ICs de 95,0% individuais**
Unidade A	14	10	147,0	49,0	----+---------+---------+---------+-- (-----*------------------) (-----*---------------------) ----+---------+---------+---------+-- 144 160 176 192
Unidade B	10	14	154,0	68,5	
Mediana global = 148,5					
Um IC de 95% para mediana (unidade A) – mediana (unidade B): (–27,0; 6,0)					

Tabela 28.17 Teste de Mood.

Pelo resultado obtido, observa-se que p > 0,05, ou seja, um valor alto. Sendo assim, é possível concluir que as medianas são equivalentes. Além disso, é possível notar sobreposição dos intervalos de confiança.

Além disso, a regra de decisão do teste será a mesma dos testes apresentados anteriormente, ou seja, se o *p*-valor for alto, rejeita-se a hipótese alternativa, e se o *p*-valor for baixo, rejeita-se a hipótese nula. Sendo assim, se *p*-valor do teste for muito baixo, isso indica que as variáveis analisadas têm uma associação entre elas. Assim:

- se $p < 0,05$, rejeitar H_0;
- se $p \geq 0,05$, não rejeitar H_0.

Variáveis discretas

Para compreender o contexto das variáveis discretas, inicialmente é importante estabelecer as variáveis do estudo e construir uma tabulação cruzada ou tabela de contingência. Nela, a distribuição de frequência de uma variável é subdividida de acordo com os valores ou categorias das outras variáveis, ou seja, a amostra é dividida para que se verifique como a variável se comporta de um grupo para outro.

Um exemplo seria a disposição dos dados conforme a Tabela 28.18.

Estatística Qui-quadrado

A estatística Qui-quadrado (χ^2) é uma medida da diferença entre os números verdadeiros observados (O_i) e os números esperados (E_i). Quanto mais próximos os valores observados estiverem dos valores esperados, menor será o grau de associação entre as variáveis. Assim, a estatística Qui-quadrado pode ser calculada da seguinte maneira:

$$x^2 = \sum \frac{(O_i - E_i)^2}{E_i}$$

Em que:
O_i = número observado na célula *i*;
E_i = número esperado na célula *i*.

No exemplo da pesquisa, observam-se os seguintes valores:

- Valores observados *versus* valores esperados para a resposta SIM

$O_1 = 190 \qquad E_1 = 155$
$O_2 = 120 \qquad E_2 = 155$

- Valores observados *versus* valores esperados para a resposta NÃO

$O_3 = 60 \qquad E_3 = 95$
$O_4 = 130 \qquad E_4 = 95$

O resultado da estatística Qui-quadrado para o exemplo é $x^2 = 41,59$ e $p = 0$. Isso significa que a hipótese nula é rejeitada, e conclui-se que existe associação entre as duas variáveis. Portanto, o sexo influencia na escolha pela compra de refrigerantes na farmácia.

Observa-se que cada valor esperado é a metade da soma dos valores observados associado à sua resposta. O esperado é que tivesse a mesma quantidade de respostas "sim" e "não" entre homens e mulheres.

28.5 *FAILURE MODE AND EFFECTS ANALYSIS* – ANÁLISE DOS MODOS DE FALHAS E SEUS EFEITOS

A *Failure Mode and Effects Analysis* (FMEA) é uma ferramenta que tem como objetivos identificar, hierarquizar e prevenir falhas em potencial de um produto ou processo. A FMEA ajuda a aumentar a confiabilidade e facilitar a rastreabilidade das ações necessárias para a mitigação dos riscos. Essa ferramenta é amplamente utilizada em diversos setores para aprimorar a qualidade e a confiabilidade dos processos e dos produtos, como o automotivo, a área de saúde, a aeroespacial, entre outros.

A Figura 28.21 apresenta os termos associados a essa ferramenta.

Apesar de sua maior aplicabilidade na etapa de Análise, a utilização da FMEA também pode ser atrelada às etapas de Medição, Melhoria e Controle do método DMAIC, conforme ilustra a Figura 28.22.

Pergunta/Respostas	Sexo		TOTAL
Você compra refrigerante na farmácia?	Masculino	Feminino	
Sim	190	120	310
Não	60	130	190
TOTAL	250	250	500

Tabela 28.18 Dados dispostos para o Teste do Qui-quadrado.

EXEMPLO PRÁTICO

Um engenheiro de um laboratório suspeita que o volume de exames que são reprocessados está relacionado à linha de produção. Observando a área na qual os exames são processados, ele percebeu que a linha vermelha aparentemente tem uma frequência maior de reprocessamentos. O objetivo, nesse momento, é confirmar a suspeita do engenheiro e avaliar se existe uma relação com as linhas verde, azul e amarela.

No período de 15 dias, foi registrado se ocorreram ou não reprocessamentos em cada uma das quatro linhas de produção da empresa. A partir da coleta dos dados, criou-se uma tabela de contingência contendo a classificação do reprocessamento (Sim/Não) e a linha de produção onde ocorreu. O Teste do Qui-quadrado é capaz de comprovar a dependência ou não entre as duas variáveis; portanto, abra o arquivo "Labs6.MTW", acessando o QR Code a seguir, e siga as instruções:

1. Selecione Estat > Tabelas > Tabulação Cruzada e Qui-Quadrado...
2. Selecione "Linha de Produção" no campo Linhas > Selecione "Reprocessamento" no campo Colunas > Marque "Contagens" no campo Exibição.
3. Clique em "Qui-Quadrado..." > Marque "Teste Qui-Quadrado" > Marque "Contagem esperada das células" > Clique em OK duas vezes.

uqr.to/1tt52

Os resultados são apresentados na Tabela 28.19.

Estatísticas tabuladas: linha de produção; reprocessamento				
Linhas: linhas de produção – colunas: reprocessamento				
	Não	Sim	Todos	
Linha amarela	5	10	15	
	8,250	6,750		
Linha azul	12	3	15	
	8,250	6,750		
Linha verde	12	3	15	
	8,250	6,750		
Linha vermelha	4	11	15	
	8,250	6,750		
Todos	33	27	60	
Conteúdo da célula				
Contagem				
Contagem esperada				
Teste Qui-quadrado				
	Qui-quadrado	GL	*p*-valor	
Pearson	15,286	3	0,002	
Razão de verossimilhança	16,060	3	0,001	

Tabela 28.19 Teste do Qui-quadrado.

É possível notar que as linhas vermelha e amarela apresentam uma taxa de reprocessamento mais alta do que o esperado (6,75). Por outro lado, as linhas azul e verde têm um desempenho melhor, já que suas taxas de reprocessamento são menores do que o esperado. Nota-se que, para cada linha de produção, o Minitab apresenta o valor observado e, abaixo, o valor esperado.

Na análise do teste, nota-se que $p = 0,001$ (portanto, $p < 0,05$). Assim, pode-se concluir que existe dependência entre as variáveis. Em outras palavras, isso significa que as linhas de produção apresentam uma relação com o índice de reprocessamento.

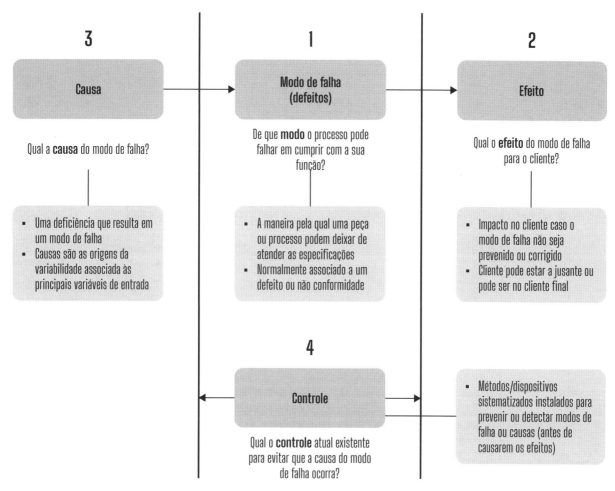

Figura 28.21 Termos associados à FMEA.

28.5.1 Histórico

A primeira metodologia de análise de falhas e equipamentos foi usada pelo Exército Americano, em 1949. Porém, no início na década de 1960, esse controle de falhas foi aplicado no desenvolvimento de novos produtos e tecnologia na indústria aeroespacial, com o objetivo de reduzir custos com atrasos, erros e retrabalhos. O foco era identificar os riscos de maior criticidade e trabalhar de modo preventivo.

Em 1994, a Society of Automotive Engineers (SAE) publicou a norma SAE J1739, a qual define a forma como a FMEA deve ser realizada. Na sequência, essa ferramenta foi disseminada na indústria automotiva com o surgimento da QS9000, criada pela Ford, Chrysler e GM. Em 2006, a QS9000 foi substituída pela ISO TS 16949, de modo a tornar a FMEA passível de auditoria.

Com o tempo, outras áreas industriais começaram a utilizar essa importante ferramenta, e, atualmente, a FMEA é utilizada até mesmo para a análise de risco em produtos e processos já existentes, inclusive em processos administrativos.

28.5.2 Curva dos padrões de falha

A análise da curva de padrão de falhas permite a classificação dos comportamentos anormais de materiais e equipamentos, possibilitando identificar atividades preventivas e corretivas de acordo com cada classificação. Essas podem ser classificadas conforme três fases da curva da banheira, como apresentado na Figura 28.23.

- **Fase 1 (mortalidade infantil):** contempla defeitos de fabricação ou *design*, os quais são mais propensos a ocorrer durante a fase inicial do projeto. Essa fase é caracterizada por uma curva decrescente, que se estabiliza em um nível mais baixo à medida que os defeitos são corrigidos e a taxa de falhas diminui.
- **Fase 2 (falhas aleatórias):** nessa fase, a taxa de falhas normalmente é estável e baixa, pois os produtos estão sendo produzidos dentro dos parâmetros projetados e os defeitos já foram corrigidos. Entretanto, a taxa de falhas pode

378 | GUIA PRÁTICO *LEAN* SEIS SIGMA • Coutinho

Análise dos efeitos dos modos de falha (FMEA)

Nome do responsável									Preparad				Página			
									Data versão original				Revisão			

Identificação da etapa	Etapa do processo	Principais entradas do processo	Modo de falha potencial	Efeitos das falhas potenciais	SEV	Causas potenciais	OCO	Controles atuais	DET	RPN	Ações recomendadas	Responsável	Ações tomadas	SEV	OCO	DET	RPN
Colocar o número correspondente à etapa do processo	Descreva a etapa do processo	Quais são os principais dados de entrada do processo?	Como o processo pode demonstrar falhas?	Quais são os impactos sob os processos/ especificações dos clientes	Qual a severidade de impacto no cliente?	Descreva quais são as potenciais causas	Qual a frequência de ocorrência dos dados?	Quais são os controles atuais do processo/ produto?	Quão bem pode-se detectar as falhas?		Quais as ações recomendadas para se detectar ou evitar que o problema ocorra?	Quem é o responsável pela implementação da ação?	Quais foram efetivamente as ações tomadas para se diminuir o RPN?				
A		x_1								0							0
B		x_2								0							0
C		$x...$								0							0
D										0							0
E										0							0
F										0							0
G										0							0
H										0							0
I										0							0
J										0							0
L										0							0
M										0							0

Medição
- Identificar/refinar as etapas de processos

Análise
- Ligar as causas aos efeitos
- Priorizar os problemas

Melhoria
- Determinar as ações de melhoria a serem tomadas com os responsáveis
- Priorizar as ações a serem tomadas

Controle
- Ajuda a desenvolver planos de controle do processo

Figura 28.22 FMEA e DMAIC.

aumentar novamente à medida que o produto envelhece e que os componentes começam a falhar devido ao desgaste.

- **Fase 3 (desgaste):** nessa fase, a taxa de falhas começa a aumentar à medida que o produto se aproxima do fim de sua vida, em que os componentes críticos começam a falhar. Essa fase é caracterizada por uma curva crescente, e é quando muitos produtos são substituídos por novos modelos ou tecnologias.

Com base nessa compreensão, é possível afirmar que os modos de falhas de máquinas e equipamentos podem apresentar padrões diferentes, e identificá-los é muito importante para determinar as estratégias de manutenção apropriadas.

A seguir, é apresentado um exemplo ilustrando como é a diferença entre uma falha identificada no início do processo (com os fornecedores) e uma identificada na inspeção do produto final. Assim, é possível observar que as falhas detectadas mais precocemente são menos custosas do que as observadas já na finalização do processo.

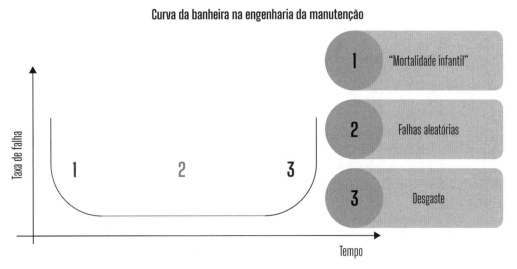

Figura 28.23 Curva da banheira.

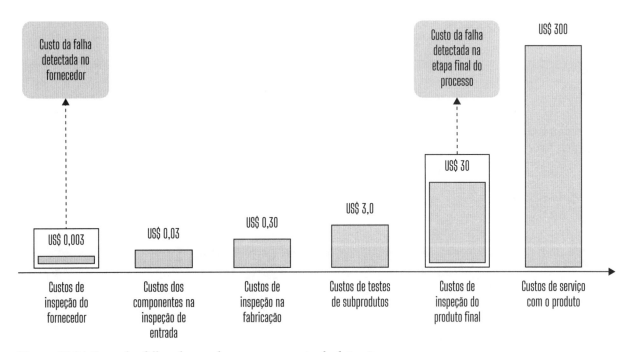

Figura 28.24 Custo das falhas de acordo com o momento da detecção.

28.5.3 Etapas para construção da FMEA

Para a construção da FMEA, existem 12 passos a serem seguidos:

1. Identificar o processo e descrever sua função e requisitos, utilizando o Mapa de Processo como apoio.
2. Levantar todos os modos de falha potencial – para cada etapa do processo, devem ser identificados todos os modos de falha.
3. Listar todos os efeitos das falhas potenciais.
4. Determinar o nível de severidade de cada efeito, por meio de uma nota atribuída pelo impacto daquele efeito.
5. Listar as causas potenciais de cada modo de falha.
6. Determinar o nível de ocorrência das causas, por meio de uma nota de acordo com a frequência que a causa ocorre.
7. Listar os controles atuais do processo, ou seja, verificar se o processo já tem algum mecanismo que identifique ou previna a falha.
8. Caso o controle já exista, determinar o nível de detecção das causas pelos controles atuais.
9. Calcular o RPN (índice de risco), baseado nas notas atribuídas para severidade, ocorrência e detecção. Caso o índice de risco dê uma nota alta, significa que aquela causa tem um grande impacto:

    RPN = Severidade × Ocorrência × Detecção

10. Desenvolver o Plano de Ação para tentar eliminar os modos de falha com índice de risco alto (etapa de Melhoria).
11. Tomar ações efetivas (etapa de Melhoria).
12. Calcular o novo RPN (etapa de Controle).

28.5.4 Determinação de notas de severidade, ocorrência e detecção

A FMEA é utilizada para identificar as potenciais falhas e deficiências de um produto ou processo. Assim, é possível quantificar a severidade do efeito das falhas, identificar as causas das falhas e deficiências, de modo a mensurar sua frequência, trabalhar de forma preventiva, focar na eliminação dos problemas potenciais e facilitar a documentação e a rastreabilidade das ações.

O Quadro 28.1 fornece uma orientação para a atribuição das notas de severidade, ocorrência e detecção, de modo a padronizar as notas de acordo com suas intensidades.

28.5.5 Classificação da FMEA

Existem metodologias oriundas da FMEA que também podem ser utilizadas na aplicação dos conceitos do LSS, tais como:

- *Process Failure Mode & Effect Analysis* **(PFMEA)**: utilizada quando o que está sendo avaliado é um processo e seus riscos. O objetivo pode ser tanto avaliar os riscos na implantação de um processo novo quanto analisar riscos em processos já existentes.
- *Design Failure Mode & Effect Analysis* **(DFMEA)**: utilizada nas falhas possíveis quando são implementados novos produtos ou processos.

Pontuação	Severidade	Ocorrência	Detecção
1	Mínima – O cliente mal percebe que a falha ocorreu	Remota – Dificilmente ocorre a causa da falha	Muito grande – Certamente será detectada
2 ou 3	Pequena – Ligeira deterioração no desempenho e leve descontentamento do cliente	Pequena – A causa da falha ocorre em pequena escala. De 10 a 100 PPM	Grande – A probabilidade de ser detectada é alta
4 ou 5 ou 6	Moderada – Deterioração significativa no desempenho de um sistema com descontentamento do cliente	Moderada – Por vezes ocorre a causa que leva a falha. De 500 a 5.000 PPM	Moderada – Provavelmente será detectada
7 ou 8	Alta – O sistema deixa de funcionar e há grande descontentamento do cliente	Alta – A causa de falha com certa frequência. De 10.000 a 20.000 PPM	Pequena – Provavelmente não será detectada
9 ou 10	Muito alta – Idêntica à anterior, porém afeta também a segurança	Muito alta – A causa de falha ocorre em vários momentos. > 50.000 PPM	Muito pequena – Certamente não será detectada

Quadro 28.1 Atribuição das notas de severidade, ocorrência e detecção.

O foco do LSS normalmente é maior na PFMEA, já que a metodologia contempla projetos voltados para a melhoria de processos já existentes. Dessa maneira, é possível identificar a maneira pela qual um processo pode falhar em satisfazer os requisitos críticos dos clientes, além de estimar os riscos associados às causas das falhas potenciais, avaliar o plano de controle atual para aprimorar o sistema de detecção e priorizar as ações que devem ser tomadas para melhorar o processo.

EXEMPLO PRÁTICO

Uma empresa que atua na área de serviços e que tem mais de 200 lojas no Brasil está em seu segundo ano no programa LSS e percebeu que o índice de certificação de *Green Belts* ainda é muito baixo, cerca de 65% *versus* um valor esperado de 90%.

O *Black Belt*, líder do projeto, já finalizou as etapas de Definição e Medição do método DMAIC e está iniciando as comprovações das causas raiz do problema. O primeiro método que será utilizado é a identificação dos modos de falha do processo de certificação de *Green Belts* da empresa e a quantificação das causas dos modos de falha por meio de uma PFMEA.

Inicialmente, foi elaborado o Mapa de Processo do caso (Figura 28.25).

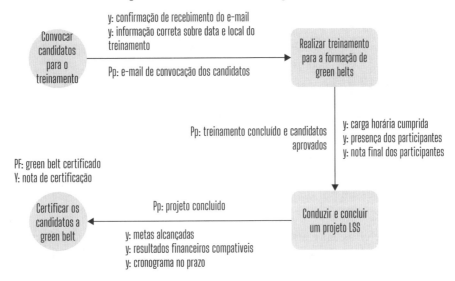

Figura 28.25 Mapa de Processo referente ao exemplo.

No entanto, o que é necessário para a FMEA é apenas o processo, que consiste na convocação de candidatos para o treinamento, seguido pela realização do treinamento, pela conclusão de um projeto LSS e, por fim, pela certificação dos candidatos a *Green Belt*.

A partir da definição do processo, foi iniciada a construção da FMEA:

Identificação das etapas do processo e sua função: nesse passo, é possível utilizar o Mapa de Processo como base para identificar as etapas do processo. Cada etapa do processo será um item da FMEA e terá sua função descrita.

A função define o papel que uma etapa do processo deve cumprir e quais os requisitos devem ser atendidos. Nesse passo, informações como nome da empresa, o processo que está sendo estudado, o responsável pelo preenchimento da ferramenta são listadas. Também pode ser definido um responsável para revisão devido à grande quantidade de informações inseridas; o grupo de trabalho (pessoas que participaram), a data de elaboração e a versão (versão 1, versão 2 etc.) também estão contidos nesse cabeçalho.

1) Definição dos modos de falhas: os modos de falhas são os erros que podem ser cometidos na etapa do processo, os quais são listados a seguir (Quadro 28.2).

Etapas do processo	Função/requisitos	Modo de falhas
Convocar candidatos para treinamento	Identificar e convocar por *e-mail* os candidatos considerados ideais para participar do treinamento para a formação *Green Belt*	O candidato não recebeu o *e-mail*
		O candidato abriu o *e-mail* apenas no dia do treinamento
		O candidato convocado não tem o perfil adequado para o treinamento
Realizar treinamento para a formação de *Green Belts*	Capacitar os candidatos na metodologia *Lean* Seis Sigma, no método DMAIC e nas ferramentas estatísticas utilizadas por *Green Belts*	O conteúdo programado não foi todo repassado durante o treinamento
		Alguns participantes não conseguiram tirar média nas provas aplicadas durante o treinamento
Conduzir e concluir um projeto Seis Sigma	Concluir um projeto de melhoria utilizando a metodologia	-
Certificar os candidatos a *Green Belt*	Pontuar o projeto de cada candidato com base em sua aplicação do DMAIC	-

Quadro 28.2 Etapas do processo e sua função/requisitos e modo de falhas associados.

Cada etapa do processo tem sua função/requisitos e modo de falhas associadas (quando possível) e sua ordem de realização respeitada (a primeira linha descreve a primeira etapa do processo, a segunda linha descreve a segunda etapa do processo, e assim por diante).

3) Listagem de todos os efeitos das causas potenciais: o efeito é a consequência do modo de falha, ou seja, é a forma como o processo é impactado e como reflete no cliente. Os efeitos foram identificados e listados a seguir.

1 – O candidato não participa do treinamento.
2 – O candidato falta um ou mais dias de treinamento.
3 – O candidato não consegue tirar média nas provas aplicadas durante o treinamento.
4 – Os participantes não aprendem todas as ferramentas que podem utilizar nos projetos.
5 – O participante não pode dar continuidade ao processo e iniciar o seu projeto LSS.

4) Determinar o nível de severidade de cada efeito: a severidade reflete a gravidade do efeito na percepção do cliente, de acordo com uma escala que varia de 1 a 10. Os resultados dessa análise são listados no Quadro 28.3.

Efeito	Severidade
O candidato não participa do treinamento	10
O candidato falta um ou mais dias de treinamento	4
O candidato não consegue tirar média nas provas aplicadas durante o treinamento	7
Os participantes não aprenderam todas as ferramentas que podem utilizar nos projetos	4
O participante não pode dar continuidade ao processo e iniciar o seu projeto *Lean* Seis Sigma	10

Quadro 28.3 Severidade dos efeitos.

5) Listagem das causas potenciais de cada modo de falha: causas geram o aparecimento do modo de falha e são a origem da variabilidade associada às principais variáveis de entrada (X's).

O Quadro 28.4 apresenta os modos de falhas com seus respectivos efeitos, severidades e causas associadas.

Modo de falhas	Efeito	Severidade	Causa
O candidato não recebeu o e-mail	O candidato não participa do treinamento	10	Endereço de e-mail digitado errado
O candidato abriu o e-mail apenas no dia do treinamento	O candidato falta um ou mais dias de treinamento	4	O candidato recebe uma quantidade muito grande de e-mails todo dia
O candidato convocado não tem o perfil adequado para o treinamento	O candidato não consegue tirar média nas provas aplicadas durante o treinamento	7	O responsável pela seleção dos candidatos não faz uma avaliação de perfil
O conteúdo programado não foi todo repassado durante o treinamento	Os participantes não aprenderam todas as ferramentas que podem utilizar nos projetos	4	O tempo gasto no conteúdo estatístico foi maior que o previsto
Alguns participantes não conseguiram tirar média nas provas aplicadas durante o treinamento	O participante não pode dar continuidade ao processo e iniciar o seu projeto Lean Seis Sigma	10	O conteúdo de treinamento é extenso e alguns participantes não têm tempo para revisar o material

Quadro 28.4 Modos de falhas com seus respectivos efeitos, severidades e causas associadas.

Observa-se que os três primeiros modos de falhas estão associados à primeira etapa do processo, denominada "Convocar candidatos para treinamento", e que o quarto e quinto modos de falhas estão associados à segunda etapa do processo, denominada "Realizar treinamento para a formação de *Green Belts*"; a terceira e quarta etapas do processo que está sendo estudado (índice baixo de certificação de *Green Belts*) não apresentaram modo de falha, como pode ser visto no quadro anterior.

Observação: nesse exemplo, para cada modo de falha foram associados um efeito e uma causa, mas é possível que o modo de falha apresente mais de um efeito e mais de uma causa a ele associado.

6) Determinação do nível de ocorrência das causas: a ocorrência quantifica a probabilidade de a causa ocorrer, ou seja, define se a causa é muito ou pouco frequente, conforme apresentado no Quadro 28.5.

Causa	Ocorrência
Endereço de e-mail digitado errado	1
O candidato recebe uma quantidade muito grande de e-mails todo dia	7
O responsável pela seleção dos candidatos não faz uma avaliação do perfil	10
O tempo gasto no conteúdo estatístico foi maior que o previsto	1
O conteúdo de treinamento é extenso e alguns participantes não têm tempo para revisar o material	7

Quadro 28.5 Nível de ocorrência das causas.

7) Listagem dos controles atuais do processo: os controles atuais objetivam prevenir a ocorrência de falhas ou detectar falhas já ocorridas e impedir que cheguem ao cliente.

- *e-mails* cadastrados são corrigidos automaticamente;
- avaliação subjetiva do professor durante o treinamento;
- programação com o tempo de cada conteúdo.

8) Determinação do nível de detecção das causas pelos controles atuais: a detecção avalia a probabilidade de a falha ser detectada antes que chegue ao cliente, e segue representada no Quadro 28.6.

Causa	Detecção
Endereço de *e-mail* digitado errado	7
O candidato recebe uma quantidade muito grande de *e-mails* todo dia	10
O responsável pela seleção dos candidatos não faz uma avaliação do perfil	7
O tempo gasto no conteúdo estatístico foi maior que o previsto	4
O conteúdo de treinamento é extenso e alguns participantes não têm tempo para revisar o material	10

Quadro 28.6 Determinação do nível de detecção das causas.

9) Cálculo do RPN: o Quadro 28.7 apresenta cada causa associada à sua ocorrência, os controles atuais e sua detecção e o índice de risco.

Causa	Ocorrência	Controles atuais	Detecção	Índice de risco
Endereço de *e-mail* digitado errado	1	E-mails cadastrados não corrigidos automaticamente	7	70
O candidato recebe uma quantidade muito grande de *e-mails* todo dia	7	Não há controle implementado	10	280
O responsável pela seleção dos candidatos não faz uma avaliação do perfil	10	Avaliação subjetiva do professor durante o treinamento	7	490
O tempo gasto no conteúdo estatístico foi maior que o previsto	1	Programação com o tempo de cada conteúdo	4	16
O conteúdo de treinamento é extenso e alguns participantes não têm tempo para revisar o material	7	Não há controle implementado	10	700

Quadro 28.7 Causa associada à sua ocorrência, os controles atuais e sua detecção e índice de risco calculado.

10) Desenvolvimento do plano de ação: nessa etapa, ocorreu o registro das ações que devem ser conduzidas para a redução do risco, entre elas:
- Definir uma segunda forma de convocação de candidatos.
- Definir uma segunda forma de convocação do candidato além do *e-mail*.
- Os candidatos serão escolhidos após se submeterem a uma avaliação de perfil.
- Compor as turmas com os participantes de perfil similar e adequar o ritmo do treinamento para cada turma.

11) Tomada de ações efetivas: execução das ações de melhoria determinadas no passo anterior, como:
- Implementação do sistema de convocação pelo ramal e via de sistema intranet.
- Avaliação de perfil aplicada pelo RH em todos os indicados.
- Treinamentos programados por área ou conhecimento prévio sobre LSS.

12) Novo cálculo do RPN: após a implantação das ações recomendadas, o RPN deve ser recalculado. O Quadro 28.8 apresenta o RPN associado a cada causa do processo, bem como a ação recomendada e a ação tomada para se fazer a melhoria do processo.

Índice de risco	Ação recomendada	Ação tomada	Índice (SxOxD)	Responsável	Prazo
70	Definir uma segunda forma de convocação dos candidatos	Implementando o sistema de convocação por ramal e via de sistema intranet	30	José Cabral	Nov./2019
280	Definir uma segunda forma de convocação do candidato além do *e-mail*		64		
490	Os candidatos serão escolhidos após se submeterem a uma avaliação de perfil	Avaliação de perfil aplicada pelo RH em todos os indicados	28	Maria Silva	Set./2019
16	N/A	-	-	-	-
700	Compor as turmas com os participantes de perfil similar e adequar o ritmo do treinamento para cada turma	Treinamentos programados por área de conhecimento prévio sobre *Lean* Seis Sigma	120	Ana Maria	Set./2019

Quadro 28.8 Resultado final da FMEA.

Por meio do Quadro 28.8 é possível observar que a primeira causa se tornou relevante por sua nota de severidade associada. Além disso, é possível observar pela quarta coluna a mudança dos RPN de cada causa. Assim, com a utilização da FMEA no processo de certificação, a empresa pode avaliar o problema e buscar as melhores soluções para aprimorar o índice de certificação d*os seus Green* Belts.

A Figura 28.26 apresenta uma síntese sobre a utilização da FMEA.

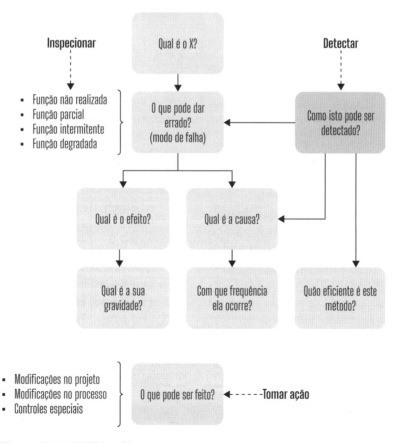

Figura 28.26 FMEA – Síntese.

RESUMO

- O teste de hipóteses analisa uma amostra com o objetivo de testar uma afirmação sobre um parâmetro ou característica da população. Nesse teste, é possível testar uma afirmação sobre determinada característica ou parâmetro da população, formulando duas hipóteses:
    - ✓ **Hipótese nula:** remete à equivalência entre o parâmetro da população e o valor hipotético.
    - ✓ **Hipótese alternativa:** remete à distinção entre o parâmetro da população e o valor hipotético da hipótese nula (maior, menor ou diferente).
- No teste de hipóteses há a possibilidade de realizar outros testes bastante conhecidos, como: teste *t* para uma amostra, poder do teste, teste *t* para duas amostras, teste *t* pareado (duas amostras), teste para uma proporção e teste para duas proporções.
- A ANOVA ou Análise de Variância tem o objetivo de comparar a média de duas ou mais amostras e verificar se pelo menos uma delas se difere das demais. A diferença da ANOVA e do teste de hipóteses é que a ANOVA compara duas ou mais amostras. As hipóteses desse teste são apresentadas a seguir.
    - ✓ **Hipótese nula:** as amostras apresentam desempenho médio semelhante.
    - ✓ **Hipótese alternativa:** pelo menos uma amostra apresenta desempenho médio distinto das demais amostras.
- Há três tipos de ANOVA: ANOVA para um fator ou para dois fatores e ANOVA para múltiplas comparações.
    - ✓ **ANOVA para um fator:** analisa o comportamento de um fator aplicado a um único processo.
    - ✓ **ANOVA para dois fatores:** analisa o impacto de diversos níveis de dois fatores sobre a variável de resposta.
    - ✓ **ANOVA para múltiplas comparações:** permite a análise de dois ou mais fatores em relação a todos os seus níveis. Utilizam-se os Testes de Tukey e Dunnett, dependendo de sua aplicação.
- Os testes não paramétricos são utilizados quando os dados não podem ser representados pela curva normal ou outra distribuição particular. Neste Guia, foi apresentado o Teste de Levene e o Teste de Mediana de Mood para aplicação dos testes não paramétricos.
    - ✓ **Teste de Levene:** utilizado para comparar duas amostras, sendo seus dados independentes e com distribuição não normal.
    - ✓ **Teste de Mediana de Mood:** utilizado para comparar amostras com mais de um nível e que apresentam resultados no teste de variância como estatisticamente diferentes (resultado estatisticamente igual se torna opcional).
- O Teste do Qui-quadrado tem o objetivo de analisar a associação de duas ou mais variáveis, sendo estas discretas. As hipóteses desse teste são:
    - ✓ **Hipótese nula:** não existe dependência entre as variáveis.
    - ✓ **Hipótese alternativa:** existe dependência entre as variáveis.
- A FMEA é uma ferramenta que identifica e previne falhas potenciais. Portanto, auxilia na análise de riscos do processo e na tomada de decisões, e pode ser classificada da seguinte maneira:
    - ✓ **PFMEA:** utilizada para analisar os riscos de um novo processo ou um já existente.
    - ✓ **DFMEA:** utilizada quando se deseja implementar novos produtos ou processos.
- A curva padrão de falhas, também conhecida como "curva da banheira", apresenta três fases:
    - ✓ Fase 1: etapa denominada "mortalidade infantil", pois contempla defeitos propensos a ocorrer nas etapas iniciais do projeto.
    - ✓ Fase 2: etapa na qual ocorrem falhas aleatórias, visto que os produtos estão sendo produzidos dentro dos parâmetros projetados e os defeitos já foram corrigidos.
    - ✓ Fase 3: etapa de desgaste, visto que as falhas começam a aumentar à medida que o produto se aproxima do fim de vida.

REFERÊNCIAS BIBLIOGRÁFICAS

KUBIAK, T. M.; BENBOW, D. W. *The certified Six Sigma Black Belt Handbook*. 3. ed. Milwaukee: American Society for Quality, 2016.

LOBO, R. N. *Gestão de qualidade*. 2. ed. São Paulo: Editora Saraiva, 2020.

THEISENS, H. C. *Lean Six Sigma Green Belt Mindset, Skill set and Tool set*. 5. ed. Enschede: Lean Six Sigma Academy, 2021.

CASOS PRÁTICOS – ETAPA DE ANÁLISE

Depois de ter conhecido as ferramentas que podem ser aplicadas no *Lean* Seis Sigma, é o momento de entender como elas podem ser aplicadas em estudos de caso. Nessa parte bônus do Guia Prático do Especialista em Melhoria Contínua são apresentados três estudos de caso como modo de facilitar a compreensão da aplicação de um projeto *Lean* Seis Sigma.

É importante ressaltar que os *cases* que serão demonstrados foram modelados com base em situações reais vivenciadas pela equipe de consultores, mas para assegurar o sigilo e a confidencialidade, os contextos e os nomes foram alterados.

ETAPA DE ANÁLISE (*ANALYZE*)

Na fase de Análise, serão identificadas e validadas as causas raízes dos problemas com base em dados e evidências, estabelecendo uma base sólida para a fase de Melhoria.

Etapa de Análise: Projeto de redução de erros na entrega de tubos de aço e escapamentos em uma indústria nacional

1 – Comprovação das causas raiz

A primeira comprovação identificada é a falta de mapa geográfico no sistema. Para verificar isso, foram levantados os tempos de transporte de carga para cada região nos últimos dois meses e comparados com os prazos acordados com os clientes.

Foi realizado um teste de igualdade de variâncias, e o p-valor foi menor que 0,05, indicando que as variâncias de tempo de transporte entre as regiões são diferentes. Observe a Figura Caso 1.1.

A ANOVA mostrou que pelo menos uma média de tempo de transporte é significativamente diferente das outras, confirmando que cada região tem características distintas.

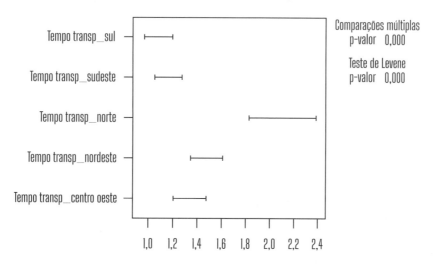

Se os intervalos não se sobrepuserem, os desvios padrão correspondentes serão significativamente diferentes.

Figura Caso 1.1 Teste de igualdade de variâncias.

O teste de hipóteses (2 sample-t) comparou o tempo de transporte com o prazo acordado para cada região:

- Sul: p-valor menor que 0,05, indicando que o prazo acordado é, em média, menor que o tempo real de entrega.
- Sudeste: p-valor maior que 0,05, indicando que o prazo acordado é, em média, igual ao tempo real de entrega.
- Norte: p-valor menor que 0,05, indicando que o prazo acordado é, em média, menor que o tempo real de entrega.
- Nordeste: p-valor menor que 0,05, com uma das maiores distorções (7,21 *versus* 4,99), indicando grandes diferenças entre prazo acordado e tempo real de entrega.
- Centro-Oeste: p-valor maior que 0,05, indicando que o prazo acordado é, em média, igual ao tempo real de entrega.

A segunda comprovação abordou a "composição fracionada de carga" e "prazos acordados para sábados e domingos". Foi feito um levantamento para verificar a relação entre carga fracionada e sucesso na entrega, usando o teste Qui-quadrado. O p-valor foi menor que 0,05, mostrando que a carga fracionada afeta o sucesso da entrega (21 *versus* 4), indicando que cargas fracionadas têm maior probabilidade de atrasos ou entregas incompletas.

Do mesmo modo, foi avaliado o impacto de prazos de entrega no final de semana, e o teste Qui-quadrado revelou que as entregas são mais bem-sucedidas em dias úteis (22 *versus* 5), com prazos de fim de semana apresentando maior probabilidade de atraso.

Etapa de Análise: Projeto de aumento do nível de serviço de atendimento nas unidades da regional Minas Gerais

1 – Comprovação das causas raiz

A base de dados do tempo de cadastro do cliente foi coletada nas unidades Belvedere e Contagem, e foi necessário calcular o tamanho da amostra para medir o tempo de atendimento de clientes com e sem documentos. Utilizou-se uma fórmula para o cálculo, considerando um nível de confiança de 95%, precisão de 5% e uma proporção histórica de 8% de clientes que não levam documentos.

Com a amostra calculada, a comparação do tempo de cadastro foi realizada entre clientes com documentos e aqueles sem documentos. O tempo foi medido em minutos, e um *boxplot* foi utilizado para a comparação gráfica. Os resultados podem ser observados na Figura Caso 2.1.

Um teste de hipóteses t-pareado mostrou que o tempo de cadastro para clientes sem documentos é significativamente maior (3 para 5 minutos), afetando o tempo total de atendimento e o NS de 15 minutos.

Um teste Qui-quadrado foi realizado para verificar a dependência entre as variáveis "colaborador" (experiente ou inexperiente) e "identificação do erro" (guia com erro ou guia sem erro). O resultado indicou uma dependência significativa entre as variáveis, evidenciando que operadores experientes cometem menos erros, e confirmando que a falta de atenção e o treinamento insuficiente são fatores que impactam negativamente o processo de atendimento.

A ANOVA também foi aplicada para comparar o percentual médio de exames pré-autorizados por cada

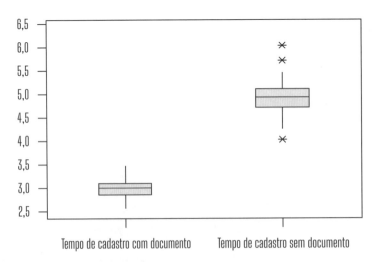

Figura Caso 2.1 *Boxplot* de tempo de cadastro com documento × sem documento.

plano de saúde, e novamente foi identificado que há diferenças significativas entre as médias, sugerindo que as políticas de pré-autorização variam entre os planos e afetam o atendimento.

Em seguida, uma correlação foi feita entre a demanda de clientes e a quantidade ideal de guichês de atendimento ativos. A correlação é positiva e forte, indicando que um aumento na demanda de clientes requer um aumento proporcional no número de guichês ativos.

As causas de problemas no atendimento, como falta de procedimento para gestão de filas, procedimentos de autorização desatualizados e computadores lentos, foram comprovadas com dados. Todas as causas priorizadas na etapa de Medição foram validadas na etapa de Análise, e o projeto avança para a etapa de Melhoria com um total de nove causas identificadas e confirmadas.

Causas prioritárias
Não há medição do *Lead Time* do processo
Não existem metas de *performance* na área
Atraso no envio das NFs para a Central de Lançamento
Informações incorretas
Informações incompletas
Não tratamento de etapas críticas do processo
Não cumprimento do procedimento
Procedimento antigo
Capacitação inadequada
Computador obsoleto

Quadro Caso 3.1 Causas priorizadas.

Etapa de Análise: Projeto de redução do custo de juros e multas por pagamentos atrasados de fornecedores

1 – Comprovação das causas raiz

Todas as causas listadas no Quadro Caso 3.1 foram devidamente comprovadas por meio de análise de risco ou de análise estatística.

Será demonstrada a comprovação de cinco causas priorizadas de forma quantitativa. As outras causas foram avaliadas de forma qualitativa por meio da análise de risco.

A – Capacitação inadequada do colaborador

Cinco colaboradores da área de Contas a Pagar, que receberam carga horária de treinamento diferentes, foram submetidos a um teste. Cada colaborador avaliou uma amostra de 20 notas fiscais (NFs) e classificou cada uma como perfeita ou defeituosa.

Algumas NFs tinham informações faltantes ou incorretas e deveriam ser classificadas como defeituosas. Esse teste foi repetido 15 vezes, totalizando 300 NFs avaliadas por cada colaborador. O *boxplot* apresentado na Figura Caso 3.1 evidencia qual foi a *performance* de cada colaborador e comprova que a capacitação inadequada de

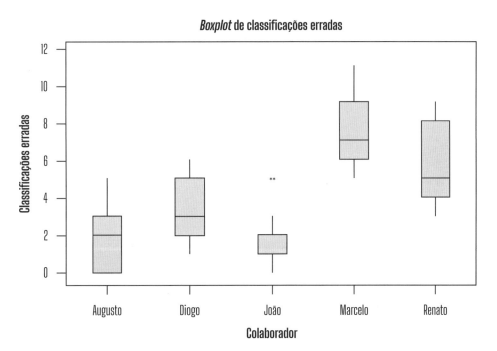

Figura Caso 3.1 *Boxplot* de classificações erradas.

colaboradores pode proporcionar um resultado diferente na avaliação das NFs.

Além disso, o teste de igualdade de variância apresentado na Figura Caso 3.2 comprova que a variabilidade entre os resultados de cada colaborador é semelhante.

Entretanto, ao realizar a Análise de Variância, é possível verificar que pelo menos um colaborador apresenta média significativamente maior ou menor que as demais. Essa análise também pode ser comprovada pelo p-valor. A Figura Caso 3.3 mostra o resultado obtido pela Análise de Variância.

Além disso, é possível observar os dados numéricos obtidos pela ANOVA e comprovar pelo p-valor a distinção de pelo menos uma média entre os colaboradores. Assim, comprova-se que a capacitação NFs fiscais (Quadro Caso 3.2).

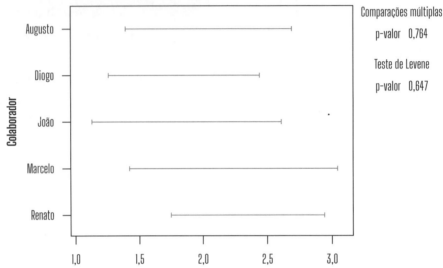

Figura Caso 3.2 Teste de igualdade de variâncias.

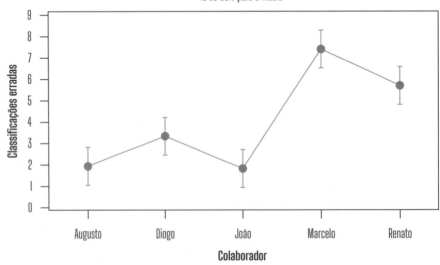

Figura Caso 3.3 Gráfico de intervalos de classificações erradas *versus* colaborador.

B – Tempo do recebimento até a entrada da nota fiscal no sistema

Para cada mês, verificou-se o tempo médio do recebimento da NF na empresa até a inserção das informações no sistema. O valor médio é igual a 15 dias, com desvio padrão de 5,36. Contudo, segundo o procedimento da empresa, o tempo deveria ser de 2 dias para que o pagamento fosse realizado na data correta. Observe a Figura Caso 3.4.

A análise de regressão linear simples comprova a correlação entre o tempo até a entrada da NF e o valor pago de juros e multas.

Também é importante realizar a análise de resíduos, visto que ela comprova se o modelo de regressão utilizado é adequado. Essa análise é apresentada na Figura Caso 3.5.

Comprovada a adequação do modelo de regressão, a conclusão é que o atraso para inserir as informações no sistema dificulta o pagamento em dia da NF; portanto, quanto mais a empresa demora para efetuar o registro do que deve ser pago, maior a chance de pagar juros e multas. Com isso, a causa tempo do recebimento até a entrada da NF no sistema é comprovada.

C – Informações incorretas ou incompletas na nota fiscal

Alguns fornecedores preenchem a NF de forma errada e, quando validada pela empresa, a NF é rejeitada e retorna ao fornecedor. Isso gera desgaste na relação empresa *versus* fornecedor. Além disso, as NFs com informações incompletas ou incorretas que não são detectadas

---

ANOVA para 1 fator: Classificações erradas *versus* Colaborador

Método

Hipótese nula	Todas as médias são iguais
Hipótese alternativa	No mínimo uma média é diferente
Nível de significância	$\alpha = 0,05$

Assumiu-se igualdade de variâncias para a análise

Informações dos Fatores

Fator	Níveis	Valores
Colaborador	5	Augusto; Diego; João; Marcelo; Renato

Análise de variância

Fonte	GL	SQ (Aj.)	QM (Aj.)	Valor F	p-valor
Colaborador	4	364,0	91,000	28,87	0,000
Erro	70	220,7	3,152		
Total	74	584,7			

Sumário do Modelo

S	R2	R2 (aj)	R2 (pred)
1,77549	62,26%	60,10%	56,67%

Quadro Caso 3.2 ANOVA para um fator.

na etapa de validação seguem no processo, mas não são pagas em dia.

Desse modo, as amostras de 30 NFs foram separadas por mês e a porcentagem de NFs defeituosas foi calculada para cada conjunto. A correlação e a análise de regressão simples auxiliarão na comprovação da dependência da porcentagem de NFs defeituosas e do valor de juros e multas.

Com base na Figura Caso 3.6, é possível analisar que são recebidas pela empresa uma média próxima de 5% de

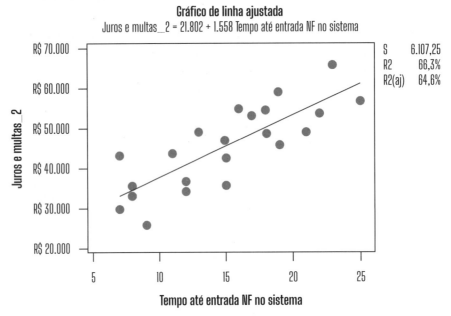

Figura Caso 3.4 Regressão linear simples com análise.

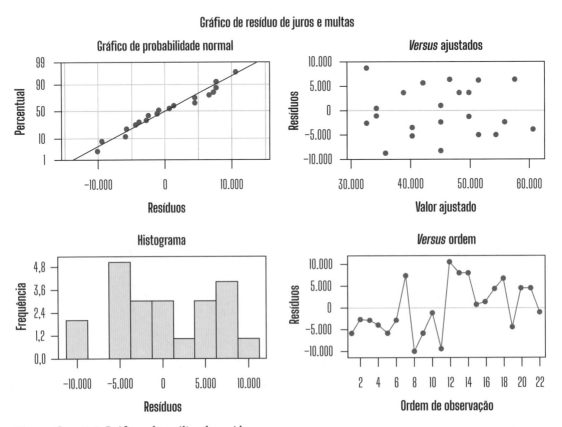

Figura Caso 3.5 Gráficos de análise de resíduos.

NFs incorretas ou incompletas, o que impacta o processo e faz com que o pagamento das NFs seja atrasado. Além disso, esse percentual foi considerado razoável.

Na Figura Caso 3.7, é possível avaliar a correlação entre o percentual de NFs defeituosas e o pagamento de juros e multas, ou seja, quanto maior o percentual de defeitos, maior o valor da taxa de juros e multas que devem ser pagas.

Além disso, é recomendado que, ao fazer a análise de regressão, seja feita a análise de resíduos, visto que essa

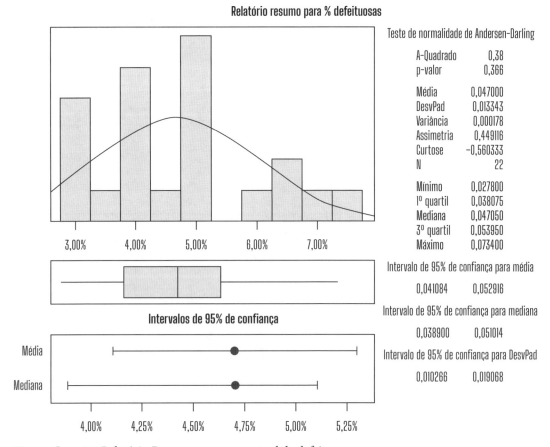

Figura Caso 3.6 Relatório Resumo para percentual de defeituosas.

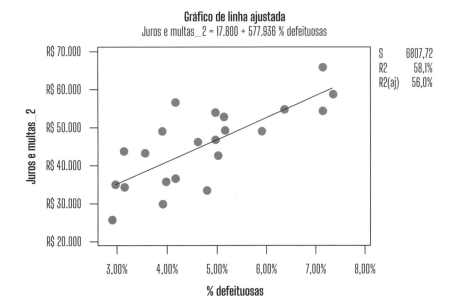

Figura Caso 3.7 Análise de regressão.

análise comprova que o modelo utilizado na regressão é adequado à causa que se deseja comprovar. A Figura Caso 3.8 apresenta a análise de resíduos.

Comprovada a adequação do modelo, é possível concluir que as informações incorretas ou incompletas são uma das causas do pagamento de juros e multas.

D – Computador obsoleto

O objetivo dessa análise foi comprovar que computadores com configurações melhores reduzem de maneira significativa o tempo de cadastramento das NFs no sistema e, consequentemente, favorecem o pagamento da NF na data correta.

O teste foi realizado com uma amostra de 120 NFs, utilizando o mesmo analista para cadastrar as NFs em dois computadores de configurações significativamente diferentes. É possível observar pela Figura Caso 3.9 que a diferença de tempo é significativa.

Além disso, o histograma da Figura Caso 3.10 deixa essa diferença visualmente mais clara.

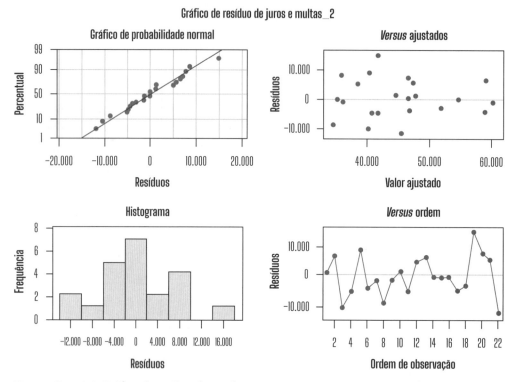

Figura Caso 3.8 Gráfico de análise de resíduos.

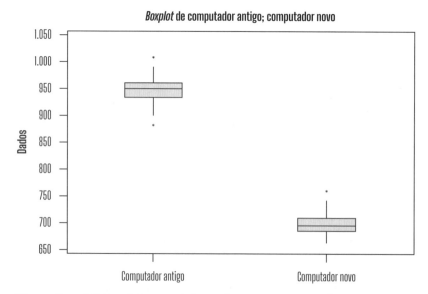

Figura Caso 3.9 *Boxplot* computador antigo *versus* computador novo.

No computador antigo, o tempo médio para cadastrar cada NF foi de 16 minutos, e no computador novo foi de 12 minutos. Assim, para as 120 NFs do teste, a diferença total do tempo foi de 480 minutos, que equivale a 8 horas de trabalho, ou seja, um dia de trabalho. Essa diferença também pode ser comprovada pelo teste de hipótese, apresentado no Quadro Caso 3.3.

Nota-se que o intervalo de confiança é igual a 99,9% e que $p < 0,001$ demonstra que a hipótese nula é rejeitada, concluindo que existe uma diferença significativa entre o desempenho dos computadores. Com isso, comprova-se que computadores com configurações melhores reduzem o tempo de cadastro das NFs no sistema, auxiliando o pagamento delas no prazo.

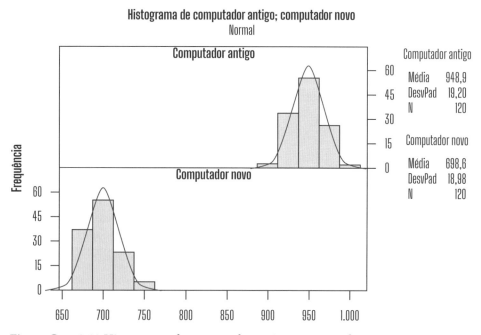

Figura Caso 3.10 Histogramas de computador antigo e computador novo.

Teste *t* para duas amostras e IC: computador ANTIGO; computador NOVO

Teste *t* para 2 amostras para Computador ANTIGO *versus* Computador NOVO

	N	Média	DesvPad	EP Média
Computador ANTIGO	120	948,9	19,2	1,8
Computador NOVO	120	698,6	19,0	1,7

Diferença = μ (Computador ANTIGO) − μ (Computador NOVO)
Estimativa para a diferença: 250,29
IC de 99,9% para a diferença: (242,08; 258,51)
Teste t de diferença = 0 (versus ≠): Valor T = 101,54   p-valor = 0,000   GL = 237

Quadro Caso 3.3 Teste *t* para duas amostras.

Parte VII

EXECUÇÃO DE UM PROJETO *LEAN* SEIS SIGMA: ETAPA DE MELHORIA

Com base nas análises feitas na fase anterior, é na etapa de Melhoria que são implementadas soluções para os problemas identificados. O objetivo passa a ser a busca por soluções que possam melhorar a eficiência do processo, diminuir custos, reduzir desperdícios, aumentar a produtividade e melhorar a qualidade do produto ou serviço.

A seguir são apresentadas as principais perguntas a serem respondidas e tarefas a serem realizadas durante esta etapa:

- Quais soluções potenciais foram identificadas para resolver as causas raízes?

    Gerar e avaliar possíveis soluções para abordar as causas raízes do problema, utilizando *brainstorming* e outras técnicas criativas.

- Quais critérios serão utilizados para selecionar a melhor solução?

    Defina critérios claros para selecionar a solução mais eficaz, considerando fatores como custo, tempo, impacto e viabilidade.

- Como será implementado o plano de ação? Desenvolva um plano de implementação detalhado, incluindo passos específicos, responsáveis, cronograma e recursos necessários.

- Como garantimos que as melhorias serão sustentáveis?

    Planeje medidas de sustentação, como treinamentos, padronização e documentação das novas práticas, para assegurar que as melhorias sejam mantidas.

- Como mediremos o impacto das melhorias implementadas?

    Defina métricas de sucesso e planos de monitoramento para avaliar o impacto das soluções implementadas e garantir que os objetivos do projeto sejam alcançados.

Ao final da etapa de Melhoria são realizados testes para analisar se as soluções implementadas geraram os resultados esperados. Caso seja necessário, ajustes e melhorias adicionais podem ser implementados até que sejam atingidos os resultados desejados. A etapa de Melhoria é fundamental para garantir que os processos sejam aprimorados continuamente e que os objetivos do projeto sejam alcançados.

A Figura Parte VII.1 detalha a etapa de Melhoria.

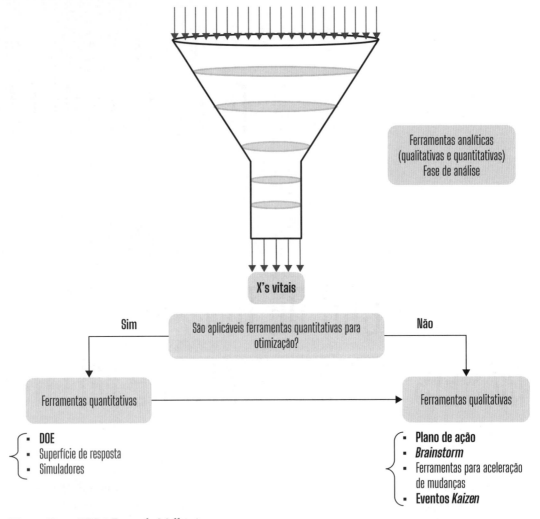

Figura Parte VII.1 Etapa de Melhoria.

Os capítulos que compõem a Parte VII são:
Capítulo 29 – Eliminação de Desperdícios
Capítulo 30 – Ferramentas de Melhoria

Por meio do QR Code, você terá acesso a arquivos para praticar as ferramentas propostas na etapa de Melhoria.

uqr.to/1ul6q

Capítulo 29

ELIMINAÇÃO DE DESPERDÍCIOS

OBJETIVOS DE APRENDIZAGEM

- Compreender o que são os 3Ms do *Lean* (*Muda*, *Mura* e *Muri*).
- Entender o que é *Muda* e sua relação com os oito desperdícios *Lean*.
- Aprender técnicas usadas para reduzir o *Mura* (irregularidades), como análise do fluxo de valor, *Kanban*, *Just in Time*, *Heijuka*, modularização e FIFO.
- Compreender como evitar a sobrecarga (*Muri*) por meio dos conceitos de Procedimento Operacional Padrão (POP) e *Work Balancing*.

INTRODUÇÃO

A eliminação de desperdícios é o tema central da etapa de Melhoria do DMAIC, uma vez que é fundamental para garantir a eficiência e a qualidade dos processos. É uma prática que tem como objetivo a otimização dos processos, eliminando atividades que não agregam valor ao cliente.

Para isso, são utilizados conceitos como *Muda*, *Mura* e *Muri*, os quais ajudam a identificar os desperdícios e a implementar soluções para eliminá-los. A aplicação desses conceitos na etapa de Melhoria do DMAIC pode trazer benefícios significativos, tais como redução de custos, aumento da produtividade e melhoria da qualidade.

O tipo mais perigoso de desperdício é aquele que não reconhecemos.
Shigeo Shingo

29.1 3MS DO *LEAN*

Os 3Ms do *Lean* (*Muda*, *Mura* e *Muri*) correspondem a desperdícios e inconsistências na empresa que levam a impactos negativos e que potencialmente afetam a qualidade dos produtos e dos serviços prestados. Esses termos são oriundos do idioma japonês, e estão diretamente ligados ao Sistema Toyota de produção e a metodologia *Lean Manufacturing*.

A seguir, é apresentado o significado de cada conceito.

- *Muda*: significa desperdício ou atividade que consome recursos e não agrega valor.
- *Mura*: corresponde à variação e variedade indesejáveis nos processos.
- *Muri*: refere-se a sobrecarregar as pessoas, os equipamentos e os processos além de sua capacidade.

Em uma situação de *Muda*, a máquina produz muito menos que sua capacidade, acarretando desperdício de recursos. No *Mura*, uma máquina produz mais do que o ideal, enquanto outra ainda está produzindo menos que sua capacidade, gerando um desnivelamento. Já no *Muri* há uma sobrecarga na máquina, podendo ocasionar fadiga ou quebra. Portanto, a situação ideal é quando não existe *Muri*, *Mura* e *Muda*, de modo que a produção seja uniforme, sem sobrecargas ou desperdícios.

Segundo Taiichi Ohno, considerado o pai do Sistema Toyota, quando uma organização não padroniza e raciona seus processos, é gerado desperdício (*Muda*), inconsistência (*Mura*) e irracionalidade nos processos e horas trabalhadas (*Muri*). O resultado são produtos defeituosos e riscos para a organização.

29.1.1 *Muda* (desperdícios)

A redução dos desperdícios (*Muda*) pode ser alcançada assegurando que um processo não consumirá mais recursos do que o necessário para produzir os bens ou fornecer o serviço que o consumidor necessita. A redução do *Muda* pode ser atingida evitando atividades que não agregam valor ao produto, o que significa produzir "*First Time Right*", ou seja, sem perda de materiais ou recursos, retrabalho, reparos e espera.

Uma atividade que acrescenta valor deve satisfazer os seguintes critérios: o cliente está disposto a pagar pela atividade; deve ser realizada corretamente na primeira vez (*First Time Right*); e essa atividade deve alterar o produto ou serviço de alguma maneira. Se um desses critérios não for cumprido, a atividade é classificada como uma atividade que não acrescenta valor, ou seja, como "Desperdício" ou "*Muda*", devendo prioritariamente ser eliminada.

Esses desperdícios ou *Muda* (denominados oito desperdícios do *Lean*) são classificados da seguinte maneira (Figura 29.2):

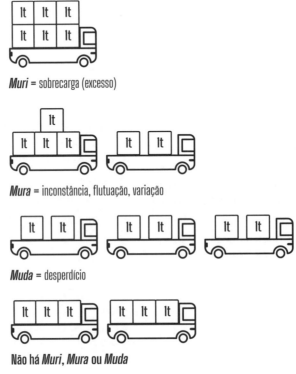

Figura 29.1 Exemplo de *Muda*, *Mura* e *Muri*.

Figura 29.2 Os oito desperdícios do *Lean*.

Os oito desperdícios do *Lean* são apresentados detalhadamente no Capítulo 8 (*Lean Manufacturing*). A seguir é apresentado um resumo sobre cada um deles.

- **Processamento impróprio:** adicionar mais etapas ao processo do que o necessário.
- **Excesso de produção:** produzir mais do que é necessário.
- **Estoque:** manter estoque excessivo de materiais e produtos.
- **Excesso de transporte:** mover ou transportar materiais e produtos desnecessariamente.
- **Movimentos desnecessários:** mover pessoas e equipamentos de forma desnecessária.
- **Defeitos e retrabalho:** produzir produtos com defeitos ou erros, gerando reprocessamento.
- **Espera:** esperar por algo, seja por material, informações ou outros recursos.
- **Intelectual:** não utilizar as habilidades e os conhecimentos dos funcionários de forma adequada.

29.1.2 *Mura* (irregularidade)

Um paradigma comum é acreditar que melhorar a produtividade significa trabalhar mais rápido. Entretanto, os princípios *Lean* não têm a intenção de tratar cada trabalho como um *sprint* e de completar cada tarefa o mais rápido possível. O *Lean* não se trata de aumentar a velocidade, e sim de reduzir as irregularidades (*Mura*) de velocidade, a fim de aumentar a previsibilidade.

Para eliminar o *Mura*, é preciso identificar as fontes dessas irregularidades e desenvolver estratégias para equilibrar o fluxo de trabalho. Algumas técnicas usadas para reduzir o *Mura* são listadas a seguir.

- **Análise do fluxo de valor:** técnica que ajuda a entender como o valor flui por meio de um processo de produção ou serviço. Essa análise possibilita identificar gargalos, atrasos e desequilíbrios que contribuem para o *Mura*.
- *Kanban*: sistema visual que permite o gerenciamento e o controle do fluxo de trabalho, possibilitando regular o fluxo de trabalho e evitar o excesso ou a falta de trabalho em determinada área.
- *Just in Time*: conceito que se concentra em produzir apenas o que é necessário, quando é necessário e na quantidade exata, ajudando a reduzir o estoque e equilibrar o fluxo de trabalho.
- *Heijunka*: técnica que ajuda a nivelar a produção em uma linha de montagem ou processo. Por meio do uso de uma programação estável e previsível, é possível evitar variações no fluxo de trabalho e reduzir o *Mura*.

Além disso, outros dois conceitos se destacam ao tratar sobre *Mura*: "modularização" e "FIFO" (*First In, First Out*).

29.1.2.1 Modularização

Modularização é um conceito que se refere à divisão de um processo ou sistema em partes menores e independentes, chamadas "módulos". Cada módulo é responsável pela realização de uma tarefa específica, mas eles trabalham juntos para cumprir o objetivo maior do sistema.

A Figura 29.3 apresenta o conceito de modularização, no qual se observa que o módulo corresponde a uma peça que, somada a outras peças, forma o produto. Desse modo, uma família de produtos é um conjunto de produtos formados por algumas peças que se repetem de um produto para outro; a peça presente em todas as variantes é denominada "plataforma de produto".

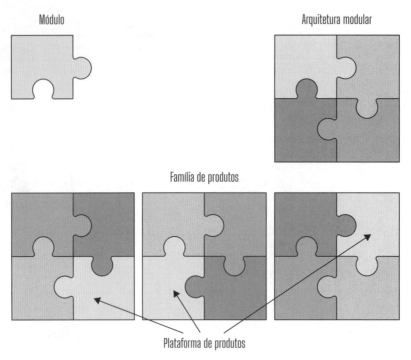

Figura 29.3 Modularização. Fonte: Sonego e Echeveste (2016).

A modularização é uma técnica que ajuda a simplificar a complexidade, pois em vez de tentar lidar com o sistema como um todo, ele é dividido em partes menores que podem ser tratadas separadamente, e isso auxilia a reduzir o risco de erros e falhas em todo o sistema. A modularização também ajuda a tornar o sistema mais fácil de entender e modificar, pois as partes menores podem ser analisadas e modificadas sem afetar todo o sistema.

A modularização também pode ser usada para a criação de sistemas flexíveis e adaptáveis. Por exemplo, um sistema modular de automação industrial pode ser facilmente adaptado para lidar com diferentes tarefas de fabricação, removendo ou adicionando módulos. Assim, há uma redução de tempo de inatividade e de custos, já que o sistema pode ser facilmente ajustado para lidar com mudanças nas necessidades de produção.

Esse conceito pode ajudar a reduzir o *Mura*, tornando o processo mais previsível e uniforme, pois ao dividir um processo ou sistema em módulos independentes, cada módulo pode ser projetado e executado de maneira consistente e repetitiva. Assim, é possível reduzir a variação no processo, já que a modularização pode tornar mais fácil identificar e corrigir problemas quando eles ocorrem, visto que cada módulo pode ser isolado e testado separadamente.

29.1.2.2 *First In, First Out*

FIFO, sigla para *First In, First Out*, é um método de gestão de estoque que se baseia na ordem cronológica de entrada e saída dos produtos. Segundo esse método, os produtos mais antigos devem ser vendidos ou utilizados antes dos mais novos, garantindo que nenhum item fique parado por muito tempo, reduzindo o risco de deterioração ou perda.

Para implementar o FIFO, é essencial que a gestão de estoque seja feita de modo organizado e rigoroso. Os produtos devem ser armazenados de forma clara e identificados com a data de entrada, validade e quantidade. Entre os benefícios do método FIFO, destacam-se: redução dos custos com perda de estoque e suporte na gestão financeira da empresa, já que permite controlar com mais precisão o giro de estoque e o fluxo de caixa.

É importante ressaltar que o método FIFO não é o único método de gestão de estoque disponível. Outros métodos, como o LIFO (*Last In, First Out*) e o FEFO (*First Expired, First Out*), também são utilizados em diferentes setores e situações. Cada método apresenta vantagens e desvantagens, e a escolha deve ser feita de acordo com as características do negócio e dos produtos.

Ao utilizar o método FIFO, os produtos mais antigos são vendidos ou utilizados antes dos mais recentes, seguindo a ordem cronológica de entrada no estoque, ajudando a manter o fluxo de materiais e produtos mais previsível e uniforme, evitando a variação no processo que pode levar à *Mura*.

29.1.3 *Muri* (sobrecarga)

O termo "*Muri*" refere-se à sobrecarga de pessoas, equipamentos e processos além de sua capacidade.

Normalmente, situações *Muri* são consequência de desperdícios e irregularidades do sistema, ou seja, *Muda* e *Mura*. Dessa forma, a máquina e o colaborador extrapolam sua capacidade e têm consequências, como defeitos ou quebras, no primeiro caso, e problemas de saúde ou lesões, no segundo caso.

O excesso de um grande bem torna-se um mal muito grande.
Jean-Pierre

Para redução da sobrecarga, uma alternativa é investir na padronização de processos, visto que essa tem como objetivo garantir a ação adequada, a sequência exata de trabalho e instaurar o trabalho em equipe, de modo a aumentar a qualidade e a produtividade.

O modo como o trabalho padronizado é registrado é denominado "Procedimento Operacional Padrão" (POP). O POP é um conjunto de instruções que documentam uma rotina ou atividade repetitiva de uma organização, e esse documento pode conter ações programáticas e técnicas, como processos de análise, manutenção, calibração e utilização de equipamentos. Para que a padronização do trabalho ocorra de maneira efetiva, é essencial fazer uso de dispositivos que facilitam o gerenciamento e o controle, como a gestão visual, o *Kanban* e o *Poka Yoke*.

Não existe um único modelo de POP. O importante é que ele cumpra com o propósito de treinar e orientar os envolvidos na execução da atividade. Para isso, algumas ferramentas podem ser utilizadas, por exemplo, o *checklist*.

Checklist

Corresponde a um modelo no qual é estabelecida uma lista de atividades a serem executadas. O Quadro 29.1 apresenta um exemplo de um POP feito para organizar as tarefas de um restaurante.

Esse modelo apresenta algumas vantagens, como: facilidade para seguir as tarefas, rapidez para elaboração dessa ferramenta e simplicidade para interpretação de resultados. Em contrapartida, o *checklist* não permite a adição de muitos detalhes, nem lidar bem com os pontos de decisão.

Algumas vantagens do fluxograma são: facilidade em seguir as tarefas propostas, sequência lógica de construção e facilidade para visualizar os pontos de decisão. Como desvantagens, destacam-se: requer maior tempo e habilidade para sua confecção e, assim como o *checklist*, não permite a descrição de muitos detalhes.

Diante do mapeamento dos processos realizado por meio das ferramentas apresentadas, é importante realizar o "*Work balancing*" (equilíbrio na alocação de trabalho entre colaboradores).

Work balancing

É frequente um empregado ou máquina ter uma elevada carga de trabalho ao mesmo tempo que outros empregados ou máquinas são subutilizados. Entretanto, a carga de trabalho entre as atividades deve ser equilibrada na medida do possível para evitar desequilíbrios no processo.

A seguir, é apresentado um exemplo referente aos processos para ligação de internet em uma empresa, em que foram realizados estudos de tempo para os quatro funcionários envolvidos no processo. O estudo mostra que o tempo médio do ciclo da primeira fase (A) é de 6 minutos, e as três etapas seguintes do processo demoram, respectivamente, 10, 3 e 4 minutos. A rapidez de todo o processo segue a velocidade da etapa mais lenta do processo, que tem um Tempo de Ciclo de 10 minutos, ou seja, o processo não pode entregar um pedido mais rápido do que a cada 10 minutos.

POP Restaurante								
Procedimento de abertura	Dom.	Seg.	Ter.	Qua.	Qui.	Sex.	Sáb.
Abastecer *freezer* com cerveja e vinho							
Posicionar tapetes atrás do bar							
Colocar sacos de lixo nas lixeiras							
Cortar limões em rodelas, pedaços e raspas							
Fazer espetos decorativos							
Fazer sucos, *mix* de bloddy mary, *mix* de piña colada e outros							
Montar encher e ligar máquina de gelo							

Quadro 29.1 Modelo de *checklist*.

TRÊS FASES PARA ELABORAR UM PROCEDIMENTO OPERACIONAL PADRÃO

1 – Preparação do documento

Nessa etapa, é importante realizar uma reunião com todos os envolvidos na atividade a ser documentada. Idealmente, o POP é escrito por aquele que realiza a atividade, com supervisão dos gestores/diretores responsáveis pelo processo. O POP também pode ser escrito em equipe nos casos em que o processo seja multidisciplinar, sendo fundamental nesse caso a participação de todos os integrantes do grupo.

Outro ponto fundamental durante a preparação do documento é que as informações devem ser claras o suficiente para que uma pessoa com conhecimento básico do processo possa realizá-lo sem supervisão. Se algum treinamento for necessário para a criação do POP, é importante que esteja especificado no documento.

2 – Revisão e aprovação

É muito importante que o documento seja revisado por pessoas com o treinamento apropriado no processo. Isso faz com que haja maior probabilidade de que os resultados esperados ao se elaborar o POP sejam atendidos.

Também é importante que o POP seja testado por pessoas diferentes do autor, garantindo que o entendimento de todo o processo fique claro para todos que vão utilizar esse documento. O documento final deve ser aprovado pela área responsável da empresa, e a assinatura no documento significará que esse foi revisado e aprovado.

3 – Rastreabilidade de documentos e arquivamento

É importante que a organização mantenha uma lista com todos os POPs, indicando data, autor, título, *status*, departamento e outras informações que forem julgadas relevantes. A área responsável pelos POPs pode designar uma pessoa para organizar esses documentos, de maneira que, se for preciso, seja fácil de encontrar cada um deles. Da mesma maneira, é importante definir onde e como as versões desatualizadas devem ser arquivadas.

A Figura 29.4 apresenta o *Takt Time* de 8 minutos, o que significa que o processo não é suficientemente rápido para tratar os pedidos dos clientes a tempo. Assim, é solicitado à equipe que redesenhe o processo de modo a poder cumprir esse *Takt Time*. Em conjunto, os envolvidos avaliaram se as atividades podem ser organizadas de uma forma diferente entre as etapas da operação e identificaram que as atividades da etapa B do processo mais lento podem ser alocadas para as etapas de processamento C e D, conforme representado na Figura 29.5.

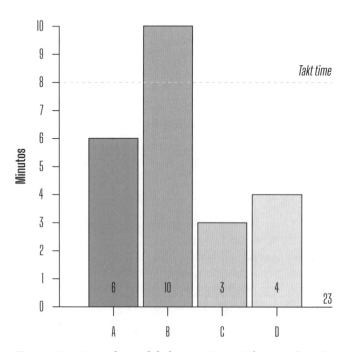

Figura 29.4 Antes do *work balancing*. Fonte: Theisens (2021).

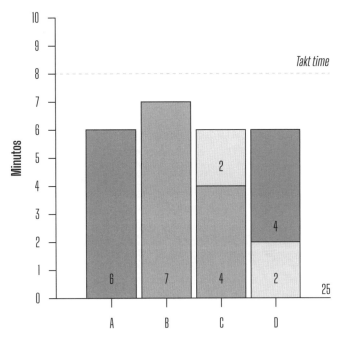

Figura 29.5 Depois do *work balancing*. Fonte: Theisens (2021).

Embora a soma das atividades demore agora 25 minutos em vez de 23 minutos, o processo passou a ser capaz de tratar os pedidos dos clientes dentro de um tempo de ciclo de 7 minutos, o que é mais rápido do que o *Takt Time* de 8 minutos. Além disso, não ocorre mais sobrecarga no processo B.

RESUMO

- Os 3Ms do *Lean* correspondem a três tipos de desperdícios que ocorrem em processos produtivos e que devem ser eliminados visando ao aumento da eficiência e da produtividade. Os 3Ms são:
    - ✓ *Muda*: significa desperdício ou atividade que consome recursos e não agrega valor.
    - ✓ *Mura*: ocorre quando há variações na produção, no fluxo de materiais ou nos processos, ocasionando atrasos, interrupções e retrabalho.
    - ✓ *Muri*: ocorre quando há sobrecarga de trabalho ou desequilíbrio na carga de trabalho.
- *Muda* refere-se a qualquer tipo de desperdício em um processo produtivo, ou seja, atividades ou etapas que não agregam valor ao produto final, aumentam custos ou não atendem às expectativas do cliente. Existem oito tipos de desperdícios que podem ser eliminados por meio do *Lean*:
    1. Processamento impróprio;
    2. Excesso de produção;
    3. Estoque;
    4. Excesso de transporte;
    5. Movimentos desnecessários;
    6. Defeitos e retrabalho;
    7. Espera;
    8. Intelectual (pessoas).
- O *Lean* não se trata de aumentar a velocidade, e sim de reduzir as irregularidades (*Mura*) de velocidade, a fim de aumentar a previsibilidade. Algumas técnicas usadas para reduzir o *Mura* são: análise do fluxo de valor, *Kanban*, *Just in Time*, *Heijunka*, modularização e FIFO.
- O termo "*Muri*" refere-se à sobrecarga de pessoas, processos e equipamentos além de sua capacidade. Para reduzi-la, uma alternativa é investir na padronização de processos (POP) e no *work balancing*, ou seja, distribuir o trabalho de modo igualitário entre setores e colaboradores.

REFERÊNCIAS BIBLIOGRÁFICAS

KUBIAK, T. M.; BENBOW, D. W. *The certified Six Sigma Black Belt Handbook*. 3 ed. Milwaukee: American Society for Quality, 2016.

LIKER, J. K. *O modelo Toyota*: 14 princípios de gestão do maior fabricante do mundo. 2. ed. Porto Alegre: Grupo A, 2022.

SONEGO, M.; ECHEVESTE, M. S. Seleção de métodos para modularização no desenvolvimento de produtos: revisão sistemática. *Production*, v. 26, n. 2, p. 476-487, 2016.

THEISENS, H. C. *Lean Six Sigma Green Belt Mindset, Skill set and Tool set*. 5. ed. Enschede: Lean Six Sigma Academy, 2021.

Capítulo 30

FERRAMENTAS DE MELHORIA

OBJETIVOS DE APRENDIZAGEM

- Compreender o que é SMED e as seis etapas para sua aplicação.
- Entender o que é DOE e seus elementos.
- Compreender a aplicação do DOE com diferentes números de fatores e níveis.
- Entender como aplicar e qual a contribuição da matriz 5W2H.
- Entender o que é *Poka Yoke* e sua classificação.

INTRODUÇÃO

A utilização de ferramentas de melhoria em um projeto *Lean* Seis Sigma é essencial para alcançar resultados robustos e sustentáveis. Cada ferramenta desempenha um papel específico na identificação de problemas, na análise de causas e na implementação de soluções, que contribuem diretamente para a eficiência operacional e para a satisfação do cliente. Ferramentas como SMED, DOE, 5W2H e *Poka Yoke* são fundamentais para garantir que os processos sejam não apenas melhorados, mas também mantidos e aprimorados continuamente.

O SMED (*Single Minute Exchange of Die*) é crucial para a redução dos tempos de setup, permitindo uma maior flexibilidade e rapidez na produção. O DOE (*Design of Experiments*) oferece uma abordagem sistemática para identificar as melhores condições operacionais, otimizando variáveis e reduzindo a variabilidade do processo. A ferramenta 5W2H facilita o planejamento e a execução de ações de melhoria ao estruturar as tarefas de maneira clara e objetiva, garantindo que todas as etapas sejam bem compreendidas e seguidas. Já o *Poka Yoke*, ou dispositivo à prova de falhas, é essencial para prevenir erros humanos, garantindo a qualidade do produto e evitando retrabalho. Juntas, essas ferramentas não apenas aumentam a eficiência e a qualidade dos processos, como também fortalecem a cultura de Melhoria Contínua, tornando as operações mais resilientes e competitivas.

O DOE é a metodologia mais eficaz para determinar as relações causais que afetam a qualidade e o desempenho do produto.

Douglas C. Montgomery

30.1 SINGLE MINUTE EXCHANGE OF DIE

O SMED, que em português significa "Troca Rápida de Ferramentas", é uma ferramenta *Lean* que tem como objetivo reduzir o tempo de preparação ou *setup* de equipamentos, minimizar períodos não produtivos no chão de fábrica e, consequentemente, aumentar a capacidade produtiva dos equipamentos.

Essa ferramenta foi desenvolvida no Japão durante a década de 1950 como forma de responder às necessidades emergentes de lotes menores de produção atenderem à flexibilidade demandada pelos consumidores. Em complemento a diversas outras ferramentas *Lean*, o SMED é uma técnica que auxilia na redução de desperdícios durante o processo produtivo.

O SMED tem inúmeros benefícios para o setor de manutenção, como redução de inventário e do tempo de *setup*, ampliação da disponibilidade de máquina, diminuição dos ajustes, redução de variação do produto entre manutenções, redução de erros de reinício, ambiente mais saudável e redução dos índices de acidente.

A utilização do SMED na etapa de Melhoria do método DMAIC pode ajudar no(a):

- redução do custo de produção, já que *setups* mais rápidos representam um tempo menor com os equipamentos parados;
- aumento da capacidade produtiva, já que é possível produzir mais no mesmo período;
- redução de estoques, eliminando desperdícios;
- melhoria do tempo de resposta a mudanças de demanda, pois a diminuição do período de *setup* facilita a flexibilidade na programação da produção.

30.1.1 Seis passos para a aplicação do SMED

O SMED possibilita a diversificação da produção para melhor atender à demanda, além de promover flexibilidade para a produção de pequenos lotes. Durante a aplicação dessa ferramenta, é importante executar seis passos, descritos a seguir.

1 – Conheça a operação de *setup* atual

A primeira fase consiste em acompanhar, observar e registrar cada etapa do processo em questão, envolvendo diferentes linhas de produção, turnos e até operadores. A adoção de *checklists* é uma boa maneira de conhecer minuciosamente toda a operação de *setup* executada nesse processo.

2 – Examine a operação de *setup* atual

Coletadas todas essas informações, resta então examiná-las com a maior atenção possível, distinguindo atividades de *setup* interno – quando a linha de produção necessita estar inoperante – e de *setup* externo – quando a linha produtiva pode estar em operação –, e detalhar a realização dessas atividades.

3 – Otimize a operação de *setups* interno e externo

Compreendidas todas as atividades de *setups* interno e externo, o objetivo agora é otimizá-las de modo que cada uma das tarefas conhecidas e executadas passem por uma sequência criteriosa de cumprimento: eliminar atividades desnecessárias, combinar atividades paralelas, reduzir o tempo das atividades ou simplificar sua execução. Atividades externas devem ser priorizadas, já que a máquina pode estar em funcionamento durante a realização da tarefa.

4 – Ensaie e examine a nova operação de *setup*

Depois de implantar um modo mais eficiente de executar o *setup* por meio da otimização das atividades internas e externas, o principal objetivo deve ser ensaiar a nova operação de *setup* em diferentes turnos, operadores, linhas de produção e produtos. Isso permite que os demais ajustes e pequenas alterações possam ser examinados, a fim de buscar a excelência nessa operação.

5 – Padronize a nova operação de *setup*

Por meio de todos os passos anteriores, o tempo de *setup* foi reduzido drasticamente nos processos envolvidos na aplicação dessa ferramenta. Agora, a tarefa é garantir que o cumprimento desse novo procedimento seja de fato mantido pelos operadores. Para isso, o emprego do Procedimento Operacional Padrão (POP) pode ajudar. É primordial alocar esse documento em um local de fácil acesso e realizar o treinamento de todos os envolvidos.

6 – Estabeleça um sistema de desempenho/busque a Melhoria Contínua

A busca por um melhor desempenho deve continuar. Nesse caso, o emprego de um sistema de desempenho que revele e estimule as reduções de tempo de *setup* é uma boa maneira de alcançar metas cada vez mais competitivas.

EXEMPLO PRÁTICO

Em uma empresa de garrafas PET, foi verificado o tempo de *setup* de cada equipamento. A partir dessa análise, notou-se que a embaladora, equipamento responsável por separar as garrafas nas quantidades corretas e realizar a formação dos pacotes, foi a máquina que apresentou maior tempo de *setup*: 127 minutos entre a última garrafa do produto anterior e a primeira do novo produto.

Como a embaladora trabalha com um tempo de folga zero, seu tempo de *setup* influencia diretamente na capacidade da linha. Por isso, a alta administração optou por se esforçar em otimizar esse processo. Sendo assim, foi elaborada uma estratégia de aplicação do SMED, já que todas as atividades eram utilizadas de forma externa (com a máquina parada).

Inicialmente, foram feitos o mapeamento e a verificação do tempo demandado pelas atividades realizadas pelo operador durante o *setup* da embaladora, descritos no Quadro 30.1.

Num.	Atividade	Duração
1	Separar as chaves necessárias	2 min
2	Ajuste no classificador pneumático	22 min
3	Ajustes dos guias de entrada	45 min
4	Ajuste no sensor de leitura	12 min
5	Troca de cálculo do programa	10 min
6	Colocar a cadeia empurradora no ponto zero	5 min
7	Pegar filmes para o tamanho do próximo produto	10 min
8	Trocar filmes para o tamanho do próximo produto	5 min
9	Testar máquinas	10 min
10	Organizar chaves usadas no *setup*	3 min
11	Organizar insumos da produção anterior	3 min

Quadro 30.1 Atividades e tempo de duração.

Na etapa seguinte, o especialista em Melhoria Contínua da empresa reuniu-se com a equipe operacional para realizar sessões de *brainstorming* com o intuito de levantar ideias a partir das diretrizes do SMED (eliminar, combinar, reduzir ou simplificar). Como resultado, foram sugeridas as ações para reduzir o tempo de *setup* representadas no Quadro 30.2.

Num.	Atividade	Ação	Metodologia
1	Separar as chaves necessárias	Eliminar	Trocar todos os parafusos por manípulos, eliminando a necessidade de ferramentas
5	Troca e cálculo do programa	Combinar	Iniciar a troca do programa no início do *setup* e, enquanto isso, realizar as atividades 3 e 4
6	Colocar a cadeia empurradora no ponto zero	Simplificar	Identificação visual do ponto zero
7	Pegar filmes para o tamanho do próximo produto	Reduzir	Definir local de armazenamento dos filmes mais próximo
10	Organizar chaves usadas no *setup*	Eliminar	Não serão utilizadas chaves no processo

Quadro 30.2 Atividades que serão alteradas pela estratégia SMED.

Dessa forma, com a execução dessas práticas, foi possível reduzir o tempo de *setup* em até 30 minutos, já que algumas atividades foram eliminadas (transferidas para atividades internas, feitas com a máquina funcionando) e outras foram reduzidas, simplificadas e combinadas.

30.2 DESIGN OF EXPERIMENTS – PLANEJAMENTO DE EXPERIMENTOS

O DOE, em português "Planejamento de Experimentos", é utilizado para determinar quais variáveis independentes (variáveis x) têm maior influência sobre uma determinada variável de resposta (variável y). Além disso, também é usado para combinar variáveis independentes, com o objetivo de atingir determinado valor para a variável resposta, e para ajustar as variáveis independentes para minimizar os efeitos de variáveis não controladas (ruídos) em uma variável resposta contínua.

O DOE é uma ferramenta extremamente valiosa no contexto de um projeto *Lean* Seis Sigma (LSS), pois fornece informações muito relevantes para validar e direcionar as ações de melhoria definidas dentro do plano de ação. Seu objetivo é estruturar um experimento estatisticamente planejado e que possibilite a análise dos resultados, o que possibilita a compreensão de maneira adequada de quais fatores interferem na variável resposta, de forma significativa. Além disso, essa ferramenta também busca indicar quais são os níveis ideais de cada fator dentro de um processo.

Para que os dados sejam relevantes e confiáveis, é preciso se atentar para utilizar a técnica mais adequada, de acordo com as necessidades e as especificidades do projeto. Portanto, é importante que antes de começar os experimentos, seja feita uma avaliação sobre cada um dos fatores e suas características, para então aplicar as ferramentas corretas em cada caso.

No DOE, trabalha-se apenas com variáveis controláveis (x), mas tem-se em mente a existência das variáveis incontroláveis (ruídos) e que elas podem impactar na variável resposta (y). Assim, por meio do DOE é possível analisar como os ruídos impactam na resposta, ou se os testes e mudanças diminuem esse impacto. A Figura 30.1 demonstra essa influência.

O DOE é um método sistemático para determinar a relação entre fatores que afetam determinado processo e seus resultados. De maneira geral, pode ser utilizado para encontrar relações de causa e efeito. No método DMAIC, o planejamento de experimentos é utilizado para conduzir testes de forma estruturada (estatisticamente planejados), em que fatores (x) serão propositalmente modificados, de modo a avaliar sua influência em certa variável resposta (y).

Para a construção do planejamento de experimentos, é importante seguir os passos descritos na Figura 30.2.

Para todos os modelos de experimentos, é necessário validar os resultados por meio da análise dos residuais, utilizando os mesmos critérios do ANOVA, ou seja, os residuais devem seguir a normalidade de dados, ter variâncias iguais e uma variância aleatória. Também é importante verificar o % de R-sq (adj), o qual deve ter um percentual alto, demonstrando que os fatores analisados realmente afetam o processo analisado. Um baixo valor de % de R-sq (adj) pode indicar que variáveis importantes não foram consideradas no modelo do experimento.

30.2.1 Seis principais elementos do Planejamento de Experimentos

Alguns dos principais elementos do DOE são:

- **Fatores:** variáveis de processo (x), classificadas como **controláveis**, as quais serão utilizadas no experimento.
- **Variável resposta:** resultado de interesse do experimento, que será observado para avaliar a existência ou não da influência dos fatores.
- **Ruídos:** variáveis de processo (x), classificadas como **não controláveis**, as quais não podem ser testadas no experimento, mas afetam o resultado.

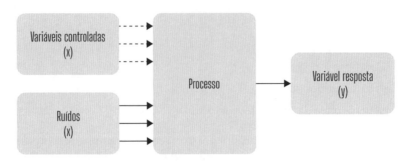

Figura 30.1 Entradas e saídas do processo.

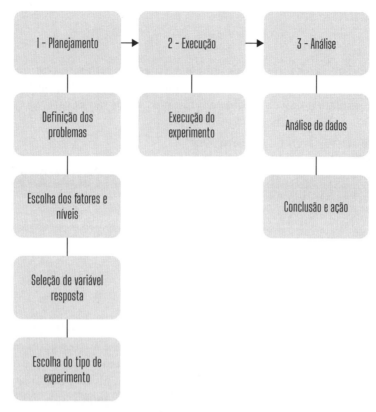

Figura 30.2 Passo a passo da aplicação do DOE.

- **Níveis:** valor que cada fator irá assumir durante o experimento.
- **Réplica:** combinação dos níveis dos fatores, chamado "tratamento", em unidades experimentais diferentes. Significa realizar mais de uma vez a construção da mesma condição experimental. Utilizada para avaliação de aspectos de construção ou configuração dos níveis, bem como aspectos da realização do experimento.
- **Repetição:** execução de certo tratamento mais de uma vez, sobre a mesma unidade experimental. Utilizada para avaliação de aspectos da realização do experimento. Aplicado normalmente quando se deseja analisar a variação por meio do desvio padrão em vez da média da *performance*.

30.2.2 Tipos de Planejamento de Experimentos

Um experimento DOE pode envolver diferentes números de fatores e níveis, dependendo do problema em questão e dos recursos disponíveis. A seguir, são apresentados exemplos de aplicação do DOE, com diferentes números de fatores e níveis.

Experimento fatorial completo (2^k)

Existem muitos casos em que se deseja verificar a influência de mais de um fator sobre uma variável de resposta, conforme representado na Figura 30.3. O experimento fatorial completo irá testar a influência de todas as combinações de fatores e seus respectivos níveis. Geralmente, o experimento mais utilizado na indústria é o caso particular em que todos os fatores apresentam dois níveis (baixo e alto).

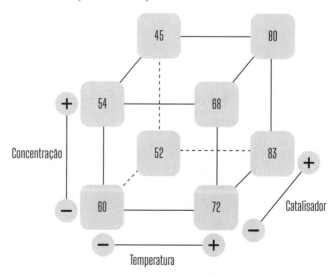

Figura 30.3 Exemplo de experimento fatorial completo com dois níveis.

EXEMPLO PRÁTICO

Você está em casa e deseja fazer um bolo de chocolate, mas não tem um livro de receitas com a definição da quantidade de ingredientes e o procedimento correto para fazer o bolo. Supondo que o resultado desejado seja o menor tempo de cozimento possível, medido em minutos, quais são as variáveis controláveis (fatores) que poderiam ser testadas para se chegar no bolo desejado?

Então, você descreveu as variáveis do Quadro 30.3.

Quantidade de farinha	Quantidade de manteiga
Quantidade de fermento	Quantidade de leite
Marca da farinha	Marca do fermento
Tipo de leite (integral, desnatado)	Tipo de chocolate (ao leite, branco)
Temperatura do forno	Tempo ao forno

Quadro 30.3 Exemplos de variáveis controláveis.

Por outro lado, entre os ruídos, é possível citar a umidade do ar e a temperatura ambiente, já que são variáveis que vão existir no processo, mas que não são controláveis. Além disso, é interessante compreender que os fatores podem ser tanto quantitativos (p. ex., quantidade de farinha, fermento, manteiga e leite) quanto qualitativos (p. ex., marca da farinha e do fermento ou o tipo de chocolate). Os níveis podem ser, por exemplo, 400 g de farinha, chocolate ao leite e meio amargo, temperatura a 200 ºC etc. É importante definir níveis para cada fator, sendo possível mais de um nível para um único fator.

Com essa descrição, os elementos que alteram o resultado desejado (bolo de chocolate) são identificados e podem ser controlados. Dessa forma, é possível realizar testes alterando esses fatores e avaliando o resultado final conforme as mudanças realizadas. Apesar de ser um exemplo simples, ele demonstra as possibilidades abertas pela estratificação dos fatores.

No experimento de vários fatores, pode ocorrer a interação, que é quando a combinação de dois ou mais fatores não é aditiva, e sim multiplicativa. Nos fenômenos observados na natureza, muitas vezes a regra é a ocorrência de interações, e não de combinações aditivas. Por isso, muitas vezes a solução de um problema é encontrada analisando a interação entre variáveis.

É importante também compreender o conceito de efeito, que pode ser definido como o impacto da mudança do nível de um fator ou interação na variável resposta.

Além disso, em um experimento fatorial completo existirão diversos fatores (k fatores) e dois níveis (baixo e alto), que são calculados de acordo com o efeito em cada fator. Esse cálculo pode ser feito da seguinte maneira:

$$\text{Efeito} = (\text{média sinal } +) - (\text{média sinal } -)$$

Para facilitar a compreensão sobre um experimento de múltiplos fatores, é recomendado montar uma tabela com os experimentos, os fatores e as interações possíveis, conforme apresentado na Tabela 30.1.

Experimento	Fator A (2^0)	Fator B (2^1)	Fator C (2^2)	Fatores e interações
1	−1	−1	−1	(1)
2	+1	−1	−1	A
3	−1	+1	−1	B
4	+1	+1	−1	AB
5	−1	−1	+1	C
6	+1	−1	+1	AC
7	−1	+1	+1	BC
8	+1	+1	+1	ABC

Tabela 30.1 Quantidade de experimentos com três fatores.

Se houvesse mais um fator, a sequência seguiria a lógica de 2^3, e assim sucessivamente. Nesse exemplo, como são três fatores, existem $2^3 = 8$ experimentos. No caso, o nível baixo é representado pelo –1, e o nível alto, pelo +1.

Além disso, também é possível calcular o efeito de cada fator, assim como o efeito da interação entre dois fatores, conforme apresentado na Tabela 30.2.

Neste exemplo, nota-se que a interação é de fato multiplicativa, o que reflete também no resultado causado por ela, já que o efeito da interação entre os fatores A e B é igual à multiplicação dos efeitos desses fatores separadamente. Além disso, nota-se que o maior impacto na variável resposta é advindo da interação entre os dois fatores.

Experimento	Fator A	Fator B	Fator AB	Resposta
1	–1	–1	+1	21
2	+1	–1	–1	29
3	–1	+1	–1	35
4	+1	+1	+1	11
Média nível (–)	(21+35)/2 = 28	(21+29)/2 = 25	(29+35)/2 = 32	–
Média nível (+)	(29+11)/2 = 20	(35+11)/2 = 23	(21+11)/2 = 16	–
Efeito	28–20 = 8	25–23 = 2	32–16 = 16	–

Tabela 30.2 Cálculo do efeito em um experimento.

EXEMPLO PRÁTICO

Após analisar a influência do tempo de reação no teor de pureza, a empresa de produtos químicos deseja avaliar o efeito de outros fatores na mesma variável resposta. Os fatores e os níveis que serão estudados por meio do experimento fatorial completo são:

- **Temperatura:** 200 ºC (–1), 250 ºC (+1);
- **Pressão:** 1 atm (–1), 1,2 atm (+1);
- **Marca/Fabricante do catalisador:** LabMais (–1), QuímicaPro (+1);
- **Concentração do reagente:** 5% (–1), 7% (+1).

Assim como no exercício anterior, é possível realizar os passos a seguir para fazer esse experimento.

1) Abra o Minitab com uma planilha em branco.
2) Selecione Estat > DOE (Planejamento de Experimentos) > Fatorial > Criação de um Experimento Fatorial…
3) Marque a opção Fatorial com dois níveis (geradores padrão) > Selecione 4 como Número de fatores > Selecione Experimentos…
4) Selecione Fatorial Completo > Marque 0 para Número de pontos centrais por bloco, 1 para Número de réplicas por pontos de extremidades e 1 para Número de blocos > Clique em OK.
5) Selecione Fatores… > Preencha com as informações de cada fator conforme as informações descritas anteriormente (Temperatura, pressão, fabricante e concentração) > Clique em Opções…
6) Desmarque a opção "Aleatorizar ensaios" (isto é feito para fins didáticos. Na prática, os experimentos devem ser realizados de maneira aleatória para evitar o viés) > Clique em OK duas vezes.
7) Insira o título "Teor de Pureza" na coluna C9 > Digite os valores conforme a ordem descrita na Tabela 30.3.

Num.	Teor de pureza
1	85,3
2	87,5
3	85,9
4	88,1
5	85,1
6	86,7
7	86,9
8	88,9
9	93,2
10	94,5
11	92,5
12	93,9
13	91,8
14	93,4
15	93,1
16	95,8

Tabela 30.3 Teor de pureza para cada experimento.

8) Selecione Estat > DOE (Planejamento de Experimentos) > Fatorial > Análise de Experimento Fatorial...
9) Selecione "Teor de Pureza" como Resposta > Clique em OK.

O resultado gráfico é apresentado na Figura 30.4.

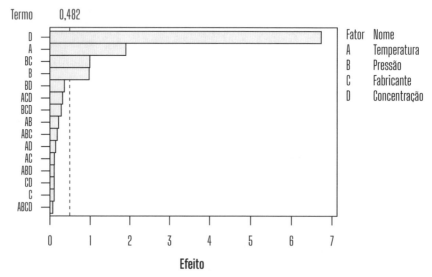

Figura 30.4 Resultado gráfico dos efeitos (Pareto).

No gráfico, estão indicados quais são os fatores e as interações mais significativas. Sendo assim, é notável que a concentração (fator D) é o que mais interfere no resultado do teor de pureza. Além dele, os fatores A e B e a interação BC (pressão com a marca do catalisador) também mudam o patamar do teor de pureza. É possível identificar isso analisando quais barras do gráfico estão à direita da linha tracejada. Agora, o desafio é encontrar os valores ótimos para cada um desses fatores e da interação citada anteriormente. Antes de gerar os gráficos de efeitos principais e interações, é necessário realizar a redução do modelo, eliminando dele as variáveis de entrada que não são significativas (p-valor menor do que 0,05). Esta redução deve ser feita um a um: primeiro se eliminam as interações de ordem maior – neste caso, a interação ABCD –, depois as iterações triplas e em seguida as interações duplas. Quando tivermos um modelo em que não é possível eliminar nenhuma variável, realizamos a análise de residuais e validamos o modelo, tira-se os gráficos de efeitos principais e interações e, logo após, podemos utilizar o otimizador de resposta. Para iniciar essa avaliação, siga os passos:

1) Selecione Estat > DOE (Planejamento de Experimentos) > Fatorial > Gráficos Fatoriais...
2) Deixe apenas os fatores significativos no campo "Selecionada", à direita (Temperatura, pressão e concentração) > Clique em Gráficos... > Desmarque "Gráfico de interação" > Clique em OK duas vezes.

O gráfico gerado será representado na Figura 30.5.

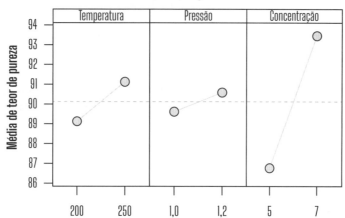

Figura 30.5 Resultado do gráfico de efeitos principais para teor de pureza.

Foram construídos os gráficos dos efeitos de cada fator isolado, considerando os fatores mais significativos identificados com o Gráfico de Pareto. A leitura a ser feita no gráfico de efeitos principais é analisar os pontos e verificar qual valor entrega o maior teor de pureza, o que vai indicar qual é o melhor nível de cada fator.

Portanto, o melhor nível de temperatura que vai favorecer o fator de pureza é o nível alto (250 ºC). O mesmo ocorre com a pressão (1,2 atm) e com a concentração do reagente (7%). Agora, o próximo passo é analisar a interação BC (pressão e marca do catalisador). Para isso, siga as instruções:

1) Selecione Estat > DOE (Planejamento de Experimentos) > Fatorial > Gráficos Fatoriais...
2) Deixe apenas os fatores da interação BC (pressão e fabricante do catalisador) à direita > Clique em Gráficos... > Desmarque "Gráfico de Efeitos Principais" e marque "Gráfico de interação" > Clique em OK duas vezes.

O resultado é mostrado na Figura 30.6.

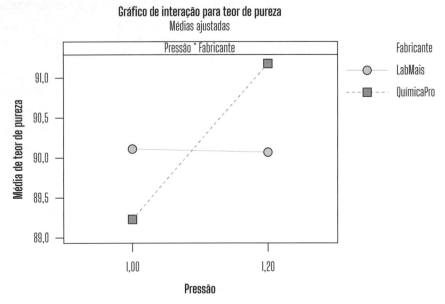

Figura 30.6 Resultado do gráfico de interação para teor de pureza.

Da mesma forma que o gráfico anterior, o interessante é avaliar quais combinações fornecem o maior teor de pureza. Nesse caso, a interação entre o nível alto de pressão (1,2 atm) e o nível alto da marca do catalisador (QuímicaPro) entrega uma média de teor de pureza acima de 91%.

Sendo assim, com o conhecimento sobre quais fatores e quais interações geram maior impacto no resultado, é possível encontrar uma relação matemática entre os valores dos fatores e o resultado da variável resposta. Com isso, é possível ajustar o processo para obter o valor de resposta desejado.

O Minitab tem uma ferramenta capaz de agilizar essa análise, chamada "Otimizador de Resposta". Para utilizá-la, realize os seguintes passos:

1) Selecione Estat > DOE (Planejamento de Experimentos) > Fatorial > Otimizador de Resposta...
2) Selecione "Maximizar em Meta" > Clique em OK.

O resultado é o apresentado na Figura 30.7.

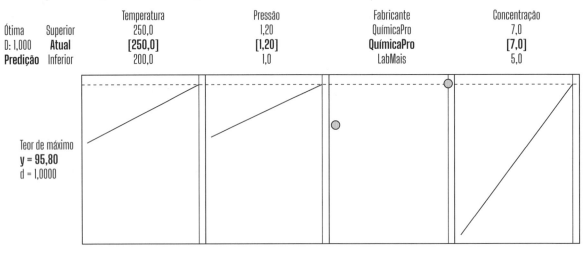

Figura 30.7 Resultado esperado do otimizador de respostas.

Esse recurso demonstra a melhor combinação desses fatores capaz de potencializar os resultados da variável resposta (linha destacada com valores em colchetes). É interessante lembrar de que nessa ferramenta são analisados apenas os fatores de maneira isolada; portanto, para analisar as interações é preciso construir os gráficos conforme feito anteriormente.

Com o resultado, é possível notar que o Minitab indica (nos números em colchetes) os níveis superiores de cada fator, visando à maximização da variável resposta (teor de pureza). Além disso, a ferramenta mostra que essa combinação de fatores possibilitará alcançar um resultado, em média, de 95,8% de teor de pureza.

De maneira análoga, o Otimizador de Resposta também é capaz de calcular quais os níveis mais adequados para a minimização de certa variável resposta, de acordo com as necessidades do projeto em andamento. Outra opção também é determinar um valor alvo para ser atingido e fornecer os dados ao Minitab. Com isso, será calculada qual combinação se aproxima mais do valor alvo que foi estabelecido.

Experimento Fatorial Fracionado

Os Experimentos Fatoriais Fracionados são baseados em frações de Experimentos Fatoriais Completos. São normalmente utilizados nos estágios iniciais de um experimento em razão de sua característica exploratória. Seu principal objetivo é a priorização de fatores e direcionamento, por isso é preciso estar atento ao utilizar esse tipo de experimento, pois pode haver perda de informações sobre algumas interações, e geralmente há necessidade de experimentos adicionais.

Aplicado na seleção de variáveis, o Experimento Fatorial Fracionado identifica variáveis ou fatores que influenciam no processo, permitindo que o experimento seja realizado de forma detalhada apenas com esses fatores. Na prática, são muito utilizados, pois permitem um equilíbrio entre o volume de informações necessárias e o custo envolvido na realização do experimento.

De maneira geral, o indicado é que, em uma primeira etapa, seja realizado um Experimento Fatorial Fracionado, principalmente se a quantidade de fatores for maior ou igual a 5, pois isso pode servir como um filtro para detectar quais são os fatores mais significativos. A partir dessa informação, pode ser realizado um experimento fatorial completo, considerando todos esses fatores que são mais significativos, otimizando o processo de planejamento de experimentos.

Ordem da Interação e Efeito Principal

Para a construção de um Experimento Fatorial Fracionado, algumas considerações devem ser levadas em conta para eliminar parte dos experimentos:

- **Ordem da Interação:** quanto maior a ordem, menor a chance de que ela seja significativa (p. ex., uma interação entre os fatores ABCD tem menor probabilidade de ser significativa do que uma interação entre os fatores AB).

- **Efeito Principal ou Interação:**

Efeito = (Média sinal +) – (Média sinal –)

De acordo com as considerações anteriores, é possível determinar regras a serem seguidas:

1. Deve-se executar apenas os ensaios que estão associados a um mesmo sinal (+ ou –) na coluna da interação de ordem mais alta.
2. Normalmente é utilizada a fração principal do experimento 2k (experimentos relacionados ao nível superior – sinal +).

Exemplo: Experimento 23 (ordem aleatória). Observe a Tabela 30.4.

Ensaio	A	B	C	AB	AC	BC	ABC
1	+	–	–	–	–	+	+
2	–	+	–	–	+	–	+
3	–	–	+	+	–	–	+
4	+	+	+	+	+	+	+
5	–	–	–	+	+	+	–
6	+	+	–	+	–	–	–
7	+	–	+	–	+	–	–
8	–	+	+	–	–	+	–

Tabela 30.4 Experimento com três fatores.

De acordo com as regras abordadas anteriormente, para a construção de um Experimento Fatorial Fracionado a partir de um experimento 2^3, são eliminados os ensaios 5, 6, 7 e 8. A partir disso, forma-se o demonstrado na Tabela 30.5.

Analisando a Tabela 30.5 e relembrando a relação utilizada para calcular o efeito, é possível notar que, após a eliminação de experimentos, não é mais possível calcular o efeito da interação de ordem mais alta (ABC), uma vez que não tem informações para calcular a média do sinal negativo. Isso acontece nesse tipo de experimento, visto que, conforme citado anteriormente, as interações de ordem mais alta dificilmente são significativas para o resultado.

No entanto, nessa etapa é importante compreender que, a partir do momento em que a quantidade de experimentos é reduzida pela metade, evidentemente algumas análises e dados são perdidos, o que forma o conceito do confundimento.

Ainda analisando a Tabela 30.5, é possível notar que o padrão de sinais da coluna A se repete na interação BC. Portanto, ao calcular o efeito desses dois elementos, o resultado será o mesmo, demonstrando o confundimento, já que não é possível determinar a origem de tal efeito (fator A ou interação BC). Isso também ocorre entre o fator B e a interação AC e com o fator C comparado com a interação AB.

Esse tipo de ocorrência pode causar problemas em experimentos com três fatores, uma vez que geralmente ambos os efeitos são significativos. Dessa maneira, a informação adquirida não é totalmente confiável. Por isso, é importante trabalhar com experimentos fatoriais fracionados em experimentos que apresentam alto grau de resolução: quanto maior o grau de resolução, mais confiável o experimento será.

Notação do Experimento Fatorial Fracionado

A notação do Experimento Fatorial Fracionado é a seguinte:

$$2_R^{k-p}$$

Em que:
- R = resolução;
- k = número de fatores;
- p = fração do experimento.

A resolução está relacionada ao confundimento, e pode ser dividida em três tipos:
- **Resolução III:** nenhum efeito principal está relacionado com qualquer outro efeito principal, mas podem ser confundidos com interações de segunda ordem.
- **Resolução IV:** nenhum efeito principal está relacionado com outro efeito principal, mas estão confundidos com interações de terceira ordem, e as interações de segunda ordem estão confundidas entre si.
- **Resolução V:** nenhum efeito principal está relacionado com outro efeito principal ou com interações de segundo grau, mas estão confundidos com interações de quarta ordem, e as interações de segunda ordem estão confundidas com interações de terceira ou maior ordem.

Exemplo:
- Experimento 2^3;
- Número de fatores: 3;
- Número de níveis: 2;
- Fração = 1 (dividir pela metade a quantidade de ensaios);
- 4 ensaios = $^1/_2$ de 8 ensaios → $(2^{-1})(2^3) = 2^{3-1}$ → 2_{III}^{3-1}.

Nota-se que o ideal é trabalhar o Experimento Fatorial Fracionado apenas quando há a possibilidade de gerenciar uma resolução de nível cinco ou acima, o que permite uma maior qualidade no experimento.

Ensaio	A	B	C	AB	AC	BC	ABC
1	+	−	−	−	−	+	+
2	−	+	−	−	+	−	+
3	−	−	+	+	−	−	+
4	+	+	+	+	+	+	+

Tabela 30.5 Experimento com fatores eliminados.

EXEMPLO PRÁTICO

Uma empresa de aditivos vem desenvolvendo diversos projetos de melhoria seguindo a metodologia LSS em todas as suas unidades espalhadas pelo Brasil. Um *Black Belt* da empresa está empenhado em um projeto de melhoria no rendimento da produção de um de seus principais produtos.

Alguns fatores são considerados críticos na produção desse produto:
- tempo de produção;
- temperatura inicial da matéria-prima;
- temperatura de processamento;
- pressão de produção.

A fim de analisar mais a fundo o processo, o *Black Belt* responsável realizou um estudo para avaliar o efeito dos fatores considerados críticos sobre o rendimento do produto.

Fatores:
- Tempo de produção (h):

(−) 4,5   (+) 5,0

- Temperatura de processamento (°C):

(−) 200   (+) 220

- Temperatura inicial da matéria-prima (°C):

(−) 10   (+) 15

- Pressão de produção (MPa):

(−) 0,42   (+) 0,55

Variável resposta:
- Rendimento do produto (%)

Para realizar esse exercício, abra o Minitab com uma planilha em branco e siga os passos:

1) Selecione Estat > DOE (Planejamento de Experimentos) > Fatorial > Criação de um Experimento Fatorial...
2) Marque a opção "Fatorial com dois níveis (geradores padrão)" > Selecione 4 como Número de fatores > Selecione "Experimentos…"
3) Selecione "Fração ½" > Marque 0 para "Número de pontos centrais por bloco", 1 para "Número de réplicas por pontos de extremidade" e 1 para "Número de blocos" > Clique em OK.
4) Selecione "Fatores..." > Preencha a planilha com as informações de cada fator > Clique em OK.
5) Selecione "Opções..." > Desmarque a opção "Aleatorizar ensaios" > Clique em OK duas vezes.
6) Insira o título "Rendimento" na coluna C9 > Digite os valores conforme a Tabela 30.6.

	C1	C2	C3	C4	C5	C6	C7	C8	C9
	OrdemPad	OrdemEns	PTCentral	Blocos	Tempo	Temp.P	Temp.MP	Pressão	Rendimento
1	1	1	1	1	4,5	200	10	0,42	21
2	2	2	1	1	5,0	200	10	0,55	22
3	3	3	1	1	4,5	220	10	0,55	24
4	4	4	1	1	5,0	220	10	0,43	20
5	5	5	1	1	4,5	200	15	0,55	27
6	6	6	1	1	5,0	200	15	0,42	28
7	7	7	1	1	4,5	220	15	0,42	29
8	8	8	1	1	5,0	220	15	0,55	26

Tabela 30.6 Dados para a coluna "Rendimento".

7) Selecione Estat > DOE (Planejamento de Experimentos) > Fatorial > Análise de Experimento Fatorial...
8) Selecione "Rendimento" como Respostas > Clique em OK.

O resultado é apresentado na Figura 30.8.

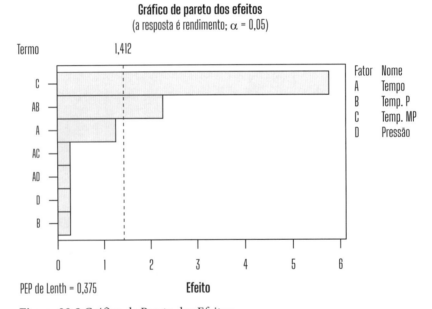

Figura 30.8 Gráfico de Pareto dos Efeitos.

Com a construção do Pareto, é possível verificar que o fator C (temperatura da matéria-prima) é o mais significativo, junto à interação AB (tempo com temperatura de processamento). Portanto, o próximo passo é construir o gráfico do efeito principal de C e o gráfico de interação de AB. Para isso:

1) Selecione Stat > DOE (Planejamento de Experimentos) > Fatorial > Gráficos Fatoriais...
2) Deixe apenas o fator C (temperatura da matéria-prima) à direita > Clique em OK.

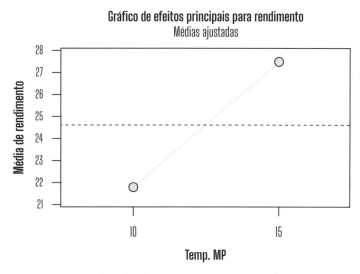

Figura 30.9 Gráfico de efeitos principais para rendimento.

Analisando o gráfico de efeito principal para a temperatura da matéria-prima, é notável que o nível mais alto (15 °C) entrega um rendimento maior, que é o que se deseja na variável "resposta". Agora, realize os seguintes passos para construir o gráfico da interação AB:

1) Selecione Estat > DOE (Planejamento de Experimentos) > Fatorial > Gráficos Fatoriais...
2) Deixe apenas os fatores da interação AB (Tempo e Pressão) à direita > Clique em "Gráficos..." > Desmarque "Gráfico de Efeitos Principais" e marque "Gráfico de interação" > Clique em OK duas vezes.

O resultado é apresentado na Figura 30.10.

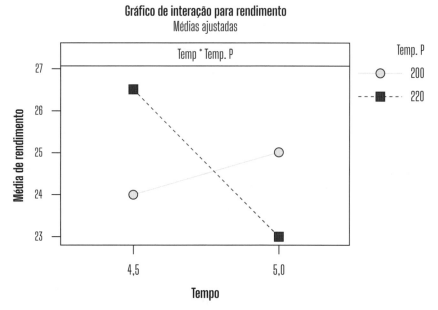

Figura 30.10 Gráfico de interação para rendimento.

Da mesma maneira, é preciso avaliar qual combinação entrega a maior média de rendimento. No caso, é possível avaliar que o nível mais baixo do tempo de produção (4,5 horas) aliado com o nível mais alto da temperatura de processamento (220 °C) é capaz de fornecer um valor médio mais alto de rendimento. Sendo assim, é possível determinar os ajustes a serem feitos para que o rendimento da produção cresça.

Experimento Fatorial em Blocos

Ao realizar experimentos, é importante obedecer a uma regra clássica: manter constante qualquer fator que não será manipulado no experimento. Sabe-se que nem sempre isso é possível, pois normalmente existem fatores externos que exercem influência sobre os resultados. Em casos como esse, existe a possibilidade de utilizar blocos.

Um bloco é uma variável categórica que explica a variação no resultado que não é causada pelos fatores. Eles são utilizados em experimentos para minimizar variações e tendências causadas por fatores não controlados, ou seja, ruídos do processo. Normalmente um bloco está associado a variáveis como: dia, turno, fornecedor, lote, matéria-prima, máquina, método, entre outras.

De maneira geral, o bloco é uma parte do experimento em que os fatores externos podem ser considerados constantes por apresentarem características homogêneas. Eles são utilizados para alcançar melhor visualização dos efeitos que os fatores do processo (x's) exercem sobre a variável resposta, retirando a variação na resposta experimental gerada pelos blocos (ruídos).

Além disso, é possível realizar a avaliação da média total do experimento e dos efeitos dos fatores. Se os efeitos dos fatores não forem repetíveis, é necessário mudar a direção da análise e avaliar, por exemplo, a interação entre bloco e fator.

EXEMPLO PRÁTICO

Uma empresa especializada no tratamento de superfícies de peças para a indústria automotiva vem enfrentando sérios problemas com o índice de retrabalho no processo de zincagem, tratamento executado com o objetivo de proteger a superfície das peças contra a corrosão.

Para resolver essa situação, a empresa iniciou um projeto LSS. Após o levantamento e a análise das causas, foi observado um problema no processo de limpeza das peças (etapa anterior à zincagem), o que resultava em peças manchadas.

O *Black Belt* responsável pelo projeto verificou os fatores críticos do processo de limpeza e fez um DOE para avaliar a relação desses fatores com o índice de retrabalho.

- **Concentração do reagente químico:** (−) 10% e (+) 13%;
- **Temperatura da solução:** (−) 70 ºC e (+) 80ºC;
- **Tempo de contato:** (−) 10 s e (+) 15 s;
- **Turno:** (−) 1 e (+) 2.

Como em um turno podem existir muitos ruídos (fatores não controláveis), o responsável optou por considerar o turno como um bloco, não como um fator. Para isso, ele abriu uma planilha em branco no Minitab e fez a análise conforme os passos a seguir:

1) Selecione Estat > DOE (Planejamento de Experimentos) > Fatorial > Criação de um Experimento Fatorial...
2) Selecione 3 como Número de fatores e marque a opção "Fatorial com dois níveis" > Selecione "Experimentos...".
3) Selecione "Fatorial completo" > Selecione 0 para Número de pontos centrais por bloco > Selecione 2 para Número de réplicas por pontos de extremidade > Selecione 2 para Número de Blocos > Clique em OK.
4) Selecione "Fatores..." > Preencha a planilha com as informações de cada fator (concentração, temperatura e tempo) > Clique em OK.
5) Selecione "Opções..." > Desative a opção "Aleatorizar ensaios" > Clique em OK duas vezes.
6) Insira o título "Retrabalho" em uma coluna livre (na Tabela 30.7, declarado na coluna C9) > Digite os valores conforme a Tabela 30.7.

	C1 OrdemPad	C2 OrdemEns	C3 PTCentral	C4 Blocos	C5 Concentração	C6 Temperatura	C7 Tempo	C9 Retrabalho
1	1	1	1	1	10	70	10	21
2	2	2	1	1	13	70	10	15
3	3	3	1	1	10	80	10	20
4	4	4	1	1	13	80	10	13
5	5	5	1	1	10	70	15	17
6	6	6	1	1	13	70	15	14
7	7	7	1	1	10	80	15	17
8	8	8	1	1	13	80	15	15
9	9	9	1	2	10	70	10	18
10	10	10	1	2	13	70	10	15
11	11	11	1	2	10	80	10	13
12	12	12	1	2	13	80	10	11
13	13	13	1	2	10	70	15	16
14	14	14	1	2	13	70	15	10
15	15	15	1	2	10	80	15	16
16	16	16	1	2	13	80	15	10

Tabela 30.7 Dados para preenchimento da coluna "Retrabalho".

7) Selecione Estat > DOE (Planejamento de Experimentos) > Fatorial > Análise de Experimento Fatorial...
8) Selecione "Retrabalho" como Respostas > Clique em OK.

O resultado é apresentado na Figura 30.11.

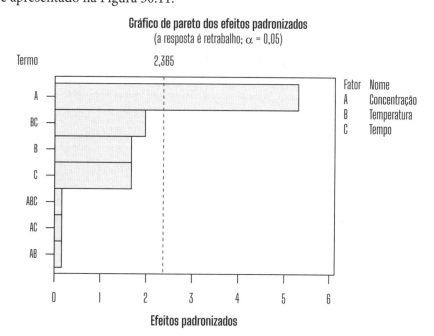

Figura 30.11 Gráfico de Pareto dos efeitos padronizados.

Com a análise do Gráfico de Pareto, é possível notar que apenas o fator A está à direita da linha tracejada. Dessa forma, pode-se concluir que apenas esse fator (concentração) é significativo para a mudança da variável resposta. Com isso, o próximo passo é analisar qual nível desse fator deve ser utilizado. Para fazer isso, siga os passos:

1) Selecione Estat > DOE (Planejamento de Experimentos) > Fatorial > Gráficos Fatoriais...
2) Deixe apenas o fator significativo (concentração) à direita > Gráficos... > Marque a opção de Gráfico de Efeitos Principais > Clique em OK duas vezes.

O resultado é mostrado na Figura 30.12.

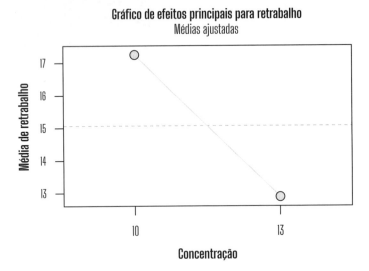

Figura 30.12 Gráfico de efeitos principais para retrabalho.

Como o melhor nível do fator será aquele que atinge um valor médio mais baixo para o índice de retrabalho, é possível concluir que a concentração do reagente químico deve ser mantida no seu nível mais alto (13%), pois, dessa forma, é entregue uma média de retrabalho mais baixa. Além disso, é interessante refazer a atividade, mas considerando os turnos como um dos fatores, assim será possível notar as diferenças nos resultados pela mudança de abordagem.

Experimento fatorial com ponto central

Uma grande preocupação no uso de planejamento fatorial com dois níveis é a suposição da linearidade nos efeitos dos fatores. E se a relação entre os fatores de entrada (x's) for, na verdade, uma relação curvilínea, conforme demonstrado na Figura 30.13?

Nesse caso, um valor intermediário entre os dois níveis escolhidos poderia apresentar um resultado superior àquele que pode ser atingido considerando apenas a linearidade. Sendo assim, pode ser interessante utilizar a técnica do ponto central ao experimento para avaliar se a suposição da linearidade é válida.

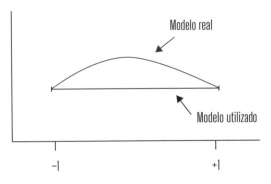

Figura 30.13 Diferença entre o modelo real e o utilizado no DOE.

Ponto Central ou *Centerpoint*

O ponto central (*centerpoint*) é um ponto médio adicionado entre os níveis de todos os fatores e que não impacta nos efeitos normalmente estimados nos experimentos 2k. Eles são adicionados a um experimento para testar se existe ou não evidência de curvatura sem a necessidade de acrescentar um grande número de rodadas experimentais e permite a avaliação de efeitos não lineares sobre a variável resposta.

Em um experimento fatorial 2^2, o *centerpoint* pode ser esquematizado da seguinte maneira (Figura 30.14).

Da mesma maneira, um cubo pode ser esquematizado para representar a variação dos fatores e a localização do ponto central em um experimento fatorial 2^3, conforme a Figura 30.15.

Com essa técnica, é possível quantificar o efeito da curvatura (por meio do *p*-valor), desde que o número de observações no ponto central seja, no mínimo, igual à metade do número de observações nos pontos fatoriais do experimento.

Caso seja menor, o efeito da curvatura poderá ser avaliado apenas de forma subjetiva, comparando a resposta média obtida no ponto central com outros valores da variável resposta, permitindo a identificação apenas de desvios mais grosseiros de linearidade.

Assim, com a análise da curvatura algumas possíveis conclusões podem ser feitas; caso a curvatura não seja de tamanho significativo ou não exista, o indicado é retirar os pontos centrais do modelo para facilitar a análise e trabalhar o experimento da maneira usual.

Se a curvatura for significativa, o experimento só é válido nos pontos testados pelo experimento, e não é possível realizar a predição por meio da equação fornecida pelo modelo, ou seja, o otimizador de resposta não pode ser utilizado. Por fim, se a curvatura não estiver na direção desejada, é necessário realizar novos experimentos para compreender o comportamento não linear do processo.

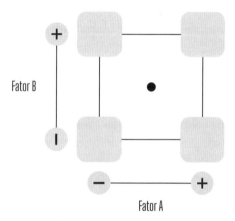

Figura 30.14 *Centerpoint* no experimento fatorial de dois fatores.

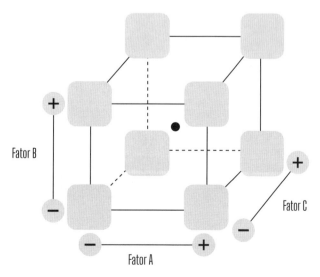

Figura 30.15 *Centerpoint* no experimento fatorial de três fatores.

EXEMPLO PRÁTICO

A Sabores é uma empresa fabricante de sorvetes e picolés que atua principalmente na Região Sudeste. A empresa está realizando um projeto LSS para a melhoria de um de seus principais produtos, o picolé de amora.

Entre outras análises que estão sendo realizadas no projeto, o *Black Belt* resolveu verificar a relação de três fatores do processo (a quantidade de açúcar, a quantidade de corante e a concentração de polpa) sobre a aceitação do produto (satisfação do cliente). Inicialmente, ele descreveu os fatores e a variável resposta com o indicador descrito.

- **Quantidade de açúcar (g/mL):** 12 (−) / 16 (+) / 14 (médio);
- **Quantidade de corante (g/mL):** 2 (−) / 4 (+) / 3 (médio);
- **Concentração de polpa (%):** 30 (−) / 40 (+) / 35 (médio);
- **Variável resposta:** média de aceitação do produto − quanto maior, melhor.

Foram adicionados quatro *centerpoints* ao experimento considerando os níveis médios de cada fator. No total, foram feitas 12 observações, sendo oito provenientes do experimento fatorial completo e mais quatro relativas aos pontos centrais. É importante ressaltar que a quantidade de experimentos devido aos pontos centrais pode ser definida de acordo com as necessidades do projeto. Nesse caso, foram quatro.

Para reproduzir o que foi feito na empresa, siga os passos no Minitab:

1) Abra o Minitab com uma planilha em branco.
2) Selecione Estat > DOE (Planejamento de Experimentos) > Fatorial > Criação de um Experimento Fatorial...
3) Marque a opção "Fatorial com dois níveis (geradores padrão)" > Selecione 3 como Número de fatores > Selecione "Experimentos...".
4) Selecione "Fatorial completo" > Selecione 4 para Número de pontos centrais por bloco > Clique em OK.
5) Selecione "Fatores..." > Preencha a planilha com as informações de cada fator > Clique em OK.
6) Selecione "Opções..." > Desmarque a opção "Aleatorizar ensaios" > Clique em OK duas vezes.
7) Insira o título "Aceitação" na coluna C8 > Digite os valores conforme a Tabela 30.8.

C1 StdOrder	C2 RunOrder	C3 PTCentral	C4 Blocos	C5 Qtd Açúcar	C6 Qtd Corante	C7 Conc de polpa	C8 Aceitação
1	1	1	1	12	2	30	6,3
2	2	1	1	16	2	30	8,8
3	3	1	1	12	4	30	5,8
4	4	1	1	16	4	30	7,4
5	5	1	1	12	2	40	8,5
6	6	1	1	16	2	40	9,7
7	7	1	1	12	4	40	6,6
8	8	1	1	16	4	40	9,1
9	9	0	1	14	3	35	7,5
10	10	0	1	14	3	35	7,8
11	11	0	1	14	3	35	7,2
12	12	0	1	14	3	35	7,6

Tabela 30.8 Dados para o preenchimento da coluna "Aceitação".

8) Selecione Estat > DOE (Planejamento de Experimentos) > Fatorial > Análise de Experimento Fatorial...
9) Selecione "Aceitação" como Respostas > Clique em OK.

O resultado é o apresentado na Figura 30.16.

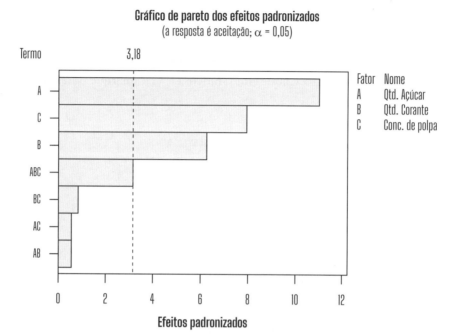

Figura 30.16 Gráfico de Pareto para efeitos padronizados.

Factorial regression: Aceitação *versus* Qtd açúcar; Qtd de corante; Conc de polpa; CenterPt						
Análise de variância						
Fonte	DF	Adj SS	Adj MS	F-valor	p-valor	
Modelo	8	14,8017	1,85021	29,60	0,009	
Linear	3	13,9450	4,64833	74,37	0,003	
Qtd açúcar	1	7,6050	7,60500	121,68	0,002	
Qtd corante	1	2,4200	2,42000	38,72	0,008	
Conc de polpa	1	3,9200	3,92000	62,72	0,004	
2-way interactions	3	0,0850	0,02833	0,45	0,734	
Qtd açúcar * Qtd corante	1	0,0200	0,02000	0,32	0,611	
Qtd açúcar * Conc de polpa	1	0,0200	0,02000	0,32	0,611	
Qtd corante * Conc de polpa	1	0,0450	0,04500	0,72	0,458	
3-way interactions	1	0,6050	0,60500	9,68	0,053	
Qtd açúcar * Qtd corante * Conc de polpa	1	0,6050	0,60500	9,68	0,053	
Curvatura	1	0,1667	0,16667	2,67	0,201	
Erro	3	0,1875	0,06250			
Total	11	14,9892				

Tabela 30.9 Dados obtidos por meio do Minitab.

Com a análise do Gráfico de Pareto, é possível concluir que os fatores A, B e C são significativos, uma vez que se encontram à direita da linha. Desse modo, é possível dizer que tanto a quantidade de açúcar e de corante quanto a concentração de polpa influenciam de maneira significativa na variável resposta.

Além disso, na janela "Session" do Minitab é possível analisar também o *p*-valor da curvatura, que, no caso, é 0,201, que é um valor alto. Portanto, é possível concluir que o valor da curvatura não é significativo. Existe, na verdade, uma linearidade. De maneira geral, se $p \leq 0,05$, o efeito de curvatura é significativo.

Sendo assim, o próximo passo é avaliar os gráficos para os fatores significativos. Para isso:

1) Selecione Estat > DOE (Planejamento de Experimentos) > Fatorial > Gráficos Fatoriais...
2) Deixe todos os fatores à direita > Clique em "Gráficos..." > Desmarque "Gráfico de Interação" > Clique em OK duas vezes.

O resultado é mostrado na Figura 30.17.

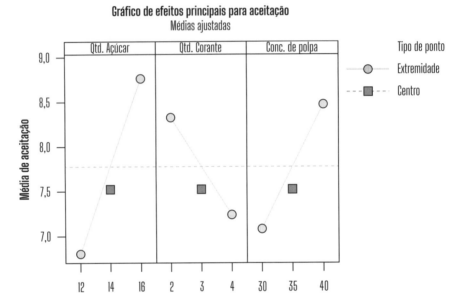

Figura 30.17 Gráfico de efeitos principais.

Com a construção do gráfico e considerando que o melhor nível do fator será aquele que atinge um valor médio maior para aceitação, é possível concluir que a combinação ideal consiste em uma quantidade maior de açúcar (16 g/mL), uma quantidade menor de corante (2 g/mL) e uma concentração de polpa maior (40%).

Além disso, é possível perceber que o ponto central de cada fator está próximo à reta, o que indica que a curvatura não é significativa, conforme já foi comprovado com a análise do p-valor da curvatura.

Experimento fatorial com mais de dois níveis

Até então, todos os modelos apresentados eram construídos utilizando dois níveis em cada fator. No entanto, também existe a possibilidade de se utilizar modelos que trabalham com mais de dois níveis para cada fator. Esse tipo de modelo é elaborado para avaliar o efeito de vários níveis para um ou mais fatores, ou quando se deseja verificar se um fator com mais de dois níveis exerce efeito de curvatura sobre a variável resposta.

Operação Evolutiva (EVOP)

A EVOP ou Método de Operação Evolutiva é uma ferramenta de melhoria do processo e otimização da *performance* de um processo. Trata-se de um método rotineiro para operação que foi proposto com a ideia de ser utilizado a um nível operacional sem demandar pessoas específicas para testes, facilitando assim o processo de Melhoria Contínua.

Uma grande vantagem da utilização desse método é que ele não requer grandes mudanças na operação do processo, pois consiste na introdução de pequenas alterações nos níveis dos fatores do processo que está sendo avaliado.

O método utiliza fatoriais 2^2 ou 2^3 com *centerpoints*. Caso existam mais de três fatores que influenciam no processo, pode ser realizada mais de uma EVOP. É importante que os fatores de controle sejam levemente alterados, de modo que não apresente perda significativa no

EXEMPLO PRÁTICO

Uma empresa líder de mercado de produtos químicos visa aumentar o rendimento do processo de um de seus principais produtos; portanto, iniciou um projeto LSS.

Por experiência, o líder do projeto sabe que os fatores "temperatura" e "catalisador" são fundamentais nesse rendimento e decidiu avaliar o efeito do fator "equipamento", visto que o produto pode ser fabricado em dois equipamentos diferentes, de acordo com a disponibilidade deles. Sendo assim, os fatores de estudo são:

- **Temperatura:** 40ºC / 50ºC / 60ºC;
- **Catalisador:** Tipo A / Tipo B;
- **Equipamento:** E1 / E2;
- **Variável resposta:** rendimento do produto (%);
- **Experimento:** Fatorial 3 × 2 × 2 → 12 ensaios.

É possível perceber que o fator "temperatura" apresenta três níveis de ajuste, por isso o indicado nesse caso é utilizar o experimento fatorial com mais de dois níveis. Sendo assim, para acompanhar os passos do líder do projeto, siga as instruções:

1) Abra o Minitab com uma planilha em branco.
2) Selecione Estat > DOE (Planejamento de Experimentos) > Fatorial > Criação de um Experimento Fatorial.
3) Selecione "Experimento fatorial completo geral" > Selecione 3 como Número de fatores > Selecione "Experimentos".
4) Preencha a planilha com as informações de cada fator (três níveis para Temperatura e dois níveis para Catalisador e Equipamento) > Clique em OK.
5) Selecione "Fatores..." > Em Tipo modifique para Texto os fatores Catalisador e Equipamento > Preencha a planilha com as informações de cada fator > Clique em OK.
6) Selecione "Opções..." > Desative a opção "Aleatorizar ensaios" > Clique em OK duas vezes.
7) Insira o título "Rendimento" na coluna C9 > Digite os valores conforme a Tabela 30.10.

C1 StdOrder	C2 OrdemPad	C3 OrdemEns	C4 TipoPT	C5 Blocos	C6 Temperatura	C7 Catalisador	C8 Equipamento	C9 Rendimento
1	1	1	1	1	40	A	E1	67
2	2	2	1	1	40	A	E2	63
3	3	3	1	1	40	B	E1	71
4	4	4	1	1	40	B	E2	69
5	5	5	1	1	50	A	E1	65
6	6	6	1	1	50	A	E2	63
7	7	7	1	1	50	B	E1	68
8	8	8	1	1	50	B	E2	69
9	9	9	1	1	60	A	E1	64
10	10	10	1	1	60	A	E2	70
11	11	11	1	1	60	B	E1	68
12	12	12	1	1	60	B	E2	71

Tabela 30.10 Dados para preenchimento da coluna "Rendimento".

8) Selecione "Dados" > Dividir a Worksheet... > Selecione "Equipamento" na opção Variáveis de agrupamento > Clique em OK.
9) Selecione a *Worksheet* "Equipamento = E1" > Selecione Estat > ANOVA > Gráfico de Interação.
10) Selecione "Rendimento" como Respostas > Selecione "Temperatura e Catalisador" como Fatores > Desmarque a opção "Exibir matriz de gráfico de interação completa" > Clique em OK.
11) Selecione a *Worksheet* "Equipamento = E2" > Selecione "Estat" > ANOVA > Gráfico de Interação.
12) Selecione "Rendimento" como Respostas > Selecione "Temperatura e Catalisador" como Fatores > Desmarque a opção "Exibir matriz de gráfico de interação completa" > Clique em OK.

Os gráficos construídos serão os mostrados nas Figuras 30.18 e 30.19.

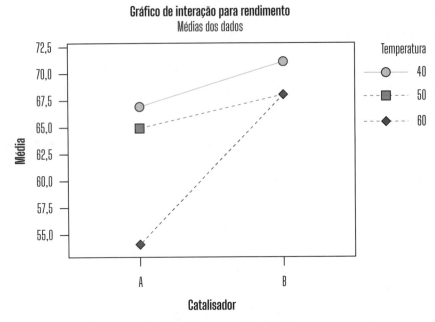

Figura 30.18 Gráfico de interação para rendimento – Equipamento E1.

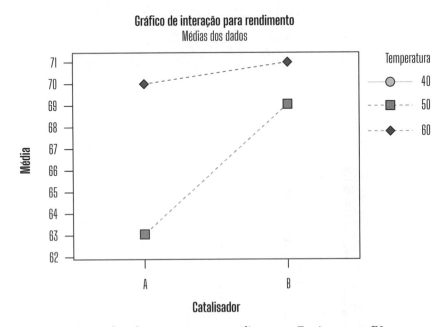

Figura 30.19 Gráfico de interação para rendimento – Equipamento E2.

Diferentemente do experimento fatorial padrão (com dois níveis), nesse tipo de experimento o Gráfico de Pareto não é utilizado para fazer a análise dos fatores. A razão de usar os gráficos de Pareto na análise dos experimentos anteriores, é porque não foram feitas réplicas nos exemplos anteriores. Se houvessem réplicas, os Paretos não seriam utilizados. Dessa maneira, a avaliação é feita diretamente nos gráficos de interação. No entanto, a maneira como é feita a análise dos gráficos é similar aos outros experimentos. Portanto, no caso, é preciso avaliar qual a combinação que entrega a maior média de rendimento.

Para o Equipamento 1, nota-se pelo gráfico que a combinação ideal é formada pela utilização do catalisador do tipo B com a temperatura no nível mais baixo (40 ºC). Por outro lado, o Equipamento 2 apresenta maior rendimento quando trabalha também com o catalisador do tipo B, porém com o nível mais alto de temperatura (60 ºC). Com esse estudo, é possível concluir quais são as melhores condições que devem ser implementadas para que o rendimento cresça na empresa.

rendimento do processo. No entanto, precisam ser ajustados a uma distância que possa ser notada alguma mudança no processo decorrente das alterações realizadas.

Dicas para a utilização da Operação Evolutiva

Para utilizar a EVOP, é interessante seguir algumas dicas:
- Inclua **centerpoints** em seu experimento.
- Inicie com **fatoriais fracionados** para ter uma visão geral da importância dos fatores selecionados.
- Após o estudo inicial faça a análise do **fatorial completo**.
- Não force resultados em um único estudo, realize **estudos sequenciais**.

A Figura 30.20 apresenta um passo a passo de como fazer uma EVOP.

Na execução da EVOP, é fundamental que os dados da variável de resposta sejam coletados em cada umas das condições determinadas pelo experimento 2^k. Normalmente, o experimento é centrado na condição usual de operação do processo.

Um ciclo da EVOP é concluído quando uma observação da variável resposta de cada condição determinada for coletada (sem aleatorização). Quando ao menos três ciclos forem concluídos, é possível então calcular os efeitos dos fatores e suas interações. Após essa análise, alguma ação pode ser tomada para alterar as condições de operação.

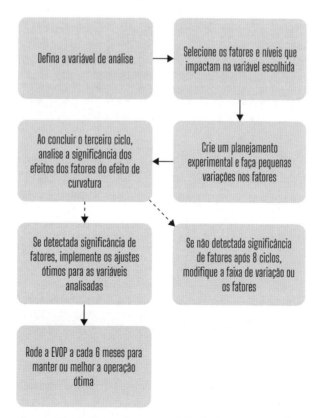

Figura 30.20 Como fazer um ciclo da Operação Evolutiva.

EXEMPLO PRÁTICO

Uma empresa do setor de cosméticos vem enfrentando problemas com o envasamento de um de seus produtos. Visando resolver esse problema, a empresa iniciou um projeto LSS para avaliar as causas dessa variação.

A partir das análises do projeto, o *Black Belt* responsável resolveu utilizar a EVOP como uma das ferramentas de melhoria do processo. Inicialmente, foram selecionados os fatores e a variável resposta a serem estudados.

- **Temperatura do produto:** condição atual: 90 ºC;
- **Consistência do produto:** condição atual: 20 (viscosidade codificada);
- **Variável resposta:** variação média do volume entre duas amostras envasadas para cada condição experimental.

Sendo assim, a ideia do método EVOP é trabalhar a condição atual dos fatores como ponto central e, a partir disso, estabelecer pequenos incrementos abaixo e acima desse valor. No caso da temperatura do produto, foi definido um nível inferior de 85 ºC e um nível superior de 95 ºC. Para a consistência, o nível inferior foi 18 e o superior 22.

Dessa maneira, o *Black Belt* montou o primeiro ciclo da EVOP no Minitab, realizando as seguintes instruções:

1) Abra o Minitab em uma planilha em branco.
2) Selecione Estat > DOE (Planejamento de Experimentos) > Fatorial > Criação de um Experimento Fatorial… > Marque a opção "Fatorial com dois níveis (geradores padrão)".
3) Selecione 2 como Número de fatores > Selecione "Experimentos…".
4) Selecione "Fatorial completo" > Selecione 3 para Número de pontos centrais por bloco > Selecione 3 para Número de réplicas por pontos de extremidades e número de blocos igual a 1 > Clique em OK.
5) Selecione "Fatores…" > Preencha a planilha com as informações de cada fator conforme explicado anteriormente > Clique em OK.
6) Selecione "Opções…" > Desative a opção "Aleatorizar ensaios" > Clique em OK duas vezes.
7) Insira o título "Variação Média" na próxima coluna livre > Digite os valores conforme a Tabela 30.11.

C1 StdOrder	C2 OrdemPad	C3 OrdemEns	C4 PTCentral	C5 Blocos	C6 Temperatura	C7 Consistência	C8 Variação média
1	1	1	1	1	85	18	8,4
2	2	2	1	1	95	18	6,9
3	3	3	1	1	85	22	7,3
4	4	4	1	1	95	22	5,3
5	5	5	1	1	85	18	8,1
6	6	6	1	1	95	18	6,9
7	7	7	1	1	85	22	7,4
8	8	8	1	1	95	22	5,5
9	9	9	1	1	85	18	8,2
10	10	10	1	1	95	18	7,0
11	11	11	1	1	85	22	7,3
12	12	12	1	1	95	22	5,4
13	13	13	0	1	90	20	6,1
14	14	14	0	1	90	20	6,1
15	15	15	0	1	90	20	6,2

Tabela 30.11 Dados para preenchimento da coluna "Variação Média".

8) Selecione Estat > DOE (Planejamento de Experimentos) > Fatorial > Análise de Experimento Fatorial...
9) Selecione "Variação Média" como Respostas > Clique em OK.

O resultado é mostrado na Figura 30.21.

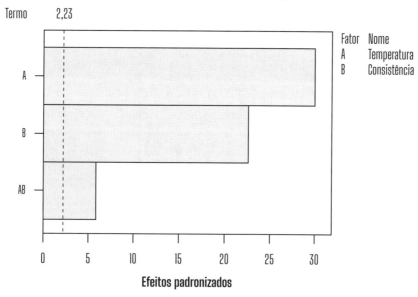

Figura 30.21 Gráfico de Pareto dos efeitos padronizados.

Com a análise do gráfico, é possível concluir que tanto os fatores A e B quanto a interação AB são significativos. Além disso, com os dados gerados (ficam na janela "Session") também é possível verificar a existência de curvatura. Como o p-valor da curvatura é zero, é possível notar que existe um efeito de curvatura significativo, ou seja, o ponto central está afastado da linha traçada entre os níveis dos valores testados.

Agora, o próximo passo é construir os gráficos dos efeitos para cada fator e da interação AB. Para isso:
1) Selecione Estat > DOE (Planejamento de Experimentos) > Fatorial > Gráficos Fatoriais...
2) Deixe todos os fatores à direita > Clique em OK.

Os resultados são os apresentados na Figura 30.22.

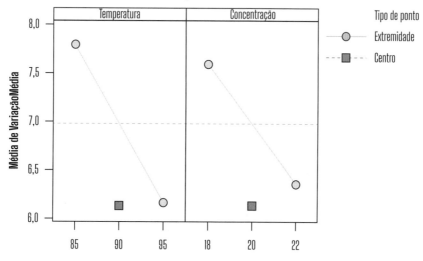

Figura 30.22 Gráfico de efeitos principais para Variação Média.

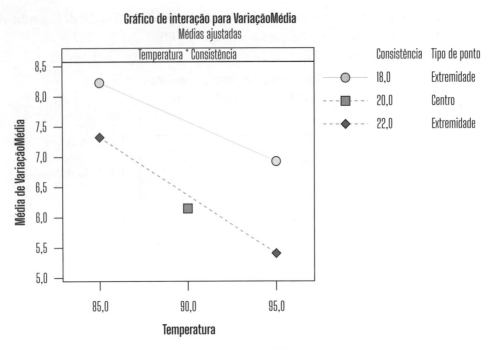

Figura 30.23 Gráfico de interação para Variação Média.

Com a análise dos gráficos, é possível notar que existe um efeito de curvatura significativo e negativo, o que é interessante para a empresa, visto que o melhor nível do fator é aquele que atinge um valor mais baixo de variação. Sendo assim, a interação AB, com temperatura de 95 °C e consistência 22, corresponde a uma condição mais favorável, pois apresenta menor variação média no envase dos produtos.

Portanto, o indicado para a empresa é alterar os níveis dos fatores de modo a utilizar maiores valores de temperatura e consistência. Então, a partir dessa alteração, pode ser iniciado um segundo ciclo da EVOP, utilizando os valores de 95 °C para temperatura e 22 para consistência como pontos centrais.

Para realizar o segundo ciclo, basta seguir os mesmos passos realizados anteriormente, com atenção para a mudança dos pontos centrais e, consequentemente, dos níveis. Para a temperatura, considere 90 °C o nível inferior e 100 °C o máximo, e para a consistência, 20 o nível inferior e 24 o superior. Além disso, é preciso preencher a coluna "Variação Média" com os dados atualizados, conforme Tabela 30.12.

StdOrder	OrdemPad	OrdemEns	PTCentral	Blocos	Temperatura	Consistência	Variação média
1	1	1	1	1	90	20	6,2
2	2	2	1	1	100	20	6,1
3	3	3	1	1	90	24	5,9
4	4	4	1	1	100	24	5,7
5	5	5	1	1	90	20	6,1
6	6	6	1	1	100	20	6,0
7	7	7	1	1	90	24	5,8
8	8	8	1	1	100	24	5,8
9	9	9	1	1	90	20	6,3
10	10	10	1	1	100	20	6,3
11	11	11	1	1	90	24	5,7
12	12	12	1	1	100	24	5,9
13	13	13	0	1	95	22	5,4
14	14	14	0	1	95	22	5,2
15	15	15	0	1	95	22	5,2

Tabela 30.12 Dados para o preenchimento da coluna "Variação Média" – Exemplo 2.

Feito isso, o próximo passo é construir o Gráfico de Pareto. O resultado pode ser visto na Figura 30.24.

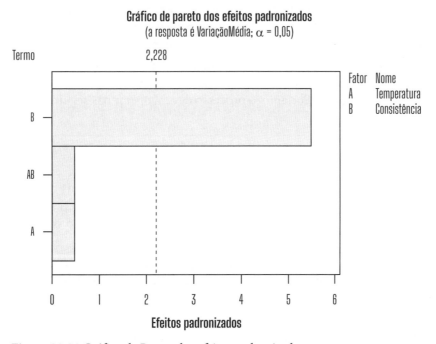

Figura 30.24 Gráfico de Pareto dos efeitos padronizados.

A análise do Gráfico de Pareto permite concluir que apenas o fator B (consistência) é significativo nessa segunda fase da EVOP. Além disso, com a leitura dos dados dispostos na janela "Session" é possível verificar que, mais uma vez, existe um efeito de curvatura significativo.

Portanto, o próximo passo é construir o gráfico de efeito principal apenas para esse fator significativo. Para isso:

1) Selecione Estat > DOE (Planejamento de Experimentos) > Fatorial > Gráficos Fatoriais…
2) Deixe apenas o fator "Consistência" à direita.
3) Clique em "Gráficos…" > Deixe apenas a opção "Gráfico de Efeitos Principais" marcada > Clique em OK duas vezes.

O resultado é o seguinte:

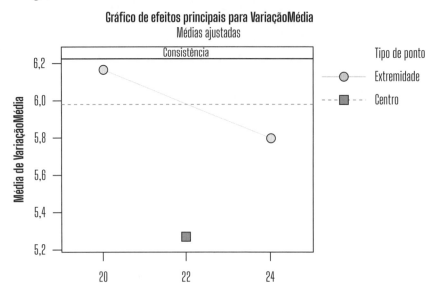

Figura 30.25 Gráfico de efeitos principais para consistência.

A análise do gráfico é feita da mesma maneira, ou seja, considerando que o melhor nível do fator será aquele que atinge um valor mais baixo de Variação Média. Portanto, para o fator significativo (consistência) é possível verificar que o valor do ponto central (22) é o que entrega o menor índice de variação.

Sendo assim, como conclusão, o indicado para a empresa é manter o *setup* atual, que foi determinado no primeiro ciclo da EVOP. Esse *setup* é o mais indicado pois apresenta uma combinação que entrega a menor variação no processo de envase da empresa. Portanto, o processo deverá operar nas seguintes condições: temperatura de 95° C e consistência igual a 22.

30.3 5W2H

Após a priorização das ações de melhoria, é importante desdobrá-las em informações mais tangíveis. Para isso, utiliza-se a metodologia 5W2H, criada para compreender um problema ou oportunidade de melhoria sob diferentes perspectivas.

O 5W2H é uma metodologia que facilita a interpretação objetiva e transparente do problema e do ambiente no qual ele está inserido. Com o problema sendo compreendido sob diferentes pontos de vista, é possível analisar as decisões mais rentáveis que deverão ser tomadas, de forma que o resultado seja o melhor e mais coerente possível com o objetivo declarado no escopo do projeto.

Essa metodologia é utilizada para entendimento de um plano de ação para o tratamento de determinado problema. Ao utilizá-lo, as equipes podem ter uma visão abrangente para a execução de tarefas.

Por meio de seus sete fatores de explicação, o 5W2H permite que o problema seja visualizado de forma clara e objetiva, o que facilita o processo de tomada de decisão.

Essa metodologia é composta das sete perguntas principais demonstradas a seguir.

1. *What* (**O que será feito?**): descrição do que se trata o problema, qual o objetivo do projeto e/ou a meta de melhoria proposta.
2. *Where* (**Onde será feito?**): informação do local envolvido pelo problema.
3. *When* (**Quando será feito?**): informação sobre o prazo para resolução do problema.
4. *Why* (**Por que será feito?**): o motivo pelo qual é importante resolver o problema e atingir a meta proposta, ou seja, sob quais aspectos financeiros e qualitativos vale a pena seguir com a resolução.
4. *Who* (**Quem fará?**): os responsáveis pela solução do problema e a equipe designada para resolvê-lo.
7. *How* (**Como será feito?**): como funciona o processo de solução, descrevendo as etapas e atividades pertinentes.
7. *How much* (**Quanto?**): quanto o problema já gerou de gastos, quantidade de processos e produtos afetados e descrição do investimento necessário (recursos) para a resolução.

É possível notar que a ferramenta consiste em responder a sete perguntas simples e diretas, mas que ajudam a esclarecer as diretrizes do projeto que será implementado, abordando de maneira rápida a descrição do problema, a equipe envolvida na solução, os prazos, a metodologia e o investimento necessário.

30.4 POKA YOKE

Poka Yoke significa "à prova de erros" e corresponde a uma técnica de prevenção de falhas desenvolvida no Japão nos anos 1960 por Shigeo Shingo, líder de produção da Toyota. Ao deparar-se diariamente com produtos defeituosos, Shingo começou a desenvolver técnicas que se provaram profundamente eficazes, que ganharam aderência e, futuramente, foram denominadas "*Poka Yoke*".

O objetivo do *Poka Yoke* é impedir defeitos e encontrar a origem de problemas comuns, visando eliminar suas causas geradoras. Quando o ataque à causa do erro ainda não é possível, a detecção de sua origem é efetuada, visando conter a ocorrência de defeitos nos produtos processados.

EXEMPLO PRÁTICO

Por se tratar de uma ferramenta simples e muito eficiente, a aplicação do 5W2H é muito ampla e pode ser feita nos mais variados contextos organizacionais. No Quadro 30.4, estão descritas quatro aplicações diferentes dessa técnica, cada uma considerando as necessidades e a realidade de cada projeto.

O quê?	Quem?	Onde?	Por quê?	Quando?	Como?	Quanto?
Aumentar a temperatura do forno	José	Forno 2W5C	Diminuição da duração do processo	01/05	Aumentar potência do motor	Para 1100°C
Incluir inspeção durante o processo	Carlos	Linha 17	Diminuir refugo	05/06	Aumentar um operador	Um operador
Reunião de segurança no início do turno	Larissa	Unidade de BH	Diminuição de acidentes	07/05	Reunião com o supervisor de segurança	5 min iniciais do turno
Comprar novo sistema de manutenção	Roberto	Unidade SP	Muitos dias fora da meta de produção	01/03	Implantação de novo sistema pela manutenção	R$ 20.000,00

Quadro 30.4 Exemplos de aplicações da metodologia 5W2H.

É possível verificar que, especialmente na coluna "Quanto", os valores de investimento podem variar muito, de acordo com as especificidades do problema. Sendo assim, é importante se atentar ao fato de que a descrição dos recursos pode ser financeira, de pessoal ou até mesmo um ajuste em um equipamento.

30.4.1 Implementação do *Poka Yoke*

Cada projeto *Poka Yoke* deve ser realizado de modo único e individualizado, visto que cada setor e processo industrial tem suas particularidades e necessidades. Existem cinco etapas principais para a elaboração de um *Poka Yoke*, apresentadas a seguir.

1 – Análise do processo produtivo

O primeiro passo para a realização de um *Poka Yoke* envolve a análise do processo produtivo, em que é essencial mapear todas as etapas e verificar onde ocorre o maior número de erros produtivos. Tendo esse mapeamento, é possível definir qual o melhor tipo de *Poka Yoke* para cada etapa.

2 – Análise da qualidade do produto

O segundo passo consiste em fazer uma análise detalhada da qualidade do produto, na qual é fundamental classificar o que é considerado aceitável e o que não é. Essa análise ajudará a identificar quais falhas podem ser eliminadas com a implementação da metodologia *Poka Yoke*.

3 – Escolha do tipo

A terceira etapa é a seleção do tipo de *Poka Yoke* a ser implementado. Conforme as necessidades identificadas na primeira etapa, é possível selecionar entre os seis tipos de *Poka Yoke*:

I. ***Poka Yoke* de eliminação:** visa eliminar as etapas que causam inconformidades e atividades que não agregam valor ao processo. Se necessário, é possível redesenhar todo o produto ou processo em questão.

II. ***Poka Yoke* de substituição:** consiste em substituir uma etapa que vem dando muitas falhas por outra mais robusta e confiável. Uma forma de fazer isso é automatizar as atividades muito repetitivas, ou seja, mais passíveis de erro humano.

III. ***Poka Yoke* de prevenção:** esse tipo de *Poka Yoke* muda o produto ou processo para mitigar a ocorrência de erros. Esses podem estar relacionados com a falta de treinamento, condições de trabalho inapropriadas, desorganização e alta rotatividade de operadores.

IV. ***Poka Yoke* de facilitação:** como o nome bem diz, esse tipo de *Poka Yoke* facilita a realização da tarefa correta por meio de controles visuais.

V. ***Poka Yoke* de detecção:** visa alertar e tornar os erros visíveis, facilitando a tomada de decisão do colaborador e tornando-o mais ágil.

VI. ***Poka Yoke* de mitigação:** esse último tipo de *Poka Yoke* somente é usado quando nenhum outro tipo é viável para o processo, pois ele apenas diminui o impacto dos fatores que geram o erro.

4 – Treinamento

O terceiro passo consiste no treinamento dos operadores de linha produtiva para lidar com as alterações geradas pela implementação do *Poka Yoke*. Assim, a comunicação deve ser efetiva e abranger todos os colaboradores envolvidos no processo produtivo.

5 – Implementação

A quinta etapa é a implementação do *Poka Yoke*, na qual é preciso realizar testes para analisar se o sistema está funcionando conforme as expectativas. Nessa etapa, é essencial realizar a manutenção corretiva para garantir que a metodologia esteja sempre bem adequada ao processo produtivo.

RESUMO

- SMED é uma metodologia utilizada para reduzir o tempo de *setup* ou troca de ferramentas em uma linha de produção, e envolve uma análise minuciosa de todo o processo de troca de ferramentas, identificando etapas que não agregam valor, de modo a eliminá-las ou reduzi-las.

- As seis etapas para aplicação do SMED são:

    1 – Conheça a operação de *setup* atual;

    2 – Examine a operação de *setup* atual;

    3 – Otimize a operação de *setups* interno e externo;

    4 – Ensaie e examine a nova operação de *setup*;

    5 – Padronize a nova operação de *setup*;

    6 – Estabeleça um sistema de desempenho/busque a Melhoria Contínua.

- O DOE é utilizado para determinar quais variáveis independentes (variáveis x) têm maior influência sobre determinada variável de resposta (variável y).

- Exemplos de aplicação do DOE, com diferentes números de fatores e de níveis:

    ✓ **Experimento fatorial completo (2^k):** utilizado quando se deseja verificar a influência de mais de um fator sobre uma variável de resposta. O experimento fatorial completo vai testar a influência de todas as combinações de fatores e seus respectivos níveis.

    ✓ **Experimento Fatorial Fracionado:** normalmente é utilizado nos estágios iniciais de um experimento, em razão de sua característica exploratória, seu objetivo principal é a priorização de fatores e direcionamento, e é aplicado na seleção de variáveis.

✓ **Experimento Fatorial em Blocos:** um bloco é uma variável categórica que explica a variação no resultado que não é causada pelos fatores. Assim, esse tipo de experimento é utilizado para minimizar variações e tendências causadas por fatores não controlados, ou seja, ruídos do processo.

✓ **Experimento fatorial com ponto central:** utilizado para avaliar se a suposição da linearidade de dados é válida. Assim, esse experimento, por meio da análise da curvatura, permite tirar algumas conclusões: caso a curvatura não seja de tamanho significativo ou não exista, o indicado é retirar os pontos centrais do modelo para facilitar a análise e trabalhar o experimento da maneira usual.

✓ **Experimento fatorial com mais de dois níveis:** esse tipo de modelo é elaborado para avaliar o efeito de vários níveis para um ou mais fatores, ou quando se deseja verificar se um fator com mais de dois níveis exerce efeito de curvatura sobre a variável resposta.

✓ **EVOP:** corresponde a um método rotineiro para operação, com a intenção de ser utilizado a um nível operacional sem demandar pessoas específicas para testes, facilitando assim o processo de Melhoria Contínua.

- A Matriz 5W2H é uma ferramenta utilizada para demonstrar as diretrizes do projeto, sendo utilizada quando já se tem as ações de melhoria priorizadas. Essa matriz é construída com sete fatores de análise (*What, Where, When, Why, Who, How* e *How much*), possibilitando compreender o problema ou a oportunidade de melhoria mais detalhadamente.

- *Poka Yoke* é uma técnica de prevenção de falhas baseada em soluções simples que evitam erros em processos e reduzem custos. Sua aplicação ocorre em cinco etapas:

1 – Análise do processo produtivo;

2 – Análise da qualidade do produto;

3 – Escolha do tipo (*Poka Yoke*: I – de eliminação; II – de substituição; III – de prevenção; IV – de facilitação; V – de detecção; VI – de mitigação);

4 – Treinamento;

5 – Implementação.

REFERÊNCIAS BIBLIOGRÁFICAS

KUBIAK, T. M.; BENBOW, D. W. *The certified Six Sigma Black Belt Handbook*. 3. ed. Milwaukee: American Society for Quality, 2016.

THEISENS, H. C. *Lean Six Sigma Green Belt Mindset, Skill set and Tool set*. 5. ed. Enschede: Lean Six Sigma Academy, 2021.

CASOS PRÁTICOS – ETAPA DE MELHORIA

Depois de ter conhecido as ferramentas que podem ser aplicadas no *Lean* Seis Sigma, é o momento de entender como elas podem ser aplicadas em estudos de caso. Nessa parte bônus do Guia Prático do Especialista em Melhoria Contínua são apresentados três estudos de caso como modo de facilitar a compreensão da aplicação de um projeto *Lean* Seis Sigma.

É importante ressaltar que os *cases* que serão demonstrados foram modelados com base em situações reais vivenciadas pela equipe de consultores, mas para assegurar o sigilo e a confidencialidade, os contextos e os nomes foram alterados.

ETAPA DE MELHORIA (*IMPROVE*)

Na fase de Melhoria serão atribuídas soluções para cada causa comprovada com fatos e/ou dados na etapa de Análise.

Etapa de Melhoria: Projeto de redução de erros na entrega de tubos de aço e escapamentos em uma indústria nacional

1 – Consolidação de possíveis soluções

A Matriz de Priorização é utilizada para definir quais soluções serão levadas para o plano de ação. Observe a Tabela Caso 1.1.

A ponderação considera peso, custo, implementação e impacto, em que 0 é correlação inexistente e 5 é correlação forte. As soluções com as maiores notas são priorizadas, pois representam opções de baixo custo, fácil implementação e grande impacto na resolução do problema.

2 – Elaboração do plano de ação

Em sequência, um plano de ação com soluções priorizadas na Matriz de Priorização é realizado. Observe a Tabela Caso 1.2.

	Causa	Solução
1	Composição fracionada de carga	Definir regras para liberação de cargas fracionadas junto às áreas Comercial e Logística.
		Criar diferenciação para envio de cargas por relevância do cliente e tipo de produto.
2	Composição não planejada	Utilizar a gestão à vista e o *Kanban* para melhorar a comunicação entre as áreas de Expedição e Logística.
3	Prazos acordados para sábados e domingos	Bloquear no sistema a formalização de pedidos cujo prazo acordado seja no sábado, no domingo ou no feriado.
4	Falta de avaliação sistemática da voz do cliente	Implementar uma sistemática de gestão de carteira de cliente na área Comercial, incluindo a abordagem periódica ao cliente para coletar informações relevantes.
5	Falta de mapa geográfico no sistema	Implementar o mapa geográfico no sistema, definindo o prazo de entrega para cada estado do Brasil e regiões críticas dentro de cada estado.
6	Desconhecimento da capacidade de escoamento	Criar um padrão para a área Comercial consultar, com informações sobre tempo de montagem de cargas e capacidade de escoamento logístico.
7	Desconhecimento do estoque	Implementar a gestão à vista com previsibilidade futura para facilitar consulta da área Comercial.
8	Antecipação dos pedidos	Criar um procedimento corporativo com regras de atendimento ao cliente (regras para prazos e antecipações).
		Diferenciar antecipação de faturamento do pedido e antecipação da entrega.

Tabela Caso 1.1 Definições de causa e solução.

What O Quê	Why Por quê	Who Quem	How Como	How Much Quanto	Where Onde	When Quando
Criar diferenciação para envio de cargas por relevância do cliente e tipo de produto.	Para facilitar a liberação de cargas fracionadas, evitando prejudicar o OTIF_entrega.	Daniel Fraga	Criar um padrão com ajuda de colaboradores das áreas Comercial e Logística. Formalizá-lo no sistema.	Custo zero	Área comercial	[definir data]
Implementar o mapa geográfico no sistema, definindo o prazo de entrega para cada estado do Brasil e regiões críticas dentro de cada estado.	Para definir com maior assertividade os prazos de entrega acordados junto ao cliente.	Daniel Fraga	Implementar no sistema um programa que faz o cálculo do tempo de transporte por região. A informação é alimentada pela Logística.	R$ 7.500,00	Área de TI	[definir data]
...	...	...	...	...	...	...

Tabela Caso 1.2 Plano de ação com soluções priorizadas.

3 – Mensuração de resultados

Na etapa de mensuração dos resultados foi feito o levantamento dos resultados das ações prioritárias nos indicadores de entregas realizadas no *time in full* (OTIF_entrega). Constatou-se ganho de eficiência e qualidade de entrega com a aplicação da metodologia.

Etapa de Melhoria: Projeto de aumento do nível de serviço de atendimento nas unidades da regional Minas Gerais

1 – Consolidação de possíveis soluções

A Matriz de Priorização é utilizada para definir quais soluções serão levadas para o plano de ação. Observe a Tabela Caso 2.1.

A ponderação entre peso, custo, implementação e impacto é realizada, em que 0 é uma correlação inexistente e 5 uma correlação forte. As maiores notas da matriz são priorizadas, uma vez que representam soluções de baixo custo, fáceis de implementar e com grande impacto na solução do problema.

2 – Elaboração do plano de ação

Em sequência, um plano de ação com soluções priorizadas na Matriz de Priorização é realizado. Observe a Tabela Caso 2.2.

3 – Mensuração de resultados

Na etapa de mensuração dos resultados foi feito o levantamento dos resultados das ações prioritárias nos

Causa	Solução
Número de guichês de atendimento reduzido	Verificar demanda orçada para as unidades
	Solicitar novos guichês com base na demanda orçada
	Reorganizar escala de tarefas dos colaboradores do atendimento
Tempo para liberação de senha de autorização Burocracia excessiva para obter pré-autorização	Mapear planos de saúde mais burocráticos e solicitar autorização para exames agendados no dia anterior
	Reorganizar escala de tarefas dos colaboradores e alocar um operador de atendimento para solicitar pré-autorizações
Falta de documentos	Enviar *e-mail* e SMS para clientes lembrando a necessidade de sempre estar com documento de identidade e carteirinha do plano de saúde

Tabela Caso 2.1 Definições de causa e solução.

CASOS PRÁTICOS – ETAPA DE MELHORIA | 443

What O Quê	Why Por quê	Who Quem	How Como	How Much Quanto	Where Onde	When Quando
Verificar demanda orçada para as unidades	Para calcular a quantidade de guichês necessários nas unidades alvo	Daniel Fraga	Solicitando à área responsável a planilha de dados	Custo zero	Na sede corporativa	[definir data]
Solicitar novos guichês com base na demanda orçada	Para ter a quantidade correta de guichês ativos nas unidades alvo	Daniel Fraga	Abrindo um pedido de compra no portal de solicitações	R$ 7.500,00	No portal de solicitações de compra	[definir data]
Reorganizar escala de tarefas dos colaboradores do atendimento	Para ter operadores de atendimento disponíveis para os novos guichês	Marcelo Oliveira	Refazendo a escala junto à gerência das unidades alvo	Custo zero	Nas unidades alvo	[definir data]
Mapear planos de saúde mais burocráticos e solicitar autorização para exames agendados no dia anterior	Para evitar perder tempo solicitando autorização durante o atendimento	Ronaldo Silveira	Imprimindo o cronograma de exames agendados do dia seguinte e ligando para solicitar autorização	Custo zero	Nas unidades alvo	[definir data]
Reorganizar escala de tarefas dos colaboradores e alocar um operador de atendimento para solicitar pré-atendimento	Para ter um operador de atendimento dedicado à solicitação de pré-autorizações por meio período	Marcelo Oliveira	Refazendo a escala junto à gerência das unidades alvo	Custo zero	Nas unidades alvo	[definir data]
Enviar e-mail e SMS para clientes lembrando a necessidade de sempre estar com documento de identidade e carteirinha do plano de saúde	Para reforçar aos clientes a importância de não esquecer os documentos necessários	Silvia Macedo	Acionando a área de Marketing para solicitar o serviço de envio de e-mail e SMS	R$ 1.200,00/ao mês	Na sede corporativa	[definir data]
...		...	...	...	...	...

Tabela Caso 2.2 Plano de ação com soluções priorizadas.

indicadores de NS atendimento das cinco unidades. Constatou-se ganho de eficiência e qualidade de entrega com a aplicação da metodologia.

Etapa de Melhoria: Projeto de redução do custo de juros e multas por pagamentos atrasados de fornecedores

1 – Consolidação das possíveis soluções

Para cada causa raiz identificada na fase anterior, a equipe do projeto realizou um *brainstorming* para definir possíveis soluções e organizou as informações em um Diagrama de Árvore, conforme Figura Caso 3.1.

As soluções também foram priorizadas utilizando os critérios de baixo custo, rapidez e impacto sobre a causa. Dessa maneira, foi possível escolher as soluções que têm maior representatividade (maior nota).

As soluções priorizadas foram dispostas em um plano de ação, apresentado na Tabela Caso 3.1.

2 – Elaboração do plano de ação

Esse plano foi elaborado por meio da ferramenta 5W2H, com o objetivo de implementar as soluções priorizadas dentro do tempo previsto pelo projeto e com pouco investimento. A planilha 5W2H contém informações cruciais, como a solução que vai ser implementada, o responsável e o prazo para esse procedimento. A planilha 5W2H pode ser observada na Tabela Caso 3.2.

Após a elaboração do plano de ação, as soluções priorizadas são implementadas na prática.

	Baixo custo	Rapidez	Impacto sobre a causa	TOTAL	Percentual (%)
	9	8	10	–	–
Centralizar o pagamento de NF de fornecedores	3	3	5	101	8,3
Notificar fornecedores que estiverem preenchendo a NF de forma incorreta	5	5	3	115	9,5
Criar e divulgar manual de preenchimento de NF para fornecedores	3	5	3	97	8,0
Revisar o procedimento de validação da NF	5	5	1	95	7,8
Revisar o procedimento de lançamento da NF	5	5	1	95	7,8
Medir o *lead time* do processo via sistema	5	3	3	99	8,2
Criar um indicador de *performance* para a área de Contas a Pagar	5	5	3	115	9,5
Definir metas de *performance* para os analistas	5	3	3	99	8,2
Capacitar os analistas envolvidos	3	5	3	97	8,0
Comprar novos computadores	1	3	5	83	6,8
Trocar memória dos computadores atuais da área de contas a pagar	5	3	3	99	8,2
Trocar computadores da área por outros disponíveis na empresa	5	3	5	119	9,8

Critérios

5 Correlação FORTE 1 Correlação FRACA
3 Correlação INTERMEDIÁRIA 0 Correlação AUSENTE

Tabela Caso 3.1 Matriz de Priorização.

CASOS PRÁTICOS – ETAPA DE MELHORIA | 445

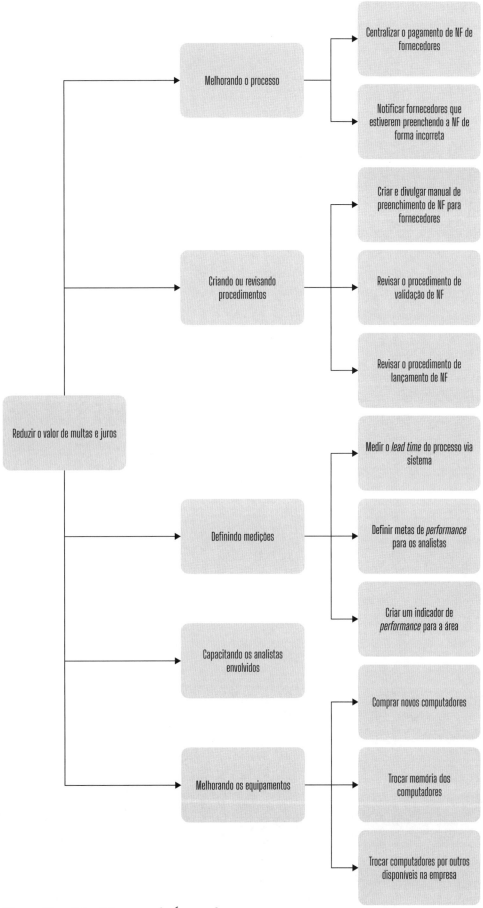

Figura Caso 3.1 – Diagrama de Árvore do processo.

Solução (what)	Resp. (who)	Prazo (when)	Local (where)	Motivo (why)	Procedimento (how)	Custo (how much)
Centralizar o pagamento de fornecedores	C. O.	07/11	Belo Horizonte	Simplificar o processo definindo um local único para envio de todas as NFs	Centralizar todos os envios para a área de Contas a Pagar em BH	Sem custo
Implementar e testar o estado futuro do processo (processo otimizado)	C. O.	21/11	Área de Contas a Pagar	Implementar o processo com menor lead time e redução dos desperdícios identificados pela equipe do projeto	Fazer as modificações previstas no processo e testar o ritmo por 7 dias	R$ 1.800,00
Criar e divulgar o novo procedimento de preenchimento e envio de NFs	A. A.	14/11	Área de Contas a Pagar	Definir um procedimento correto a ser seguido pelos colaboradores da área de Contas a Pagar	Documentar o procedimento no formulário padrão e salvar na rede	Sem custo
Treinar os colaboradores da área de Contas a Pagar	A. A.	21/11	Centro de treinamento	Capacitar os colaboradores da área de Contas a Pagar nas atividades do processo revisado	Reservar a sala de treinamento e convocar todos os colaboradores envolvidos	R$ 250,00
Produzir e entregar cartilha com instruções básicas aos fornecedores	A. A.	28/11	Área de Contas a Pagar	Formalizar junto aos fornecedores as novas regras para preenchimento e envio de NFs	Produzir a cartilha em PDF e imprimir cópias na gráfica para distribuir aos fornecedores	R$ 800,00
Notificar os fornecedores que estiverem preenchendo as NFs com erro	A. A.	Mês 12	Portal do fornecedor	Evitar que o fornecedor cometa o mesmo erro novamente	Notificar por e-mail semanalmente	Sem custo
Trocar os computadores mais problemáticos da área de Contas a Pagar pelos disponíveis em outras áreas	W. A.	14/11	TI	Reduzir o tempo gasto pela área de Contas a Pagar para cadastrar as NFs no sistema da empresa	A área de TI deve avaliar os computadores que não estão sendo utilizados em outras áreas	Sem custo
Medir o lead time do processo via sistema	M. W.	07/11	Área de Contas a Pagar	Controlar o tempo total gasto desde o recebimento até o pagamento de uma NF	O sistema deve registrar a data em que cada etapa do processo ocorreu e calcular o tempo em horas ou dias	Sem custo
Criar e implementar o indicador de performance da área de Contas a Pagar	M. W.	01/11	Área de Contas a Pagar	Monitorar a performance de cada analista da área e estabelecer um ritmo adequado para o processo	Implementar o indicador de tempo médio para validação de NF e tempo médio para lançamento de NF por analista	Sem custo

Tabela Caso 3.2 Planilha 5W2H.

Parte VIII

EXECUÇÃO DE UM PROJETO LEAN SEIS SIGMA: ETAPA DE CONTROLE

A etapa de Controle do método DMAIC tem como objetivo monitorar os resultados alcançados após a implementação das melhorias, garantindo a sustentabilidade dos mesmos.

A seguir, são apresentadas as principais perguntas a serem respondidas e tarefas a serem realizadas durante essa etapa.

- Quais controles serão implementados para garantir a manutenção das melhorias?

  Estabeleça controles e monitoramentos contínuos para assegurar que as melhorias sejam mantidas e que o desempenho do processo seja consistente.

- Como monitoraremos o desempenho do processo após as melhorias?

  Implemente um plano de monitoramento contínuo com métricas e indicadores de desempenho chave (KPIs) para acompanhar o processo.

- Quais planos de contingência estão em vigor caso o desempenho comece a decair?

  Desenvolva planos de contingência para lidar com eventuais regressões no desempenho do processo, garantindo uma resposta rápida e eficaz.

- Como comunicaremos e treinaremos os funcionários nas novas práticas?

  Realize sessões de treinamento e comunicação para garantir que todos os funcionários estejam cientes e alinhados com as novas práticas e procedimentos.

- Como documentaremos o projeto e as lições aprendidas?

  Documente todo o processo, desde a definição até o controle, registrando as lições aprendidas e as melhores práticas para referência futura e para a disseminação do conhecimento na organização.

A Figura Parte VIII.1 demonstra a importância de trabalhar as etapas de Melhoria e de Controle de modo conjunto, possibilitando que as melhorias implementadas sejam mantidas a longo prazo.

A etapa de Controle ajuda a sustentar as melhorias conquistadas e a estabelecer um novo patamar para as melhores práticas.

A Figura Parte VIII.2 ilustra a necessidade de controlar um processo, salientando a importância da estabilização e da previsibilidade de processos, pontos-chave dessa etapa do método DMAIC.

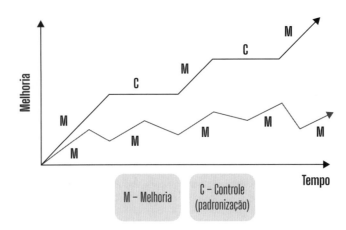

Figura Parte VIII.1 Importância das fases de Controle e Melhoria.

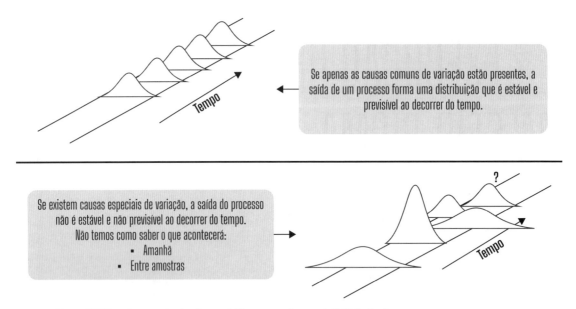

Figura Parte VIII.2 Importância da estabilização e da previsibilidade de processos.

Os capítulos que compõem a Parte VIII são:

Capítulo 31 – Controle Estatístico de Processos

Capítulo 32 – Sustentando Melhorias

Capítulo 33 – Ferramentas de Controle

Por meio do QR Code, você terá acesso a arquivos para praticar as ferramentas propostas na etapa de Controle.

uqr.to/1ul6t

Capítulo 31

CONTROLE ESTATÍSTICO DE PROCESSOS

OBJETIVOS DE APRENDIZAGEM

Ao final deste capítulo, será possível:
- Entender o que são Cartas de Controle, qual sua importância e classificação.
- Distinguir Cartas de Controle do tipo variável do tipo atributo.
- Compreender a aplicabilidade e como plotar as principais cartas do tipo variável: Cartas X-AM, Cartas Xbarra-R e Cartas Xbarra-S.
- Compreender a aplicabilidade e como plotar as principais cartas do tipo atributo: Carta p, Carta np, Carta u e Carta c.
- Entender os principais testes para identificação de causas especiais.

INTRODUÇÃO

O Controle Estatístico de Processos (CEP) é uma ferramenta indispensável para garantir que as variações dentro de um processo sejam detectadas e corrigidas antes que comprometam a qualidade do produto ou serviço final. Utilizando métodos estatísticos para monitorar a *performance* dos processos em tempo real, o CEP permite que as organizações mantenham a consistência, identifiquem problemas em estágio inicial e façam ajustes precisos a fim de evitar desperdícios e aumentar a produtividade.

As Cartas de Controle são os pilares desse monitoramento contínuo, com cada tipo oferecendo *insights* específicos sobre diferentes aspectos do processo. As Cartas de Controle para variáveis, como a Carta Xbarra-R, são utilizadas para monitorar a média e a amplitude de características contínuas do processo, garantindo que ele permaneça estável ao longo do tempo. Em contrapartida, as Cartas de Controle para atributos, como a Carta p, são usadas para monitorar a proporção de itens defeituosos, proporcionando um alerta imediato quando a qualidade começa a se desviar dos padrões estabelecidos.

Ao aplicar as Cartas de Controle de maneira adequada, as organizações não só mantêm seus processos dentro dos limites aceitáveis, como também ganham a capacidade de tomar decisões informadas e baseadas em dados, assegurando que as melhorias implementadas no projeto *Lean* Seis Sigma sejam sustentáveis e eficazes.

O controle estatístico de processos fornece um método para verificar se um processo está em estado de controle e capaz de produzir de acordo com os padrões pretendidos.

Armand V. Feigenbaum

31.1 CARTAS DE CONTROLE

A Carta de Controle contempla um conjunto de pontos (amostras) ordenados no tempo, que são interpretados em função de linhas horizontais, chamadas "LSC" (Limite Superior de Controle), "LIC" (Limite Inferior de Controle) e "$\overline{X}$" (linha central), que é a média dos dados apresentados, conforme demonstrado na Figura 31.1.

A Carta de Controle é uma ferramenta utilizada para monitoramento da variabilidade ou estabilidade de um processo, e é elaborada para dados com distribuição Normal ou aproximadamente Normal. Desse modo, é possível distinguir a atuação de causas comuns e causas especiais no processo.

Na Figura 31.1, os dados se encontram dentro dos limites de controle (LSC e LIC), já que o processo está sujeito apenas às causas comuns e, por isso, é considerado estável e previsível. Em um contexto como esse, é possível dizer que o processo está sob controle estatístico.

Walter A. Shewhart, o "pai do Controle de Qualidade Moderno" ou o "pai do Controle Estatístico de Processos", foi o cientista, engenheiro e estatístico que desenvolveu o conceito das Cartas de Controle. Shewhart destaca que o cálculo dos limites de controle é baseado na ideia da distribuição Normal, e, sendo o processo estável, os dados da amostra terão probabilidade muito próxima a 100% de estarem dentro do intervalo de -3σ e $+3\sigma$ a partir da média populacional.

Quando um valor fica fora desse intervalo, assume-se que o processo não é estável. Pode-se observar, na Carta de Controle da Figura 31.2, que é possível adicionar linhas de controle para $+1\sigma$, -1σ, $+2\sigma$, -2σ, porém o LIC (-3σ) e o LSC ($+3\sigma$) são os padrões.

Os subgrupos racionais são a base para gráficos de controle e correspondem a pequenas amostras de itens semelhantes, produzidos durante um curto período de tempo sob as mesmas condições, como pessoal, equipamentos, fornecedores ou ambiente. Sendo assim, a

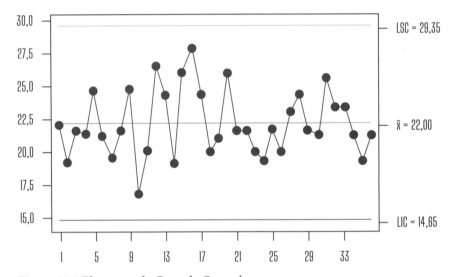

Figura 31.1 Elementos da Carta de Controle.

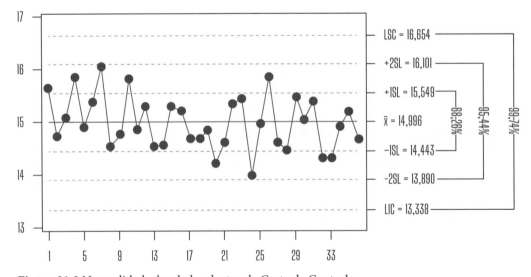

Figura 31.2 Normalidade dos dados dentro da Carta de Controle.

variação nesses pequenos subgrupos é a variação natural ou inerente ao processo.

Um exemplo desse conceito seria uma linha de produção que produz 50 peças por hora e o analista de qualidade, a cada hora, mede três peças selecionadas aleatoriamente. Nesse caso, a amostra formada por três peças é considerada um subgrupo.

As Cartas de Controle normalmente são utilizadas na etapa de Controle do método DMAIC, pois ajudam a evidenciar os resultados provenientes das melhorias implementadas durante o projeto. Além disso, também podem ser utilizadas para avaliar e manter o padrão de desempenho atingido após as práticas de melhoria, visto que são uma maneira de realizar o controle estatístico do processo, destacando quaisquer anormalidades ou causas especiais.

31.1.1 Tipos de Cartas de Controle

Existem diversos tipos de Cartas de Controle, que devem ser utilizados conforme ocorreu a coleta de dados.

Na Figura 31.3 está demonstrado um fluxograma de escolha do tipo de Carta de Controle a ser utilizada.

As Cartas de Controle do tipo variável são utilizadas para controlar características mensuráveis de um processo (p. ex., grau ou intensidade, como temperatura, peso ou comprimento). Essas cartas são construídas por meio de dados numéricos contínuos e podem ser usadas para monitorar a variação do processo, detectar mudanças significativas na média, na variância ou na distribuição dos dados coletados, e identificar padrões fora dos limites de controle.

Já as Cartas de Controle do tipo atributo são utilizadas para controlar a ocorrência de um evento ou característica em um processo, como o número de peças defeituosas em uma linha de produção. Essas cartas são construídas por meio de dados discretos (p. ex., "sim" ou "não", "conforme" ou "não conforme") e são utilizadas para monitorar a proporção de ocorrências de um evento, detectar mudanças significativas na proporção e identificar padrões fora dos limites de controle.

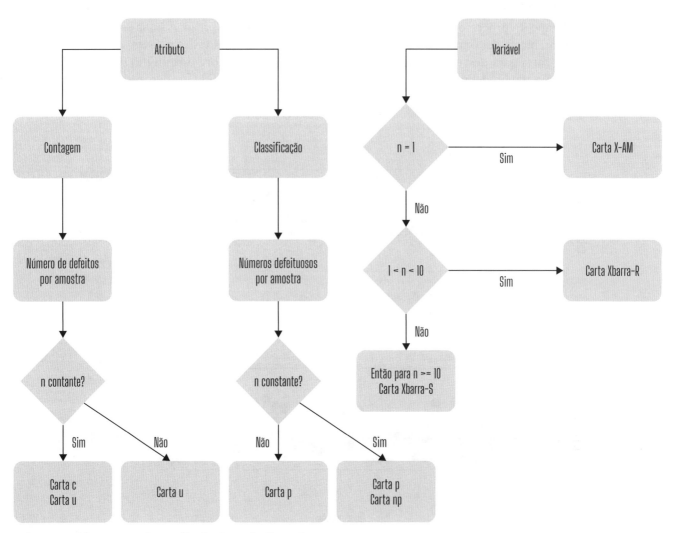

Figura 31.3 Fluxograma de escolha da Carta de Controle.

As seções a seguir apresentam, respectivamente, as Cartas de Controle do tipo variável e do tipo atributo.

31.2 CARTAS DE CONTROLE DO TIPO VARIÁVEL

Uma característica que pode ser medida numericamente é chamada "variável", como temperatura, número de falhas, massa, volume, pH, entre outros. Neste Guia serão abordadas três Cartas de Controle para variáveis:

- Cartas X-AM ou I-AM;
- Cartas Xbarra-R;
- Cartas Xbarra-S.

Quando são usadas variáveis quantitativas contínuas no CEP, é preciso controlar tanto a média quanto a variabilidade. O controle da média do processo é dado por meio da Carta de Controle para médias (X) ou da Carta de Controle para valores individuais (I), em caso de medidas replicadas dentro dos subgrupos.

Já a variabilidade do processo pode ser analisada por meio do monitoramento das Cartas de Controle para amplitudes (R), da carta para desvios padrão (s) ou da Carta de Controle para amplitudes móveis (MR), em caso de medidas replicadas dentro dos subgrupos.

31.2.1 Cartas de Controle X-AM ou I-AM

As Cartas I-AM (do inglês *Individual and Moving Average*), ou também chamadas "X-AM", são utilizadas quando o tamanho da amostra é igual a uma unidade por período de medição (subgrupo = 1), ou seja, quando os subgrupos têm apenas uma amostra, não sendo possível calcular a amplitude do subgrupo.

Como não há replicações, não é possível calcular a variabilidade por meio da amplitude ou do desvio padrão, e, por conta disso, utiliza-se a amplitude móvel (AM).

Esse tipo de Carta de Controle é composto de duas análises:

- **Carta I ou X:** apresenta os valores individuais no eixo do tempo e a linha central é igual à média dos valores. Os critérios de instabilidade apresentados anteriormente são verificados na Carta I. A Figura 31.4 ilustra uma Carta I ou X.
- **Carta AM ou $\underline{R}$:** apresenta os valores da AM no eixo do tempo, uma medida de variabilidade de curto prazo. A linha central é igual à média das amplitudes móveis. Apenas o critério de pontos fora dos limites de controle na Carta AM é validado (demais critérios de instabilidade não são aplicáveis para a Carta AM).

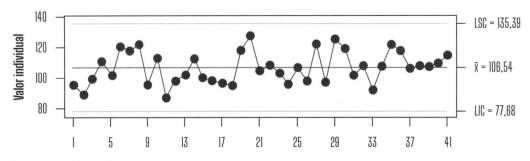

Figura 31.4 Carta X.

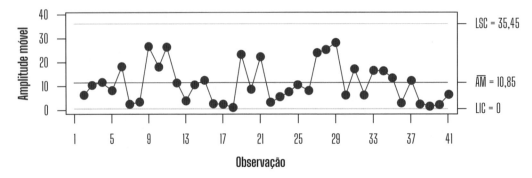

Figura 31.5 Carta AM.

A AM é calculada como o módulo da subtração de dois valores individuais consecutivos, conforme apresentado na Figura 31.5.

- **Limites de Controle:** os limites das Cartas I-AM são calculados conforme as equações a seguir:

Carta I ou X:

$$LSC = \underline{X} + 3\frac{AM}{1,128}$$

$$LIC = \underline{X} - 3\frac{AM}{1,128}$$

Carta AM:

$$LSC = 3,267\underline{AM}$$
$$LIC = 0$$

31.2.2 Cartas de Controle Xbarra-R

As Cartas Xbarra-R são utilizadas quando o tamanho da amostra é igual a mais de uma unidade por período de medição.

A Carta R é usada nas seguintes condições:

- **Tamanho da amostra (n):** 2 a 8.

Os elementos da Carta Xbarra-R são:

- **Carta Xbarra:** monitora a média de certa característica no decorrer do tempo. Utiliza-se a Carta Xbarra para controlar a variabilidade entre as médias dos subgrupos. São validados seis critérios de instabilidade na Carta Xbarra: os cinco critérios já conhecidos e o critério de aproximação da linha média (ocorrência de 15 ou mais pontos consecutivos, todos entre os limites -1σ e $+1\sigma$).
- **Carta R:** apresenta os valores da amplitude dentro dos subgrupos, o que viabiliza o controle da variabilidade que ocorre dentro de cada subgrupo. A amplitude é calculada por meio da diferença entre o maior e o menor valor de cada amostra.
- **Limites de Controle:** os limites das Cartas Xbarra-R são calculados conforme as equações a seguir:

Carta R:

$$LSC = R + 3d_3\frac{R}{d_2}$$

$$LIC = R - 3d_3\frac{R}{d_2}$$

(Se o valor calculado para LIC resultar negativo, então LIC = 0.)

Carta Xbarra:

$$LSC = \underline{\underline{X}} + 3\frac{R}{d_2\sqrt{n}}$$

$$LSC = \underline{\underline{X}} - 3\frac{R}{d_2\sqrt{n}}$$

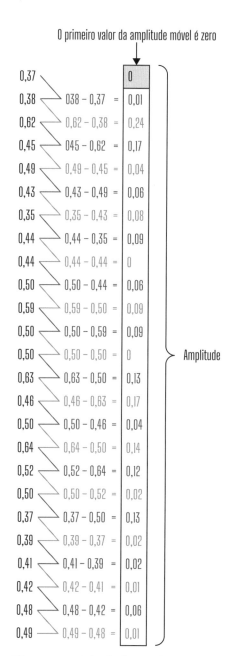

Figura 31.6 Cálculo da amplitude móvel.

EXEMPLO PRÁTICO 1

Uma empresa de varejo *on-line* é líder de mercado desde 2009, mas cresceu de forma desordenada e, atualmente, enfrenta problemas com custos acima do previsto, desperdícios e retrabalho. Um dos maiores problemas são os erros e os desperdícios no processo de embalagem e expedição nos centros de distribuição, visto que um percentual significativo de embalagens é descartado por estarem rasgadas ou amassadas, impedindo a entrega correta dos produtos.

Um *Green Belt* verificou que o percentual médio de embalagens classificadas como defeituosas e, consequentemente, descartadas, era de 3,4%. Com isso, um projeto *Lean* Seis Sigma (LSS) foi iniciado, com a meta de reduzir o índice de embalagens defeituosas para uma média de 2,1%.

Por meio da construção das Cartas de Controle I-AM para o histórico do indicador, é possível verificar se o processo, nas condições atuais, é estável. Para isso, é preciso realizar os seguintes passos:

1) Abra o arquivo "Atividade Topa Tudo.mtw", acessando o QR Code ao lado.
2) Selecione "Ferramentas" > Opções... > Clique em "Cartas de Controle e Ferramentas da qualidade" > Clique em "Testes" > Configurar os testes conforme a Figura 31.7 > Clique em OK.

uqr.to/1tta4

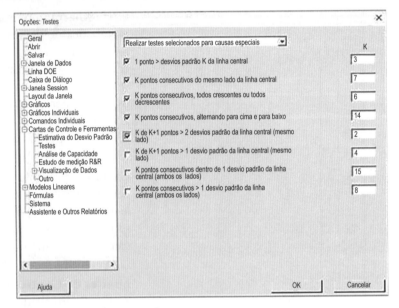

Figura 31.7 Configuração dos testes.

3) Selecione Estat > Cartas de Controle > Cartas de Variáveis para dados Individuais > I-AM... > Clique em "Opções I-AM...".
4) Selecione a aba "Limites" > Digite 2 no campo "Estes múltiplos do desvio padrão" > Clique em OK.
5) Selecione a coluna "% embalagens defeituosas" no campo "Variáveis" > Clique em OK.

O resultado é apresentado na Figura 31.8.

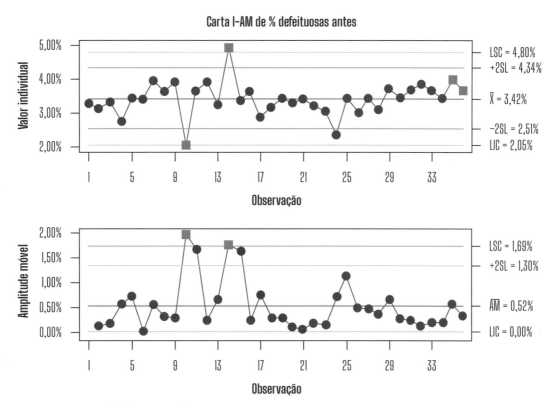

Figura 31.8 Resultados esperados para Carta I-AM.

Inicialmente, é possível verificar que os limites de controle são os seguintes:
- **LSC:** 4,80%;
- **LIC:** 2,05%.

Além disso, com o resultado das Cartas de Controle, é possível concluir que o processo não é estável, já que se pode verificar evidências de causas especiais, como uma sequência na Carta I.

EXEMPLO PRÁTICO 2

Considere os dados de uma amostra (Tabela 31.1), coletados por meio de um processo homogêneo.

1	0,37	6	0,43	11	0,59	16	0,5	21	0,39
2	0,38	7	0,35	12	0,5	17	0,64	22	0,41
3	0,62	8	0,44	13	0,5	18	0,52	23	0,42
4	0,45	9	0,44	14	0,63	19	0,5	24	0,48
5	0,49	10	0,5	15	0,46	20	0,37	25	0,49

Tabela 31.1 Dados amostrais.

Como o processo de coleta de dados foi homogêneo, não é necessário obter mais de uma amostra por subgrupo. Assim, o exemplo apresenta 25 subgrupos de tamanho um. Os cálculos para construção da Carta X-AM são apresentados a seguir:

Amplitude média

$$\overline{R} = \frac{0 + 0,01 + 0,24 + 0,17 + 0,04 + 0,06 ... + 0,13 + 0,02 + 0,02 + 0,01 + 0,06 + 0,01}{25 - 1}$$

$$\overline{R} = 0,075$$

Média das variáveis

$$\overline{\overline{X}} = \frac{0,37+0,38+0,62+0,45+0,49...+0,52+0,5+0,37+0,39+0,41+0,42+0,48+0,49}{25}$$

$$\overline{\overline{X}} = 0,4748$$

Carta X – LSC:

$$LSC = \underline{x} + 3\frac{AM}{1,128}$$
$$LSC = 0,4748 + 2,66 \cdot 0,075$$
$$LSC = 0,6743$$

Carta X – LIC:

$$LSC = \underline{x} + 3\frac{AM}{1,128}$$
$$LSC = 0,4748 - 2,66 \cdot 0,075$$
$$LSC = 0,2753$$

Após traçar os pontos e os Limites de Controle, obtém-se o gráfico da Figura 31.9 para a Carta I ou X.

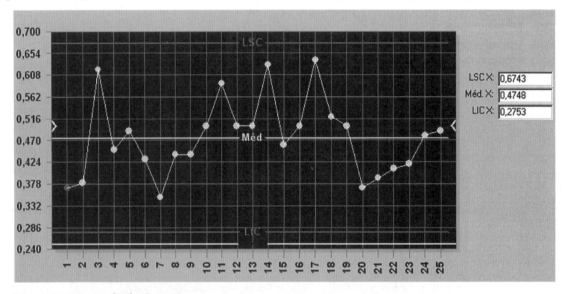

Figura 31.9 Exemplo de Carta X.

Calculadas a média e a amplitude média, calculam-se os Limites de Controle da Carta R da seguinte maneira::

Carta AM – LSC:

$$LSC = 3,267 \cdot \overline{R}$$
$$LSC = 3,267 \cdot 0,075$$

Carta AM – LIC:

$$LIC = 0$$

Traçando os pontos e os Limites de Controle, obtém-se o gráfico da Figura 31.10.

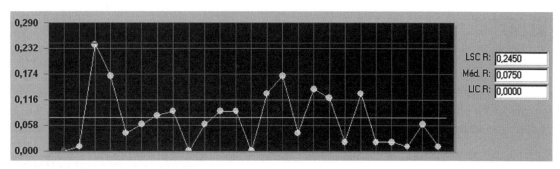

Figura 31.10 Exemplo de Carta AM.

Observa-se que em ambos os gráficos (X e AM), os resultados mostraram-se aleatórios em torno da média, não apresentando tendências ou causas especiais.

As constantes d_2 e d_3 são tabuladas (apresentadas no Anexo B) e dependem do tamanho da amostra (n), conforme a Tabela 31.2.

n	d_2	d_3
2	1,128	0,852
3	1,693	0,888
4	2,059	0,880
5	2,326	0,864
6	2,534	0,848
7	2,704	0,833
8	2,847	0,820
9	2,970	0,808
10	3,078	0,797
15	3,472	0,756
20	3,735	0,728

Tabela 31.2 d_2 e d_3.

Para desenvolver Cartas de Controle Xbarra-R no Minitab, é preciso realizar as etapas a seguir:

Estat > Cartas de Controle > Cartas de Variáveis para Subgrupos > Xbarra-R.

31.2.3 Cartas de Controle Xbarra-S

Cartas S são usadas para detectar quando a variabilidade do processo muda ao longo do tempo. Podem ser usadas para identificar padrões fora dos Limites de Controle, detectar mudanças na média ou na variação do processo e ajudar profissionais de qualidade a tomar medidas preventivas ou corretivas antes que a qualidade do produto ou serviço final seja afetada.

A Carta S é usada nas seguintes condições:
- **Tamanho da amostra (n):** n > 8.

Os elementos da Carta Xbarra-S são:
- **Carta Xbarra:** monitora a média de certa característica no decorrer do tempo. Utiliza-se a Carta Xbarra para controlar a variabilidade entre as médias dos subgrupos. São validados seis critérios de instabilidade na Carta Xbarra: os cinco critérios já conhecidos e o critério de aproximação da linha média (ocorrência de 15 ou mais pontos consecutivos, todos entre os limites -1σ e $+1\sigma$).
- **Carta S:** representa a variabilidade dos processos por meio da análise do desvio padrão.
- **Limites de Controle:** os limites das Cartas Xbarra-S são calculados conforme as equações a seguir:

Carta S:

$$LIC = B_3 s$$
$$LSC = B_4 s$$

(Se o valor calculado para LIC resultar negativo, então LIC = 0.)

Carta Xbarra:

$$LIC = X - A_3 s$$
$$LSC = X + A_3 s$$

As constantes A_3, B_3 e B_4 são tabuladas (apresentadas no Anexo B) e dependem do tamanho da amostra (n), conforme a Tabela 31.5.

EXEMPLO PRÁTICO 1

O especialista em Melhoria Contínua de uma indústria de autopeças, após validar o sistema de medição da empresa, está mensurando a espessura do principal produto fabricado, cuja faixa de especificação é 5 mm ± 0,25 mm.

O controle é feito pelas Cartas de Controle Xbarra-R, com subgrupos amostrais de tamanho 5, coletados a cada 2 horas nos dois turnos de produção. O objetivo é verificar a estabilidade do processo, garantindo que não haja a ocorrência de pontos fora de controle ou algum outro critério de instabilidade. Para isso:

1. Abra o arquivo "Cars3.mtw", acessando o QR Code a seguir.
2. Selecione Estat > Cartas de Controle > Cartas de Variáveis para Subgrupos > Xbarra-R...
3. Selecione a variável "Diâmetro" e digite o valor 5 para Tamanhos de subgrupos > Clique em Opções Xbarra-R...
4. Selecione a aba "Limites" > Digite "1 2" no campo Estes múltiplos do desvio padrão.
5. Selecione a aba "Testes" > Marque a caixa "K pontos consecutivos dentro de 1 desvio padrão da linha central (ambos os lados)" > Clique em OK duas vezes.

uqr.to/1ttnd

O resultado é apresentado na Figura 31.11.

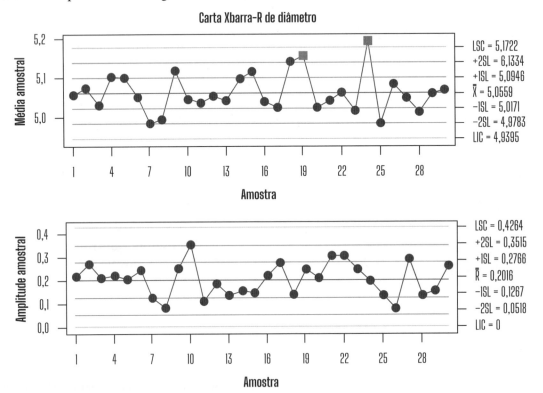

Figura 31.11 Resultado esperado para Carta de Controle Xbarra-R.

Por meio do resultado das Cartas de Controle, foi possível concluir que a Carta Xbarra não está sob controle estatístico, visto que apresenta possíveis causas especiais (aproximação dos Limites de Controle e ponto fora dos Limites de Controle). Portanto, a variabilidade entre os subgrupos não é estável.

Além disso, é possível notar que a Carta R está sob controle estatístico; dessa forma, conclui-se que a variabilidade dentro desse subgrupo é estável.

EXEMPLO PRÁTICO 2

Uma empresa que trabalha fabricando filmes plásticos está implantando o CEP, e seus engenheiros levantaram os grupos de medição da máquina extrusora conforme a Tabela 31.3.

m	n				m	n			
1	0,95	0,99	1,01	1,01	16	0,96	1,04	1,02	0,97
2	0,95	1,05	1,05	0,97	17	1	0,99	1,03	1,05
3	0,96	1,05	1	1,04	18	0,98	0,98	1,05	0,99
4	0,96	0,98	0,97	0,99	19	0,95	0,96	1,05	0,99
5	0,96	0,96	1,03	1,03	20	1,02	0,97	1,03	1,02
6	1,02	1,02	1,01	1,04	21	1,03	0,97	0,95	1,05
7	1,01	0,98	1,03	0,97	22	0,95	1,05	0,98	1,02
8	0,98	1,04	1,03	1,05	23	0,95	1,01	1,02	1,03
9	0,98	0,96	1,02	0,99	24	1,02	0,96	1,01	0,97
10	1,01	0,95	1,03	1,01	25	1,05	0,98	0,98	0,98
11	1,01	0,96	1,02	0,97	26	1,01	1	1	1,04
12	0,95	0,98	1	1,02	27	0,99	1,05	1,03	0,99
13	1,05	0,98	1,01	0,99	28	0,95	1,04	0,98	1
14	1,03	1,05	1,03	0,95	29	1,02	0,97	1,03	1,01
15	0,97	1,03	1,05	0,99	30	1,04	0,96	0,99	1,05

Tabela 31.3 Amostra – Exemplo.

Primeiramente, foi calculada a média e a amplitude dos dados, conforme a Tabela 31.4.

m	n				X (média)	R (amplitude)
1	0,95	0,99	1,01	1,01	1	0,06
2	0,95	1,05	1,05	0,97	1,01	0,1
3	0,96	1,05	1	1,04	1,02	0,09
4	0,96	0,98	0,97	0,99	0,975	0,03
5	0,96	0,96	1,03	1,03	0,995	0,07
6	1,02	1,02	1,01	1,04	1,02	0,03
7	1,01	0,98	1,03	0,97	0,995	0,06
8	0,98	1,04	1,03	1,05	1,035	0,07
9	0,98	0,96	1,02	0,99	0,985	0,06
10	1,01	0,95	1,03	1,01	1,01	0,08
11	1,01	0,96	1,02	0,97	0,99	0,06

Continua

Continuação

m	n				X (média)	R (amplitude)
12	0,95	0,98	1	1,02	0,99	0,07
13	1,05	0,98	1,01	0,99	1	0,07
14	1,03	1,05	1,03	0,95	1,03	0,1
15	0,97	1,03	1,05	0,99	1,01	0,08
16	0,96	1,04	1,02	0,97	0,995	0,08
17	1	0,99	1,03	1,05	1,015	0,06
18	0,98	0,98	1,05	0,99	0,985	0,07
19	0,95	0,96	1,05	0,99	0,975	0,1
20	1,02	0,97	1,03	1,02	1,02	0,06
21	1,03	0,97	0,95	1,05	1	0,1
22	0,95	1,05	0,98	1,02	1	0,1
23	0,95	1,01	1,02	1,03	1,015	0,08
24	1,02	0,96	1,01	0,97	0,99	0,06
25	1,05	0,98	0,98	0,98	0,98	0,07
26	1,01	1	1	1,04	1,005	0,04
27	0,99	1,05	1,03	0,99	1,01	0,06
28	0,95	1,04	0,98	1	0,99	0,09
29	1,02	0,97	1,03	1,01	1,015	0,06
30	1,04	0,96	0,99	1,05	1,015	0,09
	MÉDIA				1,003	0,072

Tabela 31.4 Média e amplitude das variáveis.

Na sequência, são calculados os Limites de Controle para a Carta R e para a Carta Xbarra.

Carta R – LSC
Dados:
$R = 0,072$
$d_2 = 2,059$
$d_3 = 0,88$

$$\text{LSC} = 0,072 + 3d_3 \frac{R}{d_2}$$

$$\text{LSC} = 0,072 + 3*0,88*\frac{0,072}{2,059}$$

$$\text{LSC} = 0,164$$

Carta R – LIC

De modo análogo ao LSC, é calculado o LIC:

$$LIC = R - 3d_3 \frac{R}{d_2}$$

$$LIC = 0,072 - 3*0,88*\frac{0,072}{2,059}$$

$$LIC = -0,020$$

Como o resultado do LIC foi negativo, considera-se **LIC = 0**.

Carta Xbarra – LSC

Dados:

$x = 1,003$

$R = 0,072$

$d_2 = 2,059$

$$LSC_{\bar{x}} = \bar{\bar{x}} + 3\frac{\bar{R}}{d_2\sqrt{n}}$$

$$LSC = 1,003 + 3\frac{0,072}{2,059*\sqrt{4}}$$

$$LSC = 1,055$$

Carta Xbarra – LIC

De modo análogo ao LSC, é calculado o LIC:

$$IC_{\bar{x}} = \bar{\bar{x}} - 3\frac{\bar{R}}{d_2\sqrt{n}}$$

$$LSC = 1,003 - 3\frac{0,072}{2,059*\sqrt{4}}$$

$$LSC = 0,950$$

De posse desses dados, é possível realizar a plotagem das Cartas de Controle, apresentadas nas Figuras 31.12 e 31.13.

Carta R

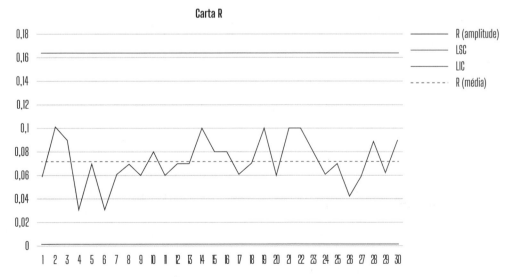

Figura 31.12 Carta R – Exemplo.

Carta Xbarra

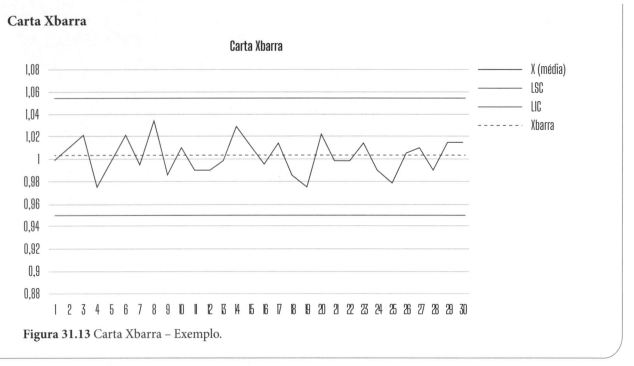

Figura 31.13 Carta Xbarra – Exemplo.

n	A_3	B_3	B_4
2	2,659	0	3,267
3	1,954	0	2,568
4	1,628	0	2,266
5	1,427	0	2,089
6	1,287	0,030	1,970
7	1,182	0,118	1,882
8	1,099	0,185	1,815
9	1,032	0,239	1,761
10	0,975	0,284	1,716
15	0,789	0,428	1,572
20	0,680	0,510	1,490

Tabela 31.5 Constantes A_3, B_3 e B_4.

Para desenvolver Cartas de Controle Xbarra-S no Minitab, é preciso realizar as etapas a seguir:

Estat > Cartas de Controle > Cartas de Variáveis para Subgrupos > Xbarra-S.

31.3 CARTAS DE CONTROLE DO TIPO ATRIBUTO

As Cartas de Controle do tipo atributo são usadas quando existem características que não podem ser representadas numericamente. Por exemplo, características classificadas da seguinte maneira: conforme ou não conforme, positivo ou negativo, presença ou ausência, entre outros.

Há quatro tipos de Cartas de Controle para atributos:

- **Carta p:** controla a proporção de unidades não conformes (baseado na distribuição Binomial).
- **Carta np:** controla o número de unidades não conformes (baseado na distribuição Binomial).
- **Carta u:** controla a taxa de não conformidade por unidade (baseado na distribuição de Poisson).
- **Carta c:** controla o número de não conformidades por unidades (baseado na distribuição de Poisson).

O Quadro 31.1 apresenta o objetivo de cada carta, bem como seu tamanho de subgrupo.

31.3.1 Carta p

A Carta p é usada quando o tamanho da amostra varia, de modo a traçar a proporção ou o percentual de defeitos. Nesse caso, os Limites de Controle no gráfico são irregulares porque refletem o tamanho da amostra individual de cada subgrupo.

As fórmulas para as linhas centrais e os limites superior e inferior para o gráfico p são:

Linha central

$$\underline{p} = \frac{\sum_{i=1}^{k} D_i}{n_i}$$

EXEMPLO PRÁTICO

Uma Carta de Controle é desenvolvida para controlar o peso de uma caixa. O peso médio das caixas é de 9,948 kg, coletadas de um subgrupo de tamanho 10. O desvio padrão da amostra é de $s = 0,335$.

Com base nesses dados, calcule os Limites de Controle da Carta Xbarra e da Carta S.

Carta Xbarra

LSC

$$LSC = X + A_3 s$$
$$LSC = 9,948 + 0,975 * 0,335$$
$$LSC = 10,275$$

LIC

$$LIC = X - A_3 s$$
$$LIC = 9,948 - 0,975 * 0,335$$
$$LIC = 9,622$$

Carta S

LSC

$$LSC = B_4 s$$
$$LSC = 1,716 * 0,335$$
$$LSC = 0,575$$

LIC

$$LIC = B_3 s$$
$$LIC = 0,284 * 0,335$$
$$LIC = 0,095$$

Cartas para atributos	Objetivo	Tamanho do subgrupo
Carta p	Monitorar a proporção de itens defeituosos (calcula o % de defeituosos por subgrupo). Tem como base a distribuição Binomial.	Amostra de tamanho variável
Carta np	Monitorar a proporção de itens defeituosos (calcula a quantidade de defeituosos por subgrupo). Tem como base a distribuição Binomial.	Subgrupo de tamanho fixo
Carta u	Monitorar o número de defeitos por unidade (calcula a % de defeitos em um subgrupo). Tem como base a distribuição de Poisson.	Amostra de tamanho variável
Carta c	Monitorar o número de defeitos por subgrupo (calcula a quantidade de defeitos em 1 unidade do item). Tem como base a distribuição de Poisson.	Subgrupo é igual a 1 unidade do item

Quadro 31.1 Tipos de Carta para atributos.

Em que:

D_i = número de unidades defeituosas no i-ésimo subgrupo;

k = número de subgrupos;

n_i = tamanho da amostra do i-ésimo subgrupo.

Limites de Controle

$$\text{LIC} = \underline{p} - 3\sqrt{\frac{\underline{p}(1-\underline{p})}{n_1}}$$

$$\text{LSC} = \underline{p} + 3\sqrt{\frac{\underline{p}(1-\underline{p})}{n_1}}$$

31.3.2 Carta np

Cartas np são usadas quando o tamanho da amostra é constante, de modo a traçar o número de defeitos da amostra.

As fórmulas para as linhas centrais e os limites superior e inferior para o gráfico np são:

Linha central

$$\underline{p} = \frac{\sum_{i=1}^{k} D_i}{\sum_{i=1}^{k} n_i}$$

Em que:

$n\underline{p}$ = linha central da carta;

D_i = número de unidades defeituosas no i-ésimo subgrupo (pontos plotados);

k = número de subgrupos;

n = dimensão da amostra para cada subgrupo.

Limites de Controle

$$\text{LIC} = n\underline{p} - 3\sqrt{n\underline{p}(1-\underline{p})}$$

$$\text{LSC} = n\underline{p} + 3\sqrt{n\underline{p}(1-\underline{p})}$$

31.3.3 Carta u

Cartas u são usadas quando o tamanho da amostra varia, de modo a traçar o número de defeitos por unidade. Nesse caso, os Limites de Controle no gráfico também são irregulares porque refletem o tamanho da amostra individual de cada subgrupo.

As fórmulas para as linhas centrais e os limites superior e inferior para o gráfico u são:

Linha central

$$\underline{u} = \frac{\sum_{i=1}^{k} c_i}{\sum_{i=1}^{k} n_i}$$

Em que:

c_i = número de defeitos no i-ésimo subgrupo;

k = número de subgrupos;

n_i = tamanho da amostra do i-ésimo subgrupo.

Limites de Controle

$$\text{LIC} = \underline{u} - 3\sqrt{\frac{\underline{u}}{n_1}}$$

$$\text{LSC} = \underline{u} + 3\sqrt{\frac{\underline{u}}{n_1}}$$

31.3.4 Carta c

Cartas c são usadas quando o tamanho da amostra é constante, de modo a traçar o número de defeitos.

As fórmulas para as linhas centrais e os limites superior e inferior para o gráfico u são:

Linha central

$$\underline{c} = \frac{\sum_{i=1}^{k} c_i}{k}$$

Em que:

c_i = número de defeitos no i-ésimo subgrupo (pontos plotados);

k = número de subgrupos;

n = tamanho constante da amostra de cada subgrupo.

Limites de Controle

$$\text{LIC} = \underline{c} - 3\sqrt{\underline{c}}$$

$$\text{LIC} = \underline{c} + 3\sqrt{\underline{c}}$$

EXEMPLO PRÁTICO

O *Green Belt* da indústria de autopeças monitorou os itens defeituosos por meio da Carta p, ou seja, fez um monitoramento percentual de itens produzidos fora da especificação 5 mm ± 0,25 mm, considerando um subgrupo de tamanho fixo igual a 80. Também foi realizado o acompanhamento da quantidade de defeitos em cada unidade rejeitada por meio da Carta c, sendo possível identificar até sete defeitos possíveis, por exemplo, amassamento e trinca.

O objetivo é verificar se há estabilidade do processo em relação à geração de peças rejeitadas e a quantidade de defeitos por peça. Para isso:

1) Abra o arquivo "Cars2. MTW", acessando o QR Code ao lado.
2) Selecione Estat > Cartas de Controle > Cartas de Atributos > P...
3) Para variáveis, selecione "Itens defeituosos" e digite 80 para Tamanhos dos subgrupos > Clique em OK.

O resultado é apresentado na Figura 31.14.

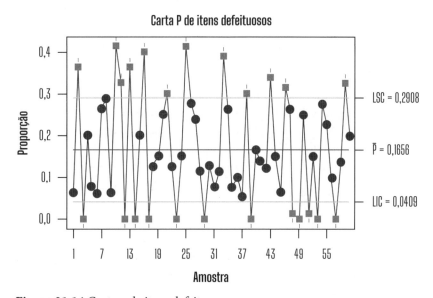

Figura 31.14 Carta p de itens defeituosos.

Para essa carta, os testes válidos são pontos fora do Limite de Controle, sequência, tendência e periodicidade. Com base na figura anterior, é possível perceber que alguns pontos estão fora do LSC, e que existe uma sequência, o que remete à identificação de causas especiais (conteúdo abordado na próxima seção).

Como a Carta p entrega informações de forma percentual, é possível analisar que o intervalo percentual de itens defeituosos esperado para um sistema estável seria entre os limites 0 e 9,32%, o que não ocorre em alguns momentos. Além disso, apesar de a sequência gerada pelos dados ser inferior à média de itens defeituosos, esse comportamento não é natural, fazendo com que seja necessária uma avaliação a respeito do porquê isso ocorre. Apesar de ser algo positivo para o processo, essa sequência deve ser analisada.

Portanto, é possível afirmar que na Carta p esse processo não é estável, visto que apresenta algumas formas de identificação de causas especiais que geram problemas ao processo.

Construída e analisada a Carta p, é construída e analisada a Carta c, referente à coluna "defeitos". Para isso:

1. Selecione Estat > Cartas de Controle > Cartas de Atributos > C...
2. Para variáveis, selecione "Defeitos" > Clique em OK.

O resultado é apresentado na Figura 31.15.

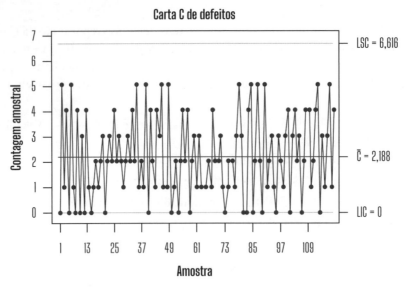

Figura 31.15 Carta c de defeitos.

Na Carta c, os testes válidos são os mesmos da Carta p. Além disso, é possível analisar que a quantidade média de defeitos por item é de 2,195, que os limites superior e inferior são 6,640 e 0, respectivamente, e que o processo se encontra sob a visão de controle estatístico, apesar de que a ocorrência de defeitos em si não é o desejável. Assim, a quantidade de defeitos está sob controle estatístico, ou seja, o processo na Carta c é estável, visto que nenhum dos testes válidos falhou.

31.4 TESTES PARA IDENTIFICAÇÃO DE CAUSAS ESPECIAIS

A ocorrência de qualquer um dos testes que serão abordados a seguir indica uma potencial causa especial atuando no processo e, consequentemente, a evidência de instabilidade e necessidade da série de pontos que precisa ser investigada.

A identificação de causas especiais ajuda na verificação de algum comportamento que não é natural ou esperado. Com isso, é possível elaborar uma estratégia para avaliar a situação e, baseando-se nos dados, fazer alterações que visam facilitar a estabilização do processo analisado.

A seguir, são apresentados alguns comportamentos que indicam a ocorrência de causas especiais nos processos.

1 – Pontos fora dos Limites de Controle: um ou mais pontos ultrapassam as linhas do LIC e/ou do LSC.

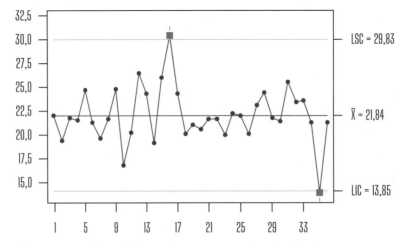

Figura 31.16 Carta de Controle com pontos fora dos limites.

2 – Periodicidade: a curva traçada apresenta repetidamente uma tendência para cima ou para baixo, em intervalos de tempos de amplitude similares.

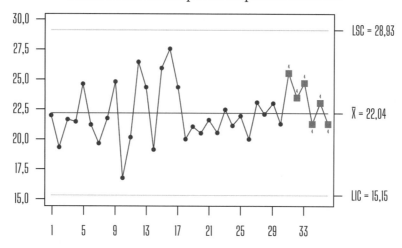

Figura 31.17 Carta de Controle com periodicidade.

3 – Sequência: sete ou mais pontos consecutivos aparecem em apenas um dos lados da linha média.

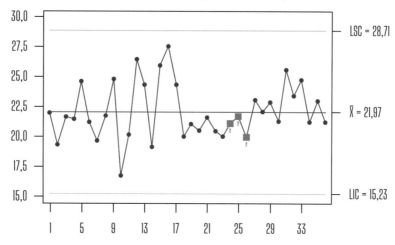

Figura 31.18 Carta de Controle com sequência.

4 – Tendência: sete ou mais pontos consecutivos apresentam um movimento contínuo ascendente ou descendente.

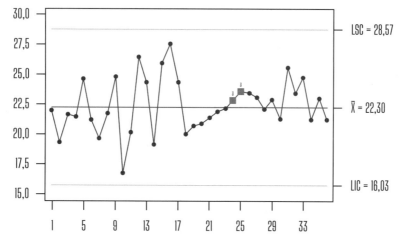

Figura 31.19 Carta de Controle com tendência.

5 – Aproximação dos Limites de Controle: ocorrência de dois de três pontos consecutivos entre as linhas $+2\sigma$ e $+3\sigma$ ou entre as linhas -2σ e -3σ. É mostrado na Figura 31.20 como os dados se comportam de acordo com esse teste.

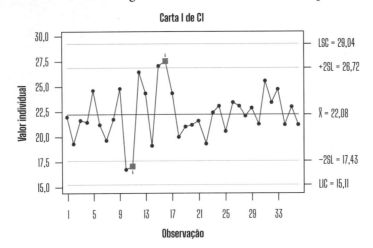

Figura 31.20 Carta de Controle com aproximação do Limite de Controle.

6 – Seis pontos consecutivos, todos crescentes ou decrescentes: longa série de pontos consecutivos que aumentam ou diminuem exponencialmente, tendendo a sair dos Limites de Controle.

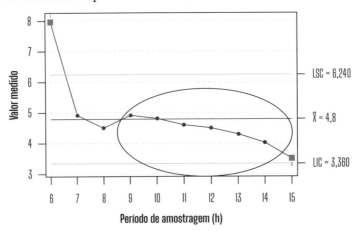

Figura 31.21 Carta de Controle com série consecutiva.

7 – Catorze pontos consecutivos, alternando para cima e para baixo: variação sistemática e aleatória, oscilando entre pontos acima e abaixo da média.

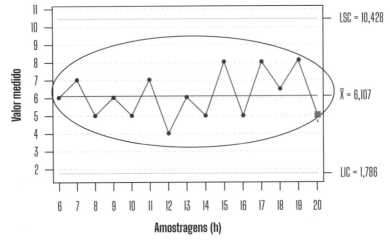

Figura 31.22 Carta de Controle com oscilação acima e abaixo da média.

8 – Nove pontos consecutivos do mesmo lado da linha da média: nove ou mais pontos consecutivos, todos acima ou abaixo da linha central.

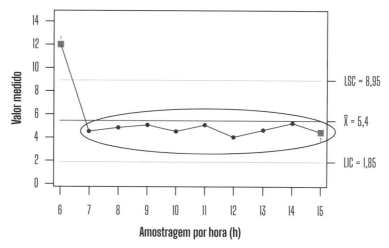

Figura 31.23 Carta de Controle com oscilação acima e abaixo da média.

EXEMPLO PRÁTICO

Identifique se o processo da Figura 31.24 apresenta causas especiais, ou seja, se é um processo fora de controle estatístico, e indique quais são os critérios de instabilidade.

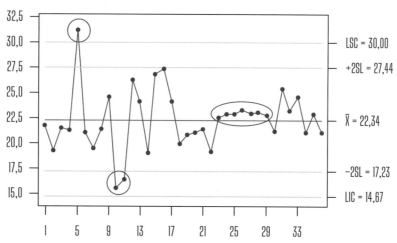

Figura 31.24 Processo para identificação de causas especiais.

Por meio da figura anterior é possível identificar que o processo é instável, visto que apresenta algumas causas especiais de instabilidade. São elas:
1. ponto fora do LSC;
2. aproximação dos limites de controle;
3. sequência.

RESUMO

- Cartas de Controle são usadas para monitorar a variabilidade ou a estabilidade de um processo, verificando se os dados coletados estão dentro dos Limites de Controle (LIC e LSC).

- As Cartas de Controle são classificadas em dois tipos: variável e atributo. As Cartas do tipo variável são usadas para controlar características mensuráveis de um processo (p. ex., grau ou intensidade). Já as Cartas do tipo atributo são construídas por meio de dados discretos (p. ex., "sim" ou "não").

- Os três principais tipos de Cartas de Controle do tipo variável são:
  - ✓ Cartas X-AM;
  - ✓ Cartas Xbarra-R;
  - ✓ Cartas Xbarra-S.

- As Cartas X-AM ou I-AM são usadas quando o tamanho da amostra é igual a uma unidade por período de medição (subgrupo = 1), ou seja, quando os subgrupos têm apenas uma amostra, não sendo possível calcular a amplitude do subgrupo. Como não há replicações, não é possível calcular a variabilidade por meio da amplitude ou do desvio padrão, e, por conta disso, utiliza-se a AM.

- Os Limites de Controle das Cartas I-AM são calculados da seguinte maneira:

  Carta I ou X:
  $$LSC = \underline{X} + 3\frac{AM}{1,128}$$
  $$LIC = \underline{X} - 3\frac{AM}{1,128}$$

  Carta AM:
  $$LSC = 3,267\underline{AM}$$
  $$LIC = 0$$

- As Cartas Xbarra-R são utilizadas quando o tamanho da amostra é igual a mais de uma unidade por período de medição. Os Limites de Controle das Cartas Xbarra-R são calculados da seguinte maneira:

  Carta R:
  $$LSC = R + 3d_3\frac{R}{d_2}$$
  $$LIC = R - 3d_3\frac{R}{d_2}$$

  (Se o valor calculado para LIC resultar negativo, então LIC = 0.)

  Carta Xbarra:
  $$LSC = \underline{\underline{X}} + 3\frac{R}{d_2\sqrt{n}}$$
  $$LSC = \underline{\underline{X}} - 3\frac{R}{d_2\sqrt{n}}$$

- As Cartas Xbarra-S são usadas para analisar estabilidade ou variabilidade do processo ao longo do tempo, e são empregadas quando o tamanho da amostra é maior do que 8 (n > 8). Os Limites de Controle das Cartas Xbarra-S são calculados da seguinte maneira:

  Carta S:
  $$LIC = B_3 s \qquad LSC = B_4 s$$

  (Se o valor calculado para LIC resultar negativo, então LIC = 0.)

  Carta Xbarra:
  $$LIC = X - A_3 s \qquad LSC = X + A_3 s$$

- Há quatro tipos de Cartas de Controle para atributos:
  - ✓ **Carta p:** usada quando o tamanho da amostra varia, de modo a traçar a proporção ou o percentual de defeitos.
  - ✓ **Carta np:** usada quando o tamanho da amostra é constante, de modo a traçar o número de defeitos da amostra.
  - ✓ **Carta u:** usada quando o tamanho da amostra varia, de modo a traçar o número de defeitos por unidade.
  - ✓ **Carta c:** usada quando o tamanho da amostra é constante, de modo a traçar o número de defeitos.

REFERÊNCIAS BIBLIOGRÁFICAS

KUBIAK, T. M.; BENBOW, D. W. *The certified Six Sigma Black Belt Handbook.* 3. ed. Milwaukee: American Society for Quality, 2016.

THEISENS, H. C. *Lean Six Sigma Green Belt Mindset, Skill set and Tool set.* 5. ed. Enschede: Lean Six Sigma Academy, 2021.

Capítulo 32

SUSTENTANDO MELHORIAS

OBJETIVOS DE APRENDIZAGEM

Ao final deste capítulo, será possível:
- Identificar os motivos que levam ao encerramento de projetos.
- Compreender as atividades do encerramento administrativo de projetos.
- Aprender a desenvolver um relatório final.
- Compreender a importância da avaliação de desempenho.

INTRODUÇÃO

As etapas de finalização de um projeto *Lean* Seis Sigma são tão cruciais quanto as fases iniciais de planejamento e execução. Elas marcam o momento em que os resultados alcançados são consolidados, as práticas bem-sucedidas são reconhecidas e os aprendizados são documentados para futuras iniciativas. A criação de relatórios de lições aprendidas, a avaliação de desempenho do projeto e a celebração das conquistas são componentes fundamentais que garantem a sustentabilidade das melhorias e o fortalecimento da cultura de excelência dentro da organização.

Relatórios de lições aprendidas capturam *insights* valiosos, tanto sobre o que funcionou quanto sobre os desafios enfrentados, proporcionando uma base sólida para aprimorar futuros projetos. A avaliação de desempenho, por sua vez, permite uma análise crítica dos resultados obtidos em comparação com os objetivos estabelecidos, identificando áreas de sucesso e oportunidades de Melhoria Contínua. Por fim, a celebração das conquistas não apenas motiva as equipes envolvidas, reconhecendo seus esforços e dedicação, mas também reforça o compromisso da organização com a Melhoria Contínua, criando um ambiente de trabalho positivo e engajado. Essas práticas de encerramento fecham o ciclo do projeto e também lançam as bases para um futuro de sucesso contínuo e inovação.

O único erro real é aquele do qual não aprendemos nada.

Henry Ford

32.1 FINALIZAÇÃO DO PROJETO

De acordo com o Guia PMBOK, a finalização de um projeto é o momento no qual as atividades de todos os grupos são concluídas, e é preciso que esse processo ocorra de modo formal e documentado.

Normalmente, os projetos encerram por conta dos motivos listados a seguir:

- **Absorção:** quando os projetos passam a ser uma unidade de negócio independente.
- **Esgotamento:** quando os recursos são cortados e o projeto é encerrado.
- **Integração:** ocorre o encerramento devido à retirada dos recursos do projeto atual e à alocação para outros trabalhos.
- **Extinção:** o projeto é concluído e finalizado.

Para validar se um projeto está em condições de encerramento, o gestor precisa assegurar-se de que todas as questões e problemas do projeto foram resolvidos, que todas as atividades estão completas e que todos os riscos foram mitigados.

Segundo o Guia PMBOK, o encerramento administrativo do projeto é realizado pelas atividades listadas a seguir.

Atividades necessárias para atender aos critérios de conclusão ou encerramento

- Certificar-se da atualização de todos os documentos e as entregas e que todas as questões foram resolvidas.
- Confirmar a entrega e a aceitação formal das entregas pelo cliente.
- Assegurar que todos os custos estão lançados no projeto.
- Encerrar as contas do projeto.
- Liberar o pessoal.
- Lidar com o excesso de material do projeto.
- Liberar as instalações, os equipamentos e outros recursos do projeto.
- Elaborar os relatórios finais do projeto conforme exigências da política organizacional.

Atividades relacionadas com a conclusão dos acordos contratuais

- Confirmar a aceitação formal do trabalho do fornecedor.
- Finalizar reivindicações pendentes.
- Atualizar registros para analisar os resultados.
- Arquivar as informações para uso futuro.

Atividades necessárias para consolidar aprendizados:

- coletar registros do projeto;
- auditar o sucesso ou a falha do projeto;
- gerenciar o compartilhamento e a transferência de conhecimento;
- apontar lições aprendidas;
- arquivar as informações para uso futuro.

Além disso, são necessárias ações para transferir os produtos, serviços ou resultados para a próxima fase ou operação. Torna-se fundamental coletar sugestões para aprimoramento ou atualização dos procedimentos e da política da organização, avaliando a satisfação das partes interessadas e clientes.

A não realização das atividades listadas anteriormente pode trazer diversos prejuízos para a organização, tais como: deixar que lições aprendidas se percam por falta de registro, *performance* do projeto não concluída, sobras de materiais que poderiam ser usados em outros projetos, entre outros.

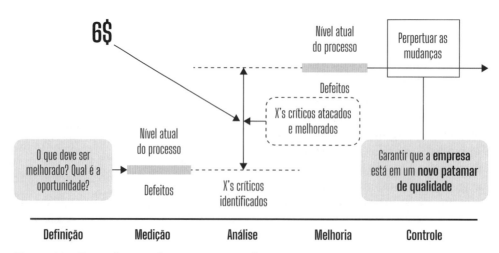

Figura 32.1 Etapa de controle – Perpetuar mudanças.

Concluir o projeto é tão importante quanto iniciá-lo, de modo que o gerente ou líder de projetos deve realizar todas as atividades pertinentes desse processo. A Figura 32.1 ilustra que durante a etapa de Controle, o foco é perpetuar mudanças, garantindo a qualidade dos processos.

32.2 RELATÓRIO FINAL E LIÇÕES APRENDIDAS

Durante a fase de encerramento, é criado o relatório final do projeto, no qual é sintetizado o desempenho das atividades, fornecendo informações essenciais diante da Melhoria Contínua. Apesar de o relatório ser desenvolvido conforme as particularidades de cada projeto, seu conteúdo costuma incluir os seguintes tópicos: resumo executivo, avaliação e análise, recomendações, lições aprendidas e apêndice, conforme apresentado a seguir.

32.2.1 Resumo executivo

O resumo enfatiza os principais fatos pertinentes e conclusões da implementação do projeto, analisando se as metas foram cumpridas, se os *stakeholders* estão satisfeitos com relação às suas intenções estratégicas, se o cliente está satisfeito com a qualidade da entrega e se os recursos estão sendo usados conforme pretendido, rendendo os benefícios esperados.

Assim, é analisado o desempenho final de tempo, custo e escopo, de modo a listar os principais problemas encontrados e tratados, de modo que estes não se tornem reincidentes, listando as lições-chave aprendidas no projeto.

32.2.2 Avaliação e análise

Nessa etapa, são coletados dados para registrar a história do projeto, o desempenho de gerenciamento e as lições aprendidas, visando melhorar projetos futuros. Assim, são analisadas em detalhes as causas subjacentes de problemas e as atividades que levaram ao sucesso, incluindo afirmações factuais e sucintas de avaliação do projeto, bem como procedimentos, sistemas empregados e recursos organizacionais utilizados.

É comum coletar informações por meio da visão organizacional e da visão da equipe. O departamento de projetos ou os facilitadores de fechamento geralmente utilizam pesquisas e questionários para identificar eventos que precisam ser melhor examinados, por exemplo:

- "A equipe teve acesso adequado aos recursos organizacionais – orçamento, pessoas, equipamentos e grupos de suporte?"
- "A cultura organizacional forneceu suporte e foi adequada para o projeto?"

O departamento de projetos (normalmente o PMO) também disponibiliza cronogramas de projeto, dados de escopo, comparações de custo e outros dados necessários para a criação do relatório final do projeto.

32.2.3 Recomendações

As recomendações de avaliação correspondem às principais melhorias que devem ser implantadas, e essas normalmente são de natureza técnica e se concentram na solução dos problemas que ocorreram. Por exemplo, é possível sugerir a sustentação ou o término de relações com fornecedores ou contratados.

32.2.4 Lições aprendidas

Dada a avaliação do processo e o insumo das reuniões realizadas com *stakeholders*, as lições aprendidas devem ser apresentadas de forma clara e sucinta. Assim, equipes de projetos novos podem estudar os relatórios de projetos anteriores, utilizando-os como embasamento, evitando que os mesmos erros sejam cometidos e repetindo as ações que tiveram sucesso.

A seção a seguir apresenta um caso prático de mapeamento de lições aprendidas com o furacão Katrina.

32.2.5 Apêndice

O apêndice pode incluir informações de *backup* ou detalhes de análise para que outros colaboradores possam se aprofundar, se desejarem. O apêndice deve ser objetivo, contendo apenas informações críticas e pertinentes.

32.3 AVALIAÇÃO DE DESEMPENHO E COMEMORAÇÃO

A avaliação de desempenho de um líder após o encerramento do projeto é um processo essencial para garantir que as práticas de liderança e gestão adotadas durante a execução do projeto estejam alinhadas com os objetivos estratégicos da organização. Esse processo envolve uma análise detalhada das competências demonstradas

EXEMPLO PRÁTICO

Em agosto de 2005, 80% de Nova Orleans foi abatida com chuvas e ventanias de 230 km/h ocasionados pelo furacão Katrina, deixando mais de 1.300 mortos em Mississippi e Louisiana, e sendo lembrado por muito tempo como o furacão que gerou mais prejuízo e mortes nos Estados Unidos.

Governadores de todos os estados enviaram tropas da Guarda Nacional para ajudar o Mississippi, e muitos grupos sem fins lucrativos ofereceram ajuda fornecendo alimentos, abrigo, transporte, tratamento médico e suporte financeiro. Os grupos que contribuíram revisaram seus esforços para analisar quais lições aprendidas poderiam ser usadas para melhorar seu desempenho em futuras emergências. Os resultados dessa avaliação são apresentados a seguir.

1. A falta de equipamentos foi um dos principais problemas enfrentados, especialmente os de comunicação, visto que os grupos de suporte (p. ex., civis e militares) tinham sistemas incompatíveis ou que estavam indisponíveis.
   - **Item de ação:** foi investido US$ 1,3 bilhão para aquisição de novos equipamentos compatíveis entre os principais grupos de emergência.
2. A falta de protocolos e padronização de relatórios, gráficos e comunicação acarretou atrasos e dificuldade de coordenação entre os diversos grupos de apoio.
   - **Item de ação:** foi desenvolvido um protocolo único em todos os estados.
3. A Guarda Nacional está sob controle estadual. Entretanto, as tropas da Guarda se uniram rapidamente às estruturas de comando do estado hospedeiro, gerando cooperação.
   - **Item de ação:** manter o *status quo* (estado atual).

Como os soldados da Guarda estão sob controle dos estados, eles tinham o poder de fazer valer as leis civis, ação que as tropas federais são proibidas de exercer. Felizmente, a cooperação entre os comandos das tropas federais e estaduais funcionou razoavelmente bem, no entanto, as agências federais (como a Segurança Nacional) precisam incorporar a Guarda no planejamento para a resposta federal a catástrofes.

Além da questão dos militares, as lições aprendidas com o flagelo do Katrina não se limitam a esse ponto, visto que praticamente todas as agências e grupos de suporte (p. ex., indivíduos, comunidades, igrejas e empresas) listaram lições aprendidas a partir da experiência de resposta ao Katrina.

---

pelo líder, como sua capacidade de conduzir a equipe, eficácia na tomada de decisões e habilidade em resolver problemas complexos. A avaliação também considera o cumprimento dos prazos, a gestão eficiente dos recursos disponíveis e o alcance dos resultados esperados, incluindo a melhoria de processos e a redução de custos. Essa análise proporciona uma visão clara sobre o impacto do líder no sucesso do projeto e na promoção de uma cultura de Melhoria Contínua.

Além das competências técnicas e de gestão, a avaliação de desempenho de um líder de projeto *Lean* Seis Sigma também foca em habilidades interpessoais e de comunicação. Durante o projeto, o líder deve demonstrar a capacidade de engajar e motivar a equipe, promover uma comunicação eficaz entre todos os níveis da organização e resolver conflitos de maneira construtiva. A habilidade de facilitar a colaboração entre diferentes departamentos e *stakeholders* é crucial, assim como a capacidade de cultivar um ambiente de trabalho positivo e de alto desempenho. Esses aspectos são avaliados para garantir que o líder não apenas atinja os objetivos técnicos do projeto, mas também contribua para o desenvolvimento de uma equipe coesa e comprometida com a excelência.

Finalmente, a avaliação de desempenho deve considerar a capacidade do líder em garantir que as melhorias implementadas sejam sustentáveis, e que as práticas aprendidas durante o projeto sejam integradas nas operações diárias. O sucesso do líder é também medido pela sua capacidade de documentar lições aprendidas e de transferir conhecimento para outros membros da organização, promovendo assim a continuidade dos benefícios do projeto. Ao avaliar esses aspectos, a organização pode identificar tanto as áreas de sucesso quanto as oportunidades de desenvolvimento, permitindo um *feedback* construtivo que suporte o crescimento profissional do líder e a Melhoria Contínua da organização.

O processo de celebração após o encerramento de um projeto é crucial para reconhecer e valorizar o esforço e a dedicação da equipe envolvida. A celebração serve como uma oportunidade para destacar as conquistas alcançadas, como a melhoria dos processos, a redução de custos e o aumento da eficiência, reforçando a importância de cada membro da equipe na realização desses resultados. Esse reconhecimento não só motiva os colaboradores, como também fortalece o espírito de equipe e o comprometimento com os objetivos da organização. Ao celebrar as vitórias, a liderança demonstra que o trabalho árduo e a colaboração são apreciados, criando um ambiente de trabalho positivo e incentivando a repetição desses comportamentos em projetos futuros.

Além de reconhecer o sucesso alcançado, a celebração também serve como um momento de reflexão e aprendizado para a equipe. Durante a celebração, é comum compartilhar histórias de desafios superados e lições aprendidas, o que ajuda a consolidar o conhecimento adquirido ao longo do projeto. Esse compartilhamento pode ocorrer em reuniões formais, eventos de reconhecimento ou até mesmo em momentos mais informais, todos desenhados para promover a troca de experiências e reforçar a cultura de Melhoria Contínua. Ao concluir um projeto com uma celebração bem estruturada, a organização fecha um ciclo de modo positivo e prepara o terreno para o sucesso de futuros projetos, mantendo o engajamento e a moral da equipe em alta.

RESUMO

- Projetos podem ser encerrados em decorrência de quatro fatores: absorção, esgotamento de recursos, integração devido a retirada de recursos e extinção.

- Para promover o encerramento administrativo de projetos, é necessário realizar atividades de conclusão, como certificar-se da atualização de todos os documentos e entregas e de que todas as questões foram resolvidas, encerrar as contas do projeto e liberar as instalações, equipamentos e outros recursos do projeto.

- É preciso checar atividades relacionadas à conclusão de acordos contratuais, certificando-se de atividades como finalização de reivindicações pendentes, atualizações de registros para analisar os resultados e o arquivamento de informações para uso futuro.

- Também é necessário coletar registros, auditar o sucesso ou a falha do projeto, gerenciar o compartilhamento e a transferência de conhecimento, apontar lições aprendidas e arquivar as informações para uso futuro.

- Durante a fase de encerramento, é criado o relatório final do projeto, no qual é sintetizado o desempenho das atividades, por meio dos seguintes tópicos: resumo executivo, avaliação e análise, recomendações, lições aprendidas e apêndice.

- É importante analisar o desempenho dos envolvidos no projeto, de modo a identificar pontos fortes e pontos fracos dos colaboradores, elaborando um plano de ação para aprimorar o desempenho. Além disso, muitas organizações realizam a valorização financeira para os colaboradores envolvidos no projeto e que tiveram um bom desempenho.

- Por fim, é importante comemorar os resultados obtidos, deixando todos os envolvidos com uma sensação de realização e sucesso, reconhecendo o desempenho dos colaboradores e motivando-os para continuar entregando bons resultados.

REFERÊNCIAS BIBLIOGRÁFICAS

LARSON, E. W.; GRAY, C. F. *Gerenciamento de Projetos*: o processo gerencial. 6. ed. Porto Alegre: AMGH, 2016.

PMI. Project Management Institute. *Um guia de conhecimento em gerenciamento de projetos (guia PMBOK®)*. 5. ed. São Paulo: Saraiva, 2014.

Capítulo 33

FERRAMENTAS DE CONTROLE

OBJETIVOS DE APRENDIZAGEM

Ao final deste capítulo, será possível:
- Identificar a importância da gestão visual e sua relação com a etapa de Controle do DMAIC.
- Aprender a utilizar a ferramenta *Out of Control Action Plan* (OCAP).
- Identificar a relação entre OCAP, Cartas de Controle e Diário de Bordo.
- Compreender os fundamentos e os pilares da Manutenção Produtiva Total (TPM).

INTRODUÇÃO

A utilização de ferramentas de controle se destaca como um elemento vital para garantir que as melhorias implementadas sejam sustentáveis a longo prazo. Ferramentas como a gestão visual, OCAP (*Out of Control Action Plan*), Diário de Bordo e TPM (Manutenção Produtiva Total, do inglês *Total Productive Maintenance*) desempenham papéis essenciais no monitoramento contínuo dos processos, na identificação rápida de desvios e na manutenção da eficácia das soluções aplicadas.

Essas ferramentas fornecem visibilidade e controle sobre as operações diárias, bem como capacitam as equipes a responder proativamente a problemas antes que eles se tornem críticos. A gestão visual facilita a comunicação e o alinhamento em tempo real, enquanto o OCAP define ações corretivas imediatas quando um processo sai do controle. Por sua vez, o Diário de Bordo oferece um registro detalhado do andamento do projeto, permitindo rastrear decisões e ajustes, e o TPM assegura que os equipamentos e processos permaneçam operacionais e eficientes.

Juntas, essas ferramentas garantem que as melhorias alcançadas durante a etapa de Melhoria do DMAIC sejam efetivamente sustentadas na etapa de Controle, consolidando uma cultura de Melhoria Contínua e excelência operacional.

Ferramentas de controle são importantes para garantir que o processo de melhoria contínua seja sustentado ao longo do tempo.

Thomas Pyzdek

33.1 GESTÃO VISUAL

A gestão visual consiste na adoção de abordagens e técnicas para tornar mais claras e compreensíveis as informações relacionadas ao funcionamento da empresa e ao desempenho dos processos produtivos. O objetivo é tornar os dados mais acessíveis e fáceis de entender, de modo a agilizar a tomada de decisões e melhorar o desempenho da empresa como um todo.

Dentre seus benefícios, a gestão visual proporciona uma comunicação clara e imediata sobre o estado dos processos e operações em tempo real, o que facilita a identificação rápida de anomalias, gargalos e oportunidades de melhoria, permitindo que as equipes tomem decisões informadas e ágeis. Além disso, ao tornar as informações acessíveis e compreensíveis para todos os níveis da organização, a gestão visual promove maior transparência e alinhamento entre os colaboradores, o que, por sua vez, contribui para a criação de um ambiente de trabalho mais eficiente e organizado. Esse método não apenas simplifica a gestão diária, mas também fortalece a cultura de Melhoria Contínua, ao engajar todos os funcionários na busca por excelência operacional.

Uma das técnicas mais comuns de gestão visual em fábricas é a utilização de painéis, gráficos e quadros que apresentam de modo claro e objetivo as informações mais relevantes do processo produtivo. Esses painéis podem incluir informações sobre o desempenho dos equipamentos, o andamento da produção, o *status* dos pedidos e outras informações relevantes para a tomada de decisão.

O Quadro 33.1 apresenta os principais conceitos de gestão visual.

A gestão visual desempenha um papel fundamental na etapa de Controle do DMAIC, visto que permite monitorar o desempenho do processo de modo claro e objetivo, identificando rapidamente possíveis problemas e desvios que possam ocorrer. A gestão visual também auxilia a promover uma cultura de Melhoria Contínua, envolvendo os colaboradores e incentivando a busca por novas melhorias e soluções.

33.2 OUT OF CONTROL ACTION PLAN

O OCAP é uma ferramenta utilizada para direcionar ações em situações em que um processo está fora de controle. Trata-se de um fluxograma ou descrição textual da sequência de atividades que devem ser realizadas após a ocorrência de um evento ativador.

A utilização do OCAP na etapa de Controle do método DMAIC representa um importante auxílio na manutenção dos resultados e na identificação de problemas de maneira mais rápida e adequada. Essa ferramenta permite que as causas de interrupções de processos sejam removidas o mais rápido possível. Assim, são obtidas linhas de produção mais eficientes e a otimização da resposta às perturbações nos processos.

33.2.1 Três elementos do OCAP

Essa ferramenta é composta de três elementos, apresentados a seguir.

- **Ativadores:** estabelecem as condições que indicam quando o OCAP deve ser usado.
- **Pontos de verificação:** condições do processo que precisam ser investigadas para a identificação da causa especial da variação.
- **Finalizadores:** apresentam as ações que devem ser adotadas para mitigar o problema e eliminar a causa especial de variação.

A Figura 33.1 apresenta um exemplo dessa ferramenta.

33.2.2 Relação entre OCAP e Cartas de Controle

O OCAP é uma ferramenta que, quando usada junto às Cartas de Controle, pode facilitar a identificação de anomalias crônicas a serem atacadas. A Carta de Controle sinaliza que o processo está fora de controle estatístico, e utiliza-se o OCAP para identificar o motivo que levou à ocorrência da causa especial e determinar a ação corretiva a ser implantada.

Gestão visual	
INDICADORES VISUAIS	A informação é simplesmente mostrada e a aderência ao seu conteúdo é voluntária. É passivo, apenas informativo.
SINAIS VISUAIS	Esse dispositivo primeiramente captura a atenção e depois entrega a mensagem. Ele muda, por isso captura nossa atenção.
CONTROLES VISUAIS	Cruza o limite do opcional para o obrigatório. Restringe as possíveis respostas.
GARANTIAS VISUAIS	É projetado para fazer com que somente a coisa certa ocorra. O *poka yoke* é um tipo de garantia visual.

Quadro 33.1 Conceitos de gestão visual.

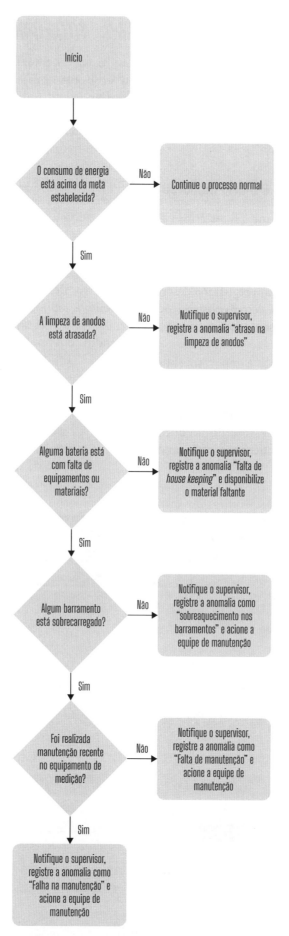

Figura 33.1 Exemplo de OCAP.

No *Lean* Seis Sigma (LSS), o uso do OCAP em conjunto com as Cartas de Controle resulta em:

- Domínio da situação atual dos processos.
- Maior atuação do supervisor e do técnico na ação gerencial de melhoria da qualidade.
- Aumento da eficiência da ação gerencial diante da manutenção da qualidade.

33.2.3 OCAP, Cartas de Controle e Diário de Bordo

Quando identificado que o processo está fora de controle, deve-se procurar o motivo que levou à ocorrência da causa especial, e uma ação corretiva deve ser tomada. Para isso, a ferramenta indicada é o Diário de Bordo.

O Diário de Bordo é utilizado para registrar a descrição do problema, da ação corretiva e demais observações relevantes. No Quadro 33.2 é apresentado um exemplo de Diário de Bordo.

Caso o processo saia do controle, é importante buscar compreender onde houve alguma alteração no processo (variável), seguindo a sequência indicada no OCAP; identificar qual foi a causa; e definir a ação que deverá ser tomada para solucioná-la, conforme descrito no documento. Posteriormente, os dados podem ser informados no Diário de Bordo.

33.3 TOTAL PRODUCTIVE MAINTENANCE

A ferramenta TPM é uma metodologia desenvolvida nos anos 1970 pelo japonês Seiichi Nakajima. A TPM visa zerar todo tipo de desperdício, ou seja, levar a produção a um patamar de zero perdas, zero defeitos e zero acidentes. Os principais tipos de desperdícios que são eliminados com a TPM são perdas relacionadas a produtividade, qualidade, entrega, segurança, ambiente e moral (PQCDSEM, do inglês *Productivity, Quality, Delivery, Safety, Environment and Morale*).

A TPM proporciona condições favoráveis para que um processo seja capaz de operar de forma padronizada e sem interrupções imprevistas. O gráfico a seguir resume e compara as aplicações de manutenção em um sistema produtivo, destacando a importância da manutenção preventiva, atividade para aumentar a eficiência e a confiabilidade dos equipamentos, e amplamente utilizada e defendida em processos nos quais a TPM é implantada.

- A linha de deterioração forçada, mostra o funcionamento do equipamento sem paradas para manutenção preventiva, ocorrendo sua quebra ou falha em um período muito curto. Nesse caso, o equipamento é forçado a trabalhar em condições extremas, o que favorece o decréscimo da sua vida útil.

Data	Hora	Descrição do problema	Ação corretiva	Responsável
27/08	9:35	Elevada viscosidade da pasta de solda	Substituir solda	Leonel
05/09	10:54	Danos na abertura do stencil	Manutenção	Gabriel
...	...	...	...	...

Quadro 33.2 Diário de Bordo.

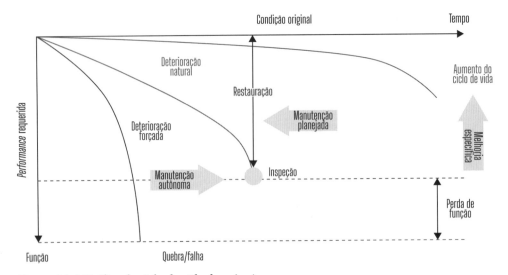

Figura 33.2 Gráfico do ciclo de vida da máquina.

- Caso ocorra a deterioração natural, indicada pela linha central, pode ser feita uma manutenção planejada, que retorna o equipamento à condição "original" de funcionamento. É importante destacar que a condição original não é totalmente restaurada, já que a vida útil do equipamento é finita.
- A linha à direita mostra que, com a manutenção preventiva, é possível aumentar o ciclo de vida do produto, sendo vantajoso não apenas pelo tempo, mas também evitando novos investimentos em equipamentos que poderiam estar funcionando.

33.3.1 Oito pilares da TPM

Por meio da sustentação obtida por seus oito pilares, a ferramenta TPM busca impedir que certas situações industriais indesejáveis ocorram, como:
- paradas corretivas desorganizadas, prolongadas e constantes;
- atrasos de entrega em virtude de problemas de manutenção;
- necessidade de contar com altos estoques devido à baixa confiabilidade do processo;
- alto índice de produtos defeituosos por causa da instabilidade do processo;
- não conseguir manter uma melhoria efetuada no processo ou produto.

A TPM tem como conceito fundamental elevar ao máximo a produtividade e a eficiência de um processo produtivo, por meio da implantação estruturada e consistente de seus oito pilares de sustentação, apresentados no Quadro 33.3.

A implementação da TPM requer uma mudança cultural significativa nas empresas, com ênfase na colaboração, no trabalho em equipe e na comunicação. Com sua implementação, há uma melhora contínua no desempenho da organização e na satisfação do cliente, eliminando desperdícios e melhorando a eficiência produtiva.

RESUMO

- A gestão visual consiste na adoção de abordagens e técnicas para tornar as informações relacionadas ao funcionamento da empresa e ao desempenho dos processos produtivos mais claras e compreensíveis.
- O OCAP é uma ferramenta usada para lidar com situações em que um processo está fora de controle. Corresponde

Pilar	Descrição
Manutenção autônoma	Capacitação da mão de obra para o emprego de simples técnicas de manutenção – limpeza, lubrificação, ajustes e regulagem
Manutenção planejada	Uso de técnicas analíticas e de gestão para investigar anormalidades e, a partir dos dados, promover manutenção preventiva e preditiva
Manutenção da qualidade	Implementação de procedimentos operacionais padrão, dispositivos de prevenção e Cartas de Controle para impedir produtos defeituosos
Melhorias específicas	Melhoria de desempenho e produtividade de equipamentos, baseadas em indicadores de desempenho
Controle inicial	Análise detalhada e antecipada sobre os equipamentos envolvidos na fabricação de novos produtos
Treinamento	Garantia de que as habilidades e competências dos colaboradores evoluam conforme o crescimento da organização
Segurança, saúde e meio ambiente	Adoção de estratégias que promovam a segurança dos colaboradores e previnam a agressão ao meio ambiente
Administrativo	Uso de técnicas que combatem desperdícios nas operações administrativas

Quadro 33.3 Pilares da ferramenta TPM.

- a um fluxograma ou descrição textual da sequência de atividades que devem ser realizadas após a ocorrência de um evento ativador, ou seja, o evento que levou o processo a estar fora de controle.

- O OCAP é uma ferramenta que, quando usada junto às Cartas de Controle, pode facilitar a identificação de anomalias e causas especiais. E quando é identificado que um processo está fora de controle, a ferramenta Diário de Bordo é indicada para identificar o motivo que levou à ocorrência da causa especial e auxiliar na tomada de uma ação corretiva.

- A ferramenta TPM visa zerar todo tipo de desperdício, ou seja, levar a produção a um patamar de zero perdas, zero acidentes e zero defeitos. Assim, é reduzido o tempo de inatividade não planejado, além de contribuir com a melhora na qualidade do produto.

- A TPM visa elevar ao máximo a produtividade e a eficiência do processo por meio de seus oito pilares:

    1 – Manutenção autônoma;

    2 – Manutenção planejada;

    3 – Manutenção da qualidade;

    4 – Melhorias específicas;

    5 – Controle inicial;

    6 – Treinamento;

    7 – Segurança, saúde e meio ambiente;

    8 – Administrativo.

REFERÊNCIAS BIBLIOGRÁFICAS

KUBIAK, T. M.; BENBOW, D. W. *The certified Six Sigma Black Belt Handbook*. 3. ed. Milwaukee: American Society for Quality, 2016.

RUFFA, S. A. *Going Lean*: how the best companies apply lean manufacturing principles to shatter uncertainty, drive innovation, and maximize profits. Amacom, 2008.

THEISENS, H. C. *Lean Six Sigma Green Belt Mindset, Skill set and Tool set*. 5. ed. Enschede: Lean Six Sigma Academy, 2021.

CASOS PRÁTICOS – ETAPA DE CONTROLE

Depois de ter conhecido as ferramentas que podem ser aplicadas no *Lean* Seis Sigma, é o momento de entender como elas podem ser aplicadas em estudos de caso. Nessa parte bônus do Guia Prático do Especialista em Melhoria Contínua são apresentados três estudos de caso como modo de facilitar a compreensão da aplicação de um projeto *Lean* Seis Sigma.

É importante ressaltar que os *cases* que serão demonstrados foram modelados com base em situações reais vivenciadas pela equipe de consultores, mas para assegurar o sigilo e a confidencialidade, os contextos e os nomes foram alterados.

ETAPA DE CONTROLE (*CONTROL*)

A última etapa do método DMAIC é destinada à medição dos resultados em relação à meta e para a definição de como esses resultados serão sustentados ao longo do tempo.

Etapa de Controle: Projeto de redução de erros na entrega de tubos de aço e escapamentos em uma indústria nacional

1 – Alcance da meta e ganhos financeiros

Para evidenciar os resultados do projeto, foram elaboradas Cartas de Controle X-AM para OTIF_tubos, OTIF_escapamentos e, por fim, uma Carta para o OTIF_entrega, representando a meta global.

A capabilidade do processo foi revisada e melhorou em relação à etapa *Define*, mas os valores de Cp e Cpk ainda estão abaixo de 1.

O ganho financeiro real do projeto foi calculado com base na redução de gastos não planejados, considerando que cada ponto percentual de OTIF acima de 80% reduz os gastos em R$ 110,00 por pedido no modal terrestre e R$ 290,00 por pedido no modal aéreo. A Voitto Tubes realiza, em média, 65 entregas mensais no modal terrestre e 15 no modal aéreo.

Calculando um ganho potencial:
- Mês 35: Não houve ganho.
- Mês 36: cálculo: (R$ 110,00 × 65 entregas × 1,5) + (R$ 290,00 × 15 entregas × 1,5)
  - ✓ Ganho total: R$ 17.260,00
- Mês 37: cálculo: (R$ 110,00 × 65 entregas × 4) + (R$ 290,00 × 15 entregas × 4)
  - ✓ Ganho total: R$ 46.000,00
- Mês 38: cálculo: (R$ 110,00 × 65 entregas × 3,1) + (R$ 290,00 × 15 entregas × 3,1)
  - ✓ Ganho total: R$ 35.650,00
- Mês 39: cálculo: (R$ 110,00 × 65 entregas × 5,5) + (R$ 290,00 × 15 entregas × 5,5)
  - ✓ Ganho total: R$ 63.250,00
- Mês 40: cálculo: (R$ 110,00 × 65 entregas × 4,5) + (R$ 290,00 × 15 entregas × 4,5)
  - ✓ Ganho total: R$ 51.570,00
- Resultados finais
  - ✓ Ganho acumulado nos seis primeiros meses: R$ 213.910,00
  - ✓ Ganho estimado em 12 meses: R$ 427.820,00

2 – Plano de controle

Para garantir a sustentabilidade das melhorias, foi implementada a gestão visual, criando um quadro de gestão à vista que facilitasse a comunicação entre área Comercial, Expedição e Logística.

Este quadro exibe o indicador de OTIF_entrega, além de informações como fila de pedidos na expedição, pedidos com carga fracionada em espera, entre outros.

Outra medida importante é a padronização, como o melhor modo de atualização das informações sobre estoque, regras para antecipação de pedidos e regras para liberação de carga fracionada.

Além disso, é planejada a realização de auditorias trimestrais nos próximos 12 meses para assegurar que as soluções implementadas continuem sendo seguidas.

Conclusão

Este estudo de caso detalhado mostra a aplicação prática da metodologia DMAIC em um contexto empresarial real, abordando problemas para redução de erros em uma área industrial. Cada etapa foi cuidadosamente planejada e executada, resultando em melhorias significativas no processo e na redução dos custos operacionais.

Etapa de Controle: Projeto de aumento do nível de serviço de atendimento nas unidades da regional Minas Gerais

1 – Alcance da meta e ganhos financeiros

Para evidenciar os resultados do projeto, foram elaboradas Cartas de Controle X-AM. Primeiramente, foram criadas Cartas de Controle para os resultados das unidades Belvedere e Contagem, seguidas por uma terceira Carta para o NS de atendimento da regional Minas Gerais.

O histórico do indicador foi considerado até o mês 24, com as etapas de *Define* até *Improve* realizadas entre os meses 25 e 28, e a medição dos resultados ocorrendo do mês 29 ao 36.

Além disso, foi calculado o ganho financeiro real do projeto. Segundo as áreas de BI e Controladoria do Grupo Vitta, cada ponto percentual de NS atendimento acima da meta atual de 75% representa um ganho potencial de R$ 235,00 para cada 1 mil clientes atendidos por ano. As unidades da regional Minas Gerais atendem, em média, 192 mil clientes por ano. Com uma média de NS de atendimento de 83,39% após o projeto, o ganho financeiro anualizado foi calculado em R$ 378.556,80.

2 – Plano de controle

Para garantir a sustentabilidade das melhorias, foi implementada a gestão visual, criando um quadro de gestão à vista nas unidades.

Este quadro exibe o indicador de NS de atendimento e outros indicadores relevantes do processo, além de incluir um padrão para converter a demanda de clientes na necessidade de guichês ativos.

Outra medida importante é a padronização, como a definição do melhor método para solicitar senhas de autorização e pré-autorização de exames agendados.

Além disso, é planejada a realização de auditorias trimestrais nos próximos 12 meses para assegurar que as soluções implementadas continuem sendo seguidas.

Conclusão

Este estudo de caso detalhado mostra a aplicação prática da metodologia DMAIC em um contexto empresarial, abordando problemas no atendimento em uma empresa na área de Serviços. Cada etapa foi cuidadosamente planejada e executada, resultando em melhorias significativas no processo e na redução dos custos operacionais.

Etapa de Controle: Projeto de redução do custo de juros e multas por pagamentos atrasados de fornecedores

1 – Alcance da meta e ganhos financeiros

Para a redução do pagamento de juros e multas da empresa Tech Tudo, o cenário antes e depois do projeto de Melhoria Contínua foi apresentado por meio das Cartas de Controle. O ganho financeiro foi calculado com base no valor médio do período mensurado.

Logo, a economia alcançada foi de uma média de R$ 29.310,00 mensais, e no período de 12 meses foi de R$ 351.720,00. Observe a Figura Caso 3.1.

O cenário após o projeto pode ser visto na Figura Caso 3.2.

Assim, tem-se um indicador estável e com variabilidade mais baixa. Isso significa que foi possível fazer com que o indicador esteja dentro dos limites da capacidade do processo, como pode ser observado na Figura Caso 3.3.

Além disso, o nível sigma do projeto também aumentou, e agora o setor referente ao pagamento de juros e multas da empresa Tech Tudo trabalha com um nível de qualidade Seis Sigma (Z Bench +1,5). Em relação aos ganhos financeiros dessa organização, tem-se:

- cenário antes: jan./13 a jul./14 – Valor médio: R$ 45.487,00;
- cenário depois: nov./14 a dez./15 – Valor médio: R$ 16.177,00;
- economia média mensal: R$ 29.310,00;
- economia média anual: R$ 351.720,00.

Para finalizar o projeto é importante sustentar as melhorias obtidas, sendo definido um plano de controle, apresentado na sequência.

2 – Plano de controle

Para sustentar os resultados desse projeto, ficou definido que:

- A "dona do processo" será o par da *Green Belt* na área de Contas a Pagar.
- Foi elaborado um *Out of Control Action Plan* (OCAP) que será ativado sempre que o valor

pago de juros e multas superar a especificação máxima de R$ 27.900,00.

- As medições serão feitas mensalmente e plotadas nas Cartas de Controle I-MR.
- Foi criado um Manual do Fornecedor para orientar o preenchimento das notas fiscais (NFs).
- Foi criado um *e-mail* padrão, disparado para todo novo fornecedor cadastrado na empresa.
- Todos os envolvidos nos procedimentos revisados foram treinados e os fornecedores-chave (itens vitais do Pareto) também receberam treinamento da empresa.
- O processo da área de Contas a Pagar continua com o mesmo sequenciamento, mas o *layout* foi alterado.

Por meio desse exemplo foi possível enaltecer a importância da metodologia *Lean* Seis Sigma (LSS), abordando de forma mais reduzida as etapas e suas respectivas ferramentas e análises.

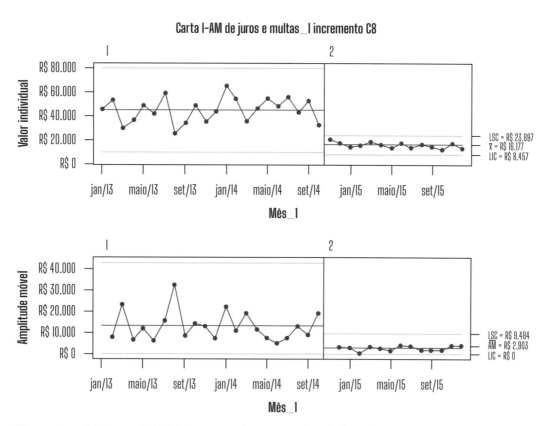

Figura Caso 3.1 Cartas I-AM de juros e multas antes e depois da melhoria.

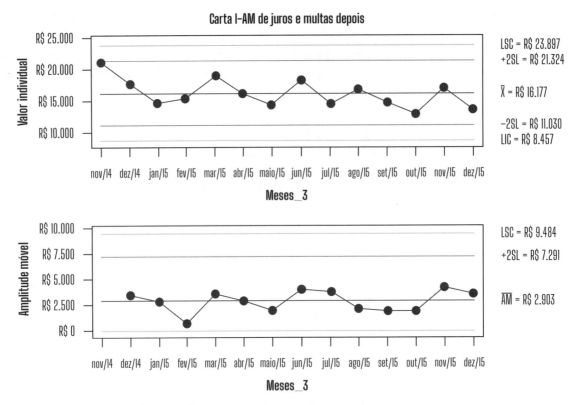

Figura Caso 3.2 Carta de Controle para o cenário posterior ao projeto.

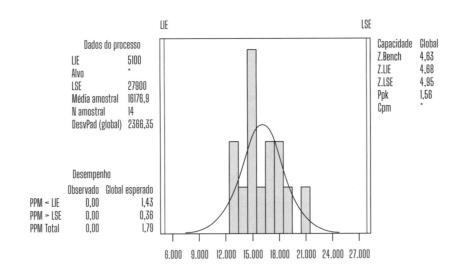

Figura Caso 3.3 Relatório de capacidade do processo para juros e multas após melhoria.

ANEXOS

ANEXO A. TABELAS ESTATÍSTICAS
Anexo A1 – Distribuição Normal (Z)

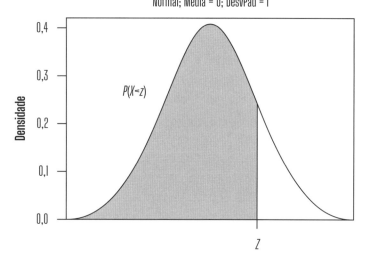

Z	0,00	0,01	0,02	0,03	0,04	0,05	0,06	0,07	0,08	0,09
0,0	0,5000	0,5040	0,5080	0,5120	0,5160	0,5199	0,5239	0,5279	0,5319	0,5359
0,1	0,5398	0,5438	0,5478	0,5517	0,5557	0,5596	0,5636	0,5675	0,5714	0,5753
0,2	0,5793	0,5832	0,5871	0,5910	0,5948	0,5987	0,6026	0,6064	0,6103	0,6141
0,3	0,6179	0,6217	0,6255	0,6293	0,6331	0,6368	0,6406	0,6443	0,6480	0,6517
0,4	0,6554	0,6591	0,6628	0,6664	0,6700	0,6736	0,6772	0,6808	0,6844	0,6879
0,5	0,6915	0,6950	0,6985	0,7019	0,7054	0,7088	0,7123	0,7157	0,7190	0,7224
0,6	0,7257	0,7291	0,7324	0,7357	0,7389	0,7422	0,7454	0,7486	0,7517	0,7549
0,7	0,7580	0,7611	0,7642	0,7673	0,7704	0,7734	0,7764	0,7794	0,7823	0,7852
0,8	0,7881	0,7910	0,7939	0,7967	0,7995	0,8023	0,8051	0,8078	0,8106	0,8133
0,9	0,8159	0,8186	0,8212	0,8238	0,8264	0,8289	0,8315	0,8340	0,8365	0,8389
1,0	0,8413	0,8438	0,8461	0,8485	0,8508	0,8531	0,8554	0,8577	0,8599	0,8621
1,1	0,8643	0,8665	0,8686	0,8708	0,8729	0,8749	0,8770	0,8790	0,8810	0,8830
1,2	0,8849	0,8869	0,8888	0,8907	0,8925	0,8944	0,8962	0,8980	0,8997	0,9015
1,3	0,9032	0,9049	0,9066	0,9082	0,9099	0,9115	0,9131	0,9147	0,9162	0,9177
1,4	0,9192	0,9207	0,9222	0,9236	0,9251	0,9265	0,9279	0,9292	0,9306	0,9319
1,5	0,9332	0,9345	0,9357	0,9370	0,9382	0,9394	0,9406	0,9418	0,9429	0,9441
1,6	0,9452	0,9463	0,9474	0,9484	0,9495	0,9505	0,9515	0,9525	0,9535	0,9545
1,7	0,9554	0,9564	0,9573	0,9582	0,9591	0,9599	0,9608	0,9616	0,9625	0,9633
1,8	0,9641	0,9649	0,9656	0,9664	0,9671	0,9678	0,9686	0,9693	0,9699	0,9706

Z	0,00	0,01	0,02	0,03	0,04	0,05	0,06	0,07	0,08	0,09
1,9	0,9713	0,9719	0,9726	0,9732	0,9738	0,9744	0,9750	0,9756	0,9761	0,9767
2,0	0,9772	0,9778	0,9783	0,9788	0,9793	0,9798	0,9803	0,9808	0,9812	0,9817
2,1	0,9821	0,9826	0,983	0,9834	0,9838	0,9842	0,9846	0,9850	0,9854	0,9857
2,2	0,9861	0,9864	0,9868	0,9871	0,9875	0,9878	0,9881	0,9884	0,9887	0,9890
2,3	0,9893	0,9896	0,9898	0,9901	0,9904	0,9906	0,9909	0,9911	0,9913	0,9916
2,4	0,9918	0,9920	0,9922	0,9925	0,9927	0,9929	0,9931	0,9932	0,9934	0,9936
2,5	0,9938	0,9940	0,9941	0,9943	0,9945	0,9946	0,9948	0,9949	0,9951	0,9952
2,6	0,9953	0,9955	0,9956	0,9957	0,9959	0,9960	0,9961	0,9962	0,9963	0,9964
2,7	0,9965	0,9966	0,9967	0,9968	0,9969	0,9970	0,9971	0,9972	0,9973	0,9974
2,8	0,9974	0,9975	0,9976	0,9977	0,9977	0,9978	0,9979	0,9979	0,9980	0,9981
2,9	0,9981	0,9982	0,9982	0,9983	0,9984	0,9984	0,9985	0,9985	0,9986	0,9986
3,0	0,9987	0,9987	0,9987	0,9988	0,9988	0,9989	0,9989	0,9989	0,9990	0,9990
3,1	0,9990	0,9991	0,9991	0,9991	0,9992	0,9992	0,9992	0,9992	0,9993	0,9993
3,2	0,9993	0,9993	0,9994	0,9994	0,9994	0,9994	0,9994	0,9995	0,9995	0,9995
3,3	0,9995	0,9995	0,9995	0,9996	0,9996	0,9996	0,9996	0,9996	0,9996	0,9997
3,4	0,9997	0,9997	0,9997	0,9997	0,9997	0,9997	0,9997	0,9997	0,9997	0,9998

Anexo A2 – Distribuição Qui-quadrado

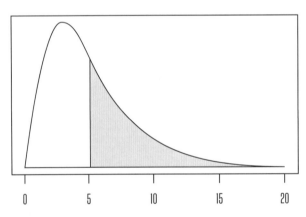

df	0,995	0,990	0,975	0,950	0,900	0,750	0,500	0,100	0,050	0,025	0,010	0,005
1	0,00	0,00	0,00	0,00	0,02	0,10	0,45	2,71	3,84	5,02	6,63	7,88
2	0,01	0,02	0,05	0,10	0,21	0,58	1,39	4,61	5,99	7,38	9,21	10,60
3	0,07	0,11	0,22	0,35	0,58	1,21	2,37	6,25	7,81	9,35	11,34	12,84
4	0,21	0,30	0,48	0,71	1,06	1,92	3,36	7,78	9,49	11,14	13,28	14,86
5	0,41	0,55	0,83	1,15	1,61	2,67	4,35	9,24	11,07	12,83	15,09	16,75
6	0,68	0,87	1,24	1,64	2,20	3,45	5,35	10,64	12,59	14,45	16,81	18,55
7	0,99	1,24	1,69	2,17	2,83	4,25	6,35	12,02	14,07	16,01	18,48	20,28
8	1,34	1,65	2,18	2,73	3,49	5,07	7,34	13,36	15,51	17,53	20,09	21,95
9	1,73	2,09	2,70	3,33	4,17	5,90	8,34	14,68	16,92	19,02	21,67	23,59
10	2,16	2,56	3,25	3,94	4,87	6,74	9,34	15,99	18,31	20,48	23,21	25,19
11	2,60	3,05	3,82	4,57	5,58	7,58	10,34	17,28	19,68	21,92	24,72	26,76

	\multicolumn{11}{c	}{p}
12	3,07	3,57	4,40	5,23	6,30	8,44	11,34	18,55	21,03	23,34	26,22	28,30
13	3,57	4,11	5,01	5,89	7,04	9,30	12,34	19,81	22,36	24,74	27,69	29,82
14	4,07	4,66	5,63	6,57	7,79	10,17	13,34	21,06	23,68	26,12	29,14	31,32
15	4,60	5,23	6,26	7,26	8,55	11,04	14,34	22,31	25,00	27,49	30,58	32,80
16	5,14	5,81	6,91	7,96	9,31	11,91	15,34	23,54	26,30	28,85	32,00	34,27
17	5,70	6,41	7,56	8,67	10,09	12,79	16,34	24,77	27,59	30,19	33,41	35,72
18	6,26	7,01	8,23	9,39	10,86	13,68	17,34	25,99	28,87	31,53	34,81	37,16
19	6,84	7,63	8,91	10,12	11,65	14,56	18,34	27,20	30,14	32,85	36,19	38,58
20	7,43	8,26	9,59	10,85	12,44	15,45	19,34	28,41	31,41	34,17	37,57	40,00
21	8,03	8,90	10,28	11,59	13,24	16,34	20,34	29,62	32,67	35,48	38,93	41,40
22	8,64	9,54	10,98	12,34	14,04	17,24	21,34	30,81	33,92	36,78	40,29	42,80
23	9,26	10,20	11,69	13,09	14,85	18,14	22,34	32,01	35,17	38,08	41,64	44,18
24	9,89	10,86	12,40	13,85	15,66	19,04	23,34	33,20	36,42	39,36	42,98	45,56
25	10,52	11,52	13,12	14,61	16,47	19,94	24,34	34,38	37,65	40,65	44,31	46,93
26	11,16	12,20	13,84	15,38	17,29	20,84	25,34	35,56	38,89	41,92	45,64	48,29
27	11,81	12,88	14,57	16,15	18,11	21,75	26,34	36,74	40,11	43,19	46,96	49,64
28	12,46	13,56	15,31	16,93	18,94	22,66	27,34	37,92	41,34	44,46	48,28	50,99
29	13,12	14,26	16,05	17,17	19,77	23,57	28,34	39,09	42,56	45,72	49,59	52,34
30	13,79	14,95	16,79	18,49	20,60	24,48	29,34	40,26	43,77	46,98	50,89	53,67
40	20,71	22,16	24,43	26,51	29,05	33,66	39,34	51,81	55,76	59,34	63,69	66,77
50	27,99	29,71	32,36	34,76	37,69	42,94	49,33	63,17	67,50	71,42	76,15	79,49
60	35,53	37,48	40,48	43,19	46,46	52,29	59,33	74,40	79,08	83,30	88,38	91,95
70	43,28	45,44	48,76	51,74	55,33	61,70	69,33	85,53	90,53	95,02	100,43	104,21
80	51,17	53,54	57,15	60,39	64,28	71,14	79,33	96,58	101,88	106,63	112,33	116,32
90	59,20	61,75	65,66	69,13	73,29	80,62	89,33	107,57	113,15	118,14	124,12	128,30
100	67,33	70,06	74,22	77,93	82,36	90,13	99,33	118,50	124,34	129,56	135,81	140,17

Anexo A3 – Distribuição t-Student

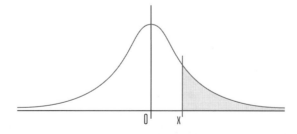

	\multicolumn{10}{c	}{p}
df	0,40	0,30	0,20	0,10	0,05	0,025	0,010	0,005	0,001	0,0005
1	0,325	0,727	1,376	3,078	6,314	12,71	31,82	63,660	318,31	636,62
2	0,289	0,617	1,061	1,886	2,920	4,303	6,965	9,925	22,327	31,599

	\multicolumn{10}{c}{P}
3	0,277	0,584	0,978	1,638	2,353	3,182	4,541	5,841	10,215	12,924
4	0,271	0,569	0,941	1,533	2,132	2,776	3,747	4,604	7,173	8,610
5	0,267	0,559	0,920	1,476	2,015	2,571	3,365	4,032	5,893	6,869
6	0,265	0,553	0,906	1,440	1,943	2,447	3,143	3,707	5,208	5,959
7	0,263	0,549	0,896	1,415	1,895	2,365	2,998	3,499	4,785	5,408
8	0,262	0,546	0,889	1,397	1,860	2,306	2,896	3,355	4,501	5,041
9	0,261	0,543	0,883	1,383	1,833	2,262	2,821	3,250	4,297	4,781
10	0,260	0,542	0,879	1,372	1,812	2,228	2,764	3,169	4,144	4,587
11	0,260	0,540	0,876	1,363	1,796	2,201	2,718	3,106	4,025	4,437
12	0,259	0,539	0,873	1,356	1,782	2,179	2,681	3,055	3,930	4,318
13	0,259	0,538	0,870	1,350	1,771	2,160	2,650	3,012	3,852	4,221
14	0,258	0,537	0,868	1,345	1,761	2,145	2,624	2,977	3,787	4,140
15	0,258	0,536	0,866	1,341	1,753	2,131	2,602	2,947	3,733	4,073
16	0,258	0,535	0,865	1,337	1,746	2,120	2,583	2,921	3,686	4,015
17	0,257	0,534	0,863	1,333	1,740	2,110	2,567	2,898	3,646	3,965
18	0,257	0,534	0,862	1,330	1,734	2,101	2,552	2,878	3,610	3,922
19	0,257	0,533	0,861	1,328	1,729	2,093	2,539	2,861	3,579	3,883
20	0,257	0,533	0,860	1,325	1,725	2,086	2,528	2,845	3,552	3,850
25	0,256	0,531	0,856	1,316	1,708	2,060	2,485	2,787	3,450	3,725
30	0,256	0,530	0,854	1,310	1,697	2,042	2,457	2,750	3,385	3,646
40	0,255	0,529	0,851	1,303	1,684	2,021	2,423	2,704	3,307	3,551
50	0,255	0,528	0,849	1,299	1,676	2,009	2,403	2,678	3,261	3,496
60	0,254	0,527	0,848	1,296	1,671	2,000	2,390	2,660	3,232	3,460
70	0,254	0,527	0,847	1,294	1,667	1,994	2,381	2,648	3,211	3,435
80	0,254	0,526	0,846	1,292	1,664	1,990	2,374	2,639	3,195	3,416
90	0,254	0,526	0,846	1,291	1,662	1,987	2,368	2,632	3,183	3,402
100	0,254	0,526	0,845	1,290	1,660	1,984	2,364	2,626	3,174	3,390
200	0,254	0,525	0,843	1,286	1,653	1,972	2,345	2,601	3,131	3,340
500	0,253	0,525	0,842	1,283	1,648	1,965	2,334	2,586	3,107	3,310
1.000	0,253	0,525	0,842	1,282	1,646	1,962	2,330	2,581	3,098	3,300
10.000	0,253	0,524	0,842	1,282	1,645	1,960	2,327	2,576	3,091	3,291

Anexo A4 – Distribuição F

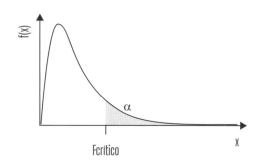

	p	1	2	3	4	5	6	7	8	9	10
1	0,1	39,86	49,50	53,59	55,83	57,24	58,20	58,91	59,44	59,86	60,19
	0,05	161,4	199,5	215,7	224,6	230,2	234,0	236,8	238,9	240,5	241,9
	0,01	4052	5000	5403	5625	5764	5859	5928	5981	6022	6056
2	0,1	8,53	9,00	9,16	9,24	9,29	9,33	9,35	9,37	9,38	9,39
	0,05	18,51	19,00	19,16	19,25	19,30	19,33	19,35	19,37	19,38	19,40
	0,01	98,5	99,00	99,17	99,25	99,30	99,33	99,36	99,37	99,39	99,40
3	0,1	5,54	5,46	5,39	5,34	5,31	5,28	5,27	5,25	5,24	5,23
	0,05	10,13	9,55	9,28	9,12	9,01	8,94	8,89	8,85	8,81	8,79
	0,01	34,12	30,82	29,46	28,71	28,24	27,91	27,67	27,49	27,35	27,23
4	0,1	4,54	4,32	4,19	4,11	4,05	4,01	3,98	3,95	3,94	3,92
	0,05	7,71	6,94	6,59	6,39	6,26	6,16	6,09	6,04	6,00	5,96
	0,01	21,20	18,0	16,69	15,98	15,52	15,21	14,98	14,80	14,66	14,55
5	0,1	4,06	3,78	3,62	3,52	3,45	3,40	3,37	3,34	3,32	3,30
	0,05	6,61	5,79	5,41	5,19	5,05	4,95	4,88	4,82	4,77	4,74
	0,01	16,26	13,27	12,06	11,39	10,97	10,67	10,46	10,29	10,16	10,05
6	0,1	3,78	3,46	3,29	3,18	3,11	3,05	3,01	2,98	2,96	2,94
	0,05	5,99	5,14	4,76	4,53	4,39	4,28	4,21	4,15	4,10	4,06
	0,01	13,75	10,92	9,78	9,15	8,75	8,47	8,26	8,10	7,98	7,87
7	0,1	3,59	3,26	3,07	2,96	2,88	2,83	2,78	2,75	2,72	2,70
	0,05	5,59	4,74	4,35	4,12	3,97	3,87	3,79	3,73	3,68	3,64
	0,01	12,25	9,55	8,45	7,85	7,46	7,19	6,99	6,84	6,72	6,62
8	0,1	3,46	3,11	2,92	2,81	2,73	2,67	2,62	2,59	2,56	2,54
	0,05	5,32	4,46	4,07	3,84	3,69	3,58	3,50	3,44	3,39	3,35
	0,01	11,26	8,65	7,59	7,01	6,63	6,37	6,18	6,03	5,91	5,81
9	0,1	3,36	3,01	2,81	2,69	2,61	2,55	2,51	2,47	2,44	2,42
	0,05	5,12	4,26	3,86	3,63	3,48	3,37	3,29	3,23	3,18	3,14
	0,01	10,56	8,02	6,99	6,42	6,06	5,80	5,61	5,47	5,35	5,26
10	0,1	3,29	2,92	2,73	2,61	2,52	2,46	2,41	2,38	2,35	2,32
	0,05	4,96	4,10	3,71	3,48	3,33	3,22	3,14	3,07	3,02	2,98
	0,01	10,04	7,56	6,55	5,99	5,64	5,39	5,20	5,06	4,94	4,85

| p | | Graus de liberdade para o numerador v1 ||||||||||
		1	2	3	4	5	6	7	8	9	10
11	0,1	3,23	2,86	2,66	2,54	2,45	2,39	2,34	2,30	2,27	2,25
	0,05	4,84	3,98	3,59	3,36	3,20	3,09	3,01	2,95	2,90	2,85
	0,01	9,65	7,21	6,22	5,67	5,32	5,07	4,89	4,74	4,63	4,54
12	0,1	3,18	2,81	2,61	2,48	2,39	2,33	2,28	2,24	2,21	2,19
	0,05	4,75	3,89	3,49	3,26	3,11	3,00	2,91	2,85	2,80	2,75
	0,01	9,33	6,93	5,95	5,41	5,06	4,82	4,64	4,50	4,39	4,30
13	0,1	3,14	2,76	2,56	2,43	2,35	2,28	2,23	2,20	2,16	2,14
	0,05	4,67	3,81	3,41	3,18	3,03	2,92	2,83	2,77	2,71	2,670
	0,01	9,07	6,70	5,74	5,21	4,86	4,62	4,44	4,30	4,19	4,10
14	0,1	3,10	2,73	2,52	2,39	2,31	2,24	2,19	2,15	2,12	2,10
	0,05	4,60	3,74	3,34	3,11	2,96	2,85	2,76	2,70	2,65	2,60
	0,01	8,86	6,51	5,56	5,04	4,69	4,46	4,28	4,14	4,03	3,94
15	0,1	3,07	2,70	2,49	2,36	2,27	2,21	2,16	2,12	2,09	2,06
	0,05	4,54	3,68	3,29	3,06	2,90	2,79	2,71	2,64	2,59	2,54
	0,01	8,68	6,36	5,42	4,89	4,56	4,32	4,14	4,00	3,89	3,80

Anexo A5 – Distribuição Poisson

$$P(X \leq x) = \sum_{k=0}^{k=x} \frac{\lambda^k \cdot e^{-\lambda}}{k!}$$

	λ	0,1	0,2	0,3	0,4	0,5	0,6	0,7	0,8	0,9	1,0
x =	0	0,9048	0,8187	0,7408	0,6703	0,6065	0,5488	0,4966	0,4493	0,4066	0,3679
	1	0,9953	0,9825	0,9631	0,9384	0,9098	0,8781	0,8442	0,8088	0,7725	0,7358
	2	0,9998	0,9989	0,9964	0,9921	0,9856	0,9769	0,9659	0,9526	0,9371	0,9197
	3	1,0000	0,9999	0,9997	0,9992	0,9982	0,9966	0,9942	0,9909	0,9865	0,9810
	4	1,0000	1,0000	1,0000	0,9999	0,9998	0,9996	0,9992	0,9986	0,9977	0,9963
	5	1,0000	1,0000	1,0000	1,0000	1,0000	1,0000	0,9999	0,9998	0,9997	0,9994
	6	1,0000	1,0000	1,0000	1,0000	1,0000	1,0000	1,0000	1,0000	1,0000	0,9999
	7	1,0000	1,0000	1,0000	1,0000	1,0000	1,0000	1,0000	1,0000	1,0000	1,0000

λ	1,2	1,4	1,6	1,8	2,2	2,4	2,6	2,8	3,0	3,2
0	0,3012	0,2466	0,2019	0,1653	0,1108	0,0907	0,0743	0,0608	0,0498	0,0408
1	0,6626	0,5918	0,5249	0,4628	0,3546	0,3084	0,2674	0,2311	0,1991	0,1712
2	0,8795	0,8335	0,7834	0,7306	0,6227	0,5697	0,5184	0,4695	0,4232	0,3799
3	0,9662	0,9463	0,9212	0,8913	0,8194	0,7787	0,7360	0,6919	0,6472	0,6025
4	0,9923	0,9857	0,9763	0,9636	0,9275	0,9041	0,8774	0,8477	0,8153	0,7806
5	0,9985	0,9968	0,9940	0,9896	0,9751	0,9643	0,9510	0,9349	0,9161	0,8946
6	0,9997	0,9994	0,9987	0,9974	0,9925	0,9884	0,9828	0,9756	0,9665	0,9554
7	1,0000	0,9999	0,9997	0,9994	0,9980	0,9967	0,9947	0,9919	0,9881	0,9832
8	1,0000	1,0000	1,0000	0,9999	0,9995	0,9991	0,9985	0,9976	0,9962	0,9943
9	1,0000	1,0000	1,0000	1,0000	0,9999	0,9998	0,9996	0,9993	0,9989	0,9982
10	1,0000	1,0000	1,0000	1,0000	1,0000	1,0000	0,9999	0,9998	0,9997	0,9995
11	1,0000	1,0000	1,0000	1,0000	1,0000	1,0000	1,0000	1,0000	0,9999	0,9999
12	1,0000	1,0000	1,0000	1,0000	1,0000	1,0000	1,0000	1,0000	1,0000	1,0000

λ	3,5	4,0	4,5	5,0	5,5	6,0	6,5	7,0	7,5	8,0
0	0,0302	0,0183	0,0111	0,0067	0,0041	0,0025	0,0015	0,0009	0,0006	0,0003
1	0,1359	0,0916	0,0611	0,0404	0,0266	0,0174	0,0113	0,0073	0,0047	0,0030
2	0,3208	0,2381	0,1736	0,1247	0,0884	0,0620	0,0430	0,0296	0,0203	0,0138
3	0,5366	0,4335	0,3423	0,2650	0,2017	0,1512	0,1118	0,0818	0,0591	0,0424
4	0,7254	0,6288	0,5321	0,4405	0,3575	0,2851	0,2237	0,1730	0,1321	0,0996
5	0,8576	0,7851	0,7029	0,6160	0,5289	0,4457	0,3690	0,3007	0,2414	0,1912
6	0,9347	0,8893	0,8311	0,7622	0,6860	0,6063	0,5265	0,4497	0,3732	0,3134
7	0,9733	0,9489	0,9134	0,8666	0,8095	0,7440	0,6728	0,5987	0,5246	0,4530
8	0,9901	0,9786	0,9597	0,9319	0,8944	0,8472	0,7916	0,7291	0,6620	0,5925
9	0,9967	0,9919	0,9829	0,9682	0,9462	0,9161	0,8774	0,8305	0,7764	0,7166
10	0,9990	0,9972	0,9933	0,9863	0,9747	0,9574	0,9332	0,9015	0,8622	0,8159
11	0,9997	0,9991	0,9976	0,9945	0,9890	0,9799	0,9661	0,9467	0,9208	0,8881
12	0,9999	0,9997	0,9992	0,9980	0,9955	0,9912	0,9840	0,9730	0,9573	0,9362
13	1,0000	0,9999	0,9997	0,9993	0,9983	0,9964	0,9929	0,9872	0,9784	0,9658
14	1,0000	1,0000	0,9999	0,9998	0,9994	0,9986	0,9970	0,9943	0,9897	0,9827
15	1,0000	1,0000	1,0000	0,9999	0,9998	0,9995	0,9988	0,9976	0,9954	0,9918
16	1,0000	1,0000	1,0000	1,0000	0,9999	0,9998	0,9996	0,9990	0,9980	0,9963
17	1,0000	1,0000	1,0000	1,0000	1,0000	0,9999	0,9998	0,9996	0,9992	0,9984
18	1,0000	1,0000	1,0000	1,0000	1,0000	1,0000	0,9999	0,9999	0,9997	0,9993
19	1,0000	1,0000	1,0000	1,0000	1,0000	1,0000	1,0000	1,0000	0,9999	0,9997
20	1,0000	1,0000	1,0000	1,0000	1,0000	1,0000	1,0000	1,0000	1,0000	0,9999
21	1,0000	1,0000	1,0000	1,0000	1,0000	1,0000	1,0000	1,0000	1,0000	1,0000

Anexo A6 – Distribuição Binomial

$$P(X \leq x) = \sum_{k=0}^{k=x} \binom{n}{k} \cdot p^k \cdot (1-p)^{n-k}$$

n	x	0,01	0,02	0,03	0,04	0,05	0,06	0,07	0,08	0,09
1	0	0,9900	0,9800	0,9700	0,9600	0,9500	0,9400	0,9300	0,9200	0,9100
	1	1,0000	1,0000	1,0000	1,0000	1,0000	1,0000	1,0000	1,0000	1,0000
2	0	0,9801	0,9604	0,9409	0,9216	0,9025	0,8836	0,8649	0,8464	0,8281
	1	0,9999	0,9996	0,9991	0,9984	0,9975	0,9964	0,9951	0,9936	0,9919
	2	1,0000	1,0000	1,0000	1,0000	1,0000	1,0000	1,0000	1,0000	1,0000
3	0	0,9703	0,9412	0,9127	0,8847	0,8574	0,8306	0,8044	0,7787	0,7536
	1	0,9997	0,9988	0,9974	0,9953	0,9928	0,9896	0,9860	0,9818	0,9772
	2	1,0000	1,0000	1,0000	0,9999	0,9999	0,9998	0,9997	0,9995	0,9993
	3				1,0000	1,0000	1,0000	1,0000	1,0000	1,0000
4	0	0,9606	0,9224	0,8853	0,8453	0,8145	0,7807	0,7481	0,7164	0,6857
	1	0,9994	0,9977	0,9948	0,9909	0,9860	0,9801	0,9733	0,9656	0,9570
	2	1,0000	1,0000	0,9999	0,9998	0,9995	0,9992	0,9987	0,9981	0,9973
	3			1,0000	1,0000	1,0000	1,0000	1,0000	1,0000	0,9999
	4									1,0000
5	0	0,9510	0,9039	0,8587	0,8154	0,7738	0,7339	0,6957	0,6591	0,6240
	1	0,9990	0,9962	0,9915	0,9852	0,9774	0,9681	0,9575	0,9456	0,9326
	2	1,0000	0,9999	0,9997	0,9994	0,9988	0,9980	0,9969	0,9955	0,9937
	3		1,0000	1,0000	1,0000	1,0000	0,9999	0,9999	0,9998	0,9997
	4						1,0000	1,0000	1,0000	1,0000
	5									
6	0	0,9415	0,8858	0,8330	0,7828	0,7351	0,6899	0,6470	0,6064	0,5679
	1	0,9985	0,9943	0,9875	0,9784	0,9672	0,9541	0,9392	0,9227	0,9048
	2	1,0000	0,9998	0,9995	0,9988	0,9978	0,9962	0,9942	0,9915	0,9882
	3		1,0000	1,0000	1,0000	0,9999	0,9998	0,9997	0,9995	0,9992
	4					1,0000	1,0000	1,0000	1,0000	1,0000
	5									
	6									
7	0	0,9321	0,8681	0,8080	0,7514	0,6983	0,6485	0,6017	0,5578	0,5168
	1	0,9980	0,9921	0,9829	0,9706	0,9556	0,9382	0,9187	0,8974	0,8745
	2	1,0000	0,9997	0,9991	0,9980	0,9962	0,9937	0,9903	0,9860	0,9807
	3		1,0000	1,0000	0,9999	0,9998	0,9996	0,9993	0,9988	0,9982
	4				1,0000	1,0000	1,0000	1,0000	0,9999	0,9999
	5								1,0000	1,0000
	6									
	7									

	0	0,9227	0,8508	0,7837	0,7214	0,6634	0,6096	0,5596	0,5132	0,4703
	1	0,9973	0,9897	0,9777	0,9619	0,9428	0,9208	0,8965	0,8702	0,8423
	2	0,9999	0,9996	0,9987	0,9969	0,9942	0,9904	0,9853	0,9789	0,9711
	3	1,0000	1,0000	0,9999	0,9998	0,9996	0,9993	0,9987	0,9978	0,9966
8	4			1,0000	1,0000	1,0000	1,0000	0,9999	0,9999	0,9997
	5							1,0000	1,0000	1,0000
	6									
	7									
	8									

ANEXO B – TABELAS DE FATORES PARA GRÁFICOS DE CONTROLE

Observações em amostras, n	Gráficos para médias			Gráficos para desvios padrões					Gráficos para intervalos				
	Fatores para Limites de Controle			Fatores para linha central	Fatores para Limites de Controle				Fatores para linha central	Fatores para Limites de Controle			
	A	A2	A3	c4	B3	B4	B5	B6	d2	D1	D2	D3	D4
2	2,121	1,880	2,659	0,7979	0	3,267	0	2,606	1,128	0	3,686	0	3,267
3	1,732	1,023	1,954	0,8862	0	2,568	0	2,276	1,693	0	4,358	0	2,574
4	1,500	0,729	1,628	0,9213	0	2,266	0	2,088	2,059	0	4,698	0	2,282
5	1,342	0,577	1,427	0,9400	0	2,089	0	1,964	2,326	0	4,918	0	2,114
6	1,225	0,483	1,287	0,9515	0,030	1,970	0,029	1,874	2,534	0	5,078	0	2,004
7	1,134	0,419	1,182	0,9594	0,118	1,882	0,113	1,806	2,704	0,204	5,204	0,076	1,924
8	1,061	0,373	1,099	0,9650	0,185	1,815	0,179	1,751	2,847	0,388	5,306	0,136	1,864
9	1,000	0,337	1,032	0,9693	0,239	1,761	0,232	1,707	2,970	0,547	5,393	0,184	1,816
10	0,949	0,308	0,975	0,9727	0,284	1,716	0,276	1,669	3,078	0,686	5,469	0,223	1,777
11	0,905	0,285	0,927	0,9754	0,321	1,679	0,313	1,637	3,173	0,811	5,535	0,256	1,744
12	0,866	0,266	0,886	0,9776	0,354	1,646	0,346	1,610	3,258	0,922	5,594	0,283	1,717
13	0,832	0,249	0,850	0,9794	0,382	1,618	0,374	1,585	3,336	1,025	5,647	0,307	1,693
14	0,802	0,235	0,817	0,9810	0,406	1,594	0,399	1,563	3,407	1,118	5,696	0,328	1,672
15	0,775	0,223	0,789	0,9823	0,428	1,572	0,421	1,544	3,472	1,203	5,741	0,347	1,653
16	0,750	0,212	0,763	0,9835	0,448	1,552	0,440	1,526	3,532	1,282	5,782	0,363	1,637
17	0,728	0,203	0,739	0,9845	0,466	1,534	0,458	1,511	3,588	1,356	5,820	0,378	1,622
18	0,707	0,194	0,718	0,9854	0,482	1,518	0,475	1,496	3,640	1,424	5,856	0,391	1,608
19	0,688	0,187	0,698	0,9862	0,497	1,503	0,490	1,483	3,689	1,487	5,891	0,403	1,597
20	0,671	0,180	0,680	0,9869	0,510	1,490	0,504	1,470	3,735	1,549	5,921	0,415	1,585
21	0,655	0,173	0,663	0,9876	0,523	1,477	0,516	1,459	3,778	1,605	5,951	0,425	1,575
22	0,640	0,167	0,647	0,9882	0,534	1,466	0,528	1,448	3,819	1,659	5,979	0,434	1,566
23	0,626	0,162	0,633	0,9887	0,545	1,455	0,539	1,438	3,858	1,710	6,006	0,443	1,557
24	0,612	0,157	0,619	0,9892	0,555	1,455	0,549	1,429	3,895	1,759	6,031	0,451	1,548
25	0,600	0,153	0,606	0,9896	0,565	1,435	0,559	1,420	3,931	1,806	6,056	0,459	1,541

ANEXO C – TABELA DE CONVERSÃO SEIS SIGMA

Nível sigma	Especificação	ppm fora da especificação	Percentual de defeito	Cp; Cpk
1	2σ	317,311	31,7%	0,33
2	4σ	45,5	4,55%	0,67
3	6σ	2,700	0,27%	1,00
4	8σ	63	0,0063%	1,33
5	10σ	0,57	0,00006%	1,67
6	12σ	0,002	0,0000002%	2,00

Nível sigma	Especificação	ppm fora da especificação	Percentual de defeito	Cp; Cpk
1	2σ	691,462	69%	-0,17
2	4σ	308,538	31%	0,17
3	6σ	66,807	6,7%	0,50
4	8σ	6,210	0,62%	0,83
5	10σ	233	0,023%	1,17
6	12σ	3,4	0,000340%	1,50

ANEXO D – CERTIFICAÇÃO DE PROJETOS *LEAN* SEIS SIGMA – REQUISITOS

A certificação em *Lean* Seis Sigma é uma das mais reconhecidas e respeitadas no campo da Melhoria Contínua e da Gestão de Qualidade.

Os requisitos comuns para a certificação *Lean* Seis Sigma incluem a participação em um treinamento formal aprovado, que varia em duração dependendo do nível da certificação, e a aprovação em um exame que testa o conhecimento sobre os conceitos, metodologias e suas respectivas ferramentas. Além disso, para os níveis mais avançados como *Green Belt* e *Black Belt*, é necessário completar projetos práticos de melhoria, que devem ser documentados e, geralmente, supervisionados por um mentor certificado. Esses projetos devem demonstrar a aplicação prática dos conhecimentos adquiridos e resultar em melhorias mensuráveis nos processos organizacionais. A documentação e a criação de relatórios detalhados dos projetos são exigências fundamentais para a obtenção da certificação.

Os benefícios da certificação incluem o desenvolvimento de competências valiosas em análise de dados, resolução de problemas e melhoria de processos, que são altamente valorizadas no mercado de trabalho e podem abrir novas oportunidades de carreira. Além disso, profissionais certificados são capazes de liderar projetos que geram economia significativa e aumentam a qualidade e a eficiência dentro das organizações. A certificação também promove uma cultura de Melhoria Contínua, convertendo-se em resultados sustentáveis a longo prazo e contribuindo para o sucesso organizacional.

A certificação *Lean* Seis Sigma é uma poderosa ferramenta para profissionais que desejam liderar iniciativas de Melhoria Contínua em suas organizações. Combinando conhecimento técnico, habilidades práticas e experiência em projetos, os certificados em *Lean* Seis Sigma estão bem posicionados para contribuir significativamente para o sucesso organizacional.

A tabela a seguir detalha uma lista de verificação com critérios a serem avaliados para a validação de um projeto *Lean* Seis Sigma:

Definir

Critério	Nota	Referenciais – Nota
1. O líder do projeto entende qual é o impacto desse projeto para a organização?		Sim ou não (0 ou 5).
2. Foi analisado o histórico do problema?		Gráfico sequencial e conclusão sobre como se comporta o problema ao longo do tempo (inclui tendência).
3. A memória de cálculo do projeto foi aprovada pela Controladoria?		Memória de cálculo com evidências da validação (p. ex., assinaturas, e-mails de aprovação, ata de reunião etc.).
4. O Contrato do Projeto foi preparado e aprovado?		Contrato do Projeto totalmente preenchido: Meta, Equipe, Patrocinador, Contribuição para o Negócio, Requisitos do Cliente, Restrições e com evidências da validação (p. ex., assinaturas, e-mails de aprovação, ata de reunião etc.).
NOTA:	0	

Medir

Critério	Nota	Referenciais – Nota
1- Foi elaborado o Mapa de Processo/fluxograma a ser analisado?		Evidências da elaboração do Mapa de Processo/fluxograma.
2. Foram identificados os tipos de ocorrência (variáveis) de influência no processo?		Evidências da identificação de problemas prioritários e suas variações.
3. Foram avaliadas as alternativas de coletar novos dados ou usar dados já existentes na empresa?		Evidências da avaliação da disponibilidade de dados.
4. Foi feita a avaliação do sistema de medição? Nota: se não foi feito o estudo de R&R, existe explicação adequada e/ou relatório com outro tipo de análise pertinente ao processo/problema?		Evidências da avaliação dos sistemas de medição.
5. Foram estratificados os dados do problema em função das variáveis levantadas (X's)?		Evidências da análise inicial de variáveis de influência no problema/processo.
6. Foi feito o estudo de capabilidade do processo com os indicadores técnicos do Seis Sigma?		Evidências da avaliação da capabilidade via indicadores, tais como: média, desvio padrão, Cp, Cpk, Ppk, ppm/DPMO, Z bench st, Z bench lt, Z shift, classe de processo.
7. Foram estabelecidas as participações específicas de cada problema prioritário no desdobramento da meta do projeto?		Evidências do desdobramento da meta no conjunto identificado dos problemas prioritários.
8. Foi analisado se os problemas prioritários pertencem à área funcional/regional de governança da equipe do projeto?		Evidências da análise da abrangência dos problemas prioritários.
9. Foram utilizadas corretamente as ferramentas estatísticas descritivas na sumarização dos dados coletados?		Evidências de utilização das ferramentas estatísticas adequadas para levantamento das potenciais causas de variação e metas específicas.
10. Existem evidências de ações "ver e agir" implementadas adequadamente?		Evidências de implementação de ações para resolução de causas óbvias de interferência no processo.
NOTA:	0	

Analisar

Critério	Nota	Referenciais – Nota
1. Foram adequadamente identificadas e priorizadas as causas raízes do problema?		Mapa do Processo, Espinha de Peixe, Matriz Esforço × Impacto e Matriz de Priorização.
2. As ferramentas estatísticas utilizadas foram as mais adequadas para suportar as causas raízes?		Gráficos básicos e Mapa de Análise Estatística.
3. As causas raízes do problema identificadas suportam o alcance da meta?		Atendimento dos critérios anteriores.
NOTA:	0	

Implementar

Critério	Nota	Referenciais – Nota
1. Foram identificadas as soluções potenciais das causas raízes?		Evidências da identificação de soluções potenciais das causas raízes.
2. Foram priorizadas soluções para eliminação das causas raízes?		Matriz de Priorização.
3. Foram identificados, priorizados e controlados os riscos das soluções propostas?		Evidências de identificação, priorização e controle para os riscos quanto a qualidade, segurança, meio ambiente e eficiência global de equipamentos e processos.
4. Foram levantados os custos envolvidos na implementação das soluções propostas?		Evidências de levantamento e orçamento de recursos envolvidos.
5. Foram levantados os recursos envolvidos na implantação das soluções propostas?		Evidências do levantamento de recursos materiais e humanos (formação de equipe estruturada).
6. As partes interessadas à implantação do projeto foram comunicadas?		Evidências da comunicação às partes interessadas.
7. Foi elaborado o cronograma de implementação do projeto?		Cronograma documentado e em dia, com suas interdependências relacionadas.
8. Foram executados experimentos para testar as soluções identificadas?		Evidências de execução de experimentos.
9. A partir desses experimentos, foram executadas melhorias nas ações propostas?		Evidências de revisão das ações propostas.
10. O Plano do Projeto foi validado?		Evidência formal de validação da alta gerência, BB Coach e Facilitador.
NOTA:	0	

Controlar

Critério	Nota	Referenciais – Nota
1. Foi criado e implementado o plano de monitoramento e sustentabilidade dos resultados do projeto?		Mapa do Processo, Espinha de Peixe, Matriz Esforço × Impacto e Matriz de Priorização.
2. As melhorias do processo foram padronizadas e incorporadas à rotina?		Gráficos básicos e Mapa de Análise Estatística.
3. As pessoas envolvidas no processo foram treinadas nos novos padrões?		Atendimento dos critérios anteriores.
4. Foi avaliado e validado o retorno do impacto financeiro do projeto pela Controladoria?		
5. O resultado do projeto foi validado pelo dono do processo?		
NOTA:	0	

ANEXO E – ROADMAP DMAIC

Fases	Objetivo	Principais atividades	Principais ferramentas	Perguntas-chave
Definição **D** 1 a 2 semanas	- Identificação de projetos - Definição de metas e escopo, OKRs e KPIs - Determinação do baseline e assumptions - Definição da equipe e de stakeholders - Contrato de projeto - Identificar a Voz do Consumidor (VOC)	- Justificar o porquê de fazer o projeto - Montar o contrato do projeto - Obter a aprovação do patrocinador e do Master Black Belt ou Black Belt - Determinar a equipe do projeto - Revisar potenciais ganhos financeiros do projeto	- Brainstorming - Análise SWOT - Matriz GUT - Matriz RACI - Matriz de Gravidade de Risco - Gráfico de Gantt - PERT-CPM - Benchmarking - Voz do consumidor	- Por que o projeto é importante para a organização? - Quem são os membros da equipe? - Existem possíveis restrições ou dificuldades? - Há ganho financeiro?
Medição **M** 1 a 2 meses	- Seleção de métricas e coleta de dados - Análise do sistema de Medição (MSA) - Estatística e probabilidade - Capabilidade (Cp e Cpk) - Performance (Pp e Ppk)	- Primeira reunião do time - Definir as saídas do processo (Y) - Validar o sistema de medição - Criar uma lista de 20-30 potenciais X (potenciais fontes de variação) - Criar um banco de dados contendo informações sobre X e Y - Realizar as primeiras análises estatísticas sobre Y	- Diagrama de Ishikawa - Diagrama de Espaguete - Mapa do Processo - Mapeamento do fluxo de valor (VSM) - Matriz esforço x impacto - Matriz causa e efeito	- Quais são as saídas do processo (Y's)? - O sistema foi validado? - Os dados já existem ou serão coletados? - Quais os principais X's? - Qual é a capabilidade e o DPMO inicial?
Análise **A** 2 a 4 semanas	- Correlação e regressão - Mapa de Análise Estatística - Correlação e diagrama de dispersão - Regressão linear - Regressão logística - Cartas multi-vari	- Estabelecer correlação e regressão - Estabelecer os X's óbvios – Quick Wins - Validar quais X têm influência sobre Y graficamente, estatisticamente e em análise de risco.	- Teste de hipótese - ANOVA - Análise de variância - Testes não paramétricos - Teste do Qui-quadrado - FMEA – Análise dos modos de falhas e seus efeitos	- Há alguma fonte de variação (X's) identificada sem necessidades de validação? (Quick Wins) - Quais são as principais fontes de variação do processo?
Melhoria **I** 1 a 2 meses	- Eliminação de desperdícios - 3Ms do Lean - Validar melhoria do processo - Validar benefícios para a organização	- Montar o plano de ação - Validar as ações com o patrocinador - Buscar recursos e ajuda para ações - Validar benefícios financeiros - Montar o Mapa do Processo sem atividades que não agregam valor - Recalcular o DPMO (Defeitos por Milhão de Oportunidades)	- 5W2H - Poka-Yoke - SMED – Single Minute Exchange of Die - DOE – Planejamento de experimentos	- Quais as ações tomadas para melhorar o processo? - Qual o benefício previsto do projeto? (Foi validado com Finanças?) - Qual a nova capabilidade e DPMO? - Qual o novo Mapa do Processo?
Controle **C** 2 a 4 semanas	- Controle estatístico de processos (CEP) - Cartas de controle - Cartas do tipo variável e atributo - Teste para identificação de causas especiais - Relatório final - Lições aprendidas - Avaliação de desempenho	- Estabelecer os controles - Validar com a equipe se há necessidade de ações adicionais - Realizar alterações nos procedimentos e instruções de trabalho - Formalizar o término do projeto	- Gestão visual - OCAP – Out of Control Action Plan - TPM – Total Productive Maintenance	- O que está sendo feito para garantir que as melhorias vão se manter ao longo do tempo? - Quais os próximos projetos a serem desenvolvidos?

ÍNDICE ALFABÉTICO

A

Acionista ou *sponsor*, 81
Ações do líder, 24
Alarme falso, 237
Ambiguity (ambiguidade), 44
Ameaças (*threats*), 22, 26, 185
Amostragem, 226
    aleatória
        estratificada, 227
        simples, 227
    não probabilística, 226
    por conglomerado, 227
    por conveniência, 227
    por cotas, 227
    por julgamento, 227
    probabilística, 226
Amplitude, 244
Análise, 147
    da qualidade do produto, 438
    da situação atual, 8
    de causa raiz, 136
    de dados, 176, 347
    de dados comportamentais, 175
    de Pugh/TRIZ/DFM (*Design for Manufacturing*)/DFA (*Design for Assembly*), 98
    de regressão/fatorial, 98
    do campo de forças de Kurt Lewin, 25
    do fenômeno (observação), 131
    do fluxo de valor, 401
    do processo, 131
        produtivo, 438
    do sistema de medição, 231, 241
    dos modos de falhas e seus efeitos, 375, 377
    estatística da variável resposta, 309, 310, 314
    SWOT, 185
ANOVA (análise de variância), 360, 361
    para dois fatores, 364
    para múltiplas comparações, 369
    para um fator, 361
    suposições necessárias para a, 361
    tipos de, 361
Aprendizado
    constante, 7
    e crescimento, 164
Aprendizagem ativa, 30
Área
    da manufatura, 91
    da saúde, 92
    de esportes, 93
    de serviços, 92
Assumptions, 165
Atribuições
    do líder ou gerente de projetos, 167
    do PMO, 167
Aumento da qualidade dos projetos, 167
Avaliação
    de desempenho e comemoração, 473
    e análise, 473

B

Baseline, 165
Benchmarking, 98, 197
    competitivo, 176, 197
    de cooperação, 198
    funcional, 197
    genérico, 197
    interno, 198
Benefícios
    diretos, 168
    indiretos, 168
Black Belt, 81
Brainstorming, 184
Business case, 168

C

Cálculo
    da capabilidade de processo para atributos, 288
    de tamanho de amostra, 227, 228
    do caminho crítico, 191

Capabilidade (Cp e Cpk), 277, 278
  de processo para dados não normais, 283
Capacitação, 5, 31
  dos gerentes de projetos, 167
Carta(s)
  c, 464
  de controle, 99, 450, 451, 478, 480
    do tipo atributo, 462
    do tipo variável, 452
    X-AM ou I-AM, 452
    Xbarra-R, 453
    Xbarra-S, 457
  Multi-Vari, 343
  np, 464
  p, 462
  u, 464
Celebração, valorização e reconhecimento, 37
Cenário
  mais provável, 191
  otimista, 191
  pessimista, 191
Certificações
  Belts em Seis Sigma, 81
  ISO, 17
Champion, 81
Checklist, 403
Ciclo
  DMAIC
    Ágil, 149
    tradicional, 149
  PDCA, 15, 126, 144
  SDCA, 127
5W2H, 436
Classificação
  da FMEA, 380
  errada, 237
Clients (clientes), 164, 181
Coeficiente de correlação linear, 327
Coleta de dados do consumidor, 174
Competência(s), 28
  da organização para melhorar, 117
Complexity (complexidade), 44
Comprometimento, 79, 117
Comunicação, 29, 47
Concordância
  global, 236
  individual, 236

Construção
  da equipe, 55
  de confiança, 166
Consumidores
  externos, 174
  internos, 174
Contrato de projeto (*project charter*), 168
Controle, 47, 148
  de qualidade, 110
  estatístico de processos, 449
Correlação, 325
  × causa e efeito, 328
  e diagrama de dispersão, 326
  múltipla, 328
  parcial, 328
  simples, 328
  tipos de, 328
Cost deployment (desdobramento de custos), 105
CTPs (*Critical to process*), 178
CTQs (*Critical to quality*), 178
Curva
  da regressão logística, 339
  dos padrões de falha, 377
Custos com a não qualidade, 92

D

Dados, 224
  contínuos, 227, 232
  discretos, 228, 236
  qualitativos, 224
    nominais, 225
    ordinais, 225
  quantitativos, 224
    contínuos, 225
    discretos, 225
Daily Scrum, 50
Defeitos, 61, 62
  por milhão de oportunidades, 223
  por oportunidade, 223
  por unidade, 223
Definição, 145
  do cronograma, 169
  do problema, 157
Descrição do problema, 55, 169
Desenvolvimento de pessoas, 72

Design
  Charter, 99
  Failure Mode & Effect Analysis (DFMEA), 380
  for Six Sigma (DFSS), 95, 96
  of Experiments, 410
  thinking, 29
Desperdício, 62
  de conhecimento intelectual, 66
Desvio padrão, 244
Development Team, 50
Diagrama
  de Causa e Efeito, 98
  de Espaguete, 296
  de Gantt, 98, 99
  de Ishikawa, 294
  de Relações/Matriz, 98
  do Processo Decisório, 98
Distribuição
  Binomial, 268
  de Poisson, 267, 268
  de probabilidade, 256
  de Weibull, 265
  exponencial e lognormal, 266
  F, 265
  Normal, 257
  Qui-quadrado, 263
  t, 263
Divisão
  das tarefas, 162
  do ciclo PDCA, 126

E

Efetividade global do equipamento (OEE), 221
Eficiência, 26
  do ciclo do processo, 219
Eliminação
  da causa raiz, 55
  de desperdícios, 72, 399
Equipe, 166
  Kaizen, 73
Escopo, 160
  e fatores críticos, 169
Estabelecimento de prazos, 162
Estabilidade, 67
Estatística, 243
  Qui-quadrado, 375

Estratégias
    de aprendizagem, 30
    para manutenção e continuidade das melhorias, 37
Etapa(s)
    Act (Agir), 127
    Check (Verificar), 127
    de análise (*Analyze*), 387, 388, 389
    de controle (*Control*), 483, 484
    de definição (*Define*), 201, 205, 206
    de medição (*Measure*), 309, 310, 314
    de melhoria (*Improve*), 441, 442, 444
    Do (Executar), 126
    Plan (Planejar), 126
    para construção da FMEA, 380
Excesso de produção, 62, 63
Execução do plano de ação, 131
Experimento fatorial
    com mais de dois níveis, 428
    com ponto central, 424
    completo, 411
    em blocos, 422
    fracionado, 417

F

Failure Mode and Effects Analysis (FMEA), 375, 377
Feedbacks, 7
Ferramenta 5G, 139, 140
Ferramentas, 5
    de análise de processos, 28
    de controle, 477
    de gestão, 104, 106
    de medição, 293
    de melhoria, 407
    para gestão de mudanças, 29
Filosofia 5S
    aplicação, 36
    conceitos, 36
    definição, 36
    metodologias derivadas, 40
    objetivos e benefícios, 36
    Programa
        6S *Lean*, 40
        7S, 41
        8S, 41
        10S, 41

Filosofia *Kaizen*, 69
    definição, 70
    objetivos e benefícios, 70
    aplicação, 70
    sete pilares da, 72
    e gestão, 72
Finalização do projeto, 472
First
    in, first out, 402
    time through, 221
Fluxo
    de caixa projetado, 99
    de informação, 303
    de materiais, 303
FMEA/Planejamento de Experimentos, 99
Foco
    do cliente, 14
    no cliente, 7, 14, 61
Fonte(s)
    ativas, 174
    de variabilidade, 80
    reativas, 174
Forças (*strengths*), 185
Fordismo
    aplicação, 54
    aspectos críticos para implementação, 56
    definição, 54
    objetivo e benefícios, 54
    oito disciplinas + fase D0, 54
Fraquezas (*weaknesses*), 185

G

Gemba, 72, 140
Gembutsu, 141
Genjitsu, 141
Genri, 141
Gensoku, 142
Gerenciamento de mudanças, 19
Gestão
    ágil de projetos, 46, 47
    da qualidade
        certificações ISO, 17
        e Melhoria Contínua, 11, 14
            Deming, 17
            Malcolm Baldrige, 17

        Nacional da Qualidade, 17
    tradicional, 46
    visual, 478
GR&R (*Gauge Repeatability & Reproducibility*), 233
Gráfico
    de barras, 247
    de *boxplot*, 254
    de Gantt, 189
    de séries temporais, 248
    de setores, 248
    ou Diagrama de Pareto, 251
Green Belt, 81

H

Hard Savings, 168
Hard skills, 28, 31
Heijunka, 401
Hipótese
    alternativa, 348, 361
    nula, 348, 361
    do ANOVA de um critério, 361
Histograma, 248

I

Identificação
    da distribuição, 284
    de consumidores, 174
    de projetos, 158
    de um processo capaz, 280
    do problema, 130
Indicadores
    de capacidade, 163
    de erro, 273
    de produtividade, 163
    de qualidade, 163
        de processos pré-venda, 92
    estratégicos, 163
Índices
    Cp e Cpk e a curva normal, 278
    de capabilidade, 289
    de *performance* de processos, 289
    para avaliação da capabilidade do processo, 278
    Pp e Ppk, 289
Inputs (entradas), 180

Inteligência artificial, 7
Intervalo e nível de confiança, 348
ISO
   9000, 17
   14000, 17
   17025, 17
   50001, 17

J

Jidoka, 66
Just in Time (JIT), 66, 401

K

Kanban, 401
KPIs, 116, 160, 162

L

Lead Time, 216
   com baixa agregação de valor, 92
Lean manufacturing, 59
   aplicação, 61
   definição, 60
   foco no cliente, 61
   objetivos e benefícios, 60
   oito desperdícios, 61
   origem do, 60
Lean Seis Sigma, 85
   aplicabilidade do, 91
   aplicação do, 88
   barreiras na implementação do, 88
   cuidados na implementação do, 93
   definição, 86
   objetivos e benefícios, 86
      e a pirâmide dos sistemas de gestão, 86
   papel da alta gestão na implementação, 91
   sete passos para a implementação, 89
Líder, 166
   de projetos, 167
   Kaizen, 73
Logística, 111
Loop do hábito, 22

M

Manifesto ágil, 45
   12 princípios, 46
   quatro valores, 45
Manufatura, 159
Manutenção
   autônoma e organização do posto de trabalho, 107
   profissional, 109
Mapa
   de análise estatística, 326
   de fluxo de valor do estado
      futuro, 303
      presente, 303
   de processo, 297, 298
   de raciocínio, 88
Master Black Belt, 81
Matriz
   causa e efeito, 303
   de Gravidade de Risco, 195
   de relacionamento, 177
   esforço × impacto, 304
   GUT, 185, 186
   RACI, 187
Mean Absolute Deviation (MAD), 273
Mean Absolute Percentage Error (MAPE), 273
Mean Squared Deviation (MSD), 273
Medição, 146
Medida(s), 294
   de qualidade, 81
   estatísticas, 244
Meio ambiente, 114, 294
Melhoria, 147
   Contínua, 117, 118
      e gestão da qualidade, 11, 14
   de *performance*, 29
   focada (*focused improvement*), 106
Mentalidade ágil, 5
Metas, 160
   e ganhos, 169
Método(s), 79, 294
   de análise e solução de problemas (MASP)
      aplicação, 130
      definição, 130
      implementação do, 130
      objetivos e benefícios, 130
   de Dunnett, 369
   DMADV, 95, 97
   DMAIC, 144
      etapas do DMAIC, 145
      e o ciclo PDCA, 144
      versus DMADV, 96
   dos mínimos quadrados, 330
   gráficos, 246
Metodologias ágeis, 43, 44
Métricas
   de qualidade, 219
   de tempo, 216
   KPI, 165
Mindset, 3
   ágil, 4
   conceitos, 4
   de Melhoria Contínua, 6
   definição de, 4
   mudança de, 8
   tipos, 4
Minimização das falhas em projetos, 168
Modelo sequencial de Kurt Lewin, 24
Modularização, 401
Movimentos desnecessários, 62, 63
Muda (desperdícios), 400
Mudança, 20, 24
   × melhoria, 20
Mundo
   BANI, 45
   VUCA, 44
Mura (irregularidade), 401
Muri (sobrecarga), 402

N

Nível
   de confiança adotado, 226
   estratégico, 87, 88
   operacional, 88
   sigma do processo, 282
   tático, 87, 88

O

Objetivos, 166
   e ideais da qualidade, 16
OKRs, 160, 162

Operação evolutiva (EVOP), 428, 431
Oportunidades (*opportunities*), 22, 185
   de melhoria, 119
Otimização, 29
Out of Control Action Plan (OCAP), 478, 480
Outputs (saídas), 180
Overall Equipment Effectiveness (OEE), 221

P

P/T (Precisão sobre a Tolerância), 234
Padronização, 67, 132
   da variável, 260
   de processos, 14
Pensamento
   analítico, 30
   crítico, 30
PERT-CPM, 191
Pesquisas de mercado, 175
Pilar(es)
   do *mindset* de Melhoria Contínua, 6
   gerencial
      alocação de pessoas qualificadas, 117
      clareza de objetivos e KPIs, 116
      mapa de caminho (*route map*), 116
      motivação dos operadores, 120
      nível de detalhes, 119
      nível de expansão, 119
      e orçamento, 118
   técnico
      controle de qualidade, 110
      cost deployment (desdobramento de custos), 105
      gestão antecipada de equipamentos (*early equipment management*), 112
      logística, 111
      manutenção autônoma e organização do posto de trabalho, 107
      manutenção profissional, 109
      meio ambiente, 114
      melhoria focada (*focused improvement*), 106
      pessoas e desenvolvimento, 113
      segurança, 104

Planejamento, 50
   como base da qualidade, 15
   de experimentos, 410, 411
   do programa, 37
   do projeto, 157
Plano
   de ação, 131, 137
   de Coleta de Dados, 98
   para resolução do problema, 54
   provisório e contenção, 55
PMO
   de controle, 167
   de suporte, 167
   direto, 167
Poka Yoke, 66, 437
   de detecção, 438
   de eliminação, 438
   de facilitação, 438
   de mitigação, 438
   de prevenção, 438
   de substituição, 438
   implementação do, 438
Ponto central ou *Centerpoint*, 425
Precisão, 233, 236
   da estimativa, 227
Prêmios da qualidade, 16
   Deming, 17
   Malcolm Baldrige, 17
   Nacional da Qualidade, 17
Princípio(s)
   do mínimo manuseio de material, 108
   Seis Sigma, 79
Probabilidade, 243
   do erro α, 348
   do erro β, 348
Process (etapas do processo), 180
Process Failure Mode & Effect Analysis (PFMEA), 380
Processo(s), 5
   de mudança, 21, 23
   e resultados, 72
   internos, 164
Produção
   empurrada, 66
   puxada, 66
Product
   Backlog, 50
   Owner, 50

Project Management Office, 166, 167
   seis benefícios da implantação de um, 167

Q

Qualidade
   em primeiro lugar, 72
   história da, 12
Quality Function Deployment, 176
Quartis, 244

R

Receita, 165
Recursos para evitar desperdícios, 118
Regressão, 325
   linear
      múltipla, 335
      simples, 330
   logística, 339
      binária, 339
      multinomial, 339
      ordinal, 339
Relatório
   A3, 133
      aplicação, 135
      definição, 134
      escopo do, 135
      objetivos e benefícios, 134
      princípios do, 135
   de KPIs, 165
   final e lições aprendidas, 473
Requisitos
   do produto, 176
   dos clientes, 176
Resiliência, 6, 30, 166
Resistência, 22
   à mudança, 25
Resolução de problemas, 7, 31
Responder a mudanças, 5
Responsabilidade
   da equipe, 169
   pessoal, 7
Retrabalho, 61, 62
Return on Investment (ROI), 165
Reuniões, 50
Riscos, 195
Ruídos, 410

S

Sazonalidade, 273
Scrum, 47
  aplicação do, 50
  eventos e artefatos do, 49
  Master, 50
  papéis no, 50
Seis sigma, 75
  aplicação, 77
  certificações *Belts* em Seis Sigma, 81
  definição, 76
  e processos, 80
  nível, 77
  objetivos e benefícios, 76
  princípios, 79
  três pilares para a implementação do, 79
Sensibilização do time, 37
Senso
  de Autodisciplina (*Shitsuke*), 39
  de Limpeza (*Seiso*), 39
  de Ordenação ou Organização (*Seiton*), 38
  de Saúde (*Seiketsu*), 39
  de Utilização (*Seiri*), 37
Séries temporais, 269
Serviços
  de saúde, 159
  financeiros, 159
Single Minute Exchange of Die (SMED), 408
SIPOC, 180
Soft Savings, 168
Soft skills, 29, 31
Solução permanente, 56
Sprint, 49
Stakeholders, 168
Superação, 22
Suppliers (fornecedores), 180

T

Takt time, 65, 217
Tamanho da amostra, 226
Técnica(s)
  de agilidade, 29
  de liderança, 29
  para análise de dados, 29
  para gestão de projetos, 28
  para inovação, 29
Tempo, 26
  de ciclo, 217
  de *setup*, 218
Teorema Central do Limite, 258
Teste(s)
  de Dunnett, 369
  de hipóteses, 348, 349, 361
  de Levene, 372
  de Mediana de Mood, 374
  de Tukey, 369
  de Vida Acelerados, 99
  do Qui-quadrado, 374
  não paramétricos, 371
  para duas proporções, 358
  para identificação de causas especiais, 466
  para uma proporção, 358
  t
    para duas amostras, 350
    para uma amostra, 349
    pareado (duas amostras), 356
Ticket médio, 165
Tolerância ao estresse, 30
Total Productive Maintenance, 480, 481
Transformação, 303
  Box-Cox, 283
3Ms do Lean, 400

U

Uncertainty (incerteza), 44

V

Variância, 244
Variável(is)
  discretas, 375
  resposta, 410
Verificação dos resultados, 131
Viabilidade, 118
Visão
  compartilhada, 6
  de longo prazo, 7
Visibilidade e transparência para os projetos, 167
Volatility (volatilidade), 44
Voz
  do consumidor, 173, 174
  do negócio, 174, 179

W

Work
  balancing, 403
  in process (WIP), 219
  Class Manufacturing, 101
    10 pilares gerenciais, 115
    10 pilares técnicos, 104
    definição, 102
    implementação, 120
    origem, 102
    pilares do, 103
    sistema de avaliação, 121

Y

Yellow e *White Belts*, 81

Z

Zona de conforto, 20